# HISTOIRE
## DE LA
# RÉVOLUTION
### DE 1830

PRÉCÉDÉE DE LA FIN

DE L'HISTOIRE DE LA RESTAURATION

DE

## DULAURE

PAR

ALPHONSE MARÉCHAL

LIVR. A 10 CENT. — **ÉDITION ILLUSTRÉE** — SÉRIES A 50 CENT.

## PARIS

DEGORCE-CADOT, ÉDITEUR

70 BIS, RUE BONAPARTE, 70 BIS

# AVANT-PROPOS

La réimpression de l'Histoire de la Restauration de Dulaure a obtenu un grand et légitime succès. Tout le monde sait que cette œuvre ne fut publiée pour la première fois que trois ans après la mort de l'auteur, en 1838.

Ce qu'on sait moins peut-être, c'est qu'il ne l'avait pas achevée et que le récit des évènements du règne de Charles X et celui des journées de Juillet 1830 sont dus à son continuateur, M. René Augius, député indépendant, puis conservateur de la Bibliothèque Mazarine, sous Louis-Philippe.

Au moment de donner cette continuation à la suite de l'ouvrage de Dulaure pour répondre aux désirs les plus vivement exprimés du public, l'éditeur s'est arrêté en considérant que l'esprit et la manière du continuateur n'étaient nullement en harmonie avec l'esprit et la manière de Dulaure.

C'est alors que, sur son invitation, nous avons pris la plume pour écrire le livre que nous présentons aujourd'hui au lecteur. Nous l'avons intitulé : *Histoire de la Révolution de 1830* avec le sous-titre : *Fin de la Restauration* et en y comprenant le règne de Charles X, parce que nous avons pensé que ce règne est l'introduction obligée de l'histoire des *Trois Glorieuses,* et que les faits qui se sont produits de 1824 à 1830 ont été la cause immédiate et l'occasion de la grande explosion qui a fait sauter le trône des Bourbons aînés.

Notre livre, quel qu'en soit le faible mérite intrinsèque, et en dehors de l'avantage qu'il a de combler une lacune dans la suite de la présente collection, répondra, croyons-nous, à une sorte de besoin de la situation historique et politique du moment.

Les élections du 8 février 1871, faites par le pays sous la pression de circonstances terribles, devant la bouche des canons allemands, et dans le seul but d'arriver le plus vite possible à la conclusion de la paix, ont fait sortir de dessous terre des revenants de 1815 et de 1829, qui se prennent pour des vivants et s'efforcent de faire passer dans la réalité contemporaine la fantasmagorie étrange et surannée de leurs évolutions. A côté de ces revenants et de ces feux follets qui hantaient naguère les marécages de l'Escaut, on voit se démener d'autres fantômes, un peu moins vieux, mais qu'on nous passe l'expression, tout aussi morts que les autres ; ils datent de 1830 et de 1847, et voudraient abolir Février 1848 comme leurs aînés prétendent nier Juillet 1830.

Il n'est donc pas mauvais que l'on assiste dans notre livre à l'exposé succinct, vrai, précis et sincère de la lutte que se sont livrée il y a quarante-deux ans les partisans de la monarchie *traditionnelle* et les amis de la monarchie *constitutionnelle*, les légitimistes et les orléanistes, les *blancs* et les *bleus*, comme on voudra les appeler. On se convaincra que les fils qui s'agitent sur les planches et dans les coulisses du théâtre de Versailles sont de tout point dignes de leurs pères, et cela pourra nous servir de leçon, à nous qui sommes aussi les fils de nos pères.

On verra comment et pourquoi les Bourbons aînés sont descendus du trône, pourquoi et comment les Bourbons cadets y sont montés après eux, et cela ne fortifiera pas beaucoup dans l'esprit des honnêtes gens l'idée de la « fusion ».

Quant à la fange sanglante où l'Empire est tombé à Sedan, à ces détritus qui n'ont plus de nom dans la langue politique et qui sont tout le reste de ce grotesque et funeste régime, il faudrait désespérer à tout jamais de notre chère et malheureuse patrie, de la justice, de la vérité, de la raison et du sens commun, s'ils conservaient seulement assez d'importance pour mériter l'aumône de notre dédain. C'est à ces gens et à ces choses qu'il faut de toute nécessité appliquer le vers de Dante Alighieri :

> Non raggionam di loro, ma guarda e passa.

Faire œuvre négative est souvent utile, mais s'y borner est donner preuve d'impuissance. Nous espérons que de chaque page, de chaque ligne de notre livre sortira l'affirmation claire, nette, précise, victorieuse, de la République, d'une République progressive, sage, modérée, attrayante, véritable et unique forme de ce gouvernement de tous par tous dont nous poursuivons depuis si longtemps la conquête, seule condition d'exercice de la souveraineté du suffrage universel, et contre laquelle toute insurrection violente n'est pas moins absurde que criminelle, de la République une et indivisible, enfin, qui refera notre France grande et libre et lui rendra le haut rang que toutes les monarchies lui ont fait perdre.

Alphonse MARÉCHAL.

Paris, mai 1872.

# FIN
# DE LA RESTAURATION

I

## LIVRE I

### RÈGNE DE CHARLES X

I

Mort de Louis XVIII. — Entrée solennelle de Charles X dans Paris. — Obsèques du feu roi à Saint-Denis. — Ordonnance royale qui abolit la censure. — Pension retirée au mathématicien Legendre. — Troubles à l'occasion de l'enterrement de l'acteur Philippe. — Mise à la retraite de diverses catégories d'officiers de la République et de l'Empire. — Le Dauphin est associé au pouvoir. — Session de 1824. — Discours du roi.

Louis XVIII était mort le 16 septembre. Le 27, Charles X, roi de France et de Navarre, fit solennellement son entrée dans sa bonne ville de Paris, où il reçut un accueil indécis. Le 24 du mois suivant, le feu roi fut enterré à Saint-Denis et les obsèques furent célébrées avec une pompe extraordinaire, et conforme au cérémonial antique et solennel. A Reims, on préparait déjà celle du sacre. Une somme de six millions allait être demandée au commencement de la session de 1824 pour couvrir les frais de ces deux cérémonies. Il n'y avait donc rien de changé dans la vieille monarchie française : Charles X succédait à Louis XVIII comme Louis XVI avait succédé à Louis XV, Louis XV à Louis XIV, et la Révolution n'était décidément que le souvenir d'un mauvais rêve.

Comme don de joyeux avénement, le nouveau prince accorda l'abolition de la censure à laquelle l'ordonnance royale du 15 août précédent avait soumis les journaux. Il alla même jusqu'à dire qu'il consoliderait, comme roi, la charte que, comme sujet, il avait promis de maintenir. Les peuples savent par plus d'une expérience, que de telles promesses, dans la pensée de ceux qui jugent à propos de les faire, n'engagent pas beaucoup leurs faciles consciences et qu'une ordonnance peut toujours en détruire une autre.

Il se passa peu de jours avant que des faits, assez peu considérables en eux-mêmes, mais caractéristiques, ne vinssent démontrer aux esprits un peu clairvoyants la vanité des espérances que l'on eût été tenté de concevoir à propos d'un changement de règne.

Le mathématicien Legendre, âgé de soixante-douze ans, membre de l'Académie des sciences, n'ayant pas voulu voter dans l'élection d'un membre à cette Académie, pour un certain Binet, candidat du clergé et du ministre de l'intérieur, se vit, par une ordonnance en date du 30 octobre 1824, retirer brutalement la pension de 3,000 fr. dont il avait été gratifié par le gouvernement impérial.

Le 16 décembre suivant, un acteur des théâtres du boulevard, Philippe, mourut d'une attaque d'apoplexie foudroyante. Le surlendemain 18, on se disposa à conduire le corps à l'église paroissiale. Mais un commissaire de police et des gendarmes barrèrent le chemin au corbillard en déclarant que le mort ne serait pas reçu à l'église et devait être dirigé immédiatement sur le cimetière. Par une contradiction choquante et un manque déplorable de logique dont les exemples se reproduisent encore trop souvent de nos jours, la foule insista pour obtenir en faveur de celui qu'elle menait à la dernière demeure des prières qu'elle méprisait, les cérémonies d'un culte auquel elle n'avait nulle foi, l'intervention de prêtres qu'elle haïssait et bafouait. Des députations allèrent jusqu'à Charles X qui les renvoya au ministre Corbière, qui, à son tour, refusa de donner aucun ordre contraire à la décision du clergé. La foule grossissait; les boulevards Saint-Martin, Saint-Denis, Bonne-Nouvelle, Poissonnière en étaient couverts. A l'entrée du boulevard Montmartre, elle rencontra des gendarmes à cheval, le sabre au poing, et dut déposer à terre le cercueil qui avait été enlevé du corbillard et qu'on portait à bras. La voiture funèbre fut alors ramenée, le corps y fut replacé, et, sur la fausse nouvelle semée à dessein que le roi avait ordonné l'introduction du cercueil dans l'église, la multitude se calma. Le préfet de police avait ainsi gagné deux heures et achevé toutes ses dispositions. A la hauteur de la Porte Saint-Martin, on prit décidément le chemin du cimetière; la force armée intervint, repoussa le peuple et conduisit seule le cadavre de l'acteur Philippe à destination.

Enfin, une mesure d'un autre ordre avait fortement mécontenté l'opinion publique. Le 1ᵉʳ décembre, une ordonnance avait prononcé la mise à la retraite : 1° de tous les officiers généraux qui, ayant droit à la retraite, n'avaient pas été employés depuis le 1ᵉʳ janvier 1816; 2° de tous ceux qui, employés depuis cette époque mais ayant cessé d'être en service actif depuis le 1ᵉʳ janvier 1823, avaient droit au maximum de leur retraite. Cette ordonnance frappait les généraux de la République et de l'Empire et n'atteignait ni les gens de cour, ni les anciens officiers de l'armée des princes ou de l'armée de Condé, des armées royales de l'Ouest ou du Midi, ni ceux que la Restauration avait pris dans les armées étrangères.

Charles X maintint dans son intégrité le ministère dont le choix avait été son ouvrage; seulement, le dauphin, par une sorte d'association au pouvoir, fut appelé à prendre part aux délibérations du conseil dans les grandes occasions.

La session de 1824 s'ouvrit le 22 décembre. Le nouveau roi allait se trouver en présence d'une nouvelle chambre, premier produit de la loi électorale de septennalité, altéré dans des proportions effroyables par la fraude et la corruption administratives. Dans cette prétendue représentation nationale toute composée d'éléments ultraféodaux, les électeurs indépendants n'avaient pu faire entrer que dix-neuf députés libéraux. Mais la presque totalité du pays marchait derrière cette minorité numériquement si faible.

A la séance d'ouverture, le roi parla en ces termes :

« Le premier besoin de mon cœur est de vous parler de ma douleur et de la vôtre. Nous avons perdu un roi sage et bon, tendrement chéri de sa famille, vénéré de ses peuples, honoré et respecté de tous les Gouvernements étrangers.

« La gloire de son règne ne s'effacera jamais. Non-seulement il a relevé le trône de mes ancêtres, mais il l'a consolidé par des institutions qui, rapprochant et réunissant le passé et le présent, ont rendu à la France le repos et le bonheur.

« L'affliction touchante que la nation entière a ressentie aux derniers moments du roi mon frère a été pour moi la plus douce de toutes les consolations; et, je le dis avec vérité, c'est à elle seule que je dois d'avoir pu jouir pleinement de la confiance avec laquelle mon avénement au trône a été accueilli.

« Cette confiance ne sera pas trompée, Messieurs. Je connais tous les devoirs que m'impose la royauté; mais, fort de mon amour pour mes peuples, j'espère, avec l'aide de Dieu, avoir le courage et la fermeté nécessaires pour les bien remplir.

« Je vous annonce avec plaisir que les dispositions des Gouvernements étrangers n'ont point éprouvé de changement, et ne me laissent aucun doute sur le maintien des relations amicales qui existent entre eux et moi. L'esprit de conciliation et de prudence

A la hauteur de la Porte Saint-Martin, on prit décidément le chemin du cimetière.
La force armée intervint, repoussa le peuple (page 6).

qui les anime donne aux peuples les plus fortes garanties qu'ils aient jamais eues contre le retour des fléaux qui les ont si longtemps désolés.

« Je ne négligerai rien pour maintenir cet heureux accord et la paix qui en est le fruit. C'est dans ce dessein que j'ai consenti à prolon

FIN DE LA RESTAURATION

ger encore le séjour en Espagne d'une partie des troupes que mon fils y avait laissées, après une campagne que, comme Français et comme père, je puis nommer glorieuse. Une convention récente a réglé les

Charles X.

conditions de cette mesure temporaire, de manière à concilier les intérêts des deux monarchies [1].

[1] Le parti absolutiste, fidèle, en Espagne comme partout, à ses traditions d'ingratitude, avait hâte de voir évacuer la Péninsule par les Français dont la présence était encore un frein bien insuffisant, hélas! à ses odieux excès. Ferdinand VII crut toutefois prudent de conserver un corps d'armée français de vingt-cinq mille hommes seulement qui durent être répartis dans les places de Cadix, de l'Ile de Léon, de Barcelone, de Saint-Sébastien, de Pampelune, de Jaca, de Seu d'Urgel et de Figuières.

« La juste sécurité que nous donnent nos rapports extérieurs, favorisera le développement de notre prospérité intérieure. Je seconderai, Messieurs, ce mouvement salutaire, en vous faisant proposer successivement les améliorations que réclament les intérêts sacrés de la religion et les parties les plus importantes de notre législation.

« Le roi mon frère trouvait une grande consolation à préparer les moyens de fermer les dernières plaies de la Révolution. Le moment est venu d'exécuter les sages desseins qu'il avait conçus. La situation de nos finances permettra d'accomplir ce grand acte de justice et de politique sans augmenter les impôts, sans nuire au crédit, sans retrancher aucune partie des fonds destinés aux divers services publics.

« Ces résultats, peut-être inespérés, Messieurs, nous les devons à l'ordre établi, avec votre concours, dans la fortune de l'Etat, et à la paix dont nous jouissons. J'ai la ferme confiance que vous entrerez dans mes vues, et que cette œuvre de réparation s'achèvera par un accord parfait de volonté entre vous et moi.

« Je veux que la cérémonie de mon sacre termine la première session de mon règne. Vous assisterez, Messieurs, à cette auguste cérémonie. Là, prosterné au pied du même autel où Clovis reçut l'onction sainte, et en présence de Celui qui juge les peuples et les rois, je renouvellerai le serment de maintenir et de faire observer les lois de l'Etat et les institutions octroyées par le roi mon frère. Je remercierai la divine Providence d'avoir daigné se servir de moi pour réparer les derniers malheurs de mon peuple, et je le conjurerai de continuer à protéger cette belle France, que je suis fier de gouverner. »

Rien ne pouvait être plus menaçant pour les conquêtes de l'esprit moderne, qu'un pareil discours dont les conséquences immédiates allaient être la présentation de projets de lois sur une indemnité d'un milliard en faveur des émigrés, sur le sacrilége, sur les communautés religieuses, sur le droit d'aînesse et le droit de substitution. C'était là ce que Charles X appelait « des moyens de fermer les dernières plaies de la Révolution. »

## II

Charles X adhère personnellement à la Sainte-Alliance. — Origine de ce que l'on appelle l'*Equilibre européen*. — La « République chrétienne » de Henri IV, la Sainte-Alliance et les Etats-Unis d'Europe. — Véritable caractère et véritable but de la Sainte-Alliance.

Préparée à l'étranger depuis le 16 juillet 1789, accomplie avec le secours de l'étranger en 1814 et en 1815, la Restauration cherchait encore dans l'appui de l'étranger les conditions de sa durée. Invité par l'empereur de Russie à renouveler personnellement son adhésion à l'acte de la Sainte-Alliance, Charles X n'hésita pas à le faire dès le mois de janvier de l'année 1825.

On sait que l'idée de l'équilibre européen est assez neuve dans le monde : c'est seulement à la ligue de Cambrai, formée en 1507, et à la Sainte-Ligue de 1511 que les historiens font généralement remonter la naissance de la diplomatie.

Les tristes enfants qu'elle mit au jour depuis lors, à Munster en 1648, à Vienne en 1815, y vinrent maladifs et peu viables. Le premier n'était pas arrivé à maturité que Louis XIV commença de lui porter des coups mortels dont il agonisa pendant un siècle et demi. Le second n'avait pas vécu quatre années que l'Europe semblait tout près d'une subversion totale. Aujourd'hui, des traités de 1815 il ne reste plus que des lambeaux dont le nombre diminue de jour en jour.

D'où vient cela?

De ce que ces traités ont été assis sur des bases caduques et entourés d'appuis artificiels; de ce qu'on y a méconnu les vrais et les seuls principes sur lesquels peut reposer l'équilibre stable de l'Europe; de ce que la nature des hommes et des choses, le droit, le bon sens, y ont été outragés à chaque page, à chaque ligne, à chaque mot, *au nom de la très-sainte et indivisible Trinité*.

Le premier de tous les principes d'équilibre entre les nations, c'est celui de l'affinité des races, affinité qui se traduit par la forme physique, par la langue, par les mœurs, par les traditions. Le second est celui des frontières naturelles; et, quelque sérieux qu'il soit, il doit toujours être sacrifié au premier, quand, par le fait, tous deux se trouvent en opposition.

Les garanties d'un équilibre établi d'après ces principes sont avant tout dans le libre consentement des peuples. D'autres viendront plus tard s'y joindre, telles que la diminution progressive et enfin la disparition complète des armées permanentes, que devra remplacer un congrès européen permanent.

La Sainte-Alliance était, en quelque sorte, la réalisation de cette idée au profit des gouvernements, la mise en pratique de la solidarité de tous les souverains. Une idée analogue avait germé deux siècles auparavant dans la tête du premier roi de la maison de Bourbon. Le plan de sa « république chrétienne » est demeuré célèbre.

« Les Turcs devaient être relégués en Asie ; le czar de Russie devait avoir le même sort s'il refusait d'entrer dans l'association.

« Le nombre des puissances devait être réduit à *quinze*, savoir : *six monarchies héréditaires, cinq monarchies électives, et quatre républiques souveraines*.

« Les six monarchies héréditaires étaient la France, qui ne prenait pour elle-même que le duché de Limbourg, le Brabant, la juridiction de Malines, à charge d'en former huit pairies ; l'Angleterre, qui ne devait rien acquérir sur le continent ; la Suède et le Danemark ; l'Espagne, qu'on voulait resserrer dans ses limites naturelles en Europe, en lui laissant ce qu'elle avait découvert et conquis dans les autres parties du monde. La maison d'Autriche devait perdre tout ce qui lui avait appartenu en Allemagne, dans les Pays-Bas et en Italie ; enfin on créait une nouvelle monarchie héréditaire dans le nord de l'Italie en faveur du duc de Savoie, sous le nom de royaume de Lombardie ; et, pour lui former une masse d'états qui méritât de porter ce nom, on ajoutait à ses anciennes provinces le Milanez et le Montferrat.

« Les monarchies électives devaient être la Bohême (en y joignant la Moravie, la Silésie et la Lusace), la Hongrie, la Pologne, l'empire d'Allemagne et l'Etat ecclésiastique, qu'on voulait décorer du titre de monarchie et agrandir en y incorporant Naples, la Pouille et la Calabre ; on conservait la république de Venise, en lui accordant la Sicile ; la république Helvétique en la déclarant souveraine ; on associait les Pays-Bas catholiques à la république des sept Provinces-Unies, et on lui donnait le nom de république Belgique ; enfin, on appelait république Italique la réunion de tous les petits états de l'Italie, de Gênes, de Florence, de Mantoue, de Modène, de Parme et de Lucques, qui devaient garder leur forme de gouvernement, de

Bologne et de Ferrare qui devaient être érigées en villes libres, et tous les vingt ans rendre hommage au pape.

« L'Europe ainsi partagée, toutes les puissances devaient accorder une liberté et une protection entières aux trois religions principales : la catholique, la luthérienne et la réformée : mais en même temps, bien loin de favoriser la licence des esprits, elles devaient s'opposer à la naissance de sectes nouvelles.

« La guerre, nécessaire pour amener ce bouleversement général, devait être la dernière de toutes. Ce nouvel ordre de choses une fois établi, pour le rendre permanent et invariable, on voulait substituer dans la grande association des Etats de l'Europe le droit à la force et organiser un tribunal suprême, qui décidât en dernier ressort de toutes les collisions d'intérêt, et dont toutes les puissances s'engageaient à faire exécuter les arrêts.

« Cette espèce de Conseil général de l'Europe devait être composé de députés de tous les Etats. Les ministres, au nombre de soixante-dix, conserveraient leur place pendant trois ans; les formes et la manière de procéder de ce sénat seraient déterminées par des lois organiques qui seraient son propre ouvrage. Il devait prononcer lui-même dans toutes les affaires d'une importance majeure, et celles d'une moindre importance devraient être soumises à la décision de six corps subalternes qui seraient placés sur les différents points de la surface de l'Europe [1]. »

Tels étaient les projets que le couteau de Ravaillac, instrument des Jésuites et de la maison d'Autriche, vint interrompre et réduire à l'état de rêves et de vagues souvenirs.

« La fantaisie, comme on le voit, occupe une grande place dans les idées politiques du roi de la *poule au pot*. La vie entière de cet homme démontre qu'il était dépourvu de toute espèce de principes. Aussi admet-il arbitrairement et confusément l'hérédité, l'élection, la monarchie, la république, l'unité, la fédération, et n'a-t-il aucun souci des limites géographiques, des distinctions de races et de langues, des aspirations les plus légitimes et des droits les plus sacrés des peuples. On ne saurait d'ailleurs demander tout cela à un despote du XVIe siècle, ni d'aucun temps. Ce dont il est permis de louer le quatrième Henri de France, c'est d'avoir, le premier peut-être, introduit l'idée de la fondation des Etats-Unis d'Europe, idée dont la réalisation accomplie dans les formes propres de la liberté, du

---

[1] Frédéric Ancillon, *Tableau des révolutions de l'Europe*. Voir aussi Sully, *Œconomies royales*, édition Petitot, t. IX, pages 18 et suivantes.

droit et de la justice, fera la gloire de la démocratie du XIXᵉ siècle, et d'avoir pensé que la guerre pouvait devenir inutile ou impossible. Quant au reste de son plan, s'il eût jamais pu être mis en œuvre, il eût à coup sûr présenté, dans son ensemble et dans ses détails, un spectacle plus grotesque même que celui de l'ancienne confédération germanique dont l'année 1866 a vu la fin piteuse.

« Il faut aussi savoir gré à Henri IV d'avoir instinctivement senti que la place des Turcs n'est pas en Europe, d'avoir compris pareillement que les Russes, s'ils leur sont supérieurs, n'occupent pas toutefois dans l'échelle de la civilisation le même rang que les nations européennes, et d'avoir projeté de laisser Slaves et Tatars en dehors de son plan d'Etats-Unis [1]. »

On peut remarquer plus d'un point de ressemblance entre l'utopie de Henri IV et celle de la Sainte-Alliance : l'ignorance et le mépris des droits et des besoins des peuples, l'absence de toute science, la recherche d'un équilibre européen tout à fait arbitraire et artificiel, le morcellement de l'Italie, l'union de la Hollande et de la Belgique, l'étiquette pompeuse de la liberté, chose si rare dont le nom est si commun.

Mais il y a une vérité incontestable qui ne pouvait venir à l'esprit des diplomates de la Sainte-Alliance, pas plus qu'à celui du roi Henri, c'est que la disparition des dynasties, dont les intérêts sont opposés à ceux des peuples et provoquent la plupart des guerres qui affligent le monde, peut seule, en supprimant la principale cause des dissensions internationales, amener et rendre définitif l'établissement de l'Union européenne.

On ne saurait s'imaginer, en effet, la fédération, la vie commune d'Etats monarchiques, absolus ou constitutionnels, avec des Etats démocratiques. Tout au plus peuvent-ils former des alliances fugitives, mensongères et sans racines, nouer des coalitions tantôt contre celui-ci, tantôt contre celui-là, au mépris de tous les principes : jamais des éléments aussi disparates ne composeront une association homogène, harmonique et durable. Travailler à la création des Etats-Unis d'Europe, c'est donc travailler en même temps au développement de la liberté et de l'égalité des peuples, par l'accroissement et la bonne assiette de l'autonomie communale [2] et par l'atténua-

---

[1] Eug. Gellion-Danglar, *Droit international. — L'Europe et la Porte Ottomane. — Question des Capitulations*, 2ᵐᵉ Partie, Ch. XIII. (*Moniteur des intérêts matériels*, Bruxelles, 10 mars 1870.)

[2] Il s'agit, bien entendu, de l'autonomie purement administrative et nullement politique des communes. Et, quand nous parlons de la bonne assiette de cette au-

tion corrélative de l'élément gouvernemental; c'est travailler à la paix générale, effet et cause à la fois d'un pareil état de choses; c'est travailler enfin à la gloire véritable des nations et au bonheur de l'humanité.

Les terribles événements des années 1870 et 1871 nous ont rejetés bien loin de cet idéal. Mais nous croyons que rien n'est perdu pour être retardé.

Peut-être avons-nous déjà prononcé les mots d'*Union européenne*, d'*Etats-Unis d'Europe*. Ils reviendront quelquefois sous notre plume. Il ne nous semble pas hors de propos de nous expliquer à ce sujet.

Par cette expression, dont on a singulièrement abusé comme de celle de « fédération », nous n'entendons point que les nations si diverses de l'Europe doivent se fondre et s'amalgamer en un tout uniforme, unicolore, où viendrait se noyer la vie originale des peuples et qui ferait disparaître jusqu'au nom même du patriotisme le mieux compris, le plus vrai, le plus sacré. Nous n'admettons pas davantage en ce qui concerne notre pays la « fédération » stérile, absurde, utopique des communes de France que dans un accès de folie furieuse des sectaires inintelligibles à eux-mêmes et, derrière eux, une foule aveugle et inconsciente ont prétendu substituer par le fer et le feu à la République une et indivisible. Non : nous respectons l'unité nationale de chaque peuple constituée selon le génie de ce peuple; et entre celles des nations européennes que leur génie amène ou amènera graduellement à la forme démocratique, nous croyons possible et nous espérons l'établissement d'une fédération qui n'entame en rien ni leur indépendance, ni leur originalité, ni leur sphère légitime et naturelle d'action; nous croyons possible et nous espérons la conclusion d'une alliance fraternelle basée sur le consentement libre de chacune et sur la reconnaissance mutuelle de leurs droits respectifs, et destinée à remplacer l'équilibre faux et instable, que déplacent à chaque instant les hasards et les violences de la guerre, et sous le funeste empire duquel l'Europe gémit depuis plus de trois siècles et demi.

Le but et l'œuvre de la Sainte-Alliance étaient tout autres. On ne doit voir en elle qu'une ligue des rois contre les peuples sous la bannière du christianisme, une conspiration permanente de l'abso-

---

tonomie. nous comprenons qu'elle sera établie graduellement selon les progrès de l'éducation civique des habitants, et corrélative de l'application du principe de l'instruction primaire obligatoire et laïque et des développements successifs de cette application.

lutisme clérical et militaire contre l'esprit moderne, c'est-à-dire contre l'esprit de liberté, d'égalité, de vérité, de justice, contre la nature elle-même.

Un écrit du temps que nous avons déjà cité [1] vient à l'appui de la thèse que nous soutenons ici, sans toutefois s'appuyer sur des doctrines aussi tranchées et aussi précises que les nôtres : « Parmi les éloges, y est-il dit, prodigués aux intentions présumées des auteurs de la Sainte-Alliance, on juge bien qu'il a dû se mêler aussi des observations critiques, soit sur la forme, soit sur le fond de ce merveilleux contrat. Les hommes qui l'ont considéré comme la fondation d'un *nouveau droit public*, ont regretté que ce système n'eût pas reçu plus de développement, et ils se persuadent qu'il y a des articles secrets explicatifs des articles patents. D'autres n'ont pas dissimulé qu'ils trouvaient dans la rédaction de l'acte un caractère exclusif et menaçant.

« L'alliance est en effet exclusive, puisque les puissances chrétiennes peuvent seules y être admises; et on a vu déjà que de plus elle portait avec elle, même en ce qui concerne la chrétienté, des exclusions nécessaires et inévitables.

« Elle est menaçante d'abord pour tous les gouvernements qui ne sont pas appelés à en faire partie; mais, ce qui n'est pas moins digne d'une sérieuse attention, elle est surtout menaçante pour les peuples, en ce qu'elle semble être, non une alliance *d'État à État*, mais une alliance de monarque à monarque, puisqu'elle fortifie la puissance particulière de chacun des princes contractants à l'égard de la nation qu'il gouverne, de la puissance collective de tous les alliés. Il y a des hommes, et en assez grand nombre, aux yeux desquels c'est là tout le secret de l'alliance, tout le but des rois, toute leur pensée. A les en croire, la Sainte-Alliance serait comme une sorte de *carbonarisme* pour les cabinets. L'interprétation est grave : je l'indique sans appuyer sur son importance. Le sens qu'elle présente, une fois aperçu, ne peut pas être oublié. L'alliance porte, article 1er : *Les trois monarques se prêteront en toute occasion et en tout lieu assistance, aide et secours*. Quoi! se sont écriées quelques personnes, *en toute occasion?* Sans doute autant que le permettra la morale chrétienne; mais qui en sera juge? *En tout lieu?* Quoi! même dans les Etats l'un de l'autre, dans leurs capitales respectives? A peine alors on osait entrevoir ce que ce mot *en tout lieu* pouvait avoir d'étendue. Les évènements nous l'ont appris…

[1] *Les Cabinets et les Peuples depuis 1815 jusqu'à la fin de 1822* par M. Bignon.

FIN DE LA RESTAURATION 17

« .... En s'occupant à rechercher le but de la Sainte-Alliance, on n'a pas négligé de remarquer quelles sont les puissances qui ont accédé à cet acte, et quelles sont les formes de cette accession. Les discussions qui eurent lieu dans le parlement d'Angleterre, et le regret exprimé par le prince régent de ne pouvoir devenir partie

Dumouriez et le duc de Chartres (Louis-Philippe) à Jemmapes (page 24).

intégrante de l'alliance, en raison des principes de la constitution britannique qui s'y opposent, sont d'honorables monuments tant de la vigilance du parlement, que du respect du prince pour la loi de son pays. L'existence d'un gouvernement représentatif en France paraissant rendre la position du monarque français la même que

3º Liv.

celle du prince régent d'Angleterre, l'accession du gouvernement français à la Sainte-Alliance, en novembre 1815, dut causer quelque surprise. Des journaux allemands qui n'étaient pas encore privés de toute liberté, se permirent à cet égard de sévères réflexions [1]..... »

En renouvelant, après dix ans, l'accession des Bourbons au pacte absolutiste formé par les souverains de Russie, d'Autriche et de Prusse, Charles X aggravait, sans motif et sans excuse, la coupable et funeste politique de son frère. La haine de la nation française n'était pas moins forte contre les tyrans de l'Europe que contre la dynastie bourbonnienne, et la Révolution de juillet 1830, se fit autant contre la Sainte-Alliance que contre Charles X et sa famille.

## III

Règlement de la liste civile. — Discussion relative à l'apanage de la famille d'Orléans : Bazire, de Berthier.

La session une fois ouverte, le premier souci du Ministère fut de présenter aux Chambres un projet de loi fixant le chiffre de la liste civile à vingt-cinq millions par an et celui de la rente viagère des princes à sept millions. Avec les revenus des domaines de la couronne, la liste civile de Charles X montait à près de cinquante millions.

L'article 4 de ce projet de loi portait :

« Les biens restitués à la branche d'Orléans, en exécution des ordonnances royales des 18 et 20 mai, 17 septembre et 7 octobre 1814, et provenant de l'apanage constitué par les édits des années 1661, 1672 et 1692, à Monsieur, frère du roi Louis XIV, pour lui et sa descendance masculine, continueront à être possédés aux mêmes titres et conditions, par le chef de la branche d'Orléans, jusqu'à extinction de sa descendance mâle, auquel cas ils feront retour au domaine de l'État. »

Personne ne s'éleva contre le chiffre de vingt-cinq millions affecté à la liste civile. Nous nous trompons : de vils courtisans, prodigues de la substance de la nation, n'eurent pas honte de regretter hautement que la somme ne fût pas plus élevée, « attendu, dit M. de Vaublanc, rapporteur de la commission, l'augmentation de toutes

---

[1] Pages 42 — 46, *passim*.

les denrées depuis trente-trois ans que la liste civile avait été fixée, pour la première fois, à 25 millions. » M. de La Bourdonnaye osa contester au roi le droit de renoncer en faveur de l'État aux quatre millions qu'il touchait en qualité de comte d'Artois, et soutenir que cet apanage devait être reversé sur la tête du Dauphin. M. de Bouville se plaignit qu'on eût chargé la liste civile de payer les six millions absorbés par les frais de l'enterrement de Louis XVIII et du sacre de Charles X.

L'article 4 souleva une opposition plus sérieuse, aussi bien du côté droit de la Chambre que du côté gauche. La France libérale eut lieu de s'étonner de voir le général Foy figurer parmi les défenseurs du projet et venir en cette occasion au secours du Ministère. Les coups les plus vifs furent portés à la proposition par Bazire, député de la Côte-d'Or, qui demanda un ajournement. Or, d'après les dispositions de la Chambre, il était évident qu'un ajournement équivalait à un rejet.

« Le duc d'Orléans, dit Bazire, a perdu par des lois intervenues, qui ne sont pas encore abolies, l'apanage réel qui avait été donné au chef de sa maison, Monsieur, frère de Louis XIV. Le monarque, à la restauration, lui en avait fait remise. Je m'incline avec respect devant ce grand acte de la munificence royale, que je n'entends ni contester ni attaquer. Mais les ministres nous demandent de le sanctionner par une loi; ils ajoutent qu'il leur a paru convenable de demander cette sanction législative au moment où les Chambres allaient s'occuper de la liste civile. Il m'est difficile de concevoir la nécessité ou l'opportunité de mêler à la loi cet objet particulier.

« Le prince que cet article intéresse ne participe pas à la liste civile, il y est même tout-à-fait étranger. Nous avons donc le droit d'attendre qu'on nous dise les véritables motifs qui ont fait intercaler cet article dans une loi qui ne semblait pas le demander... Je ne voudrais pas soupçonner qu'on l'a mis dans le projet afin de le faire passer avec plus de facilité en si bonne compagnie. »

Un membre de la droite, de Berthier, répondant au ministre de Villèle et au général Foy, mit le doigt sur la plaie de l'Orléanisme qui menaçait de s'étendre et de dévorer la légitimité. Il rappela la coutume funeste des Mérovingiens, de partager non-seulement les biens de la couronne, mais la couronne elle-même entre leurs héritiers; la force et la puissance que d'immenses apanages avaient données aux maisons rivales de Bourgogne et d'Orléans, et les luttes interminables dont les factions des Bourguignons et des Armagnacs avaient ensanglanté le pays. On ne pouvait plus clairement désigner le rôle qui semblait de nouveau dévolu à la maison d'Orléans sous la royauté des Bourbons restaurée.

Le roi, dans son zèle aveugle pour l'inviolabilité du droit divin et son amour pour des immunités monarchiques et féodales, ne vit point le danger ou n'en voulut point tenir compte. Il se montra profondément blessé des attaques dont l'article 4 du projet de loi était l'objet, et n'hésita pas à faire parler et à parler lui-même aux députés de la droite les plus opposés à l'adoption de cet article pour les déterminer à faire acte de déférence à la volonté royale. Deux cent soixante-dix-huit voix contre vingt-cinq répondirent à cet appel pressant et le projet fut adopté dans son entier.

## IV

Ce que c'est que l'Orléanisme. — Dumouriez et le duc de Chartres en 1793.

Qu'était-ce donc que l'orléanisme, la branche d'Orléans, le duc d'Orléans ?

Personne ne contestera que le jésuitisme ne soit bien antérieur dans le monde à l'établissement de la *Compagnie de Jésus*.

Les Déjocès, les Cylon, les Pisistrate, et tant d'autres ont donné à l'antiquité des exemples de césarisme bien avant César.

Nous permettra-t-on de dire sans nous accuser de trop de subtilité que l'orléanisme n'a point attendu pour se produire l'existence de la maison d'Orléans ?

L'orléanisme c'est le *mezzo termine*, l'éclectisme, oiseau et souris, ni ceci ni cela ou tous les deux ensemble. Solon d'Athènes fit une constitution orléaniste, mélange adultère d'oligarchie et de démocratie fondé sur le culte des intérêts matériels et prenant le cens pour critérium et pour base de la capacité politique [1]. Pompée et Cicéron furent des orléanistes romains.

---

[1] Solon ignorait comme bien des législateurs anciens et modernes, qu'en politique le mélange est impossible et que, loin de tempérer la démocratie par l'aristocratie, on ne fait qu'écrire dans la constitution où on les place toutes deux le programme d'une bataille qu'elles se livreront nécessairement. Ajoutons que Solon basait son aristocratie sur le plus détestable et le plus inique de tous les fondements, sur la fortune, et qu'il privait ainsi l'état des services de toute une classe de citoyens dans laquelle il pouvait se rencontrer comme dans les autres des hommes d'intelligence et de génie, en déclarant ceux qui n'avaient pas 300 médimnes de revenu annuel incapables de remplir les emplois publics. Sa constitu-

En France la bourgeoisie, le tiers-état, une fois émancipé par la Révolution et constituant le tiers-parti, analogue au parti de la Côte dans l'Attique et à celui des Chevaliers dans Rome, devait s'incarner et s'adorer dans les princes d'Orléans. Ainsi naquit l'orléanisme, nom nouveau et français d'une chose ancienne et universelle.

Dans ses *Révélations historiques* publiées à Bruxelles en 1859, M. Louis Blanc a merveilleusement caractérisé les rapports intimes et le développement simultané de la bourgeoisie française et de l'orléanisme.

« La maison d'Orléans et la bourgeoisie ont grandi parallèlement et côte à côte dans notre histoire, s'appuyant l'une sur l'autre, frappées par les mêmes revers et profitant des mêmes circonstances.

« Au commencement du XVII$^e$ siècle, un homme de génie paraît, qui veut fortifier le principe monarchique. Mais jouet d'une force invisible qu'il sert par les efforts mêmes qu'il fait pour la combattre, cet homme ne cherche qu'à rendre la couronne pesante, sans songer que c'est par un fil qu'il la suspend sur la tête des rois. En croyant délivrer la royauté de ses ennemis, il lui ôte un à un tous ses soutiens. Il abat la féodalité militaire ; il épuise la bourse du clergé ; il met sous le pied d'un capucin cette forte noblesse que Louis XI reléguait dans l'antichambre de son barbier ; en un mot, il fait place nette pour la bourgeoisie.

« Eh bien, c'est ce même homme, c'est un des fondateurs de la puissance politique des bourgeois, c'est Richelieu, qui posa les premières assises du Palais-Royal, future demeure de la maison d'Orléans.

« Mazarin succède à Richelieu : la Fronde commence. De quoi s'agit-t-il ? Deux conseillers du parlement ont été arrêtés ; le parlement a pris feu contre la cour ; jaloux de la faveur du cardinal-ministre, les princes du sang ont tiré l'épée contre elle : l'ardent coadjuteur de Retz a parcouru tous les quartiers de Paris, soufflant partout l'agitation ; de là une fermentation générale, des émeutes, des *barricades ;* la cour fuyant de Paris et y rentrant pour en fuir et y rentrer encore ; une guerre civile enfin, jugée peu importante parce qu'on s'y bat principalement à coups de chansons et de bons mots. Mais quoi ! derrière ce parlement tracassier, et cette noblesse si visi-

---

tion bâtarde ne pouvait donc changer la situation d'Athènes et ne la changea pas en effet. Après dix ans d'absence, Solon retrouva les trois partis en lutte, ayant à leur tête : la Plaine, Lycurgue ; la Côte, Mégaclès ; la Montagne, Pisistrate. Les riches regrettaient leurs privilèges ; les pauvres voulaient l'égalité. N'est-ce pas là de l'histoire moderne, contemporaine ?

blement ameutée, et ce duc de Beaufort, proclamé *roi des halles, à cause de ses cheveux longs et blonds*, n'apercevez-vous rien de sérieux ? Ne voyez-vous pas apparaître en armes, sur la place publique, une puissance redoutable et nouvelle, la bourgeoisie ! Qu'importe le triomphe de la cour? Il s'est réduit à ramener dans Paris le petit Louis XIV. Les vaincus, ce sont ceux que Mazarin fait descendre par ce sombre escalier du Palais-Royal ; c'est un prince de Condé, c'est un prince de Conti, c'est un duc de Longueville : des nobles. Pour ce qui est de la bourgeoisie, à travers tous ces troubles, elle a fort bien appris ce qu'elle pouvait; deux mille pamphlets ont pour jamais fait justice du mystérieux prestige de la royauté, et suivant l'expression du coadjuteur de Retz, on a enfin *levé le voile !*

« La Fronde, ainsi considérée, n'est pas seulement une escarmouche, c'est le commencement de la grande bataille que la bourgeoisie va livrer à la vieille royauté. Il faut donc un chef à cette bourgeoisie : elle va le trouver dans la maison d'Orléans.

« La rivalité des deux branches de la famille royale avait commencé au berceau même de Louis XIV. Anne d'Autriche l'avait si bien pressentie, cette rivalité, qu'elle aimait à faire paraître devant les courtisans, Philippe, habillé en femme, à côté de Louis, vêtu en roi. Et de son côté, Mazarin ne manquait pas de dire au précepteur de Philippe : « De quoi vous avisez-vous de faire un habile homme « du frère du roi? » Or, après la Fronde, la séparation devient parfaitement tranchée. Le palais bâti par Richelieu passe à la maison d'Orléans. La lutte ne tardera pas à s'engager. D'un côté Louis XIV; de l'autre, Philippe, chef de la maison d'Orléans; d'un côté, la noblesse, qui s'affaisse sur elle-même autour d'un vieux trône; de l'autre, la bourgeoisie, qui se fortifie et s'élève autour d'une jeune dynastie; d'un côté, les Tuileries, de l'autre, le Palais-Royal.

« Un jour, on apprend qu'une grande victoire vient d'être remportée à Cassel : « Vive Monsieur, qui a gagné la bataille! » crie de toute part la bourgeoisie parisienne. Louis XIV ne peut se consoler de ce triomphe; et son frère, pour avoir prouvé qu'il savait gagner des batailles, perd le droit de commander des armées.

« Du duc d'Orléans, l'envie s'étend à son fils. La prise de Lérida par ce jeune homme jette la consternation à la cour. C'est peu : dans l'espace d'une année, le Dauphin meurt, le duc de Bourgogne meurt, la duchesse de Bourgogne meurt, son fils aîné meurt : la mort vient faire autour de la vieillesse de Louis XIV une solitude immense et désolée. Quel est cet effroyable mystère ? où trouver le meurtrier ? Le duc d'Orléans n'est pas coupable ; on l'accuse cependant ; car, de même qu'au sein de la société il y avait deux forces en présence, la noblesse et la bourgeoisie ; de même, au haut de la société, il y avait deux trônes en présence, celui de la branche aînée et celui de la branche cadette.

« En effet, Louis XIV expire : il laisse des enfants, on les repousse ; un testament, on le déchire. Qui ? Le duc d'Orléans. Au moyen de qui ? Au moyen du parlement. Avec l'appui de qui ? Avec l'appui de la bourgeoisie....

« .... Voyez quel pas immense fait la bourgeoisie pendant cette régence d'un duc d'Orléans ! C'est un duc d'Orléans qui fait aboutir à la cour ce terrible levier de la banque avec lequel la bourgeoisie soulèvera la société ; c'est sous un duc d'Orléans que la bourgeoisie commence à comprendre la puissance de ces capitaux et de ce crédit que seule elle possède ; et c'est sous un duc d'Orléans que la noblesse avilie court agioter, dans la rue Quincampoix, entre des filles de joie et des laquais.

« J'arrive à Philippe-Égalité. Ici la lutte entre la branche aînée et la branche cadette emprunte aux circonstances un caractère terrible. Lisez jusqu'au bout la liste des votes qui ont fait mourir Louis XVI sur un échafaud !

« Pour mieux marquer son alliance avec cette bourgeoisie, alors si entreprenante et si inquiète, le duc d'Orléans transforme son château en bazar ; il jette sur la boutique les fondements de son trône futur ; il permet d'élever, entre le jardin du Palais-Royal et la cour d'honneur, ces hangars en planches qui formèrent ce qu'on appela d'abord le *camp des Tartares*, puis les *galeries de bois*. C'est dans ce monument bizarre, moitié *marchand* moitié *royal*, que sera proclamée plus tard la *royauté bourgeoise !*

« C'est là qu'on venait parler politique ; là qu'on se réunissait pour protester contre la triple tyrannie de la royauté, de la noblesse et du clergé ; c'est de là, enfin, que la foule partit un beau jour pour promener dans Paris le buste de Necker, le premier ministre que la bourgeoisie ait eu en France.

« Le 10 août fut le signal d'une immense réaction. La révolution faite au nom du peuple devait essayer de supplanter la révolution faite au nom de la bourgeoisie. Aussi un mandat d'arrestation fut-il lancé contre le duc d'Orléans par le Comité de sûreté générale. Ce prince perdit la vie, et son palais fut confisqué dans le même temps où le peuple prenait possession pour son propre compte de la place publique.

« En 1814, l'Empire, qui avait étouffé la réaction populaire, succombait lui-même sous les efforts de la bourgeoisie, et le Palais-Royal s'ouvrait à l'héritier des ducs d'Orléans[1]... »

Tel était le rôle qu'avait joué depuis près de deux siècles la famille d'Orléans dans l'histoire de France. On comprend que les royalistes purs, les légitimistes, ne pussent le lui pardonner. A un autre point de vue, les républicains sincères et conséquents ne pouvaient davantage approuver la conduite tenue par Philippe-Égalité et surtout par son fils pendant la Révolution.

Le personnage du père, comme le fait remarquer avec beaucoup de justesse, M. Louis Blanc, fut, en somme, assez effacé. « Usé de bonne heure, lassé de tout et de la vie, Philippe-Egalité eut le désintéressement de l'indifférence, capable d'être ambitieux, peut-être, si l'ambition n'eut été qu'un amusement; mais c'est une fatigue ! Aussi, que d'efforts ne tentèrent pas pour lui donner une couronne à désirer, les Mirabeau, les Laclos, les Sillery, en un mot les orléanistes ! Lui, il crut que c'était faire bien que laisser faire, et on put lui reprocher avec raison de *n'être pas de son parti*[2]. »

Il en fut tout autrement du fils. Louis-Philippe, duc de Chartres, avait fait avec Dumouriez la campagne de l'Argonne et avait pris part à la canonnade de Valmy et à la bataille de Jemmapes. La défaite de Neerwinden précipita, comme on sait, la résolution où était Dumouriez de marcher sur Paris pour y rétablir la constitution de 89 et de la monarchie au profit du duc de Chartres. Le rêve réalisé en 1830 avait donc été caressé pendant trente-huit ans ! Le traître convint d'une suspension d'armes avec Cobourg et lui promit de lui livrer la ville de Condé, sous les murs de laquelle il lui avait donné rendez-vous. Lille et Valenciennes fermèrent leurs portes à Dumouriez (1er avril 1793). La Convention, avertie du péril, avait mandé le coupable à sa barre et lui avait envoyé quatre députés et le ministre de la guerre pour lui signifier le décret. Il refusa de s'y soumettre; déclaré par les commissaires déchu de ses fonctions, il les fit arrêter (2 avril) et les envoya à Tournay, entre les mains des Autrichiens. Après cela, il adressa une proclamation à son armée, à

---

[1] Louis Blanc, *Révélations historiques*, en réponse au livre de lord Normanby intitulé *A gear of revolution in Paris*. — Bruxelles, Méline, Cans et Cie, éditeurs, 1859, 2 vol. in-12. — Pages 22-26.

[2] Ibid., page 21.

laquelle il annonça son dessein de restauration monarchique. Il se disposait à rejoindre Cobourg devant Condé, lorsqu'une attaque des volontaires soulevés contre sa trahison le força de se réfugier dans le camp ennemi. Le lendemain, il fit, sous main, une tentative pour entraîner les soldats de la République Française dans sa défection,

Le général Foy à la tribune (page 28).

et dut retourner dans l'armée autrichienne avec son candidat au trône, le duc de Chartres, alors âgé de vingt ans, son état-major et un petit nombre de hussards (4 avril).

Louis-Philippe d'Orléans, qui avait quitté la France en se rendant complice d'une trahison dont il comptait profiter si elle eût réussi, n'y rentra qu'en partageant avec la branche aînée des Bourbons l'infamie de marcher à la suite de l'invasion. L'habileté de sa conduite subséquente, singulièrement rehaussée par la violence et l'ineptie du gouvernement de Charles X, diminua ce vice originel aux yeux de la masse bourgeoise et n'arrêta point ses partisans plus éclairés, mais étrangers à toute espèce de scrupules.

À peine le duc d'Orléans venait-il de voir confirmer la restauration de ses apanages par un article de loi, qu'il repêcha encore une part de quatorze millions dans le vote de l'indemnité accordée aux émigrés.

## V

Projet de loi portant création en faveur des émigrés de trente millions de rentes à trois pour cent : Martignac, Labbez de Pompières, Méchin, le général Foy, La Bourdonnaye, Duplessis de Grenedan. — Un article de la *Gazette ecclésiastique de la Haute-Garonne*. — Vote de la loi par les deux Chambres. — L'émigration n'est pas satisfaite.

La discussion s'ouvrit à la Chambre des députés le 17 février 1825 sur un projet de loi présenté par Villèle et en vertu duquel il était créé, en faveur des propriétaires de biens-fonds confisqués et vendus au profit de l'Etat par suite des lois sur les émigrés, les déportés et les individus qui avaient été condamnés révolutionnairement, trente millions de rentes nouvelles à trois pour cent, représentant un capital d'un milliard; l'émission de ces rentes devait s'effectuer par cinquièmes, d'année en année, à partir de juin 1825.

L'Opposition de gauche avait en vain essayé de faire ajourner les débats jusqu'après le vote des comptes de 1823 et du budget de 1826, afin de voir si, comme le gouvernement le prétendait, la situation financière de la France était assez prospère pour qu'il fût permis de grever l'avenir d'une telle charge. Battue de ce côté, elle demanda qu'au moins les députés directement intéressés dans la question se récusassent. Elle ne put obtenir cela des trois cent vingt anciens privilégiés et des deux cent soixante fonctionnaires qui remplissaient la Chambre. Trente orateurs se firent inscrire pour soutenir le projet; vingt-quatre pour le combattre.

Martignac, futur ministre libéral de l'avant-dernière heure, vint d'abord développer la proposition, chercher à la justifier et s'efforcer d'en prouver la légalité, la nécessité, l'opportunité et le caractère à la fois bienfaisant et politique.

Labbey de Pompières lui répondit le premier. Parlant de la confiscation dont les biens des émigrés avaient été frappés : « Elle eut, dit-il, deux motifs, l'un de fournir à des besoins pressants et que chaque jour voyait renaître ; l'autre de priver d'une partie de leurs ressources ceux qui déchiraient la patrie : et quelle est la puissance qui se refuse à enlever à son ennemi ses moyens d'attaque? Ce fut donc un acte de conservation et non un acte de vengeance. On a prétendu que les émigrés seuls avaient tout perdu ; que les créanciers de l'État, les négociants, les capitalistes, n'ont éprouvé qu'une perte partielle. Non, ils perdirent beaucoup, ils perdirent tout, mais ils restèrent fidèles à la patrie : *inde mali labes.*

« Les émigrés ont tout perdu! fiction mensongère que les listes d'électeurs ont dissipé depuis longtemps. A l'exception de quelques émigrés de province, qui n'auront qu'une faible, et peut-être aucune part à l'indemnité ; à l'exception de ceux dont toute la fortune était mobilière, et que la loi, invoquée au nom de la justice, repousse ; à l'exception des cadets de famille qui n'avaient que la cape et l'épée, tous, ou leurs héritiers, sont électeurs ; tous, ou presque tous, sont des grands collèges ; tous, ou presque tous, sont éligibles.

« On veut, dit-on, faire disparaître la défaveur attachée au titre des nouveaux propriétaires ; mais jamais possession ne fut plus légitime. Si la possession d'un bien confisqué est illégitime, quel est le champ exempt de cette tache? quelle est la terre qui n'en fut pas atteinte depuis la confiscation prononcée contre Robert d'Artois, ou seulement depuis le connétable de Bourbon jusqu'à nos jours. »

Méchin fit valoir d'autres arguments : « La loi doit rendre à l'acquéreur des biens confisqués la considération qui le fuit, et la nation, au moyen des dommages et intérêts qu'elle va payer, sera *absoute* de la révolution. Le mot n'est pas trop fort, il révèle le fond de bien des pensées. C'est donc un procès qu'on intente : la gloire militaire et la gloire industrielle sont mises en cause ; la France intérieure est appelée à compter avec ce que l'on a longtemps nommé la France extérieure ; il y a procès, puisqu'il y a défendeur et demandeur, puisque l'issue du procès est une condamnation à la somme d'un milliard.

« Vous êtes juges dans ce grand débat : juge, ma première pensée a dû être d'examiner ma position personnelle. Je ne suis ni détenteur de biens confisqués, ni prétendant à l'indemnité ; je puis donc prendre place. S'il en était autrement, je m'abstiendrais. Produit des élections de 1824, député septennal par l'effet de ma propre délibération, je ne voudrais pas qu'une boule, tombant dans l'urne, se changeât pour moi en un coupon de rentes, et je craindrais qu'on dît de moi un jour, ce que Pascal met dans la bouche d'un proviseur de Sorbonne : « Nous avons fait entrer tant de cordeliers, tant de « cordeliers, qu'enfin nous l'emporterons; car il est plus aisé de « trouver des cordeliers que des raisons. »

Le général Foy fut mieux inspiré dans la discussion de cette question que dans celle du projet de loi sur les apanages. Déjà, dans la séance du 26 janvier précédent, il avait présenté à la Chambre une pétition en faveur des membres de la Légion d'honneur privés depuis longtemps de leur traitement, et il s'était écrié : « S'il n'était question, pour les pétitionnaires, que d'un acte de simple munificence, je m'adresserais à votre honneur et à votre délicatesse, et je vous dirais qu'au moment du splendide festin que vous allez servir aux émigrés, il serait bien de laisser, du moins, tomber quelques miettes de pain sur de vieux soldats mutilés, réduits à l'infortune, qui ont porté jusqu'au bout du monde la gloire du nom français. Mais ce n'est pas, Messieurs, un acte de munificence que je réclame, c'est l'acquittement de la dette la plus sacrée, la plus positive, la mieux écrite dans les lois. » Foy avait demandé le renvoi de la pétition au président du conseil; Villèle s'y était opposé, et, naturellement, la Chambre avait passé à l'ordre du jour.

Dans les débats sur l'indemnité à payer à l'émigration, le général Foy s'exprima en ces termes :

« Le droit et la force se disputent le monde : le droit, qui institue et qui conserve la société ; la force, qui subjugue et pressure les nations. La loi qu'on nous propose a pour objet de verser l'argent de la France dans les mains des émigrés. Les émigrés ont-ils vaincu?... Non ! Combien sont-ils? Deux contre un dans cette Chambre, un sur mille dans la nation ! Ce n'est donc pas la force, c'est le droit seul qu'ils peuvent invoquer. Aussi disent-ils, avec les ministres, que le droit de propriété a été violé à leur égard.

« Qu'est-ce que le droit? C'est, pour les actes des gouvernements comme pour ceux des particuliers, la conformité à ces lois positives et à ces principes d'éternelle justice qui sont la base des lois de tous les pays. Ces lois, on les a citées à cette tribune, et, devant elles, il n'y a que deux questions à résoudre : l'émigration fut-elle volontaire ou forcée? Qu'allèrent demander les émigrés aux étrangers?

« Interrogeons les partisans eux-mêmes du projet de loi sur la première question; ils diront que la grande émigration de 1790 et 1791, celle qui forme à elle seule les neuf dixièmes de l'émigration totale, a été volontaire; ils le diront parce que c'est la vérité, et parce que déclarer que l'émigration aurait été forcée, ce serait enlever à leur cause le mérite du sacrifice.

« A la seconde question : Qu'allaient demander les émigrés aux étrangers?. Ils répondront : La guerre !... La guerre à la suite de l'envahissement de la France ! La guerre sous des chefs et avec des soldats dont ils n'eussent pu maintenir, après la victoire, l'ambition et la colère !

« Messieurs, il est dans ma nature de chercher des motifs généreux à la plupart des mouvements qui se font d'entraînement et d'enthousiasme; mais les nations ont aussi l'instinct et le devoir de leur conservation. Toutes, et toujours, aujourd'hui comme autrefois, elles ont combattu, elles combattent encore l'émigration chez l'ennemi des peines les plus terribles dont leurs Codes soient armés. Ainsi le veut la loi de la nature, la loi de la nécessité; et, si cette loi n'existait pas, il faudrait l'inventer au jour des calamités de la patrie; la nation qui dérogerait à ce principe de vie et de durée ne serait plus une nation, elle abdiquerait l'indépendance, elle accepterait l'ignominie, elle consommerait sur elle un détestable suicide...

« Nous ne faisons qu'entrer dans la carrière des indemnités; la loi va constituer les émigrés créanciers du pays pour la valeur de leurs biens vendus; mais, comme cette valeur ne leur est pas payée intégralement, la créance demeurera toujours menaçante, et d'autant plus menaçante, que les créanciers sont fortifiés sur les sommités sociales et dans tous les grands postes du pouvoir. Or, où se trouve l'hypothèque naturelle de la créance, si ce n'est sur les domaines qui en sont la cause permanente? Quel propriétaire dormira en paix sous le poids de pareilles hypothèques et vis-à-vis de pareils créanciers ? L'indemnité ne procurera donc aucun des biens que l'esprit de conciliation en attendait. Je n'y vois que désordres dans le présent et troubles dans l'avenir. Ce n'est pas moi qui m'associerai à cette œuvre de malheur. Je vote contre le projet de loi. »

Il y a toujours des gens plus royalistes que le roi et plus catholiques que le pape. On l'avait vu dans les débats du projet relatif à la liste civile; on le vit dans ceux de la proposition d'indemnité. Le même La Bourdonnaye vint faire opposition à la loi présentée par le Ministère, en accusant d'insuffisance la réparation offerte aux émigrés : « On invoque, osa-t-il dire, l'article de la Charte qui garantit les ventes de biens nationaux ; mais cet article n'a été et ne pouvait être qu'un acte conservatoire, une simple mesure politique qui peut, à la rigueur, garantir aux acquéreurs la possession des immeubles portés sur leurs contrats, mais non leur conférer un droit de propriété, droit qu'ils ne sauraient tenir que de l'accomplissement des conditions imposées à la cession de toute propriété pour cause d'utilité publique, c'est-à-dire à la condition d'une juste et préalable indemnité. De deux choses l'une, d'ailleurs : ou les prétendues assemblées nationales de la Révolution étaient illégales, et, dans ce cas, tous leurs décrets ne sont que des actes de violence, frappés de nullité, qui ont pu dépouiller les émigrés de fait, mais non de droit ; ou bien elles étaient légales, et les émigrés légitimement dépouillés se trouvent dès lors sans titre à la moindre indemnité,...

« Le projet ministériel trompe toutes les espérances ; en même temps qu'il n'accorde pas assez aux émigrés pour les satisfaire et pour tranquilliser les acquéreurs de leurs biens, il leur donne cependant beaucoup trop encore pour ne pas irriter les adversaires de toute indemnité. Ce projet n'est qu'une déception ; il semble n'avoir qu'un but, mettre aux mains d'un seul homme la disposition de la fortune publique et des fortunes privées, sans responsabilité, sans contrôle, comme sans appel à une autre autorité que la sienne. Je propose de le renvoyer à un nouvel examen de la commission, en adjoignant à celle-ci un certain nombre de nouveaux membres. »

Le discours de La Bourdonnaye n'avait pas de conclusion précise : Beaumont conclut le sien par ces paroles : « Que faudrait-il donc faire pour satisfaire à tous les vœux ? Rendre à chacun ce qui lui appartient : les biens aux émigrés, l'indemnité aux acquéreurs. »

Duplessis de Grenedan alla plus loin encore : « L'article 9 de la Charte, dit-il, porte : Toutes les propriétés *sont* inviolables ; mais il ne dit pas *seront* inviolables ; et, si l'on recherche son sens vrai, on voit qu'il ne peut l'entendre que des propriétés *légitimement* acquises. Il serait trop absurde d'interpréter une loi de manière qu'on pût en induire que les propriétés sont inviolables, *même quand elles sont volées*. Dans tout l'article, le mot *légitime* est sous-entendu, et son véritable sens est celui-ci : toutes les propriétés *légitimes* sont inviolables, les propriétés dites nationales comme les autres ; elles sont assurées à l'acquéreur qui produira un titre légitime. » En conséquence, Duplessis de Grenedan proposait de restituer purement et simplement les biens vendus, sans dédommagement d'aucune espèce.

L'amendement Duhamel, qui devint l'article 22 de la loi et qui soumettait à un droit fixe de trois francs « l'enregistrement de tous les actes translatifs de propriété qui, dans les cinq années suivantes, pourraient intervenir entre les détenteurs actuels de biens confisqués pendant la Révolution et l'ancien propriétaire ou ses héritiers, » souleva les plus violents orages. Foy monta à la tribune et s'écria :

« Je propose la question préalable sur cet article; il viole l'article 2 de la Charte, qui établit l'égalité des charges entre tous les Français; il viole l'article 9, qui défend toute distinction entre les propriétés, quelle que soit leur origine. Vous faites de votre loi une déclaration de guerre, un instrument de haine et de vengeance... Ce n'est plus l'indemnité seulement que veut l'émigration; elle veut ravoir ses biens; elle veut les ravoir par l'influence ou par la force. Il nous reste un devoir à remplir. Les possesseurs de biens nationaux sont presque tous les fils de ceux qui les ont achetés. Qu'ils se souviennent que, dans cette discussion, leurs pères ont été appelés *voleurs* et *scélérats*. Qu'ils sachent que transiger avec les anciens propriétaires, ce serait outrager la mémoire de leurs pères, et commettre une lâcheté!... Oui, je le déclare ! ce serait de la part des fils des nouveaux propriétaires une véritable lâcheté! Ce serait convenir eux-mêmes que leurs pères furent des *scélérats* et des *voleurs !* Et si on essayait de leur arracher par la violence les biens qu'ils possèdent légalement, qu'ils se souviennent qu'ils ont pour eux le roi et la Charte, et qu'ils sont vingt contre un!.... »

La discussion, en dehors de la Chambre des députés, franchit les limites du grotesque. On peut lire dans un article publié par la *Gazette ecclésiastique de la Haute-Garonne* les lignes suivantes :

« N'est-il pas extraordinaire que, dans ces nombreuses pétitions qui ont paru au sujet de l'indemnité, on n'ait pas daigné dire un mot des pertes qu'ont essuyées les âmes du Purgatoire, par la spoliation entière de ce qui était nécessaire pour leur salut! Quelque graves que soient les conséquences de la confiscation des biens des émigrés, elles ne nous paraissent pas cependant comparables aux peines terribles qu'endurent journellement les âmes du Purgatoire, par la privation de leurs biens. Or, l'Etat s'étant enrichi de leurs dépouilles, il serait bien juste, ce nous semble, qu'on songeât à les indemniser, et qu'il leur accordât même le privilége sur toute autre demande, comme étant les plus faibles et les plus malheureuses. »

Après vingt-deux séances, dont quelques-unes furent tumultueuses, l'ensemble du projet passa, comme on devait s'y attendre, à la majorité de 259 voix contre 124, et fut porté aussitôt devant la Chambre des pairs. Un article, ajouté par la commission et garantissant formellement les droits des acquéreurs de biens nationaux qu'avait déjà reconnus la Charte, fut adopté avec le reste par l'assemblée héréditaire, qui vota la loi à une majorité de 159 voix contre 63. Ainsi modifiée, elle fut définitivement sanctionnée par un second vote des députés après une nouvelle discussion qui fut encore très-animée.

La Bourdonnaye avait exprimé à la tribune de la Chambre des députés les véritables sentiments de l'émigration. Elle était profondément mécontente. Le milliard qu'on lui jetait à dévorer n'était qu'une bouchée pour son avidité, et ne la remettait pas en possession de ses terres et de ses châteaux, dont les acquéreurs étaient derechef proclamés inviolables, en vertu de l'article 24 de la loi et de la Charte constitutionnelle du royaume. Ainsi le Ministère n'avait réussi à satisfaire personne et avait irrité l'opinion de la France libérale, de la grande majorité de la France, sans se faire approuver des incorrigibles ennemis de la patrie et de la liberté.

L'audace de la réaction cléricale alla plus loin encore.

## VI

Présentation d'une loi sur le sacrilége. — Discussion de la Chambre des pairs : Peyronnet, Molé, Châteaubriand, Bonald, Pasquier. — Vote de la loi. — Discussion de la Chambre des députés : Royer-Collard. — Vote de la loi. — Lutte de l'ancien régime contre le nouveau. — Origine et développement de ce qu'on appelle l'*esprit moderne*. — Vote d'une loi rétablissant les communautés religieuses de femmes.

Nous, libres-penseurs de la seconde moitié du dix-neuvième siècle, fils de quatre révolutions, nous sommes frappés de stupeur à la pensée qu'en 1825, si près de 93 et si près de nous, un gouvernement proposa et sut faire voter à deux Chambres françaises une loi sur le sacrilége. Il en fut pourtant ainsi, et les contemporains qui avaient conservé quelque notion des changements et des bienfaits

FIN DE LA RESTAURATION 33

dus à la Révolution purent aisément se figurer qu'ils assistaient à une résurrection fantastique du Moyen-Age et de l'Inquisition.

La loi odieuse, présentée d'abord à la Chambre des pairs, où vingt-sept membres ultra-catholiques venaient d'être introduits par

Chateaubriand.

le Ministère, définissait le sacrilége, « la profanation des vases sacrés et des hosties consacrées, » et prononçait la peine de mort contre cette profanation commise publiquement ou sur des vases renfermant les hosties consacrées. De plus, la profanation volontaire, inspirée par la haine ou le mépris de la religion, était punie de la peine du parricide qui joignait la mutilation préalable de la main droite à la décollation.

Peyronnet, garde des sceaux, argua pour demander l'urgence « du grand nombre de vols sacriléges qui se commettaient dans les diverses parties du royaume. » On en comptait, d'après une statistique qu'il invoqua, 538 depuis le mois de mai 1821. Il vanta, dans son exposé, la douceur et la bienveillance de la loi! « Vos délibérations seules, dit-il en terminant aux membres de la Chambre, pourront nous apprendre si nous avons atteint le but qui nous était proposé; si nous avons rendu à la religion et à la société ce qui leur est dû, sans imposer de trop grands sacrifices à l'humanité; si nous avons rencontré cette exacte mesure de rigueur et de bienveillance qui est la justice même, et qui fait seule les bonnes lois. La sévérité nécessaire est certainement un devoir; l'indulgence est un devoir elle-même quand la sévérité n'est plus nécessaire. »

Malgré les protestations d'humanité et de bienveillance de Peyronnet, la commission, par l'organe de son rapporteur Breteuil, tout en reconnaissant à l'unanimité « la nécessité d'assurer à la religion de l'Etat, les garanties, la protection que les lois existantes lui refusaient, » substitua à la peine de mort pour profanation publique celle des travaux forcés à perpétuité, et ne maintint la peine de parricide que pour profanation publique des « saintes hosties, » abandonnant du reste « aux tourments des remords l'homme assez dénaturé pour avoir volontairement, mais sans publicité, cherché à outrager son Dieu. »

Molé, Broglie, Barante, Lanjuinais, Lally-Tollendal, Châteaubriand s'élèvent vivement contre l'exposé de Peyronnet et le rapport de Breteuil.

« Les auteurs du projet, dit Molé, n'ont-ils pas confondu le criminel avec le crime, et fait partager au premier une dénomination terrible qu'il ne mérite pas? Est-il bien sacrilége, celui qui, en profanant les saintes hosties, ne croit pas au miracle objet de notre foi? N'est-il pas évident que s'il eût cru au dogme de la présence réelle, jamais il n'aurait conçu l'idée d'un pareil attentat! De quoi le punirez-vous donc, si vous ne le considérez pas seulement comme coupable d'outrage envers la religion de l'Etat; de quoi le punirez-vous, si ce n'est de manquer de foi? Vous lui infligerez le supplice des parricides pour le seul crime qu'il n'eût jamais commis s'il eût été catholique....

« Si des prévenus nous passons au mode de jugement, les difficultés redoublent, l'horreur s'accroît... Quels seront les jurés à la fois impartiaux et compétents? La première condition serait qu'ils fussent eux-mêmes croyants; et croyants, comment les supposer impassibles?... Les scènes sanglantes dont nos départements méridionaux furent le théâtre en 1816 sont encore présentes à votre mémoire. Comment ce seul souvenir n'a-t-il pas suffi pour arrêter les auteurs du projet? Comment n'ont-ils pas reculé devant l'idée de faire juger à Nîmes, un protestant accusé de *sacrilége*, par des juges et des jurés tous catholiques?....

« Le titre premier du projet de loi est comme une injure au ciel et à la terre, à notre religion et à notre temps, comme une infraction à la Charte, et je voterai le rejet de la loi jusqu'à ce qu'il en ait été retranché. »

« Que l'on rédige, s'écria Châteaubriand, une profession de foi catholique, apostolique et romaine, et je suis prêt à la signer de mon sang; mais je ne sais pas ce que c'est qu'une profession de foi dans une loi; profession qui n'est exprimée que par la supposition d'un crime détestable et l'institution d'un supplice.

« Veut-on que le titre premier ne soit qu'un épouvantail placé dans le champ public? L'impiété s'en écartera sans doute d'abord avec terreur; mais bientôt s'apercevant qu'il n'a aucun mouvement, qu'il est privé de tout principe de vie, qu'il ne peut jamais tenir ce qu'il promet, la mort, elle viendra l'insulter; et l'impunité étant de fait assurée au sacrilége, il sortira de votre loi même, au lieu d'être réprimé par elle.

« Les trois conditions de la haine, du mépris et de la publicité font que la loi ne pourra jamais joindre le crime : elles ressemblent à ces clauses de nullité que l'on insère dans les contrats de mariage en Pologne, afin de laisser aux parties contractantes la faculté de divorcer. Ces conditions sont une protestation véritable contre la loi, que vous écrivez en tête de cette même loi.

« La loi est utile ou elle ne l'est pas. Si elle est utile, qu'elle soit franche, et qu'elle ne détruise pas le droit par le fait. Si elle est inutile, ayons le courage d'en convenir et repoussons-la. »

Bien que l'Eglise ait, soi-disant, horreur du sang, les pairs ecclésiastiques et leurs fougueux adhérents laïques, les Breteuil, les Marcellus, les Fitz-James, les Bonald luttèrent de fanatisme, de niaiserie et de férocité. Suivant l'un ce n'était pas d'un voile noir, mais d'un voile rouge que devait être couvert le condamné marchant au supplice, pour marquer mieux l'énormité de son crime.

Suivant l'autre, le patient, avant d'avoir le poing et la tête coupés, devait faire amende honorable, pieds nus, la corde au cou et un cierge à la main. On ne saurait trop flétrir ces abominables paroles de Bonald : « Si les bons doivent leur vie à la société comme service, les méchants la lui doivent comme exemple... Un orateur a observé que la religion ordonnait à l'homme de pardonner; oui, mais en prescrivant au pouvoir de punir; car, dit l'apôtre, ce n'est pas sans cause qu'il porte le glaive. Le Sauveur a demandé grâce pour ses bourreaux, mais son père ne l'a pas exaucé; il a même étendu le châtiment sur tout un peuple qui, sans chef, sans territoire et sans autel, traîne partout l'anathème dont il fut frappé. Quant au criminel sacrilége d'ailleurs, que faites-vous par une sentence de mort, sinon de l'envoyer devant son juge naturel? »

« Cruelles paroles! répliqua Pasquier, et qui rappellent ces cris de l'Inquisition contre les Albigeois : Tuez, tuez toujours; Dieu reconnaîtra les siens. »

On redoutait pour la religion et pour les objets même du culte la haine et le mépris des hommes, et les avocats de cette triste cause rivalisaient à qui ferait le plus haïr et répudier un Dieu, des dogmes et des rites qu'ils prétendaient défendre « avec cette exacte mesure de rigueur et de bienveillance qui est la justice même. »

Il y avait 219 votants : 127 adoptèrent le projet de loi, 92 le rejetèrent. Les modifications proposées par la Commission avaient été accueillies, et l'amende honorable remplaça la mutilation.

A la Chambre des députés, le rapporteur de la loi fut un certain Chifflet qui tira de là un honteux et lugubre renom. Bourdeau, Devaux (du Cher), Bertin de Vaux, Chabaud-Latour, Benjamin Constant, Royer-Collard, catholique et royaliste sincère, combattirent la proposition du Ministère.

« Non-seulement, dit ce dernier, le projet de loi introduit dans la législation un crime nouveau, mais il crée un nouveau principe de criminalité, un ordre de crimes pour ainsi dire surnaturels, qui ne tombent pas sous nos sens, que la raison humaine ne saurait découvrir ni comprendre, et qui ne se manifestent qu'à la foi religieuse éclairée par la révélation.

« Il s'agit du crime de sacrilége. Qu'est-ce que le sacrilége? C'est, selon le projet de loi, la profanation des vases sacrés et des hosties consacrées. Qu'est-ce que la profanation? C'est toute voie de fait commise volontairement et par haine ou mépris de la religion. Là s'arrêtent les définitions du projet de loi; il n'a pas voulu ou n'a pas osé les pousser plus loin; mais il devait poursuivre. Qu'est-ce que les hosties consacrées? Nous croyons, nous catholiques, unis par la foi, que les hosties consacrées ne sont plus les hosties que nous voyons, mais Jésus-Christ, le saint des saints, Dieu et homme tout ensemble, invisible et présent dans le plus auguste de ses mystères. Ainsi, la voie de fait se commet sur Jésus-Christ lui-même. L'irrévérence de ce langage est choquante, car la religion a aussi sa pudeur; mais c'est celui de la loi. Le sacrilége consiste donc, j'en prends la loi à témoin, dans une voie de fait commise sur Jésus-Christ. Je n'ai point parlé des voies de fait commises sur les vases sacrés, parce que cette espèce de sacrilége dérive de l'autre.

« En substituant Jésus-Christ, fils de Dieu, vrai Dieu, aux hosties consacrées, qu'ai-je voulu, Messieurs, si ce n'est établir par le témoignage irrécusable de la loi, d'une part que le crime qu'elle punit sous le nom de sacrilége, est l'outrage direct à la majesté divine, c'est-à-dire, selon les anciennes ordonnances, le crime de lèse-majesté divine; et, d'autre part, que ce crime sort tout entier du dogme catholique de la présence réelle; tellement que si votre pensée sépare des hosties la présence réelle de Jésus-Christ et sa divinité, le sacrilége disparaît, avec la peine qui lui est infligée! C'est le dogme qui fait le crime, et c'est encore le dogme qui le qualifie.

« J'ose avancer que toute l'habileté qui a été déployée dans la défense du projet de loi devant l'autre Chambre, a consisté à confondre, avec un art qui n'a jamais été en défaut, l'outrage à Dieu avec l'outrage à la société, celui-ci punissable, celui-là inaccessible à la justice humaine, et à se servir de l'un pour fonder la pénalité, et de l'autre pour la justifier....

« J'ai voulu marquer, en rompant un long silence, ma vive opposition au principe théocratique qui menace à la fois la religion et la société, et d'autant plus odieux que ce ne sont pas, comme aux jours de la barbarie et de l'ignorance, les fureurs sincères d'un zèle trop ardent qui rallument cette torche. Il n'y a plus de Dominique, et nous ne sommes pas non plus des Albigeois!

« La théocratie de notre temps est moins religieuse que politique; elle fait partie de ce système de réaction universelle qui nous emporte; ce qui la recommande, c'est qu'elle a un aspect contre-révolutionnaire. Sans doute, Messieurs, la révolution a été impie jusqu'au fanatisme, jusqu'à la cruauté; mais, qu'on y prenne garde, c'est ce crime-là surtout qui l'a perdue, et on peut prédire à la contre-révolution que des représailles de cruauté, ne fussent-elles qu'écrites, porteraient témoignage contre elle, et la flétriraient à son tour. »

La défense du projet, quand elle ne se montra pas violente et barbare, fut d'une incroyable faiblesse. Mais, comme il arrive toujours en pareil cas, le parti était pris d'avance et 95 voix seulement se prononcèrent contre la loi.

Royer-Collard avait touché le point juste en disant : « La théocratie de notre temps est moins religieuse que politique ; elle fait partie de ce système de réaction universelle qui nous emporte ; ce qui la recommande, c'est qu'elle a un aspect contre-révolutionnaire. »

C'était, en effet, l'ancien régime qui recommençait la lutte contre le nouveau en prenant l'offensive ; c'était l'esprit du passé qui, avec ses armes les plus vieilles et les plus hideuses, venait encore une fois se mesurer avec l'esprit moderne.

L'esprit moderne ! il faut bien s'entendre et expliquer un peu cette expression que l'on comprend partout de même, mais qui toutefois a le tort de dire précisément le contraire de ce qu'elle devrait signifier.

L'esprit moderne, en réalité, est vieux comme le monde. C'est l'esprit de nature, de vérité et de justice qu'obscurcit de bonne heure, dans l'humanité jeune, ignorante et faible, l'ombre froide et funeste de la religion, du mensonge et du bon plaisir. L'histoire universelle n'est que l'histoire du duel implacable de cette lumière avec cette ombre. Les phases du combat ont été diverses ; mais l'issue n'a jamais cessé d'en être certaine, et elle approche avec une rapidité croissante grâce aux succès répétés de la bonne cause, qui présagent une victoire définitive.

Malgré certaines rivalités, semblables à celles de deux rapaces en présence d'un passereau, malgré quelques vaines apparences, la complicité du despotisme laïque et du despotisme ecclésiastique a été permanente, et ne cessera qu'avec l'existence même de ces deux fléaux ; ils sont nés l'un de l'autre, et la fin de celui-ci doit entraîner la fin de celui-là.

Tandis que les religions des peuples de race ariane furent, dans une certaine mesure, symboliques de la nature qu'elles cherchèrent à représenter et non à combattre, celles des peuples sémitiques, qui malheureusement conservèrent sur toutes les autres, dont elles étaient peut-être la source commune, une influence considérable, se montrèrent les ennemies acharnées de la nature, de la vérité et de la justice. Les traditions et les doctrines juives, chrétiennes et musulmanes en fournissent des preuves accablantes. L'arbitraire et le bon plaisir trônent dans les cieux avec Allah comme avec le vieux Yehoua. Qu'on relise dans la bible juive l'abominable histoire de Kaïn et de Habel : le dieu des Sémites nomades repousse l'offrande du laboureur pour accueillir celle du pasteur. En vérité, si ceux qui professent la théorie de la complicité morale, théorie que nous repoussons d'ailleurs de toutes nos forces, avaient quelque impartialité, ils n'hésiteraient pas à charger Yehoua, tyran fantasque, divinité capricieuse, d'une bonne part de responsabilité dans le crime de Kaïn. Et, dans la légende des anges rebelles, n'est-il pas l'oppresseur, le despote, tandis que Satan, comme ailleurs Prométhée, représente la liberté opprimée et réclame toutes nos sympathies?

L'Inquisition réalisa dans des proportions effroyables ces mythes sauvages. C'était l'esprit de l'Église catholique, apostolique et romaine qui, avec l'épée du grand Karl, avait violemment converti les Saxons et qui, depuis l'an 1022, brûlait en France les hérétiques. C'était l'esprit de l'Évangile, où l'intolérance et la persécution sont inscrites à chaque page. C'était enfin l'esprit de toute religion qui ne subsiste qu'à la condition d'être intolérante et dont l'inévitable conséquence sociale et politique est une théocratie étayée du bourreau.

Il n'y a pas bien longtemps qu'un chrétien plein de logique et de franchise, M. Louis Veuillot, a écrit ces paroles atroces : « Nous croyons que les ruines de la guerre sont moins difficilement réparées que les ruines de la paix. On a plutôt fait de rétablir un pont, de relever une maison, de replanter un verger, que d'abattre un lupanar. *Quant aux hommes, cela repousse tout seul, et la guerre tue moins d'hommes que la paix.* Dans le *Syllabus*, il n'y a point d'article positif contre la guerre. *C'est surtout la paix qui fait la guerre à Dieu.* » (*Univers* du 30 juin 1869.)

Voilà bien le vrai christianisme. Quoi qu'on dise, il n'y en a ni deux, ni trois : il n'y en a, nous le répétons, qu'un seul, celui de l'Évangile, où on lit : « Je ne suis pas venu pour apporter la paix, mais le glaive. » — Qui n'est pas avec moi est contre moi, et qui ne rassemble pas avec moi disperse. — Si quelqu'un vient avec moi, et ne hait pas son père et sa mère, et sa femme, et ses fils, et ses frères, et ses sœurs, et encore sa vie, il ne peut être mon disciple. — Que si ton œil te scandalise, arrache-le : il vaut mieux pour toi entrer borgne dans le royaume de Dieu, qu'ayant deux yeux, être jeté dans la géhenne du feu, où leur ver ne meurt point et où le feu ne s'éteint jamais; car tous seront salés par le feu, comme toute victime sera salée par le sel, etc., etc. » (Marc, Matthieu, Luc, *passim.*) L'horrible institution de l'Espagnol Dominique n'a-t-elle pas, encore une fois, mis largement en pratique de pareils préceptes? Aux fruits on reconnaît l'arbre : c'est le Nazaréen lui-même qui l'a dit.

On ne saurait lutter avec trop d'énergie, de persévérance et d'ensemble contre de telles doctrines subversives de tout ordre public, destructives de la famille et de la société, oppressives de la conscience humaine.

Il est en même temps extrêmement important de faire toucher du doigt à tout le monde la connexité intime de la tyrannie du sabre et de celle de la superstition. Comme nous le disions tout-à-l'heure, l'une s'appuie sur l'autre, et, sous peine d'une inconséquence flagrante et funeste, on ne peut être à la fois libre penseur en religion et partisan du despotisme en politique, ni mêler le cléricalisme à la démocratie. L'autel et le trône se tiennent. Quand on adore un dieu personnel dans le ciel, il faut subir un prince absolu sur la terre; et c'est encore le fils de Miriam et du charpentier Yousef qui a fait la part égale et solidaire l'une de l'autre des deux tyrans en disant : « Rendez à César ce qui est à César et à Dieu ce qui est à Dieu. »

Le temps approche où l'humanité ne rendra plus rien qu'à elle-même, et où elle n'aura d'autre religion que la science se développant sans cesse, et découvrant progressivement les lois fécondes et grandioses de la nature, où elle marchera sûrement au bonheur par la liberté, la justice et la paix.

Dans la suite des siècles, la situation n'a pas toujours été nettement tranchée : la tyrannie cléricale, après avoir produit et tenu dans la subordination la tyrannie militaire, a dû, par moments, partager l'empire avec elle, subir des compromis, signer des concordats, recourir au bras séculier dont elle ne disposait plus absolument : et le compérage des deux despotismes a prolongé et aggravé la servitude de l'humanité. Leur entente s'exerce particulièrement aux époques où l'esprit que nous appelons aujourd'hui moderne prend des forces, se développe et menace de conquérir le monde qui doit, à la fin, lui appartenir. C'est alors que l'autorité multiplie les martyrs de la liberté; car elle sent qu'elle n'est pas éternelle, et elle ne peut se donner le luxe d'être patiente.

Ce manque de patience auquel elle est ainsi amenée est en même

## FIN DE LA RESTAURATION

temps ce qui la précipite, par l'irritation où il jette ses ennemis. Mais parfois, quand le danger devient trop pressant et qu'elle n'ose risquer la violence, elle se réfugie dans la ruse, feint d'être habile, quand, en réalité, elle est aux abois, caresse la fibre populaire, arbore hypocritement le drapeau de la liberté, et, sous ce pavillon

Messieurs de la Congrégation

dont elle couvre sa marchandise frelatée, espère en faire prendre livraison sérieuse aux nations égarées, et leur demande effrontément quittance. Le seul résultat de ces manœuvres coupables est de fausser toutes les situations, de prolonger la lutte et d'en accroître les désastres, sans faire grâce à la tyrannie du châtiment qu'elle mérite et de la catastrophe finale qui doit le consommer. La publication de l'Acte additionnel aux constitutions de l'Empire pendant les Cent Jours, le Ministère Martignac sous la Restauration, le Ministère Ollivier sous le second Empire ont, à trois reprises différentes, reproduit à peu près ce triste état de choses.

On n'en était pas encore là en 1825 et la réaction cléricale et monarchique était dans toute sa brutalité et dans tout son cynisme. Une loi votée en une seule séance par la chambre des députés et qui n'eut contre elle que 34 voix d'opposition rétablit les communautés religieuses de femmes qui furent autorisées à acquérir des immeubles, et dont les membres purent tester en leur faveur. Toutefois, grâce à un amendement que Pasquier réussit à faire admettre dans l'article 2, il fallut une loi pour permettre l'établissement d'une congrégation, au lieu d'une simple ordonnance royale dont se contentait le projet primitif.

## VII

Question des noirs et de l'esclavage. — Origine de la République d'Haïti. — Son indépendance est reconnue par une ordonnance royale du 17 avril 1825, sous l'obligation d'acquitter une somme de 150 millions destinés à être répartie entre ceux des anciens colons qui réclameraient une indemnité. — Difficultés subséquentes. — Réglement définitif de l'affaire en 1838.

Il eût été dans la logique du christianisme [1] et de la contre-révolution de se refuser à toute transaction avec des esclaves révoltés et de repousser absolument les propositions de la République d'Haïti qui demandait à être reconnue par la France. Il n'en fut pas ainsi cependant, et, par une inconséquence non moins heureuse qu'étrange, le cabinet des Tuileries entra en négociations avec les anciens sujets des rois très-chrétiens.

On a pu voir, par l'importance que nous attribuons à l'anthropologie

[1] Des apologistes du Christianisme le glorifient d'avoir aboli l'esclavage ; on a peine à concevoir un tel mépris ou une telle ignorance de la vérité, quand on voit Justinien consacrer solennellement cette institution qu'il déclare lui même *contre nature* (*Servitus autem est constitutio juris gentium, qua quis domino alieno contra naturam subjicitur;* — Instit. tit. III., art. 3), cinq cent trente-trois ans après le commencement de l'ère chrétienne, deux cent vingt-et-un ans après la reconnaissance du christianisme comme religion d'Etat par Constantin; quand on voit au XVIme siècle trois moines espagnols déclarer que l'esclavage des naturels du nouveau monde est nécessaire à la propagation de la foi et à la prospérité des colonies; quand, à l'heure même où nous écrivons, l'esclavage n'est pas aboli dans tous les pays de la chrétienté.

et à l'ethnologie dans les questions de politique et d'histoire, que nous n'admettons pas, au nom même de ces sciences, l'égalité physique, intellectuelle et morale de toutes les races, et que nous considérons la race noire, jusque dans ses rameaux les plus élevés, comme inférieure de beaucoup à la race blanche. Mais aucune race humaine n'est au-dessous de l'humanité, et l'esclavage est un crime de lèse-humanité. Certes nous ne sommes pas de ceux qui pensent qu'il soit équitable d'accorder des droits politiques aux Noirs, ni, en général, à des individus de race inférieure dans une société d'Arians. Il suffirait, à notre avis, de les assimiler à des étrangers domiciliés et de récompenser par la naturalisation ceux qui auraient, par exception, rendu quelque service éminent au pays. Mais rien, encore une fois, n'autorise aux yeux de la nature et de la justice le commerce de la chair humaine et la servitude des personnes de couleur. Si les races pouvaient s'améliorer sans être absorbées et s'élever de quelques degrés sur l'échelle des êtres sans cesser d'avoir leur existence propre, c'est la liberté seule qui les aiderait à accomplir ce merveilleux progrès.

Découverte par Christophe Colomb le 6 décembre 1492, Haïti, Hispaniola, ou Saint-Domingue, comme on voudra l'appeler, devint le siège du premier établissement Européen en Amérique. La population caraïbe qui habitait l'île décrut rapidement par suite de la cruauté et de l'ineptie des Espagnols, et, au milieu du XVIe siècle, on ne comptait guère plus de cent cinquante naturels. En 1586, l'amiral Drake ravagea la colonie. Au commencement du siècle suivant, des Boucaniers [1] qui s'étaient établis dans l'île de la Tortue, au nord d'Haïti, envahirent cette dernière, y dévastèrent les possessions espagnoles et se fixèrent dans la partie occidentale de la grande île. La France les reconnut et leur envoya un gouverneur en 1665. La contrée ainsi colonisée fut définitivement attribuée à la France par le traité de Rijswijk en 1697, et atteignit bientôt un haut degré de prospérité. Malheureusement les esclaves y étaient en grand nombre et avaient à subir les traitements les plus barbares. Ils se révoltèrent en 1722. La répression de ce mouvement ne fut point difficile. Mais

---

[1] Ainsi nommés du mot *boucan*, gril de bois dont, à l'imitation des indigènes de l'Amérique, les Boucaniers se servaient pour sécher et fumer leurs viandes. Ces Boucaniers étaient des aventuriers français qui vécurent longtemps à Saint-Domingue en exerçant la piraterie et en chassant des bœufs sauvages dont ils préparaient la peau pour la vendre aux Européens. Les Espagnols finirent par tuer les animaux qui faisaient l'objet de ce commerce, sans réussir à expulser les Boucaniers de l'île. Après eux se montrèrent les Flibustiers dont le dernier exploit de piraterie fut la prise de Carthagène en 1697.

la Révolution française remit tout en question. L'Assemblée constituante, par un décret en date du 28 mars 1790, décida que l'état des hommes de couleur, qui réclamaient des droits politiques, serait laissé à l'initiative des assemblées coloniales : le 29 octobre suivant, des troubles éclatèrent à Saint-Domingue; le 22 novembre 1791, Port-au-Prince fut incendié. Le 11 pluviôse an II (4 février 1794), la Convention, entraînée par la générosité de ses sentiments plutôt que guidée par les principes de la science, décréta l'abolition immédiate de l'esclavage dans les colonies et reconnut tous les habitants, sans distinction de couleur, pour citoyens français. La première partie de cette mesure était excellente et vengeait l'humanité de bien des outrages; la seconde outrepassait le but et les bornes de la justice, et, de plus, créait des dangers dont l'explosion ne se fit pas attendre. Saint-Domingue devint le théâtre d'une lutte effroyable entre les Noirs et les Blancs que l'on ne peut comparer qu'à la révolte des mercenaires de Carthage, à cette guerre, atroce des deux parts, que l'antiquité a appelée inexpiable. C'est alors que parut Toussaint-Louverture à la tête des Nègres, tandis que Rigaud commandait les Mulâtres, alliés à ceux-ci. Les Blancs épouvantés commirent le crime d'appeler les Anglais qui, avec une force de quarante mille hommes et une dépense de cent millions, ne parvinrent qu'à s'emparer de quelques places d'où Toussaint-Louverture ne tarda pas à les chasser. Il s'empara même en 1798 de la partie espagnole d'Haïti qui venait d'être cédée à la France par le traité signé à Bâle le 22 juillet 1795. Les Noirs ne voulaient pas plus de la domination française que de la domination anglaise : ils prétendaient demeurer indépendants. Mais déjà les Mulâtres avaient abandonné la cause de la liberté. Le général Hédouville, envoyé par le Directoire pour faire rentrer la colonie dans l'obéissance aux lois de la métropole avait été contraint par Toussaint-Louverture de se rembarquer. Il laissa ses pouvoirs à Rigaud qui n'eut pas honte de les accepter et dut soutenir de la part des Nègres et de leur chef une guerre acharnée. Cependant de tristes jours étaient venus pour les peuples, et le mauvais génie des temps modernes, Nabulione Buonaparte, s'était levé sur la France et convoitait déjà le monde comme une proie. Toussaint-Louverture se crut destiné à être le Bonaparte des Antilles et se récompensa des services qu'il avait rendus aux siens en fabricant à leur usage une constitution qui le nommait gouverneur à vie (1ᵉʳ juillet 1801). Le Corse avait commencé à ruser avec le Noir qu'il voyait le plus fort dans l'île; il avait nommé Toussaint-Louverture commandant en chef et déclaré que la France reconnaissait la liberté et l'égalité des Noirs. Rigaud s'était alors réfugié en France, et le parti mulâtre avait cessé d'exister. Mais quand le premier Consul avait vu Toussaint-Louverture se faire attribuer pour la vie le gouvernement de l'île, et par là même se déclarer indépendant, il envoya à Saint-Domingue son beau-frère Leclerc à la tête de quatre-vingts bâtiments, dont trente-trois vaisseaux et vingt-et-une frégates, qui portaient vingt-deux mille hommes (14 décembre 1801, 23 frimaire an X). En vertu d'instructions écrites, Leclerc avait mission de relever le parti mulâtre, de désarmer les Noirs et de rétablir l'esclavage. Toussaint-Louverture s'apprêta à résister. Il publia une déclaration dans laquelle il disait : « Je prends les armes pour la liberté de ma couleur que la France seule a proclamée : elle n'a plus le droit de la rendre esclave. » Rien n'était plus vrai et plus légitime.

Toussaint-Louverture fut vaincu dans huit combats et perdit toutes ses positions. Christophe et Dessalines, ses lieutenants, durent traiter avec le général français. Lui-même se vit contraint à la soumission et se retira dans un de ses domaines. Mais la paix ne fut pas de longue durée. Les Noirs de la Guadeloupe s'étaient révoltés à leur tour. Bonaparte, appelant une fois de plus à son aide le mensonge, son arme favorite, avait dit : « A Saint-Domingue et à la Guadeloupe il n'y a plus d'esclaves : tout y est libre, tout y restera libre. » En conséquence, il envoya Richepance soumettre la Guadeloupe et rétablir l'esclavage. Cette nouvelle perfidie motiva une nouvelle explosion à Saint-Domingue. Dès le commencement, Leclerc fit enlever par surprise Toussaint-Louverture (10 juin 1802, 21 prairial, an X), qui fut transporté en France et mourut deux ans après au fort de Joux. Il ne s'était pas trompé sur l'avenir. « En me renversant, dit-il, on n'a abattu à Saint-Domingue que le tronc de la liberté des Noirs, il repoussera par les racines. » Christophe et Dessalines s'étaient en effet révoltés (14 septembre 1802, 27 fructidor, an X). Leclerc mort, fut remplacé par Rochambeau que Dessalines contraignit à capituler (30 novembre 1803, 8 frimaire, an XII). La colonie était à jamais perdue pour la France. Les Noirs proclamèrent la république avec un gouverneur à vie qui fut Dessalines (1er janvier 1804, 10 nivôse, an XII). Nous n'avons pas à raconter les fantaisies et les mascarades impériales et royales dont les Blancs d'Europe donnaient le modèle à l'imitation trop docile des Noirs d'Amérique.

Par une ordonnance en date du 17 avril 1825, Charles X déclara concéder l'indépendance à la partie française de l'île de Saint-Domingue, à la condition que les droits perçus, tant à l'entrée qu'à la sortie, tant sur les navires que sur les marchandises, dans les ports de l'île, seraient réduits de moitié en faveur du pavillon français, et sous l'obligation d'acquitter une somme de cent cinquante millions de francs destinée à être répartie entre ceux des anciens colons qui réclameraient une indemnité. Dans la session de 1826, une loi, qui fut votée par la Chambre des députés à la majorité de 245 voix contre 7, régla les bases de la répartition.

Le paiement de cette somme éprouva mille retards et mille difficultés, et suscita de nouveaux différends entre le gouvernement français et celui d'Haïti. Ils furent enfin aplanis, grâce à la signature d'un traité d'amitié, en date du 12 février 1838, et à une nouvelle reconnaissance de l'indépendance haïtienne par la France, qui consentit en même temps à une réduction considérable dans le règlement de l'indemnité stipulée en 1825.

## VIII

Conversion des rentes. — Origine de la rente 5 0/0. — Origine de la rente 3 0/0 — Loi du 1er mai 1825. — Discussion du budget de 1826. — Clôture de la session le 13 juin.

Le vote de la loi qui abandonnait aux émigrés un milliard pris sur la fortune, la production, le travail de la France, amena la présentation d'un projet de loi pour la conversion facultative des rentes cinq pour cent en inscriptions de rentes trois pour cent. Cette mesure, proposée à la fin du règne précédent, avait échoué, comme on l'a pu voir, contre la résistance des deux Chambres. L'indemnité aux émigrés ayant été votée, il s'agissait de racheter progressivement les trente millions de rentes créés en vertu de ce vote. Il s'agissait aussi de parer, dans une certaine mesure, aux inconvénients de l'amortissement.

La caisse instituée pour l'amortissement de la dette publique, datait du 28 avril 1816. La première idée de cette création remontait au Consulat. C'était une importation de l'Angleterre qui, en présence des inconvénients de ce système, dut y renoncer en 1827. La loi française avait attribué à la caisse une dotation annuelle de vingt millions et statué que les intérêts des rentes successivement rachetées seraient employés en achat de nouvelles rentes. Une loi du 25 mars 1817 avait porté à quarante millions la dotation primitive, en y affectant de plus le produit des forêts de l'Etat[1]. Le système et l'emploi des rachats furent changés par la loi du 1er mai 1825, celle même dont nous nous occupons en ce moment; à partir de sa promulgation, il ne fut plus permis de racheter des rentes au-dessus du pair, et l'on annula au profit de l'Etat toutes celles qui seraient acquises par la caisse d'amortissement entre le 22 juin 1825 et le 22 juin 1830.

« Si, disait M. Vuitry en 1843, pour apprécier l'action réelle de l'amortissement sur la dette publique, on laisse de côté les rentes provenant de la consolidation des bons du Trésor qui chargent le grand livre en même temps qu'elles augmentent les ressources de la caisse; si on remarque que, depuis le 1er juillet 1833 jusqu'au 1er janvier 1842, pendant que la caisse d'amortissement rachetait pour 6,848,262 francs de rentes, il en était émis, tant à raison de l'emprunt de 150 millions que de la consolidation des fonds des caisses d'épargnes (loi du 31 mars 1837), pour 9,823,306 francs, on reconnaîtra que dans cette période de temps, l'action de l'amortissement a été en réalité plus que stérile et que la dette s'est relativement accrue de 3 millions[2]. »

« Ces déplorables résultats, dit à son tour M. Léon Lalanne, sont faciles à comprendre. Les emprunts se faisant ordinairement aux époques de crise, où le crédit est en souffrance, l'Etat ne peut que très-difficilement les négocier au pair. Ainsi aucun de nos emprunts 5 0/0 n'a été réalisé à 100 francs de capital effectif. Au contraire, dès que le retour des circonstances plus favorables amène la hausse des fonds publics, l'amortissement ne peut plus s'opérer que par des rachats au-dessus du pair. L'Etat rachète donc plus de 100 francs ce qu'il avait vendu moins; il faudrait que le développement de la propriété publique fût bien grand, pour qu'elle pût faire face à d'aussi désastreuses spéculations, sans aggravation des charges imposées à l'avenir[3]. »

« La dotation de l'amortissement, dit de son côté Proudhon, figure

---

[1] Elle était en 1856 de 75,018,903 francs.
[2] Rapport à la Chambre des députés au nom de la commission chargée de l'examen du projet de loi portant règlement définitif du budget de l'exercice 1841. Séance du 21 juin 1843.
[3] *Finances de la France*, par Léon Lalanne, dans *Patria*, 1847.

toujours au budget seulement aux époques de gêne, les rachats sont suspendus, et les sommes y affectées sont reportées à des dépenses extraordinaires : c'est ce qui a eu lieu depuis 1848. Toutefois, ce n'est pas la bonne volonté qui manque au gouvernement de se libérer. Depuis 1816, il n'a pas dépensé moins de 2 milliards en rachats. Malheureusement les emprunts et les consolidations vont encore plus vite; en sorte que la dette consolidée, qui était en 1814 de 63,307,637 francs de rentes 5 0/0, se décompose, au commencement de 1856, de la manière suivante :

| | |
|---|---|
| 3, 4 et 4 1/2 0/0 ............................. | 266,890,186 fr. |
| Emprunts spéciaux............................. | 10,306,627 |
| Intérêts de capitaux remboursables à divers titres ..... | 33,500,000 |
| Amortissement................................. | 75,018,903 |
| Total............. | 385,715,716 fr. |
| Dette viagère.................................. | 68,735,035 |
| Ensemble............ | 454,450,751 fr. |

« Elle est portée au budget de 1857 pour 511,225,062 francs. C'est presque le tiers du budget.

« Quand on a prélevé cette somme, il reste à payer tous les fonctionnaires publics, l'armée, la marine, les travaux, les dotations, en un mot, toutes les dépenses annuelles; car les 511 millions sont absorbés par les dettes du passé, et ne produisent absolument rien [1]. »

En 1825, le ministère se flattait que jamais le 5 0/0 ne descendrait au pair, et que, par conséquent, dans un délai assez rapproché, les 30 millions de rentes nouvelles seraient amortis. En réalité le cours moyen du 5 0/0 fut de 99 fr. 44 en 1825; de 98,24 en 1826; de 101,14 en 1827; de 100,76 en 1828; de 108,65 en 1829; de 98,97 en 1830. Il ne remonta à 102,82 qu'en 1833. Néanmoins l'opération proposée était honnête et loyale puisque l'Etat, en vertu du droit qu'a tout débiteur de se libérer envers ses créanciers, droit consacré par le Code civil [2], offrait le remboursement du capital à ceux qui ne voudraient pas se soumettre à la réduction de l'intérêt.

« La paix dont l'Europe a joui depuis vingt-cinq ans, s'écriait M. d'Audiffret, en 1840, a déjà permis à tous les peuples qui nous en-

---

[1] Manuel du spéculateur à la Bourse, par P.-J. Proudhon, Paris, 1857, 1 vol. in-12; — pag. 179.
[2] Art. 1911. — Toute rente constituée en perpétuel est essentiellement rachetable. — Les parties peuvent seulement convenir que le rachat ne sera pas fait avant un délai qui ne pourra excéder dix ans, ou sans avoir averti le créancier au terme d'avance qu'elles auront déterminé.

## FIN DE LA RESTAURATION

tourent de rétablir l'équilibre de leurs ressources et de leurs besoins ordinaires, et de réduire par des restitutions de capitaux, ou par l'abaissement des intérêts, l'importance de leurs anciennes obligations : tandis que la France, qui était parvenue à atténuer son passif de 31 millions de rentes, ainsi qu'à réaliser une première fois l'épreuve de cette grande mesure de conversion, dans la période de temps qui s'est écoulée depuis 1816 jusqu'à 1830, a vu sa dette s'arrêter

Portrait de M. de Villèle.

dans sa décroissance et même commencer à s'élever pendant les dix années suivantes[1]. »

L'unité est excellente en toutes choses. Nos vœux sont pour l'unification de la dette comme pour celle de l'impôt, et pour l'abaissement graduel de l'une comme de l'autre.

De 1793 à 1825, la rente française a porté l'intérêt unique de 5 0/0.

---

[1] Système financier, livre 2.

Le 14 thermidor an Ier (1er août 1793), on arrêta comme il suit les intérêts de la dette publique.

| | |
|---|---:|
| Ancienne dette perpétuelle.......................... | 78,810,000 fr. |
| Intérêt de la dette provenant d'effets au porteur et d'actions ................................................. | 20,707,000 |
| Intérêts de diverses charges remboursées............ | 31,286,000 |

*Accroissements de l'an Ier à l'an VI.*

| | | |
|---|---:|---:|
| Emprunts forcés................... | 8,650,000 fr. | |
| Dettes communales et départementales............................ | 8,000,000 | |
| Dette des émigrés.................. | 7,500,000 | 46,913,000 |
| Conversion des rentes viagères en perpétuelles ........................ | 12,000,000 | |
| Paiement en inscriptions........... | 10,763,000 | |
| Total en l'an VI.......... | | 177,716,000 fr. |

Il faut y joindre 83,217,943 francs de pensions viagères.

La liquidation Ramel, ainsi appelée du nom du ministre qui l'opéra, le 9 vendémiaire an VI (30 septembre 1797), disposa que les deux tiers des dettes de l'Etat seraient remboursées en bons au porteur, et un tiers en inscriptions de rentes 5 0/0 au grand-livre. La dette inscrite fut d'abord désignée par l'expression de *tiers consolidé*; à partir de l'an X, on l'appela simplement le cinq pour cent.

De l'an VII au 1er avril 1814, la dette publique de la France se trouve donc ainsi composée :

| | |
|---|---:|
| Tiers consolidé de la liquidation Ramel............. | 40,216,000 fr. |
| Dette des pays réunis............................. | 6,086,000 |
| Créances arriérées................................. | 11,254,000 |
| Consolidation des bons de l'ancienne caisse d'amortissement............................................. | 5,000,000 |
| Au profit du domaine extraordinaire................ | 781,637 |
| Total............. | 63,337,637 fr. |

Le 3 0/0 et le 4 1/2 0/0 furent créés en 1825, le 4 0/0 en 1830.

« L'origine du 3 0/0, dit Proudhon[1], c'est le milliard des émigrés. Dès le début de la Restauration, les royalistes, rentrés à la suite de l'invasion, n'aspiraient à rien moins qu'à la reprise de possession de leurs anciens domaines. Ces forfanteries, si vaines qu'elles fussent, ne laissèrent pas que d'inquiéter un instant les propriétaires de biens nationaux. Pourtant la morgue nobiliaire dut s'humilier de-

---

[1] Ibid., page 188, 189.

vant les faits accomplis : les nombreuses mutations, le morcellement et aussi l'opinion publique, rendaient impossible la reconstitution des propriétés seigneuriales.

« La noblesse dut renoncer à ses fiefs, mais non à une indemnité [1]. L'issue favorable de la guerre d'Espagne, qui semblait devoir consolider à tout jamais les dynasties de Bourbon en Europe, l'avénement de Charles X, le chef du royalisme fougueux et aveugle, vinrent raviver les espérances de l'émigration, et, en 1825, on se trouva assez fort pour présenter la loi d'indemnité. La bourgeoisie, enrichie par la vente des biens nationaux, accepta sans trop murmurer cette espèce de cote mal taillée, dont le budget, c'est-à-dire le peuple, devait en définitive faire les frais [2].

« Les réclamations admises s'élevèrent à 987,819,962 fr. 96 c., — un milliard, à une douzaine de millions près.

« UN MILLIARD! les gros budgets et les emprunts ont fini par rendre ce mot très-familier en matière de finances. UN MILLIARD! qui a jamais cherché à se rendre compte de ce que représente ce chiffre? UN MILLIARD, qu'est-ce que cela? les deux tiers de ce que coûte actuellement en France le gouvernement [3]!...

« Les législateurs de 1825 parlaient donc d'un milliard comme d'une affaire toute simple, qui ne se marchande même pas. Aussi le général Foy produisit-il une sensation profonde à la Chambre et dans le public en disant, pour donner une idée de l'énormité de la somme, qu'il ne s'était pas encore écoulé *un milliard de minutes depuis la naissance de Jésus-Christ.*

« Ainsi cette immense période qui embrasse la chute de l'empire romain, l'invasion des barbares, l'établissement du christianisme, la féodalité, la papauté, l'islamisme, les croisades, la réforme, la renaissance, les guerres de religion, l'absolutisme royal, la révolution française, le moyen-âge et les temps modernes; ce gigantesque panorama n'avait pas mis à se dérouler autant de minutes que le

---

[1] Cette indemnité était dans les vœux de Louis XVIII, et Macdonald en avait fait, dès 1814, la première proposition.
[2] Proudhon fait remarquer dans une note que la plupart des émigrés avaient déjà été indemnisés par l'Empire. En effet Bonaparte fit rendre le 1er floréal, an X (26 avril 1802) un Sénatus-consulte en vertu duquel tous les émigrés étaient amnistiés à condition de rentrer en France avant le 1er vendémiaire, an XI. Ceux qui rentrèrent furent rétablis dans la possession de leurs biens non vendus, à l'exception des forêts, des immeubles consacrés à un service public et des créances sur le Trésor.
[3] Qu'aurait donc dit le pauvre Proudhon des CINQ MILLIARDS que le crime et l'ineptie du dernier Empire nous condamnent à payer à la Prusse des Hohenzollern ?

peuple français devait rembourser à ses anciens maîtres en un tiers de siècle. Le travail est donc plus puissant que le temps : mais les révolutions sont encore plus puissantes que le travail.

« Quoi qu'il en soit, la Chambre adopta le chiffre *d'un milliard*. Il ne fallait pas songer à payer un tel capital; on se contenta d'en servir la rente, qu'on inscrivit 3 0/0 pour 30 millions, au livre de la dette publique. Dans la crainte qu'une trop grande émission simultanée ne dépréciât les titres, les inscriptions ne furent délivrées que par cinquièmes, d'année en année, du 22 juin 1825 au 22 juin 1829. — Au 22 septembre 1858, le milliard aura été intégralement payé, mais la dette ne sera pas éteinte : ce sera l'œuvre de quelque liquidation Ramel, ou d'une nuit du 4 août sur les rentes et dividendes. »

Le mode de conversion adopté par le ministère Villèle était celui-ci :

« Le ministre offrait aux rentiers d'échanger leurs titres 5 0/0 contre du 3, qui leur serait délivré au taux de 75 francs, c'est-à-dire qu'il leur donnait, en échange de 5 francs de rentes 5 0/0, 4 francs de rentes 3 0/0, d'où il résultait pour le Trésor une réduction de 1|5 dans l'intérêt et une augmentation de 1|5 dans le capital de la dette. C'est ce qu'on a nommé la conversion en un fonds au-dessous du pair.

« La loi qui autorisait cet échange, purement facultatif, fut rendue le 1er mai 1825. Elle offrait aussi de convertir le 5 en 4 1/2 au pair. 24,459,035 francs de rentes 3 0/0 remplacèrent 30,574,116 francs de 5; et 1,149,840 francs de 5 0/0 furent changés en 1,034,764 francs de 4 1/2. Réduction annuelle dans les charges du Trésor : 6,230,157 francs[1]. »

Quant au 4 0/0, il doit son origine à un emprunt qui fut autorisé en 1828 et adjugé le 12 janvier 1830, à la maison Rothschild, au taux de 107 fr. 07 c. 1/2.

En résumé, la mesure de la conversion des rentes et l'abaissement du taux de l'intérêt étaient des choses excellentes en elles-mêmes. Il n'y avait de condamnables que la raison et l'occasion qui les firent adopter, et cette restitution indue, faite au détriment de la patrie, à ceux qui l'avaient abandonnée, trahie et frappée, pesa d'un poids lourd et équitable dans la balance de la justice nationale à l'heure où elle se manifesta.

---

[1] Id., ibid., pages 185, 186.

La session se termina par la discussion du budget de 1826, qui dura quinze jours. Attaqué dans tous ses articles, il fut néanmoins voté dans son ensemble, à une immense majorité. Les dépenses s'élevaient à la somme de 920,508,756 francs; les recettes présentaient un excédant d'à peu près 4 millions. La Chambre des pairs demeura fidèle à son habitude d'examiner superficiellement le budget, d'un air distrait et dédaigneux, et de l'adopter en courant. Cette fois, il y eut sept suffrages opposants.

La session ne fut officiellement close que le 13 juin; mais déjà on ne songeait plus, de toutes parts, qu'aux cérémonies du sacre, qui allaient avoir lieu dans les derniers jours du mois de mai.

## IX

Naissance et développement du dogme du droit divin et de la légitimité. — Influence du christianisme. — Rôle de l'Eglise. — L'hérédité précède l'élection dans le système de la monarchie française. — Institution du sacre. — Elle remplace l'élection. — Cérémonie du sacre de Charles X à Reims. — Discours du cardinal de Latil. — Le maire de Reims, Ruinard. — Histoire de la sainte « Ampoule. » — Les trois serments. — Les sept onctions. — Les deux couronnes. — Festin du sacre. — Chapitre tenu par le roi pour la réception des chevaliers du Saint-Esprit de Saint-Michel. — Nobles et roturiers. — Le roi reçoit l'ordre de la jarretière. — Il touche les écrouelles. — Mauvais présages. — Accidents à Paris. — Fournée de pairs. — Amnistie avec des exceptions. — Cantates, etc.

Le dogme du droit divin et de la légitimité est d'invention assez moderne. Les légistes commencèrent de l'élaborer au XIII<sup>e</sup> siècle. Louis XIV couronna l'infâme édifice au XVII<sup>e</sup>. Tout ce travail exotique, artificiel, stérile, se fit sous l'influence funeste et par la domination violente du christianisme.

Les traditions de la liberté dans notre patrie sont nombreuses et constantes; dans une mesure variable, la liberté a toujours été soit dans les institutions de la France, soit dans les aspirations de son peuple, soit dans les délibérations de ses assemblées, soit dans les livres de ses écrivains. Mais le christianisme, en vertu de son essence même, a été le plus grand obstacle au développement de la science et de la liberté; et, ce qui le prouve bien, c'est que le Moyen-Age, qui est l'époque où la société a subi le plus complétement l'influence chrétienne, est aussi celle où l'ignorance, les crimes, les désordres de toute espèce, l'oppression du grand nombre par le petit, ont le plus généralement déshonoré, ruiné, avili, décimé l'humanité.

L'Eglise qui, tout entière à ses intérêts de suprématie, voyait avec joie le despotisme des empereurs romains à l'agonie, vit avec terreur surgir le pouvoir nouveau des Barbares. Elle ne se découragea pourtant point et parvint, à force d'habileté, d'énergie et d'activité, à séduire et à conquérir les conquérants. Les évêques, riches, lettrés, nobles, mariés, se mêlant à tout et universalisant leur influence, recueillirent et reconstituèrent à leur profit l'héritage impérial. En un mot, la croix avait besoin d'une épée : elle la trouva d'abord dans les Merwings, plus tard dans les Karlings. De leur côté, les chefs franks, fondateurs de royaumes, avaient besoin du clergé qui, en proclamant le respect des puissants et en faisant de l'obéissance un article de foi, donnait à leurs armes un prestige divin et leur aplanissait la route des conquêtes et de la domination. L'alliance, avantageuse aux deux parties contractantes, fut d'abord fidèlement gardée par elles. Mais bientôt, de ce dualisme du pouvoir spirituel et du pouvoir temporel qui n'avait pas existé dans l'empire romain, puisque l'empereur était en même temps souverain pontife, de ce dualisme naquit la querelle éternelle, tantôt latente, tantôt effective, des clercs et des laïques, de la société religieuse et de la société civile, et des chefs de ces deux sociétés. L'Eglise exigea de ses alliés plus qu'elle ne leur donnait, et l'autorité des rois franks, dont elle s'était avilie à louer les actions sanguinaires, diminua à mesure que ses prétentions augmentèrent. La scission se fit sentir dans le temps de Hilperik I$^{er}$ ; après Daghbert I$^{er}$, le clergé prit à tâche de corrompre et d'abrutir les Merwings, qui ne furent plus, grâce à lui, que des *rois fainéants*, et choisit enfin les Karlings pour nouveaux champions. Ils devinrent ses missionnaires armés au-delà du Rhin.

Soit par une constitution formelle de la société, ainsi qu'il arrive dans une théocratie pure, soit par un effet naturel et indépendant de toute organisation spéciale, l'état politique d'une agglomération humaine se calque toujours sur les dogmes et les pratiques de la religion dominante. Il est donc important de remarquer que la religion chrétienne appauvrit et détériora profondément les principes sociaux et politiques apportés de Germanie par les Franks.

Ces principes étaient ceux qui avaient régi autrefois les différentes migrations arianes, dont la Gaule était devenue la conquête à diverses époques, mais que, du XX$^e$ au I$^{er}$ siècle avant l'ère vulgaire, le temps, les influences extérieures, la domination étrangère, avaient, dans cette même Gaule, singulièrement altérés. Le fond d'un Frank était l'amour de sa liberté, et il savait la défendre vaillamment. Quand le Könung des Franks saliens, Hilderik, osa outrager des femmes libres, il fut chassé par ses soldats et ne dut son rappel qu'au despotisme insupportable du romain Egidius, qu'on avai reconnu chef à sa place. L'anecdote de Hlodwig et du vase de Soissons montre combien étaient restreints les pouvoirs des premiers Merwings; et cette restriction n'était pas seulement dans les mœurs et dans le caractère des Franks, elle était dans leurs institutions.

Les chefs militaires, prenant les titres de ducs et comtes, s'étaient emparés des terres conquises et se les étaient partagées sous le nom d'*alods*. En même temps, le Könung distribua à ses *antrustions* ou fidèles une certaine quantité de terres appelées *fehods* ou fiefs, en vertu de concessions tantôt temporaires, tantôt viagères, quelquefois héréditaires; et lorsque, quatre siècles plus tard, les concessions eurent toutes revêtu cette dernière forme, la société féodale fut constituée. Au-dessous de ces deux classes, qui comprenaient les propriétaires d'alods et les concessionnaires de *fehods*, il y en avait deux autres presque entièrement remplies par les Gallo-Romains : c'étaient les *tributaires*, colons libres, fermiers ou serfs, cultivant la terre à des conditions diverses, et les *lites* ou *fiscalins*. hommes de condition inférieure, dont le sort était bien plus doux que celui de l'esclave romain. La totalité du peuple était désignée sous le nom de *leudes*, et les hommes libres étaient appelés *arhimans* et *rakhenbourgs*. Il y avait deux sortes d'assemblées : les *mâhls*, ou assemblées par tribus, et les *Champs-de-Mars* ou assemblées générales dans lesquelles la loi naissait du consentement de la nation et de la constitution du roi.

Cet état de choses ne tarda point à changer. La conquête s'étant terminée, les Franks perdirent peu à peu leurs habitudes nomades pour prendre des habitudes agricoles. L'assemblée des *arhimans* et des *rakhenbourgs*, qui avait lieu d'abord toutes les semaines, puis tous les mois, devint encore plus rare par le fait de la dispersion des tribus frankes sur le territoire de la Gaule. Le Könung ne fut plus seulement un chef de soldats ; son pouvoir tendit à devenir plus politique et plus monarchique. Les Merwings avaient trouvé un premier point d'appui dans le clergé que Hlodwig avait fait entrer dans les assemblées comme un auxiliaire puissant de ses prétentions ; ils en cherchèrent un second dans leurs fidèles, qu'ils multiplièrent en multipliant le nombre de leurs dons et de leurs concessions, si bien que le mot *leudes* ne signifiait plus *tout le peuple*, mais seulement *les compagnons du chef*, et devint le synonyme d'*antrustions*.

Les empiètements des Merwings sur les libertés publiques ne se bornèrent point là. Ils se sentirent portés à l'imitation des empereurs romains, de leur faste et de leur luxe, et voulurent établir des impôts pour subvenir aux dépenses qu'occasionnaient de semblables innovations. Les Franks, comme tous les Germains, ne connaissaient d'autre taxe que le service militaire, et ne concevaient point la nécessité d'un trésor public. Néanmoins, dans le Ne-Oster-Rike, où la civilisation romaine avait pénétré davantage, et où les Gaulois, façonnés au joug impérial, étaient plus nombreux et plus influents, les impôts furent payés sans trop de résistance. Mais dans l'Oster-Rike, où les leudes avaient conservé toute la fierté et toute l'indépendance primitives, il n'en fut pas de même, et l'établissement des taxes régulières y souleva d'énormes difficultés. A la mort de Hlother I$^{er}$, en 561, la lutte commença entre le Ne-Oster, devenu romain, et l'Oster, resté germanique. Cette lutte, personnifiée pendant quelque temps dans deux femmes, Fredgund et Brunhild, se termina en 687, par une révolution où les Merwings succombèrent avec leur tentative de restauration impériale.

Les évolutions du clergé sont remarquables pendant cette période. La rupture était devenue nécessaire entre lui et les Merwings : d'un côté, ceux-ci commençaient, avec raison, à trouver trop pesante la domination des évêques; de l'autre, les évêques redoutaient pour cette domination les velléités d'émancipation et de reconstitution du pouvoir impérial que manifestaient les rois franks. Aussi dirent-ils à Hlother, qui voulait faire payer à l'Église un impôt égal au tiers de ses revenus : « Si tu veux ravir les biens de Dieu, le Seigneur te ravira promptement ton royaume. » Hlother recula et s'humilia. Mais la guerre était déclarée; et, ouverte ou sourde, elle se poursuivit. Le clergé se fit une popularité facile, en s'associant aux résistances qu'excitaient les prétentions fiscales des Merwings, résistances dont la cruauté sauvage des princes, qui s'essayaient à la tyrannie, triompha plus d'une fois par des supplices. Les églises devinrent des asiles qui ne furent pas toujours respectés, et quelques prêtres furent frappés à l'autel.

A côté du roi, était un chef, électif comme lui, que l'on appelle communément *maire du palais*. L'origine de ces deux pouvoirs, parallèles et indépendants l'un de l'autre, était antique chez les Germains, et tout le monde connaît la phrase de Tacite : « *Reges ex nobilitate, duces ex virtute sumunt.* » Ce fut vers la mairie du palais, rendue héréditaire en 687, dans la famille de Peppin d'Herstall par

Après le Sacre.

la victoire de Testry, que se tourna l'Église. Elle s'efforçait depuis 638, comme nous l'avons déjà dit, d'abêtir à son profit et au profit des maires les rois merwings, et finissait presque toujours par les absorber en elle en les privant de leur chevelure et en les confinant dans quelque monastère. Un d'eux pourtant, Hilderik II, voulut s'affranchir de la tutelle et faire acte d'autorité : il alla jusqu'à faire battre de verges un leude. Mais peu de temps après, il périt assassiné dans la forêt de Chelles ; sa femme et l'un de ses fils eure nt l même sort.

Les Karlings triomphèrent donc par l'Eglise, comme l'Eglise triompha par les Karlings. Mais elle craignit bientôt d'avoir à se repentir de ce qu'elle avait fait. La victoire de l'Oster fut comme une nouvelle invasion germanique ; et l'on vit Karl-Martel dépouiller le clergé de ses terres pour les donner à ses leudes, avec les dignités ecclésiastiques. L'abomination de la désolation était dans la cité sainte ; le christianisme semblait détruit, et les rites des religions antérieures reparaissaient. Vinrent les Arabes : Karl et ses leudes sauvèrent à Poitiers le christianisme, que l'islamisme, son frère cadet, eût anéanti. Dès lors, l'Eglise conclut avec les Karlings l'alliance qu'elle avait faite autrefois avec Hlodwig. L'évêque de Rome était écrasé entre l'empire d'Orient et les Langobards ; il aspirait à la délivrance. Les Karlings rêvaient, avec plus de génie et plus de chances de succès que les Merwings, de rétablir la dignité impériale : Karl-le-Grand détruisit la puissance langobarde, et fut couronné empereur d'Occident par Léon III.

« Traiter d'usurpation, dit Chateaubriand, l'avénement de Peppin à la couronne, c'est un de ces vieux mensonges historiques qui deviennent des vérités à force d'être redits. Il n'y a point d'usurpation là où la monarchie est élective, on l'a déjà remarqué : c'est l'hérédité qui, dans ce cas, est une usurpation. « Peppin fut élu de l'avis « et du consentement de tous les Franks ; » ce sont les paroles du premier continuateur de Frédégher (*Cap.* XII). Le pape Zacharie, consulté par Peppin, eut raison de répondre : « Il me paraît bon et « utile, que celui-là soit roi qui, sans en avoir le nom, en a la « puissance, de préférence à celui qui, portant le nom de roi, n'en « garde pas l'autorité[1]. »

La révolution de 687 avait été un événement en quelque sorte favorable à la liberté. Les Karlings, en effet, investis du pouvoir, d'abord comme maires, puis comme rois, remirent en vigueur les anciennes institutions de la Germanie, et les Franks furent convoqués plus fréquemment et avec plus de régularité aux assemblées du Champ-de-Mars. Pendant les quarante-six ans du règne de Karl-le-Grand, il y eut trente-cinq de ces assemblées nationales. Le pou-

---

[1] *Analyse raisonnée de l'Histoire de France*, page 22. Paris, 1845, 1 vol. in-12.

voir impérial n'était point du tout considéré comme absolu et irresponsable, à tel point qu'on lit dans le testament de Karl cet article remarquable : « Si quelques-uns de nos petits-fils, nés ou à « naître, sont accusés, nous ordonnons qu'on ne leur rase pas la « tête, qu'on ne leur crève pas les yeux, qu'on ne leur coupe pas un « membre, ou qu'on ne les condamne pas à mort, sans bonne discus- « sion et sans examen[1]. »

Malheureusement l'influence de l'Église vint de bonne heure paralyser l'action bienfaisante de telles institutions, et étouffer ainsi la liberté dans son germe. Le père de Karl-le-Grand, Peppin, avait commencé à introduire les évêques dans les Champs-de-Mars, comme un ordre à part, destiné à lui servir de contre-poids contre l'autorité des leudes. On en arriva à traiter, dans ces assemblées, des questions de théologie, dont la discussion oiseuse lassa promptement les Franks; ceux-ci se retirèrent peu à peu, et le clergé demeura maître du terrain. Ainsi l'Eglise, regagnant plus qu'elle n'avait perdu, marchait rapidement à la domination universelle et fut la véritable héritière des Karlings à la mort de Karl-le-Grand. Un peu plus tard, Nicolas Ier se montrait le hardi précurseur de Grégoire VII.

La société karlingienne contenait d'ailleurs un germe puissant et inévitable de dissolution : c'était la tendance de tous les concessionnaires de fiefs à se rendre héréditaires. Cette hérédité fut reconnue légale par le capitulaire que les leudes arrachèrent à Karl-le-Chauve, à Kiersy-sur-Oise, en 877, et dès lors la féodalité s'établit, se développa et parvint rapidement à s'universaliser. Déjà, en 843, le traité de Verdun avait détruit l'unité politique du nouvel empire d'Occident; c'était l'acte de naissance de trois grandes nations modernes, la France, l'Allemagne et l'Italie. Le morcellement et l'esprit de localité se communiquèrent de la totalité aux parties; les fiefs se divisaient en sous-fiefs, ceux-ci se subdivisaient à leur tour, et la hiérarchie des vassaux et des arrière-vassaux s'organisait. L'Eglise elle-même subit la forme féodale, à laquelle rien ne devait échapper. La papauté maintint l'unité religieuse et la défendit avec succès jusqu'au XVIe siècle; mais, en France, l'unité politique périt, avec les Karlings et il fallut sept siècles aux fils de Capet pour la reconstituer.

« Il faut dire, observe encore Chateaubriand, de la royauté de

---

[1] Baluz, t. I, p. 446.

Hugues Capet, ce que j'ai dit de celle de Peppin : il n'y eut point usurpation, parce qu'il y avait élection ; la légitimité était un dogme inconnu. Charles, duc de la basse Lorraine, fils de Louis d'Outremer, et oncle de Louis V, le dernier des karlovingiens, fut un prétendant que repoussa la majorité des suffrages : voilà tout. Il prit les armes, s'empara de la ville de Laon ; mais l'évêque de cette ville la livra à Hugues Capet (2 avril 991). Charles, mort en prison, laissa deux fils qui ne régnèrent point, et auxquels on ne pensa plus.

« Mais dans la personne de Hugues Capet s'opère une révolution importante ; la monarchie élective devient héréditaire ; en voici la cause immédiate, qu'aucun historien, du moins que je sache, n'a encore remarquée : le sacre usurpa le droit d'élection.

« Les six premiers rois de la troisième race firent sacrer leurs fils aînés de leur vivant. Cette élection religieuse remplaça l'élection politique, affermit le droit de primogéniture, et fixa la couronne dans la maison de Hugues Capet. Philippe-Auguste se crut assez puissant pour n'avoir pas besoin durant sa vie de présenter au sacre son fils Louis VIII ; mais Louis VIII, près de mourir, s'alarma parce qu'il laissait en bas âge son fils Louis IX, qui n'était pas sacré : il lui fit prêter serment par les seigneurs et les évêques ; non content de cela, il écrivit une lettre à ses sujets, les invitant à reconnaître pour roi son fils aîné. Tant de précautions font voir que deux cent trente-neuf ans n'avaient pas suffi à la confirmation de l'hérédité absolue, et de l'ordre de primogéniture dans la monarchie capétienne. Le souvenir même du droit d'élection se perpétuait dans une formule du sacre : on demandait au peuple présent s'il consentait à recevoir le nouveau souverain.

« Lorsque la couronne échut en ligne collatérale aux descendants de Hugues Capet, rien ne parut moins certain que l'existence de la loi salique, laquelle loi contestée mettait pareillement en doute l'hérédité. Ces questions s'agitèrent vivement sous Philippe-le-Long, Charles-le-Bel et Philippe de Valois. Sous Charles VI, une fille hérita de la couronne [1]. En 1576 une ordonnance décida que les princes du sang précéderaient tous les pairs, et qu'ils se placeraient selon leur proximité au trône. A ce propos, Christophe de Thou dit

[1] Aux Etats de 1484, le député Philippe Pot prononça ces paroles : « Dans l'origine, le peuple souverain créa des rois par son suffrage.... Il n'y a que des flatteurs qui attribuent la souveraineté au prince, laquelle n'existe que par le peuple.... La chose publique n'est que la chose du peuple : c'est lui qui l'a confiée aux rois. Quant à ceux qui l'ont possédée de tout autre manière, ils n'ont pu être réputés que des tyrans ou des usurpateurs du bien d'autrui..... »

à Henri III que, depuis le règne de Philippe de Valois, il ne s'était fait chose aussi utile à la conservation de la loi salique. Certes il fallait que le doute fût bien enraciné dans les esprits, pour qu'un magistrat, à la fin du xvie siècle, vît une loi politique dans un règlement de préséance. Catherine de Médicis songea à faire passer le sceptre à sa fille. Les états de la Ligue parlèrent de mettre l'infante d'Espagne sur le trône de France. Enfin, sous la régence du duc d'Orléans, pendant la minorité de Louis XV, il fut déclaré que, la famille royale venant à s'éteindre, les Français seraient libres de se choisir un chef : n'était-ce pas reconnaître leur droit primitif [1] ? »

Un des grands torts de la Restauration, et qui suffirait à la faire condamner par tous les esprits sensés quand il n'y en aurait pas d'autres à lui reprocher, c'est qu'il faille, dès que l'on parle des hommes et des choses de cette époque, remuer tout ce vieux monde et faire apparaître aux yeux du lecteur étonné tous ces fantômes odieux ou grotesques ensevelis depuis des siècles et que l'on pouvait croire destinés à ne jamais sortir des ténèbres de leur tombeau.

Le sort des derniers rois de France de la maison de Bourbon et du nom de Louis avait été varié : le numéro 16 avait été sacré à Reims le 17 juin 1775 par l'archevêque Charles-Antoine de la Roche-Aymon, et l'huile de la sainte ampoule n'avait pas rendu sa tête invulnérable à la hache du 21 janvier ; le numéro 17 n'avait fait que donner lieu à une immatriculation fictive sur le registre de l'histoire ; le numéro 18, affligé d'une obésité monstrueuse, ne put se donner le mouvement nécessaire pour aller chercher l'onction sacerdotale, quelque envie qu'il en eût et malgré l'annonce officielle qu'il en avait faite aux chambres [2].

Il y avait même, pour les gens qui prenaient ces choses-là au sérieux, une petite difficulté semi-religieuse, semi-politique. A l'imitation de Peppin-le-Bref qu'un délégué du pape, l'archevêque de Mayence, Boniface, était venu oindre dans Soissons, Nabulione Buonaparte avait cru devoir se faire sacrer le 2 décembre 1804 par le pape lui-même dans l'église cathédrale de Paris. Tant que le Corse avait vécu, cloué pour le repos du monde sur le roc de Sainte-Hélène, des naïfs s'étaient imaginé que la papauté ne pouvait couronner un roi de France puisqu'elle avait huilé le front d'un empereur. Oubliaient-ils donc que le prophète Samuel, toujours docile aux ordres du « Seigneur » qui élève et rejette comme il veut les puissants,

[1] *Analyse raisonnée de l'Histoire de France*, pages 50, 51.
[2] Discours d'ouverture de la session de 1818.

*deposuit potentes de sede*, avait oint le pâtre David sans s'inquiéter de l'ânier Saül qu'il avait pareillement oint quelques années auparavant? Néanmoins cette opinion bizarre persista même après le 5 mai 1821 et c'était, en partie, pour la détruire par un fait palpable que Charles X avait voulu être sacré à Reims comme les monarques du droit divin ses prédécesseurs.

Il s'agissait aussi de relever le prestige de la royauté. C'est une des grandes faiblesses de l'humanité en général et de notre France en particulier d'aimer la pompe, le spectacle, les oripeaux, les cérémonies, de croire à la vertu des rites et des paroles magiques, de prendre les mensonges audacieux et brillants d'autrui pour des mérites réels, son propre étonnement et sa propre curiosité pour du respect et de l'amour, et de se laisser ainsi conduire, tromper, ruiner au gré des habiles, des ambitieux, des pervers. Une idée bonne, utile, féconde se produit, cherche à se faire jour : elle n'y parvient pas et obtient à peine quelques regards distraits. Qu'un intrigant mette un panache à la plus sotte ou à la plus funeste des conceptions, qu'il l'annonce au son des tambours et des trompettes et tire un grand sabre en son honneur : elle fait fortune et conquiert l'univers.

Les religions de tous les temps et de tous les pays, mais surtout l'Eglise catholique, apostolique et romaine, ont admirablement compris tout le parti qu'elles pouvaient tirer pour leur domination de cette enfance persistante de l'humanité. Le sacerdoce catholique, sans rien créer dans l'extérieur du culte plus que dans le fond de la doctrine, a emprunté de toutes parts, et a seulement déployé dans la mise en œuvre et la mise en scène de tant de matériaux disparates une habileté théâtrale extraordinaire. C'est encore par là, plus que par toute autre chose, qu'il frappe et retient les enfants, les femmes, les vieillards, les ignorants et les faibles.

Toutefois, en France, les pompes militaires furent toujours préférées aux pompes religieuses. La cérémonie du sacre impérial laissa le peuple de Paris très-froid. Celui de Charles X n'excita dans le pays que l'enthousiasme officiel dont tous les régimes connaissent le prix coûtant sans en caresser moins l'illusion, et n'eut guère, en dehors de cela, qu'un succès de curiosité narquoise et malveillante.

On n'attend pas de nous la description détaillée et minutieuse de la voiture de gala dans laquelle le roi fit son entrée dans la ville, des arcs de triomphe, des guirlandes, des banderolles, des inscriptions, des devises, des tapisseries et des décors, des fleurs semées dans les rues sur le passage du cortége, des richesses épandues sur les ornements sacerdotaux, des diamants ruisselant sur les épaules des femmes, des chamarrures et des crachats constellant le suniformes français et étrangers, militaires et diplomatiques, de l'ébranlement causé aux nerfs et de l'ivresse toute physique provoquée par les fumées aromatiques de l'encens, les chants des prêtres et des enfants de chœur, le son des cloches, le bruit du canon, les clameurs vagues de la multitude.

Après avoir quitté Paris le 24 mai, le roi, accompagné du dauphin, du duc d'Orléans et du duc de Bourbon, escorté par ses gardes du corps, suivi de la foule des grands dignitaires, des députés des bonnes villes, d'un nombreux et brillant état-major, et des autorités du département, entra dans Reims le 28 et se rendit à la cathédrale qui avait été restaurée pour la circonstance en s'acheminant entre une double haie de gardes royaux. Le cardinal de Latil, archevêque de Reims, ancien aumônier du comte d'Artois dans l'émigration, attendait le roi et vint le recevoir sous un dais. « Je rends grâce à Dieu, lui dit-il, dans une allocution assez adroitement préparée, de vous avoir inspiré la grande et religieuse pensée de venir sanctifier la dignité du roi par un acte solennel de religion, au pied du même autel où Clovis reçut l'onction sainte; car, dans tous les lieux soumis à votre puissance, Sire, tout vous fera assez entendre que vous êtes roi, tandis qu'ici, dans ce temple, dans cette cité, le berceau de la foi de vos pères, tout vous rappellera que vous êtes chrétien, tout vous dira que, pour votre bonheur, comme pour le bonheur de vos peuples, et afin d'accomplir les desseins de Dieu en marchant sur les traces de tant de grands rois, dont, par le droit de votre naissance, vous portez la couronne, oui, Sire, tout vous dira que toujours vous êtes le fils aîné de l'Eglise et le roi très-chrétien... N'allez pas supposer que nos rois viennent recevoir l'onction sainte pour acquérir ou assurer leurs droits à la couronne! Non, leurs droits sont plus anciens; ils les tiennent de l'ordre de leur naissance, et de cette loi immuable qui a fixé la succession au trône de France, et à laquelle la religion attache un devoir de conscience. C'est en vertu de cette loi que les rois nous demandent obéissance et fidélité, et c'est afin d'obtenir les grâces nécessaires pour remplir les devoirs que ces droits leur imposent, faire régner la justice et défendre la vérité, qu'ils viennent rendre par leur consécration un hommage solennel au roi des rois, et placer sous sa protection toute-puissante leur royaume ainsi que leur couronne. Tels sont, sur l'autorité et la majesté des rois, les principes de l'Eglise catholique; et, dans cette grande circonstance, il nous a paru convenable, nécessaire, de les publier, afin de fixer sur une question aussi intéressante vos idées et vos principes... »

L'allocution du cardinal archevêque de Reims fut suivie d'un sermon du cardinal de La Fare. Celui-ci ne fit point preuve d'un tact égal et renouvela dans son discours les imprécations niaises et brutales contre la Révolution et l'Assemblée constituante, qui étaient la monnaie de l'éloquence courante des cléricaux et des royalistes de l'époque. Il n'hésita pas à prédire autant de félicités et de bienfaits pour la France sous un prince qui se courbait devant le dominateur des rois et des peuples, qu'il avait présagé de fléaux et de châtiments à Louis XVI trente-six ans auparavant, à l'apparition de « l'Assemblée fatale qui fut le premier instrument de la démolition du trône et de la monarchie. »

A la suite des *vêpres du sacre* et d'un *Te Deum*, le roi, qui s'était retiré dans ses appartements, y reçut le chapitre de la cathédrale, les autorités de la ville et le corps diplomatique. Le maire de Reims, Ruinart, fit le bonhomme et, en présentant à Charles X du vin de Champagne et des poires de rousselet, il récita cette phrase : « Comme un de mes aïeux le disait à Henri IV, je dirai à un de ses petits-fils : Nous vous offrons ce que nous avons de meilleur, nos vins, nos poires et nos cœurs; daignez les accepter. » Le brave Ruinart, non moins chanceux que l'un de ses aïeux, avait-il la tête assez troublée par l'honneur et le bonheur de parler à une tête qui allait être couronnée pour oublier, s'il l'avait jamais su, que le roi Henri n'avait point été sacré à Reims dont la Ligue était encore maîtresse, mais à Chartres, le 27 février 1594? Quant au corps diplomatique, il était au grand complet. A sa tête marchait le nonce du pape : le prince Volkonski représentant la Russie; le général de Zartow, la Prusse; Sidi-Makhmoud, Tunis ; le duc de Villa-Hermosa, l'Espagne; le duc de Northumberland, l'Angleterre, etc.

Le 29, dès quatre heures du matin, il y avait un mouvement considérable par toute la ville, et les portes de la cathédrale ne tardèrent pas beaucoup à s'ouvrir à la foule des privilégiés qui devaient assister dans l'église à la cérémonie. A sept heures et demie le roi arriva et, tandis qu'il s'arrêtait dans un appartement préparé pour lui, l'archevêque de Reims s'avançait vers le maître-autel, précédé des évêques de Soissons et d'Amiens, faisant fonctions de diacre et de sous-diacre, des archevêques de Besançon et de Bourges, des évêques d'Autun et d'Evreux. Le grand orgue et la musique du roi, placée derrière l'autel éclataient en accords retentissants, et les choristes entonnaient des hymnes. Alors les cardinaux de Clermont-Tonnerre et de la Fare, assistants du roi, vont le chercher; le grand

*Emplacement de la maison démolie de Jean Chastel (p. 72), d'après une gravure du temps.*

chantre frappe à sa porte. « Que demandez-vous ? » dit le grand chambellan, qui n'était autre que l'infâme et sempiternel Talleyrand; le premier assistant répond : « Charles X, que Dieu nous a donné pour roi. » Les huissiers ouvrent les portes; les deux cardinaux assistants entrent dans la chambre, présentent l'eau bénite au roi qui se lève et les salue et le conduisent à l'église où se trouve déjà la famille royale.

Charles X portait une veste de satin blanc, était coiffé d'une toque enrichie de diamants et surmontée de plumes blanches et noires, et chaussé de souliers de satin. Il se plaça sur le trône où l'archevêque de Reims lui vint présenter l'eau bénite, ainsi qu'aux grands dignitaires placés autour de lui. Puis le prélat alla chercher derrière l'autel la sainte-ampoule.

L'histoire de cette petite bouteille est fort miraculeuse. Hinkmar, nommé archevêque de Reims en 845 par Karl-le-Chauve et qui, par parenthèse, fut un des premiers défenseurs de ce qu'on appela dans la suite « les libertés de l'Église gallicane, » prétendit que des anges avaient apporté du ciel à saint Remigius ou Remi une fiole pleine d'une huile divine pour oindre le front de Hlodwig ou Clovis. Cette huile, qui ne s'était jamais tarie, avait servi à sacrer tous les rois de France. En 1793, le citoyen Buhl, représentant du peuple à la Convention nationale, nommé commissaire par l'assemblée, brisa la fiole sur le pavé de la place publique au vu et au su de tous, et nul n'y pensa plus. On ne s'avisa pas de fabriquer une contrefaçon pour le sacre du chef de la *quatrième race* et les anges ne se dérangèrent pas pour lui. Mais, à l'approche du sacre d'un *fils de Saint-Louis*, on répandit habilement le bruit que si la sainte ampoule avait été brisée les morceaux en étaient bons et avaient été recueillis et rajustés par des mains pieuses, et elle fit ainsi sa rentrée dans le monde tangible le 29 mai 1825 pour une représentation qui est certainement destinée à demeurer unique.

Avant de procéder à l'onction, l'archevêque entonna le *Veni, creator Spiritus*. Le roi, qui s'était agenouillé, se leva après la première strophe, et s'avança vers lui, accompagné de ses deux assistants qui portaient l'un le livre des Évangiles, l'autre une relique de « la vraie Croix, » l'archevêque prit le livre, mit la relique dessus et fit prêter au roi assis et couvert, la main sur les deux objets sacrés, trois serments : celui du sacre, celui de chef souverain et grand-maître de l'ordre du Saint-Esprit, et celui de chef souverain et grand-maître des ordres de Saint-Louis et de la Légion-d'Honneur. Le serment du sacre était conçu en ces termes :

« En présence de Dieu, je promets à mon peuple de maintenir et d'honorer notre sainte religion, comme il appartient au roi Très-Chrétien et au fils aîné de l'Église, de rendre bonne justice à tous nos sujets, enfin de gouverner conformément aux lois du royaume et à la Charte constitutionnelle, que je jure d'observer fidèlement. Qu'ainsi Dieu me soit en aide et ses saints Evangiles. »

On avait supprimé de l'antique formule de ce serment la promesse de « protéger les monastères et d'extirper l'hérésie; mais la défense de *notre sainte religion*, » c'est-à-dire du clergé catholique mitré, crossé, doré et des clercs de la Compagnie de Jésus, tenait encore le premier rang parmi les devoirs que le roi de France et de Navarre s'imposait par le serment du sacre; la justice ne venait qu'après, et, en dernier lieu, la Charte constitutionnelle, traitée comme une intruse et laissée comme à la porte d'un salon où l'on recevait une société dont elle n'était point. On remarquera aussi l'étrange côte-à-côte des ordres du Saint-Esprit, de Saint-Louis et de la Légion d'Honneur [1].

L'accomplissement des rites continue et pourrait soutenir le parallèle avec la cérémonie du *mamamouchi* dans le *Bourgeois gentilhomme*. « Donnez-moi ma robe pour mieux entendre... Attendez, je crois que je serai mieux sans robe. Non, redonnez-la-moi; cela ira mieux. » Ainsi parle M. Jourdain. Il en est de même de la veste du roi que le premier gentilhomme de la chambre lui ôte pour ne lui laisser qu'une camisole de satin rouge galonnée d'or sur toutes les coutures; de ses bottines de velours violet semées de fleurs de lis brodées en or que le grand-chambellan lui chausse, des éperons que le dauphin lui met et lui retire aussitôt pour les passer au grand-maître des cérémonies qui les replace sur l'autel. Ensuite l'archevêque ceint au roi l'épée de Charlemagne qu'il vient de bénir et dit : « *Accipe hunc gladium*. » Le roi l'offre à Dieu et la donne à garder au doyen des maréchaux faisant fonctions de connétable. C'est alors le tour de « la sainte-ampoule. » Les chants et les prières redoublent.

---

[1] Voici le serment prononcé par le chef souverain et grand-maître de l'ordre du Saint-Esprit.

« Nous jurons à Dieu le créateur de vivre et de mourir en sa sainte foi et religion catholique, apostolique et romaine, de maintenir l'ordre du Saint-Esprit sans le laisser déchoir de ses glorieuses prérogatives : d'observer les statuts dudit ordre et de les faire observer par tous ceux qui sont ou seront admis, nous réservant néanmoins de régler les conditions d'admission selon le bien de notre service. »

Enfin le roi prêta encore le serment suivant comme chef souverain et grand maître de l'ordre royal et militaire de Saint-Louis et de l'ordre royal de la Légion d'Honneur :

« Nous jurons solennellement à Dieu de maintenir à jamais, sans les laisser déchoir de leurs glorieuses prérogatives, l'ordre royal et militaire de Saint-Louis et l'ordre royal de la Légion d'Honneur, de porter la croix des dits ordres, et d'en observer les statuts. Ainsi le jurons et promettons sur la sainte croix et sur les saints évangiles. »

Le roi, conduit par les deux cardinaux assistants, vient s'agenouiller devant l'archevêque qui a fait ouvrir le reliquaire où se trouve l'objet miraculeux, en retire avec la pointe d'une aiguille d'or une parcelle de l'huile intarissable qu'il mêle à du « saint-chrême, » et fait avec le pouce sept onctions au patient : sur le sommet de la tête, et, à travers des ouvertures ménagées dans le vêtement, sur la poitrine, entre les deux épaules, sur chaque épaule, au pli de chaque bras. Quand tout cela est terminé, le grand-maître des cérémonies va prendre sur l'autel la tunique et la dalmatique de satin violet cramoisi semé de fleurs de lis d'or ainsi que le manteau royal en velours violet semé de fleurs de lis d'or, doublé et bordé d'hermine, et remet le tout au grand chambellan qui en revêt le roi. Celui-ci s'agenouille de nouveau ; l'archevêque s'assied en face de lui, lui fait deux dernières onctions aux paumes des deux mains, lui met des gants et un anneau bénits, puis le sceptre et la main de justice, suspend au-dessus de sa tête la couronne de Charlemagne, et l'y dépose enfin en disant : « *Coronat te Deus corona gloriæ atque justitiæ. Accipe coronam regni, in nomine patris et filii et spiritus sancti, amen !* » Le roi, dès lors sacré, est reconduit à son trône et donne l'accolade au dauphin et aux princes qui s'écrient : « *Vivat rex in æternum !* » On ouvre les portes de l'église au menu peuple ; le canon tonne ; les cloches sonnent ; les hérauts d'armes distribuent les médailles du sacre ; on donne la liberté à des oiseaux qui voltigent sous les arceaux de la cathédrale et symbolisent, dit-on, les vieilles libertés des Franks ; on chante un *Te Deum*, et l'archevêque reporte la fiole d'huile au magasin des accessoires religieux. Il n'y a plus à célébrer que la grand'messe. Les princes ôtent leur couronne ; les évêques, leurs mitres. Le roi vient présenter ses offrandes à l'autel ; il donne son sceptre à un maréchal, sa main de justice à un autre, communie sous les deux espèces et troque la couronne de Charlemagne pour la couronne moderne de diamants parmi lesquels figure le *Régent* et qui est évaluée dans son ensemble à la somme de dix-huit millions cinq cent mille francs. A l'issue de la messe, le roi et tout le personnel de la cérémonie se rendent au festin d'apparat servi dans l'antique salle ornée des portraits de tous les rois qui ont été sacrés à Reims.

Le 30 mai, Charles X tint un chapitre pour la réception des chevaliers du Saint-Esprit et de Saint-Michel. Avec les ducs d'Uzès, de Chevreuse, de Brissac, de Mortemar, de Fitz-James, de Lorges, de Maillé, de Castries, de Narbonne et de Polignac, les marquis de Dreux-Brézé, de la Suze, d'Autichamp, les comtes de la Ferronnays, de Noailles, d'Agoult, le vicomte de Châteaubriand, les cardinaux de Latil et de Clermont-Tonnerre, on vit figurer, parmi les récipiendaires, signe caractéristique de la confusion des temps, des roturiers tels que Dessolle, Soult, Marmont, Macdonald, Moncey, Suchet, Oudinot, Victor, Jourdan, Mortier, Pastoret, Lainé, Decazes, Pasquier, Villèle, et le président de la chambre des députés Ravez.

Le roi, qui venait de faire tous ces chevaliers, reçut à son tour l'ordre de la Jarretière des mains du fastueux duc de Northumberland, ambassadeur d'Angleterre.

Charles X dut aller visiter l'abbaye de Saint-Remy, et toucha, à l'hôpital de Saint-Marcoul, cent vingt-et-un scrofuleux à chacun desquels il dit : « Le roi te touche, Dieu te guérisse. » Comédie niaise dont il n'y aurait qu'à rire, s'il ne se trouvait toujours des fripons pour feindre d'y croire et des imbéciles pour s'y laisser tromper. Quant aux malades, ils savaient bien à quoi s'en tenir.

Des illuminations dans la ville et une revue passée au camp voisin de Saint-Léonard terminèrent la série des fêtes du sacre à Reims, et Charles X reprit la route de Paris le 1er juin.

Tout s'était bien passé. Cependant les mauvais augures ne manquèrent pas aux superstitieux. Le 28 mai, en quittant Fisures pour aller à Tinqueux, et de là à Reims, les chevaux du roi s'étaient emportés ; Charles n'avait eu aucun mal ; mais une voiture dans laquelle se trouvaient d'Aumont, Damas, Curial et Cossé avait été renversée et deux de ces personnages avaient été grièvement blessés. Plus tard, le feu avait pris à des équipages de la maison royale. Enfin, dans les fêtes données à Paris pour le retour du roi, une foule de curieux furent atteints par des pièces d'artifice, et il en résulta des accidents analogues à ceux qui avaient signalé jadis les réjouissances publiques du mariage de Louis XVI.

A l'occasion du sacre, il y eut naturellement une pluie de faveurs, de largesses, de titres de noblesse, de croix de la Légion-d'Honneur, et une fournée de pairs. Il y eut aussi, ce qui valait mieux, une amnistie pour les prisonniers et les proscrits politiques. Mais bon plaisir n'est point justice, et l'on fit des exceptions fâcheuses à une mesure si louable. « Nous croyons, dit M. de Vaulabelle, que M. Grandménil, le capitaine Nantil, le commandant Caron et MM. Pombas et Gamelon, se trouvèrent les seuls condamnés politiques qui ne furent pas compris dans cette amnistie [1]. »

---

[1] *Histoire des deux Restaurations*, t. VII, note de la page 153.

Comme en tout temps à toutes les folies et à toutes les parades royales ou impériales, les cantates, les vers, les sonnets, les opéras et les vaudevilles allégoriques ne firent pas défaut à la mascarade cléricomonarchique du sacre de Charles X. On souffre de voir figurer parmi les poètes courtisans et adulateurs qui célébrèrent cette fantasmagorie du passé Lamartine, Victor Hugo, Barthélemy et Méry. MM<sup>mes</sup> Amable Tastu et Delphine Gay donnèrent leur note dans ce concert de flatteries et de platitudes que le génie de quelques-uns de ceux qui y prenaient part ne saurait excuser. La voix de Béranger chantant le *sacre de Charle-le-Simple* détonne dans cet ensemble, et traduit seul, il faut le dire, le sentiment de l'immense majorité des Français. Heureux s'il eût toujours été aussi bien inspiré et si, dans l'aveuglement et l'étourderie de son opposition, il n'eût ramassé indistinctement toutes les armes et mêlé l'ivraie bonapartiste au bon grain républicain !

X

Caractère théocratique et clérical de la réaction sous Charles X. — Les Jésuites. — Leur histoire en raccourci. — Les *Pères de la Foi*. — Discours du ministre des affaires ecclésiastiques à la Chambre des députés le 29 mai 1826. — Arrêt de la Cour royale. — La Congrégation. — Les *députés Liautard*. — Établissements de Montrouge, de Saint-Acheul, de Montmorillon, d'Auray, de Forcalquier. — Les missions. — Troubles à Brest, à Lyon, à Rouen, à Bordeaux, à Angoulême, à Avignon, dans le département de la Meurthe. — Les représentations de *Tartuffe*. — Mandement de l'archevêque de Rouen. — Une femme brûlée comme sorcière. — *Auto-da-fe* à Valence (Espagne), en juillet 1826. — L'abbé Guyon. — Prédications nocturnes dans les cimetières. — Mise en scène fantastique. — Plantation d'une croix de mission à Besançon.

L'esprit et le cachet de la Restauration, et surtout du règne de Charles X, sont ceux d'une réaction plus théocratique et plus cléricale encore que monarchique. Tout est dans la main de l'Eglise, et l'Eglise est dans la main des Jésuites. Le jésuitisme n'est que la suprême incarnation du christianisme catholique, apostolique et romain, le dernier terme du sémitisme religieux et politique; et la dévotion élastique, corruptrice, immorale, criminelle, dont il a souillé le monde fait de lui le digne et authentique produit de cette source empoisonnée d'où sortirent jadis les cultes sanglants et licencieux de la Syrie et de la Phénicie, les religions aphrodisiaques de Cyniras et de Myrrha, de Baal-Moloch, d'Adonis et d'Astaroth, de Bacchus-Sabas, et la doctrine maladive du Nazaréen [1].

[1] Lire les beaux livres de M. Michelet : *Du Prêtre, de la Femme, de la Famille*, et la *Bible de l'humanité*.

Quand, pourquoi et comment, la Compagnie de Jésus était-elle née ?

C'était le moment où la Réforme et la Renaissance portaient des coups terribles à l'Église. Après Wikliffe, après Jean Huss, avait paru Martinus Luther. Vasco de Gama et Colomb avaient agrandi la demeure de l'homme ; Gutenberg avait donné la perpétuité et l'ubiquité à la pensée ; la lumière se faisait dans l'art et dans les lettres, rallumée au flambeau de l'antiquité grecque. A cette lumière, le catholicisme opposait la torche de ses bûchers ; mais ce n'était pas assez ; et, un jour de l'année 1534, dans la chapelle souterraine de l'église de Montmartre, la *grande prostituée de Babylone*, comme disaient les réformateurs, accoucha des Jésuites. Ce ne fut pas sans douleur.

Le 27 septembre 1540 le pape Paul III, par la bulle *Regimini militantis ecclesiæ*, approuva et confirma l'institut des Jésuites, sous le nom de *Clercs réguliers de la Compagnie de Jésus*. Un boiteux fanatique, Ignace de Loyola, qui avait fondé l'ordre à Montmartre avec Lainez, Salmeron, François Xavier, en fut nommé général le 22 avril 1541. Une seconde bulle papale fut lancée en faveur des Jésuites en 1549. Enfin, à son retour du concile de Trente, Guillaume Duprat, évêque de Clermont, fils du fameux cardinal qui avait été ministre de François I<sup>er</sup>, amena quelques-uns de ces « RR. PP. » dans son diocèse et les établit dans les villes de Mauriac et de Billon. Par des lettres-patentes en date du mois de janvier 1551, le cardinal de Lorraine en appela plusieurs à Paris. Mais l'évêque, le Parlement et la Sorbonne refusèrent de les reconnaître, et les Jésuites durent lutter dix ans pour se faire admettre dans Paris. Ils n'y réussirent que le 5 juillet 1561. Alors, ils prétendirent enseigner la jeunesse.

L'Université leur fit une vive opposition ; un procès eut lieu. Les Jésuites le perdirent au Parlement, mais le gagnèrent à force d'intrigues au conseil du roi. Il leur eût permis d'enseigner sans être incorporés à l'Université ; et, en 1565, ils établirent leur collége de Clermont, qu'ils appelèrent plus tard *Collége de Louis-le-Grand*. On voit quelle peine la société de Jésus eut à se faire tolérer en France, à Paris même, dans son berceau.

La ruse, on le sait, fut toujours l'arme favorite des Jésuites, et leur nom même, sous ce point de vue, est devenu proverbialement insultant. Mais ils ne reculaient point devant la violence ; et c'est par la puissante influence de leur « saint Ignace » qui, d'ailleurs était un ancien soudard, que l'Inquisition, tombée en décadence aux mains des Dominicains, fut solennellement relevée en vertu d'une bulle de Paul III, en 1542. Plus tard, ce furent eux qui dressèrent le plan des odieuses et sanglantes persécutions de Louis XIV contre les protestants et qui firent détruire la paisible maison de Port-Royal et labourer la place où le monastère s'était élevé (1709).

Nous ne parlons ici que des violences qu'ils avouaient; qui saura jamais combien de mains ils ont armées du poignard de l'assassin? Pierre Barrière (1593) et Jean Chastel (1594) commencèrent la série de ces meurtriers sacrés. Ce fut alors que, par arrêt du 29 décembre 1594, le Parlement condamna tous les Jésuites, comme « corrupteurs de la jeunesse, perturbateurs du repos public, ennemis du roi et de l'Etat, » à sortir dans trois jours de Paris, et dans quinze du royaume. Sur l'emplacement de la maison démolie du père de Jean Chastel s'éleva une pyramide dont les inscriptions infamantes vouaient la Compagnie de Jésus à l'exécration publique.

Le 25 septembre 1603, les Jésuites, par l'entremise d'un cuisinier anobli, Fouquet de la Varenne, ignoble ministre des débauches de Henri IV, tout-puissant sur l'esprit de son maître, furent rétablis en France et à Paris. Le P. Majus ne craignit pas de dire au roi que si les Jésuites avaient été ses ennemis et ceux du royaume jusqu'à présent, c'est que la France les avait maltraités et couverts d'opprobre depuis vingt ans. Né voilà-t-il pas un aveu naïf? Enfin Henri IV les autorisa à rentrer dans la crainte que s'ils étaient réduits au désespoir, ils n'attentassent de nouveau à sa vie. « Ce qui, disait-il, me la rendrait si misérable et langoureuse, demeurant toujours ainsi dans les défiances d'être empoisonné ou bien assassiné (car ces gens ont des intelligences et correspondances partout, et grande dextérité à disposer les esprits selon ce qui leur plaît), qu'il me vaudrait mieux être déjà mort. » Le P. Cotton, devenu confesseur et prédicateur du roi, obtint la démolition de la pyramide, et il fut un instant question de l'abattre de nuit, dans la crainte d'un soulèvement populaire. Voilà comme dès leur origine les Jésuites étaient, comme l'a écrit jadis et plus d'une fois M. Louis Veuillot, appelés par les peuples, protégés par les princes, investis de la confiance des familles, admirés par les héros!

On sait que les « RR. PP. » furent plus heureux avec François Ravaillac qu'ils ne l'avaient été avec Jean Chastel. Après la mort de Henri IV, ils obtinrent la permission de rouvrir leur collége à Paris. Mais aussitôt la Sorbonne et l'Université publièrent deux décrets portant que nul ne serait admis à professer la théologie ou les lettres et sciences dans l'Université sans y avoir probablement étudié trois ans, sous les professeurs publics, et sans être porteur d'un certificat signé de deux au moins d'entre eux; le postulant devait en outre faire serment de n'avoir eu d'autres maîtres que ceux de l'Université. A la requête des Jésuites, le conseil d'Etat cassa ces deux décrets le 26 avril 1618.

Ce n'était pas seulement en France que la compagnie de Jésus excitait des haines et des répugnances. Ces sentiments hostiles se firent jour surtout en Suède et en Angleterre. Dans le premier de ces

Mgr de Q.elen, archevêque de Paris, affilié à la *Congrégation*.

deux pays, les Jésuites firent contre la Réforme une tentative énergique qui échoua.

En Angleterre, désespérant de la ruse, ils y mêlèrent la violence et ourdirent la conspiration des poudres en 1605. Ils avaient espéré faire sauter Jacques 1er, sa famille et tout le Parlement; ils ne réussirent qu'à faire condamner au supplice leur provincial Garnet et à faire expulser la Société du royaume. En Russie ils parvinrent à placer sur le trône des tsars le faux Dmitrii [1]; mais la prédilection

---

[1] Notons ici en passant que des recherches faites dans l'histoire du temps

qu'il affecta pour le catholicisme et le mépris qu'il fit, par hasard ou à dessein, des usages de la religion grecque dans les cérémonies de son mariage furent cause que neuf jours après ces fêtes, le 17 mai 1606, il fut massacré avec tout son entourage.

En France, depuis le P. Cotton, les Jésuites étaient en possession de diriger les consciences royales. Un auteur du temps de Louis XIII trouve très-bon que le roi ait les Jésuites pour espions; mais il désire qu'il ne leur confie point ses secrets :

« *Le public*, dit-il, désirerait, Sire, qu'il plût à Votre Majesté imiter, pour ce regard, la sagesse des papes et la prudence des rois d'Espagne; lesquels se servent bien de ces bons pères comme espions, pour découvrir par leur entremise les secrets d'autrui; mais ils se donnent bien garde de leur déclarer les leurs, afin de ne point dépendre d'eux, ni qu'ils puissent jouer le double. C'est pourquoi, jusqu'à présent, aucun jésuite n'a eu l'honneur d'être confesseur de leur sainteté ni des infants et infantes..... Votre Majesté devrait prendre exemple là-dessus, Sire, et considérer les inconvénients où la France est tombée et où Votre Majesté peut encore tomber, en rendant la confession du Louvre héréditaire à la famille des jésuites, comme l'empire dans la maison d'Autriche. »

Sous le règne de Louis XIV, que confessèrent successivement le P. de La Chaise et le P. Letellier, les Jésuites montèrent à l'apogée de leur puissance. Mais les *Lettres de Louis de Montalte à un provincial de ses amis* (1656 et 1657) furent à cette même époque une magnifique protestation de la conscience publique indignée. Ils la bravèrent imprudemment en entassant dès lors crimes sur crimes, perfidies sur perfidies, bassesses sur bassesses : est-il besoin de rappeler encore les persécutions exercées contre les protestants et contre les jansénistes, les dragonnades, la destruction de Port-Royal, le poignard mis aux mains de Damiens, la banqueroute des PP. Lavalette, Sacy, etc., etc.?

A ce propos, la grand'chambre du Parlement de Paris ordonna que les constitutions de la Société lui fussent représentées, et condamna le général des Jésuites et tout l'ordre solidairement à acquitter les dettes du P. Lavalette. Cet honorable préfet apostolique des missions américaines, ruiné par la guerre de 1756, après avoir fait un com-

---

donnent un certain fondement à l'opinion que le faux Dmitrii était bien réellement le fils d'Ivan IV et le légitime héritier du trône échappé aux assassins soudoyés par Boris Godounoff. Ce serait par ordre d'Alexandre Ier que l'historiographe Karamsin s'est conformé à l'opinion reçue plutôt que de la fronder en disant la vérité.

merce fort lucratif dans les Antilles, avait fait une banqueroute de trois millions, dans laquelle il entraînait deux négociants très-recommandables de Marseille.

Le 17 avril 1761, le Parlement reçut le procureur général appelant comme d'abus des constitutions de la Compagnie, condamna au feu plusieurs ouvrages des Jésuites, prescrivit provisoirement la clôture de leur collège et leur interdit de recevoir dorénavant des profès ni des élèves. Enfin, le 26 novembre 1764, ils furent définitivement expulsés de France. De ce que leur Ignace de Loyola était boiteux, et de ce que l'un de leurs plus grands adversaires au Parlement, l'abbé Chauvelin, était bossu, on fit le distique suivant :

> Que fragile est ton sort, Société perverse !
> Un boiteux t'a fondée, un bossu te renverse.

Ce n'était pas en France que la justice avait commencé pour les Jésuites. En 1719, la Russie les avait chassés. Leurs missions en Chine avaient été tout à coup détruites en 1724 par une persécution sanglante dans laquelle le christianisme fut balayé avec eux. Le 3 septembre 1759 à la suite d'un attentat dirigé contre le roi de Portugal par les membres de la famille de Tavora, qu'inspiraient le P. Malagrida et d'autres Jésuites, le ministre Pombal chassa la Compagnie de Jésus de tous les Etats et domaines du Portugal avec défense à tous ses membres, sous peine de mort, d'y rentrer jamais. Huit cents d'entre eux furent déportés sur les côtes d'Italie. En 1767, le ministre d'Espagne, d'Aranda, fit un coup d'Etat contre ces dangereux hôtes et en fit saisir et transporter hors du royaume deux mille trois cents dans la même nuit. Le 2 avril de cette année parut une ordonnance royale qui prononçait l'expulsion des Jésuites et confisquait leurs propriétés. Ils perdirent ainsi leurs missions du Paraguay où ils avaient fondé une sorte d'État théocratique qui durait depuis 1556 et dont ils interdisaient l'entrée aux étrangers. Cet Etat était nominalement vassal de l'Espagne, et le gouvernement de la métropole accusa les Jésuites de prétendre à la souveraineté de l'Amérique méridionale.

Le dernier coup fut porté à la Compagnie par le bref d'abolition que le pape Ganganelli signa le 21 juillet 1773. Les « RR. PP. » s'en vengèrent en l'empoisonnant peu de temps après.

En 1779, Catherine II leur donna asile en Russie ; ils s'en firent encore chasser en 1817 et en 1823. En 1820, l'Espagne renouvela contre eux ses décrets de proscription. Depuis 1814, en vertu d'un bref de Pie VII en date du 4 août, ils avaient recouvré une existence quasi légale au point de vue de la discipline ecclésiastique. Ils rentrèrent en France avec la Restauration sous le nom de *Pères de la Foi.*

En résumé, les Jésuites ont été chassés de l'Angleterre, de l'Espagne, de la Chine, de la France, du Portugal, de la Russie, et plus d'une fois de presque tous ces pays ; les rois et les ministres les ont redoutés et proscrits comme des assassins et des perturbateurs ; les parlements les ont flétris comme des corrupteurs de la jeunesse et des banqueroutiers ; Pascal a flagellé dans un style immortel leurs doctrines impures, et les langues modernes ont consacré leur nom comme une injure cruelle.

« A l'époque de la Restauration, dit un livre publié en 1828, Louis XVIII fut assailli par le parti des Jésuites, qui avait de puissants appuis à la cour, pour l'engager à détruire l'ouvrage de son aïeul. Il ne se laissa, à la fin, arracher son consentement qu'après une longue résistance, et que sous la condition qu'il ne serait question ni du *nom*, ni de la *robe*, faible barrière pour contenir des gens qui savent prendre toutes sortes de formes afin d'arriver à leur but. Quand on lui représentait, depuis, l'ascendant que les Jésuites prenaient à la faveur de ce travestissement, il croyait avoir prévenu tous les inconvénients en répondant brusquement : *Il n'y a point de Jésuites dans mon royaume.* Il n'y avait point effectivement de corporation qui portât le nom et le costume de Jésuite ; mais il y avait, comme le disait M. Portalis, ministre des cultes, « *des Pères de la* « *Foi,* qui n'étaient que des Jésuites déguisés, qui suivaient l'ins- « titut des anciens Jésuites, qui professaient les mêmes maximes, dont « l'existence était incompatible avec les principes de l'Eglise galli- « cane, et le droit public de la nation ; » ajoutons, et qui sont enfin parvenus à infecter tout le nouveau clergé de leur esprit.

« Les ministres de Louis XVIII, souvent interpellés sur leurs progrès, firent longtemps la même réponse, lorsqu'enfin celui des affaires ecclésiastiques, soit qu'il y fût contraint par l'évidence du fait, soit qu'il ne lui fût plus possible de résister à l'élan de son zèle, ou ce qui est assez vraisemblable, que ce fût chose convenue avec la Congrégation, en prononça le nom, et en avoua l'existence dans la séance de la Chambre des députés du 29 mai 1826, aux applaudissements d'une majorité élue, on sait comment. Cet aveu qui semblait lui être échappé comme malgré lui, et par inspiration, dut paraître d'autant plus étrange, qu'il coïncida avec la déclaration de la cour royale de

Paris, toutes les chambres assemblées, qui donnait un démenti solennel aux motifs énoncés par le ministre dans son apologie de l'institut. Cette déclaration, après avoir rappelé toutes les lois et arrêts concernant les Jésuites, portait « que l'état de la législation « s'opposait formellement au rétablissement de la compagnie de « Jésus, sous quelque dénomination qu'elle pût se présenter; que « ces édits et arrêts étaient fondés sur l'incompatibilité reconnue « entre les principes professés par ladite Compagnie et l'indépen- « dance de tout gouvernement, et qu'elle était bien plus incompatible « encore avec la Charte constitutionnelle, qui fait aujourd'hui le droit « public des Français [1]. »

Dès les premiers jours de la Restauration, il s'était formé des sociétés affiliées à la Congrégation qui se répandirent par toute la France, et dont le nombre s'accrut avec une effroyable rapidité. Huit personnes se réunirent d'abord dans le dessein d'organiser une vaste association morale et religieuse. Des laïques, tels que le duc de Montmorency et une foule de nobles, de députés, de hauts employés, des diplomates, des prêtres comme Frayssinous, Quélen, Latil, Ronsin, Liautard, étaient autant de *confrères* (c'était le titre qu'ils se donnaient); trois commerçants, un imprimeur de Lyon, Rusan, un orfèvre et un marchand de bronze de Paris, fournisseurs du roi, avaient été admis dans cette charbonnerie catholique. Le public était persuadé que Charles X y était affilié personnellement. L'abbé Ronsin en était le directeur spirituel, l'abbé Liautard, curé de Fontainebleau, avait formé une sous-congrégation dont les commissaires, appelés *les députés Liautard*, étaient reçus aux assemblées des congréganistes qui avaient lieu tous les quinze jours chez le duc de Rohan. A Grenoble, les associations se divisaient en *sections* à chacune desquelles présidait un *doyen;* à Rouen, c'étaient des *centuries*. Clercs ou laïques, membres occultes ou avoués, Jésuites de robe longue ou de robe courte, les confrères constituaient un réseau complet et irrésistible d'espionnage, de délation et de tyrannie étendu sur tout le pays. Les affiliés devaient particulièrement entretenir des rapports suivis avec les domestiques des deux sexes pour connaître par leur moyen les habitudes et les moindres actions des maîtres.

La Congrégation avait des établissements fixes et protégés par le pouvoir à Montrouge, à Saint-Acheul, à Montmorillon, à Auray,

---

[1] *Essai historique et critique sur l'état des Jésuites en France depuis leur arrivée dans le royaume jusqu'au temps présent*, par M. Tabaraud, Paris, 1828, 1 vol. in-8, pages 276-278.

à Forcalquier. Le système des missions qui, de plus en plus nombreuses, parcouraient les départements, fut extrêmement favorable à l'éclosion d'une société affiliée dans chacune des villes, dans chacune des bourgades où passaient les missionnaires. Il semblait que l'Eglise eût entrepris la conquête d'un pays sauvage.

De telles audaces ne pouvaient manquer de troubler l'ordre public et le troublèrent en effet à Brest, à Lyon, à Rouen, à Bordeaux, à Angoulême, à Avignon, dans le département de la Meurthe. Dès que les missionnaires étaient arrivés dans une localité, les habitants s'y partageaient aussitôt en deux camps ennemis et irréconciliables. Tandis que les hommes de Dieu et leurs adhérents étalaient avec un cynisme dégoûtant leurs farces immondes, et que l'orgie religieuse se déchaînait dans toute sa fureur, la raison, le bon sens, la pudeur de la masse protestaient hautement. Le plus souvent on demandait au théâtre de la ville la représentation de *Tartuffe* que des ordres expédiés de Paris interdisaient de jouer. Le public poussait des cris violents : l'autorité procédait à des arrestations ; les gens appréhendés au corps résistaient : le sang coulait. A Rouen, l'opinion était encore surexcitée par un mandement récent de l'archevêque où on lisait :

« Le dernier concile de Rouen ordonne que les curés observent avec grand soin si leurs paroissiens assistent fidèlement aux offices divins les dimanches et fêtes ; qu'ils s'informent des causes de leur absence, et les fassent surveiller par quelqu'un, afin que si après leur avoir fait les remontrances convenables ils persistent à ne pas y assister, ils les dénoncent à leur évêque. Nous enjoignons, en conséquence, à tous les pasteurs et confesseurs de veiller exactement à l'observation de cette antique loi de l'Église.

« L'évêque doit faire interdire l'entrée de l'église à tous ceux qui n'ont pas fait leurs pâques. Il doit déclarer publiquement qu'ils seront privés de la sépulture ecclésiastique, et faire afficher leurs noms à la porte des églises paroissiales et à celle de la cathédrale. Il convient donc que dans les grandes paroisses surtout, MM. les curés et desservants aient un registre qui contienne les noms de tous ceux de leurs paroissiens qui n'ont pas fait leurs pâques, afin qu'ils puissent s'acquitter facilement de l'obligation rigoureuse que l'Eglise leur impose.

« Les curés enseigneront souvent à leurs paroissiens que tout mariage nul selon les lois de l'Eglise est nul devant Dieu ; que les fidèles ne peuvent contracter un vrai mariage qu'en présence de leur propre curé ; qu'en conséquence toutes les unions appelés *mariages civils* sont nulles aux yeux de l'Eglise, et que ceux qui vivent ensemble en se bornant à contracter civilement doivent être regardés comme des concubinaires. »

Par le même mandement, l'archevêque de Rouen se réservait exclusivement « l'absolution : 1° du crime d'hérésie auquel cas étaient compris les hérétiques, schismatiques, ceux qui les soutiennent dans le schisme et l'hérésie, ou qui lisent ou retiennent, sans permission, les livres hérétiques ; 2° du crime de magie, auquel cas étaient compris les divinations, maléfices, empoisonnements, et tous exercices de l'art magique. »

En présence de l'exaspération du public rouennais, l'autorité dut céder, et *Tartuffe* fut joué au bruit d'applaudissements frénétiques.

Ce n'était toutefois pas en vain que les mandements des évêques et les prédications des missionnaires ressuscitaient les vieilles superstitions. A Bourdel (Lot-et-Garonne), une pauvre femme fut brûlée comme sorcière par ses voisines. Ailleurs, une jeune fille dressa elle-même son propre bûcher, et s'y précipita pour se rendre agréable à Jésus-Christ. Au-delà des Pyrénées, c'était bien plus terrible encore et les journaux du temps racontent avec horreur les abominables et grotesques péripéties d'un *auto-da-fe* qui eut lieu à Valence dans le mois de juillet 1826, et dans lequel un malheureux Juif, vêtu du *san-benito*, fut brûlé comme à la belle époque de l'Inquisition. « Il faut avoir vu, disent les feuilles qui contiennent ce récit, le zèle avec lequel chacun portait au bûcher sa falourde, son cotret, son baril de goudron, pour juger ce qu'est le fanatisme. Nous ne disons pas le sermon qui précéda le supplice ; les hymnes qu'on entonna au moment où le feu, se développant, commença à entourer la victime qu'on avait bâillonnée afin de l'empêcher de crier. » Tel était le régime que les armes françaises étaient allées rétablir en Espagne trois ans auparavant.

En France, les cimetières servirent plus d'une fois de théâtre à des scènes de violence, de scandale et de basse comédie. A Avignon, le jour des Morts, le plus fougueux des chefs de missions l'abbé Guyon alla prêcher dans le cimetière de Saint-Lazare. Après avoir tonné du haut de ses tréteaux contre les autorités et les magistrats « trop lâches, disait-il, pour venir prier avec lui dans ce lieu mortuaire où Dieu les attendait tous, » il avait ordonné aux assistants de se découvrir et de jurer qu'ils forceraient leurs parents et leurs amis à se confesser à l'heure de leur mort. Voyant un jeune homme qui n'avait pas obéi à cette injonction, il se mit à l'interpeller : « Que veut l'impudent? s'écria-t-il. Vient-il ici fouler la terre sacrée? Est-ce un juif? est-ce un protestant? Non, c'est un impie qui vient braver la religion! »

Aussitôt la foule fanatisée se tourne vers celui qu'on désigne ainsi à sa fureur et menace de le mettre en pièces. Le jeune homme est heureusement sauvé par l'intervention de la force armée. Mais l'abbé Guyon le réclame et promet de le protéger. On le lui livre. Le missionnaire entraîne sa victime dans une église, la catéchise, et exige l'abjuration de son incrédulité. Le jeune homme résiste et veut avant tout être libre. Alors l'abbé Guyon l'abandonne à la colère de la multitude à laquelle le malheureux échappe toutefois. Le missionnaire va aussitôt reprendre son sermon où il l'avait laissé et dit : « Contentons-nous de réciter un *Pater* et un *Ave* pour obtenir de Dieu la conversion de cet impie. » Il fallait bien *se contenter* en effet de si peu, puisqu'on n'avait pu massacrer le mécréant et l'envoyer, comme disait Bonald, « devant son juge naturel. »

Les missionnaires prêchaient souvent la nuit dans les cimetières sur le « jugement dernier. » Ils faisaient parfois placer sur des tombeaux des citrouilles creuses, dans l'intérieur desquelles on mettait des chandelles allumées, et qui, percées de trous destinés à figurer des yeux, semblaient des têtes de mort animées par une flamme surnaturelle et portaient dans l'esprit des simples une pieuse et salutaire épouvante. Souvent la mise en scène était plus compliquée. C'est ainsi que plus d'une fois, dans différentes localités du département de la Meurthe, tandis que le prédicateur excitait en parlant, comme toujours, du « jugement dernier, » la terreur de ses trois ou quatre mille auditeurs et mettait à profit pour l'effet de son discours la nuit, la vastité de l'édifice, le silence de l'assemblée, on entendit tout à coup en arrière du chœur d'effroyables détonations produites par des décharges de pistolets et de fusils, et par des explosions de boîtes d'artifices et de pétards. Alors ce fut une panique générale ; les chaises furent renversées ; les femmes et les enfants en cherchant à fuir se heurtèrent et tombèrent pêle-mêle en poussant des hurlements d'angoisse, au milieu desquels on entendit éclater un chœur invisible et mystique de voix cachées derrière l'autel et qui chantaient le bonheur des « élus » sur l'air : *Où peut-on être mieux qu'au sein de sa famille ?*

A Besançon, la croix de mission fut plantée avec la plus grande solennité. La cérémonie dura huit heures, et pendant tout ce temps les portes de la ville demeurèrent fermées, et les ponts-levis des fossés levés, de sorte que nul ne put entrer dans la place ni en sortir. Juges, fonctionnaires de toute espèce en grand costume, cavalerie, infanterie, garde nationale en grande tenue, suivaient la procession qui sortit au bruit de cent un coups de canon tirés de la citadelle et marcha constamment accompagnée par le son des tambours et des trompettes, et le fracas des décharges de l'artillerie et de la mousqueterie. Pour comble d'ineptie et d'inconvenance, des chœurs

« La Cour rend des arrêts et non pas des services » (p. 84).
**Le Président Séguier.**

d'hommes, de femmes et de jeunes filles chantaient sur l'air profané de la *Marseillaise* les plaisirs de l'amour divin.

Tels étaient les spectacles ridicules qui servaient à séduire et à égarer des groupes de population plongés dans l'ignorance et dont la faiblesse faisait une proie facile pour l'imposture et le fanatisme.

## XI

Situation de la presse. — Poursuites contre le *Constitutionnel* et le *Courrier français*. — Le procureur général Bellart. — Arrêts de la Cour. — Réponses du président Séguier au ministre Peyronnet. — Popularité éphémère de la magistrature. — Mort et funérailles du général Foy. — Souscription nationale. — Jugement de Timon sur le général Foy.

On ferait des volumes si l'on voulait citer tous les faits, semblables ou analogues à ceux que nous venons de rapporter, dont le récit remplissait les colonnes des journaux libéraux de l'époque : les étalages des libraires purgés par les mains de la police des livres antireligieux ou qui lui semblaient tels; les portes de l'église et celles de la « terre sainte » du cimetière, fermées à tous ceux, quels qu'ils fussent, qui, volontairement ou non, n'avaient pas reçu les derniers sacrements; des jeunes filles, affolées par leur confesseur, se jetant dans les froides ténèbres du couvent; des abjurations de luthériens et de calvinistes obtenues par surprise, par entraînement, par intérêt; les propriétés de l'État retirées tout d'un coup aux cultes dissidents qui les occupaient depuis longtemps sans contestation; la bénédiction nuptiale refusée aux mariages mixtes; l'aumône échangée contre la présentation de billets de confession; les condamnations prononcées par les tribunaux contre les personnes qui n'avaient point ôté leur chapeau sur le passage d'une procession.

La censure, on se le rappelle, avait été abolie dans les premiers jours du règne, et l'on n'osait encore la rétablir. La presse jouissait donc d'une liberté relative et en profitait pour flageller le cléricalisme sous toutes ses formes, dans toutes ses manifestations, chez tous ses suppôts. Mais le bras séculier était alors plus que jamais le complice, ou, pour mieux dire, le serviteur, l'exécuteur des œuvres hautes et basses de l'Église et de la Congrégation. Il n'hésita pas, en conséquence, à poursuivre les deux organes principaux du libéralisme, le *Constitutionnel* et le *Courrier français*. Vingt-cinq articles de ce dernier et trente-quatre de l'autre, publiés dans un espace de douze semaines, furent déférés à la cour royale de Paris. Le procureur général Bellart chanta dans son réquisitoire les refrains déjà usés alors et qui depuis ont été rabâchés dans tous les prétoires, et fatiguent encore aujourd'hui nos oreilles.

« Nos discussions politiques, dit-il, ont cessé ; la démagogie vaincue a perdu toutes ses coupables espérances; ses apôtres ont dû renoncer à leurs rêves insensés. Les ennemis de tout ordre, qui sèment du trouble pour recueillir du pouvoir, ont donc dû changer de plan. Ils ont pris une route bien autrement funeste, car celle-ci mène plus loin qu'à la destruction du trône, elle mène à la destruction de la société elle-même, quelle que soit la forme de son gouvernement. C'est la religion qui, dans leurs noirs complots, est aujourd'hui devenue le point de mire de leurs attaques. Écraser l'infâme est leur mot de ralliement. On peut s'en convaincre à leur idolâtrie pour le chef qui le leur donna; ils emploient quelquefois l'audace, mais plus souvent l'hypocrisie, et l'hypocrisie a gagné leurs journaux. Il en est deux surtout dont elle est devenue l'arme favorite : ce sont le *Constitutionnel* et le *Courrier français*. On ne peut tarder plus longtemps à dénoncer leur tendance coupable. C'est au nom de Dieu qu'ils blasphèment Dieu et les choses saintes; ils cachent leurs intentions, mais voilà leurs œuvres : mépris déversé sur les choses et les personnes de la religion; provocation à la haine contre les prêtres en général; acharnement à propager contre eux mille fausses accusations, à exagérer leurs fautes. Non-seulement ils attaquent les cérémonies, les réunions éphémères du culte, mais encore celles des trappistes, des frères de la doctrine chrétienne, des frères de la charité; c'est surtout sur ces institutions qu'ils croient devoir lancer toutes les foudres philosophiques. Ils ne voient dans la religion qu'une source de fanatisme, d'orgueil et de persécution; c'est le protestantisme qu'ils appellent, ou plutôt le néant de la religion. En dépit de leur hypocrisie, leurs desseins sont mis à nu : il est temps que la justice ouvre les yeux sur leurs fureurs pour les réprimer. » Sur les réquisitions du procureur général, la cour cita le *Constitutionnel* et le *Courrier français* à comparaître devant elle. Dans les deux procès qui eurent lieu successivement et qui occupèrent chacun plusieurs audiences, le ministère public fut représenté par le fameux de Broë que les pamphlets de Paul-Louis Courrier ont tympanisé. Les défenseurs étaient Dupin et Mérilhou. Leurs plaidoiries furent remarquables; mais ce qui le fut davantage, ce fut l'arrêt que rendit la cour le 3 décembre 1825, après une demi-heure de délibération, dans l'affaire du *Constitutionnel*, et que le président Séguier prononça d'une voix ferme et accentuée :

« La Cour, vu le réquisitoire du procureur général du roi, en date du 30 juillet dernier;

« Vu les trente-quatre articles incriminés du journal le *Constitutionnel*;

« Considérant que si plusieurs de ces articles contiennent des expressions et même des phrases inconvenantes et répréhensibles dans des matières aussi graves, l'esprit résultant de l'ensemble de ces articles n'est pas de nature à porter atteinte au respect dû à la religion de l'État;

« Considérant que ce n'est ni manquer de respect ni abuser de la liberté de la presse que de discuter et combattre l'introduction et l'établissement dans le royaume de toute association non autorisée par les lois ;

« Que de signaler, soit des actes notoirement constants qui offensent la religion même ou les mœurs, soit les dangers et les excès non moins certains d'une doctrine qui menace tout à la fois l'indépendance de la monarchie, la souveraineté du roi et les libertés publiques, garanties par la Charte constitutionnelle et par la Déclaration du clergé de France en 1682, Déclaration toujours reconnue, et proclamée loi de l'État,

« Dit qu'il n'y a lieu de prononcer la suspension requise, et, néanmoins, enjoint aux éditeurs et rédacteurs du *Constitutionnel* d'être plus circonspects. Sans dépens. »

Le 5 décembre, un arrêt semblable renvoya le *Courrier français* des fins de la plainte.

On se représente facilement la stupeur et la colère du parti clérical. Le ministre Peyronnet reprocha à la Cour d'avoir rendu un mauvais service au Gouvernement. C'est dans cette occasion que Séguier répondit : « La Cour rend des arrêts et non pas des services. » Comme le garde des sceaux lui disait encore : « Savez-vous bien, Monsieur, qu'il est heureux pour vous que votre place soit inamovible ? » Le premier président répliqua : « Oui, Monseigneur, et je sais aussi qu'il est heureux pour la France que la vôtre ne le soit pas. » Ce magistrat ne se montra pas toujours aussi sauvage. Toutefois la famille Séguier a fait preuve d'une sorte d'indépendance intermittente dont nous avons vu, sous le second Empire, un récent exemple.

D'un autre côté, la France éclata en acclamations; des feux de joie furent allumés dans les rues de Paris; la magistrature même eut un instant de popularité.

Enfin, un événement inattendu vint surexciter encore dans le même moment l'opinion publique et le sentiment libéral. Le 28 novembre, le général Foy mourut d'une hypertrophie du cœur. Si l'année précédente, les funérailles de Louis XVIII n'avaient rencontré que l'indifférence ou provoqué que le sarcasme, celles de Foy furent un deuil vraiment national et fournirent à l'opposition l'occasion d'une éclatante manifestation. Elles se firent le 30 novembre à la petite église Saint-Jean, aujourd'hui démolie, qui était située dans le haut de la rue du Faubourg-Montmartre et qui a été depuis remplacée par Notre-Dame de Lorette. Cent mille personnes y assistèrent. De l'église au cimetière du Père-La-Chaise le corps fut porté sur les épaules de jeunes volontaires qui se relayaient de moment en moment. La pluie fine et pénétrante qui tombait avec persistance ne ralentit pas l'enthousiasme recueilli de la foule. Il était nuit quand le cortége arriva à sa destination; Casimir Périer, le général Miollis et Ternaux prononcèrent chacun un discours; après quoi le cercueil fut descendu dans la fosse à la lueur des torches. Plus de quinze mille personnes n'avaient pu entrer dans l'enceinte de la nécropole. Parmi les voitures de la suite on remarqua celle du duc d'Orléans, drapée de noir.

Casimir Périer avait dit que Foy laissait une veuve avec cinq enfants sans fortune. « La France les adoptera ! » s'écria une voix. En effet une souscription, qui fut organisée aussitôt, produisit en peu de temps plus d'un million. Des ouvriers, des soldats souscrivirent pour 50 centimes; Laffite, pour 50,000 francs; Casimir Périer et le duc d'Orléans, chacun pour 10,000 francs. Une somme de cinquante mille francs fut employée à l'érection du monument sculpté par David.

Timon (Cormenin), dans ses *Etudes sur les orateurs parlementaires*, s'exprime ainsi en parlant de Foy :

« Il avait les dehors, la pose et les gestes de l'orateur, une mémoire prodigieuse, une voix éclatante, des yeux étincelants d'esprit, et des tournures de tête chevaleresques. Son front bombé, renversé en arrière, s'illuminait d'enthousiasme ou se plissait de colère. Alors il frappait sur le marbre de la tribune, et il y avait en lui un peu de la Sibylle sur son trépied. Il se débattait dans son argumentation, et il écumait sans contorsions, et j'oserais presque dire avec grâce. On le voyait se lever brusquement de son banc, escalader la tribune comme s'il allait à la victoire; et de là, jeter ses paroles d'un air fier, à la manière de Condé lançant son bâton de commandement par-dessus les retranchements de l'ennemi. »

## XII

Affaires de Russie. — Mort d'Alexandre Ier. — Les métamorphoses de la tyrannie. — Nicolas et Constantin. — Conspiration militaire. — Essence constitutrice de la nationalité russe. — Avenir de la Russie. — La race slave.

Tandis qu'en France le libéralisme prenait des forces, marchait hardiment en avant et faisait reculer l'ennemi, aux confins de l'Europe et de l'Asie, une mort violente, selon les uns, poison ou strangulation; selon les autres, la conséquence naturelle d'une constitution faible et d'une mélancolie croissante provoquée par les rigueurs de la température et la résistance aux prescriptions médicales, emportait en peu de jours l'empereur de Russie Alexandre Ier, qui avait été l'âme de la Sainte-Alliance des rois contre les peuples.

En réalité, Alexandre Ier succomba à cette terrible maladie que l'on a fort bien appelée de nos jours le *delirium tyrannicum*, à cette folie noire du despotisme, de la toute-puissance absolue qui abêtit l'homme et le rend mystique, superstitieux, idiot, quand elle ne fait pas de lui un monstre sanguinaire. Ce mal qu'ont perpétué jusqu'à nos jours l'ambition et la témérité des despotes, l'ignorance et la sottise des peuples, se trouve symbolysé depuis des milliers d'années dans la légende khaldæo-judaïque :

« .... Il se promenait dans le palais royal de Babylone;

« Et le roi prenant la parole dit : N'est-ce pas ici Babylone la grande, que j'ai bâtie pour être la demeure royale par le pouvoir de ma force, et pour la gloire de ma magnificence?

« .... A cette même heure-là,... il fut chassé d'entre les hommes; il mangea l'herbe comme les bœufs, et son corps fut arrosé de la rosée des cieux jusqu'à ce que son poil crût comme celui de l'aigle, et ses ongles comme ceux des oiseaux[1]. »

La monarchie conduit le monarque à la démence : Nabuchodonosor, Cambyses, Xerxès, Caligula, Néron, les Borgia, Philippe II, les Buonaparte, pour ne citer que les plus monstrueux, sont des fous tantôt furieux, tantôt stupides. Le christianisme a singulièrement aggravé la folie despotique.

La tyrannie a d'ailleurs passé par bien des métamorphoses. Le vieil Hérodote raconte que Déjocès, qui sauva, lui aussi, les Mèdes

---

[1] *Daniel*, IV, 29-33, *passim*.

de l'anarchie, en s'établissant, grâce au compérage de quelques affidés, leur chef héréditaire, ordonna aussitôt que personne n'entrerait chez le roi ; que toutes les affaires s'expédieraient par l'entremise de certains officiers; que personne ne regarderait le roi ; qu'on ne rirait ni ne cracherait en sa présence. Il croyait, ajoute l'historien grec, qu'en se rendant invisible à ses sujets, il passerait pour un être d'espèce différente. De son côté, Aristophane prétend comiquement que le « grand roi » se faisait accompagner d'une armée de quarante mille hommes pour aller, sur une montagne d'or, satisfaire aux infirmités de la nature.

*Major e longinqua reverentia* : Telle fut la devise de la royauté antique. Le *tyran*, celui qui avait usurpé l'autorité dans un Etat libre, sentait la nécessité de s'entourer d'un prestige extraordinaire, pour se distinguer, au lendemain de son usurpation, de ceux qui, la veille, étaient ses égaux. Les tyrans n'établissaient guère de dynastie : les pouvoirs de cette nature sont éphémères. Le droit divin, qui n'existe originairement que chez les peuples de race sémitique, pénétra peu dans le reste du monde avant le triomphe du christianisme. La société chrétienne restreignit le nom de tyran aux princes féroces : elle avait perdu la notion de la liberté et il fallait la frapper jusqu'au sang pour la faire crier.

Les majestés modernes de notre Europe ont changé tout cela. Elles ont adopté, en apparence du moins, le progrès du temps. Elles se font toutes à tous et ne cherchent plus le mystère. Elles préfèrent la popularité, cette bonhomie insolente de la tyrannie. Des tyrans ? Il n'y en a plus. Cette espèce terrible et grotesque ne peut plus figurer que dans quelque collection paléontologique. On souriait déjà quand on appelait Louis XVI « le tyran » ; et nous ne savons vraiment s'il s'est rencontré quelque plaisant qui ait eu le mauvais goût d'appeler tyrans Charles X après Juillet, Louis-Philippe après Février. Nul n'a songé à donner cette qualification à Othon de Grèce ou à Couza du Danube ; pas même à la sanglante et licencieuse Isabelle d'Espagne.

Qu'on se détrompe : les tyrans sont morts depuis longtemps ; mais la tyrannie est vivante. Seulement, elle s'habille en bourgeois ; avec de fausses clefs elle a ouvert le sanctuaire de la légalité ; elle s'est munie de papiers, et elle se dit en règle. Il en est de même du bourreau, digne et inévitable compagnon du tyran : il a cessé de s'affubler d'un costume rouge et ne tient plus à la main une hache ou une épée ensanglantée. Il se vêt comme tout le monde et tue à la mécanique fort proprement. Tyrans et bourreaux, qui ont navigué de conserve sur l'océan des siècles, en arrivant jusqu'au nôtre, se sont lavé les mains, ont parfumé leur chevelure et passé un habit taillé selon la dernière mode.

Cela est très-dangereux. Parce que la tyrannie est déguisée, parce qu'elle est hypocrite, on se croit libre, et on s'endort dans cette funeste erreur. Promenez vos regards du nord au midi, du couchant à l'aurore, partout la tyrannie est aimable et charmante. Elle a la meilleure grâce du monde à cheval; elle est pétrie d'esprit et fait des mots étincelants; elle valse à ravir; elle joue aux jeux innocents; elle sème l'or et les faveurs; elle affranchit les paysans; elle chasse dans les forêts profondes les daims agiles et les cerfs timides; elle daigne honorer de sa visite et de ses commandes les magasins les plus brillants aux jours solennels des largesses. En vérité, il n'y a rien de farouche dans tout cela, et ceux qui criaient « au tyran! » ne sont que de misérables folliculaires et de vains déclamateurs.

Comment! Vous avez dans tels et tels pays, un homme, un seul homme, qui tient en ses mains la paix et la guerre, la vie et la fortune, la liberté de plusieurs millions d'hommes semblables à lui; un caprice, un mot, un geste, une mauvaise digestion de cet homme peut tout hasarder, tout compromettre, tout ruiner; et parce que cette tyrannie est élégante, bonne enfant, vous ne voulez pas qu'on l'appelle tyrannie?

Les anciens, pour en revenir à eux, ont eu parfois aussi leur hypocrisie de légalité. Cambyses demanda un jour aux juges royaux s'il pouvait épouser sa sœur. Les membres de ce vénérable Sénat de la Perse lui répondirent qu'à la vérité il n'y avait pas de loi dans le pays qui autorisât un frère à devenir le mari de sa sœur, mais qu'il y en avait une qui permettait au roi de faire tout ce qu'il voulait.

La tyrannie moderne, malgré toutes les précautions qu'elle a prises, n'a pas toujours échappé au grotesque; mais, généralement, elle a toujours craint de se mettre au-dessus des lois. Elle a mieux aimé, une fois maîtresse du terrain, faire fabriquer des lois spéciales pour que ses caprices pussent s'y mouvoir à leur aise, et que les pointilleux n'eussent d'autre ressource que celle de s'écrier : *Dura lex, sed lex.*

L'équivoque est le pire des maux, et il faut appeler chaque chose de son vrai nom. Sans doute la légalité feinte dont le despotisme se voile est un hommage qu'il rend au droit et à la liberté. Mais cet hommage est insuffisant; bien plus, il est fatal. Le des-

Calvaire d'une *Mission* (d'après une gravure du temps).

potisme, animal nocturne et douteux, se tourne de tous les côtés et dit :

> Je suis oiseau : voyez mes ailes !
> Je suis souris : vivent les rats !
> Jupiter confonde les chats.

Il fausse ainsi sa position et, en même temps, celle de ses adversaires. Il affole la boussole, il retarde l'horloge, il éteint la lumière, il fait le chaos, et finit par se précipiter lui-même, sans que sa chute, expiation tardive, répare tant de ruines, console tant de victimes.

Il faut pousser droit au monstre, le reconnaître dans sa dernière métamorphose, saisir ce Protée insaisissable, le bien tenir et ne pas le lâcher. On a beaucoup abusé de l'hydre de l'anarchie, métaphore païenne, et de la femme qui écrase la tête du serpent, métaphore chrétienne. Nous nous attaquons, nous, à l'hydre sans cesse renaissante du despotisme, et c'est de la tyrannie que nous parlons quand nous disons : Peuples, écrasez la tête du serpent.

Parce que, de 1814 à 1816, Alexandre I$^{er}$ se montra moins violent que ses alliés dans les représailles qu'ils firent subir à la France pour toutes les victoires dont ils avaient été les vaincus; parce qu'il prit une part importante à la Déclaration de Saint-Ouen et à l'octroi de la Charte; parce qu'il contribua fortement à l'adoucissement des conditions imposées à notre malheureux pays par le traité du 20 novembre 1815, et, trois ans après, facilita par son appui l'évacuation de notre territoire, on a voulu faire de ce prince un despote libéral, accouplant ainsi deux expressions contradictoires qui hurlent de se trouver ensemble et dont l'union adultère ne peut qu'être inféconde. La vérité est qu'il n'y eut en tout cela que caprice, calcul plus ou moins profond et plus ou moins juste de politique; ce ne fut peut-être même qu'un accident de tempérament, puisqu'avec la mélancolie des dernières années dont fut affecté le caractère d'Alexandre, la haine des idées libérales lui vint aussi vive que l'amour qu'il en avait affiché jadis. Il suffit de rappeler que ce fut du Congrès de Vérone, où se trouvaient réunis les trois souverains complices de la Sainte-Alliance, que partit l'injonction adressée au gouvernement de la Restauration d'envoyer une armée française au-delà des Pyrénées pour y renverser la constitution des Cortès et y rétablir la tyrannie de Ferdinand VII. C'est alors que Villèle put dire, pour justifier la nécessité de l'expédition d'Espagne, qu'il fallait avoir la guerre au-delà des Pyrénées, pour ne pas l'avoir sur le Rhin.

« La nouvelle de la mort de l'empereur Alexandre fut apportée au grand-duc Nicolas pendant un office divin que la famille impériale faisait célébrer, pour obtenir de Dieu la santé de l'empereur malade. Après avoir soigné sa mère, plongée dans la douleur par cette nouvelle, le grand-duc s'empressa de prêter le serment de fidélité à son frère Constantin et de le proclamer empereur. Sa mère, l'impératrice

Marie, lui déclara alors formellement que le grand-duc Constantin avait signé une renonciation et que la couronne lui appartenait de droit. Mais malgré cette déclaration et les instances du prince Alexandre Galitzine, qui était dépositaire de tout ce secret, et qui attestait l'existence d'un manifeste par lequel l'empereur défunt le nommait son héritier, le grand-duc Nicolas persista dans le parti qu'il avait pris, alléguant pour raison que cette renonciation avait pu être forcée, et qu'il ne pouvait accepter la couronne qu'après une nouvelle manifestation de l'héritier légal et légitime....

« Constantin, on le sait, résidait alors à Varsovie; le courrier qui lui fut expédié de Taganrog, pour lui apprendre la mort de son père, arriva à Varsovie le 25 novembre[1], c'est-à-dire deux jours plus tôt que celui qui portait à Pétersbourg la même nouvelle. A la réception de ce message, Constantin ne douta point que son frère Nicolas n'eût fait usage du droit qu'il lui avait lui-même laissé ; cependant il rédigea, le 26 novembre, une seconde renonciation qu'il envoya à Pétersbourg, en écrivant à sa mère ces paroles : « Habitué dès mon « enfance à respecter religieusement la volonté tant de feu mon « père, que du défunt empereur, ainsi que celle de Votre Majesté, « et me renfermant encore dans les bornes de ce principe, je consi- « dère *comme une obligation* de céder mon droit à la succession, « conformément aux dispositions de l'acte de l'Empire sur l'ordre de « succession dans la famille impériale, à son Altesse Impériale le « grand-duc Nicolas et à ses héritiers. » A la lecture de cette lettre, on peut même croire qu'un homme parfaitement et profondément décidé aurait écrit dans des termes plus explicites, aussi le grand-duc Nicolas ne la trouva pas suffisante pour qu'il montât sur le trône, d'autant plus qu'elle avait été écrite par Constantin avant la réception de la nouvelle qu'il était formellement reconnu pour empereur et que toute la Russie lui prêtait déjà serment. Constantin, de son côté, sentant bien que sa seconde renonciation appuyait la première, et que sa position n'avait point changé, écrivit un troisième acte de renonciation, mais rédigé cette fois, dans des termes tout à fait explicites. Pendant ce temps, le grand-duc Nicolas, considérant la seconde renonciation comme dictée par la première émotion de la douleur, expédia à Varsovie son frère, le grand-duc Michel, en le chargeant de faire revenir Constantin de sa détermination. Michel rencontra à mi-chemin le messager parti de Varsovie, et revint à

---

[1] Vieux style, correspondant au 7 décembre. Alexandre 1er était mort le 19 novembre-1er décembre 1825.

Pétersbourg avec les nouvelles dépêches de son frère aîné : c'est alors seulement que Nicolas accepta la couronne. Pour nous, après cet exposé de faits qui sont tous incontestablement vrais, nous nous élevons avec toute la profondeur de nos convictions, contre la malveillante idée que la conduite de Nicolas n'ait été qu'une indigne comédie, et nous la considérons, au contraire, comme un acte de désintéressement, rare dans l'histoire des successions royales[1].

« Ce fut par une révolution militaire que la Russie inaugura l'avénement de l'empereur Nicolas à un trône qu'il n'avait point ambitionné.

« Qui avait tort? Est-ce lui? Est-ce le pays?

« On nous répondra peut-être que ce n'est pas le pays qui s'est révolté, mais seulement la troupe; cependant la troupe appartient plus ou moins au pays : donc il y avait solidarité, d'autant plus qu'à la tête de la révolution, se trouvaient des hommes de différentes positions sociales. Quel mal avait fait à la Russie le grand-duc Nicolas, pour provoquer ou mériter un pareil accueil à son pouvoir? Il avait été strictement fidèle sujet de son frère; il avait décliné de tout son pouvoir l'honneur d'une couronne qui lui revenait de droit, et cela par un scrupule outré d'homme d'honneur; et cependant son cœur et son amour-propre étaient profondément outragés par une conspiration! Cette conspiration avait été ourdie par des hommes qui n'avaient point étudié l'histoire de leur pays, qui ne connaissaient pas le peuple et ses tendances, qui n'avaient pas d'autre idée que celle de s'emparer du pouvoir pour disposer du pays. Les conspirateurs ne songeaient pas au peuple, l'émancipation n'était même pas leur mot d'ordre; cette réforme fondamentale était dans le nombre des arrière-projets et reléguée au dernier plan : tout roulait sur la limite du pouvoir souverain, au profit des classes supérieures qui, elles-mêmes, étaient encore fort loin, par leurs lumières, de servir de flambeau au souverain et au pays. Ces révolutionnaires ne manifestèrent aucune tendance démocratique : ils n'avaient pas encore l'intention, en se rendant maîtres du pouvoir, de s'en dessaisir d'une partie en faveur du peuple; en un mot, ce n'était qu'une copie des révolutions européennes, sans le moindre caractère national[2]. »

En laissant de côté les préjugés monarchiques de l'auteur à qui

---

[1] C'est aussi l'opinion de M. de Vaulabelle (*Histoire des deux Restaurations*, t. II, page 185).
[2] *Essai sur l'Histoire de la civilisation en Russie* par Nicolas de Gerebtzoff; t. II, Russie moderne, pages 58-62. — Paris, Amyot, 1858, 2 vol. in-8.

nous avons emprunté la citation qui précède, nous devons reconnaître que le jugement qu'il porte sur la conspiration russe de 1825, tout sévère qu'il paraît, est conforme à la véritable situation des hommes et des choses de la Russie.

Nous avons le bonheur d'échapper à ce sentiment mesquin, égoïste, faux et ridicule, à cette odieuse parodie de l'amour de la patrie qu'on appelle le *chauvinisme*. Nous n'éprouvons donc aucun embarras à rendre justice à la Russie comme à tout autre pays. La Russie est jeune; elle peut devenir grande et tenir dignement sa partie dans le concert de l'humanité, si elle ne cherche pas à couvrir les autres voix de la sienne, et si elle parvient, d'un autre côté, à délier ou à briser ses langes.

La Russie est jeune, disons-nous; elle est vieille en même temps, et cette simultanéité de verdeur et de décrépitude n'est pas un des caractères les moins extraordinaires de tous ceux qui la distinguent entre les autres nations. Ce qui est vieux en elle, c'est la couche supérieure germanisée et européanisée violemment par Pierre Ier; ce qui est jeune, c'est la masse du peuple demeurée slave et originale, et qui ne demande qu'à se développer dans la pureté de l'élément national.

A chaque pas que l'on fait en Russie, on voit combien le besoin d'écoles primaires y est grand; le pays entier va au-devant de l'instruction, et il n'est nullement nécessaire d'obliger les pères à envoyer leurs enfants à l'école. D'un autre côté, la langue parlée par le peuple est la même que celle des classes élevées; il n'y a ni patois ni idiome vulgaire dans la langue russe, et il serait très-facile d'amener le peuple à un certain degré de culture intellectuelle. On comprend quel avenir promet à la civilisation un pareil état de choses.

Mais ce qui fait surtout la force de la Russie au point de vue social et politique, c'est son organisation communale et la puissance du *mire* ou association de la commune. M. de Gerebtzoff donne là-dessus des détails fort précieux et caractérise fort bien ce ressort nécessaire de la nationalité russe.

« Tout cet ensemble, dit-il, s'est conservé à travers les bouleversements politiques de tous les siècles, parce que c'était le fruit des conditions ethnographiques du peuple, parce que l'organisation communale est la condition essentielle du slavisme. Porter atteinte à cette base, serait saper l'édifice national d'un peuple slave[1]. »

---

[1] Ibid., t. II, page 579.

A côté de ce principe de force, la Russie en renferme malheureusement un de faiblesse. Ainsi que le fait remarquer M. de Haxthansen dans un livre déjà ancien, mais qui est resté estimable[1], tandis que les autres Etats de l'Europe ont été ou sont, en raison de leur origine ou de leur développement, des Etats féodaux, la Russie est un Etat patriarchal. Les Slaves doivent cela sans doute à leur voisinage et à leur long mélange avec la race mongolique. Or, l'idéal du despotisme est dans l'état patriarchal; le peuple, assimilé aux enfants, demeure dans une éternelle minorité en face du souverain, assimilé au père. De là, l'habitude invétérée chez lui d'accepter tout ce que fait et tout ce que dit le prince, sans contrôle et sans examen, avec la soumission aveugle de l'enfant au père, de la créature au créateur, dont les rois sont les représentants terrestres. C'est ainsi que le peuple russe a dû subir l'ukase du tsar Boris Godounoff, rendu le 21 novembre 1601. A commencer de cette époque, les paysans, quoique personnellement libres, se trouvèrent placés sous l'autorité des seigneurs ou des propriétaires-fermiers; et, sous Pierre I<sup>er</sup>, ils devinrent, presque par hasard, seulement *de facto*, complètement serfs. Aucune loi, aucune ordonnance positive n'établit jamais la servitude *de jure*. La classe des anciens *dvorovié* (serviteurs) avait été formée par les descendants des premiers prisonniers de guerre. Les paysans libres, simples fermiers des nobles, pouvaient, quand arrivait le *Youricwdien* (la Saint-Georges), quitter la terre qu'ils avaient cultivée et habitée pendant tout le temps du fermage, c'est-à-dire pendant une année, et aller s'établir ailleurs. L'*adscriptio glebæ*, décrétée par Boris Godounoff, fut le commencement de la servitude sous laquelle gémit depuis la population slave.

Ceux qui veulent régénérer la Russie doivent chercher à la délivrer du poison de l'*occidentalisme* que s'est inoculé Pierre I<sup>er</sup> et qu'il a communiqué aux couches supérieures de la nation. Le progrès doit être slave, agir sur l'élément slave et par lui. Prenons un exemple : l'industrie tend à se développer considérablement en Russie; qu'au lieu d'importer les fabriques par entreprise on y favorise les associations industrielles qui sont l'application à cette spécialité d'une coutume nationale suivie en tout. Les réformateurs doivent aussi s'appuyer sur la consolidation du *mire* ou association communale; c'est là l'essence constitutrice de la nationalité russe. Ils doivent conserver le partage périodique des terres de la com-

---

[1] *Etudes sur la Russie* par A. de Haxthansen, Hanovre, 1847-1853.

mune, grâce auquel il n'y a pas de prolétaires. Ils doivent surtout détruire l'esclavage. C'est ce qu'ils témoignent de vouloir faire. Déjà avant qu'il en fût question dans les régions officielles, M. de Haxthausen disait au chapitre IV de son ouvrage :

« Toute personne un peu sensée conviendra qu'il est impossible de maintenir la servitude encore longtemps dans son état actuel. Tout le monde le sait en Russie. Mais comment y parvenir sans produire de révolution et de secousse politique? Telle est la question du jour. »

M. Nicolas de Gerebtzoff dit à son tour :

« Il nous reste maintenant à accueillir, en les bénissant, les souriantes espérances d'émancipation que Sa Majesté Alexandre II fait briller sur la Russie à l'aurore de son règne, et à nous réjouir, en vrai patriote, de voir enfin tomber les entraves que le servage opposait aux progrès intellectuels du peuple russe[1]. »

Le tsar actuel a, en effet, rendu des édits dans ce sens, et on en a fait grand bruit. Toutefois, le dernier qui a paru a eu pour but d'ajourner l'exécution des précédents. Nous voulons bien ne pas mettre en doute la bonne foi et la bonne volonté d'Alexandre II. D'ailleurs, son intérêt bien entendu se concilie, dans une certaine mesure, avec les tendances auxquelles il semble disposé à obéir. Mais est-il assuré de n'être pas entraîné malgré lui au-delà de cette mesure? Il l'espère du moins; car sa générosité n'irait probablement pas jusqu'au sacrifice de son intérêt. Il a donc la confiance qu'il ira aussi loin qu'il veut aller et qu'il n'ira pas plus loin. C'est en quoi nous estimons qu'il se trompe. S'il est vraiment des prêtres et des rois qui, de bonne foi, croient possible la conciliation de l'autorité religieuse et monarchique avec la liberté, ils n'ont d'autre excuse que celle d'être les plus grandes dupes qui se puissent imaginer.

Il n'y a pas, jusqu'à présent, d'exemple dans l'histoire d'un prince réformateur qui n'ait été forcé de reculer devant la tâche qu'il s'était imposée pour ne pas succomber, ou qui n'ait été, en persistant, entraîné dans le gouffre. L'expérience nous a appris à croire à l'impuissance des réformes et à la douloureuse nécessité des révolutions dans les Etats despotiques.

Il faudra que la Russie sorte violemment de sa situation patriarchale comme la France est sortie violemment de sa situation féodale. Où Alexandre II reculera, ce qu'il semble déjà faire sous l'influence

---

[1] Ibid., t. II, page 564.

de circonstances diverses et d'une mélancolie analogue à celle qui envahit jadis l'esprit défaillant de son oncle Alexandre Ier devenu la proie du *delirium tyrannicum*, où il sera dépassé. Et, dans les deux cas, il nous paraît impossible qu'il échappe à l'appétit insatiable de la Révolution, moderne Saturne qui dévore ses enfants. C'est une loi. Mais, quoi qu'il doive arriver, la métamorphose de tant d'esclaves en hommes, la naissance à la vie civile de plusieurs millions d'êtres ne saurait être trop chèrement achetés. Heureux les peuples qui, comme la France de 1872, l'Angleterre, la Hollande, la Belgique, sont sortis de l'ère du despotisme et peuvent, en procédant pacifiquement à des réformes opportunes et graduelles, défier les conquêtes sanglantes des révolutions que d'autres pays sont réduits à envier !

Reste l'hypothèse, qui pourrait bien se vérifier, suivant laquelle le peuple russe, placé dans l'échelle ethnologique au dernier degré du rameau arian, confinant au rameau sémitique et au rameau tatar, fortement mélangé de Tatars-Blancs et de Tatars-Jaunes, n'aurait pas en lui la vertu nécessaire pour s'élever à la civilisation des arians supérieurs et serait condamné par sa nature anthropologique à rester dans les limites d'une éternelle enfance. Il serait toutefois prématuré, nous en avons la conviction, de chercher à résoudre dès à présent, dans un sens ou dans l'autre, ce grave et mystérieux problème.

On craint souvent que la Russie n'acquière une trop grande prépondérance qui la mène à peser d'un poids trop lourd sur l'Europe, ou même à l'absorber tout entière dans sa conquête. Ces préoccupations étaient celles de quelques hommes d'État au moment de la mort d'Alexandre Ier et troublent encore aujourd'hui l'esprit d'un certain nombre de personnes ; c'est pour cette double raison que nous nous arrêtons à en examiner un instant la valeur.

Peut-être, si la Russie continuait à suivre les errements de Pierre Ier, les craintes auxquelles nous faisons allusion pourraient-elles se justifier et s'appuyer sur quelque essai plus ou moins vague de réalisation des projets caressés par ce personnage. On a pu redouter qu'il en fût ainsi avec Alexandre Ier, si désireux d'exercer une influence en Occident, si ambitieux des applaudissements de la France et de Paris, si engoué des poètes, des écrivains, des artistes occidentaux, si fier de représenter auprès de ses Asiatiques sauvages le type de la civilisation européenne. On put redouter en 1825 des velléités semblables de la part du nouveau tzar, Nicolas. Mais on dut être bientôt détrompé en le voyant, pour le plus grand honneur de son intelligence et le meilleur éloge de sa politique, rester foncière-

## FIN DE LA RESTAURATION

ment Moscovite et, au lieu de copier l'étranger devant la Russie, se montrer franchement, brutalement russe en face de l'étranger.

La Russie a sans doute compris et comprendra de plus en plus

Nicolas Paulowich, empereur de Russie.

que l'avenir de sa grandeur n'est pas en Europe, mais en Asie.

« Par l'Amur, dit M. de Haxthausen, la Russie pourrait rattacher sans peine Saint-Pétersbourg à l'Océan Pacifique et réaliser ainsi dans une autre voie une idée grandiose de Pierre Ier qui, à défaut de l'Amur, avait cherché dans le Kamtschatka le port d'où il aurait pénétré dans le Japon, dans les Indes et dans l'Amérique. Aussi la Russie, tôt ou tard, sera-t-elle amenée à reprendre de gré ou de force ce bassin important.

« La Russie pourrait être ainsi l'avant-garde de l'Europe contre une nouvelle invasion de barbares. Qui sait ce qui se passe dans ces immenses contrées de l'Asie, et si, à un moment donné, les peuples sans cesse croissants qui les remplissent ne tendront pas à déborder sur l'Europe? Une barrière comme la Russie, ayant derrière soi l'Allemagne et la France, les empêcherait de pénétrer trop avant [1]. »

## XIII

Session de 1826. — Élections complémentaires. — Le général Sébastiani est élu à Vervins. — Discours du roi. — Projet de loi rétablissant le droit d'aînesse. — Une lettre du ministre Villèle en 1824. — Émotion de la France. — Pétitionnement. — Discussion du projet à la Chambre des pairs. — Molé, Pasquier, Montalembert, Peyronnet. — Rejet de l'article 1er. — Paris illumine. — Discussion de l'article 3 à la Chambre des députés. — Violent discours de Sébastiani. — Division et décomposition du parti royaliste.

L'opinion publique, en France, ne tarda pas à se détourner des commentaires variés auxquels avaient donné lieu la mort du tsar Alexandre Ier, l'avènement du tsar Nicolas, et le mouvement de Saint-Pétersbourg, pour songer à l'ouverture de la session de 1826 qui approchait, et se préoccuper des élections partielles qui nécessitaient le remplacement de Foy à Vervins et celui d'un autre député à Lisieux. Dans cette dernière localité, le marquis de Neuville, beau-père du ministre Villèle, fut élu grâce à la pression administrative qui s'exerça avec une violence et un cynisme dont les fonctionnaires du second Empire ont bien dépassé le scandale, mais qui dut surprendre et scandaliser les électeurs de 1826 moins blasés que ceux de ces derniers temps. Le vice-président du collège électoral alla jusqu'à émettre cette odieuse et burlesque proposition, que si le candidat de l'opposition, Dupin, était envoyé à la Chambre, les Cosaques reviendraient en France. « Car, dit cet individu, qui peut nous répondre que les sombres nuages qui se sont montrés au Nord après la mort

---

[1] *Études sur la Russie*, ch. XX.

de l'empereur Alexandre n'en attireront pas d'autres de tous les points de l'horizon? » On ne se serait guère attendu à voir le tsar en cette affaire. A Vervins, le général Sébastiani succède au général Foy.

La session s'ouvrit le 31 janvier. Charles X annonça dans son discours la présentation d'une loi destinée à ressusciter le droit d'aînesse en même temps qu'à étendre et à aggraver le droit de substitution. Pareils à ces ouvriers de la légende judæo-chrétienne qui voulaient rebâtir le temple dont il avait été dit qu'il ne resterait pas pierre sur pierre, les aveugles soldats de l'autel et du trône prétendaient reconstruire dans son entier l'édifice du passé et ne voyaient pas les globes de feu qui menaçaient de les réduire en cendres, les abîmes qui s'ouvraient sous leurs pas et allaient les engloutir. Le nouveau projet de loi était conçu en ces termes :

« Article 1er. Dans toute succession déférée à la ligne descendante et payant 300 francs d'impôt foncier, si le défunt n'a pas disposé de la quotité disponible, cette quotité sera attribuée, à titre de préciput légal, au premier-né des enfants mâles du propriétaire décédé.

« Si le défunt a disposé d'une partie de la quotité disponible, le préciput légal se composera de la partie de cette quotité dont il n'aura pas disposé.

« Le préciput légal sera prélevé sur les immeubles de la succession, et, en cas d'insuffisance, sur les biens meubles.

« Article 2. Les dispositions des deux premiers paragraphes de l'article qui précède cesseront d'avoir leur effet lorsque le défunt en aura formellement exprimé la volonté par acte entre-vifs ou par testament.

« Article 3. Les biens dont il est permis de disposer, aux termes des articles 913, 915 et 916 du Code civil, pourront être donnés en tout ou en partie, par acte entre-vifs ou testamentaire, avec la charge de les rendre à un ou plusieurs enfants du donataire, nés ou à naître, jusqu'au deuxième degré inclusivement.

« Seront observés, pour l'exécution de cette disposition, les articles 1051 du Code civil, jusque et y compris l'article 1074. »

Il y avait longtemps que la réaction cléricale et féodale caressait l'idée de faire revivre un fantôme d'aristocratie au moyen de la reconstitution du droit d'aînesse. Villèle avait eu l'intelligence de résister d'abord sur ce point à la pression de ce parti et il écrivait le 31 octobre 1824 à Polignac, alors ambassadeur de France à Londres :

« ..... Quant au morcellement des propriétés, le mal est bien plus dans nos mœurs que dans nos lois. Personne ne veut plus vivre à la campagne sur ses biens ; tous nos gentilshommes se font bourgeois tant qu'ils peuvent, en passant à la ville six ou neuf mois, pour y jouir de la société, de l'aisance et des facilités de faire élever et de placer leurs enfants ; ils ne sont plus assez riches pour avoir tout cela à la campagne. Le mal est tellement croissant sous ce rapport, que nous n'en sommes plus à quitter la campagne pour la ville, mais à quitter les villes de province pour Paris ; de là cet immense accroissement de la capitale qu'on a peine à s'expliquer.

« Vous auriez tort de croire que c'est parce que les majorats [1] sont perpétuels qu'on n'en fait pas ; vous nous faites trop d'honneur, la génération actuelle ne se mène pas par des considérations aussi éloignées du temps qui lui appartient. Le feu roi a nommé le comte K... pair, à la charge de faire un majorat ; il laisse périr sa pairie plutôt que de vouloir faire du tort à ses filles en avantageant son fils ; sur vingt familles aisées, il y en a à peine une où l'on use de la faculté d'avantager l'aîné ou tout autre des enfants. L'égoïsme est partout. On aime mieux bien vivre avec tous ses enfants ; et, en les établissant, on s'engage à n'en avantager aucun. Les liens de la subordination sont tellement relâchés partout, que, dans les familles, le père serait, je crois, obligé de ménager ses enfants. Si le gouvernement proposait de rétablir le droit d'aînesse, il ne trouverait pas une majorité pour l'obtenir, parce que le mal est plus haut ; il est dans nos mœurs, encore tout empreintes des suites de la Révolution.

« Je ne veux pas dire qu'il ne faille rien faire pour améliorer cette triste situation, mais je pense qu'à une société aussi malade il faut beaucoup de temps et de ménagement pour ne pas perdre en un jour le travail et le fruit de plusieurs années ; savoir où il convient d'aller, ne jamais s'en écarter, faire un pas vers le but toutes les fois qu'on le peut, ne se mettre en aucune occasion dans le cas d'être obligé de reculer, voilà ce que je crois une des nécessités du temps où je suis venu aux affaires. et une des causes pour lesquelles j'ai été porté au poste que j'occupe. »

Villèle crut donc, en 1826, que le moment était venu de *faire un pas vers le but* sans se mettre *dans le cas d'être obligé de reculer*. L'événement lui prouva qu'il se trompait. Le mal dont il se plaignait toutefois avec quelque raison et qui faisait affluer toutes les forces vives de

---

[1] En cela comme en tout, l'Empire avait préludé au rétablissement de l'ancien régime (1806).

la France dans les villes et, par-dessus tout, à Paris, provenait de la centralisation excessive, absorbante et contre nature que l'Empire avait établie en France, et que les régimes suivants conservèrent et maintinrent avec un coupable aveuglement. Le remède à ce mal ne pouvait être dans la résurrection du droit d'aînesse.

Le pays fut profondément ému au bruit de cette nouvelle invasion du passé dans le présent et dans l'avenir. L'opinion universelle se souleva avec véhémence contre un pareil projet ; un nombre considérable de pétitions, signées par les pères et les aînés eux-mêmes d'une multitude de familles, furent adressées aux deux Chambres. La loi fut d'abord discutée à la Chambre des pairs. La commission déposa, le 11 mars, un rapport qui concluait à l'adoption. La discussion commença le 28 et dura dix jours ; vingt-deux orateurs y prirent part. Molé parla le premier contre le projet.

« M. le garde des sceaux, dit-il, a prévu, dans son exposé des motifs, l'époque où, par l'excessif morcellement des propriétés, il n'y aurait presque plus d'électeurs, et où, faute d'électeurs et d'éligibles, la monarchie constitutionnelle serait dissoute, à peu près comme un combat cesse faute de combattants. Je ne saurais partager ces alarmes. Au train dont va l'industrie, à l'accroissement rapide des capitaux et des impôts, on peut prédire que la disette d'électeurs n'obligera jamais de recourir au droit d'aînesse pour conserver le gouvernement représentatif. L'augmentation des capitaux devait amener la division des propriétés les plus petites, puisque beaucoup de prolétaires avaient acquis le moyen de s'attacher au sol. Un nouveau degré d'aisance, une plus forte augmentation de capitaux, amèneront tout aussi nécessairement, et pour les mêmes causes, l'agglomération des propriétés infiniment petites. Les fortunes mobilières ne manquent jamais de se résoudre en fortunes territoriales. Les grandes propriétés sont la conséquence inévitable des grands capitaux partout où la possession de la terre n'est pas un privilége des personnes.

« D'ailleurs, cette inamovibilité des grandes propriétés, objet de tant de regrets, est-elle donc si désirable, et n'est-ce pas à cette division des propriétés si redoutée que la France a dû le prodigieux développement de son industrie, le merveilleux accroissement de ses richesses, au milieu des désordres, des crimes et des malheurs de la Révolution ?

« Les parties intéressées dans l'adoption ou le rejet de la loi sont les pères, les aînés, les cadets et la France. Les pères ! Ils n'en recevront pas plus d'autorité, et, par la plus immorale des combinaisons, ils sont inévitablement condamnés à déshériter, en partie, un ou plusieurs de leurs enfants; car, en ne testant pas, ils ôtent évidemment aux cadets ce qu'ils pouvaient leur rendre, et, en rétablissant l'égalité, ils ôtent à l'aîné ce que la loi lui donnait. Ainsi, quoi qu'il fasse ou qu'il ne fasse pas, le père le plus tendre se trouve frapper l'un de ses enfants.

« Les aînés ! Ils tiennent de la loi un droit qui blesse la nature, les rend odieux à leurs frères et sœurs sans profit pour cet individu social et politique qu'on appelle la famille. Les cadets et les filles ! Tout le système du projet est dirigé contre eux; en voulant faire de l'aristocratie avec les fils aînés de petits propriétaires payant 300 fr. d'impôts, il fait bien plus sûrement de tous les autres enfants, une démocratie redoutable, c'est-à-dire une classe nombreuse intéressée de nouveau à un changement.

« Enfin, la France ! En faisant sortir de la circulation le quart ou le tiers des propriétés, la loi tarirait la source principale de sa richesse, diminuerait son revenu territorial et la menacerait d'une augmentation d'impôts. Tel serait, Messieurs, le résultat de votre adoption, tandis que celui de votre rejet peut se dire en un mot : il apaiserait toutes les inquiétudes que le projet a excitées. »

Pasquier dit à son tour :

« L'expérience est faite pour les excès de l'agglomération, elle ne l'est pas pour l'excès du morcellement. Dans cette dernière hypothèse, tout est spéculatif. On ne connaît pas, en effet, de pays où l'agriculture ait péri par le morcellement, où la richesse publique ait été tarie par le morcellement, où le gouvernement ait été privé, par lui, de ses moyens d'action et d'existence. On en connaît, au contraire, où l'agglomération des propriétés a causé tous les genres de ruines : l'Italie, par exemple, à la fin de l'empire romain; l'Espagne, la Sicile et la campagne de Rome, dans les temps modernes. Quant à l'Italie, dès le temps de Cicéron, il était avéré et reconnu par lui-même que Rome, centre de tant de richesses et de puissance, ne renfermait pas plus de 2,000 propriétaires. Peu après le règne d'Auguste, un écrivain qui fait autorité en cette matière, ne craignait pas d'avancer, en parlant de l'immensité des propriétés rurales, que la grande culture qui en était la suite, après avoir ruiné l'Italie, ruinerait insensiblement l'agriculture de tous les pays soumis à l'empire romain.

« En Espagne, c'est-à-dire dans le pays où les substitutions à l'infini ont régné le plus absolument depuis la fin du XIII° siècle, où les propriétés, sans distinction de nobles ou de non-nobles, ont fourni la matière de majorats, où la loi les a permis aux hommes de toutes les conditions, on peut y aller apprendre, de nos jours, jusqu'où peuvent s'étendre les conséquences d'un faux système dans la transmission, l'agglomération et la conservation des propriétés dans les mêmes mains. Je pourrais craindre de ne pas être cru en disant à combien peu de propriétaires appartiennent aujourd'hui la campagne de Rome et la Sicile. Aussi cette île, qui a été si longtemps le grenier de la Méditerranée, s'est-elle vue, plusieurs fois, dans ces derniers temps, ne pas récolter assez de grains pour sa subsistance.

« Avec une plus grande division de la propriété, l'esprit propriétaire se répand nécessairement dans une plus grande partie de la société, et cet esprit, chacun le sait, est éminemment conservateur ; il attache l'homme qui en est pénétré à l'ordre de choses qui lui garantit les biens dont il jouit, et le rend ennemi de tout changement hasardeux. Cette division diminue encore sensiblement, en agissant de proche en proche, la classe des prolétaires, classe si dangereuse dans tous les Etats et toujours prête à fournir des éléments de troubles. Si ces résultats sont incontestables, il est évident que, de tous les gouvernements, les plus solidement fondés sont ceux qui ont l'avantage de s'appuyer sur une plus grande masse de propriétaires. On sait que, depuis la Révolution, le nombre des propriétaires s'est considérablement accru; est-ce que ce changement n'a pas eu pour conséquence d'augmenter le nombre des hommes qui professent un respect plus général pour l'ordre et la tranquillité publics? La classe populaire s'est évidemment montrée plus difficile à remuer de 1800 à 1825 qu'elle ne l'avait été, par exemple, de 1764 à 1792. Qu'on veuille lire avec attention les mémoires les plus authentiques sur la période antérieure à cette dernière date, qu'on parcoure même la série des actes patents du gouvernement, et on verra jusqu'où allaient ses inquiétudes sur la masse toujours croissante des prolétaires, inquiétudes très-justifiées, du reste, par les troubles et les révoltes que ne manquait pas alors d'enfanter le moindre renchérissement dans le prix des grains, et dans lesquels figuraient toujours en première ligne une énorme bande de vagabonds et de gens sans aveu. Il n'y avait rien cependant qu'on n'imaginât pour se défendre de cette tourbe si dangereuse; projets de colonisation de toute espèce, enlèvements arbitraires et forcés, et, pour soutenir ces colonisations, ateliers de travail organisés militairement, et dans lesquels on faisait entrer de force tous les hommes sur qui la police jugeait à propos de mettre la main. Voilà les moyens que tous les ministères, depuis celui du duc de Choiseul, ont constamment et inutilement employés pendant les vingt-cinq années qui ont précédé la Révolution. »

Montalembert, celui qui devait dire plus tard que « tout ce qui est possible est légitime, » se trouva naturellement parmi les défenseurs de la loi. Peyronnet ne la soutint que par des arguments ridicules : il prétendit que les lois, si elles étaient l'expression des mœurs, devraient l'être « par opposition avec elles, et non par leur conformité. » Il ajouta qu'il serait aussi absurde de rejeter une loi parce qu'elle offre des inconvénients que de détruire les trônes parce qu'il y a eu des tyrans. Des raisonnements de cette force, quelle que fût la docilité de la Chambre des pairs à tout ce que désirait le ministère, ne pouvaient l'emporter sur ceux qu'avaient fait valoir les adversaires du projet, ils ne pouvaient triompher du cri général de la France, triompher de l'évidence. Le 8 avril, 120 voix contre 94 rejetèrent l'article 1er qui entraînait dans sa chute l'article 2. Le droit d'aînesse était condamné. L'extension du droit de substitution, contenu dans l'article 3, fut adoptée par 160 voix contre 53 et constitua toute la loi nouvelle.

La Chambre des pairs eut, à son tour, sa minute de popularité, comme la magistrature avait eu la sienne après l'acquittement du *Constitutionnel* et du *Courrier français*. Le soir du vote qui rejetait le droit d'aînesse dans les ténèbres du passé d'où la réaction féodale avait tenté de le faire sortir, tout Paris fut illuminé, et l'on put lire sur de nombreux transparents des devises comme celles-ci : *Honneur à la chambre des pairs! on n'illuminera jamais assez pour éclairer les ministres!* La joie et les démonstrations furent les mêmes dans le pays entier : des banquets furent donnés par des aînés à leurs frères cadets. Ce fut comme une consécration solennelle de l'égalité dans la famille.

Les députés discutèrent pendant trois jours l'article 3, sur les substitutions, auquel se réduisait la loi. Sébastiani se montra le plus violent adversaire du projet et de ceux qui le présentaient. Il demanda la mise en accusation du ministère et saisit cette occasion pour passer au crible de la critique la plus serrée et la plus vive, la politique intérieure et la politique extérieure du gouvernement; 76 voix d'opposition se réunirent contre la loi, qui fut votée le 10 mai.

# FIN DE LA RESTAURATION

Ce nombre relativement élevé de 76 opposants indiquait un commencement de décomposition dans le sein de la majorité d'ordinaire si compacte, et manifestait la division qui existait entre les royalistes. Le député Saint-Chamans avait relevé la chose et prononcé le mot dans le cours de la discussion. Cette désorganisation avait déjà produit son effet dès l'ouverture de la session dans les débats de l'adresse. Ce n'était qu'à une faible majorité qu'on avait pu y faire insérer une phrase où l'on signalait à la vigilance royale « *la liberté*

Royer-Collard.

*effrénée de la presse.* » Mais le temps n'était pas encore venu de tout oser, et le roi s'était borné à répondre à la députation chargée de lui porter l'adresse de la Chambre :

« Si je pensais que quelque inconvénient, que quelque malheur public pût nous menacer, soyez bien persuadés, Messieurs, que je m'adresserais à vous avec confiance pour en obtenir tous les moyens d'arrêter tout ce qui pourrait être contraire au maintien de notre repos. Mais, en attendant, soyez sûrs que j'ai l'œil toujours ouvert sur tout ce qui se passe, et si je ne vous demande rien, c'est que je sens en moi assez de force pour pouvoir réprimer ceux qui s'opposent au bonheur public. »

## XIV

Le *Journal du Commerce* cité à la barre de la Chambre des députés. — Discours de Royer-Collard. — Plaidoirie de Barthe. — Condamnation au minimum de la peine. — La Cour des pairs rend un arrêt dans l'affaire des marchés Ouvrard. — Acquittement des généraux Guilleminot et Bordesoulle. — La Chambre des pairs adopte un amendement de Châteaubriand en faveur de la nationalité hellénique. — Protocole de Saint-Pétersbourg, 4 avril 1826.

Ainsi Charles X *répondait de l'ordre*, comme d'autres en ont répondu après lui. Malgré cela une déclaration contre la liberté de la presse ne suffisait pas à la Chambre des députés; elle y voulut joindre un acte et cita à sa barre le rédacteur du *Journal du Commerce*, par qui elle prétendait avoir été offensée. L'article incriminé contenait ces passages :

« Le corps dont le public devait attendre une protection spéciale, quoique armé d'immenses pouvoirs, ne s'en est servi qu'au profit d'intérêts personnels, qui malheureusement se sont trouvés en concurrence avec les intérêts du pays. Cela seul eût rendu ce corps inhabile à remplir ses fonctions légales, si sa composition et les accusations dont il est chaque jour l'objet n'affaiblissaient singulièrement le crédit dont il aurait besoin pour accomplir sa mission. Dans son état actuel, il n'est plus guère qu'un embarras pour le Ministère et pour la nation... Il n'est pas étonnant que la Chambre soit considérée comme un corps protecteur par les gens de cour et les serviteurs de l'Administration. Son organisation, sa composition et ses actes semblent en faire le tuteur naturel des courtisans et des commis..... Quand nous parlons de la Chambre comme corps politique, nous n'avons pas l'intention de manquer à ses membres comme citoyens. »

L'article constatait, en outre, qu'il y avait beaucoup d'émigrés et beaucoup de fonctionnaires dans la Chambre.

Il faut convenir que cette Chambre devait avoir bien de la mauvaise volonté contre la presse pour se fâcher de ces paroles. Royer-Collard soutint qu'il n'y avait point d'offense et qu'il ne pouvait y avoir de châtiment :

« Je crois, dit-il, que les émigrés qui siègent dans cette Chambre ont été dirigés dans le vote de l'indemnité par des considérations fort supérieures à leur intérêt personnel; mais il me plaît de le croire : ni la raison ni la morale ne m'en font un devoir. De même je crois que les fonctionnaires apportent dans la Chambre et qu'ils y conservent une parfaite indépendance; mais je ne suis pas obligé de le croire ni de le dire; et si je crois et dis le contraire, je suis bien moins coupable que le ministre qui a publié si solennellement et en tant d'occasions qu'il est propriétaire des fonctionnaires, et que leur vote lui est irrévocablement engagé. Sur cette partie au moins de l'accusation, faites le procès au ministre avant de le faire au journaliste, car ce sont des doctrines ministérielles qui l'ont égaré; et non pas, certes, des doctrines oisives, mais des doctrines pratiques, où le précepte est souvent confirmé par l'exemple.

« Quel est donc le crime du journaliste? uniquement d'avoir jugé la Chambre vulgairement, comme juge la prudence commune, comme juge l'histoire, et d'avoir cherché et trouvé l'esprit qui l'anime dans les lois ordinaires du cœur humain plutôt que dans les lois extraordinaires de la vertu. Je comprendrais cette accusation-là où le silence serait la loi du pays; mais là où la parole est la loi commune, et où chacun a le droit de dire ce qu'il a le droit de penser, le crime ne me paraît plus qu'une erreur, un tort plus ou moins grave, que l'on peut bien censurer, mais qu'on ne peut pas punir. »

L'avocat Barthe, alors farouche carbonaro comme l'avocat Mérilhou, présenta la défense du *Journal du Commerce* et posa en ces termes la théorie du gouvernement représentatif et de la liberté de la presse:

« Le gouvernement représentatif n'est autre chose que l'intervention du pays dans les affaires publiques; il y intervient par deux moyens : par les élections qui vous donnent le pouvoir que vous exercez, et par la liberté de la presse.

« Si le premier moyen venait à succomber sous une influence corruptrice, la liberté de la presse doit être là pour recevoir les plaintes du pays, et pour les exprimer avec la plus grande énergie; et rien n'est encore perdu. Mais qu'on lui enlève cette dernière ressource, toute intervention nationale a disparu : Le gouvernement représentatif n'est plus qu'un vain mot, il n'en reste que les charges : il y a tyrannie d'un ministère ou d'une majorité. »

La Chambre des députés prononça le minimum de la peine : un mois de prison et cent francs d'amende.

La Chambre des pairs, où venait d'entrer comme « prince du sang » le jeune duc de Chartres, fils du duc d'Orléans, dut à son tour se constituer en cour de justice pour rendre un arrêt dans l'affaire dite des « marchés Ouvrard, » qui avait été renvoyée devant elle parce que les généraux Guilleminot et Bordesoulle ainsi que d'autres fonctionnaires publics s'y trouvaient compromis. La France n'était pas encore habituée à des scandales de cette espèce. Elle avait encore l'estomac délicat. Que de choses elle a digérées depuis sans mourir de honte ou sans bondir d'indignation! La monarchie de Juillet et l'empire de Décembre avaient, hélas! bardé son front et son cœur d'un triple airain; elle commence enfin, sous la République, à se débarrasser de ce masque hideux, de cette lèpre dégoûtante. En 1826, la Cour des pairs dut devoir déclarer qu'aucune charge ne s'élevait contre les généraux Guilleminot et Bordesoulle et que dans les marchés conclus en 1823 avec le fournisseur général Ouvrard à Bayonne, à Madrid et à Vittoria pour les besoins de l'armée expéditionnaire en Espagne, il n'y avait à relever aucun fait de corruption contre des fonctionnaires publics. Tous ceux qui se trouvaient en état d'arrestation furent donc mis en liberté. Mais Ouvrard et cinq autres accusés furent maintenus en prison et renvoyés devant la police correctionnelle sous la prévention de tentatives de corruption restées sans effet.

Lorsque la Chambre des pairs reprit ses fonctions législatives, elle discuta d'abord un projet de loi relatif à la répression des crimes et des délits commis par des Français dans les Échelles du Levant. Châteaubriand, se faisant l'écho de l'anxiété et des sympathies générales, saisit cette occasion pour présenter un amendement en faveur de la nationalité hellénique. Cet amendement fut adopté malgré l'opposition du ministère. Déjà cependant, la diplomatie européenne s'était émue de la durée de l'insurrection grecque contre la Turkie et un protocole avait été signé le 4 avril 1826 à Saint-Pétersbourg entre l'Angleterre, représentée par Wellington, et la Russie, représentée par Nesselrode et Lieven, dans lequel il était dit que les deux cabinets uniraient leurs efforts dans le but de réconcilier les Grecs avec la Porte, et de mettre un terme à la lutte dont l'Archipel était le théâtre. Ce ne fut qu'au milieu de l'année suivante que le ministère français, entraîné enfin dans le mouvement, se convertit à l'idée de reconnaître au moins les Grecs en qualité de belligérants et accéda au protocole de Saint-Pétersbourg du 4 avril 1826, qui devint le traité de Londres du 6 juillet 1827.

Pour bien comprendre la légitimité, suivre les phases diverses et saisir toute la portée de la Révolution grecque, il est indispensable de remonter assez haut dans l'histoire de ce malheureux et intéressant pays, qui a tant de titres à l'amitié et à l'alliance fraternelles du peuple français.

## XV

La Grèce depuis la conquête romaine. — Les invasions gothiques, ostro-gothiques, vandales, bulgares, slaves. — L'empire grec. — Les Normands. — Les Croisades. — L'empire français (latin) de Constantinople. — Démembrement de la Grèce. — Restauration de l'empire grec. — Prise de Constantinople par les Turks Ottomans. — La Grèce entre les Turks et les Vénitiens. — Traité de Passarowitz. — Peste de 1756. — Rôle de la Russie. — Ses projets sur Constantinople et sur la Grèce. — Alexis Orloff. — Les Grecs lâchement abandonnés par la Russie. — Rhigas. — Création d'écoles nationales en Grèce. — Société des *Philomousi*. — Jean Kapo d'Istria. — Hétairie. — Expédition d'Alexandros Ypsilantis. — Nouvelle trahison de la Russie. — Proclamation de l'indépendance hellénique à Épidaure le 1er janvier 1822. — Guerre de l'indépendance. — Honteuse politique de l'Autriche. — Enthousiasme de la France pour la cause des Grecs. — Eynard à Genève. — Souscriptions. — Volontaires Français et Anglais. — Texte du Protocole de Saint-Pétersbourg. — Ultimatum de Nicolas Ier à la Turkie. — Conférences d'Ackermann. — Traité du 7 octobre 1826. — Note de l'Autriche, 12 mars 1827. — Réponse du Divan à l'Europe. — Traité de Londres, 6 juillet 1827 ; triple alliance ; article secret.

« Entre tous les peuples, a dit Gœthe, ce sont les Grecs qui ont rêvé le plus beau rêve de la vie. » Ils se sont éveillés de ce rêve le jour où un Romain grossier entra dans Corinthe et expédia à Rome les chefs-d'œuvre de la statuaire antique sur des vaisseaux aux pilotes desquels il recommanda de ne pas les endommager sous peine de les remplacer à leurs frais. Depuis lors, cent quarante-six ans avant l'ère vulgaire, la Grèce a cessé d'avoir une existence indépendante et nationale. Elle n'a plus été d'abord qu'une partie du grand tout romain, servant d'arène aux luttes égoïstes de Marius et de Sylla, de César et de Pompée, de refuge et de tombeau aux derniers défenseurs de la République expirante, puis forcée d'entendre, d'applaudir Néron, et de consacrer la réputation de l'histrion impérial (*qualis artifex!*), qui la dépouillait de ses monuments pour orner les édifices de Rome, mais dominant du moins ses vainqueurs par son génie et faisant rayonner sur le monde sa lumière resplendissante et sereine, flambeau de l'éternelle beauté dans l'art et dans ses manifestations les plus diverses et les plus élevées qu'elle avait jadis allumé pour l'humanité. Puis sont venus des temps plus tristes encore. Comme la Grèce avait vécu de la vie du colosse romain, elle devait souffrir de toutes ses souffrances, être déchirée de tous ses déchirements. Elle se vit fouler, dévaster, ruiner encore, elle qui n'était déjà plus qu'une ruine, par les hordes gothiques et ostrogothiques, vandales, bulgares et slaves. Toutefois, la séparation définitive de l'empire d'Occident et de l'empire d'Orient, la disparition du premier et la longue durée du second furent des événements heureux pour la Grèce. Son centre politique, placé désormais à Byzance, vieille colonie dorienne devenue Constantinople, était plus près d'elle que Rome, et au lieu d'être une étrangère pour elle, était comme son sang et sa moelle. Il y eut donc un lien plus étroit, plus de solidarité entre l'Hellade et les empereurs d'Orient, plus d'intérêt de ceux-ci pour celle-là. Enfin, l'empire d'Orient, c'était l'empire grec. Les invasions arabes furent repoussées au ix$^e$ siècle, de nouvelles invasions bulgares, au siècle suivant, eurent le même sort. On fut moins heureux contre les attaques des Normands qui, au temps de Robert Guiscard, en 1080, soumirent l'Épire et une partie de la Thessalie. Soixante-six ans plus tard, Georges d'Antioche, amiral de Roger de Sicile, ravagea l'Acarnanie, l'Étolie, et prit Corinthe et Thèbes.

A travers tant de vicissitudes, la Grèce, heureuse ou malheureuse, illustre ou obscure, libre ou esclave, était demeurée entière. Elle avait échappé à la féodalité. Avec les croisades et la grande invasion des hommes et des choses de l'Occident qu'elles amenèrent en Orient, vint pour elle l'époque des démembrements, du morcellement, de l'émiettement de son sol, de la dislocation de son unité politique et sociale ; et ce mal, le plus grand de tous, eût pu être mortel, si, malgré tout, la nationalité n'avait persisté invincible, et, pour ainsi dire, implacable, dans la pureté de la race et la permanence de la langue.

On sait comment les croisades furent de bonne heure détournées du but pour lequel elles avaient été entreprises, et nous n'avons pas à rappeler ici par quel enchaînement de circonstances l'empire latin, ou, pour mieux dire, l'empire français de Constantinople remplaça l'empire grec pendant une période de cinquante-sept ans (1204-1261). Déjà, au temps de la deuxième croisade, le doge Domenico Michieli avait ravagé Rhodes, Scio, Samos, Mitylène, Paros, Andros, Lesbos, toutes les Cyclades, les côtes du Péloponnèse, enlevant les enfants et les vendant comme esclaves. Ce fut bien pire dans la quatrième croisade. Venise, la grande puissance maritime du moyen-âge, devait naturellement être l'âme de ces expéditions. Le doge Dandolo avait stipulé au nom de la République que pendant neuf mois les Vénitiens fourniraient un nombre de vaisseaux suffisant pour contenir l'armée des croisés, approvisionneraient cette flotte de toutes les choses nécessaires à la nourriture de cette armée, la conduiraient partout où le « service de Dieu et de la chrétienté » l'exigerait, et y joindraient une escadre de cinquante galères armées en guerre. Les croisés s'engageaient à payer en retour avant leur départ quatre-vingt-cinq mille marcs d'argent (quatre millions de francs) et à faire entre les confédérés un partage égal de toutes les conquêtes. L'impossibilité où se trouvèrent dès l'abord les barons français de remplir la première de ces obligations les mit à la discrétion des Vénitiens.

Constantinople une fois prise, et l'empire conquis sur les Grecs, il fallut partager une si riche proie. Les Français eurent la Bithynie, la Thrace (Romanie, Romélie), Thessalonique, la Grèce, depuis les Thermopyles jusqu'au cap Sunion, les grandes îles de l'Archipel. Les Vénitiens reçurent les Cyclades et les Sporades, les îles et la côte orientale de la mer Adriatique, les côtes de la Propontide et du Pont-Euxin, les bords de l'Hèbre et du Vardas, les villes de Kypselos, de Didymoteikhos, d'Adrianopolis, les contrées maritimes de la Thessalie, et, qui le croirait? trois des huit quartiers de Constantinople. Des guerres ou des échanges vinrent modifier plus tard cet état de choses. Ainsi, la famille de Sanut acquit le duché de Naxos qui comprenait la majeure partie de l'Archipel. Le marquis de Montferrat vendit à la République de Venise pour la somme de dix mille marcs l'île de Crète et les débris de cent villes ; il échangea en outre les provinces situées au-delà de l'Hellespont pour le royaume de Thessalonique ; enfin il s'avança en Thessalie, prit Larisse, franchit les Thermopyles et s'empara sans résistance de la Béotie et de l'Attique. Guillaume de Champlitte et Geoffroy de Villehardouin fondèrent un État dans le Péloponnèse. En Asie, le comte de Blois, devenu duc de Nicée, s'empara de la Mysie et pénétra jusqu'à l'Olympe. D'autres croisés prirent Nicomédie ; Henri de Hainaut soumit l'Anatolie. On vit des seigneurs d'Argos, de Corinthe, des sires de Thèbes, des princes d'Achaïe, des ducs d'Athènes.

La restauration opérée par Michel Palæologue en 1261 ne releva que le fantôme de l'empire grec. La domination des Vénitiens et les principautés de l'Épire, de l'Hellade et du Péloponnèse subsistèrent. Mille ennemis pressaient de toutes parts cet empire agonisant qui se trouvait réduit à l'enceinte de Constantinople quand les Turks Ottomans s'en rendirent les maîtres dans le milieu du xv siècle.

Dès lors commença cette longue série de guerres sanglantes, atroces, sans merci, entre les Turks et les Vénitiens [1], où la Grèce était une proie sur laquelle les vainqueurs du jour et ceux du lendemain exerçaient à satiété les uns après les autres leur avarice et leur cruauté. Les Grecs, schismatiques, n'étaient guère moins haïs des Vénitiens que les Turks, infidèles, et ces sentiments, enfantés par le détestable préjugé de la religion, étaient réciproques. Quelquefois, et comme par instinct, la communauté de race l'emportait et le sang parlait plus haut que la superstition; alors Grecs et Vénitiens s'unissaient contre les Turks Ottomans. La plupart du temps, les Grecs demeuraient indifférents; le mépris que Venise leur témoignait en toute occasion, les dénis de justice dont elle se rendait à tout moment coupable envers eux n'étaient pas faits pour concilier leur amitié à la Sérénissime République, et ils étaient réduits à douter si leur malheur était plus grand dans la guerre que dans la paix, sous le joug ottoman que sous le joug vénitien.

Ces alternatives continuelles de troubles et de repos, de domination musulmane et d'oppression chrétienne durèrent jusqu'au traité de Passarowitz conclu en 1718. L'état de possession fixé par ce traité dura pour Venise jusqu'à la chute de la République livrée par Buo-

---

[1] L'intérêt mercantile avait cependant été le premier écouté par les Vénitiens ; dès l'année qui suivit la prise de Constantinople par les Turks, ils n'avaient pas eu honte de signer avec eux un traité qui renfermait des articles comme les suivants :
Art. I. Ni l'un ni l'autre ne doit recevoir sur son territoire aucun accusé de crime d'Etat.....
Art. XIV. L'un ne pourra donner des subsides ou aide d'aucune espèce à l'ennemi de l'autre.
Art. XV. Tous les châteaux, cités et forteresses que la Seigneurie de Venise a en Romanie et en Albanie ne doivent donner asile à aucun ennemi ou traître du Sultan, ni lui fournir aucun subside ni passage, par mer ou par terre, et si ce point n'est pas observé, ledit sultan aura la liberté de faire la guerre à ces terres et châteaux comme il l'entendra, sans que la paix soit interrompue ni puisse être considérée comme violée. La Grand-Seigneur rendra la réciproque à la Seigneurie de Venise.
Art. XVII. Le Grand-Seigneur s'oblige à réparer tous les dommages soufferts, tant dans les biens que dans la personne, du fait des Turks, par des Vénitiens dans la prise de Constantinople, pourvu qu'ils soient prouvés comme il convient.
. . . . . . . . . . . . . . . . . . . . . . . . . .
Le préambule de cette Capitulation de 1454 fait allusion à des traités et à des rapports de bonne amitié antérieurs entre la sublime Porte et la Sérénissime République, particulièrement à un traité conclu à Andrinople.
En 1453, les Génois, habitants de Péra, avaient reçu aussi de Mohammed II, des privilèges en récompense de ce qu'ils n'avaient pris aucune part à la défense de la ville.

# FIN DE LA RESTAURATION

naparte à l'Autriche dans le traité de Campo-Formio le 17 octobre 1797 (26 vendémiaire an VI) et pour la Turkie jusqu'au soulèvement de la Grèce en 1821.

En 1756 la peste détruisit la moitié de la population grecque. Ce fut le seul événement qui, entre 1718 et 1769, troubla la paix et le silence de la servitude sous laquelle le pays était écrasé. En 1769, la

Mohammed-Aly.

scène change, et l'on y voit apparaître un nouveau personnage, la Russie.

« La plupart des historiens ne font remonter qu'à Pierre Ier les projets de la Russie sur la Grèce. En se livrant à une recherche plus attentive, on découvre la trace d'un commencement de projets semblables, plus d'un siècle avant l'époque où l'adoption de la religion grecque par les Russes vint former une chaîne plus étroite entre les deux peuples. Dès les premières incursions des Russes sur le territoire de l'empire Grec, on aperçoit de leur part l'intention de se former des établissements dans ces contrées riantes qui offrent une immense proie à leur avidité. La chronique Byzantine place à l'année 851 la première de ces expéditions, et la seconde à 854. Celle-ci avait déjà un caractère inquiétant pour l'empire. Les Russes parurent devant Constantinople; ils firent des descentes dans les îles, occupèrent des points importants sur la terre ferme, et partout leur séjour et leur seul passage furent marqués par toutes les cruautés communes aux irruptions des peuples barbares en des pays riches et civilisés. Le tableau qu'en ont tracé les Grecs présente des excès et des atrocités que n'offrent même pas les invasions des Normands sur nos côtes d'Europe. Le succès des Russes ne fut alors que momentané. Une partie d'entre eux fut exterminée par la guerre, une partie dispersée par les tempêtes; d'autres se firent chrétiens, et plus tard quelques-uns de ceux-ci, retournant dans leur pays natal, y conduisirent avec eux des ministres de leur religion nouvelle. On serait dans une grande erreur, si l'on supposait que toutes les parties du territoire qu'a depuis embrassé le vaste empire de Russie, étaient incultes et sauvages. Dès ce temps-là, florissait la célèbre République de Novogorod de qui l'on disait : « Qui oserait s'attaquer à Dieu et « à Novogorod la grande? »

« La route de Constantinople est frayée ; de nouveaux chefs tenteront cette belle conquête. En 904, Oleg, administrateur de la Russie, arrive devant cette capitale avec quatre-vingt mille combattants. Deux mille barques la menacent et ravagent ses côtes. Mal préparé pour sa défense, l'empereur Léon, dit le *Philosophe*, achète la paix à des conditions honteuses, sans s'apercevoir que le prix de sa rançon, l'or, les étoffes précieuses, les vins exquis et toutes les richesses qu'il prodigue à ces barbares, ne tarderont pas à lui en ramener de nouveaux essaims. La paix est jurée par ce prince sur la croix, par les Russes sur leurs épées, en attestant *Péroun*, le dieu de la foudre, et *Voloss*, le dieu des troupeaux. Ce qui prouve que déjà parmi les Russes il existait un commencement de civilisation, c'est que le traité de paix qu'ils conclurent, en 909, fut en même temps un traité de commerce.

« Suivant d'anciennes traditions, Kiof, qui, dans les siècles dont nous parlons, était la capitale des Russes, avait été fondée par une colonie grecque, et les pacifiques communications d'un trafic réciproquement avantageux avaient précédé, entre les deux nations, les dévastations de la guerre; mais le riche butin que présente la guerre doit plus tenter une nation en grande partie sauvage, que les bénéfices lents dont le commerce est la source. En 941, dix mille barques, chargées chacune de quarante hommes, partent sous la conduite d'Igor, qui avait succédé à Oleg. La Paphlagonie, la Bithynie, le Pont, essuient le premier débordement de cette nouvelle expédition. La flotte grecque, commandée par le patrice Théophane, combat d'abord les Russes avec quelque succès, mais l'empire fut encore réduit à payer la paix par d'énormes sacrifices.

« Cependant le contact des deux parties belligérantes avait multiplié parmi les Russes la conversion à la religion chrétienne. Ce sont les femmes, ainsi que déjà souvent on l'a remarqué, qui presque partout ont été pour cette religion les plus précieux auxiliaires. L'épouse d'Igor, Olga, se rend à Constantinople; elle y reçoit le baptême; son exemple a parmi les Russes beaucoup d'imitateurs. La scène change pour quelque temps; d'ennemis qu'étaient les Russes, ils deviennent des alliés, mais de pareils alliés redeviennent bientôt ennemis. Ils entrent dans la Thrace, et établissent leur camp devant Andrinople. Après des combats dont le succès est balancé, on négocie; l'empereur grec prie les Russes de quitter le territoire de l'empire. « Nous ne quitterons jamais un si beau pays, répondit le prince « russe Sviatoslaf, que lorsque les Grecs auront racheté à deniers « comptants les villes et les prisonniers qui sont en notre pouvoir; « et s'ils refusent de payer, ils n'ont qu'à s'en aller de l'Europe, où « ils n'ont aucun droit, pour se retirer en Asie. » C'est une chose curieuse d'entendre les Russes du xe siècle renvoyer en Asie les possesseurs de Constantinople. Depuis huit cents ans la même pensée subsiste et de temps en temps le même langage se renouvelle.

« Les Russes, qui de nos jours sont très-zélés pour la religion qu'ils professent, tenaient peu autrefois à leurs divinités. On aurait dit d'une nation mécontente de ses idoles, qui veut les déposer comme on dépose des tyrans. En revanche, les étrangers accourent lui offrir leurs dieux et leurs temples. Des députés du rit latin, les mahométans, les juifs, font tous leurs efforts pour gagner à leur culte Wladimir Ier. La religion grecque, déjà fort répandue parmi les sujets de ce prince, obtient la préférence. L'ancienne Rome, encore grossière, envoyait des députés dans la Grèce pour y chercher un code de lois. L'orgueil du prince Russe craindrait de paraître suppliant, s'il demandait aux empereurs grecs un code de religion et des prêtres pour l'instruire. Il faut pour lui que la religion même soit une conquête. C'est les armes à la main qu'il va chercher des catéchismes, le baptême et des prêtres. Vainqueur dans plusieurs affaires, maître de la Chersonèse où il a occupé Théodosie, ce ne sont point cette fois les richesses des Grecs que l'avidité russe met à contribution. La paix se conclut à des conditions inouïes dans la diplomatie des peuples, non pas à cause du mariage de Wladimir avec la sœur des empereurs Basile et Constantin, clause devenue très-fréquente dans les temps modernes, mais en ce qui concerne quelques autres stipulations véritablement extraordinaires. On convient « qu'en « échange des conquêtes qu'il restitue, il recevra des archi-man-« drites et des prêtres, des vases sacrés et des livres d'église, des « images et des reliques! » De retour à Kiof, Wladimir ordonne à ses peuples de se rendre sur les rives du Borysthène. Les eaux de ce fleuve servent à un baptême général, et une nombreuse population, idolâtre la veille, retourne chez elle aussi ignorante, aussi grossière qu'auparavant, mais chrétienne [1]. »

C'était là une farce plus politique que religieuse, et qui pouvait se jouer et réussir facilement à cette époque. Elle servit de point de départ au système des grands-ducs de Moscovie et des tsars de Russie à l'égard de Constantinople, et les successeurs de Wladimir cherchèrent tous à se créer des droits sur le point que l'on a toujours cru, à tort selon nous, important pour la domination du monde. Le grand-duc Iaroslaf, dans le milieu du XI$^e$ siècle, maria l'un de ses fils à la fille de l'empereur Constantinos Monomakhos. C'est le même Iaroslaf dont la fille Anne épousa Henri I$^{er}$, troisième roi capétien de France, et lui donna un fils qui fut appelé Philippe, en mémoire, dit-on, du père d'Alexandre de Macédoine. Les Russes voulaient, paraît-il, rattacher leurs traditions de famille à cette haute antiquité. Cette folie a persisté dans notre siècle, et c'est elle qui a présidé en 1807 à l'étrange partage que firent du monde le tsar Alexandre et Napoléon, se considérant sérieusement, le premier comme le successeur des empereurs d'Orient, le second comme le restaurateur de l'empire d'Occident. *Risum teneatis!*

A la fin du XV$^e$ siècle, Ivan III, abandonnant les armoiries des princes de Russie, adopta celles des empereurs grecs, et se déclara dans une lettre adressée au roi de Danemarck « issu de l'empereur Auguste. » Mais déjà les Turks avaient pris la place des Grecs et Constantinople était devenue Stamboul. Il ne fallait pas songer à déposséder les conquérants du Bosphore dans toute la jeunesse de

---

[1] *Les Cabinets et les Peuples depuis 1815 jusqu'à la fin de 1822*, par M. Bignon. Paris, janvier, 1823. 1 vol. in-8, — pages 279-285.

leur gloire et la plénitude de leur force. Au lieu d'être comme autrefois les concurrents des empereurs grecs pour la possession de Constantinople, les tsars se posèrent dès lors comme leurs héritiers et comme les antagonistes perpétuels des Turks Ottomans. Pierre Ier accentua fortement cette politique. Tandis que Charles XII cherchait son salut dans une alliance avec la Porte, le tsar faisait parcourir la Grèce, la Moldavie et la Valachie par ses émissaires pour y soulever le sentiment national et promettre aux peuples opprimés l'appui de la Russie. Il y avait déjà longtemps que les Grecs avaient été habitués par des agents russes à l'idée d'attendre leur délivrance de la puissance des tsars. Ricaut [1], voyageant en Grèce vers le milieu du xviie siècle, avait constaté cet état de choses. « Les Grecs, dit-il, appellent le prince moscovite leur empereur et leur protecteur ; ils espèrent, selon toutes leurs prédictions, anciennes et modernes, que ce prince les délivrera de l'esclavage où ils sont, et qu'il rétablira leur église dans sa première splendeur. » En 1710, Pierre Ier reproduisit sur ses drapeaux la fameuse inscription du *Labarum* de Constantin, « *In hoc signo vinces !* », et fit frapper à Amsterdam une médaille où on lisait ces mots : « *Petrus primus Russo-Græcorum imperator.* » Sous Anne Ivanowna, les manifestes de Munich ne parlèrent que de relever l'empire grec et appelèrent en 1739 les Grecs à s'insurger contre les Turks. Elisabeth Petrowna entretint des intelligences en Albanie et en Morée et fit de riches présents aux moines de l'Athos. Catherine II enfin reprit et poussa plus loin les projets de Pierre Ier.

Dès 1766, un capitaine d'artillerie au service de la Russie, Grégori Papas Ogli, originaire de Grèce, se mit à parcourir le pays en semant les présents et les promesses de l'impératrice. En même temps des navires marchands avaient montré pour la première fois le pavillon moscovite à la Méditerranée. Papas Ogli se lia particulièrement dans la Morée avec Bénaki, proestos, ou chef de la commune de Kalamata, et avec les deux frères Mavromikhali, chef des Maïnotes. Des armes et des munitions de guerre furent introduites dans les villes des côtes de la Morée et de quelques îles. Enfin, dans

---

[1] Ricaut, après avoir été secrétaire d'ambassade à Constantinople, puis consul à Smyrne, fut appelé à de hautes fonctions en Angleterre. Il a écrit une *Histoire de l'état présent de l'Empire Ottoman*, Londres, 1668-70, in-folio ; 1675, in-8. « Son ouvrage souvent réimprimé, a été l'un des premiers travaux sérieux sur les Turcs ; il a été traduit dans toutes les langues, notamment en français par P. Briot, Amsterdam, 1671, in-12 ; Paris, 1670, in-4, et par Bespier à Rouen, 1677, 2 vol. in-12. » (De la Juridiction française dans les Echelles du Levant et de Barbarie, par L.-G.-D. Féraud-Giraud, 2me édition, Paris, 1866, 2 vol. in-8, — t. 2, page 485.)

le mois de septembre 1769, une première escadre, bientôt suivie d'une autre, quitta les ports de la Russie, croisa dans la Baltique, arriva dans les ports d'Angleterre, franchit le détroit de Gibraltar, et, au grand étonnement de la diplomatie européenne fort mal renseignée sur ce qui se préparait, pénétra dans la Méditerranée. Théodore Orloff débarqua en Morée et y organisa aussitôt la légion orientale et la légion occidentale de Sparte qui furent placées l'une sous le commandement d'un officier russe, l'autre sous celui d'un Grec, Antoine Psaros. Ce dernier s'empara de Misitra, et y forma un gouvernement à la tête duquel il se mit avec l'archevêque, le proestos et les Gérontes. Le siége de la citadelle de Koron traîna en longueur, et Alexis Orloff ayant appelé à Navarin les troupes Russes qui soutenaient les efforts des Grecs, ceux-ci demeurèrent en butte à la vengeance des Turks. Cependant, Alexis Orloff lançait des proclamations où il était dit : « Parmi les nations chrétiennes, les Russes, plus fidèles, sont aussi ceux qui ont été le plus touchés des maux des Grecs. Pierre-le-Grand et l'impératrice Elisabeth avaient déjà médité la délivrance de la Grèce : des raisons connues de Dieu seul avaient arrêté l'exécution d'une si sainte entreprise : dans ses jugements éternels il a enfin suscité le génie de l'impératrice Catherine, et béni les commencements de cette guerre sacrée. De nouvelles flottes sont près d'arriver ; l'une destinée à relever la croix dans Constantinople ; l'autre apportant aux Grecs de nouveaux secours. Venez vous joindre à nous pour la foi, la patrie et la liberté. » Alexis Orloff mit alors le siége devant Modon. Mais pendant ce temps, les habitants de Missolonghi qui s'étaient révoltés contre les Turks, furent forcés d'abandonner leur ville et de se réfugier dans les îles du voisinage. La population de Patras, surprise dans un jour de fête, fut massacrée : Psaros fut mis en déroute devant Tripolizza qu'il assiégeait.

A ce moment, la politique Russe se démasque. On demande aux Grecs de prêter serment de fidélité à l'impératrice. Joanni Mavromikhali refuse noblement et se fait tuer avec quelques compagnons dans une lutte inégale contre les troupes ottomanes. Les Russes sont contraints de lever le siége de Modon ; ils se retirent dans Navarin dont ils ferment sans pitié les portes aux Grecs fugitifs. Quatre à cinq mille de ces malheureux avaient cherché un asyle dans l'île de Sphaktiria ; ils y meurent de faim et de misère.

Ce fut une compensation insuffisante à tant de revers que la victoire navale de Tchesmé, due à deux Anglais, Gregg et Elphinston, et dont la vaniteuse pusillanimité d'Alexis Orloff ne sut pas profiter. Hassan-pacha força les Russes à lever le siége de Lemnos. Sur d'autres points du théâtre de la guerre à Iassy, à Braïlof, sur le Pruth, à Bender, à Ismaïlof, ailleurs encore, les succès de Galitzin, de Romantzoff, de Panin, de Repnin, d'Igelstroem, de Dolgoronki amenèrent la Porte ottomane à demander la paix, qui fut signée le 10 juillet 1774 à Kaïnardji. Les articles 7, 8, 14, 16 et 17 du traité donnèrent à la Russie le droit d'intervenir dans les affaires intérieures de la Turkie en ce qui concernait la religion grecque. Satisfaite d'avoir obtenu l'immense avantage que lui donnait ce droit d'intervention solennellement reconnu, la politique Russe fit bon marché des stipulations qui ne touchaient que les Grecs et les laissa violer au lendemain même de la signature de la paix.

« .... Malgré l'article premier de ce traité qui assurait « un pardon « général pour tous les sujets qui pouvaient s'être rendus cou- « pables de quelques crimes envers l'un ou l'autre parti ; » malgré l'article 16 qui établissait une amnistie pleine et absolue pour les deux principautés de Moldavie et de Valachie ; malgré l'article 17 qui en spécifiait l'application détaillée pour toutes les îles de l'Archipel, sous les yeux mêmes des commandants Russes qui occupaient encore ces divers pays, les amnisties étaient déjà violées, et les Grecs abandonnés à l'impitoyable fureur de leurs tyrans... En Thessalie, Larisse, Tricola virent les deux tiers de leur population égorgés ou vendus comme esclaves. Dans la Morée, il n'est pas de villes, de bourgades, qui ne soient empreintes de sanglants souvenirs. Là, furent entassés des monceaux de morts, ici, s'élevèrent des pyramides de têtes artistement rangées par la main d'une froide barbarie. Dans le premier transport de la vengeance, la Porte avait déchaîné contre les Grecs les Albanais mahométans. Elle mit en délibération si elle ne devait pas faire de la nation grecque un massacre général. Le même homme qui avait battu les Russes à Lemnos, le brave Hassan, repoussa cette proposition par le seul argument qui pût réussir dans un pareil cabinet : il fit sentir que l'extermination des Grecs enlèverait au trésor du Grand-Seigneur le produit de la capitation à laquelle ils sont soumis. L'avarice seule pouvait vaincre la cruauté ; mais la Porte elle-même qui maintenant se trouve trop vengée, est sans force contre les hordes féroces auxquelles est livré le Péloponnèse. Pendant neuf ans, cette contrée n'est qu'un théâtre de meurtres, de brigandages et d'incendies. L'esclavage attend ce que le fer a épargné. Il faudra faire marcher des troupes pour atteindre les assassins eux-mêmes et joindre les cadavres des bourreaux à ceux de leurs victimes. Il ne restera sur ce sol, si favorisé du ciel, que des ruines, des déserts et des tombeaux [1]. »

Ce n'était pas la seule fois que l'impitoyable système de la Russie devait exciter le patriotisme grec pour l'abandonner ensuite lâchement. Catherine II avait donné au second de ses petits-fils le nom de Constantin comme à un futur empereur d'Orient et faisait élever auprès de lui à Pétersbourg un grand nombre de jeunes Grecs destinés à être ses compagnons d'armes. Elle agita avec Joseph II la question du partage de l'empire ottoman. Tous deux songeaient, dit-on, à ressusciter les républiques grecques ; mais ils se demandaient hypocritement ce qu'ils feraient de Constantinople, chacun des deux souverains comptant bien garder cette proie pour lui. La tsarine ne craignit pas, dans son fameux voyage de Crimée, ou de Tauride, pour parler comme elle, de faire écrire sur la porte de Kherson ces mots significatifs : « ROUTE DE BYZANCE. » La guerre éclata ; une députation alla jusqu'à Pétersbourg et salua empereur le jeune Constantin. Les Grecs se soulevèrent. Douze bâtiments équipés dans Trieste à leurs frais formèrent une flotille que commanda Lambro Canziani. Mais nul secours sérieux ne vint seconder l'insurrection. Lambro vit presque tous ses vaisseaux coulés à fond et s'échappa à grand'peine en Albanie. Arrêté comme débiteur d'une partie des sommes qu'avaient coûtée ses armements, il ne recouvra la liberté que grâce à une souscription nationale de ses compatriotes. La paix se fit à Iassy, en 1791, et la Russie se borna à y faire renouveler la déclaration de son droit d'intervention en faveur de la religion grecque.

Le bruit de la Révolution française alla réveiller jusqu'aux échos de la Grèce. Rhigas exalta les imaginations patriotiques [2] et commença d'étendre sur le pays une puissante société secrète qui était une véritable organisation politique. Dénoncé à la porte ottomane, il se réfugia en Autriche et fut livré en mai 1798 par le cabinet de Vienne aux Turks qui le jetèrent dans le Danube avec l'un de ses compagnons. En 1806, sous prétexte qu'une invasion russe était prochaine, Aly-Pacha s'empara des villes de Prévésa, de Vonizza et de Butrinto et distribua à des Turks les propriétés des habitants,

---

[1] *Les Cabinets et les Peuples*, pages 319-320.
[2] Voir dans les *Chants populaires de la Grèce moderne* réunis, classés et traduits par Marcellus, l'*Hymne de Rigas*, le *Dithyrambe de Rigas*, le *Chant patriotique de Rigas*, imitation de la *Marseillaise* (Allons, fils des Hellènes, le jour de gloire est arrivé!), et *Rigas aux Hellènes*.

pendant que l'Arabe Yousef dévastait l'Acarnanie. En 1809, la guerre avait de nouveau éclaté entre la Russie et la Turkie. L'Olympe, l'Ossa, l'Othryx, et divers autres cantons de la Grèce s'insurgèrent dans l'espoir des secours qui leur étaient promis par les Russes et qui, comme toujours, ne leur furent point donnés ; Blakhavas et le moine Demetrios furent les martyrs de ce nouveau désastre.

Il était digne de la Grèce de commencer le mouvement qui devait aboutir définitivement à sa résurrection par la création d'écoles des-

Ibrahim-Pacha.

tinées à éclairer le peuple enseveli depuis tant de siècles dans d'épaisses ténèbres et à le rendre capable de conquérir et conserver l'indépendance et la liberté. Pendant les luttes dont l'Empire avait ensanglanté le monde, le commerce européen avait précisément laissé le champ de la Méditerranée libre à l'activité des Grecs qui ne manqua point de s'y exercer. La marine se développa ; la population augmenta ; l'industrie naquit ; la misère diminua ; une classe moyenne se forma, qui possédait en 1814 près de six cents bâtiments de commerce montés par vingt-cinq mille marins. Cette espèce de bourgeoisie fit aussitôt un usage intelligent et noble des richesses qu'elle venait d'acquérir. La *Société d'Athènes* ou *des Philomousi* (Φιλόμουσοι, amis des Muses) qui s'était organisée dans son sein, fonda en Grèce et partout où il y avait des Hellènes, à Stamboul même, des écoles nationales en faveur desquelles les souscriptions abondèrent de toutes parts. Jean Kapo d'Istria, ministre au service de Russie, parvint à intéresser à cette œuvre les souverains et les plénipotentiaires réunis au Congrès de Vienne.

Il existait en Albanie, en Epire et en Thessalie depuis plus de deux cents ans une sorte de franc-maçonnerie ou association fraternelle, appelé *Adelphopiisis* (Ἀδελφοποίησις, fraternisation) dont les membres étaient liés l'un à l'autre par un serment d'amitié indissoluble. Trois Grecs de Constantinople, Skoufas, Xanthos et Dikeos, prirent ce point de départ pour créer en octobre 1815 une société nouvelle, qu'ils nommèrent Hétaïrie (Ἑταιρεία, compagnonnage) et dont le but était l'affranchissement de la patrie. Des relations, fictives ou réelles, s'établirent entre les amis des Muses et les Compagnons. Des missionnaires politiques parcoururent la Moldavie, la Valachie, le Péloponnèse, et au bout de trois ans l'Hétairie eut des adeptes à Smyrne, à Chios, à Samos, à Missolonghi, à Janina, à Bukharest, à Iassy, à Moscou, à Perth, à Trieste. En 1819, grâce à l'organisation des *Ephories* ou commissions correspondant avec le Comité dirigeant de Constantinople, toute la Grèce fut couverte par l'Association nouvelle.

Ce fut alors seulement que le Divan, éclairé par quelques cabinets d'Europe sur les dangers d'une situation dont il ne soupçonnait qu'à peine l'existence et nullement la gravité, fit fermer un grand nombre d'écoles grecques et donna aux différents pachas l'ordre de surveiller avec la plus grande attention les rayas de chaque province. Ces circonstances, la rebellion d'Aly-Pacha Tebeleny, dans Janina, contre le sultan Makhmoud II, l'impatience enfin des Ephories précipitèrent le mouvement. Il éclata le 6 mars 1821 lorsqu'Alexandros Ypsilantis, aide-de-camp de l'empereur de Russie, passa le Pruth à la tête de trois mille six cents Hétaires, entra dans Jassy et y proclama l'insurrection. « Ah! le brave garçon ! » s'écria, dit-on, le tsar en recevant la nouvelle. Cet enthousiasme impérial n'eut aucun effet : le méphistophélique personnage de Metternich y mit ordre en persuadant le prince, au moyen de fausses correspondances, qu'il y avait une entente directe et suivie entre les Hétaires, les libéraux de France, les constitutionnels d'Espagne et les carbonari d'Italie. Alexandre I$^{er}$ infligea un désaveu officiel et public à l'entreprise héroïque d'Ypsilantis et la déclara un effet « de l'exaltation qui caractérisait l'époque présente, ainsi que de l'inexpérience et de la légèreté de ce jeune homme. » La Russie avait une fois de plus trahi la Grèce. On a vu le déni de justice et d'audience même que le Congrès de Vérone opposa à la mission de Metaxa. Malgré tout, l'indépendance de la Grèce fut proclamée le 1$^{er}$ janvier 1822 par le Congrès national d'Epidaure, qui promulgua le 27 du même mois un acte constitutionnel établissant un Conseil exécutif de cinq membres et un Corps législatif de cinquante-neuf députés.

Nous nous sommes quelque peu appesanti sur l'origine et les préludes de l'insurrection hellénique, sur l'état de la Grèce pendant le moyen-âge et sur la durée et le caractère des prétentions de la Russie à s'immiscer dans la question d'Orient, parce que ces divers points sont généralement peu ou mal connus. En revanche, nous ne ferons pas l'histoire détaillée de l'insurrection elle-même, dont le récit n'entre pas dans notre cadre, et que l'on trouve partout. Rappelons seulement qu'à la fin de 1823, après des alternatives de succès et de revers, les insurgés avaient dispersé six armées, détruit deux flottes au moyen des brûlots construits par un vieux capitaine ipsariote, tué deux amiraux et cinq pachas, et que le 16 janvier 1824 le sultan, désespérant de mettre fin au soulèvement avec les seules forces de la Turkie, eut recours à l'Egypte, et donna par un firman le pachalik de Morée à Mohammed-Aly dont le fils Ibrahim-Pacha vint se faire battre sous les murs de Samos. Les discordes des chefs politiques de l'insurrection, et la mutinerie des matelots grecs qui réclamaient leur solde arriérée, laissèrent à Ibrahim le temps et la facilité de débarquer le 26 février 1826 sur les côtes du Péloponèse.

On ne saurait trop flétrir dans toute cette affaire la ligne suivie par le gouvernement, la diplomatie de l'Autriche et qui n'avaient pas honte de tenir Ibrahim-pacha au courant des déchirements intérieurs dont la Grèce était troublée, armaient les Grecs les uns contre les autres et multipliaient pour leurs oppresseurs les chances d'écraser la révolte. On doit aussi noter l'infamie d'un Français, l'aventurier Sèves de Lyon, qui, pour fuir ses créanciers et chercher fortune, était allé jusqu'en Egypte, fut accueilli par Mohammed-Aly, devint Solyman-bey [1]

---

[1] Plus tard Solyman-pacha. Ses deux filles sont mariées en Egypte à Cherif-pacha et à Mourad-pacha, et son fils, par le fanatisme musulman qu'il étale, est devenu un objet de scandale et de risée pour ses coreligionnaires eux-mêmes.

et qui, servant sous les ordres d'Ibrahim en qualité de colonel du 6ᵉ régiment d'infanterie, porta les armes contre les Grecs combattant pour le principe sacré de la liberté et de l'indépendance des peuples. Combien différente, combien admirable fut la conduite de ces volontaires Italiens, épaves héroïques des révolutions malheureuses de Naples et du Piémont, qui, n'ayant pu fonder la liberté italienne, vinrent, inspirés par un noble élan de fraternité par la grande et féconde idée de la solidarité des peuples, donner leur sang pour l'affranchissement de la Grèce et mourir comme Santarosa (9 mai 1825) sur le rocher de Sphaktiria !

Du reste bien longtemps avant que les chancelleries ne se fussent émues, et dès le début du mouvement, les sympathies de l'Europe intelligente s'étaient éveillées en faveur des Hellènes. La France céda plus que tout autre pays à ce généreux entraînement. Le triple point de vue du libéralisme, de l'humanité et du christianisme amena, des camps les plus opposés comme de la foule la plus indifférente à toute idée politique ou religieuse, des adhérents et des soutiens à cette grande cause. Des comités philellènes se formèrent partout et les souscriptions y affluèrent. On eût pu se croire revenu au temps où l'insurrection des colonies anglaises de l'Amérique excitait tant d'enthousiasme. Le Français Eynard, établi à Genève, y centralisait tous les dons ; il y reçut notamment 20,000 francs du duc d'Orléans et de sa sœur Adélaïde pour les blessés de Missolonghi, et des sommes assez considérables du roi et de la famille royale de Bavière [1]. Les noms magiques et harmonieux des villes et des contrées de l'ancienne Grèce qui sortaient de l'oubli dans toute la fraîcheur d'un rajeunissement inattendu, ceux des héros de la lutte présente qui se mêlaient au souvenir de ceux des héros antiques, le concours des lettres et des arts qui, sous toutes les formes, popularisaient et poétisaient les événements quotidiens de cette guerre

---

[1] 106,000 francs, dont 80 000 francs de la part du roi Louis 1ᵉʳ et 26 000 francs de la part de sa famille. Le roi de Bavière avait écrit à M. Eynard : « J'avais souscrit pour 20 000 florins, payables en dix mois consécutifs : ces secours peuvent arriver trop tard ; je mets, dès à présent, cette somme à votre disposition, je la double même, afin que vous puissiez porter des secours plus efficaces. Ces 80 000 francs, dont vous pouvez disposer de suite, sont indépendants des 20 000 florins que je vous ai remis pour le rachat des femmes et des enfants grecs. Avec quelle douce satisfaction je fais ce nouveau sacrifice pour ces chrétiens infortunés ; car moi-même, ne suis-je pas homme et chrétien ? » On sait que tant de libéralités ne furent point perdues et que le trône de Grèce fut donné à Othon de Bavière, fils du roi qui s'était montré si généreux pour la cause hellénique. Toutefois l'enthousiasme, intéressé ou non, de Louis 1ᵉʳ pour les Grecs lui fait plus d'honneur que la réaction cléricale à laquelle il abandonna la Bavière et le cynisme avec lequel il afficha sa honteuse passion pour une Lola Montès.

sans merci, tout cela produisit des miracles de charité et de dévouement. Des Français, comme Fabvier, Voutier, Lavilasse ; des Anglais comme Byron, Stanhope, Church, Cochrane, allèrent combattre pour l'indépendance hellénique. Quant au clergé catholique et à la Congrégation dont la logique implacable ne saurait être troublée par quoi que ce soit d'humain et de généreux, on n'éprouve aucune surprise à les voir demeurer hostiles aux Grecs qu'ils ne pouvaient considérer que comme des schismatiques et des rebelles. Les Anglais, à part l'héroïsme de quelques individus, profitèrent plus des secours qu'ils prêtèrent à la Grèce que la Grèce elle-même. Nous n'en citerons qu'un exemple. Le gouvernement insurrectionnel avait ouvert un emprunt à la Bourse de Londres en l'hypothéquant sur toutes les propriétés nationales. Environ 1,100,000 livres sterling de titres furent émis (27,000,000 de francs) : le gouvernement grec ne reçut en espèces que 216,114 livres sterling et 10 schellings (5,402,873 francs, 75 centimes). Les prêteurs avaient retenu 200,000 livres sterling (5,000,000 de francs) pour deux années d'intérêts anticipés et 20,000 livres sterling (500,000 francs) pour l'amortissement. La différence, à peu près 17,000,000 de francs, fut payée en linge, chaussures, habits, poudre, armes, bateaux à vapeur, le tout hors de service ou de mauvaise qualité. En vérité, nonobstant la gravité du sujet, on pense au « pavillon à queue, d'une bonne serge d'Aumale rose sèche, avec le mollet et les franges de soie, » à la « tenture de tapisserie des amours de Gombaud et de Macée, » à la « peau de lézard de trois pieds et demi, remplie de foin, » à tous les objets grotesques enfin que la Flèche propose à Cléante dans la fameuse scène de l'emprunt de la comédie de l'*Avare*.

Au milieu de l'agitation générale la Russie demeurait froide et uniquement attentive aux intérêts de sa politique propre, sans faire entrer le moins du monde en ligne de compte les droits des Grecs ni le souci de leur indépendance, et gardait d'ailleurs une attitude menaçane à t l'égard de la porte Ottomane. Le gouvernement anglais, qui avait lieu de redouter les projets de la Russie sur Constantinople, aima mieux en quelque sorte s'y associer pour en amoindrir la portée que d'assister inactif au développement exclusif d'une puissance rivale. Ce fut donc son initiative qui entama les négociations de Saint-Pétersbourg et les fit aboutir au protocle du 4 avril 1826.

Voici le texte de ce document important :

« S. M. B. ayant été priée par les Grecs d'interposer ses bons offices, à l'effet d'obtenir leur réconciliation avec la Porte Ottomane, ayant en conséquence offert sa médiation à cette puissance, et désirant à ce sujet concerter les mesures de son gouvernement avec S. M. l'empereur de toutes les Russies ; et d'autre part S. M. I. étant animée du désir de mettre fin au conflit dont la Grèce et l'Archipel sont le théâtre, par un arrangement compatible avec les principes de religion, de justice et d'humanité, les soussignés sont convenus :

« 1° Que l'arrangement à proposer à la Porte, si ce gouvernement acceptait la médiation proposée, aurait pour objet de placer les Grecs, à l'égard de la Porte Ottomane, dans la relation ci-après mentionnée.

« La Grèce serait une dépendance de cet empire, et les Grecs paieraient à la Porte un tribut annuel, dont le montant serait, de commun accord, fixé d'une manière permanente. Ils seraient exclusivement gouvernés par des autorités choisies et nommées par eux-mêmes, mais dans la nomination desquelles la Porte aurait une certaine influence.

« Dans cet état, les Grecs jouieraient d'une liberté complète de conscience et de commerce, et dirigeraient exclusivement leur gouvernement intérieur.

« Afin d'effectuer une séparation complète entre les individus des deux nations, et prévenir les collisions qui seraient la conséquence d'une lutte aussi longue, les Grecs achèteraient les propriétés des Turcs situées sur le continent de la Grèce ou dans les îles.

« 2° Dans le cas où le principe d'une médiation entre les Turcs et les Grecs auraient été admis en conséquence des mesures prises dans cette vue par l'ambassadeur de S. M. B. à Constantinople, S. M. I. emploierait dans tous les cas son influence pour atteindre l'objet de cette médiation. Le mode et le temps où S. M. I. prendrait part aux négociations ultérieures avec la Porte Ottomane, qui peuvent être la conséquence de cette médiation, seraient ci-après déterminés du consentement commun du gouvernement de S. M. B. et de S. M. I.

« 3° Si la médiation offerte par S. M. B. n'avait pas été acceptée par la Porte, et quelle que puisse être la nature des relations entre S. M. I. et le gouvernement turc, S. M. B. et S. M. I. n'en considèreront pas moins les termes de l'arrangement spécifié dans le numéro 1 du présent protocole, comme la base de toute réconciliation à effectuer par leur intervention, soit de concert, soit séparément entre la Porte et les Grecs ; et elles profiteront de toutes les occasions favorables pour employer leur influence auprès des deux parties, afin d'effectuer leur reconciliation sur la base ci-dessus mentionnée.

« 4° Que S. M. B. et S. M. I. se réservent d'adopter, par la suite, les mesures nécessaires pour régler les détails de l'arrangement en question, ainsi que les limites du territoire et les noms des îles de l'Archipel auxquelles il sera applicable, et qu'il sera proposé à la Porte de comprendre sous la dénomination de *Grèce*.

« 5° Qu'en outre S. M. B. et S. M. I. ne chercheront dans cet arrangement aucun agrandissement de territoire, aucune influence exclusive, ni avantages commerciaux pour leurs sujets qui ne seraient pas également accessibles pour toutes les autres nations.

« 6° Que S. M. B. et S. M. I. désirant que leurs alliés deviennent partie aux arrangements définitifs dont le présent protocole contient l'esquisse, communiqueront confidentiellement cet instrument aux cours de Vienne, de Paris et de Berlin, et leur proposeront de garantir, de concert avec l'empereur de Russie, le traité au moyen duquel la réconciliation des Turcs et des Grecs sera effectuée, S. M. B. ne pouvant garantir un tel traité.

« *Signé* : VELLINGTON, NESSELRODE et LIEVEN.

« Saint-Pétersbourg, le 4 avril, 25 mars 1826. »

Cet acte, comme on le voit, était loin de reconnaître l'indépendance de la Grèce qui, d'après sa teneur, devait demeurer tributaire de la Turkie et soumettre à la confirmation de la Porte la nomination des autorités qu'elle choisirait elle-même pour se gouverner. Quelque temps après, Nicolas I$^{er}$ profitant des embarras que la suppression, la révolte et le massacre des Janissaires donnaient à Makhmoud II (15, 16 et 17 juin 1826), souleva contre l'Empire ottoman une querelle particulière et envoya à Stamboul un *ultimatum* qu'il appuya par une armée de cent mille hommes massés sur les bords du Pruth. L'Angleterre conseilla à la Turkie de céder, et le 1$^{er}$ août 1826 il s'ouvrit à Ackermann, sur le Dniester, en Bessarabie, des conférences entre les représentants du tsar et du sultan, qui eurent pour conclusion le 7 octobre un traité de paix imposé par la Russie. La Porte ottomane était à peine délivrée de ce souci, qu'elle reçut à plusieurs reprises les notes collectives de l'Angleterre et de la Russie, conformes aux dispositions contenues dans le protocole du 4 avril et l'informant que les deux puissances étaient dans l'intention de se porter médiatrices entre elle et les Hellènes. Les réponses du Divan furent verbales et évasives. Le 12 mars 1827, l'ambassadeur d'Autriche lui-même remit à Constantinople une note où il rappelait « la sincérité et la constance des sentiments de sa cour en faveur de la Porte » et où il la priait « d'apporter l'attention la plus sérieuse aux propositions faites par l'Angleterre et par la Russie, propositions qui n'avaient pour but que de concilier les intérêts les plus précieux de l'empire turc avec la nécessité où se trouvaient les puisssances de l'Europe de mettre enfin un terme à la prolongation indéfinie des troubles qui agitaient les provinces grecques. » Le cabinet de Vienne ne fut pas plus écouté que les autres cabinets européens. Enfin, dans une réponse écrite à la date des 9 et 10 juin, le Divan ne craignit pas de s'exprimer ainsi :

« ..... Tous les efforts de la sublime Porte n'ont qu'un but, c'est le rétablissement de la tranquillité générale, tandis que l'intervention étrangère ne peut tendre qu'à prolonger la rébellion. L'intention ferme et constante de la sublime Porte de s'occuper de ses principaux intérêts, laquelle résulte de sa loi sacrée, mérite l'approbation et le respect, tandis que toute intervention étrangère pourrait encourir le blâme et l'animadversion. Or, il est clair et évident qu'en adhérant à ce principe, tout aurait pu être terminé depuis longtemps, sans les propositions mal fondées qui ont été avancées par la conformité de religion sur l'influence funeste que cet état de choses a peut-être exercée dans toute l'Europe, et le mal auquel le commerce maritime peut avoir été exposé. En même temps les espérances des mécontents ont été constamment encouragées par une conduite inconvenante et en leur donnant des secours de toute espèce ; ce qu'on aurait toujours dû réprouver, conformément à la loi des nations..... La réponse que la sublime Porte a faite dès le principe sera toujours la même, c'est-à-dire, celle qu'elle a réitérée en face du monde entier, et qui est, en définitive, son sentiment sur la position des affaires..... La sublime Porte étant occupée à punir sur son propre territoire et conformément à sa loi sacrée ceux de ses sujets turbulents qui se sont révoltés, comment cette affaire peut-elle devenir l'objet d'une intervention? Le gouvernement ottoman ne doit-il pas attribuer à ceux qui font de telles propositions, des vues tendantes à donner de l'importance à une troupe de brigands ? On parle d'un gouvernement grec qui doit être reconnu si la sublime Porte ne consent pas à quelque arrangement, et on a même proposé de conclure un traité avec les rebelles ; la sublime Porte n'a-t-elle pas lieu d'être frappée d'étonnement en entendant tenir un pareil langage par des puissances? Car l'histoire n'offre pas d'exemple d'une conduite aussi opposée à tous égards, aux principes et aux devoirs des gouvernements. En conséquence la sublime Porte ne peut jamais écouter de pareilles propositions, propositions qu'elle n'écoutera ni ne comprendra, tant que la contrée habitée par les Grecs fera partie des états ottomans, et qu'ils seront sujets tributaires de la Porte, qui ne renoncera jamais à ses droits..... En conséquence, la sublime Porte trouvant qu'à l'égard de cette affaire il lui est impossible de rien entendre que les préceptes de sa religion et le code de sa législation, elle se croit justifiée à déclarer que, par des

Prince de Talleyrand.

considérations religieuses, politiques, administratives et nationales, elle ne peut donner le plus léger appui aux propositions qui ont été rédigées, et finalement présentées..... »

En adressant cette note aux représentants des puissances, le Divan leur fait dire qu'il a répondu « pour la dernière fois » à toute espèce de communication relative aux affaires de Grèce. Cette raideur d'attitude et de langage, la chute de la citadelle d'Athènes dont la nouvelle se répand au même moment, la longue durée et l'acharnement de la lutte, la force de l'opinion publique dans les différents pays entraînent, enfin l'Angleterre, la Russie et la France à conclure, à Londres, le traité du 6 juillet 1827 signé *Lord Dudley* pour la première de ces trois puissances, *Comte de Lieven* pour la seconde, *Prince Jules de Polignac* pour la troisième. Le salut de la Grèce allait sortir de cette triple alliance.

En stimulant l'offre de la médiation des trois puissances contractantes pour la conclusion immédiate d'un armistice entre les belligérants, puis d'une paix fondée sur le principe de la séparation civile des deux nations, le traité de Londres n'était que la reproduction du protocole de Saint-Pétersbourg. Mais, en vertu d'un article additionnel et secret, la Porte ottomane devait être sommée de répondre aux propositions qui lui étaient faites par les puissances dans le délai d'un mois, sous peine de se voir déclarer la guerre par lesdites puissances.

Cet article additionnel et secret était ainsi conçu :

« Dans le cas où la Porte Ottomane n'accepterait pas, dans l'espace d'un mois, la médiation proposée, les hautes parties contractantes conviennent de prendre les mesures suivantes :

« 1° Il sera déclaré à la Porte, par leurs représentants respectifs à Constantinople, que les inconvénients et les maux indiqués dans le traité comme inséparables de l'état des choses en Orient, pendant les six dernières années, était auquel la Porte ne paraît pas avoir les moyens de porter remède, imposent aux hautes parties contractantes l'obligation de prendre sans délai des mesures pour se rapprocher des Grecs ;

« Il est entendu que ce rapprochement sera effectué en établissant avec les Grecs des relations commerciales ; en leur envoyant et en recevant d'eux des agents consulaires, aussi longtemps qu'il existera parmi eux des autorités en état de maintenir de telles relations.

« 2° Si, dans l'espace d'un mois, la Porte n'accepte pas l'armistice proposé dans le premier article du traité public, ou si les Grecs le refusent de leur côté, les hautes parties contractantes déclareront à celle des parties belligérantes qui voudra continuer les hostilités, ou à toutes les deux si cela devient nécessaire, que les dites hautes parties contractantes ont l'intention de prendre tous les moyens que les circonstances indiqueront comme convenables, pour obtenir l'effet immédiat de l'armistice, en empêchant, autant qu'il leur sera possible, toute collision entre les parties belligérantes ; et, en effet, immédiatement après la déclaration susdite, les hautes parties contractantes emploieront conjointement tous les moyens en leur pouvoir pour atteindre le but de ladite déclaration, sans cependant prendre une part quelconque aux hostilités entre les deux parties en contestation.

« En conséquence, les hautes puissances contractantes, immédiatement après la signature de cet article additionnel et secret, transmettront aux amiraux commandant leurs escadres dans les mers du Levant des instructions conformes aux prévisions de cet article.

« 3° Finalement, si ces mesures ne suffisent pas pour engager la Porte Ottomane à adopter les propositions des hautes parties contractantes, ou si, de l'autre côté, les Grecs renoncent aux conditions stipulées en leur faveur par le traité de ce jour, les hautes parties contractantes s'engagent à poursuivre l'ouvrage de la pacification d'après les principes convenus entre elles ; et en conséquence elles autorisent leurs représentants à Londres, à discuter et à déterminer les mesures ultérieures qu'il deviendra nécessaire de prendre.

« Le présent article additionnel et secret aura la même force et valeur qu'il aurait s'il était inscrit dans le traité d'aujourd'hui. Il sera ratifié, et les ratifications seront échangées en même temps que celles dudit traité ; en foi de quoi, les plénipotentiaires l'ont signé, et y ont apposé le sceau de leurs armes.

« Fait à Londres, le 6 juillet, l'année de grâce 1827.

« *Signé :* Dudley, Polignac, Lieven. »

Le secret de cet article fut si peu gardé qu'avant même que le traité public eût pu être notifié (1) à la Porte, les ministres anglais en communiquèrent la teneur aux journaux, pour rassurer les intérêts du commerce national fortement engagé dans l'insurrection hellénique. Le sultan, comme on s'y attendait, repoussa toute espèce d'arrangement et se prépara à la guerre. Les événements allaient entraîner les puissances européennes plus loin qu'elles n'avaient décidé d'aller.

1 Il le fut le 16 août.

## XVI

Dix-neuvième Jubilé général à Rome. — Le pape Léon XII. — Les sociétés secrètes en Italie. — La *jeune Italie* et Giuseppe Mazzini. — Ouverture du jubilé français le 15 février 1826. — Processions dans Paris. — Pose de la première pierre d'un monument à la mémoire de Louis XVI sur la place de la Révolution. — Chapelle « expiatoire » de la rue d'Anjou Saint-Honoré. — Le *Mémoire à consulter* de Montlosier. — Immense retentissement de cette publication. — Mandement de l'archevêque de Besançon. — Organisation de l'*Association pour la propagation de la foi*. — Mandements des évêques de Moulins, d'Évreux, de Nancy, de l'archevêque de Toulouse ; attaques à la magistrature. — Seance du 15 mai 1826 à la Chambre des députés; discours d'Agier. — La Compagnie de Jésus lève le masque. — Discussion à la chambre des pairs : Laîné, Frayssinous, Pasquier. — Discussions à la chambre des députés : Sébastiani. — Pratiques religieuses imposées à l'armée. — Clôture de la session de 1826. — *Dénonciation* de Montlosier. — La cour se déclare incompétente. — Condamnation de l'abbé de Lamennais à trente francs d'amende. — Procès intenté à l'*Étoile* par les héritiers de La Chalotais.

Avant d'achever l'histoire de la régénération de la Grèce et de retracer la part que la France eut la gloire d'y prendre, il nous faut revenir quelque peu en arrière et dire ce qui se passait à l'intérieur de notre pays dans le cours de l'année 1826, et pendant la première partie de 1827. Nous nous retrouvons encore en présence des questions religieuses qui, nous l'avons déjà fait remarquer, tiennent la plus grande place dans les annales de la Restauration et dont l'influence pernicieuse est comme le cachet particulier de cette triste époque.

Le dix-neuvième jubilé général s'était ouvert à Rome l'année précédente et avait attiré dans cette ville plus de cent mille pèlerins des deux sexes. Ce concours de fidèles avait rapporté aux caisses pontificales des sommes énormes. Elles servirent en partie à construire une nouvelle prison d'inquisition qui fut remplie d'hérétiques. Le pape alors régnant était Léon XII (Annibale della Genga), ennemi implacable des manifestations les plus inoffensives de l'esprit moderne.

« La haine contre toute espèce de progrès, dit M. Giuseppe Ricciardi dans son *Histoire d'Italie*, alla au point de supprimer la commission chargée de veiller aux vaccinations, dont il abolit le règlement, ce qui fit que la petite vérole ne tarda pas à exercer de terribles ravages dans le pays. Outre cela, par son décret du 1ᵉʳ septembre 1824, les Israélites, traités déjà si durement dans les États-Romains, furent mis à la merci du saint-office, lequel fonctionna plus que jamais sous le règne de Léon XII, tandis que les campagnes étaient désolées par les brigands, sans en excepter les environs de Rome, et que cette ville était tellement dévorée par la misère, qu'elle comptait plus de dix indigents sur chaque centaine d'habitants !

« Plusieurs assassinats politiques ayant eu lieu en Romagne, le cardinal Rivarola y fut envoyé avec les pouvoirs les plus étendus, dont il usa de telle sorte que bientôt les prisons d'État regorgèrent ; puis, en sa qualité monstrueuse de juge unique, et sans qu'aucun débat contradictoire eût eu lieu, ni qu'aucune défense eût été entendue en faveur des accusés, il prononça, le 31 août 1825, un arrêt par lequel cinq cent quatorze personnes étaient condamnées, dont sept à la peine capitale, heureusement commuée par le pape en celle de l'emprisonnement perpétuel. On comptait parmi les condamnés trente nobles, deux ecclésiastiques, cent six propriétaires ou négociants, trente-huit militaires, soixante-quatorze employés civils et soixante-douze médecins, avocats ou hommes de lettres, coupables d'opinions franchement libérales plutôt que de faits perpétrés contre le pouvoir. A l'occasion du jubilé...... on entendit partout les prêtres et les moines tonner du haut de la chaire contre les libéraux, ce qui ne manqua pas, en encourageant les sanfédistes, d'amener de nouvelles collisions entre eux et les carbonari, et, partout, de nouvelles persécutions contre ces derniers. Mais, plus le gouvernement sévissait, et plus l'audace des sectaires augmentait. Elle alla jusqu'au point de s'attaquer à la personne du cardinal Rivarola, qui faillit être tué en pleine rue. Cet attentat étant venu s'ajouter à d'autres actes de vengeance politique exercés contre les agents les plus odieux du gouvernement pontifical, celui-ci installa à Ravenne une commission extraordinaire, présidée par un prélat appelé Invernizzi, laquelle, après l'instruction la plus ténébreuse et la plus inique, finit par envoyer cinq personnes à l'échafaud. L'exécution eut lieu à Ravenne le 13 mai 1828. Deux autres sectaires avaient été décapités à Rome quelque temps auparavant. A l'occasion de tous ces procès, le gouvernement de Léon XII apprit avec la plus grande terreur, qu'indépendamment des carbonari, l'Italie centrale renfermait dans son sein les sociétés secrètes dénommées comme il suit : les *Frères artistes*, les *Défenseurs de la patrie*, les *Fils de Mars*, les *Ermolaïstes*, les *Maçons réformés*, les *Tirailleurs américains*, les *Illuminés*, les *Adelphes*, les *Philadelphes*, les *Chevaliers européens*, les prosélytes de la *Tourbe*, de la *Sibérie* et du *Devoir*. Toutes ces sociétés, dont les ramifications s'étendaient dans les États limitrophes, se fondirent dans le *carbonarisme réformé*, absorbé lui-même, après 1830, par la *jeune Italie* fondée par Joseph Mazzini (1). »

Tel était l'état du pays d'où le clergé catholique recevait le mot d'ordre pour toute chose.

La clôture du jubilé de Rome avait eu lieu le 24 décembre 1825. L'ouverture du jubilé français se fit le 15 février 1826 en vertu d'une bulle papale avec les cérémonies les plus éclatantes et la pompe de mise en scène que savent si bien déployer les *commedianti* et les *tragedianti* de l'Église dans les moindres occasions. Est-il besoin de dire que l'on vit figurer dans ces cérémonies des maréchaux de France, des généraux, des fonctionnaires de tout acabit, quatre membres de la famille royale? Le pape Léon XII, dans sa bulle, avait recommandé au clergé français « de combattre avec une ardeur nouvelle, pour faire disparaître du milieu des fidèles les livres qui pervertissaient les mœurs et sapaient les fondements de la foi. » L'archevêque de Paris, Quélen, dans son mandement, s'emporta violemment « contre les doctrines pestilentielles, contre le poison des écrits pernicieux qui circulait dans toutes les veines du corps social de manière à infecter plusieurs générations. »

Le mandement archiépiscopal, comme pour narguer la grande ville de Voltaire et de la Révolution, avait prescrit quatre processions générales dont la première se fit le 17 mars et la dernière le 3 mai, le long des rues, des quais et des places de Paris étonné, inquiet, impatient d'une telle mascarade, honteux d'un pareil affront.

La procession du 3 mai fut compliquée d'une cérémonie politique. Il s'agissait de bénir et de poser la première pierre du monument que la Chambre introuvable avait voté en 1815 pour être élevé à Louis XVI sur la place de la Révolution où ce roi avait eu la tête tranchée. Toutes les splendeurs de « l'Autel » et du « Trône » furent prodiguées pour donner une physionomie exceptionnelle à ce spectacle étrange et nouveau.

« Parti de Notre-Dame à une heure, le cortège se dirigea d'abord vers l'église Saint-Germain l'Auxerrois, désignée comme première station. La Chambre des pairs et la Chambre des députés, la cour de cassation, la cour royale, la cour des comptes, les tribunaux civils et de commerce, le Conseil royal de l'Université, les états-majors de la garde nationale, des Invalides, de la division militaire et de la place ; en un mot tous les fonctionnaires, toutes les autorités

1 Pages 58-59.

non-seulement de Paris, mais du département de la Seine, y figuraient à la suite du duc d'Angoulême et du roi, qui marchaient accompagnés des ministres, des maréchaux, des grands et des premiers officiers de leurs maisons, des chevaliers des ordres (cordons bleus), et des grand-croix de Saint-Louis et de la Légion d'honneur. Jamais encore on n'avait vu le clergé aussi nombreux : les élèves de tous les séminaires compris dans un rayon de plusieurs lieues, les aumôniers de tous les colléges, les prêtres attachés à toutes les églises et à toutes les chapelles, composaient un total de plus de 2,000 ecclésiastiques, qui s'avançaient rangés sur deux lignes et suivis du nonce du pape, des cardinaux de Latil, de Croï et de Lafare, de l'archevêque de Paris, et d'un certain nombre d'évêques. Saint-Roch fut la seconde station ; l'église de l'Assomption formait la troisième. Lorsque les prières spéciales du *jubilé* furent dites à cette dernière paroisse, l'immense cortége reprit sa marche et vint se déployer sur la place Louis XV. Un vaste pavillon surmonté d'une croix, tendu de draperies en velours violet, et renfermant un autel auquel on arrivait de quatre côtés par quatre escaliers de dix marches, occupait le centre de la place. « Une première salve d'artillerie, dit le *Moniteur*, an-
« nonce l'arrivée de la procession ; son développement offrait alors
« le plus imposant tableau que l'on puisse contempler. Cette vieille
« nation française, l'héritier de ses soixante rois en tête, marchait
« précédé des présents que Charlemagne fit à l'église de Paris et des
« conquêtes religieuses que saint Louis rapporta des lieux saints (1).
« Les pontifes et les prêtres montent à l'autel. Trois fois de suite
« ils élèvent vers le ciel le cri de pardon et de miséricorde. Tous
« les spectateurs tombent à genoux. Un silence profond, absolu,
« règne autour de l'autel et dans toute la place ; la même douleur

---

(1) Il est plaisant d'énumérer les *conquêtes* dont le *Moniteur* de la Restauration fait honneur à Louis IX. C'était d'abord une *couronne d'épines* ayant, disait-on, figuré parmi les accessoires de la Passion de Jésus-Christ, vendue près de cent mille francs par l'empereur français, de Constantinople Baudouin. Cette couronne faisait double emploi avec celle que les chanoines de Saint-Denis avaient possédée longtemps et avec la portion de couronne qu'on avait vue à Saint-Germain-des-Prés ; l'une et l'autre avaient disparu en 1191 et en 1206 par politesse pour la couronne achetée par Louis IX, laquelle arriva d'Orient le 10 août 1239. Baudouin, voyant que le commerce était bon, vendit encore à Louis deux *morceaux du bois de la vraie croix* ; le *fer de la lance* qui avait percé le flanc du Seigneur Jésus-Christ sur le gibet ; un peu de l'*éponge* qui avait servi à lui faire humer quelques gouttes de vinaigre ; un lambeau de son *manteau de pourpre* ; un morceau de *linge* dont le même Seigneur *avait essuyé les pieds* de ses apôtres ; un fragment de la *pierre du saint sépulcre* ; une croix dite *croix de triomphe* parce qu'elle assurait la victoire à quiconque en était possesseur. Dulaure (Histoire de Paris, t. I$^{er}$, p. 410), à qui nous empruntons ces curieux détails, ajoute dans une note :

« accable le peuple et les grands, les yeux du roi sont pleins de lar-
« mes. » Derrière Charles X, et confondu parmi les cardinaux et les
prélats officiants, se tenait également agenouillé, dans l'attitude de
l'affliction, un homme que le génie des révolutions semblait avoir
placé là comme une protestation vivante, railleuse, contre ces vains
appels à la foi politique et religieuse d'un passé disparu. Chargé des
ornements les plus mondains, couvert de broderies éclatantes, de
crachats et de cordons ; réglant chacun de ses mouvements et chacun de ses pas sur les pas et les mouvements du frère de Louis XVI,
au côté duquel l'attachait son titre de grand chambellan ; ce personnage était le dignitaire ecclésiastique que Paris entier avait vu célébrer, au Champ de Mars, la messe de la Fédération ; le prélat marié
qui, ministre du Directoire, avait fêté, durant plusieurs années,
comme une fête nationale l'anniversaire de ce même supplice politique objet de tant de larmes ; c'était, pour tout dire, l'ancien évêque
d'Autun, prince de Talleyrand. Les prières achevées, l'archevêque de
Paris bénit la première pierre du monument ; le roi la pose et la
scelle selon le cérémonial d'usage ; une seconde salve d'artillerie
éclate ; des cris de *Vive le roi !* s'élèvent, et la procession reprend le
chemin de Notre-Dame. « 6,000 hommes, tant de la garde nationale
« que de la garde royale et de la ligne, bordaient la haie depuis
« Notre-Dame jusqu'à la place Louis XV, ajoute le *Moniteur*, et 150
« officiers généraux, marchant à la suite des pairs, des députés, des
« magistrats, ont saisi avec empressement cette occasion de donner
« au roi une nouvelle preuve de leur dévouement sans bornes » (1).

Pas une pierre ne s'ajouta à celle que Charles X avait si pompeusement posée pour le monument projeté en l'honneur de son frère.
C'était bien assez que Louis XVIII eût fait élever rue d'Anjou, à la

---

« Les historiens de Paris n'ont pas osé énumérer toutes les reliques dont saint
Louis fit l'acquisition. Sur un tableau, contenu dans la sainte Chapelle, se trouvait
l'acte de vente et la description de ces reliques, en langue latine ; Corrozet en a
copié et traduit la teneur. Voici les reliques qui ont été omises dans l'Histoire de
Paris :
*Du sang de Notre-Seigneur Jésus-Christ.*
*Les drapeaux dont Notre-Sauveur fut enveloppé en son enfance.*
*Du sang qui miraculeusement a distillé d'une image de Notre-Seigneur, ayant été*
*frappée d'un infidèle.*
*La Chaîne et lien de fer, en manière d'anneau, dont Notre-Seigneur fut lié.*
*La Sainte Touaille, ou nappe, en un tableau.*
*Une partie du Suaire dont il fut enseveli.*
*Du lait de la Vierge.*
*La Verge de Moïse.*
*Les chefs des saints Blaise, Clément et Simon.* »
[1] Ach. de Vaulabelle, *Histoire des deux Restaurations*, t. VII, pages 221-223.

mémoire de Louis XVI, et que Charles X eût fait achever cette année même une chapelle dite « expiatoire, » qui demeure encore aujourd'hui comme le témoignage permanent d'une insulte à la justice nationale et le modèle du plus mauvais goût dans l'art (1).

Au moment même où la discussion du projet de loi sur le rétablissement du droit d'aînesse et le spectacle des processions du jubilé

Comte de Montlosier.

irritaient et indignaient à juste titre le pays, l'apparition d'un écrit hardi et énergique venait d'éclater comme un coup de foudre (1er mars) et alla réveiller tous les échos de l'opinion libérale et vraiment française. C'était le *Mémoire à consulter sur un système religieux et*

---

(1) Les insurgés du 18 mars 1871 ont voulu démolir ce tas de pierres. Moins iconoclastes et plus spirituels, les Italiens, en prenant possession de leur capitale en 1870, y ont conservé le monument que Pie IX y a fait ériger en commémoration de la bataille de Mentana, et se sont bornés à le marquer d'une inscription vengeresse qui, en termes simples, atteste la misère et la tristesse des temps passés, et célèbre la victoire du droit et de la justice dans le présent et pour l'avenir.

*politique tendant à renverser la religion, la société et le trône*. L'auteur, François-Dominique Reynaud, comte de Montlosier, né à Clermont-Ferrand en 1755, avait été député par la noblesse de Riom, aux États-généraux ; il s'y était montré l'ardent défenseur des priviléges aristocratiques et avait signé toutes les protestations de la minorité. Il émigra dès 1791 et alla diriger en Angleterre le *Courrier de Londres*. Il rentra en France sous l'Empire qui lui accorda la charge de naturaliste breveté et l'envoya à ce titre explorer la Suisse et l'Italie. L'ensemble des opinions de Montlosier offrait le mélange singulier d'une haine violente contre l'esprit envahisseur du clergé et d'une sorte de fanatisme pour les vieilleries féodales. Il publia, à partir de la Restauration, divers ouvrages qui ne firent pas beaucoup de bruit. Il en fut tout autrement de son *Mémoire à consulter*, qui eut, nous venons de le dire, un immense retentissement.

Ce livre était, on le devine, dirigé contre les Jésuites ; une main vigoureuse et implacable y arrachait le masque du visage hideux de la Congrégation.

« Il ne suffit pas à la Congrégation, disait Montlosier, de s'être emparée des postes, des deux polices et du ministère ; sa domination dans toutes les parties du royaume donne lieu à un nouveau système de surveillance. L'espionnage était autrefois un métier que l'argent commandait à la bassesse ; il est aujourd'hui commandé à la probité. Par les devoirs que la Congrégation impose, on assure que l'espionnage est devenu comme de conscience ; on est prêt à lui donner des lettres de noblesse. Les classes inférieures de la société sont traitées à cet égard comme les classes supérieures. Au moyen d'une association dite de *Saint-Joseph*, tous les ouvriers sont aujourd'hui enrégimentés et disciplinés. Quelques marchands de vin ont été désignés pour donner leur boisson à meilleur marché, et, tout en les enivrant, on leur donne des formules toutes faites de *bons propos* à tenir ou de *prières* à réciter. Il n'est pas jusqu'au placement des domestiques dont on ait eu soin de s'emparer. J'ai vu à Paris des femmes de chambre et des laquais qui se disaient *approuvés* par la Congrégation.

« Les villages de la campagne, les officiers de la Cour, la garde royale n'ont pu échapper à la Congrégation. Je ne sais rien de positif sur la Chambre des pairs (1). Pour la Chambre des députés, on y comptait,

---

[1] « La réunion des Missions étrangères, rue du Bac, comptait, à elle seule, dix-huit pairs de France au nombre de ses membres. » (Note de M. de Vaulabelle, t. VII, p. 225.)

au mois d'avril dernier, selon les uns, cent trente membres de la Congrégation ; selon les autres, cent cinquante. Un député congréganiste que j'ai pu interroger ne m'en a accusé que cent cinq ; mais on assure que, depuis ce temps, le nombre a augmenté. La Congrégation remplit la capitale ; mais elle domine surtout dans les provinces. Elle forme là, sous l'influence des évêques et de quelques grands vicaires affiliés, des coteries particulières. Ces coteries, épouvantails des magistrats, des commandants, des préfets et des sous-préfets, imposent de là au gouvernement et au ministère. »

Ailleurs, on lisait :

« Vous voulez inspirer du respect pour les prêtres ? Au nom de Dieu, ne les mettez ni dans le monde ni dans les affaires! Quoi qu'ils vous disent, empêchez-les de se prostituer dans le détail des misères humaines. Vous renfermez vos vases sacrés dans les tabernacles ; vous ne les produisez aux regards du public, même dans les cérémonies du culte, qu'avec ménagement : faites-en autant de vos prêtres. Ne leur permettez pas d'aller parader dans vos fêtes ; les prêtres sont des vases saints ; les employer aux usages du monde, c'est les profaner. »

Le *Mémoire à consulter* concluait ainsi :

« Les quatre grandes calamités signalées au présent Mémoire, savoir : la Congrégation, le Jésuitisme, l'Ultramontanisme et le Système d'envahissement des Prêtres, menacent la sûreté de l'État, celle de la société, celle de la religion ; elles sont notées par nos anciennes lois ; ces lois ne sont ni abrogées ni tombées en désuétude ; l'infraction qui leur est portée constitue un délit ; ce délit, par cela qu'il menace la sûreté du trône, celle de la société et celle de la religion, se classe parmi les crimes de lèse-majesté, crimes pour lesquels l'action en dénonciation civique n'est pas seulement ouverte, mais commandée ; cette action peut être portée par-devant le procureur-général, et, concurremment, par-devant tous les magistrats des cours royales ; dans l'espèce, le délit étant général, la dénonciation me semble devoir être également générale et faite, non à une seule cour royale en particulier, mais à toutes les cours du royaume à la fois ; je viens de dire mon impression ; je supplie MM. les jurisconsultes des cours royales à qui je la soumets de vouloir bien la confirmer ou la rectifier. »

L'effet d'un pareil écrit fut prodigieux. Il était surtout une réponse victorieuse et probante à l'effronterie officielle qui avait toujours nié l'existence des Jésuites et de la Congrégation.

« Tout cela, disait Montlosier dans un autre passage, nous est advenu comme une fantasmagorie. Il a fallu plusieurs années pour y croire. Les Jésuites remplissaient la France, et on ne les y savait pas. Les Congréganistes occupaient toutes les positions, et on ne les voyait pas. Aujourd'hui encore, une partie de la France est en doute. »

Attaqué avec acharnement, avec délire par les feuilles cléricales, le *Mémoire à consulter* et son auteur furent soutenus non moins vivement par les organes du libéralisme. Ceux-ci, en agissant de la sorte, faisaient preuve de générosité, ou tout au moins d'esprit politique; car jamais Montlosier, ni dans ses divers écrits, ni dans le Mémoire même n'avait témoigné une bien grande tendresse pour la Révolution et « la gent révolutionnaire. »

Montlosier qui touchait, en qualité de publiciste, une pension sur les fonds du ministère des affaires étrangères, la perdit naturellement. D'autre part, des consultations élaborées dans la plupart des barreaux de France l'encouragèrent fortement à publier la dénonciation qu'il avait annoncée. Comme pour appuyer tous ses dires, plusieurs faits se produisaient à cette époque dans le camp ennemi, qui arrachèrent aux plus incrédules leurs dernières illusions.

Huit jours après l'apparition du *Mémoire à consulter* l'archevêque de Besançon, pair de France et conseiller d'État, publia à la suite de son mandement relatif au jubilé un *Extrait de règlement de l'Association pour la propagation de la foi*, avec la devise de la compagnie des Jésuites : *Ad Majorem Dei Gloriam*. Les principaux articles de ce règlement étaient ainsi conçus :

« Il est fondé en France une association pieuse prenant le titre d'Association pour la propagation de la foi, qui a pour but d'étendre la société des fidèles catholiques, en aidant de tous les moyens en son pouvoir, les missionnaires chargés de répandre les lumières de la foi. Elle se compose de fidèles des deux sexes.

« L'Association est partagée en *divisions*, *centuries* et *sections*. Dix membres forment une section, dix sections une centurie, dix centuries une division.

« L'Association est dirigée par un *conseil supérieur* établi à Paris ; par deux *conseils centraux*, l'un à Paris pour le nord de la France, l'autre à Lyon pour le midi ; par des *conseils généraux* établis dans chaque ville métropolitaine ; par des *conseils particuliers* dans chaque diocèse.

« Chaque division, chaque centurie, chaque section a un chef. Les chefs de division sont nommés par les conseils généraux, et correspondent avec le conseil particulier de leur diocèse et avec les chefs de leurs centuries; ceux-ci sont nommés par le chef de leur division, et correspondent avec ce chef et les chefs de leurs sections; ces derniers sont nommés par le chef de leur centurie et correspondent avec lui.

« Pour appeler les grâces de Dieu sur l'Association, chaque associé récite tous les jours un *Pater* et un *Ave*. Il lui suffira, pour cela, d'appliquer à cette occasion, et une fois pour toutes, le *Pater* et l'*Ave* de sa prière du matin ou du soir; il y joindra cette invocation : *Saint François-Xavier, priez pour nous.*

« L'Association choisit, comme époques particulières de prières et d'actions de grâces, la *fête de l'invention de la sainte Croix*, jour auquel l'Association a été fondée à Lyon, le 3 mai 1822, et la *fête de saint François-Xavier*, qu'elle reconnaît pour son patron.

« Chaque associé donne 5 centimes par semaine.

« Les chefs de section recueillent les rétributions, en versent le produit tous les premiers dimanches de chaque mois entre les mains du chef de centurie, et répondent chacun de dix rétributions. Les chefs de centurie versent dans le mois, entre les mains de leur chef de division, les sommes qu'ils ont reçues de leurs chefs de sections. Les chefs de division, rendent leur compte à la plus prochaine assemblée du conseil particulier diocésain.

« Le conseil supérieur distribue les fonds et en fait la répartition. »

Ce règlement était à peine publié que l'abbé Lesurre, grand-vicaire de l'archevêché de Rouen, adressa aux prêtres du diocèse une circulaire où il les engageait, au nom du cardinal-archevêque, le prince de Croï, grand aumônier de France, président du conseil supérieur de l'Association, à soutenir cette sainte institution et à lui chercher partout des affiliés. Il était dit dans cette circulaire que l'archevêque de Rouen avait écrit à tous les évêques du royaume pour demander leur concours et que d'ailleurs l'*Association pour la propagation de la foi* avait été autorisée le 15 mars 1823 par le pape Pie VII qui y avait attaché des indulgences et des privilèges spirituels.

Bientôt des évêques poussèrent l'audace jusqu'à censurer dans leurs mandements les actes des Cours royales. Ils avaient particulièrement en vue les acquittements prononcés l'année précédente en faveur du *Constitutionnel* et du *Courrier français*. Pour l'évêque de Moulins, la situation légale des journaux était « l'infernale licence de la presse », et les journalistes, les « émissaires de Satan. » Et il ajoutait : « Pourrions-nous avoir honte d'être en butte à des arrêts iniques, lorsque Jésus-Christ, l'innocence même, comparé à Barrabas, a été jugé plus coupable que cet insigne malfaiteur ? »

« Les impies ont pu se réjouir, dit l'archevêque de Toulouse ; ils ont obtenu un nouveau triomphe jusque dans le sanctuaire de la justice. »

L'évêque d'Évreux : « Nous n'ignorons pas la haine violente que porte l'impiété à la religion; nous savons avec quelle inconcevable hardiesse elle appelle à son secours le mensonge et l'imposture, et comment, pour discréditer la religion dans l'esprit des peuples, les ennemis implacables de celle-ci chargent ses ministres des imputations les plus odieuses, leur prêtent, sans preuves, les motifs les plus bas, les vues les plus coupables, et vont jusqu'à les accuser de professer hautement des doctrines qui mettent en péril les libertés civiles et religieuses de la France. » Ces dernières paroles étaient les termes mêmes de l'arrêt par lequel le *Courrier français* avait été acquitté.

L'évêque de Nancy, Forbin-Janson, célébra l'ordre de Jésus « perpétuel objet des plus noires calomnies, environné de tant de glorieux suffrages, riche des travaux de plus de 8,000 apôtres, et des 700 martyrs qu'il a fait monter dans les cieux. » Il flétrit par la même occasion « les nouveaux scandales et les honteux triomphes que, dans un procès d'une célébrité désolante, les zélateurs d'une secte impie venaient d'étaler aux yeux de la France et du monde. » La « secte impie » dont le prélat entendait parler ici n'était autre que celle des Jansénistes. C'était là, comme on voit, une histoire bien ancienne. Mais la montre d'un prêtre retarde toujours.

Le desservant d'une commune voisine de Blois alla jusqu'à dire en chaire que Louis XVIII était damné pour avoir donné la Charte, et que Charles X le serait aussi pour en avoir juré l'exécution.

Il résultait de tout cela que la France entière était prise et enfermée dans le filet du Jésuitisme. Ce fut un effroi, une alarme générale. La tribune de la Chambre en retentit enfin. Le 15 mai 1826, le député Agier, magistrat dévoué à la royauté des Bourbons, excita de violents murmures dans le troupeau des ministériels en prononçant ces paroles :

« La France a peine à maîtriser son émotion à la vue du spirituel menaçant d'envahir le temporel. »

Sans se laisser intimider par la manière dont cette phrase venait d'être accueillie, il reprit :

« Messieurs, des murmures ne sont pas une réponse. Ne croyez pas, d'ailleurs, que je veuille parler des Jésuites. Bien que la Société de Jésus soit portée à la domination et à l'envahissement, je dirai sans crainte que ce ne sont pas ceux de ses membres qui se livrent uniquement à la prédication et à l'enseignement qui me paraissent dangereux, mais les Jésuites qui, dans le monde, portent le même habit que nous. Ne croyez pas que je veuille davantage parler de ces associations méritoires créées pour de vraies bonnes œuvres, je veux seulement parler de cette Association qui a juré haine à nos institutions, dût leur perte compromettre même les véritables intérêts de la religion.

« Que si on me demande son nom, je répondrai en montrant ses effets et ses œuvres. Par son esprit inquisitorial, elle éloigne de la religion et aliène les cœurs au roi; elle trouble la foi, au lieu de la fortifier; elle divise les familles et les amis; elle ne craint pas d'attaquer les dévouements les plus absolus, de nier, de chercher à flétrir les services les plus incontestables. La conduite la plus pure, la piété la plus vraie, ne défendent pas toujours les plus vertueux citoyens du lâche espionnage de ses agents les plus subalternes, des dénonciations les plus injustes, des calomnies les plus indignes. Et, le pire de tous les malheurs, c'est elle, elle seule qui a divisé les royalistes. Ne croyez pas qu'elle tienne autrement aux amis de la royauté et du roi, car elle protége et adopte des hommes qui sont loin d'avoir jamais paru dans leurs rangs, s'ils veulent se donner à elle. Elle fait trembler les préfets, les sous-préfets, sous son influence secrète, quand ils ne sont pas ses adeptes; elle domine le ministère lui-même (1).

« D'où lui vient donc cette puissance qui lui fait donner ou ôter les emplois dans l'armée comme dans le civil ? Nous avons eu la corruption de ce système de bascule qui a failli perdre la monarchie, et que nous avons tous combattu. Si nous avions maintenant la corruption de l'hypocrisie, devenue un moyen d'avancement, le caractère de loyauté qui appartient à notre nation s'altèrerait, et, par suite, la religion serait compromise et la monarchie menacée. Qu'on ne dise pas que j'exagère : la lutte qui existe aujourd'hui entre le spirituel et le temporel ne saurait, en effet, se prolonger sans que,

---

1. Villèle et ses collègues faisaient partie de la Congrégation. Comme Charles X venait d'assister à la quatrième procession du jubilé vêtu de violet, ce qui est à la fois la couleur des évêques et celle du deuil royal, beaucoup de gens en France étaient persuadés qu'il avait pris secrètement les ordres, qu'on avait fait de lui un évêque et qu'il accomplissait par toutes ces cérémonies la pénitence que la Congrégation lui avait infligée en expiation de sa jeunesse impie et débauchée.

par une réaction inévitable, elle n'enfantât bientôt le presbytérianisme. Supposez les masses arrivées au moment de choisir entre les deux religions : quels dangers ne courraient pas alors le catholicisme et la monarchie !

« Que les exemples de l'histoire ne soient point perdus pour nous ni pour le ministère; qu'il brise résolument le joug de cette puissance occulte qui ne tarderait pas à le renverser lui-même; qu'il vienne la combattre à cette tribune et désavouer les projets qu'elle médite contre nos libertés politiques et religieuses ! »

A quelques jours de distance, le ministère répondit à cette espèce d'acte d'accusation par la voix de Frayssinous, évêque d'Hermopolis, ministre de l'instruction publique et des cultes. Il se vit contraint d'avouer successivement l'existence de la Congrégation et celle des Jésuites en France. Ceux-ci, d'ailleurs, se jugeant assez forts pour lever le masque, avaient exigé que le ministre les nommât publiquement et officiellement. Toutefois, il avait essayé de rassurer l'opinion en déclarant que pas un collége royal, pas un collége communal, pas une seule pension particulière, pas un seul séminaire de théologie n'était entre leurs mains et qu'ils n'avaient que sept petits séminaires où ils n'enseignaient que les sciences profanes. Mais le débat ayant été porté à la Chambre des pairs, Laîné prit la parole dans la séance du 5 juillet et fit observer « que ces établissements, où l'on enseignait la danse, l'escrime et l'équitation, renfermaient plus de pensionnaires, à eux seuls, que les 38 colléges royaux réunis, ceux de Paris exceptés, et qu'ils jouissaient d'avantages et d'immunnités refusés aux autres institutions. » Frayssinous dut convenir dans l'une et dans l'autre chambre que les Jésuites n'étaient, en somme, que tolérés, et qu'il faudrait une loi proposée par le Gouvernement et adoptée par les deux Chambres pour que leur existence fût régulière. A ce mot, Pasquier répliqua :

« Ainsi on peut tolérer l'existence d'une Société, d'une communauté d'hommes qui ne saurait se former sans le consentement du pouvoir législatif; les Jésuites peuvent exister de fait, bien que l'autorisation des deux Chambres soit indispensable à leur rétablissement; la tolérance remplace la loi, on tolère ce que la loi défend. Un tel état de choses est, au moins, fort extraordinaire, et le sanctionner, même par le silence, serait dangereux. L'époque à laquelle on nous soumet le budget rend tout débat impossible ; mais il ne faut pas que l'on puisse inférer de cette absence de discussion que la doctrine émise par le noble prélat, ministre des cultes, dût trouver le moindre

FIN DE LA RESTAURATION 145

assentiment parmi les membres de cette Chambre. Ce silence obligé est une des conséquences les plus douloureuses de la situation que nous fait la présentation si tardive de la loi des finances. »

C'était, en effet, à propos de la discussion du budget que les incidents relatifs à la Congrégation et aux Jésuites s'étaient produits. Lorsqu'on était arrivé, dans la Chambre des députés, à l'examen du budget de la guerre, le général Sébastiani avait dit à son tour :

« Dans l'infanterie, dans la cavalerie, plus de régularité dans les

Sébastiani.

avancements; les armes mêmes du génie et de l'artillerie sont livrées à tous les caprices de la volonté ministérielle. Depuis les plus hauts emplois jusqu'aux derniers, tout est livré à l'arbitraire. Plus d'égard pour les droits acquis, plus de respect pour le sang versé. L'officier est rayé du tableau sans jugement, et l'omnipotence ministérielle, non contente de s'exercer sur l'emploi, s'empare du grade et en dispose à son gré. Inquiète d'un avenir si incertain, l'armée est en outre tourmentée par la délation et par l'espionnage. Les aumôniers y exercent une influence turbulente et tracassière; le soldat, asservi à toutes les pratiques religieuses, à des cérémonies trop nombreuses pour ne pas lui devenir importunes, murmure des nouveaux devoirs qu'on lui prescrit, et ne voit pas, sans mécontentement, prostituer les récompenses qui lui sont dues aux vains dehors d'une fausse piété. Faut-il donc s'étonner si cet état de malaise amène des démissions nombreuses? »

On avait, en effet, employé tous les moyens, notamment à Strasbourg, pour induire les officiers et les soldats à faire leurs dévotions. Les exhortations n'ayant pas suffi, il vint un ordre qui obligea la garnison à faire son jubilé; chaque compagnie, conduite par ses officiers, dut aller faire les stations prescrités dans les églises qu'avait désignées l'évêque et assister à un sermon où on les engageait à fréquenter les sacrements.

La clôture de la session de 1826 eut lieu le 6 juillet en vertu d'une ordonnance royale. Dix jours après, Montlosier déposa au greffe de la Cour royale de Paris la *Dénonciation* qu'il avait annoncée dans le *Mémoire à consulter*. Le 18 août suivant, la Cour se déclara incompétente dans un arrêt ainsi libellé :

« La Cour, après avoir entendu les observations de plusieurs de Messieurs sur les faits contenus dans un écrit intitulé : *Dénonciation*, etc., signé par le comte de Montlosier, et adressé à tous et à chacun des membres de la cour :

« Après avoir également entendu M. le procureur général du roi dans ses conclusions;

« La matière mise en délibération;

« Considérant qu'il résulte de l'ensemble et des dispositions :

« 1° Des arrêts du parlement de Paris du 6 août 1762, 1er décembre 1764 et 9 mai 1767;

« 2° Des arrêts conformes des autres parlements du royaume;

« 3° De l'édit de Louis XV du mois de novembre 1764;

« 4° De l'édit de Louis XVI du mois de mai 1777;

« 5° De la loi du 18 août 1792;

« 6° Et du décret du 3 messidor an XII (22 juin 1804);

« Que l'état actuel de la législation s'oppose formellement au rétablissement de la Compagnie dite *de Jésus*, sous quelque dénomination qu'elle se présente;

« Que ces arrêts et édits sont fondés sur l'incompatibilité reconnue entre les principes professés par ladite Compagnie et l'indépendance de tout gouvernement, principes bien plus incompatibles encore avec la Charte constitutionnelle, qui fait aujourd'hui le droit public des Français.

« Mais, attendu qu'il résulte de cette même législation qu'il n'appartient qu'à la haute police du royaume de supprimer et de défenfendre les congrégations, associations et autres établissements de ce genre qui sont ou se seraient formés au mépris des arrêts, édits, lois et décrets ci-dessus énoncés ;

« En ce qui touche les autres faits contenus dans l'écrit du comte de Montlosier ;

« Attendu que, quelle que puisse être leur gravité, néanmoins les circonstances qui les accompagnent ne constituent, quant à présent, ni crime, ni délit, ni contravention dont la poursuite appartienne à la Cour ;

« La Cour se déclare incompétente » (1).

A la même époque, l'abbé de Lamennais, qui n'était pas encore converti au culte de la Révolution, publia un livre intitulé : *De la religion considérée dans ses rapports avec l'ordre politique et civil*. Il s'y montrait partisan des doctrines ultramontaines et opposé à la déclaration célèbre de 1682 où il est dit « que les souverains pontifes n'ont reçu d'autorité de Dieu que sur les choses spirituelles, et non point sur les temporelles ou civiles. » Lamennais soutenait au contraire la thèse de la suprématie pontificale même dans les affaires temporelles. Son ouvrage fut déféré aux tribunaux. L'accusé renouvela sa profession de foi à l'audience et fut seulement condamné à trente francs d'amende.

Le mandement de l'évêque de Nancy, dont nous avons cité plus haut un passage, ayant motivé une plainte qui fut déposée devant la Cour royale de cette ville, la Cour se reconnut compétente. Puis elle déclara que les passages dénoncés du mandement constituaient les crimes et délits prévus par les articles 201 et 204 du code pénal ; mais, attendu les hautes fonctions dont l'auteur de l'écrit était revêtu, et parce qu'il n'y avait pas d'urgence, selon elle, à poursuivre la répression de ces crimes et délits, la Cour se contenta de signaler cette circonstance au ministre de la justice, en lui envoyant une ex-

---

1 Montlosier, au début de la session de 1827, adressa sa *Dénonciation* à la Chambre des pairs. Une commission fut nommée pour examiner la question. Le rapport qui fut présenté par Portalis concluait à l'ordre du jour sur la plupart des demandes de Montlosier et au renvoi de la *Dénonciation* au président du conseil des ministres « pour la partie relative à l'établissement, en France, d'un ordre monastique non autorisé par le roi. » La discussion du rapport eut lieu le 18 et le 19 janvier et les conclusions en furent adoptées par 113 voix contre 73.

pédition de la délibération pour qu'il pût donner à cet égard tels ordres qu'il jugerait convenable.

Pour clore la série des procès où les intérêts religieux et les intérêts politiques se trouvaient confondus, nous devons signaler celui qui fut intenté à l'*Étoile*, par les héritiers de La Chalotais; ils demandaient réparation d'un article, outrageant pour la mémoire de l'ancien magistrat, qui avait paru dans les colonnes de ce journal.

Louis-Réné de Caradeuc de La Chalotais, né à Rennes en 1701, se montra l'un des plus ardents ennemis des Jésuites et les poursuivit devant le parlement de Bretagne où il était procureur-général. En 1761 il publia son *Compte-rendu des Constitutions des Jésuites* qui fut pour eux un coup terrible. Trois ans après l'ordre était supprimé. « Le duc d'Aiguillon, neveu de Richelieu, aimé du roi et appartenant au parti des Jésuites, était gouverneur de la Bretagne, et avait excité les haines les plus violentes contre lui par ses concussions et ses tyrannies. Le parlement de Rennes, d'accord avec les états de la province, en fit des plaintes énergiques à la cour; et La Chalotais, procureur-général, déclara que l'unique vœu de la Bretagne était d'être délivrée d'un gouverneur, lâche et exacteur... Par les intrigues secrètes des Jésuites et sur la dénonciation du gouverneur, ce magistrat, son fils et trois conseillers furent subitement arrêtés, traduits devant une commission royale, accusés d'une conspiration pour renverser la monarchie, et menacés d'une condamnation à mort (1765, nov.). Le parlement de Rennes donna sa démission; les états de Bretagne éclatèrent en plaintes menaçantes; le parlement de Paris fit d'énergiques remontrances; l'opinion publique se prononça vivement en faveur des accusés. Alors, et sur les instances de Choiseul, qui lui fit peur de la résistance des parlements, de l'attitude du public et des troubles de la Bretagne, le roi cassa toute la procédure et envoya en exil La Chalotais (1766, décembre). »

Interné à Saintes, La Chalotais ne put rentrer à Rennes et reprendre ses fonctions au parlement qu'au bout de dix ans, quand Louis XVI eut succédé à Louis XV. Il mourut dans cette ville en 1785.

L'*Étoile* fut défendue par l'avocat Hennequin. Le tribunal, « attendu que le législateur ne s'étant point occupé de concilier les droits sacrés de la famille avec ceux de la presse, du publiciste et de l'historien, n'a prononcé contre les actes soumis à son appréciation au-

---

[1] Th. Lavallée, *Histoire des Français*, t. II, pages 328-329.

cune sorte de peine, » renvoya l'éditeur des fins de la plainte et condamna la partie civile aux dépens, non sans avoir toutefois qualifié les torts du journal de « graves. »

## XVII

La situation devient menaçante pour le clergé. — Utilité et à-propos de l'humilité chrétienne. — Profession de foi rédigée en commun et adressée au roi par les cardinaux et les évêques de France. — La *Société des bonnes études*. — Réunions dans la crypte du Panthéon. — Paroles sacrées sur des airs profanes. — Publications catholiques. — *Vœux* des conseils généraux nommés par le roi. — Choix du gouverneur et du précepteur du duc de Bordeaux : le duc de Rivière et Tharin, évêque de Strasbourg. — Troubles à Brest à l'occasion de missionnaires.

Quelque confiance que le clergé eût dans sa force, il ne pouvait se dissimuler que la situation était extrêmement sérieuse et presque menaçante pour lui. Comprenant que l'humilité chrétienne est une vertu qui, pratiquée à propos, peut être fort utile, les cardinaux et les évêques de France crurent devoir rédiger en commun et adresser au roi une profession de foi dans laquelle ils déclarèrent qu'ils « désapprouvaient du fond de leur cœur les doctrines contraires à la complète indépendance du pouvoir royal » et avouèrent que « même dans le cas où un prince chrétien s'écarterait du respect qu'il doit à la religion, et tiendrait une conduite contraire aux lois de l'Eglise, ce prince, à leurs yeux, n'en continuerait pas moins à jouir de tous ses droits temporels, et ne saurait, dans aucun cas, en être dépouillé en tout ou en partie par l'autorité pontificale. » Ils achevaient en protestant de leur inaltérable fidélité au roi et de leur soumission complète aux lois de l'État. Tous les prélats français adhérèrent à cette profession de foi.

Si le clergé catholique, fidèle à ses traditions d'hypocrisie, courbait un instant la tête sous la violence de l'orage et feignait pour les lois du pays un amour qu'il était loin d'éprouver, il ne négligeait aucun moyen de compenser une pareille concession aux nécessités du moment, et d'étendre, tout en la fortifiant, l'influence de la Congrégation. C'est ainsi, par exemple, que la *Société des bonnes études* dirigeait l'esprit d'une partie de la jeunesse qui fréquentait les Écoles de droit ou de médecine, les logeait dans des maisons spéciales, les réunissait chaque soir au local d'un cercle où abondaient exclusivement les journaux cléricaux, et les obligeait à se rendre le dimanche dans la crypte du Panthéon devenu l'église de Sainte-Geneviève pour y écouter les sermons de missionnaires fanatiques et pour chanter à la lueur des cierges et au milieu des nuages parfumés de l'encens des cantiques dont les paroles vides de sons étaient adaptées aux airs des opéras les plus en vogue, comme le cantique *Chrétien diligent* sur un chœur de *Freychütz*. Ces malheureux jeunes gens, égarés de la sorte par une mise en scène ridicule et par des prédications où l'odieux le disputait au grotesque, en arrivaient à se comparer aux fidèles des premiers temps de l'Église persécutés par les Néron et les Dioclétien et forcés de se réfugier dans les catacombes.

La presse catholique concourait pour une forte part à l'abrutissement de la nation. Les imprimeries lyonnaises inondaient le pays, et particulièrement les campagnes de petits livres ineptes remplis d'historiettes saugrenues, de récits de miracles, de mensonges et de calomnies de toute sorte contre les hommes et les choses de la Révolution. De plus, on distribuait gratuitement et à profusion une feuille intitulée : *Instruction chrétienne et charitable à la jeunesse*. C'était une exhortation à léguer ses biens à l'Église, suivie de cette formule testamentaire : « Détaché des biens de ce monde, dont tout chrétien ne doit user que pour se préparer les voies du salut éternel, sain de corps et d'esprit, je déclare que je lègue.... etc. »

Enfin, le Gouvernement, livré tout entier, comme on l'a vu, à la Congrégation, se faisait de tout son pouvoir le complice de tous ces crimes de lèse-raison et de lèse-humanité. Le ministre nommait, sur l'indication des préfets, tous les membres des conseils généraux qui lui renvoyaient des *vœux* selon la commande.

En 1826, ils demandèrent les uns des restrictions considérables à la liberté de la presse, les autres, son abolition complète ; d'autres, la subordination du mariage civil au mariage religieux, la promulgation d'une loi qui permît au clergé de devenir propriétaire et favorisât l'établissement des congrégations religieuses d'hommes ; la révision de la législation sur la librairie ; la suppression de l'Université et l'abandon à des corporations religieuses de l'éducation des deux sexes ; l'attribution de l'instruction primaire aux Frères de la doctrine chrétienne (vulgairement dits *Frères ignorantins*) et de l'instruction secondaire aux Jésuites ; la diminution du nombre des cafés et des cabarets, l'augmentation de celui des églises et des couvents, etc., etc.

Le roi Charles X n'était pas moins docile que ses ministres aux inspirations de la Compagnie de Jésus. Son petit-fils, le duc de

Bordeaux, héritier de la couronne, accomplissait sa septième année le 29 septembre 1826 et devait, selon les traditions monarchiques, passer à ce moment des mains des femmes dans celles des hommes.

Dès le 8 janvier, le duc Mathieu de Montmorency, l'un des chefs laïques de la Congrégation, fut nommé son gouverneur. Mais il mourut avant le jour fixé pour son entrée en fonctions. Le roi lui substitua le duc de Rivière, que la Congrégation avait donné pour successeur à Mathieu de Montmorency, et choisit Tharin, évêque de Strasbourg, en qualité de précepteur de l'enfant. Le 15 octobre, à Saint-Cloud, ce dernier leur fut livré, et Charles X, à cette occasion, s'adressant aux deux nouveaux fonctionnaires, leur dit : « Duc de Rivière et monsieur l'évêque, je vous donne la plus grande preuve de confiance et d'estime en remettant à vos soins l'éducation de l'enfant de la Providence qui est aussi celui de la France ; je suis sûr que vous apporterez dans ces importantes fonctions un zèle et une prudence qui vous donneront des droits à ma reconnaissance, à celle de ma famille et de tous les Français. »

L'évêque Tharin avait tant de zèle qu'il en perdait toute prudence et toute mesure. Ses fureurs catholiques ont pu depuis être égalées : nous ne croyons pas qu'elles aient été surpassées. Cet énergumène avait récemment exhalé dans un mandement tout son venin et toute sa colère.

L'homme de Dieu y anathématisait d'abord : « ces écrivains infâmes et pervers, ces journaux pleins de fiel et d'imposture, philosophes du mensonge, artisans de troubles et de révolutions, hypocrites effrontés, sacrilèges, pleins d'emportement, de violence et de rage, qui parlent quelquefois avec respect de la religion, qui même en avouent la nécessité, mais chez lesquels on doit, à moins d'être stupide, reconnaître l'emploi des mêmes moyens que la Terreur, pour arriver au même but, c'est-à-dire à la chute des trônes et à la mort des rois, à l'extinction de la noblesse et à la mort des nobles, à l'abolition du sacerdoce et à la mort des prêtres. »

Un peu plus loin, on lisait une apologie déclamatoire des Jésuites :
« Avec quelle ridicule rage, s'écriait Tharin, ces écrivains et ces journaux ne calomnient-ils pas sans cesse cet ordre célèbre dont la ruine fut, en France, le premier coup porté à la religion et au trône, et qu'ils traduisent maintenant au tribunal de l'opinion publique comme une redoutable agrégation de séditieux et de régicides ! Comment peut-on être dupe d'une pareille imposture ? Ah ! si les membres de cet utile institut étaient tels que les ennemis de la religion les

dépeignent, loin d'exciter contre eux la haine du peuple, ne les vanteraient-ils pas comme les fidèles amis de la jeunesse et les plus fermes appuis des États ? Ne leur assigneraient-ils pas une place dans les éloges qu'ils ne rougissent pas de donner à la mémoire de ces hommes de sang dont la main fut assez barbare ou assez lâche pour signer l'arrêt de mort du roi martyr ? Les ennemis de la religion n'accusent les jésuites de vouloir tout envahir dans la société, de distribuer à leur gré les emplois et les honneurs, de menacer nos libertés et l'ordre social, que parce qu'ils craignent leur salutaire influence sur les principes et les mœurs de la jeunesse. Mais, plus ils diront de mal d'eux, et plus nous les croirons capables de faire un très-grand bien dans le royaume ; plus ils entasseront contre eux accusations sur accusations, calomnies sur calomnies, et plus nous serons persuadés que l'impiété les redoute ; que, loin de mériter la vengeance des lois, ils méritent la protection des rois, et que, s'ils sont journellement l'objet d'attaques si violentes, c'est parce qu'ils sont appelés par la Providence à rendre à la religion son ancien éclat, à replacer la monarchie sur des fondements solides, en élevant la génération naissante dans les principes conservateurs de l'ordre, dans l'amour de Dieu et des princes de la royale maison de Bourbon. »

Ce feu d'artifice clérical se terminait par une dernière fusée lancée contre « l'infernale main de ces hommes qui ne peuvent trouver la gloire et le bonheur que dans la guerre contre Dieu et contre les rois, que dans le trouble et le déchirement des nations, et dans la confusion même de l'enfer, où règne le prince du désordre et l'ange du malheur. »

La nomination d'un personnage de cette espèce au poste de précepteur du duc de Bordeaux était un véritable défi jeté à l'opinion publique. Toute la presse s'en émut et le *Journal des Débats* lui même fit allusion à

> .... cet esprit d'imprudence et d'erreur,
> De la chute des rois funeste avant-coureur.

Et comme pour justifier de telles appréhensions, des troubles graves éclataient dans ce moment même à Brest à l'occasion des exercices d'une troupe de missionnaires dont l'abbé Guyon était le chef. Le désordre ne cessa qu'après le départ de la mission qu'une escorte de dragons accompagna hors de la ville le 24 octobre.

Telles étaient les agitations qui remuaient alors profondément la France. Mais personne, à cette époque, ni à la tribune des Chambres

FIN DE LA RESTAURATION

législatives, ni dans la presse, ne portait le débat sur son vrai terrain qui est celui de la liberté absolue, illimitée, égale pour tous.

On s'indignait de l'audace et de l'astuce du clergé et de la Congrégation, de leurs envahissements et de leur insatiable ambition. C'était faire preuve de beaucoup de naïveté. Ces gens-là étaient dans leur rôle, et il eût été dans celui de leurs ennemis de poursuivre non pas la répression de la liberté d'autrui, mais l'égalisation et l'équilibre de toutes les libertés. Tout le monde songeait à prendre sa revanche

Don Pedro, roi de Portugal.

en cas de victoire ; nul ne pensait à établir le droit commun. La liberté absolue, par cela même qu'elle rend impossible et inutile le secret, est la garantie certaine et unique du triomphe de la vérité et de la défaite de l'erreur. Dans un livre où la discussion dogmatique ne doit point trouver place, nous n'avons pas à nous prononcer sur la valeur, la portée, le caractère que, dans notre pensée, nous attribuons à toute espèce de religion en nous élevant à la considération sereine et grandiose de la nature et en jugeant la question du point de vue de la science et de l'humanité. Qu'il nous suffise de dire que cette considération et ce point de vue nous amènent à condamner au moins et surtout les religions issues d'une source sémitique. Mais enfin ces doctrines et les cultes qui en découlent existent, et il est strictement équitable d'en respecter la pratique chez tous ceux qui y adhèrent encore et de n'imposer à leur liberté d'autre limite que celle de la liberté de tous et de chacun. L'oppression, qui est précisément le fait de la théologie et de la théocratie, ne peut être celui de l'esprit rationaliste et républicain.

C'est un symptôme consolant du progrès de la civilisation humaine dans notre Occident, et de la prédominance croissante de la raison sur le tempérament dans les sociétés modernes, que l'horreur de la guerre et l'emploi des moyens pacifiques, associés chez les esprits les plus révolutionnaires, aux idées les plus radicales et les plus énergiques de changement et d'amélioration. Du moment où une race d'hommes, par sa conformation particulière, a été amenée à concevoir l'idée d'une religion positive et en a répandu la contagion de proche en proche, l'intolérance, la persécution, la violence ont fait leur entrée dans le monde. Dès lors, et de tout temps, le poëte a pu déplorer tous les maux qu'a produits cette cause funeste.

Tantum relligio potuit suadere malorum !

Cependant, pour nous restreindre à l'Europe et à l'histoire des derniers siècles, la Renaissance et la Réforme marquèrent simultanément le réveil de la raison et de la conscience humaines. L'esprit religieux perdit du terrain sans perdre de ses prétentions. Quatre-vingt-neuf porta au cléricalisme un coup terrible et lui fit une blessure incurable. A partir de cette époque, la persécution religieuse, si elle ne disparut pas complétement des mœurs et du caractère de certaines personnes, disparut du moins des lois, en France et dans plusieurs autres pays, et, après les quelques moments de la tourmente révolutionnaire, le mouvement rationaliste prit une voie toute pacifique d'où il n'est guère à craindre de le voir sortir désormais. Une seule chose profondément regrettable a reparu dans la loi, après en avoir été enlevée pour trop peu de temps, mais sera effacée définitivement à la prochaine étape du progrès social : c'est le salaire accordé par l'Etat aux différents cultes qu'il reconnaît arbitrairement. En attendant l'établissement du régime de la liberté absolue, des groupes plus ou moins nombreux se forment et se liguent pour affirmer par l'abstention le droit de la liberté. Mettant leurs actes en harmonie avec leurs paroles et leurs opinions, les libres-penseurs, de plus en plus, s'habituent à naître, à vivre et à mourir sans le congé des ministres d'aucun culte, et habituent ainsi les autres à les voir s'abstenir. Quand les divers clergés, privés du budget officiel que leur paient malgré eux les libres-penseurs, en seront réduits aux offrandes volontaires de leurs fidèles respectifs, on verra combien de temps se maintiendra le zèle des tendres ouailles. Quelle que soit la durée de cette phase nouvelle, il est bien certain qu'elle présentera l'accomplissement d'une révolution profonde, radicale et salutaire qui ne coûtera pas une goutte de sang.

Chaque religion compte au nombre de ses adhérents trois espèces bien distinctes d'individus : les simples, crédules et honnêtes; les habiles, incrédules et fripons; les intelligents, qui flottent incertains et ne demandent qu'à être touchés de la lumière pure et fortifiante de la science. Le devoir de ceux qui, en dehors de toute église et de tout dogme, parcourent les espaces élevés et incommensurables de la libre-pensée est de plaindre et de respecter les premiers, de démasquer les seconds et d'éclairer les derniers. La liberté absolue, complète, sans limites, peut seule, nous le répétons, amener de pareils résultats. Or la liberté, encore une fois, doit être égale pour tous et ne saurait comporter de priviléges. C'est donc sur cette base, juste et inébranlable, qu'il convient d'asseoir l'édifice de l'avenir. Plus de religion de la majorité, plus de cultes reconnus : tous les cultes sont libres sous la surveillance de l'Etat, qui n'en salarie aucun. C'est à la foi de se nourrir elle-même; et, si elle meurt d'inanition, elle ne pourra s'en prendre qu'à elle. Aujourd'hui, les différents cultes reconnus sont salariés par l'Etat; mais cela ne les empêche pas de tarifer les moindres offices et de lever sur la cassette particulière des fidèles un budget supplémentaire; ils prennent donc des deux mains. Il s'agit de les réduire à ne prendre que d'une seule, de les sevrer du budget gouvernemental, et de ne pas employer à les solder, contre toute justice, l'argent des contribuables dont l'intelligence est affranchie de toute espèce de religiosité. Quant aux indigents, comme l'essence de tout culte est ou doit être la charité, il est bien évident que l'aumône des sacrements et des cérémonies leur sera faite; les prêtres se rattraperont sur les riches dévots. Les choses se passent déjà ainsi, ou peu s'en faut. D'un autre côté, si le budget des cultes est supprimé, les charges des citoyens seront allégées d'autant et ils auront la libre disposition d'une plus grande somme de leurs deniers. S'ils veulent payer directement à leur religion l'impôt qu'ils lui payaient indirectement, rien ne les en empêchera. Mais en même temps qu'on retranchera les priviléges des diverses églises et qu'on mettra par là un frein à leur influence pernicieuse, on multipliera les écoles, on développera l'instruction, et on élèvera ainsi le niveau de l'intelligence et de la moralité publiques.

Les prêtres et les dévots crieront à la persécution? Cela est fort probable. Mais ce qu'ils diront fera-t-il que la chose soit en effet? le bon sens public ne s'y trompera nullement. Sans doute, ils n'échapperont plus à l'obligation du service militaire tant que la nécessité de ce service subsistera; sans doute ils ne recevront plus de salaire de l'Etat; sans doute les lettres d'obédience seront supprimées; tous les priviléges disparaîtront, le droit commun sera établi pour tous et pour toutes; le mariage, qu'aucune loi laïque n'interdit aux prêtres, sera célébré pour ceux qui le demanderont par les officiers de l'état civil. Sans doute on verra partout s'élever chaire contre chaire, et il sera loisible à tout le monde de prêcher et d'écrire en toute liberté et au grand jour contre ou pour le Yesouah des israélites, le Yesouah des chrétiens, l'Allah des musulmans, contre ou pour toutes les idoles passées, présentes ou futures de l'humanité. Mais le prêtre de n'importe quelle religion ne sera pas plus persécuté que le premier citoyen venu, dont il aura tous les droits et tous les devoirs. Si, dans ce régime de liberté et d'égalité, le nombre de ceux qui embrasseront la carrière ecclésiastique diminue de jour en jour, il sera démontré que l'appât des priviléges était pour beaucoup, sinon pour tout dans la plupart des vocations. Si avec le temps, la quantité des fidèles, et par conséquent celle des prêtres et des églises deviennent plus petites, il sera démontré que la foi, unique soutien de ces institutions, s'en va ou se transforme. Qui pourra s'en plaindre? Ces changements et ces transformations sont la loi même de l'humanité, de la nature tout entière. On s'efforcerait en vain de les opérer violemment, et ce serait un crime de chercher à le faire; mais c'en est un bien plus grand de s'insurger contre le développement régulier de l'esprit humain et contre la puissance inéluctable de la liberté; l'on doit, au contraire, s'incliner avec respect devant la marche du progrès, et recevoir avec joie les manifestations de la justice et de la vérité.

Les lutteurs de 1826 n'envisageaient point la question religieuse avec la netteté et la sérénité que donnent à ceux de notre temps quarante-six ans d'études et de méditations, de combats et d'expérience. On n'en doit pas moins leur savoir gré d'avoir apporté leur pierre à l'édifice de la libre-pensée et reconnaître que leur travail a été l'un des échelons qui ont aidé leurs successeurs à s'élever de plus en plus vers l'accomplissement de l'œuvre collective.

## XVIII

Affaires de Portugal. — Second ministère de Georges Canning en Angleterre, 1822-1827. — Indépendance du Brésil. — Don Miguel. — Voyage de Canning à Paris, 1826. — Invasion du Portugal par les émigrés portugais et des régiments à la solde de l'Espagne. — Le Portugal réclame l'intervention anglaise. — Message royal au parlement anglais. — Discours de G. Canning. — Paroles de Robert Wilson. — Réplique de G. Canning. — Honteuse et coupable politique du Gouvernement de la Restauration.

Tandis qu'à l'intérieur le gouvernement de la Restauration bourbonnienne était, conformément à la formule, *sicut baculus, perinde ac cadaver,* comme un bâton, comme un cadavre entre les mains des Jésuites, et obtenait de la nation tout le mépris et toute la haine qu'il méritait si bien, il descendait de plus en plus bas dans l'estime et dans le respect des gouvernements étrangers. Le triste rôle qu'il joua dans les événements de Portugal aurait pu convaincre un roi moins borné et des ministres moins serviles de l'abaissement auquel grâce à eux la France était réduite.

Sous l'influence d'un homme d'État de premier ordre, George Canning, qui était rentré au ministère en 1822, l'Angleterre tendait à reprendre en Europe l'hégémonie qu'elle avait abandonnée au duumvirat austro-russe, inspirateur et directeur de la Sainte-Alliance. Canning n'avait pas toujours été l'homme relativement libéral qu'il se montra dans la dernière partie de sa vie. Il était entré à l'âge de vingt-trois ans, en 1793, à la Chambre des Communes, y avait suivi le parti de Pitt, et était devenu sous-secrétaire d'État en 1796. Ministre des Affaires Etrangères en 1807, il chargea sa conscience du criminel bombardement de Copenhague. Mais, éclairé sans doute par l'expérience et adoptant une politique plus en harmonie avec la justice, il s'unit de 1822 à 1827 avec les Whigs et prépara l'affranchissement de la Grèce que, dès 1788, il célébrait dans des poésies de jeune homme (1).

(1) Il avait alors dix-huit ans, étant né en 1770. Voir *l'Esclavage de la Grèce*, pièce de vers traduite en français dans l'*Histoire du ministère de G. Canning*, par l'auteur du *précis historique des événements qui ont amené la révolution espagnole*, Paris, 1828, 2 vol. in-8, — t. 1, page 388, pièces justificatives.

Le second ministère de Canning coïncida avec le congrès de Vérone. L'auteur d'un livre publié en 1823 et que nous avons plusieurs fois cité, les *Cabinets et les Peuples*, caractérise ainsi la situation respective de l'Angleterre et des autres grandes puissances à cette époque.

« .... Le congrès de Vérone offre une nouveauté. A Troppau et à Laybach, où l'Angleterre s'était effacée, la Prusse avait siégé nominalement à côté de l'Autriche et de la Russie. Depuis le changement de son ministère, l'Angleterre a fait entrevoir une volonté; elle a repris sa place. Une grande puissance n'est jamais déshéritée de ses droits que par elle-même. Avec un ministère plus habile, la France pourrait demain se réhabiliter, comme l'a fait l'Angleterre. Celle-ci a fait brèche à la Sainte-Alliance : il y a dislocation du triumvirat fondateur. Quoique, jusqu'à présent, l'Angleterre n'eût pas accédé à l'alliance du 26 septembre 1815, lord Londonderry en était censé membre correspondant. L'Angleterre était comme emmaillottée dans des langes où elle n'avait pas de mouvement à elle. Le nouveau ministère l'en a délivrée. Elle va se mouvoir par elle-même. Peut-être l'Europe n'y trouverait-elle pas un avantage immédiat, mais il est toujours bon que chaque État marche directement et avec franchise vers ce qu'il croit être son véritable intérêt. Ainsi sont en première ligne à Vérone trois cabinets, ceux de Londres, de Pétersbourg et de Vienne; en sous-ordre, ceux de Paris et de Berlin; Paris par la faute des hommes, Berlin par la faute des choses (1). »

On sait, et nous avons dit, que l'expédition française en Espagne fut l'exécution d'un ordre émané du congrès de Vérone, mais s'il en fut ainsi, cela ne put avoir lieu qu'en dehors de l'influence anglaise et contrairement à la politique du nouveau ministère.

« Avant le changement de ministère qu'a suivi un changement de politique, l'interprète ordinaire des pensées du cabinet de Londres faisant entendre que le maintien du cordon sanitaire formé par la France aux Pyrénées, ensuite la transformation de ce cordon sanitaire en une armée d'observation, et la tolérance, pour ne pas dire la connivence de l'autorité française à l'égard de ce qui favorisait les factieux armés contre le Gouvernement constitutionnel, pouvaient bien être non pas un acte privé de la France, mais le résultat d'un plan général tendant à employer la force des âmes pour contraindre la nation espagnole à modifier sa constitution. Cette solidarité que

---

[1] Pages 370-371.

semblait nous offrir le gouvernement anglais ayant été depuis retirée par l'adoption d'une politique différente, le gouvernement français n'a-t-il pas dû s'apercevoir qu'il donnait dans une embuscade en poursuivant seul un système d'hostilité dont se détachait l'Angleterre, et que ne soutiendraient pas les autres cabinets ? Qu'est-il arrivé ? De deux gouvernements qui paraissaient agir de concert, l'un est aux yeux de la nation espagnole un ancien bienfaiteur ; l'autre, un ennemi opiniâtre et acharné. En regardant le ministère français comme l'avant-garde de la Sainte-Alliance, peut-être lui faisait-on trop d'honneur ; il n'en était que l'enfant perdu (1). »

Au commencement de l'année 1826, Canning prévoyant la possibilité d'une guerre entre le Brésil et les Républiques de l'Amérique du Sud et redoutant les difficultés de la position qui serait faite dans ce cas à l'Angleterre, alliée du Portugal, avait réussi à faire reconnaître par Jean VI, à la fois roi de Portugal et empereur du Brésil, l'indépendance de ce dernier État que reconnurent bientôt à leur tour les diverses puissances européennes. Le 10 mars Jean VI mourut, son fils aîné don Pedro se trouvait à Rio-Janeiro où il exerçait la souveraineté au nom de l'empereur. Son second fils, don Miguel, qui s'était révolté trois fois contre lui, vivait exilé en Autriche. Sa troisième fille doña Isabelle-Marie avait été instituée régente à Lisbonne. Le 6 avril suivant, don Pedro confirma sa sœur dans ces fonctions, et, le 29 du même mois, donna au Portugal une charte constitutionnelle. En vertu de l'article 5 de cette charte don Pedro renonçait formellement à la couronne portugaise qu'il abdiquait en faveur de sa fille doña Maria da Gloria. Cette jeune fille devait épouser son oncle don Miguel et rester au Brésil jusqu'à la conclusion du mariage et à la célébration des fiançailles. Elle ne devait non plus quitter son père avant que tous les ordres de l'État n'eussent prêté serment d'obéissance à la constitution.

Don Miguel qui, au Brésil, dès son enfance, avait manifesté les instincts les plus mauvais et qui était revenu au Portugal à l'âge de dix-neuf ans, en 1821, ne sachant ni lire ni écrire, mais en revanche, très-fort à l'escrime, don Miguel que la soif du pouvoir avait poussé à des révoltes parricides était entre les mains de l'Autriche un instrument d'absolutisme clérical et monarchique dont Metternich tenait la menace suspendue sur la tête des Portugais. Ce fut de ce côté que vinrent toutes les complications.

---

1 Ibid., pages 389-390.

« La constitution donnée, en avril 1826 au Portugal par don Pedro IV, son *légitime* souverain, était devenue, à cette époque, le sujet d'une mésintelligence assez sérieuse, entre le cabinet britannique et la cour de Vienne, ennemie constante et implacable de tout ce qui sort de la sphère d'ignorance et de servitude où elle retient ses états héréditaires. Unie aux hommes qui gouvernaient la France par une haine commune pour les institutions constitutionnelles, cette cour secondait de tous ses moyens, en Portugal, les mêmes troubles que la France faisait naître et soudoyait en Espagne, tandis que, cédant à des craintes d'une autre nature et jouant un jeu quadruple avec l'Angleterre, l'Autriche, l'Espagne et le Portugal, la cour des Tuileries reconnaissait à la première le droit de protéger le gouvernement constitutionnel de Portugal, et se mettait d'accord avec l'Autriche et l'Espagne, dans toutes les intrigues ourdies à Paris, à Vienne, à Madrid et à Lisbonne, pour renverser ce gouvernement, à l'instant même où, montrant une apparence de franchise au cabinet britannique, cette cour paraissait se borner à exiger qu'il ne serait fait ou toléré par lui aucun effort, de la part du Portugal, pour accélérer par des moyens *actifs*, la chute du système qui régissait actuellement l'Espagne. Il n'est pas sans vraisemblance que, trouvant dans l'engagement conditionnel pris par la France, l'assurance que la liberté du Portugal ne serait point inquiétée, puisque ces deux pays resteraient abandonnés à eux-mêmes et qu'aucun autre État n'interviendrait dans leur position relative, Canning ajouta peut-être trop de foi aux promesses fallacieuses du chef du ministère français, et que seulement quelques mois après, et lorsque certaines correspondances entre l'Espagne et le Portugal, eussent été saisies et mises sous ses yeux, il fut pleinement désabusé. Toutefois les intérêts du moment, (car l'Angleterre avait encore alors grand besoin de la France) et peut-être un sentiment d'amour-propre assez naturel, ne lui permettaient pas d'avouer cette erreur. Les choses marchèrent donc assez longtemps de la même allure, avant que l'occasion se présentât de témoigner, à propos d'un seul fait, un ressentiment profondément gravé dans son cœur, et qui se reportait sur vingt autres. Plus une nécessité politique contraignait encore Canning à jeter un voile sur les trames les plus évidemment dirigées contre l'ordre constitutionnel portugais, dont l'Angleterre s'était déclarée la protectrice et le garant, plus il s'indignait de cette circonspection timide qu'il regardait comme avilissante pour la Grande-Bretagne, comme coupable envers les peuples dont elle retardait l'émancipation constitutionnelle; honteuse pour lui-même qui l'avait promise (1). »

Au mois de septembre, le ministre anglais, réalisant un projet qu'il avait formé depuis longtemps, fit un voyage à Paris où il prolongea son séjour jusqu'au 25 octobre. Il eut pendant tout ce temps, deux fois par semaine, des conférences avec Villèle au sujet des affaires de Grèce, d'Amérique, d'Espagne et de Portugal. « Il ne paraît pas que, dans ces conférences, auxquelles n'assistaient point de tiers, le ministre britannique ait toujours été satisfait de la profondeur des vues politiques, des sentiments généreux, des talents, et surtout de la loyauté du ministre français; il paraît même qu'il sortit plusieurs fois assez mécontent de ces entrevues; mais comme, dans ces circonstances, toute rupture immédiate avec le cabinet des Tuileries eût été préjudiciable à l'Angleterre, il convenait à Canning de retenir l'expression de son mécontentement, jusqu'à ce que de nouveaux événements missent le gouvernement britannique en mesure de changer de langage, d'avouer ses véritables sentiments, et de rendre aux hommes et à la politique du cabinet français la place qui leur est assignée depuis longtemps dans l'estime des gens de bien et des véritables hommes d'État, et que l'histoire contemporaine a déjà confirmée. C'est ce qu'il a fait plus tard avec une chaleur d'indignation qui suffirait toute seule, pour expliquer la contrainte qu'il s'était imposée jusque-là (2). »

Il n'y avait pas un mois que Canning avait quitté Paris lorsque les provinces du Portugal attenantes à l'Espagne furent envahies par les émigrés portugais à qui s'étaient joints quelques régiments espagnols. « La complicité du gouvernement de Ferdinand, instrument du parti apostolique d'Espagne et de France, était matériellement démontrée; quatre camps avaient été organisés pour y rassembler des déserteurs rebelles envoyés dans ce dessein en Espagne par les conspirateurs de Madrid et de Lisbonne. Ces camps étaient placés à Lugo (Galice), à Toro, à Badajoz (Estramadure), et à Caja (Andalousie). Formés en trois colonnes, enrégimentés, vêtus, nourris, armés par l'Espagne, ayant à leur tête les mêmes chefs qui, le 30 avril 1824, avaient privé Jean VI de sa liberté n'ayant pu lui ôter la vie, les rebelles étaient entrés au nombre de quatre mille dans la province de Tras-os-Montes et d'Alentejo, proclamant partout l'infant don Miguel roi, et mettant à mort quiconque était connu par son attachement à la cause constitutionnelle (3). » Ces événements

---

¹ *Histoire du ministère de G. Canning*, t. II, pages 44-49.
² Ibid., pages 48-49.
³ *Ibid.*, page 75.

s'accomplissaient du 19 au 24 novembre. Le 3 décembre, Palmella, ambassadeur de Portugal en Angleterre, remit à Canning une note dans laquelle il réclamait l'intervention anglaise. Le 8, la régente doña Isabelle-Marie adressa la même demande au roi George par la voie d'une dépêche qu'apporta à Londres un courrier extraordinaire. Le 9 et le 10 le conseil des ministres délibéra. Le 11, un message royal fut lu aux deux Chambres. Il était ainsi conçu :

« George, roi. — S. M. informe la Chambre des lords et celle des communes que S. M. a reçu un message pressant de la princesse régente du Portugal, qui réclame, au nom des anciennes obligations d'alliance et d'amitié qui subsistent entre S. M. et la couronne du Portugal, l'assistance de S. M. contre une agression hostile de la part de l'Espagne.

« S. M. a fait, depuis quelque temps, tous ses efforts, conjointement avec son allié le roi de France, pour prévenir une telle agression, et la cour de Madrid a donné des assurances répétées de la détermination de S. M. catholique de ne commettre ni de laisser commettre aucune agression contre le Portugal, venant du territoire espagnol.

« Mais S. M. a appris avec un profond regret que, malgré ces assurances, des incursions hostiles sur le territoire du Portugal ont été concertées en Espagne, et exécutées sous les yeux des autorités espagnoles, par des régiments portugais qui avaient déserté en Espagne, régiments que le gouvernement espagnol s'était solennellement, et à plusieurs reprises, engagé à désarmer et à disperser.

« S. M. n'épargne aucun effort pour faire sentir au gouvernement espagnol les dangereuses conséquences de cette connivence ouverte.

« S. M. fait cette communication aux Chambres, dans la pleine et entière confiance qu'elles concourront cordialement, et lui donneront leur appui, pour maintenir la foi des traités, et pour garantir des hostilités étrangères la sûreté et l'indépendance du royaume du Portugal, le plus ancien allié de la Grande-Bretagne. »

A la séance du lendemain 12, Canning prononça dans la Chambre des communes un long et magnifique discours où le tableau de la situation était tracé de main de maître.

« Je puis assurer la Chambre, dit-il, qu'il n'y a pas une classe quelconque d'hommes plus convaincus que les ministres de S. M., et personne plus que celui qui s'adresse à la Chambre en ce moment, de l'importance vitale de la paix pour ce pays et pour l'Europe.

« Je déclare que ce sentiment fait sur moi une impression profonde; qu'il n'y a pas de considération d'avantages futurs, qu'il n'y a pas de perspective de danger éloigné qui pût me porter à demander à la Chambre d'entrer dans une guerre; mais je sens ce qu'ont senti les meilleurs hommes d'état de ce pays : c'est qu'il y a deux positions différentes dans lesquelles on ne peut agir autrement que nous le faisons aujourd'hui; c'est quand l'honneur national et la foi publique sont compromis. La question maintenant agitée devant la Chambre touche à l'un et à l'autre de ces intérêts; autrement je n'attendrais pas avec tant de confiance la réponse de la Chambre au message du Gouvernement. Afin qu'on comprenne clairement sous quel point de vue il faut que le parlement envisage l'affaire qui a donné lieu au message, j'exposerai brièvement qu'elle est à la fois une question de droit et une question de fait. »

Après avoir rappelé avec quelques détails l'histoire de l'antique alliance du Portugal et de la Grande-Bretagne, Canning vint aux évènements du jour :

« .... Au moment où le Portugal, prévoyant l'orage qui se préparait, appela le gouvernement anglais à le secourir, nous n'avons pas hésité à reconnaître notre obligation de le faire, si le *casus fœderis* arrivait. Ainsi, quel que soit le délai que l'on mit à répondre, le retard ne provient d'aucun doute de la nécessité où nous étions de secourir le Portugal, mais d'une ignorance de fait, si le cas propre était ou non arrivé.

« Dans cette partie de mon rapport, j'ai répondu, je crois, incidemment à une objection qui a été faite relativement à la conduite du Gouvernement de S. M., comme si aucun délai extraordinaire n'avait eu lieu.

« Le fait est que le 3 décembre seulement je reçus de l'ambassadeur portugais la demande directe de secours de la part de son Gouvernement. La réponse donnée alors fut que, quoique des bruits nous fussent parvenus par la France et par d'autres parties du continent, sur les évènements qui ont eu lieu en Portugal, cependant nous n'avions pas ces renseignements exacts, cette notion précise des faits nécessaire pour faire une communication au parlement.

« Ce fut seulement vendredi dernier que cette information authentique arriva. Le samedi, la décision du Gouvernement fut prise; le dimanche, cette décision reçut la sanction de S. M.; le lundi, elle fut communiquée par un message au parlement; et, à l'heure que j'ai l'honneur de parler à cette Chambre, les troupes sont en marche pour le territoire portugais. Je crois, d'après cela, qu'on ne peut imputer aucun délai répréhensible au Gouvernement.

« Mais de l'autre côté, quand cette réclamation si claire, si obligatoire, si grave à cause de ses conséquences possibles, nous parvint, sans aucun doute, il était du devoir du Gouvernement de S. M. de ne rien donner aux on dit; ainsi, tandis qu'on admettait la force entière de l'obligation de secourir, il fallait en même temps attendre que le moment d'agir fût arrivé. Permettez-moi d'ajouter que, dans ce pays-ci, nous luttons contre beaucoup de désavantages à l'égard de ce qui se passe à l'extrémité du royaume portugais. Nous recevons nos nouvelles par la voie de Madrid où les événements sont dénaturés pour favoriser quelque acte de politique partielle, ou bien nous en sommes redevables à la presse de France et tout gentleman qui connaît ses productions, doit savoir qu'elles sont défigurées, en divers sens, dans la vue de cacher la vérité entière; et, quoique leurs rapports puissent avoir une base de vérité, cependant aucun homme raisonnable ne se hasarderait à croire explicitement au rapport des journaux de France (1).

« Nous fûmes donc dans la nécessité d'attendre des informations authentiques, pour être en position de nous présenter devant le parlement avec des documents de confiance.

« Quand les Portugais ont réclamé autrefois des secours de ce pays, le pouvoir régulier et constitutionnel de la monarchie était déposé dans le cœur du souverain : l'expression de sa volonté était une garantie suffisante; mais dès que la constitution a été modifiée, il était du devoir du ministère anglais de s'informer si la demande de secours venait des autorités légales et compétentes. Avant de souffrir qu'un soldat anglais mît le pied sur le territoire portugais, j'ai dû me convaincre que la demande faite par le pouvoir exécutif a été sanctionnée par les autorités constitutionnelles; ce n'est que ce matin que j'ai reçu communication de la sanction des Chambres portugaises. Les ministres, en prenant plus tôt des mesures, auraient agi avec précipitation; ils ont montré toute disposition à secourir le Portugal; mais ils ont pris les précautions convenables, afin de ne point compromettre ce pays, en l'engageant dans des mesures inutiles, ou en exposant ses troupes à être mal reçues à Lisbonne.....

« Le jour après l'arrivée des nouvelles de l'entrée des rebelles

---

¹ Ce qui était vrai au temps de la Restauration bourbonnienne l'était redevenu, pour la honte de notre malheureux pays, sous la Restauration napoléonienne. Et c'est ainsi qu'à toute époque le despotisme, quelle que soit sa livrée, a rendu la France un objet de mépris et de risée pour les autres nations.

dans le Portugal, le ministère a demandé que les Chambres accordassent au pouvoir exécutif une extension de pouvoirs et la permission de demander des secours étrangers. Les Chambres ont accordé ces demandes par acclamation. Tout le monde a montré la plus grande ardeur dans cette occasion. Dans la Chambre des pairs, on s'est levé en corps, et on a déclaré qu'on était prêt à marcher en personne, pour repousser l'invasion. Le duc de Cadaval, président de la Chambre, a été le premier à faire cette déclaration, et le ministre qui m'a rendu compte de ce qui s'est passé dans cette occasion, m'a dit que ce spectacle était digne des plus beaux jours du Portugal.

« Ainsi donc, la sanction constitutionnelle étant accordée à la demande des troupes auxiliaires, il faut examiner maintenant si le *casus fœderis* a eu lieu.

« Il est constant que des bandes de Portugais armés et pourvus de tout ce qui est à l'usage de la guerre, ont passé la frontière. La demande de secours a été occasionnée par l'attaque dirigée sur Villa-Viciosa. L'attaque faite sur la province de Tras-os-Montes, n'a été connue officiellement que ce matin. Ce dernier fait appuie singulièrement les mesures que les ministres proposent. Si quelques bandes armées avaient dépassé la frontière sur un seul point, on aurait pu dire avec quelque vérité que cela se faisait malgré l'Espagne; mais quand on voit qu'une attaque générale et concertée se dirige contre le Portugal, sur toute la ligne de sa frontière, on ne peut plus douter que cette agression ne soit l'acte de l'Espagne. On ne fait que chicaner en disant que l'Espagne n'a pas agi hostilement contre le Portugal, parce qu'il n'y a pas d'Espagnols parmi les troupes de l'invasion.

« Nous ne désirons pas nous mêler des affaires intérieures du Portugal, ni intervenir entre deux partis; mais, dans l'occasion, ce serait sanctionner une morale bien relâchée que d'éluder l'obligation de secourir notre allié, en prétextant que des Portugais seuls l'attaquent, permettant ainsi que ces réfugiés renoncent à leur patrie pour aider les vues d'une autre nation, et qu'ils reprennent ensuite leurs droits de citoyens, quand cela conviendra à leurs projets..........

« La France a fait à l'Espagne des représentations non moins fortes que celles faites par l'Angleterre, et l'ambassadeur de France a déclaré que l'Espagne ne pouvait pas compter sur l'appui de la France, si elle agissait contre le Portugal (1).

[1] On peut juger, par cette déclaration, si évidemment contraire aux sentiments

« Il n'existe donc pas de raison pour supposer que la France n'a pas été sincère dans ses efforts pour contraindre l'Espagne à remplir ses engagements, et la justice exige que je déclare que la France a fait tout ce qu'il lui a été possible de faire, afin d'empêcher cette agression contre le Portugal. En dernier résultat, tout en voulant éviter la guerre, je ne la redoute pas à cause de l'Angleterre, mais à cause des conséquences terribles qu'elle pourrait avoir pour l'Europe. Au reste, quand je pense au pouvoir immense de ce pays, et à l'influence qu'il exerce sur le monde, il me suffit de jeter les yeux sur l'état de l'Europe, pour voir, qu'accablés par les rigueurs de leurs gouvernements, les mécontents de toutes les nations sont prêts à se ranger du côté de l'Angleterre. Je souffrirai beaucoup, et je souffrirai longtemps, je souffrirai même tout ce qui ne toucherait pas à notre honneur national et à notre foi nationale, plutôt que de donner commencement à cette guerre qui pourrait avoir les plus épouvantables résultats.

« L'Angleterre doit observer la neutralité, non-seulement entre les hommes mais aussi entre les opinions.

« Nous allons en Portugal, non pas pour y dominer, non pour y dicter des lois ; nous n'y allons que pour y planter la bannière de l'Angleterre, afin qu'aucune puissance étrangère ne puisse y établir sa domination. »

Robert Wilson prit alors la parole pour élever quelques objections contre les déclarations de Canning, et s'exprima ainsi :

« Lorsque S. M. en ouvrant le parlement, nous dit qu'elle recevait des assurances d'amitié de tous les princes du continent, je ne pus m'abstenir de songer qu'il y avait un cabinet dont le caractère perfide devait inspirer peu de confiance. Les évènements du Portugal n'ont que trop justifié mes appréhensions. J'avais une autre crainte, c'était que notre gouvernement attendît, pour se décider, que les émigrés portugais et une armée espagnole fussent aux portes de Lisbonne. Le très-honorable secrétaire d'état des affaires étrangères n'a que faiblement développé, selon moi, nos motifs de plaintes contre l'Espagne. N'est-ce donc pas elle qui a évidemment armé et équipé les réfugiés portugais ?.... Quant à la France elle peut être sincère dans ses déclarations ; mais tant quelle occupera le territoire espagnol, nous ne pouvons nous défendre des plus justes alarmes ; je

connus et à la conduite de cet ambassadeur (le marquis de Moustier, créature de M. de Villèle) quel rôle on faisait jouer à la France dans cette affaire. (Note de l'auteur de l'*Histoire du ministère de G. Canning*, t. II, page 94.)

fais donc des vœux ardents pour l'évacuation. C'est alors que nous saurons ce que veut réellement la nation espagnole. Je souhaite au reste, que l'expression de ma pensée, à l'égard de la retraite des troupes françaises, ne soit pas interprétée comme un désir de provoquer la mésintelligence : si nos ministres peuvent éviter au peuple anglais le fardeau de la guerre, qu'ils le fassent ; mais s'il faut prendre les armes, la cause sera belle, puisque nous avons pour nous Dieu et la justice. »

Après que la Chambre des communes eut accueilli ces dernières paroles par les plus vifs applaudissements et que plusieurs membres eurent pris la parole, Canning répondit à divers orateurs :

« J'admets volontiers, dit-il, que j'ai évité de donner à l'affaire toute l'importance qu'elle mérite, je l'ai fait à dessein ; je l'ai fait, en avertissant la Chambre, afin qu'elle ne prît en considération la conduite de l'Espagne, qu'en ce qui suffirait pour établir un *casus fœderis*, mais non pas pour rendre la guerre inévitable, conséquence qui aurait lieu si ce rapport complet avait été soumis à la Chambre.

« L'honorable gentleman qui vient de parler, voudrait faire les deux choses qui rendraient la guerre inévitable ; il ne voudrait pas qu'on cherchât à détourner ou à dissuader l'Espagne de mesures qui rendraient la guerre éventuellement non moins inévitable, quoique moins propre à produire des effets salutaires qu'à présent. Il voudrait dire à l'Espagne : « Vous n'avez pas fait assez : peu nous importe
« que vous souffriez, que les réfugiés portugais parcourent vos fron-
« tières, se réunissent en corps de conspirateurs, eux que vous avez
« d'abord mis en guerre les uns contre les autres, et à qui vous avez
« ensuite permis de se rassembler et de s'armer de poignards espa-
« gnols, pour les plonger plus tard dans le sein de leurs compa-
« triotes. Nous n'attachons aucune importance à ce que vous faites.
« Tout cela, dit l'honorable gentleman, n'est pas un motif pour
« rendre nécessaire une intervention de notre part, et nous ne bou-
« gerons pas. Mais, par égard pour la paix du monde, M. Canning
« demande que l'Espagne fasse une déclaration de guerre, et alors,
« dit-il, nous serons prêts à la combattre. » Voilà le plan de l'honorable gentleman pour conserver la paix du monde. Le plan du gouvernement de S. M. est, quand nous voyons les autorités espagnoles ou les chefs de cette nation menacer d'envahir le Portugal et méditer la destruction de ces institutions ; quand, dis-je, nous les voyons exciter à des invasions sur le territoire portugais, de leur dire : Nous sommes préparés à venger nos alliés, si vous procédez à des mesures

d'hostilité réelle ; mais, en attendant, nous prendrons des précautions pour frustrer les espérances que vous pouviez avoir d'accomplir une telle entreprise......

« L'honorable gentleman dit que nous n'avons pas appuyé nos demandes sur des motifs suffisants. Si l'Espagne, encouragée par les observations de l'honorable gentleman, persévère dans des actes d'hostilité positive, alors, je m'engage à soumettre à la Chambre des papiers qui, s'ils étaient maintenant présentés, exclueraient le *locus pœnitentiæ* que nous désirons offrir. Je n'ai pas voulu prévenir une rétractation de la part de l'Espagne ou la mettre dans une position d'où elle ne pourrait sortir sans une lutte, qu'il est nécessaire d'éviter, s'il est possible......

« L'honorable membre a dit...... qu'il faut demander à la France de retirer ses troupes de l'Espagne. Je ne puis entrer maintenant dans cette matière ; il me suffit de dire que je ne sais pas comment l'armée française peut être employée dans les vues de l'Espagne. Je crois que la présence de cette armée en Espagne a eu pour effet de protéger le parti qu'elle était destinée à combattre, et la retraite de cette armée aurait pour résultat la destruction du parti qui est en plus petit nombre. On prétend que l'Angleterre a été déshonorée aux yeux de l'Europe par l'entrée des troupes françaises en Espagne : moi je soutiens le contraire : car la Chambre et le pays savent que, moi et mes collègues, nous avons tout fait pour empêcher cette invasion. Nous n'avons pas voulu, il est vrai, en faire la matière d'une guerre, et cela pour beaucoup de raisons, et surtout pour cette raison bien simple, que la guerre n'aurait pas eu pour résultat ce que nous désirions. La guerre n'aurait pas fait sortir de l'Espagne l'armée française ; elle aurait eu même le résultat contraire.

« Je pense qu'on a toujours attaché aux liaisons qui existent entre la France et l'Espagne une importance exagérée. Je prie la Chambre de revenir sur le passé et de se reporter aux diverses époques où la question a été agitée; la Chambre verra en consultant les votes du parlement, qu'il avait déclaré qu'aucune paix ne pouvait être faite entre les deux pays pendant qu'un Bourbon était sur le trône d'Espagne. Qu'on réfléchisse à ces appréhensions exagérées et qu'on se rappelle comme elles ont été réalisées ; qu'on réfléchisse sur l'ancien pouvoir de l'Espagne, pouvoir si grand qu'il menaçait d'engloutir le monde. Cependant on trouvera que même alors, l'Angleterre était établie dans un coin de l'Espagne.

« Je ne crois pas que le danger qui résulterait de l'occupation de

## FIN DE LA RESTAURATION

l'Espagne par la France, soit aussi grand qu'on a été disposé à le croire. Quand l'armée française est entrée en Espagne, nous aurions pu nous opposer à cette mesure par une guerre, mais cette guerre n'aurait pas eu pour but le rétablissement de la balance du pouvoir; il aurait fallu avoir recours à d'autres moyens pour atteindre ce but.

« La balance du pouvoir en Europe a varié selon que la civilisation a fait des progrès et à mesure que de nouvelles nations se sont élevées en Europe. Il y a à peu près un siècle, la France, l'Espagne, les Pays-Bas, et peut-être l'Autriche, constituaient la balance du pouvoir.

Don Miguel.

« Trente ans après, la Russie a pris place dans le monde politique, ensuite vient la Prusse ; et ainsi les moyens de conserver la balance du pouvoir ont été augmentés.

« Je sais que l'entrée des troupes françaises en Espagne a porté un coup aux sentiments de ce pays : c'est un fait que je ne nie pas. Un des moyens de redressement était une guerre contre la France. Il y avait encore un autre moyen : c'était de rendre la possession de ce pays inutile entre des mains rivales, c'était de la rendre plus qu'inutile, c'était enfin de la rendre préjudiciable au possesseur : j'ai adopté ce dernier moyen. Ne pensez-vous pas que l'Angleterre ait trouvé en cela une compensation pour ce qu'elle a éprouvé en voyant entrer en Espagne l'armée française et en voyant bloquer Cadix?

« J'ai regardé l'Espagne sous un autre aspect ; j'ai vu l'Espagne et les Indes (1). J'ai, dans ces dernières contrées, appelé à l'existence un nouveau monde (2), et j'ai ainsi réglé la balance. J'ai laissé à la France tous les résultats de son invasion.

« J'ai trouvé une compensation pour l'invasion de l'Espagne, pendant que je laisse à la France son fardeau, fardeau ingrat dont elle voudrait bien se débarrasser et qu'elle ne peut porter sans se plaindre ; c'est ainsi que je réponds à ce qu'on dit sur l'occupation de l'Espagne. Je dis que la France serait bien aise que l'Angleterre l'aidât à se débarrasser de ce fardeau ; mais je répète que le seul moyen de porter la France à conserver la possession de l'Espagne, c'est de faire de cette possession un point d'honneur.

« Avant de me rasseoir je ferai une seule observation : c'est que les mesures proposées n'ont pas pour but la guerre ; je répète que le but n'est pas d'amener la guerre, mais bien d'assurer la durée de la paix. Si l'Angleterre ne vient pas promptement au secours du Portugal, le Portugal sera foulé aux pieds, et alors viendra la guerre jointe au déshonneur. »

On ne pouvait châtier publiquement d'une manière plus amère et plus sanglante la honteuse et coupable politique du gouvernement des Bourbons. Naturellement, le roi et la majorité de la Chambre ne sentirent pas ou ne voulurent pas sentir le soufflet. Le 12 décembre 1826, au moment même où Canning annonçait au parlement britannique le départ des troupes anglaises pour le Portugal, Charles X ouvrait la session de 1827 et s'exprimait en termes assez vagues au sujet de la question portugaise.

« Des troubles, disait-il, ont éclaté récemment dans une partie de la Péninsule ; j'unirai mes efforts à ceux de mes alliés pour y mettre un terme et en prévenir les conséquences. »

Dans la discussion de l'Adresse, le ministre des affaires étrangères Damas informa la Chambre des députés du rappel de l'ambassadeur de France à Madrid, Moustier, âme damnée de la Congrégation qui avait trempé dans toutes les intrigues ourdies par don Miguel et

---
[1] Les Indes occidentales ou l'Amérique.
[2] Le Brésil.

Ferdinand VII. Casimir Périer constata l'impuissance et les dangers de la politique absolutiste et cléricale et fit voir dans quelle impasse elle avait acculé le gouvernement lorsqu'il dit : « Ceux de nos collègues qui ont forcé le ministère à faire malgré lui la guerre d'Espagne, prétendent que l'intervention anglaise est un attentat à notre honneur ; ils ajoutent que nous abandonnons notre allié le roi d'Espagne, que nous sacrifions la politique de Louis XIV à la politique de l'Angleterre. Messieurs, nous n'avons qu'un moyen de venger tant d'outrages, c'est de nous battre ; mais j'ai vainement écouté : nul de ces orateurs n'a pris de conclusions formelles ; aucun d'eux n'a osé prononcé le mot de *guerre* ni présenter d'amendement. »

Au moment, plusieurs voix s'écrièrent à droite : « Nous ne voulons pas la guerre ! »

« Vous ne la demandez pas ? répliqua l'orateur ; j'en suis convaincu ; mais alors que voulez-vous donc ? »

Il n'y eut point de réponse à cette question, et les choses en demeurèrent là.

## XIX

Ouverture de la session de 1827. — Discours du roi. — La *loi de justice et d'amour*. Mot de Casimir Périer. — Émotion profonde dans le pays. — Protestations nombreuses. — Pétition des imprimeurs et des libraires. — Supplique de l'Académie française. — La députation qui l'apporte au roi n'est pas reçue par lui. — Destitutions de Lacretelle, de Villemain et de Michaud, signataires de la supplique. — Discussion de la loi à la chambre des députés : Benjamin Constant, Salaberry, Saint-Chamans. — Vote de la loi. — Mort de La Rochefoucauld-Liancourt. — Ses funérailles ; odieuse intervention de la police. — Charles X et la garde nationale. — Revue des troupes au Champ-de-Mars. — Accueil glacial de la population. — Retrait de la *loi d'amour*. — Joie universelle ; illuminations à Paris, à Lyon, dans toutes les grandes villes.

L'année 1827 est une des plus sinistres et des plus agitées de la Restauration.

La session s'était ouverte beaucoup plus tôt que de coutume, dès le mois de décembre 1826.

La raison de cette hâte fut donnée dans les paroles suivantes que prononça le roi dans son discours d'ouverture :

« J'aurais désiré qu'il fût possible de ne pas s'occuper de la presse ; mais à mesure que la faculté de publier les écrits s'est développée, elle a produit de nouveaux abus qui exigent des moyens de répression plus étendus et plus efficaces. Il était temps de faire cesser d'affligeants scandales et de préserver la liberté de la presse elle-même du danger de ses propres excès. Un projet vous sera soumis pour atteindre ce but.

« Des imperfections avaient été remarquées dans l'organisation du jury. Je vous ferai proposer un projet de loi pour l'améliorer et pour lui donner des règles plus conformes à la nature de cette institution. »

On se rappelle sans doute que, dans la session précédente, une plainte avait été formulée dans l'Adresse contre « la liberté effrénée de la presse, » et que Charles X avait répondu à la députation qui était venue lui apporter ce vœu : « Si je pensais que quelque inconvénient, que quelque malheur public pût nous menacer, soyez bien persuadés, Messieurs, que je m'adresserais à vous avec confiance pour en obtenir tous les moyens d'arrêter ce qui pourrait être contraire au maintien de notre repos. Mais, en attendant, soyez sûrs que j'ai l'œil toujours ouvert sur tout ce qui se passe, et que si je ne vous demande rien, c'est que je sens en moi assez de force pour pouvoir réprimer ceux qui s'opposent au bonheur public. »

En annonçant la présentation d'un nouveau projet de loi destiné à faire cesser les « scandales » de la presse, le roi avouait donc implicitement qu'il n'avait plus assez de force pour résister au torrent. L'effort qu'il allait tenter pour l'arrêter devait, contre son attente, précipiter la catastrophe.

Le 29 décembre, Peyronnet, garde des sceaux, présenta à la Chambre des députés le projet de loi sur la presse qui a été flétri du nom ironique de *loi de justice et d'amour*, et dont voici en résumé les principaux articles :

## TITRE I

### DE LA PUBLICATION DES ÉCRITS NON PÉRIODIQUES

Art. 1er. Tout écrit de vingt feuilles (320 pages in-8) et au-dessous ne pourra être mis en vente, publié ou distribué, que *cinq jours après* le dépôt fait à la direction de la librairie. Ce délai sera de *dix jours* pour les écrits supérieurs à vingt feuilles. En cas de contravention l'imprimeur sera puni d'une amende de 3000 francs, et l'édition entière supprimée et détruite.

Art. 3. Forte amende contre l'imprimeur qui aura fait une fausse déclaration. Les feuilles qui excèderont le nombre indiqué dans la déclaration préalable seront supprimées et détruites.

Art. 4. Tout transport d'une partie quelconque de l'édition hors des ateliers de l'imprimerie avant les délais fixés par l'article 1ᵉʳ sera considéré comme tentative de publication, et cette tentative provisoire est punie comme le fait de la publication même.

Art. 5. Tout écrit de cinq feuilles (80 pages in-8) et au dessous, sera assujetti à un timbre fixe de 1 franc pour la première feuille de chaque exemplaire, et de 10 centimes pour les feuilles suivantes. Ces droits seront dus, en outre, pour chaque fraction de feuille, comme pour une feuille entière. En cas de contravention, amende de 3000 francs pour les imprimeurs, éditeurs et distributeurs, et suppression de l'édition. Seront exceptés de cette disposition : les discours des membres des deux chambres, les mandements et les lettres pastorales des évêques, les catéchismes, les livres de prières, les livres élémentaires employés dans les maisons d'éducation, les mémoires des sociétés littéraires ou savantes autorisées par ordonnance.

Art. 6. Les peines portées dans les articles qui précèdent ne se confondront pas avec celles que pourraient encourir les auteurs pour les crimes ou délits contenus dans ces publications.

## TITRE II

### DE LA PUBLICATION DES ÉCRITS PÉRIODIQUES

Art. 8. Aucun journal ou écrit périodique ne pourra être établi sans une déclaration préalable faite par les propriétaires et énonçant leur nom, leur demeure et l'imprimerie où la publication sera imprimée. Une fausse déclaration entraînera la suppression.

Art. 10. Cette déclaration, pour les journaux existants, devra être faite dans les trente jours de la promulgation de la loi.

Art. 11. Le nom des propriétaires de journaux ou écrits périodiques devra être imprimé en tête de chaque exemplaire, sous peine de 500 francs d'amende.

Art. 13. Abolition pour les cautionnements de journaux ou écrits périodiques des privilèges de second ordre au profit des prêteurs de fonds.

Art. 14. Substitution aux droits de timbre actuels d'un droit unique de 10 centimes pour chaque feuille de 30 décimètres carrés ou de dimension inférieure ; perception de même droit pour les demi-feuilles ou fractions de feuilles : augmentation de 1 centime pour chaque décimètre carré au-dessus de 30.

Art. 15. Nulle société relative à un journal ne pourra être qu'en nom *collectif*, et les associés ne pourront, en aucun cas, excéder le nombre de *cinq*.

Art. 18. Toute poursuite pour crimes et délits commis par un journal ou écrit périodique sera dirigée contre ses propriétaires.

## TITRE III

### DES PEINES

Art. 19. Amende de 2,000 francs à 20,000 francs, outre les peines corporelles, pour toute provocation à commettre un ou plusieurs crimes non suivie d'effet. Amende de 500 francs à 10,000 francs pour provocation aux délits non suivie d'effet. Amende de 5,000 francs à 20,000 francs, outre les peines corporelles, pour outrages à la religion et à la morale publique, offenses envers la personne du roi, les membres de sa famille, ceux des chambres et les souverains étrangers, diffamation ou injure envers les cours ou tribunaux, les dépositaires ou agents de l'autorité publique, les ambassadeurs ou agents étrangers de tous les ordres, et les simples particuliers.

Art. 21. Tout délit de diffamation envers les particuliers pourra être poursuivi d'office par le ministère public, lors même qu'aucune plainte ne serait portée par le particulier diffamé.

Art. 22. Les imprimeurs seront responsables civilement et de plein droit, dans tous les cas, de toutes les amendes, de tous les dommages-intérêts et des frais portés par les jugements de condamnation.

François I<sup>er</sup>, dit le *Père des lettres*, avait montré plus de logique en défendant par lettres-patentes en date du 13 janvier 1535 « toute impression de livres dans le royaume sous peine de la hart » (1). Son règne fut même illustré par le bûcher de l'imprimeur Estienne Dolet qui s'éleva à Paris sur la place Maubert, le 2 août 1546, et sur lequel le malheureux fut brûlé vif avec ses livres. Le garde des sceaux de 1827 regrettait sans doute de n'avoir pu, tant la perversité des temps était grande, insérer dans sa loi au nombre des mesures « justes, utiles, favorables et douces » dont elle était remplie, la peine du feu pour les imprimeurs, journalistes, écrivains, etc. Elle n'eût point déparé l'ensemble de ce projet, amalgame étrange et fantastique

---

[1] *Registres manuscrits du parlement*, 26 février 1534 (1535 en faisant commencer au 1<sup>er</sup> janvier l'année qui alors commençait encore à Pâques). François ne revint sur cette atroce ordonnance qu'en enjoignant au parlement de choisir « vingt-quatre personnes, bien qualifiées et cautionnées » sur lesquelles il se réservait d'en désigner douze pour censurer les ouvrages à imprimer.

d'inepties et d'abominations dont les unes ne soutiennent pas l'analyse et dont les autres soulèvent l'indignation.

Quand Peyronnet eut achevé la lecture de son œuvre, Casimir Périer s'écria : « Ce projet de loi peut se résumer en un seul article : l'imprimerie est supprimée en France et transportée en Belgique au profit de l'étranger et des pays libres ! »

L'émotion fut immense dans le pays en dehors même de tout esprit de parti. On sentait avec horreur dans la loi présentée par le garde des sceaux le souffle impur et mortel de la Congrégation et comme un âcre parfum d'auto-da-fé. Avant même que les débats ne s'ouvrissent à la tribune de la Chambre des députés, les pétitions et les protestations affluèrent.

« Forcés de suspendre la plupart de nos travaux, disaient les imprimeurs et les libraires, que deviendront, avec nos industries, les différentes professions qui s'y rattachent immédiatement : celle des fondeurs en caractères, des graveurs en tous genres, des lithographes, des imprimeurs en taille-douce, des fabricants d'encre d'imprimerie, de presses et de tant d'objets divers; celle des satineurs, assembleurs, brocheurs et relieurs; des fabricants de papiers et des marchands de chiffons? Ces diverses professions comprennent plus de 100,000 familles, dont la plupart seraient réduites à la misère. » Deux cent-cinquante signatures avaient été apposées au bas de cette pétition, et parmi elles on lisait celle de la veuve Agasse, propriétaire du *Moniteur*, et du baron Trouvé, ancien chef du jury qui avait été chargé de condamner les quatre sergents de la Rochelle.

Il n'y eut pas jusqu'à l'Académie française, servile adulatrice de tous les gouvernements qui se sont succédé et, alors comme depuis, encombrée de prélats et de cagots, qui ne prît part au mouvement unanime de la France et ne donnât humblement sa note chevrotante dans le *tolle* universel. C'était encore trop. La députation chargée par l'Académie d'aller porter la supplique au roi ne fut pas reçue, et, le 17 janvier, trois des académiciens qui l'avaient votée, Lacretelle, censeur dramatique, Villemain, maître des requêtes, Michaud, lecteur du roi, furent destitués de ces différentes fonctions, malgré leur dévouement avéré et éprouvé à la royauté et aux Bourbons. Charles X n'écoutait rien; ou plutôt, ce pâle et flasque monarque n'était qu'un roseau flexible dont le parti religieux frappait à son gré ses ennemis, sans pitié, sans mesure, sans pudeur, au risque de casser le roseau, ce qui arriva.

Nous n'avons jamais cessé de penser que toutes les libertés sont solidaires, qu'aucune ne va sans toutes les autres, que la liberté, en un mot, est une, indivisible, inviolable et imprescriptible. Au point de vue de la pure et saine philosophie, il nous est fort difficile de nous passionner pour ou contre tel ou tel système social et politique dont l'édifice au lieu de se baser sur la liberté entière et absolue s'étaie péniblement sur des fondements incomplets, isolés et chancelants. Nous ne voyons là qu'une échelle graduée d'erreurs, et c'est tout au plus si, dans la pratique, on peut attacher quelque importance à se trouver sur un échelon plutôt que sur l'autre. Mais enfin, si, malgré cette sévère et sincère déclaration de principes, nous pouvions arriver à ressentir plus ou moins d'indignation en présence de telle ou telle violation de la liberté, rien ne nous semblerait plus monstrueux que la moindre atteinte portée au droit naturel et social que possèdent l'homme et le citoyen de publier leur pensée sous toutes les formes sans autre juge ni frein que l'opinion publique. Nous ajouterons, au point de vue de l'histoire, que rien n'indique plus l'impuissance de la tyrannie et la caducité de ses appuis que le redoublement de sa haine pour la discussion, de son horreur pour la lumière et de ses rigueurs contre la presse et la parole.

Nous ne savons si la liberté absolue et illimitée comptait un seul partisan en 1827. Mais il est certain qu'en dehors des inertes instruments de la Congrégation, tout ce qui avait en France quelque souci de la dignité humaine et civique réagit avec force contre l'audacieuse tentative du despotisme théocratique.

A la Chambre des députés trente et un membres se firent inscrire pour soutenir la loi de justice et d'amour, quarante-quatre pour la combattre. Parmi ces derniers, il s'était joint aux sommités du parti libéral des royalistes fougueux comme La Bourdonnaie, Agier, de Berthier, Hyde de Neuville, de Bouville, Alexis de Noailles, Bertin de Vaux, etc. La violence et l'ineptie du gouvernement de la Restauration avait découragé jusqu'à ceux-là !

Benjamin Constant, passant en revue tous les articles du projet en discussion, conclut de là que l'adoption de la loi équivaudrait à l'anéantissement de toute liberté de la presse. Il démontra ensuite que les reproches adressés à la presse étaient exagérés d'une manière odieuse et n'avaient été inventés que pour troubler la conscience des hommes timides et servir de prétexte aux projets ministériels.

« Nous sommes certains, ajouta-t-il, que tous les esprits, je ne dis pas les plus éclairés, mais doués des lumières les plus simples et les plus communes, tous les cœurs généreux, toutes les âmes, non pas élevées, mais susceptibles de quelque pitié pour les classes qu'on dépouille de leur subsistance, et que l'on condamne à mourir de faim, applaudiront à nos paroles. Peut-être seulement les trouveront-elles trop peu sévères; et surtout dans cette Angleterre, qu'on nous cite pour en extraire quelques abus, pour colorer quelques sophismes, il n'y aura pas un homme qui ne s'étonne que, hors de l'Asie esclave ou de l'Amérique sauvage, il y ait un pays où de pareils projets soient conçus... »

La Rochefoucauld-Liancourt.

Royer-Collard, dans cette occasion, prononça un des plus magnifiques discours dont la tribune française ait retenti :

« Nous sommes rejetés, dit-il, bien loin des débats qui ont rempli les premières années de la Restauration; l'invasion que nous combattons n'est plus dirigée contre la licence, mais contre la liberté; ce n'est pas contre la liberté de la presse seulement, mais contre toute liberté naturelle, politique et civile, comme essentiellement nuisible et funeste. Dans la pensée intime de la loi, il y a eu de l'imprudence, au grand jour de la création, à laisser l'homme s'échapper libre et intelligent au milieu de l'univers; de là sont sortis le mal et l'erreur. Une plus haute sagesse vient réparer la faute de la Providence, restreindre sa libéralité imprudente, et rendre à l'humanité, sagement mutilée, le service de l'élever enfin à l'heureuse innocence des brutes.

« Plus d'écrivains, plus d'imprimeurs, plus de journaux : ce sera le régime de la presse. « Vous regrettez le sort des bons journaux et « des bons écrits, nous répondent les apologistes officiels; et nous « aussi, nous en sommes affligés; mais le mal produit cent fois plus « de mal que le bien ne produit de bien. » C'est-à-dire, Messieurs, qu'il faut poursuivre à la fois, qu'il faut ensevelir ensemble, sans distinction, le bien et le mal. Mais, pour cela, il faut étouffer la liberté, qui, selon la loi de la création, produit nécessairement l'un et l'autre. Une loi de suspects, largement conçue, qui mettrait la France entière en prison, sous la garde du ministère, ne serait qu'une conséquence exacte et une application judicieuse de ce principe; et, comparée à la loi de la presse, elle aurait l'avantage de trancher d'un seul coup, dans la liberté de se mouvoir, d'aller et de venir, toutes les libertés. Le ministère, en la présentant, pourrait dire avec plus d'autorité : Le mal produit cent fois plus de mal que le bien ne produit de bien; l'Auteur des choses a cru autrefois le contraire; il s'est trompé.

« Avec la liberté étouffée doit s'éteindre l'intelligence, sa noble compagne. La vérité est un bien, mais l'erreur est un mal. Périssent donc ensemble l'erreur et la vérité! Comme la prison est le remède nécessaire de l'intelligence, l'ignorance est la vraie science de l'homme et de la société. Cette égalité de destinée entre la vérité et l'erreur, cette confusion superbe du mal et du bien, c'est, dans l'ordre de la justice, la confusion de l'innocent et du coupable. Depuis qu'à la lumière de la civilisation le genre humain a recouvré ses titres, les gouvernements et les peuples, les magistrats et les écrivains, proclament à l'envi qu'il vaut mieux laisser échapper cent coupables que de risquer de punir un innocent. Le projet de loi respire tout entier la maxime contraire. N'était-il pas animé et comme illuminé de l'esprit de votre loi, cet inquisiteur qui, dans la guerre des Albigeois, faisait jeter dans les mêmes flammes les orthodoxes avec les hérétiques pour se mieux assurer que pas un seul de ceux-ci ne serait épargné?

« Et que serait-ce si j'éclairais de cet horrible flambeau toute la législation révolutionnaire? C'est qu'il y a au fond de toutes les tyrannies le même mépris de l'humanité, mépris qui se déclare par les mêmes sophismes. La loi actuelle ne proscrit que la pensée; elle laisse la vie sauve. C'est pourquoi elle n'a pas besoin de faire marcher devant elle comme les barbares, la dévastation, le massacre et l'incendie; il lui suffit de renverser les règles éternelles du droit. Pour détruire les journaux, il faut rendre illicite ce qui est licite, et licite ce que les lois divines et humaines ont déclaré illicite; il faut annuler les contrats, légitimer la spoliation, inviter au vol; la loi le fait.

« Messieurs, une loi qui nie la morale est une loi athée. L'obéissance ne lui est point due; car, dit Bossuet, il n'y a pas sur la terre de droit contre le droit. Hélas! nous avons traversé des temps où, l'autorité ayant été usurpée par la tyrannie, le mal fut appelé bien, et la vertu crime. Dans cette douloureuse épreuve, nous n'avons pas cherché les règles de nos actions dans la loi, mais dans nos consciences, nous avons obéi à Dieu plutôt qu'aux hommes. Fallait-il, sous le gouvernement légitime, nous ramener à ces souvenirs déplorables? Nous serons encore fidèles à nos consciences, car nous sommes les mêmes hommes qui ont fabriqué des passe-ports et rendu peut-être de faux témoignages pour sauver des vies innocentes. Votre loi, sachez-le bien, sera vaine; car la France vaut mieux que son gouvernement!...

« Deux fois, en vingt ans, nous ne l'avons pas oublié, la tyrannie s'est appesantie sur nous, la hache révolutionnaire à la main, ou le front brillant de cent victoires. La hache est émoussée; personne, je le crois, ne voudrait la ressaisir, et personne aussi ne le pourrait. Les circonstances qui l'aiguisèrent ne se reproduiront pas, ne se réuniront pas dans le cours de plusieurs siècles. C'est dans la gloire seule, guerrière et politique, comme celle qui nous a éblouis, que la tyrannie doit aujourd'hui tremper ses armes. Privée de la gloire, elle serait ridicule (1). Conseillers de la couronne! auteurs de la loi, connus ou inconnus, qu'il nous soit permis de vous le demander : qu'avez-vous fait jusqu'ici qui vous élève à ce point au-dessus de vos concitoyens, que vous soyez en état de leur imposer la tyrannie? Dites-nous quel jour vous êtes entrés en possession de la gloire, quelles sont vos batailles gagnées, quels sont les immortels services que vous avez rendus au roi et à la patrie? Obscurs et médiocres

---

1 Royer-Collard ne se doutait pas qu'il prédisait ainsi le second Empire vingt-cinq ans avant sa résurrection.

comme nous, il nous semble que vous ne nous surpassez qu'en témérité. La tyrannie ne saurait résider dans vos faibles mains; votre conscience vous le dit encore plus haut que nous. La tyrannie est si vaine de nos jours, si folle, si impossible, qu'il n'y a ni un seul homme, ni plusieurs, qui osassent en concevoir, je ne dis pas l'espérance, mais même la pensée. Cette audace insensée ne se peut rencontrer que dans les factions. La loi que je combats annonce donc la présence d'une faction dans le Gouvernement aussi certainement que si cette faction se proclamait elle-même et si elle marchait devant nous, enseignes déployées. Je ne lui demanderai pas qui elle est, d'où elle vient, où elle va; elle mentirait.

« Je la juge par ses œuvres. Voilà qu'elle vous propose la destruction de la liberté de la presse; l'année dernière, elle avait exhumé du moyen-âge le droit d'aînesse; l'année précédente, le sacrilége. Ainsi, dans la religion, dans la société civile, dans le gouvernement, elle retourne en arrière, elle tend, par le fanatisme, le privilége et l'ignorance, à la barbarie et aux dominations absurdes que la barbarie favorise. L'entreprise ne sera pas facile à consommer. A l'avenir, il ne s'imprimera plus une ligne en France, je le veux; une frontière d'airain nous préservera de la contagion étrangère, à la bonne heure. Mais il y a longtemps que la discussion est ouverte dans le monde entre le bien et le mal, le vrai et le faux; elle remplit d'innombrables volumes lus et relus, le jour et la nuit, par une génération curieuse. Des bibliothèques, les livres ont passé dans les esprits. C'est de là qu'il faut les chasser. Avez-vous pour cela un projet de loi? Tant que nous n'aurons pas oublié ce que nous savons, nous serons mal disposés à l'abrutissement et à la servitude. Le mouvement des esprits, d'ailleurs, ne vient pas seulement des livres. Né de la liberté des conditions, il vit du travail, de la richesse et du loisir; les rassemblements des villes et la facilité des communications l'entretiennent. Pour asservir les hommes, il est nécessaire de les disperser et de les appauvrir, la misère est la sauvegarde de l'ignorance. Croyez-moi, réduisez la population, renvoyez les hommes de l'industrie à la glèbe, brûlez les manufactures, comblez les canaux, labourez les grands chemins. Si vous ne faites pas tout cela, vous n'aurez rien fait; si la charrue ne passe pas sur la civilisation tout entière, ce qui en restera suffira pour tromper vos efforts....

« Messieurs, je ne saurais adopter les amendements que votre commission vous propose, ni aucun amendement; la loi n'en est ni digne ni susceptible. Il n'est point d'accommodement avec le principe de tyrannie qui l'a dictée. Je la rejette purement et simplement par respect pour l'humanité, qu'elle dégrade. Je la rejette par respect pour la justice, qu'elle outrage ; je la rejette par fidélité à la monarchie, qu'elle ébranle peut-être, qu'elle compromet au moins, et qu'elle ternit dans l'opinion des peuples, comme infidèle à ses promesses ; c'est le seul gage que je puisse donner aujourd'hui à cette monarchie d'un dévouement qui lui fut connu aux jours de l'exil et de l'infortune. Et vous aussi, Messieurs, vous la rejetterez, parce que vous vous devez à vous-mêmes de témoigner à la France entière dans cette crise, peut-être salutaire, ce qu'elle est pour vous et ce que vous êtes pour elle. »

Royer-Collard ne ménageait certes pas la Révolution ni les Révolutionnaires ; il était et se proclamait royaliste et légitimiste. Ses paroles n'en retombaient que d'un poids plus lourd et plus écrasant sur les Bourbons en puissance de Jésuites et sur le système déplorable auquel leur collaboration menaçait de soumettre la France. Mais l'infamie et la stupidité de la loi furent bien mieux démontrées par ce qui fut dit pour la défendre que par ce qui fut dit pour l'attaquer.

Salaberry, le député sur la plainte de qui la Chambre avait naguère traduit le *Journal du Commerce* à sa barre, débita sérieusement, et dans quel style ! des extravagances que la majorité fanatisée prit au sérieux.

« La découverte de l'imprimerie, dit-il, aurait offert aux peuples un immense bienfait, s'ils avaient su en user avec sagesse ; dans l'imprimerie comme dans le *manioc*, les sucs de la mort auraient alimenté la vie ; mais l'imprimerie pouvait devenir aussi le plus funeste des présents. Il est permis de croire qu'elle fut connue dans l'antiquité, et que d'habiles gouvernants ne voulurent pas introduire dans la multitude la connaissance et l'usage d'un flambeau qui pouvait incendier comme il pouvait éclairer. A l'époque même où l'on ne connaissait encore que l'écriture, les législateurs avaient déjà songé à prévenir les abus de la liberté du commerce intellectuel. Chez les Hébreux, la lecture des prophéties n'était permise à personne avant l'âge de trente ans....

« La presse fut émancipée par la Révolution ; la Révolution arma la presse, sa complice, contre la monarchie, et, sous leurs coups, l'autel et le trône, le prêtre et le roi, sont tombés. La presse est, en effet, une baliste perfectionnée qui lance des torches et des flèches enflammées. La presse est l'arme chérie des amis du protestantisme, de l'illégitimité, de la souveraineté du peuple. Redoutons, Messieurs, les fléaux de l'imprimerie, seule plaie dont Moïse oublia de frapper l'Egypte. Oui, Messieurs, il n'est pas d'excès ni d'attentats que la presse ne se soit permis, depuis trois ans, mensongèrement, irréligieusement, révolutionnairement. On avait cru jusqu'à présent que le Gouvernement représentatif ne se composait que de trois grands pouvoirs. Je vous en signale un quatrième, qui sera bientôt plus puissant que les autres. Il s'agit de briser ou de subir son joug. Son nom générique est liberté de la presse; son véritable nom est licence de la presse, et son nom de guerre, le *journalisme*.....

« Dès que le législateur est sûr de frapper juste, son devoir est de frapper fort. Il n'y a plus de pacte possible entre la monarchie et les défenseurs de la liberté de la presse, qui ne veulent d'autre liberté que celle du sang et du bonnet rouge. Je vote pour le projet de loi. »

Saint-Chamans déploya encore plus d'audace et de cynisme :

« ..... Rejetez loin du peuple, Messieurs, s'écria-t-il, ces aliments gâtés et malsains. Le projet de loi, dit-on, empêchera tout à la fois les bons et les mauvais livres, les bonnes et les mauvaises maximes; tant mieux! Oui, Messieurs! tant mieux! tant mieux! Car ce qu'il faut empêcher avant tout, c'est la discussion portée dans les dernières classes du peuple. Les bonnes doctrines mêmes nuiraient à ces classes, parce qu'elles seraient incapables de les comprendre. Tous ceux qui croient, en politique comme en religion, doivent croire sur la parole seule de l'autorité légitime. »

Lorsque dans une assemblée que, pour notre honte, il faut bien appeler française, il se trouvait des voix capables d'énoncer de pareilles propositions et des voix empressées d'y applaudir, à la face du xixᵉ siècle, on ne s'étonnera pas que la commission eût trouvé moyen de renchérir dans quelques parties sur les dispositions primitives du projet, et que la loi soit sortie des délibérations de la Chambre plus barbare et plus meurtrière, si l'on peut ainsi parler, qu'elle n'y avait été présentée par Peyronnet.

Les débats s'étaient ouverts le 14 février; ils furent clos le 12 mars et la loi se trouva adoptée par 233 voix contre 134, sur 367 votants. Le 19 mars, elle fut portée à la Chambre des pairs.

Sur ces entrefaites, mourut à Paris François-Alexandre-Frédéric, duc de La Rochefoucauld-Liancourt, pair de France, âgé de quatre-vingts ans. Député aux États-généraux en 1789, il avait partagé son zèle et son dévouement entre les intérêts de la nation et ceux de la monarchie. Après le 10 août 1792, il se réfugia aux États-Unis et rentra en France après le 18 brumaire. Dès lors, il donna le noble exemple de la philanthropie sincère et pratique, fonda des manufactures, créa l'École des Arts-et-Métiers de Châlons dont il avait donné le modèle en 1780, fit faire au château de Liancourt les premiers essais de la vaccine, et protégea l'enseignement mutuel. Il entra, en 1814, à la Chambre des pairs où il représenta les idées libérales. Cette attitude lui valut naturellement la disgrâce de Charles X et la destitution de plusieurs charges philanthropiques et gratuites.

La Rochefoucauld-Liancourt était mort le 28 mars; ses funérailles se firent le 30 à l'église de l'Assomption. Les anciens élèves de l'Ecole de Châlons demandèrent à La Rochefoucauld-Doudeauville, ministre de la maison du roi et proche parent du mort, l'autorisation de porter le cercueil; ils l'obtinrent, et l'on alla ainsi de la maison mortuaire à l'église. A l'issue du service religieux et comme le cortége se disposait à reprendre sa marche de la même façon, un commissaire de police s'opposa à ce que le cercueil fût porté à bras d'hommes. Les anciens élèves de Châlons maintinrent leur droit sur l'autorisation que la famille leur avait donnée et qu'elle venait à l'instant de confirmer. Aussitôt le commissaire alla enjoindre au commandant de l'escorte d'honneur qui accompagnait le convoi, de contraindre les porteurs bénévoles à lâcher leur fardeau. Alors on vit une chose horrible. Une lutte s'engagea. Le cercueil fut arraché des mains et des épaules qui le soutenaient. Il tomba avec un bruit lugubre sur le pavé boueux de la rue où il se brisa, et la secousse, dans l'enveloppe funéraire, disloqua le cadavre et sépara les membres du tronc. Les soldats de l'escorte relevèrent le cercueil, ramassèrent le manteau et les insignes de la pairie souillés et foulés aux pieds, replacèrent le tout sur le corbillard et achevèrent de la sorte la cérémonie.

L'indignation publique ne connut point de bornes. Des plaintes se produisirent à la tribune des deux Chambres. Le rapport du grand référendaire constata que la police avait fait tout le mal. Le ministre Corbière soutint effrontément l'administration et s'abstint de toute espèce de blâme en présence des immondes exploits de cette police qui semblait avoir obéi à une impulsion inconnue et mystérieuse.

De tels scandales, de tels outrages n'étaient pas faits pour disposer favorablement les pairs de France à l'égard de la nouvelle loi sur la presse qu'une commission nommée par eux et un comité d'enquête formé par cette commission étaient en train d'examiner. Les modifications apportées au projet par suite de ce mode d'examen, le vote des commissaires hostile à toutes les mesures restrictives de la liberté de la presse et du droit de propriété, tout cela pouvait faire craindre au Gouvernement que la loi d'amour n'eût à la Chambre des pairs le sort qu'y avait eu le projet de loi sur le rétablissement du droit d'aînesse.

Le 12 avril 1827 était le treizième anniversaire de la rentrée de Charles X à Paris. Tous les ans, à cette occasion, la garde nationale faisait seule le service au château. Cette fois, le 12 avril tombant un jeudi saint, jour auquel le roi très-chrétien, fils aîné de l'Église, était tout à ses dévotions, le service exceptionnel de la garde nationale fut remis au lundi 16. Dès le matin Charles X passa en revue dans la cour des Tuileries les détachements de chaque légion et se sentit doucement ému des acclamations de cette petite fraction de la milice bourgeoise. Il eût voulu que la garde nationale tout entière se trouvât là, et promit d'en passer la revue le dernier dimanche du mois. Depuis longtemps il avait perdu l'habitude d'entendre des *vivat!* éclater sur son passage. Et, en effet, lorsqu'en quittant la garde nationale, il se rendit au Champ-de-Mars pour y passer la revue des troupes qui formaient la garnison de Paris, il fut saisi d'une émotion toute contraire à celle qu'il avait éprouvée dans la matinée. La foule, attirée au dehors par le beau temps, par le loisir d'un jour férié (c'était le lundi de Pâques), par le spectacle toujours cher aux Français de la pompe militaire, se pressait pour voir passer les soldats et le cortége royal. Que de princes et de gouvernements, à la veille même de leur chute, se sont trompés à cette hâte de la multitude, souvent indifférente, parfois hostile, toujours curieuse, pour qui, dans notre siècle, toutes ces cérémonies officielles, militaires ou religieuses, ne sont qu'un immense cortége d'Opéra en plein vent!

Le 16 avril 1827, Charles X ne put cependant s'abuser et ne s'abusa point en réalité, sur l'accueil glacial et le morne silence du peuple parisien : de retour aux Tuileries, il demanda à ses ministres le retrait de leur projet de loi sur la presse. Ces hommes, qui ne tenaient qu'à conserver leur pouvoir, au lieu de donner leur démission, comme des gens d'honneur, ou du moins des ministres franchement et régulièrement constitutionnels eussent dû le faire, acceptèrent ce soufflet sans même se frotter la joue, et dès le lendemain 17, le garde des sceaux, Peyronnet, constant dans l'impudence, monta d'un air dégagé à la tribune de la Chambre des pairs, et dit :

# FIN DE LA RESTAURATION

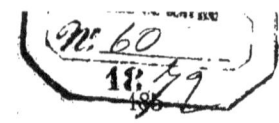

« Messieurs, Sa Majesté nous a ordonné de vous faire la communication suivante :

« Charles, par la grâce de Dieu, roi de France et de Navarre.

« A tous ceux qui ces présentes verront, salut.

« Sur le rapport de notre Conseil des ministres,

« Nous avons ordonné et ordonnons ce qui suit :

« Art. 1$^{er}$ Le projet de loi relatif à la police de la presse est retiré.

« Art. 2. Notre garde des sceaux, ministre secrétaire d'État au département de la justice, est chargé de l'exécution de la présente ordonnance. »

La joie que causa dans toute la France le retrait de la loi d'amour fut égale à la stupeur que sa présentation y avait causée. Le 17 et le 18, la foule se répand dans les rues et sur les promenades de Paris. Les maisons brillent d'illuminations innombrables et spontanées. On crie : « Vive le roi! Vive la Chambre des pairs! Vive la liberté de la presse! » On promène des drapeaux, on lance des pétards. A Lyon et dans toutes les villes du reste de la France, l'enthousiasme ne fut pas au-dessous de celui qui s'était manifesté dans la capitale.

Ce n'est pas sans un serrement de cœur que nous assistons et que nous faisons assister le lecteur avec nous à ces fluctuations politiques d'une époque déjà si loin de nous et qui se sont tant de fois reproduites depuis. La liberté ne serait-elle donc qu'un rocher de Sisyphe que nous sommes condamnés à rouler sans cesse jusqu'à ce qu'il nous écrase? Gardons-nous de le croire et ne perdons point notre foi dans l'avenir. Depuis plus de quatre-vingts ans, les combattants n'ont point fait faute au combat de la liberté, et nous n'y manquerons pas plus que nos ancêtres de la Révolution. Notre époque est encore une époque de transition et de lutte, et nous livrons encore la même bataille que nos devanciers. Puisons donc dans leur œuvre des forces avec des exemples. Les ennemis qu'ils avaient crus morts de leurs coups n'étaient que blessés; ils se sont relevés; et, bien que tant de cicatrices récentes affaiblissent leur marche, ils se flattent encore d'en venir à leurs fins. Serrons nos rangs; veillons. Nous avons à éclairer les ignorants, à réchauffer les tièdes, à fixer les incertains, à entraîner les craintifs. Notre cri de guerre est « *liberté!* » Quel autre pourrait prévaloir contre celui-là? Sans doute, depuis que la lutte a été engagée, beaucoup d'entre nous ont succombé; il y a eu des défaillances et des découragements; plusieurs ont été abandonnés de la foi. Tout à coup, nous nous réjouissons d'avoir fait un grand pas, nous pensions être arrivés au but, nous chantions le triomphe... et tout à coup nous étions repoussés; une main glaciale, raide et funeste, s'appesantissait sur nous, et brisait tout ce qu'elle ne pouvait faire plier. Mais laissez passer quinze ans, vingt ans, — un point dans l'infini des âges, — et ceux que la défaite n'a point désespérés, menant au combat les jeunes recrues, recommencent la lutte, livrent un dernier assaut, et remportent la suprême victoire. Victoire heureuse et singulière où, pour parler comme le poète,

Les vainqueurs sont jaloux du bonheur des vaincus,

où la liberté guérit les blessures qu'elle a faites; où le bien commun est le but de tous les efforts; où, pour toute vengeance et pour tout châtiment, les ténèbres se fondent dans l'irrésistible lumière; victoire que pas une tache de sang ne souille, et qui donne au monde la paix dans la justice et dans la vérité, le bonheur dans l'accomplissement libre et raisonné des lois de la nature. Puissions-nous le voir bientôt resplendir, le jour de cette victoire! Puissions-nous trouver en nous assez de force pour ne pas mourir de notre joie, et, fidèles apôtres du progrès incessant, crier à nos fils comme nos pères nous ont crié : « En avant! »

## XX

Vote par la chambre des députés d'une loi sur l'organisation du jury. — Adjonction des *capacités*. — Opinion de Pasquier, en 1827, sur ce sujet. — Question des *incompatibilités* posée, non résolue. — Vote du budget de 1828. Grande revue de la garde nationale au Champ-de-Mars, le 27 avril. Ordre du jour d'Oudinot. — Cris multipliés de « Vive la Charte! A bas les ministres! » — Récits des journaux officieux. — Incidents. — Le directeur général de la police, Franchet-Despérey. — Conseils des ministres. — On y agite la question d'une dissolution générale ou partielle de la garde nationale. — Ordonnance royale du 29 avril 1827, qui licencie la garde nationale de Paris. — Démission de La Rochefoucault-Doudeauville, ministre de la maison du roi. — Il n'est pas remplacé. — Stupeur et indignation de Paris et de toute la France. — Conséquences du la dissolution de la garde nationale pour le gouvernement de la Restauration. — Transformations successives de l'idée monarchique dans l'opinion des peuples. — Incarnation *utilitaire* de la monarchie. — Cette dernière phase du despotisme, là où elle subsiste encore, touche à sa fin.

Le jour même où l'on avait annoncé le retrait de la loi de justice et d'amour, la Chambre des députés adoptait une loi sur l'organisation du jury qui avait été profondément modifiée par la Chambre des pairs.

L'article primitif du projet portait que les jurés seraient pris parmi les membres des collèges électoraux. C'était le cens qui faisait les électeurs. La Chambre des pairs, inspirée d'un certain souffle de libéralisme, chercha au jury une base plus intellectuelle et adjoignit aux électeurs les *capacités* telles que les docteurs et licenciés des facultés de médecine, des sciences et des belles-lettres, les membres et les correspondants de l'Institut et des autres sociétés savantes ; les notaires, les fonctionnaires publics nommés par le roi et exerçant des fonctions gratuites ; les officiers en retraite touchant 1200 francs de pension. Cette adjonction des capacités appliquée à l'élection des députés était à peu près tout ce que demandaient plus tard au gouvernement de Louis-Philippe les partisans de la réforme électorale, adjonction dont le refus persistant amena la Révolution de Février. On ne voit pas sans étonnement Pasquier trouver en 1827 que « la France n'a pas des institutions suffisantes pour tous ses besoins, » et dire :

« La Commission a cru que le cens ne devait pas donner seul l'aptitude à remplir les fonctions du juré, et son opinion est justifiée par les motifs les plus puissants. Les fonctions de juré ne ressemblent en effet en rien à celles de l'électeur : celles-ci sont en quelque sorte un commencement de représentation ; et comme l'un des principaux objets est le vote de l'impôt, il était naturel que l'impôt lui-même devînt la base du droit d'élection comme le droit d'éligibilité. Peut-être sentira-t-on plus tard que d'autres bases pouvaient aussi être admises, et que d'autres capacités que celle du cens devraient aussi conférer le droit de participer à l'élection... »

Tous les changements à la loi sur l'organisation du jury avaient été faits par la Chambre malgré le ministère. Il réussit à faire rejeter la proposition du député Boucher qui demandait que tout membre de la Chambre élective cessât d'en faire partie le jour même où il était appelé à un emploi amovible par le Gouvernement. C'était la question des *incompatibilités* du mandat de député avec les fonctions administratives, qui a été agitée pendant toute la durée de la monarchie de Juillet, que la Révolution de 1848 a tranchée, et dont la Restauration impériale avait refait une actualité (1).

La session de 1827 se termina par le vote du budget de 1828 qui fut fixé à 930,000,000 pour le chapitre des dépenses. Mais il y avait

---

[1] On équivoquait alors sur la question des *chambellans* en objectant que les gages de ces domestiques de cour étaient prélevés sur la cassette de leur maître ; mais qui emplissait la cassette de leur maître ?

longtemps que l'intérêt de la politique n'était plus uniquement concentré dans l'enceinte des Chambres législatives.

La revue de la garde nationale promise par le roi le 16 avril fut décidée le 25. Le lendemain 26, le commandant de la garde nationale maréchal Oudinot, duc de Reggio, adressa aux colonels des légions cet ordre du jour :

« Le roi ayant annoncé, à la parade du 16 de ce mois, que, pour donner une preuve de sa bienveillance et de sa satisfaction à la garde nationale de Paris, il avait l'intention de passer en revue les treize légions de cette garde, le maréchal commandant en chef a pris de nouveau les ordres de S. M., et prescrit en conséquence les dispositions suivantes :

« La garde nationale de Paris s'assemblera le 29 avril, à une heure, au Champ-de-Mars, où elle formera autant de lignes que son effectif le comportera, suivant la dimension du terrain qu'elle devra occuper. Les deux aides-majors généraux commanderont chacun six légions d'infanterie. La légion de cavalerie restera sous le commandement particulier de son colonel. Tous les sapeurs, tambours, musiques et trompettes, seront en tête des légions respectives. MM. les colonels conduiront eux-mêmes leurs légions sur le terrain, à la place qui leur sera indiquée. A la fin de la revue, chaque colonel après avoir défilé devant le Roi, à la tête de sa légion, la ramènera en bon ordre où elle se sera formée. »

Les ministres avaient essayé en vain de s'opposer à la résolution du roi. Après l'explosion de joie dont Paris avait été le théâtre à l'occasion du retrait de la loi sur la presse, ils avaient compris la force et la profondeur des haines auxquelles leurs personnes et leur système politique étaient en butte, et ils redoutaient pour le jour de la revue une nouvelle et plus significative manifestation de l'opinion publique. Il avait été question de réunir les troupes sur la place du Carrousel pour les isoler de la foule et de les entourer par surcroît de précautions d'un cordon sanitaire de gendarmerie. Mais le conseil des ministres ne put faire adopter ce point.

Le matin du dimanche 29 avril, tandis qu'un soleil déjà chaud brillait dans un ciel pur, et que la population parisienne affluait au Champ-de-Mars, dix-huit ou vingt mille hommes de garde nationale se massaient sur le terrain où devait avoir lieu la revue. A une heure, Charles X sortit des Tuileries. Il était accompagné du dauphin, du duc d'Orléans, du duc de Chartres et d'un état-major nombreux et chamarré comme il convient. La dauphine, la duchesse de

Berri, la duchesse d'Orléans suivaient en calèche découverte. Tout le long de la route et pendant la revue, Charles X fut accueilli par les cris de « Vive le roi! Vive le dauphin! » auxquels se mêlèrent avec persistance ceux de « Vive la Charte! Vive la liberté de la presse! A bas les ministres! » Devant le front de la septième légion, le roi entendit crier « Vive la Charte! » avec tant de force qu'il commit la maladresse de s'en offenser et de le témoigner par l'expression de son visage. Un citoyen sortit alors des rangs et dit : « Votre Majesté trouve-t-elle donc mauvais que sa garde nationale crie *Vive la Charte!* » Charles X répondit sèchement : « Je suis venu ici pour recevoir des hommages et non des leçons! » Et il passa. Cet incident donna lieu à une lettre de rectification signée Alphonse V., que publia deux jours après le *Constitutionnel*.

« J'ai lu, disait cette lettre, dans le *Journal de Paris* du 30 avril, qu'un garde national de la septième légion étant sorti des rangs avait proféré des paroles inconvenantes. Comme il est à ma connaissance qu'un seul garde national de cette légion soit sorti des rangs, dans l'intérêt de la vérité je dois vous déclarer que c'est moi, et que les seules paroles qui aient été proférées sont celles-ci : *Sire, permettez à votre garde nationale de crier :* « Vive la Charte! » La prétendue injonction (1) de sortir des rangs n'a point eu lieu à mon égard. »

Sur un autre point du Champ-de-Mars, Oudinot ayant ordonné à un officier de se saisir d'un garde de la deuxième légion, comme il y avait erreur de personne, celui qu'on voulait appréhender à tort s'avança et dit : « Ce n'est pas moi, Monsieur le maréchal, qui viens de crier « A bas les ministres! » Je le ferais pourtant sans me croire coupable; car les ministres sont responsables, et la plainte est permise aux citoyens. Comme citoyen, j'aurais donc le droit de répéter « A bas les ministres! » Et vous, vous n'auriez pas celui de m'arrêter. » Un murmure d'approbation générale accueillit ces paroles fermes et justes, et le citoyen rentra dans les rangs, sans que le commandant de la garde nationale osât se le faire livrer.

En rentrant aux Tuileries, après le défilé, Charles X dit à Oudinot : « Cela aurait pu se passer mieux; il y a eu quelques brouillons, mais la masse est bonne, et, au total, je suis satisfait. » Là-dessus le maréchal demanda au roi la permission de rédiger un ordre du jour

[1] Le *Journal de Paris* et la *Quotidienne* avaient raconté que le roi avait fait sortir le garde national qui criait le plus fort et que ses camarades l'avaient à l'instant dégradé et chassé.

pour féliciter la garde nationale sur sa tenue et lui exprimer la satisfaction royale. Charles X y consentit et voulut de plus que dès le lendemain chaque légion reçût trois décorations. Oudinot alla écrire son ordre du jour et revint le faire approuver au roi.

Les relations semi-officielles ou officieuses de la journée furent ce qu'elles sont sous tous les régimes en pareil cas :

« A cinq heures, le roi retourna aux Tuileries, à travers les flots de peuple qui se pressaient pour le voir. Jamais pareille multitude réunie sur un même point n'avait été animée de transports plus vifs et plus unanimes. Les quais, les ponts étaient couverts d'une multitude de spectateurs, et tous les degrés du palais de la Chambre des députés, disposés en amphithéâtre et garnis de femmes aux parures élégantes, offraient le coup d'œil le plus brillant.

« Ainsi s'est passée cette solennité, qui laissera de si profonds souvenirs, et qui a déjoué tant de coupables espérances. Applaudissons-nous de voir ainsi tous les partis se réunir autour de la royauté, qui, aujourd'hui encore comme toujours, aura été un gage de paix et d'union. » (*Étoile* du 29 avril au soir.)

« Durant ce trajet, Sa Majesté a pu se convaincre à loisir de l'amour de ses sujets, et ceux-ci ont dû être aussi touchés de l'aménité et de l'affabilité du prince sous lequel nous avons le bonheur de vivre.

« L'ordre le plus parfait a signalé cette brillante journée, dans laquelle on n'a pas eu à déplorer l'accident le plus léger. » (*Journal de Paris* du 30 au matin.)

Sans aller jusqu'à ce lyrisme les récits des journaux indépendants ne différaient pas beaucoup de ceux des feuilles agréables. A tous les yeux la situation apparaissait donc couleur de rose. Mais cela ne faisait pas le compte du ministère et de l'influence occulte dont il était l'instrument; et les précautions étaient prises de ce côté pour assombrir l'horizon et tirer parti d'un orage plus ou moins factice.

Le jour de la revue, les ministres, saisis d'une terreur vraie ou simulée, avaient fait renforcer les postes autour de leurs hôtels. Ils avaient généralement épargné aux regards du peuple la vue de la gendarmerie; mais ils avaient placé comme en embuscade au milieu des bâtiments en construction du quai d'Orsay, derrière une clôture en planches, un détachement de vétérans qui avait ordre de se tenir prêt à toute réquisition sans se montrer. Malheureusement, au retour du cortége, la force de l'habitude ou l'excès de l'enthousiasme l'emporta sur la consigne, et le tambour du détachement, en voyant passer le roi, battit aux champs. Cette petite mésaventure fit un assez triste effet et prêta fort à rire.

C'étaient, en somme, les acclamations favorables qui avaient surtout éclaté sur le passage du roi, tandis que sur le passage de la voiture où se trouvaient les princesses on avait plutôt crié : « A bas les ministres! » et aussi « A bas les Jésuites! » Plus tard, à la séance du 9 mai, le député Agier, colonel d'une légion de la garde nationale, fit allusion aux gens qui avaient constamment suivi la voiture en poussant ces cris et insinua qu'ils pourraient bien être tout autre chose que de véritables gardes nationaux.

Au retour de la revue, dans la rue de Rivoli et sur la place Vendôme les cris de « A bas les ministres! A bas les Jésuites! A bas Villèle! A bas Peyronnet! » se firent entendre avec plus d'intensité et de fréquence qu'au Champ-de-Mars, et redoublèrent sous les fenêtres du ministère des finances et du ministère de la justice. La nouvelle en parvint aux ministres réunis à l'ambassade d'Autriche où ils dînaient. Ils se rendirent au ministère de l'intérieur et y trouvèrent les rapports de police les plus alarmants.

Le directeur général de la police était alors un sieur Franchet-Despérey qui possédait et justifiait toute la confiance de la congrégation. Cet individu, fils d'un facteur de la poste aux lettres de Lyon, avait été chargé par les Jésuites, sous l'Empire, de leur correspondance avec Rome, et, à la fin, découvert, avait été enfermé à la prison de Sainte-Pélagie pendant les quatre dernières années du règne de Napoléon. La Restauration lui rendit la liberté, lui donna d'abord un chétif emploi dans l'administration des postes, puis l'éleva au grade de chef de division et lui dut le rétablissement du trop fameux *Cabinet noir* qui avait déjà fonctionné sous le régime de Brumaire et qui devait reparaître sous celui de Décembre. Nommé enfin directeur général de la police, il habita bientôt un hôtel séparé du ministère de l'intérieur et eut à sa disposition des bureaux particuliers et une gendarmerie spéciale. Créature des Jésuites, il était l'exécuteur tout-puissant des hautes et basses œuvres de la Compagnie.

Franchet-Despérey ne faillit pas à sa tâche dans les circonstances qu'il avait peut-être en partie préparées et dont en tout cas, il profita si bien. Il requit du ministre de l'intérieur Corbière, en résumant tous les rapports qu'il lui adressait sur les événements de la journée, l'adoption de mesures propres à venger sinon l'honneur des ministres, du moins celui des Jésuites. Corbière communiqua à ses collègues l'ensemble des pièces qu'il venait de recevoir de la direction de la police. Au sortir de cette réunion préparatoire les ministres se présentèrent aux Tuileries, et Villèle déclara à Charles X que, président d'un conseil qui avait été ignominieusement outragé durant un jour entier, il ne lui était plus possible de garder son portefeuille et qu'en conséquence il suppliait le roi d'accepter sa démission, à moins que par un licenciement général de la garde nationale un exemple imposant ne fût fait et la dignité du ministère placée au-dessus de toute insulte.

La duchesse d'Angoulême qui se rappelait les scènes de la première Révolution et dont l'imagination était vivement frappée par des manifestations qui lui semblaient en être ou tout au moins en présager le retour, insista vivement auprès de son oncle pour qu'il consentît à laisser examiner la question dans un conseil immédiat. Ce conseil eut lieu.

Corbière, Villèle, Damas et Clermont-Tonnerre soutinrent avec acharnement le parti de la dissolution complète de la garde nationale. Chabrol et Frayssinous ne voulaient admettre que la dissolution des compagnies qui seraient convaincues après enquête du fait d'avoir particulièrement poussé des cris outrageants ou séditieux. La Rochefoucault-Doudeauville était opposé à toute mesure semblable, partielle ou générale, et donna sa démission dès que la résolution extrême l'eut emporté dans le conseil. La délibération achevée, la majorité des ministres se rendit auprès du roi, et Charles X signa l'ordonnance de licenciement que lui présentait Corbière. Cette ordonnance, datée du 29 avril 1827, fut portée à minuit à l'imprimerie du *Moniteur* et parut le lendemain en tête de la *Partie officielle* dans ces termes brefs :

« Article unique. La garde nationale de Paris est licenciée. »

A une heure du matin, le maréchal Oudinot avait reçu une lettre brutale de Corbière qui le relevait de ses fonctions de commandant en chef. Clermont-Tonnerre lui expédia un peu à près le texte même de l'ordonnance. Le 30, à sept heures du matin, les postes que la garde nationale occupait dans Paris, aux Tuileries, à l'Etat-major et à l'Hôtel-de-ville, étaient remis à la garde royale. Dans la journée, La Rochefoucault-Doudeauville, qui avait adressé sa démission à Charles X, quitta l'hôtel du ministère de la maison du roi. Il ne fut point remplacé et son portefeuille se trouva supprimé.

Lorsque Paris, lorsque la France apprirent le coup d'État qui venait de s'accomplir en une nuit, la stupeur fut au comble, et ne cessa que pour faire place à la plus vive indignation, à la réprobation la

## FIN DE LA RESTAURATION

moins dissimulée. Le ministre de la guerre concentra des troupes dans Paris. Mais l'opinion publique était trop violemment surexcitée pour se laisser intimider par une pareille démonstration. Dans les théâtres, chaque soir, il n'était pas d'allusion si éloignée aux hommes et aux choses du moment qui ne fût aussitôt comprise ou faite par le public en proie à une sorte de fièvre.

Villèle s'abusait tellement sur l'effet produit par l'ordonnance du 29 avril, que le 6 mai il écrivait à Polignac, ambassadeur de France

Manuel.

à Londres : « La dissolution de la garde nationale a eu un plein succès ; les *mauvais* en ont été confondus, les *bons*[1] ralliés et encouragés. Paris n'a jamais été plus calme que depuis cet acte de sévérité, de justice et de vigueur. »

Ce que le premier ministre de Charles X et de la Congrégation

---

[1] On ne peut s'empêcher de sourire avec un profond sentiment de pitié et de dédain en retrouvant ces épithètes banales dans le répertoire classique de tous les despotismes que la France a vus depuis quatre-vingts ans s'élever par la ruse ou par la force, se maintenir pendant une certaine moyenne de temps par la violence et le mensonge, et tomber en jonchant de ruines le sol de la patrie.

qualifiait ainsi, fut, au contraire, la faute capitale du gouvernement de la Restauration. « Identifiant les intérêts de leur position et de leur personnalité avec les intérêts de la monarchie, M. de Villèle et ses collègues, dans cet acte de colère, affectaient de punir un outrage à la majesté royale, quand ils ne vengaient que leur propre injure ; au lieu de faire preuve de décision et de vigueur politique, ils ne montraient que la faiblesse de l'orgueil offensé. La violence n'est pas la force ; celle-ci impose, celle-là irrite. Ce fut ce dernier sentiment que la dissolution de la garde nationale fit naître dans toutes les classes de la population parisienne. Le service habituel de cette garde était gênant et onéreux pour la généralité des habitants ; ses ennuis furent aussitôt oubliés : on ne vit plus que l'offense ; chacun se regarda comme atteint dans son honneur de citoyen, comme défié par le ministère, et les plus placides eux-mêmes passèrent immédiatement à l'opposition. Ce nouveau ferment d'agitation et de haine, ajouté aux causes déjà si nombreuses de mécontentement qui existaient contre la monarchie des Bourbons, ne fut cependant pas, pour cette monarchie, le résultat le plus fâcheux de l'acte du 29 avril : non-seulement la garde nationale de Paris avait donné, depuis 1814, à la famille régnante le plus constant appui, mais, corps essentiellement modérateur et opposé, par sa composition même, aux commotions violentes et aux brusques changements politiques, cette garde s'était placée, dans tous les troubles, entre l'élément populaire et le gouvernement qui avait toujours trouvé en elle un puissant élément d'ordre et de pacification. Le moment devait venir où son intervention eût facilité à la royauté une transaction qui pouvait sauver Charles X et sa race ; mais, lorsque l'heure suprême sonna pour ce prince et pour les siens, ce moyen de salut leur manqua [1]. »

Cette heure n'avait pas sonné en 1827. L'opposition qui se faisait au ministère et à la Congrégation ne s'adressait pas encore à la dynastie et ne présentait encore aucun caractère sérieusement révolutionnaire. Le regain de royalisme que 1814 et 1815 avaient vu se produire en France après la moisson du 21 janvier 1793 n'était pas encore épuisé. La bourgeoisie tenait encore à la monarchie des Bourbons parce qu'elle la considérait encore comme utile à ses intérêts.

*Primus in orbe deos fecit timor*.......
La crainte fit d'abord les dieux dans l'univers,

a dit fort justement le grand poëte T. Lucretius Carus. Il eût pu

[1] Ach. de Vaulabelle, *Histoire des deux Restaurations*, t. VII, pages 300-301.

ajouter qu'elle fit aussi les rois. Cette crainte, imposée par la violence, secondée par la fourberie, trouva pour faire accepter les fétiches du ciel et ceux de la terre un auxiliaire puissant dans l'ignorance et la faiblesse de l'humanité, et les maladies morales de notre espèce furent vigoureusement entretenues par la tyrannie de tous les temps qui eut en elles un point d'appui et son unique raison d'être.

Le « droit divin, » en vertu duquel les rois se prétendent les représentants de la divinité sur la terre, et le sont en quelque sorte, puisque l'idée monarchique en politique correspond directement à l'idée monothéiste en religion, sans que l'une ait d'ailleurs plus de réalité et soit plus conforme à la justice que l'autre, le « droit divin » a poussé jusqu'aux confins de notre époque les derniers rameaux étiolés et rabougris d'un tronc mort et pourri. Mais en même temps, devant le progrès constant de la raison publique, dont les obstacles les plus savamment combinés ne pouvaient arrêter la marche, la tyrannie a senti la nécessité de se couvrir, comme d'un voile, du consentement national, et de rendre les peuples complices de leur propre asservissement. Cette seconde incarnation, après une durée plus courte, a eu sa fin comme la première. Dès aujourd'hui, la fiction du despotisme de source divine et celle du despotisme consenti sont également repoussées par tous les esprits sensés et par tous les caractères fermes. Il y a plus : un gouvernement quelconque n'est accepté, de nos jours, qu'en raison stricte de l'utilité qu'il semble présenter aux administrés pour l'expédition des affaires de la nation.

Le sentiment a disparu de la politique ; le respect superstitieux, la terreur sacrée, la tradition, la légende, le prestige, tous ces fantômes à la fois funestes et ridicules, n'y comptent plus pour rien. C'est l'incarnation *utilitaire* de la monarchie.

On ne saurait prévoir au juste quelle sera dans les pays où elle subsiste encore, la durée de cette incarnation qui s'est d'abord manifestée en 1814, et qui est évidemment la dernière ; mais, à voir la rapidité avec laquelle l'avenir envahit le présent, on ne peut douter que partout elle ne soit plus près de son terme que de son commencement.

Il est assuré maintenant qu'une forme de gouvernement, quelle qu'elle soit, ne prolongera pas son existence d'une minute, dès qu'elle aura été jugée, par une nation, inutile, ce qui est l'équivalent de nuisible, à ses intérêts et à son bien-être.

« Vous travaillez à vous rendre inutile, » disait un père au précepteur de son fils. On ne peut faire aux gouvernements monarchiques le même compliment. Ils se cramponnent de toute leur énergie à leurs fonctions, et cherchent, par les moyens même les moins avouables, à éterniser leur tutelle. Mais, par une heureuse compensation, les peuples, eux, travaillent incessamment à rendre leurs gouverneurs inutiles, et se préparent avec une activité de plus en plus grande à gérer eux-mêmes leurs affaires ; ils déclarent hautement qu'ils sont majeurs, et que c'est contre tout droit et toute justice qu'on leur détient le patrimoine de liberté qui leur appartient.

Trop souvent, en étudiant notre histoire moderne et contemporaine, on y rencontre des administrations décidées à ne reculer devant rien pour se perpétuer au pouvoir; dans le nombre, le ministère de Villèle se signala, comme nous allons le voir, par une impudence et une témérité toutes particulières, et mérite d'avoir eu les tristes imitateurs qui ne lui ont pas manqué plus tard.

## XXI

Clôture de la session de 1827. — Rétablissement de la censure. — Crimes et procès de l'abbé Contrafatto. — Mort de Manuel. — Ses Obsèques. — Voyage de Charles X à Saint-Omer. — Ordonnances du 5 novembre 1827. — Dissolution de la Chambre des députés. — Abolition de la censure. — Création de soixante-seize pairs. — Un préfet à *poigne*. — Lutte électorale vigoureusement et victorieusement soutenue par la presse. — Béranger. — Triomphe de tous les candidats de l'opposition à Paris. — Illuminations.

Dans les derniers jours du mois de mai, la Chambre des députés, n'ayant plus rien à son ordre du jour, ne s'était point réunie. Le 2 juin elle tint une séance pour entendre des rapports de pétition. On allait se séparer quand plusieurs membres interpellèrent le ministère sur les bruits de mesures violentes et de coup d'État qui couraient de tous côtés et entretenaient l'anxiété dans les esprits. Cet incident se transforma aussitôt en un orage parlementaire à la faveur duquel le ministère évita de répondre et fit lever la séance. La même chose se renouvela le 22 juin : mais Corbière, se précipitant à la tribune, escamota encore une fois toute possibilité d'explication en lisant l'ordonnance qui prononçait la clôture de la session, et ne donna même pas le temps à la Chambre d'adopter le procès-verbal de la séance du 2.

Le surlendemain 24, la censure était rétablie. L'absence des représentants de la nation ne suffisait pas aux ministres ; il leur fallait le silence des journaux. Ils agissaient comme des brigands avisés qui se sont introduits dans une maison pour y faire un mauvais coup : ils éteignaient les lumières.

A cette époque l'opinion publique, déjà si fortement hostile au clergé, trouva un aliment de plus à sa haine dans le crime et le procès d'un lubrique assassin, l'abbé Contrafatto. Heureusement d'autres émotions d'une nature plus saine et plus élevée firent diversion au spectacle de ces scandales. Manuel était mort le 20 août au château de Maisons, chez son ami Laffitte. Il fut enterré au cimetière du Père-Lachaise le 24. Une foule énorme s'était rendue à la barrière des Martyrs où le corps avait été amené et où le cortége devait se former. Les citoyens voulurent, comme au convoi funèbre de La Rochefoucauld-Liancourt, porter le cercueil, puis s'atteler au corbillard. La police et la gendarmerie ne le permirent pas. Toutefois le corps fut mené sans encombre le long des boulevards des Italiens jusqu'à sa destination. La Fayette, Béranger, Laffitte et Schönen prononcèrent des discours et la foule s'écoula paisiblement après avoir ainsi rendu au mort les honneurs qui lui étaient dus.

« Manuel avait une taille élevée, une figure pâle et mélancolique, une accentuation provençale mais sonore, et une grande simplicité de manières. Il déliait les difficultés plus qu'il ne les tranchait; il circulait avec une dextérité incomparable autour de chaque question : il l'interrogeait, il la palpait, il la sondait en quelque sorte dans les flancs et dans les reins, pour voir ce qu'elle renfermait, et il en rendait compte à l'assemblée sans omission et sans emphase. Il ne s'emportait pas de cris et de gestes, comme ces rhéteurs apoplectiques qui suent et pantèlent sous leur manteau... C'était un homme de haute raison, naturel et sans fard, toujours maître de lui-même, brillant et facile de langage, habile dans l'art d'exposer, de résumer et de conclure. Ces qualités séduisirent la Chambre des représentants dont il a été le plus considérable et presque le seul orateur, comme il a été le plus remarquable improvisateur du côté gauche sous la Restauration...

« C'était un homme d'une intrépidité calme et d'un cœur patriote et chaud, avec les manières les plus affables, les mœurs les plus douces et une honnêteté de principes toute naturelle, une retenue d'ambition et une modestie singulières... La Chambre punit Manuel d'avoir loué la Convention, et elle l'imitait. Manuel constata son droit jusqu'au bout, ne cédant qu'à la violence. Il fallut que la main d'un gendarme l'empoignât sur son siége et l'arrachât du sein de ses amis indignés.

« La foule du peuple qui, grossie d'une autre immense foule, devait plus tard se retrouver au triomphe de ses obsèques, accompagna chez lui le tribun démocrate. Mais la foule écoulée, la solitude et le silence se firent autour de l'illustre orateur. Les colléges électoraux d'alors eurent la lâcheté de ne pas le réélire, de ne pas essayer du moins ; tant il y a peu d'esprit civique en France ! Tant les services patriotiques n'y trouvent que des mémoires ingrates ! Tant les renommées y meurent vite [1] ! »

Peu de jours après, le 3 septembre, le roi partit pour aller assister à des manœuvres militaires qui devaient avoir lieu au camp de Saint-Omer. Pour cette occasion et pendant toute la route, on prodigua, comme de coutume, les arcs-de-triomphe, les discours, les acclamations, l'enthousiasme, les bannières, les devises, les guirlandes, les illuminations, les sonneries de cloches, les jeunes filles en blanc, les curés revêtus de leurs ornements sacerdotaux et entourés de leur clergé, tout le carnaval catholico-monarchique. Le bon Charles se grisa une fois de plus de cet encens banal et frelaté qui devait le griser encore et en griser plusieurs après lui, et, prenant son chemin par Arras, Amiens et Beauvais, rentra à Saint-Cloud le 20, enchanté du beau temps qui avait favorisé sa promenade et du succès qu'il avait eu.

Tandis qu'on s'efforçait d'amuser la France à ces bagatelles de la porte, le ministère préparait ses batteries dans l'ombre. Il les démasqua le 5 novembre.

Quatre ordonnances parurent.

En vertu de la première, la Chambre des députés était dissoute ; les colléges électoraux d'arrondissements étaient convoqués pour le 17, ceux de départements pour le 24 ; la session devait s'ouvrir le 5 février 1828.

La seconde abolissait de nouveau la censure : le tour étant joué, l'on n'avait plus besoin de la nuit.

La troisième créait soixante-seize pairs.

La quatrième désignait les présidents des colléges électoraux.

Irrité contre la Chambre des pairs depuis son attitude dans la question du droit d'aînesse, dans celle de la liberté de la presse, dans l'affaire Montlosier, Charles X avait dit : « La révolution est à la

---

[1] Timon, *Etudes sur les orateurs parlementaires*.

Chambre des pairs, il faut l'en chasser. » La nouvelle fournée avait donc pour but d'y arriver en déplaçant la majorité. Elle appelait à la Chambre les archevêques de Tours, d'Alby, d'Auch, d'Avignon, et l'archevêque *in partibus* d'Amasie, trois étrangers, les princes de Berghes Saint-Winoch, d'Aremberg et d'Hohenlohe; puis les congréganistes comme Frenilly, Kergorlay, Kergariou, Castelbajac, Forbin des Issarts, Sesmaisons, Chifflet, Rouigé, Maquillé, la Bouillerie, etc., etc.

Ces nominations faisaient des vides dans la Chambre élective et nécessitaient au moins des élections partielles. Les six élections qui avaient eu lieu dans le courant de l'année à Orléans, à Bayonne, à Rouen, à Mamers, à Meaux et à Saintes, avaient toutes été favorables aux adversaires du gouvernement et avaient fait entrer à la Chambre La Fayette et Laffite. Le cabinet craignit, en attendant davantage, de laisser à l'esprit d'opposition le temps de grandir et de s'étendre, et il se décida pour le parti de la dissolution.

Il eut recours, dans l'exécution de cette mesure, à une perfidie mesquine dont il n'eut pas tout le profit qu'il espérait. L'ordonnance royale, datée du 5, publiée le 6 par le *Moniteur*, reproduite le 7 par les divers journaux, fixait les élections au 17 et ne laissait ainsi aux électeurs de Paris que dix jours pour se concerter avant le vote, et quelques heures à ceux des extrémités méridionales de la France. Malgré le peu de temps dont elles disposaient dans ces conditions imprévues, toutes les nuances d'opposition s'entendirent, se coalisèrent et déjouèrent le piége qui leur avait été tendu. La *poigne* des préfets du temps n'y fit rien. Cependant leurs circulaires ne manquaient pas d'énergie, et l'on y trouve le digne modèle de celles dont nous avons, de nos jours, admiré le cynisme. C'est, par exemple, en ces termes naïfs qu'un baron Coster, préfet de la Haute-Vienne, recommandait à tous les fonctionaires de son département les candidats de « Sa Majesté » ou du gouvernement :

« Sa Majesté *désire* que la plupart des membres de la Chambre qui a terminé ses travaux *soient réélus*. Les présidents de collége sont *ses candidats*. Tous les fonctionnaires doivent au roi le concours de leurs démarches et de leurs efforts. S'ils sont électeurs, ils *doivent voter selon la pensée de Sa Majesté, indiquée par le choix des présidents*, et *faire voter* de même tous les électeurs sur lesquels ils peuvent avoir de l'influence. S'ils ne sont pas électeurs, ils doivent, par des démarches faites avec discrétion et *persévérance*, chercher à *déterminer les électeurs* qu'ils peuvent connaître à donner leur suffrage aux présidents. *Agir autrement ou même rester inactif, c'est refuser au gouvernement la coopération qu'on lui doit ; c'est se séparer de lui, et renoncer à ses fonctions.* »

Les journaux, rendus par l'abolition de la censure à une liberté relative, en usèrent avec une fiévreuse activité pour combattre les manœuvres violentes ou frauduleuses de l'administration, et lui firent une guerre sans merci. Le succès couronna tant d'efforts et une si juste cause. Il s'explique d'autant mieux que depuis longtemps, tout concourait à rendre l'opinion unanime, en dehors de la Congrégation et de ses adhérents, minorité infime dans la nation, et que l'opposition des dilettanti de la politique et du pays légal était soutenue et poussée en avant par celle des ouvriers, des prolétaires, des classes déshéritées, de la France tout entière. Un homme avait puissamment contribué à faire naître cet esprit dans la multitude et à l'y entretenir. Cet homme, c'était Béranger.

Nous n'avons pas la pensée de protester contre l'admiration presque universelle qui entoure le nom de Béranger. Nous n'aurons pas le mauvais goût de lui reprocher quelques couplets grivois, et nous ne pouvons qu'applaudir aux chansons qu'il a lancées comme des flèches acérées et mortelles contre le cléricalisme, le jésuitisme, et tous les tartufes religieux et politiques. Dans la guerre acharnée qu'il fit aux Bourbons ramenés en France par l'invasion étrangère, il se montra, comme on l'a appelé, le *poëte national* par excellence, et si tous ses chants patriotiques avaient l'élévation et la sérénité de sa belle ode intitulée la *Sainte-Alliance des Peuples*, il échapperait certainement à toute accusation de chauvinisme. Son erreur, nous dirions son crime si nous n'étions persuadé qu'en ce point il manqua d'intelligence et non de bonne foi, fut de créer la légende napoléonienne et d'en imprégner le peuple des villes, et surtout celui des campagnes, si profondément que ni le temps, ni les efforts persévérants qu'on y a employés n'ont pu encore laver complétement cette souillure et en purifier tout à fait le pays. Cette erreur, à jamais déplorable, fut d'ailleurs commune à Béranger avec la grande majorité du parti libéral, et nous avons déjà eu l'occasion de signaler et d'apprécier une telle situation et l'ordre de faits qu'elle engendra.

L'expérience nous donne le droit de dire que, si l'histoire ne se recommence pas, du moins le présent est toujours, dans une mesure quelconque, solidaire du passé, et que les divers despotismes se copient les uns les autres. Après avoir vu ce qui s'est passé récemment sous nos yeux, nous ne pouvons nous défendre de trouver de singu-

lières analogies entre certains événements de l'année 1827 et quelques-uns de ceux qui ont marqué les années 1869 et 1870, et de faire un rapprochement, qui n'a sans doute d'autre valeur que celle de la curiosité, entre l'histoire des derniers temps de la Restauration légitimiste, et l'histoire des derniers temps de la Restauration bonapartiste.

Les élections de 1827 eurent lieu à Paris le samedi 17 et le dimanche 18 novembre. Les huit candidats de l'opposition, Dupont (de l'Eure), Laffitte, Casimir Périer, Benjamin Constant, Ternaux, Royer-Collard, Louis, Schonen, passèrent à une immense majorité, et réunirent 6,700 suffrages contre 1,100 seulement donnés aux candidats ministériels. Royer-Collard se trouvait élu à la fois dans sept collèges différents. Benjamin Constant, dans le quatrième collège, fut nommé par 1035 voix, tandis que son concurrent n'en avait obtenu que 22. Le cabinet, qui avait compté sur la défaite à Paris, attendait la victoire dans les départements où les élections devaient avoir lieu le 24. Il l'organisa du mieux qu'il put, soit en exploitant les événements qui se produisirent à Paris, soit même en les faisant naître.

Lorsque, le dimanche soir, le résultat du scrutin fut connu, il y eut une explosion de satisfaction dans la ville. On illumina dans les quartiers Saint-Denis et Saint-Martin. Le calme, d'ailleurs, ne fut nullement troublé, et il en fut de même dans la journée du lundi. Pour le soir, de nouvelles et plus nombreuses illuminations étaient annoncées. Elles attirèrent dans les mêmes quartiers une foule considérable, animée par la joie et par la curiosité, mais inoffensive. On vendait des pétards et des fusées dont le bruit se mêlait aux cris fort innocents et nullement séditieux de la multitude. Cela dura ainsi jusqu'à neuf heures et demie. A partir de ce moment... Mais après la ressemblance étrange que nous venons d'indiquer plus haut entre les émeutes de novembre 1827, et celles de juin 1869 et de mai 1870, on serait peut-être tenté de croire que, par une pente naturelle et un entraînement involontaire, nous dénaturons sans même nous en apercevoir les faits du passé pour les faire concorder bon gré mal gré avec les faits contemporains. Nous allons donc mettre sous les yeux du lecteur le récit impartial écrit par l'estimable auteur de l'*Histoire des deux Restaurations* dont la première édition date de 1844. Nous nous bornerons à souligner les passages caractéristiques de cette citation instructive.

«.... A ce moment déjà avancé de la soirée, lorsque les curieux commençaient à se retirer, et quand les illuminations d'un certain nombre de maisons étaient déjà éteintes, *une bande de cinquante à soixante adolescents âgés de douze à quinze ans pour la plupart, vêtus de blouses en lambeaux ou portant des tabliers de travail*, fait tout à coup irruption dans la foule aux cris de : « Vivent les députés de l'opposition ! » cris auxquels se mêlent ces vivats étranges : « Vive l'Empereur (1) ! Des lampions ! » Ces nouveaux venus portaient dans leurs tabliers ou dans leurs blouses des pierres qu'ils lancent contre les fenêtres et les portes des maisons qui sont sans lumières ou dont les illuminations ont cessé. Des éclats de rire, des sons discordants accueillent la chute des carreaux brisés : les pétards éclatent en plus grand nombre ; quelques individus dirigent leurs fusées contre les chevaux et les voitures que le hasard amène dans cette direction. Refoulées par les pièces d'artifice qui les couvrent de feux, ces voitures ne tardent pas à encombrer plusieurs parties de rue et à former des espèces de barrière qui arrêtent le mouvement de la foule. Des quolibets moqueurs et des cris sont échangés entre les curieux retenus de chaque côté. Le spectacle de cet embarras et des scènes de confusion qu'il provoque pousse quelques enfants à s'emparer de plusieurs voitures de porteurs d'eau et de charrettes stationnées près du marché des Innocents ; ils s'en servent pour barrer cette partie de la rue. L'imitation se propage. Des maisons étaient en démolition à peu de distance de ce marché et de la rue Grenétat ; on prend les montants et les planches des échafaudages, on amasse des pierres, on apporte quelques pavés neufs réunis sur différents points pour la réparation de la chaussée ; on dispose tous ces matériaux en travers de la voie publique, et deux barrières nouvelles, germe encore informe de la barricade moderne, sont élevées. *Il était dix heures, aucun agent de police, pas un seul peloton de gendarmerie ne s'était encore montré ; les marchands de pétards, les adolescents munis de pierres et les constructeurs de barricades avaient pu se livrer en toute liberté à leur industrie, à leurs désordres ou à leurs jeux.* Enfin, à dix heures un quart, un détachement de gendarmerie débouche de la rue Grenétat. Accueillie par des pierres et par les cris de « A bas les gendarmes ! » cette troupe parcourt rapidement les rues encombrées, renverse les barricades, délivre les voitures, et rejette dans les rues latérales la foule enfermée entre ces différentes barrières. A mesure que les gendarmes s'éloignent, les

---

¹ Faut-il voir là une trace de la malheureuse influence des chansons napoléoniennes de Béranger ? une action quelconque du parti bonapartiste ? ou simplement une ruse grossière de police ? les trois hypothèses sont vraisemblables, et peut être la vérité est-elle dans le mélange des trois.

curieux reviennent, rétablissent les barricades au milieu des éclats de rire et des cris d'encouragement poussés par une foule de spectateurs qu'amuse la vue de ces scènes toutes nouvelles. Vers les onze heures et demie, de nouveaux détachements de gendarmerie pénètrent dans la rue Saint-Denis par ses deux extrémités opposées, les boulevards et la place du Châtelet. Les détachements partis de ce dernier point ne présentaient qu'une force assez faible ; arrivés devant la première barrière et accueillis à coups de pierres aux cris de « A bas les gendarmes ! » ils sont obligés de rétrograder, d'abord jusqu'au pont de Change, ensuite jusqu'à la préfecture de police. La troupe partie du boulevard était plus considérable, et composée de gendarmerie à pied et à cheval : elle descend la rue dans toute sa longueur, franchit et renverse toutes les barricades au milieu d'une grêle de pierres, et s'arrête sur le marché des Innocents, où elle prend position. *Une barricade placée en face du passage du Grand-Cerf, et qui était la plus considérable de toutes celles que ces détachements venaient de traverser, est immédiatement reconstruite, à la grande surprise des habitants, sans la moindre opposition, sur une dimension plus grande et avec plus de solidité que la première fois.*

« Pendant ce temps, la place du Châtelet, que la gendarmerie, ainsi qu'on vient de le voir, avait été contrainte d'abandonner, était occupée par d'autres détachements de troupes de la garde royale et de la ligne placés sous le commandement du colonel chef d'état-major de Divonne. Cet officier supérieur fait distribuer des cartouches et charger les armes. Bientôt, divisant sa troupe en trois colonnes que précèdent des commissaires de police, il dirige la première sur la barricade du Grand-Cerf, et la seconde sur une autre barricade construite près de l'église de Saint-Leu, que la gendarmerie avait également abattue *et qu'on avait rétablie sous les yeux d'un commissaire de police et d'un détachement de soldats stationnés à peu de distance, et demeurés immobiles.* Des pierres accueillirent, à son approche, la colonne chargée d'enlever la barricade du Grand-Cerf; *son chef, le capitaine Bouvier, ne prend pas le temps d'ordonner les sommations;* il commande de tirer ; un feu de peloton est dirigé contre la barricade et les maisons les plus proches ; *les soldats marchent ensuite sur la barricade; elle était abandonnée;* on la détruit. *Celle de Saint-Leu offre encore moins de résistance :* la colonne dirigée contre elle était conduite par le général de Montgardé, commandant de la 1re division militaire, en l'absence du comte de Coutard ; *les soldats n'eurent qu'à paraître pour s'en emparer.* En même temps que la troupe abordait ainsi de front ces deux obstacles, des pelotons de gendarmerie à pied et à cheval se répandaient dans les rues voisines, *et chargeaient à coups de sabre ou de baïonnette tous les individus qu'ils pouvaient atteindre, les curieux obstinés qui erraient dans ce quartier, comme les citoyens qui rentraient dans leurs demeures.* Peu d'heures après, *la morgue recevait plusieurs cadavres, et les hôpitaux un certain nombre d'ouvriers mortellement ou grièvement blessés.*

« Ces feux de peloton et ces charges avaient eu lieu entre minuit et demie et une heure du matin. Les journaux, en portant le lendemain, 20, à leurs lecteurs, la nouvelle des événements de la soirée, ne pouvaient donc leur en faire connaître que la partie la moins grave; ils relataient le commencement du désordre, les essais de barricades, les premières charges de la gendarmerie; mais leur récit s'arrêtait aux divers incidents survenus vers les dix heures et demie du soir. *La lecture de ces détails eut pour résultat, ainsi qu'il arrive toujours, d'attirer, le lendemain, sur le théâtre du tumulte, une masse de curieux plus considérable encore que la veille. Pour la seconde fois, la police était absente; d'agents, on n'en voyait pas un; de patrouille, pas même l'apparence.* Dès la chute du jour, des groupes nombreux paraissant appartenir à la classe ouvrière, stationnaient sur le boulevard, à l'entrée des rues Saint-Denis et Saint-Martin, et au coin des principales rues transversales. Vers les sept heures, ces groupes s'ébranlent et se divisent; les hommes qui les composent, accompagnés d'enfants encore armés de pierres, se précipitent dans les rues du quartier, aux cris de « des lampions! des lampions! » et, sans même donner aux habitants le temps de leur obéir, ils lancent leurs pierres avec une sorte de furie contre les devantures vitrées des boutiques et les fenêtres des appartements. Les boutiques se ferment; on illumine les étages supérieurs. Ces désordres, que la présence d'un seul peloton de garde nationale aurait arrêtés, lorsque cette garde existait encore, se propagent dans les quartiers voisins. *Plusieurs habitants dont les portes et les fenêtres sont assaillies par ces bandes de furieux invoquent en vain l'intervention de quelques postes voisins; on leur répond que la troupe ne peut quitter ses corps de garde. Ces citoyens arrêtent alors eux-mêmes les perturbateurs et les conduisent au poste; on refuse de les y recevoir en disant qu'on n'a pas d'ordres.* Un individu ivre, ou simulant l'ivresse, vêtu d'un habit militaire et coiffé d'un bonnet de police, jetait son bonnet par terre et le foulait aux pieds en criant : « Vive Napoléon! vive l'Empereur! » *Un gendarme vient à passer; on le sollicite d'arrêter cet ivrogne; il répond que ce n'est pas son affaire.* Un autre individu, revêtu d'un uniforme de la garde royale, entrait dans les boutiques et dans les magasins en criant : « Une révolution éclate! fermez vos boutiques! » *Des passants l'arrêtent et le conduisent au poste; cet homme est aussitôt relâché.* Pendant que ces scènes jetaient l'alarme dans une partie des quartiers du centre de Paris, les barricades renversées la veille se relevaient. Pas une parcelle des matériaux qui les composaient n'avait été enlevée : les planches, les poutres, les pierres, les pavés, étaient restés à la même place; on y avait laissé jusqu'aux outils de maçon qui avaient servi à les élever. *Durant deux heures, on put voir les mêmes individus qui les avaient formées le soir précédent les reconstruire à la lueur des lampions, en présence d'une foule de curieux et de soldats appartenant à plusieurs postes voisins, aussi paisiblement que s'ils se fussent livrés à l'acte le plus légal, au travail le plus régulier. Une de ces barricades s'élevait jusqu'à la hauteur d'un premier étage;* ses constructeurs, montés, pour plus d'aisance, sur l'auvent de la boutique d'un épicier, brisent, à coups de bâton, les fenêtres de l'appartement particulier de cet industriel, s'emparent de son logement, et répondent à ses réclamations par de mauvais traitements qui l'obligent à se retirer dans sa cave.

« De puissantes mesures militaires avaient cependant été prises : toutes les troupes de la garnison, gendarmerie, troupe de ligne et garde royale, se trouvaient placées sous les ordres du général commandant la division. Chaque soldat était pourvu de dix cartouches. Concentrée d'abord autour des Tuileries, une partie de ces forces, mises en mouvement lorsque la soirée était déjà assez avancée, vint occuper vers les dix heures les boulevards Saint-Denis et Saint-Martin, ainsi que la place du Châtelet. De forts détachements reçoivent l'ordre de se diriger contre les différentes barricades, que bientôt ils abordent sur plusieurs points à la fois. Cette troupe, les officiers comme les soldats, était décidée à faire son devoir : *mais quels ennemis les envoyait-on combattre; des citoyens sans armes et fêtant des élections dont le résultat vengeait l'armée d'un régime qui ne pesait pas moins durement sur elle que sur la population civile.* Deux détachements, arrivés devant les barricades qu'ils doivent enlever, sont accueillis à coups de pierre ; un commissaire de police enjoint au chef de bataillon Deshorties de commander le feu. « Je n'ai pas d'ordres à recevoir de vous, » répond cet officier; un autre commissaire de police fait la même injonction au capitaine Dabbadie, qui refuse également d'obéir. « Je ne veux pas échanger des balles contre des pierres, » dit-il. Les barricades placées devant ces deux officiers sont emportées et détruites sans effusion de sang. Il n'en devait pas être ainsi des barricades élevées à l'entrée de la rue Grenétat et devant le passage du Grand-Cerf. La colonne chargée de les renverser, conduite par M. de Fitz-James, colonel du 18ᵉ de ligne, arrive devant la rue Grenétat; des pierres, quelques pétards, a-t-on dit, sont lancés sur les premiers pelotons; le colonel, trompé par l'explosion de ces pièces d'artifice, qu'il prend pour des coups de pistolet ou de fusil, ordonne à ses soldats de tirer; des feux de file et de peloton sont dirigés sur la barricade, *qui est immédiatement évacuée* et détruite. La colonne marche ensuite sur la barricade du Grand-Cerf; *aucune résistance n'y est opposée aux soldats*, qui n'en déchargent pas moins leurs armes contre cette barrière et sur les maisons voisines; vainement le général de Montgardé, accouru au bruit de la première fusillade, ordonne de cesser le feu; la troupe continue à tirer dans toutes les directions, et ne s'arrête qu'après avoir usé une partie de ses cartouches. Des habitants sont tués à leurs fenêtres; des curieux et des passants tombent dans les rues latérales; la gendarmerie, dont les charges succèdent à ces feux, fait, dans un rayon assez étendu, un grand nombre de blessés (1). »

Avions-nous tort de dire que toutes les tyrannies, soit par dédain de l'opinion publique toujours si facilement trompée, soit par indigence d'imaginative, se reflètent servilement l'une l'autre, et n'est-ce pas le cas de répéter en l'appliquant à notre époque la parole connue : « Nous avons revu ce qu'avaient vu nos pères. » En vérité, si l'on voulait employer le jargon des théologiens, on dirait que les troubles de 1827 sont comme la *figure* de ceux de 1869 et de 1870.

Il arriva en 1827 ce qui s'est reproduit récemment, des causes analogues amenant des effets semblables : un gouvernement, qui avait intérêt à cette tactique, a tenté de changer une manifestation spontanée en un complot prémédité; la police a allumé ou, tout au moins, attisé un flambeau, à la lumière duquel des papillons étourdis sont venus se brûler. On déposa des plaintes contre le préfet de police Delavau et le directeur général Franchet-Despérey : la Cour royale rendit le 3 avril 1828 en faveur de ces deux fonctionnaires une ordonnance de non-lieu fondée sur ce que les auteurs de troubles n'avaient pu être découverts, la police n'en ayant signalé aucun à la magistrature; sur ce que les commissaires n'avaient reçu aucune instruction pour la répression des désordres; sur ce que pas un coup

---

[1] *Histoire des deux Restaurations*, t. VII, pages 322-328.

de feu n'avait été tiré, pas une pierre lancée contre les soldats, qui avaient chargé et tiré ou blessé des curieux et des passants ; sur ce qu'enfin Delavau avait écrit à Montgardé « de ne mettre ses troupes en mouvement qu'à onze heures pour ne pas gêner les manifestations de la joie populaire, et de ne pas compromettre les patrouilles. »

Le 24 novembre eurent lieu les élections des colléges de département ; celui de la Seine sans se laisser influencer par les émeutes du 19 et du 20, élut quatre candidats de l'opposition. En revanche, les électeurs de la province, sous le coup de la terreur que leur avait inspirée le récit savamment exagéré des événements de Paris, firent des choix ministériels. Malgré cela, il resta encore dans la Chambre à l'opposition une majorité de soixante voix.

A un autre point de vue, le Gouvernement ne pouvait se féliciter de l'effet qu'avait produit sa manœuvre. Depuis le temps de la Ligue, depuis le 12 mai 1588, il n'y avait pas eu de barricades dans Paris ; les *journées* de la grande Révolution s'étaient opérées par d'autres moyens, et, à partir du 13 vendémiaire an IV (5 octobre 1795), le repos de la rue n'avait plus été troublé. Le ministère Villèle dut comprendre qu'il avait joué avec le feu, et put constater que, si les troupes avaient fait ce qu'en langage officiel on appelle « leur devoir, » le dogme de l'obéissance passive avait toutefois reçu quelque atteinte du refus de deux officiers de tirer sur le peuple sans armes.

Dès le mois de mai de l'année précédente, le ministre de la guerre Clermont-Tonnerre avait soumis à Charles X un plan d'après lequel Paris devait être embastillé, non en vue de repousser l'ennemi du dehors, mais pour comprimer les mouvements révolutionnaires du dedans. Après les émeutes du 19 et 20 novembre 1827, on se mit à discuter ce plan en comité secret.

« Paris, avait dit Clermont-Tonnerre dans le long rapport qu'il lut au Conseil en 1826, et que nous résumons ici, Paris déjà si grand, tend constamment à s'accroître, et une force de choses irrésistible en fait une ville à la fois industrielle et commerçante, c'est-à-dire une ville où les soulèvements populaires sont le plus à redouter. Paris, cependant, est le centre du gouvernement ; et, en supposant que quelque jour il fût possible de transporter à Versailles la résidence du Roi, Paris exercera toujours sur la France une action si puissante, que le Gouvernement devra constamment être en mesure de maintenir cette grande capitale dans l'obéissance et le devoir.

« C'est surtout dans une vue militaire ; et pour pouvoir en cas d'attaque du Louvre, gagner en sûreté les Tuileries, que Henri IV a construit la galerie qui réunit le Louvre à ce palais.

« Quand Louis XIV fonda Versailles, le souvenir de la Fronde était présent à sa pensée, et on sait qu'il avait voulu, avant tout, s'éloigner de la capitale. Il fut même question, entre autres projets, de transporter sur la Loire le siége du Gouvernement. Au 6 octobre 1789, la prévoyance de ce prince eût été pleinement justifiée et la demeure de Louis XVI n'eût pas été si facilement attaquée (1).

« Lorsque Buonaparte s'établit aux Tuileries, il sentit plus qu'aucun autre la nécessité d'isoler le souverain et de le mettre à l'abri d'une immense population. Ce fut dans ce dessein qu'il entreprit de construire la nouvelle galerie, qui doit enceindre dans le palais même une immense place d'armes, ayant des débouchés sur toutes les faces : qu'il isola le jardin des Tuileries et fit percer la rue de Rivoli, dont le prolongement doit aller jusqu'à la colonnade du Louvre, afin de dégager entièrement les abords du palais, ainsi placé entre de longs espaces que le canon ou les charges de cavalerie peuvent balayer avec la plus grande facilité.

« La première disposition à l'aide de laquelle il avait appuyé son système était l'établissement d'une caserne en face du Pont-Royal, afin d'être ainsi le maître des deux rives de la Seine, et de conserver toujours sa communication libre avec les troupes casernées à Grenelle, à l'École militaire. Tenant plus grand compte de l'influence qu'exerce l'occupation des hauteurs sur les populations qu'elles dominent, il avait senti la nécessité de fortifier Chaillot. Le palais dit du *Roi de Rome*, placé en face de l'École militaire, dominant le pont d'Iéna, enfilant le cours entier de la rivière d'une part, et le développement de la rue de Rivoli, de l'autre, devait être construit de manière à remplir les conditions d'une véritable forteresse; il embrassait dans ses dépendances le grand plateau qui s'étend de la

---

1 On voit que l'idée anti-nationale et saugrenue de la « décapitalisation » de Paris ne date point d'aujourd'hui et que les partisans de cette chimère ont eu des précurseurs dignes d'eux.

Vauban avait conçu un plan de fortifications pour Paris, et, bien loin de vouloir transporter ailleurs le siége du gouvernement de la France, il s'était élevé, en 1706, contre ce projet insensé et avait écrit un Mémoire intitulé : *De l'importance dont Paris est à la France et soin que l'on doit prendre de sa conservation.* « Paris, y disait-il, c'est le vrai cœur du royaume, la mère commune des Français et l'abrégé de la France, par qui tous les peuples de ce grand État subsistent, et de qui le royaume ne saurait se passer sans déchoir considérablement de sa grandeur. » Nous ne pouvons entrer ici dans le détail. On lira avec fruit, à ce sujet, l'étude publiée du 1er au 4 janvier 1871 dans le *Journal Officiel de la République Française* par M. Eug. Gellion-Danglar, sous le titre de *Vauban*.

barrière de l'Étoile et de la hauteur des Bons-Hommes au Bois de Boulogne et à la route de Neuilly. Sur ce plateau on devait établir un immense jardin, entouré de fortes murailles ou de fossés profonds, qui en auraient fait au besoin un vaste camp retranché auquel seraient arrivées par toutes les routes et sans être obligées d'entrer dans Paris, les troupes de Versailles, de Courbevoie et de Saint-Denis, la garde impériale entière. »

Clermont-Tonnerre proposait l'adoption de ce plan. Il tenait sur-

Comte Roy.

tout à la construction la plus prompte possible d'une caserne fortifiée sur la hauteur de Chaillot. C'eût été le monument du *Trocadero*, destiné extérieurement à célébrer la gloire du duc d'Angoulême et de l'expédition d'Espagne. On devait diriger vers cet endroit de grandes voies de communications, dont la principale arrivait directement de la porte Maillot. Les alignements des rues, qui par la suite pouvaient être tracées à partir de ce plateau, eussent été conduites vers l'intérieur, de manière à ménager les vues que la hauteur de

Chaillot prend sur le cours du fleuve, sur les Champs-Élysées, les Tuileries et la rue de Rivoli. Il fallait ensuite construire de l'autre côté du pont d'Iéna une caserne de cavalerie et au pied de Chaillot une caserne d'artillerie. L'achèvement de la seconde galerie du Louvre et la prolongation de la rue de Rivoli jusqu'à la place de la Colonnade étaient présentés dans le projet de Clermont-Tonnerre comme un objet du plus haut intérêt aussi.

« Mais ce n'est pas assez, disait encore le ministre de la guerre, que le pouvoir se défende contre les soulèvements d'une grande ville, et qu'il s'assure les moyens d'en faire une exemplaire justice ; il faut autant que possible leur préparer des obstacles qui puissent les prévenir, ou les arrêter du moins dans leurs développements ; et, pour arriver à ce but, il existe un moyen simple, mais nécessaire à employer : c'est d'établir les casernes des régiments de la garnison de manière à présenter partout contre la population ameutée des moyens de résistance et de répression qui la contiennent dans le devoir. Ces casernes doivent être isolées ; elles doivent, autant que possible, contenir les régiments entiers. Leur construction devra présenter, au besoin, une grande résistance et donner une action directe et énergique sur les quartiers populeux à portée desquels on les aura placées....

« Par suite de grands désastres militaires, comme de grandes commotions politiques, ajoutait Clermont-Tonnerre en proposant l'établissement d'une grande citadelle à Montmartre, il peut être nécessaire de mettre en sûreté les objets les plus précieux, les trésors, les richesses du pays. Mais il y a de plus une évidente utilité à tenir près d'une grande ville une forteresse qui la commande et qui la contienne par la crainte, en même temps que, dans la supposition d'une guerre malheureuse, elle empêche que l'ennemi ne puisse occuper en paix la capitale, et ménage contre lui des retours offensifs. »

Charles X se repentit peut-être au 29 juillet 1830 d'avoir laissé ce plan à l'état de projet. On sait assez avec quelles modifications et dans quelles proportions les idées du premier Buonaparte furent reprises et appliquées, dans la question des fortifications de Paris et des routes stratégiques de cette capitale, par la monarchie de Louis-Philippe d'abord et par le régime de Décembre ensuite.

Si l'essai de révolution du mois de novembre avait pu faire songer quelques esprits rêveurs et leur suggérer l'idée qu'on ne s'en tiendrait pas toujours à un simple jeu, un incident qui survint au plus fort des troubles dut paraître à ces mêmes esprits comme le présage de la conclusion réservée à un mouvement ultérieur et plus sérieux. Nous voulons parler de la *lettre à Monsieur le duc d'Orléans* dont Cauchois-Lemaire était l'auteur et qui lui valut quinze mois de prison et 2000 francs d'amende. On y lisait :

« Allons, prince, un peu de courage! Echangez vos armoiries ducales contre la couronne civique! il reste, dans notre monarchie, une belle place à prendre, la place que La Fayette occuperait dans une république, celle de premier citoyen de France. Votre principauté n'est qu'un chétif canonicat auprès de cette royauté morale. Le peuple français est un grand enfant qui ne demande pas mieux que d'avoir un tuteur, soyez-le pour qu'il ne tombe pas en de méchantes mains, afin que le char si mal conduit ne verse pas; nous avons fait, de notre côté, tous nos efforts; essayez du vôtre, et saisissons ensemble la roue sur le penchant du précipice. »

L'apparition de cet écrit causa une profonde sensation de surprise dans le pays qui ne songeait pas à la royauté de la famille d'Orléans. C'était la première manifestation publique d'orléanisme, et comme un ballon d'essai. L'auteur, toutefois, dans son *Histoire de la Révolution de* 1830, se défend d'avoir voulu donner une telle portée à cet opuscule. « La *Lettre*, dit-il, ne faisait appel qu'à un chef d'opposition légale dans le chef de la branche cadette des Bourbons; mais l'intention était facile à interpréter d'une manière plus hostile à la branche aînée. Cette interprétation fut celle du public, de l'autorité, et enfin de la cour royale qui ajouta beaucoup, par une condamnation sévère, à l'importance du pamphlet. Le duc d'Orléans, ses amis surtout, désavouèrent vivement l'auteur; celui-ci en conclut qu'il avait frappé juste. »

Sans soupçonner la bonne foi de personne, il nous sera bien permis d'admirer la naïveté de ceux qui s'adressent à des princes pour fonder la liberté. Que de fois cette comédie puérile a été jouée dans le monde! Est-on enfin arrivé à comprendre que les princes, quels qu'ils soient, flattent et trompent bassement les peuples tant qu'ils aspirent à les gouverner et qu'aussitôt qu'ils ont le pied sur le cou d'une nation, ils ont pour occupation unique de se défendre contre toute révolte et contre tout mouvement de leurs esclaves, dont le moindre souffle détruirait le fragile et ruineux édifice du despotisme?

En présence de l'exaspération qu'avait causée dans le public la répression sanglante des troubles de novembre, et devant la majorité hostile à la Congrégation que les dernières élections venaient de faire entrer au Palais-Bourbon, Villèle dut se résigner à quitter le pouvoir. Il ne le fit pas sans avoir épuisé tous les moyens, tenté toutes les combinaisons, essuyé tous les affronts pour s'y maintenir. La désunion s'était mise entre lui et ses collègues, et tous échangeaient avec lui des reproches amers. Nul ne voulut s'allier à lui pour former une nouvelle administration dont il aurait été le chef. Il alla jusqu'à se plaindre ouvertement des exigences intolérables de la Compagnie de Jésus. Tout fut en vain. Il fallut tomber.

En d'autres temps, la nouvelle de la victoire de Navarin qui avait été remportée sur les Turks le 20 octobre par les flottes combinées de la France, de l'Angleterre et de la Russie eût suffi à retarder la chute du ministère. Mais les passions politiques étaient trop surexcitées et l'attention publique trop vivement sollicitée par les complications de l'intérieur pour se laisser distraire par quoi que ce fût. On attendait la nomination du nouveau cabinet pour le 1er janvier 1828. Le *Moniteur* ne parla que le 5.

Avant d'aller plus loin, nous devons reprendre le récit de la guerre de l'indépendance hellénique au point où nous l'avons laissé, c'est-à-dire à la signature du traité de Londres, le 6 juillet 1827.

## XXII

Affaires de Grèce. — Politique du pacha d'Egypte Mohammed-Aly. — La flotte égyptienne, commandée par Ibrahim-pacha, fils de Mohammed-Aly, entre au port de Navarin. — Pourparlers entre Ibrahim-pacha et les amiraux des escadres combinées. — Mauvaise foi d'Ibrahim-pacha. — Lettre qui lui est adressée par les trois amiraux. — Bataille de Navarin. — Anéantissement de la flotte turko-égyptienne. — Attitude cynique du gouvernement anglais.

On se rappelle que le deuxième paragraphe de l'article additionnel et secret à ce traité était ainsi conçu :

« Si, dans l'espace d'un mois, la Porte n'accepte pas l'armistice

NOTA. Cette partie de sommaire appartient au chapitre précédent :
Emeutes. — Rapprochement entre la nature des troubles de novembre 1827 et celle des troubles de juin 1869 et de mai 1870. — Les hommes en blouses. — Attitude étrange de la police. — Un capitaine et un chef de bataillon refusent de tirer sur le peuple sans armes. — Le colonel de Fitz-James commande le feu. — Nombreuses victimes parmi les curieux et les passants. — Plaintes portées contre le préfet et le directeur général de la police. — Ordonnance de non-lieu rendue par la cour royale. — Élections des collèges du département. — La Seine élit quatre députés de l'opposition ; la province envoie des ministériels. — Majorité de soixante voix dans le chambre contre le ministère. — Projet de fortifier Paris. — Rapport du ministre de la guerre Clermont-Tonnerre à ce sujet. — Idée de la « décapitalisation » de Paris. — *Lettre à Monsieur le duc d'Orléans* par Cauchois-Lemaire. — Profonde sensation de surprise dans le pays. — Chute du ministère Villèle.

proposé dans le premier article du traité public, ou si les Grecs le refusent de leur côté, les hautes parties contractantes déclareront à celle des parties belligérantes qui voudra continuer les hostilités, ou à toutes les deux si cela devient nécessaire, que les dites hautes parties contractantes ont l'intention de prendre tous les moyens que les circonstances indiqueront comme convenables, pour obtenir l'effet immédiat de l'armistice, en empêchant, autant qu'il leur sera possible, toute collision entre les parties belligérantes ; et, en effet, immédiatement après la déclaration susdite, les hautes parties contractantes emploieront conjointement tous les moyens en leur pouvoir pour atteindre le but de la dite déclaration, *sans cependant prendre une part quelconque aux hostilités entre les deux parties en contestation.*

« En conséquence, les hautes parties contractantes, immédiatement après la signature de cet article additionnel et secret, transmettront aux amiraux commandant leurs escadres dans les mers du Levant des instructions conformes aux prévisions de cet article. »

Il n'y avait rien là qui pût faire prévoir les événements qui ne tardèrent pas à suivre. La publicité donnée en Angleterre aux stipulations de cet article qualifié de secret fut sans doute considérée par les puissances en général et par le cabinet de Londres en particulier comme n'étant qu'un moyen d'intimidation à l'adresse de la Porte Ottomane, et il demeurait bien entendu que ni la France, ni l'Angleterre, ni la Russie ne devaient *prendre une part quelconque aux hostilités.*

Le traité public fut notifié au sultan Makhmoud II le 16 août. Continuant à marcher dans la voie où il s'était engagé, celui-ci n'en tint nul compte, prescrivit des levées d'hommes dans tout son empire et pressa la soumission de la Grèce rebelle. L'armistice, comme la médiation, était repoussé.

Les consuls de France, d'Angleterre et de Russie communiquèrent également la teneur du traité de Londres au pacha d'Égypte Mohammed-Aly. Sans doute il eût été dans l'intérêt des vues ambitieuses que nourrissait l'heureux aventurier de Kavala et qu'il manifesta peu d'années après en se révoltant ouvertement contre son suzerain, de saisir le moment où ce suzerain était affaibli et presque épuisé, pour se joindre à ses ennemis et partager ses dépouilles, ou du moins, si la diplomatie européenne ne consentait pas à un démembrement de la Turkie, de le laisser seul se débattre contre les difficultés qui l'assaillaient, afin de mettre ensuite à profit son impuissance pour atteindre le but caressé en secret. Mohammed-Aly n'en fit rien; et, sans s'arrêter à l'injonction que lui adressaient les consuls de suspendre tout envoi de troupes, il expédia d'Alexandrie une flotte qui portait 4,000 hommes, plusieurs centaines de chevaux, des vivres, des munitions, et un million de piastres espagnoles. Nous avons vu récemment un des successeurs de Mohammed-Aly, le vice-roi Ismaïl-pacha, commettre la même faute et concourir à la répression de l'insurrection crétoise en fournissant au sultan Abd-al-Aziz des soldats et de l'argent, qu'il eût mieux fait de garder pour conquérir l'indépendance après laquelle il affecte de soupirer. Il y a là certainement autre chose qu'une erreur de politique. Il y a le préjugé ou l'instinct de la solidarité religieuse unissant les sectateurs d'un même culte contre les nations attachées à un culte différent et dominant impérieusement toute autre préoccupation. Solyman II a pu, au XVIe siècle, s'allier avec des chrétiens contre des chrétiens; il ne se serait pas allié avec des chrétiens contre des musulmans.

La flotte égyptienne commandée par Ibrahim-pacha entra du 9 au 15 septembre dans le port de Navarin. Dès le 7 juillet, chacune des puissances qui avaient signé le traité du 6, avait expédié dans les eaux de la Grèce quatre vaisseaux de ligne, quatre frégates et quatre bâtiments, avec l'ordre aux trois amiraux, Rigny, Edward Codrington et Heiden, de soumettre les forts occupés par la marine ottomane à un blocus rigoureux. Les flottes combinées accomplirent leur mission. Communication fut donnée à Ibrahim des dispositions du traité. Il répondit qu'il n'était pas dans l'intention de commencer les hostilités, qu'il attendrait les ordres du sultan et qu'il y obéirait, quels qu'ils pussent être. Le 25 septembre l'amiral français et l'amiral anglais eurent une entrevue avec le pacha et lui demandèrent d'accéder à la suspension d'armes que le gouvernement grec s'était empressé d'accepter; Ibrahim consentit seulement à écrire à Stamboul et au Kaire pour solliciter de nouveaux ordres et à demeurer dans l'inaction jusqu'à l'arrivée des réponses. Convaincu que rien n'obligeait un musulman à garder la parole donnée à des infidèles, le fils de Mohammed-Aly n'avait fait cette promesse qu'avec l'intention bien arrêtée de la violer. Il n'y éprouva, en effet, aucun scrupule. A peine Codrington et Rigny s'étaient-ils retirés l'un à Zante, l'autre à Milo, laissant en observation devant Navarin la frégate anglaise le *Dartmouth* et la frégate française l'*Armide*, que des vaisseaux égyptiens rompirent le blocus et furent contraints par les Anglais de rentrer au port. Une seconde tentative pareille fut réprimée de même. Le

18 octobre l'amiral russe avec sa flotte vint se réunir aux deux autres. Tous trois résolurent de prendre position dans l'intérieur même de la rade de Navarin pour empêcher sûrement toute violation nouvelle des conditions acceptées par Ibrahim-pacha. Ils avaient auparavant adressé au général égyptien la lettre que voici :

A bord du vaisseau de S. M. Britannique, l'*Asia*, le 9 octobre 1827.

« Altesse,

« Des informations très-positives qui nous arrivent de toutes parts, nous annoncent que de nombreux détachements de votre armée parcourent dans différents sens la partie occidentale de la Morée ; qu'ils dévastent, détruisent, brûlent, arrachent les arbres, les vignes et toutes les productions végétales ; qu'ils se hâtent enfin de faire de cette contrée un véritable désert.

« Nous apprenons de plus qu'une expédition est préparée contre le district de Maïna, et que déjà des forces avancent dans cette direction.

« Tous ces actes de violence extrême se passent sous nos yeux, pour ainsi dire, et au mépris de l'armistice que Votre Altesse s'est engagée, sous sa parole d'honneur, d'observer fidèlement jusqu'au retour de ses courriers; armistice en faveur duquel la rentrée de la flotte à Navarin lui fut accordée le 7 octobre dernier.

« Les soussignés se voient dans la pénible obligation de vous déclarer aujourd'hui qu'une pareille conduite de votre part, et une violation aussi étrange de vos engagements, vous placent, *Monsieur* (1), hors la loi des nations et en dehors des traités existants entre leurs cours et la Porte Ottomane. Il y a plus : les soussignés considèrent les dévastations qui se commettent en ce moment même par vos ordres comme directement contraires aux intérêts de votre souverain, qui pourrait perdre en raison de ces dévastations, les avantages réels que le traité de Londres lui assure sur la Grèce.

« Les soussignés demandent à Votre Altesse une réponse catégorique et prompte à la présente notification, et lui laissent à prévoir les conséquences immédiates d'un refus ou d'une tergiversation. »

Cette lettre fut renvoyée aux amiraux sans réponse. Alors le mou-

---

1. Rien ne devait blesser plus vivement un Turko-Egyptien, un Musulman, que cette appellation réservée dans son pays, et dans sa pensée, aux Européens, aux chrétiens, avec une certaine nuance de mépris.

vement dont ils avaient décidé l'exécution fut opéré avec une précision et une audace remarquables.

La flotte turke, commandée par le vice-amiral Taher-pacha, s'étendait sur une triple ligne en forme de croissant, autour de la baie de Navarin ; six brûlots étaient placés à l'entrée du port sur les cornes du croissant. Cette flotte se composait de trois vaisseaux de ligne, d'un vaisseau rasé, de seize frégates, de vingt-sept grandes corvettes, de vingt-sept bricks, de plusieurs bâtiments de transport, et des six brûlots dont nous venons de parler. Les escadres alliées, dont Edward Codrington devait le commandement en chef à son âge, formaient un effectif de dix vaisseaux de ligne, dix frégates, une corvette et quelques bâtiments légers. Le 20 octobre à midi, sous un ciel pur qu'illuminait un soleil radieux, et dans le plus grand silence, elles s'avancèrent en deux colonnes composées d'abord des escadres anglaise et française, puis de l'escadre russe, et se rangèrent dans un arc correspondant à celui des ennemis. Le vaisseau amiral anglais l'*Asia* alla mouiller dans les eaux du port même en face du vaisseau amiral ottoman. La *Sirène*, portant le pavillon du contre-amiral de France, prit position entre trois frégates égyptiennes. L'*Azof*, portant le pavillon du vice-amiral russe, fit face à cinq bâtiments turks.

Les lieux où le sort de la Grèce moderne allait se décider étaient célèbres depuis une haute antiquité.

On ne peut fixer à une époque certaine l'origine de Pylos, où régnait le sage Nestor. Cette ville fut une de celles qui résistèrent le plus longtemps aux Spartiates dans la seconde guerre de Messénie près de sept siècles avant l'ère vulgaire. Elle joua plus tard un rôle important dans la guerre du Péloponèse, et Kléon vint s'emparer de l'île située en face de Pylos et où s'étaient réfugié un petit corps de Spartiates ; c'est ce que le poëte Aristophane, dans la comédie des *Chevaliers*, appelle *le gâteau de Sphaktiria*. Epaminondas rebâtit Pylos que se disputèrent longtemps les Messéniens et les Achéens. Annexée à la ligue achéenne, elle prit le nom de Koryphasion. On la retrouve au $VI^e$ siècle de l'ère vulgaire nommée Avarinos, sans doute de la colonie d'Avars qui s'y était établie. Vers 1278, Nicolas de Saint-Omer, seigneur frank, fit construire le château d'Avarinos. Dans la suite, le Palaio-Avarinos fut abandonné, et l'on descendit vers la côte où l'on fonda le Neo-Kastro ou Neo-Avarinos, le Navarin actuel. Les Turks s'emparèrent en 1500 de Neo-Avarinos ; les Vénitiens s'en rendirent maîtres à leur tour et y restèrent jusqu'en 1715.

« Navarin est bâti sur un promontoire rocheux peu élevé, au S. du

## FIN DE LA RESTAURATION

golfe du même nom, et dominé au S.-O. par un contrefort du mont San-Niccolo, qui porte la citadelle. La ville a été reconstruite et agrandie par les Français....

« La citadelle est très forte ; elle a été construite par les Français sur les ruines d'un vieux château vénitien ; le gouvernement actuel y a établi une prison et une grande caserne.

« Le fort de Navarin a une lieue dans tous les sens. Il est compris entre le promontoire de Coryphasium au N. et celui de Navarin au S.; l'île (Sphagia) forme une longue jetée naturelle qui le protége du côté de l'O. et masque la vue de la mer avec ses immenses rochers dentelés. Deux passes donnent accès dans la rade. La première, au S. et sous le feu de la citadelle, n'a que 500 mètres de large et se trouve encore resserrée par une petite chaîne de rochers à pic. La seconde passe, nommée Sikia, s'ouvre au N. entre Sphactérie et le promontoire de Coryphasium, et n'a que 200 mètres de largeur. Son peu de profondeur la rend inaccessible aux grandes embarcations.

« On prend une barque à Navarin et l'on traverse la passe du S. par laquelle les flottes alliées pénétrèrent pour aller se ranger devant la flotte ottomane embossée au N. du fort, près du promontoire de Coryphasium. A l'extrémité de l'île de Sphactérie et en vue de la haute mer se trouve le tombeau d'un officier français, du capitaine Mallet. Ce monument fut renversé par les paysans grecs pour extraire le plomb qui avait servi à en sceller les pierres. On longe ensuite, vers le N., les rochers nus et escarpés de Sphactérie jusqu'à la grotte pittoresque au fond de laquelle on trouve le tombeau du comte Santa-Rosa, une des premières victimes de la guerre de l'Indépendance. A droite, le rocher blanc de Koulonisi brille au milieu de la rade. En se dirigeant toujours au N., on aperçoit au fond de l'eau plusieurs carcasses de frégates turques, tristes débris du combat de Navarin. On double ensuite la pointe et les rochers de Turlori, près desquels l'eau n'a plus tout à coup que 1 mètre de profondeur. Puis, traversant la passe de Sikia, on débarque près des restes d'un môle antique, au pied du rocher Coryphasium....

« Le rocher Coyrphasium, que couronnaient l'antique Pylos et l'Avarinos du moyen âge, est borné à l'O. par la mer Ionienne, au N. par la baie circulaire de Voïdo-Kilia (Βοϊδοκοιλία, ventre de bœuf), à l'E. par l'étang d'Osman-Aga, situé au milieu d'une plaine sablonneuse, et au S. par la passe de Sikia. Ce rocher est coupé de tous les côtés par des escarpements abrupts, excepté au S.-E. où il s'abaisse vers la mer par une pente rapide.

« En partant des débris du môle antique, on monte par un vieux chemin vénitien fort escarpé, qui laisse à droite et à gauche d e débris cyclopéens et helléniques. On pénètre à travers les murailles franques dans l'enceinte d'Avarinos. Le sommet de la montagne où était bâtie la ville forme un grand plateau, qui se relève vers le N., et dont la partie la plus haute est occupée par les ruines du château franc. Ses murailles reposent en plusieurs endroits sur des fondations helléniques qui appartenaient sans doute à l'antique acropole. En descendant l'escarpement au N. de la montagne par un sentier, bon tout au plus pour les chèvres, au milieu de buissons d'érables et de figuiers, on atteint la grotte de Nestor. Elle a environ 20 mètres de haut sur 12 de large; sa voûte arrondie en cône est percée d'une ouverture qui communique avec le château et permet d'apercevoir le jour. C'est dans cette grotte, mentionnée par Pausanias, que Mercure conduisit les vaches qu'il avait enlevées à Apollon.

« En descendant toujours vers le N., on aperçoit des vestiges de murs antiques et des traces d'un escalier taillé dans le roc qui domine le port de Voïdo-Kilia. On peut revenir au môle qui a servit de point de départ, en suivant une route vénitienne resserrée contre l'escarpement du mont Coryphasium et l'étang d'Osman-Aga (1). »

Telle était la scène où le drame sanglant d'une bataille navale allait se dérouler dans toute son horreur. L'explosion du conflit armé, quelque inévitable qu'elle parût, n'était toutefois pas dans les intentions officielles et avouées des amiraux européens. Un fait brutal, soit fortuit, soit amené par la volonté des Ottomans dont la présomption avait hâte d'en finir par une victoire qui leur semblait certaine, engagea irrévocablement la lutte. Le canot du bâtiment de la marine britannique, le *Dartmouth*, portant un parlementaire, avait été envoyé vers les brûlots turks. Un coup de feu partit d'un de ces brûlots et tua l'aspirant anglais qui commandait le canot. Aussitôt, les matelots de l'embarcation répondent à cette attaque par des coups de fusil; le *Dartmouth* survient et engage une vive fusillade avec l'équipage du brûlot. Alors Edward Codrington envoie un parlementaire au vaisseau amiral turk pour l'inviter à faire cesser le feu; le pilote commandant l'embarcation anglaise est tué d'un coup de fusil, tandis qu'un coup de canon est tiré par le bâtiment égyptien l'*Esnina* sur la *Sirène*. Celle-ci riposte. Le combat devient général. Le bruit et la fumée emplissent la baie de Navarin.

---

[1] Ad. Joanne et Em. Isambert, *Itinéraire descriptif, historique et archéologique de l'Orient*. Grèce, Navarin, pages 218-220, *passim*, édition de 1861.

La *Sirène*, le *Scipion*, l'*Armide*, l'*Asia*, l'*Albion*, le *Genoa*, l'*Azof* se signalent entre tous. Le soleil n'était pas encore couché que tous les gros vaisseaux ottomans étaient coulés ou brûlés. Les pertes des Turko-Egyptiens s'élevèrent à six ou sept mille morts, et à mille blessés ; il faut y joindre, pour le matériel, trois vaisseaux de ligne, seize frégates, vingt-six corvettes, douze bricks et cinq brûlots. Les flottes combinées d'Angleterre, de France et de Russie ne comptèrent que cent quarante morts et trois cents blessés, et ne perdirent pas une chaloupe. Trois bâtiments anglais et deux français durent seulement être renvoyés en Angleterre et en France pour y être réparés.

Le Bulletin officiel de la bataille résume le récit des événements de la journée dans cette phrase : « Ainsi a été accomplie la menace faite à Ibrahim, que si un coup de canon était tiré sur les pavillons alliés, c'en était fait de sa flotte entière. »

La victoire de Navarin, à deux mille trois cent huit ans de distance, fut comme une seconde victoire de Salamine qui délivra la Grèce des Barbares.

Le gouvernement anglais montra avec une franchise dépouillée de tout déguisement, et que l'on pourrait presque taxer de cynisme, son mécontentement d'un succès qu'il n'avait ni recherché ni désiré. Le commandement de la flotte de la Méditerranée fut enlevé à l'amiral Edward Codrington puni par les Anglais d'avoir battu les Turks comme jadis Epaminondas l'avait été par les Thébains pour les avoir forcés de vaincre les Lacédémoniens. Le duc de Clarence, lord grand amiral, donna sa démission. Enfin, à l'ouverture de la session du Parlement, le 29 janvier 1828, le discours lu au nom du roi contient ce passage trop significatif :

« Une collision tout à fait inattendue a eu lieu entre les flottes des puissances contractantes et celles de la Porte Ottomane. Malgré la bravoure dont on a fait preuve en cette occasion, Sa Majesté se sent profondément affligée de ce combat contre les forces navales d'un ancien allié ; mais elle conserve les plus grandes espérances que cet événement sinistre ne sera pas suivi d'autres hostilités. »

L'Angleterre, de nos jours encore, conserve, comme une sorte de monopole, un amour ardent pour l'intégrité de l'empire ottoman. Cet amour est partagé à divers degrés par la diplomatie européenne, et le gouvernement du Deux-Décembre, en entreprenant la guerre de Crimée, s'est malheureusement traîné à la remorque de ce système d'équilibre pédantesque et suranné. Nous aurons l'occasion de revenir sur ce grave sujet, qui doit être compté au nombre des préoccupations les plus sérieuses de notre époque, et nous apprécierons avec la sévérité qu'elle mérite une politique internationale que condamnent à la fois la science, la morale et l'intérêt bien entendu des différents peuples de l'Europe.

Le gouvernement français, à l'occasion de la bataille de Navarin, fit preuve de plus de tact et se conduisit avec plus de dignité que le gouvernement britannique, et les plus vifs applaudissements, l'enthousiasme le plus bruyant, accueillirent ces paroles prononcées par Charles X dans son discours d'ouverture de la session des Chambres le 5 février 1828 :

« Mes relations avec les puissances de l'Europe continuent à être amicales et satisfaisantes. Les affaires d'Orient présentent seules quelques difficultés ; mais, le traité que j'ai signé avec le roi d'Angleterre et l'empereur de Russie a posé les bases de la pacification de la Grèce, et j'ai lieu d'espérer encore que les efforts de mes alliés et les miens triompheront, sans le secours de la force, des résistances de la Porte Ottomane.

« Le combat imprévu de Navarin a été à la fois une occasion de gloire pour nos armes et le gage le plus éclatant de l'union des trois pavillons. »

Deux raisons peuvent servir à expliquer ce langage du prince. Le dévot Charles X, le *roi Très-Chrétien, Fils aîné de l'Église*, considérait certainement avant tout la question grecque sous le point de vue particulier de la religion, et ne pouvait s'empêcher d'être fier de se montrer le champion de la foi contre les infidèles. D'un autre côté, nous avons dit toutes les répugnances que le ministère Villèle avait éprouvées à prendre part aux démarches collectives des puissances en faveur des Hellènes et à signer le traité de Londres. Mais ce ministère n'existait plus. Le 5 janvier 1828, le *Moniteur* avait publié une ordonnance en date de la veille, par laquelle un nouveau cabinet était constitué. Or, ce cabinet, que l'histoire connaît sous le nom de *Ministère Martignac*, se trouvait obligé par la force des circonstances à un libéralisme relatif dont profita un moment la cause des Grecs.

## XXIII

Ministère Martignac. — L'opinion publique, plus satisfaite de la disparition de l'ancienne administration que de l'élévation de la nouvelle. — Composition de la nouvelle chambre. — Difficulté d'y former une majorité. — Intrigues du parti clérical. — Ouverture de la session de 1828. — Discours du roi. — Vérification des pouvoirs. — Débats orageux. — Tentatives illusoires pour grouper une sorte de tiers-parti à la fois monarchique et libéral. — Discours du député Augustin de Leyval. — Déclaration solennelle de neutralité en matière électorale faite par Martignac à la tribune de la chambre des députés. — Démission des ministres Chabrol et Frayssinous. — Royer-Collard, président de la Chambre. — Hyde de Neuville, ministre de la marine, l'évêque Feutrier, ministre des Affaires ecclésiastiques. — Discussion et vote de l'Adresse. — Le système du ministère Villèle y est déclaré *déplorable*. — Réponse irritée et orgueilleuse du roi aux députés qui lui ont donné lecture de l'Adresse. — Vacance de quarante-cinq siéges à la Chambre des députés. — L'abbé de Pradt. — Réélections. — Réunions électorales publiques à Paris. — Elles sont interdites, et l'on ne tolère que les réunions privées. — Damas nommé gouverneur du duc de Bordeaux en remplacement du duc de Rivière, décédé.

La crise ministérielle avait duré longtemps, et l'enfantement de l'administration nouvelle avait été laborieux. Les efforts de Chabrol et de Saint-Cricq triomphèrent à la fin de toutes les difficultés et aboutirent aux nominations suivantes :

Martignac, à l'Intérieur ;

La Ferronays, aux Affaires étrangères ;

Portalis, à la Justice ;

Caux, à la Guerre, la présentation aux emplois vacants dans l'armée étant réservée au Dauphin ;

Roy, aux Finances ;

Saint-Cricq, au Commerce et aux manufactures, portefeuille de création nouvelle ;

Frayssinous, aux Affaires ecclésiastiques ;

Chabrol, à la Marine.

En même temps, Villèle, Corbière et Peyronnet étaient élevés à la pairie, et recevaient, avec Damas et Clermont-Tonnerre, le titre de Ministres d'Etat.

Ce cabinet, qui avait été si difficile à former, n'était pas définitif. Personne n'était nommé à l'Instruction publique dont l'administration venait d'être détachée du ministère des Affaires ecclésiastiques conformément à l'annonce qu'en avait faite le roi dans son discours d'ouverture de la session législative. Ce nouveau portefeuille fut confié en vertu d'ordonnances du 1er et du 10 février à Vatimesnil, magistrat violent, congréganiste enragé, qui étonna le public par le libéralisme fougueux de sa circulaire. Il fallait bien se mettre à l'unisson de la situation.

D'autres modifications étaient imminentes ; les journaux proclamaient tous les jours la dissolution du cabinet, et publiaient des listes de ministres. Delavau, destitué des fonctions de préfet de police, avait cédé son poste à Debelleyme, et la suppression de la direction de la police avait amené la chute de Franchet-Despérey.

En présence de ces tâtonnements, de ces incertitudes, de ces demi-mesures, l'opinion publique était plus charmée de la disparition de l'ancienne administration que de l'élévation de la nouvelle. Le mouvement ne lui semblait ni assez accéléré ni assez accentué dans le sens libéral. Le garde des sceaux avait cru lui donner une grande satisfaction en nommant, le 22 janvier, une commission de neuf membres pour « examiner les mesures que pouvait nécessiter l'exécution des lois du royaume dans l'enseignement des écoles ecclésiastiques secondaires. » Il mécontenta tout le monde. Les Jésuites et leurs adhérents crièrent au scandale et à la persécution. Les libéraux ne virent, dans la création de la commission, qu'une fourberie politique et un moyen habile de traîner en longueur et d'ajourner indéfiniment la solution d'une question que l'histoire et la législation avaient tranchée depuis longtemps, et se tinrent avec beaucoup de raison en garde contre le cléricalisme et la partialité inévitable de la plupart des membres de cette commission : c'étaient l'archevêque de Paris, Hyacinthe de Quélen ; l'évêque de Beauvais, Feutrier[1] ; les pairs de France, Lainé, Séguier, Mounier ; les députés, Alexis de Noailles, La Bourdonnaie, Dupin aîné, le conseiller de l'Université Courville.

La composition de la Chambre des députés, produit des récentes élections générales, ne présentait rien de plus net et de plus déterminé que celle du ministère. La majorité en était indécise, ou, pour mieux dire, inconnue, et il semblait difficile d'en constituer une avec les groupes nombreux entre lesquels se divisait la représentation nationale. La gauche libérale comprenait environ cent soixante-dix membres qui se réunissaient rue de la Grange-Batelière ; les journaux congréganistes trouvaient plaisant d'appeler cette réunion le *Club des Jacobins*. La droite comptait cent vingt-cinq à cent trente membres, qui se rassemblaient chez le député Piet. Soixante-dix dé-

---

[1] Celui-ci, nommé ministre des Affaires ecclésiastiques, fut remplacé dans la commission par l'archevêque d'Alby.

putés se partageaient entre l'extrême droite, dont le chef était La Bourdonnaie, et le centre droit, qui était dirigé par Hyde de Neuville, Delalot et Agier. Les membres de la réunion Agier disposaient en quelque sorte de la majorité qu'ils pouvaient former en se portant soit à droite, soit à gauche.

Le parti clérical n'avait rien perdu de son énergie et de son esprit d'intrigue. Le 25 janvier, les « fidèles » furent invités, par une circulaire, « à faire une neuvaine, sous l'invocation de Saint-Ignace, pour la conservation des Jésuites. » Le 31, l'archevêque de Paris publia un mandement dans lequel il recommandait de réciter les prières au « Sacré-Cœur de Marie » et au « Sacré-Cœur de Jésus » pour appeler la bénédiction divine sur les travaux de la Chambre des députés. Le 4 février, tous les membres de l'assemblée reçurent une brochure qui avait pour titre : *Défense de l'Ordre des Jésuites.*

Le 5, Charles X ouvrit la session de 1828.

Nous avons déjà cité le passage de son discours relatif à la question grecque et nous avons dit quelles chaleureuses acclamations ce passage avait excitées. D'autres endroits offraient encore un certain intérêt, soit à l'égard des relations extérieures de la France, soit au sujet des affaires intérieures. Tels étaient les suivants :

« La Péninsule fut longtemps pour nous une cause de sacrifices ; ils touchent à leur terme ; rassurée sur ses frontières, l'Espagne s'occupe avec persévérance du soin d'étouffer dans son sein le déplorable germe des discordes civiles ; tout m'annonce que je pourrai très-incessamment, d'accord avec le roi mon neveu, rendre mes soldats à leur patrie, et soulager mes peuples d'un pénible fardeau.

« Un blocus rigoureux, dont le terme est fixé au jour où j'aurai reçu la satisfaction qui m'est due, contient et punit Alger, et protége le commerce français.

« Dans des parages lointains, et sous la domination incertaine de gouvernements naissants, votre pavillon a éprouvé quelques agressions ; mais j'ai ordonné qu'on exigeât de justes réparations, et j'ai prescrit des mesures qui mettront désormais à l'abri de tout dommage la fortune de mes sujets.....

« J'ai appelé mon fils à intervenir dans les promotions militaires. L'armée trouvera dans cette disposition nouvelle le témoignage le plus assuré de ma bienveillance pour elle.

« Le développement progressif du commerce et de l'industrie, cette gloire des États pacifiques, a accru leurs besoins et sollicité des débouchés plus nombreux. J'ai voulu qu'un ministre, créé dans leur intérêt, reçût la mission spéciale de me proposer tout ce qui sera propre à seconder leur activité toujours croissante.

« Quelle que soit l'intimité des rapports qui doivent exister entre la religion et l'éducation des hommes, l'instruction publique et les affaires ecclésiastiques m'ont paru exiger une direction séparée, et j'en ai ordonné la division.

« Voulant affermir de plus en plus dans mes Etats la Charte qui fut octroyée par mon frère, et que j'ai juré de maintenir, je veillerai à ce qu'on travaille avec sagesse et maturité à mettre notre législation en harmonie avec elle.

« Quelques hautes questions d'administration publique ont été signalées à ma sollicitude. Convaincu que la force des trônes est, après la protection divine, dans l'observation des lois, j'ai ordonné que ces questions fussent approfondies et que leur discussion fît briller la vérité, premier besoin des princes et des peuples. »

La vérification des pouvoirs de la Chambre dura quinze jours et donna lieu à des débats orageux ; là furent mises à nu toutes les plaies de la corruption électorale, de la pression administrative ; là furent révélées toutes les ruses honteuses et toutes les violences tyranniques dont le ministère Villèle s'était rendu coupable pour extorquer un triomphe qui lui avait échappé. On vit dans ces débats se reproduire l'illusion qui n'était pas nouvelle et qui s'est fait jour depuis à diverses époques et dans des circonstances plus ou moins analogues, illusion grâce à laquelle des politiques à courte vue ont pu croire à la possibilité d'une alliance sincère et féconde entre la liberté et le pouvoir monarchique. C'est ainsi que le député Augustin de Leyval, royaliste décidé qui avait voté souvent avec l'opposition libérale, s'écria :

« S'il fut en France deux peuples dans le même peuple, ils se sont donné le signe de paix. On nous parle de trouble, de révolution. Personne plus que moi n'a en horreur l'anarchie et le despotisme : ils m'ont ravi mes parents, ma fortune ; ils ont abreuvé mon enfance d'amertume et de misère. Mais, s'il m'en est resté des impressions profondes, elles n'offusquent ni mon sens ni ma raison ; des fantômes, quelque hideux qu'ils soient, ne sont pour moi que des fantômes.

« Et la Révolution, où donc est-elle ? La Charte a tué le monstre, et ce n'est qu'en voulant tuer la Charte qu'on peut le faire revivre. Il est des temps où les peuples semblent avoir besoin d'anarchie ; il en est d'autres où ils ne veulent que la raison ; ces derniers temps sont venus pour la France : tant de vicissitudes dans les événements, tant de bonnes et de mauvaises fortunes, tant de joies étouffées à leur naissance, tant de triomphes suivis de promptes défaites, ont dissipé les fumées et l'ivresse politique. L'aménité naturelle de nos mœurs, nos habitudes bienveillantes et polies, ont rapproché les hommes ennuyés de se haïr. Dans leurs rapports plus confiants et plus faciles, les opinions se sont par degrés adoucies et confondues. Que vous dirai-je enfin ? le royalisme est devenu libéral, et le libéralisme est devenu monarchique. »

L'amiral de Rigny.

De telles paroles, prononcées par un député du centre, laissèrent la droite impassible, mais elles furent couvertes d'applaudissements par la gauche. Le centre et la gauche de 1828 étaient sans doute de bonne foi dans leur erreur. Il n'en a pas toujours été ainsi dans les tentatives subséquentes qui ont été faites pour concilier la liberté et le despotisme, le chaud et le froid, la lumière et les ténèbres. Nous avons vu des bateleurs politiques arpenter bruyamment les tréteaux du gouvernement en agitant une contre-façon grossière du drapeau de la liberté, en amuser les badauds par leurs tours et leurs gambades, et, la parade finie, se gausser du monde en empochant son argent.

La discussion prolongée et retentissante qu'avait soulevée la vérification des pouvoirs pourrait porter le titre d'une comédie de Shakespeare : *Beaucoup de bruit pour rien :* elle n'aboutit qu'à faire annuler les cinq nominations du département des Vosges, et une élection particulière, et amena la démission de deux députés seulement. Dans le cours des débats, le chef du nouveau cabinet, Martignac, avait fait cette déclaration, tant de fois renouvelée par tant de gouvernements :

« Nous n'exercerons jamais à notre profit le droit d'élection. Nous sommes les ennemis jurés de la fraude, du mensonge et de l'illégalité, nous les combattrons sous quelque couleur que nous les rencontrions. La lutte doit être franche, ouverte, légale, et l'action du gouvernement ne doit jamais être ni frauduleuse, ni tyrannique, ni inquisitoriale. »

La proclamation de ces principes était de nature à embarrasser considérablement les membres du ministère Villèle qui étaient demeurés dans le ministère Martignac. Chabrol et Frayssinous donnèrent donc leur démission. En même temps, les députés ayant désigné cinq candidats parmi lesquels le roi devait nommer un président de la Chambre, Royer-Collard fut choisi, bien que son nom n'occupât que la troisième place sur la liste. Le 3 mars, Hyde de Neuville prit le portefeuille de la marine et l'évêque de Beauvais, Feutrier, celui des Affaires ecclésiastiques. Les pouvoirs publics étaient enfin constitués ; le ministère avait pris une assiette déterminée. La Chambre commença le 5 mars, en comité secret, la discussion de l'Adresse en réponse au discours du trône.

Dans cette réponse, la Chambre insistait d'abord sur la triste situation de la Grèce, engageait le gouvernement du roi à poursuivre le glorieux succès de la bataille de Navarin, et exprimait l'espoir qu'une armée serait envoyée au secours des Hellènes s'ils ne pouvaient être délivrés autrement.

« La Charte, disait-elle ensuite, est dans vos mains le testament d'un roi pacificateur : héritier de ses pensées, vous affermirez son ouvrage, vous réconcilierez tout ce que la malignité des temps a désuni, vous ferez régner l'harmonie constitutionnelle dans les esprits comme dans les lois. »

Dans d'autres passages, la Chambre réclamait d'urgentes améliorations pour l'instruction publique ; elle faisait nettement ressortir la nécessité de compléter la loi électorale et de rétablir sur sa véritable base l'édifice des libertés nationales, en rendant à la France ces institutions libérales, monument de ses anciennes franchises.

« Sire, disait-elle enfin, vous invoquez la loi comme le plus ferme appui du trône ; vous appelez du fond des cœurs la vérité. Elles retentiront dans la postérité, ces paroles mémorables. La France se recueille dans un profond attendrissement. Ses vœux ne demandent aux dépositaires de votre pouvoir que la vérité de vos bienfaits, ses plaintes n'accusent que le système déplorable qui les rendit trop souvent illusoires. »

Ce dernier paragraphe avait été rédigé par Delalot. Les *paroles mémorables* retentissant dans la *postérité*, la *France* se recueillant dans un *profond attendrissement*, tout ce fatras était ridicule. Mais les mots assez énergiques de *système déplorable* avaient alarmé la pudeur chatouilleuse de Sosthènes de La Rochefoucauld, ce préposé au département des Beaux-Arts qui avait fait chastement allonger les jupes des danseuses de l'Opéra ; une discussion vive s'était élevée, à laquelle Martignac avait pris part pour demander la suppression d'une expression qui flétrissait la politique de l'ancien cabinet. Néanmoins cette expression fut maintenue par 14 voix de majorité et l'ensemble de l'Adresse fut voté le 8 mars par 198 voix contre 164.

Le lendemain, le président Royer-Collard à la tête des membres du bureau et d'une députation de la Chambre alla aux Tuileries lire au roi le texte de l'Adresse. Charles X fit une réponse pleine de colère et tout empreinte d'un orgueil monarchique désormais hors de saison et qui fut mal accueilli dans le pays.

« Messieurs, dit-il, en vous faisant connaître ma volonté d'affermir nos institutions et en vous appelant à travailler avec moi au bonheur de la France, j'ai compté sur l'accord de vos sentiments comme sur le concours de vos lumières.

« Mes paroles avaient été adressées à la Chambre entière ; il m'aurait été doux que sa réponse eût pu être unanime.

« Vous n'oublierez pas, j'en suis sûr, que vous êtes les gardiens naturels de la majesté du trône, la première et la plus noble de vos garanties. Vos travaux prouveront à la France votre profond respect pour la mémoire du souverain qui vous octroya la Charte, et votre juste confiance dans celui que vous appelez le digne fils de Henri IV et de Saint-Louis. »

Dans les élections générales qui avaient eu lieu à la fin de l'année 1827, on comptait une quarantaine de nominations multiples.

Le nom de Royer-Collard, par exemple, était sorti, comme nous l'avons dit, sept fois triomphant de l'urne électorale. Il fallait, en somme, pourvoir à la vacance de quarante-cinq siéges (1) parmi lesquels Paris avait à faire six réélections. Le scrutin fut fixé au 21 avril 1828. A cette occasion, la capitale inaugura le système des réunions électorales publiques dont les discussions furent reproduites par les journaux. Le parti clérical s'en effraya et cria à la résurrection des clubs et au spectre de Quatre-Vingt-Treize. Alors le ministère déclara dans une note insérée au *Moniteur* qu'il tolérerait dorénavant les *réunions privées* tenues dans des *maisons particulières*, mais qu'il ne consentirait pas à autoriser les réunions publiques « où un nombre immense de citoyens pouvaient soumettre à une délibération imprévoyante et passionnée les plus graves sujets de la politique intérieure et extérieure. » Malgré cette restriction, les six élections de Paris et vingt-neuf de celles des départements furent libérales. L'administration s'était, pour cette fois, abstenue de peser sur le corps électoral.

Charles X répondit insolemment à ce nouveau mouvement de l'opinion en donnant pour successeur, dès le 26 avril, au duc de Rivière, gouverneur du duc de Bordeaux, qui était mort le 21, un ancien membre du *déplorable* ministère Villèle, le baron de Damas.

---

1 Parmi ces vacances, il y en avait une qui était due à la démission du député Dominique Dufour, abbé de Pradt. Ce bizarre personnage, né en Auvergne, se trouvait en 1789, grand-vicaire à Rouen. Il fut envoyé aux États-Généraux, embrassa le parti de la cour, et émigra en 1791. Il profita de l'amnistie du 26 avril 1802 pour rentrer en France, et de sa parenté avec le grand-maréchal du palais impérial Duroc pour se faire nommer successivement aumônier de Napoléon, baron, évêque de Poitiers, archevêque de Malines. Après avoir figuré en Espagne en qualité d'agent bonapartiste, et trempé dans l'odieuse comédie jouée autour du roi Charles IV, il alla en 1812 comme ambassadeur à Varsovie. Il n'y remplit pas au gré du maître la mission dont il avait été chargé et tomba en disgrâce. Relégué dans son diocèse et destitué de la place et du titre d'aumônier, il devint l'ennemi implacable de l'Empire. Les Bourbons, à qui il offrit ses services avec empressement, l'accueillirent avec une froideur marquée et l'obligèrent même à renoncer à l'archevêché de Malines. Il ne le fit pas sans stipuler des compensations fort lucratives. Les élections de 1828 l'envoyèrent à la Chambre. Mais, dès le début de la session, il donna sa démission, en la motivant, à la surprise générale, sur ce qu'il ne reconnaissait pas à la Chambre toute l'énergie nécessaire pour opérer les améliorations utiles au bonheur du pays. Cet individu intrigant et brouillon, incomplète parodie de Talleyrand, mourut en 1837 dans la plus grande obscurité.

## XXIV

Question d'Alger. — Coup d'œil rapide sur l'histoire de l'Algérie. — Origines du conflit entre la France et le dey. — Le consul Deval. — Coup de chasse-mouche. — Départ du consul de France. — Blocus de la Régence sous le commandement du contre-amiral Collet.

On vient de voir qu'en ouvrant la session, le roi, dans un paragraphe de son discours, avait fait allusion à l'insulte infligée à la France dans la personne de son consul par le dey d'Alger, et au blocus d'où le gouvernement français attendait la réparation à laquelle il avait droit. Il est à propos d'expliquer l'origine d'un conflit dont les conséquences devaient être poussées si loin.

L'Algérie est formée d'une partie des anciennes contrées de Numidie et de Mauritanie, et leur contact avec le monde romain, qui finit par les absorber, a rendu célèbres les noms de quelques-uns de leurs rois ; tels sont Micipsa, Jugurtha, Massinissa, Juba, Syphax, et la tragique Sophonisbe. A la domination des Romains succéda celle des Vandales, qui ne dura pas beaucoup plus d'un siècle (429-534). La conquête de Bélisaire rattacha la province d'Afrique, la Numidie et les trois Mauritanies Césarienne, Tingitane et Sitifine, à l'empire d'Orient.

« L'histoire moderne de l'Algérie commence avec l'invasion des Arabes, en 649 (an 27 de l'hégire), sous la conduite d'Abd-Allah-'bn-Abou-Saad, oncle du khalife Othman. Okba-'bn- Nafy s'empara ensuite de Bougie, pénétra jusqu'à Tanger et revint victorieux à la ville toute nouvelle de Kaïrouan, en 675. Ce fut alors que les Berbères, ayant à leur tête Kseïla, battirent et tuèrent Okba, et s'emparèrent de Kaïrouan. Les Berbères, de race supérieure à celle des Arabes et naturellement hostiles aux Sémites et au sémitisme, eurent quelque peine à devenir musulmans. Ils prirent, quittèrent, reprirent l'Islam, et adoptèrent avec une extrême facilité les diverses hérésies qui se produisirent dans son sein. Ils contribuèrent puissamment à la conquête de l'Espagne, et ce fait diminue singulièrement l'importance attachée communément à l'expansion du génie arabe, puisque les Berbères ne sont point des Arabes. L'accord ne subsista pas longtemps entre des éléments si contraires de population. Les Berbères soulevés se virent un moment en possession de tout le Maghreb (pays du couchant). Ils furent soumis par Handala, envoyé contre eux par le khalife Hescham. La transmission violente du khalifat des Ommiades aux Abbassides amena de nouveaux déchirements. Dès lors, on vit surgir les dynasties des Edrissites, qui dominèrent dans le Maghreb occidental, des Aglabites, qui s'établit dans le Maghreb oriental et à Alger ; des Beni-Rostem qui prirent place entre les deux premières ; des Fatimites, des Zéirites, des Almoravides, des Almohades. Le berbère Abd-al-Moumen étendit son commandement à tout le Maghreb et même à une partie de l'Espagne. Mais après la défaite de Tolosa, en 1212, la puissance des Almohades déchut rapidement et trois dynasties nouvelles apparurent, parmi lesquelles les Zianites s'établirent dans l'Algérie et firent de Tlemsen leur capitale. Au XVIe siècle, ces trois dynasties, qui avaient sans cesse été en querelle l'une avec l'autre, se trouvaient en pleine décadence. Alger, Oran, presque toutes les villes de la côte, n'étaient que des repaires de pirates. Les Espagnols vinrent s'emparer, en 1504, de Mers-al-Kebir, l'abandonnèrent, prirent Oran en 1509, Bougie en 1510, et firent capituler Alger. Haroudjy (Barberousse), s'étant emparé du pouvoir dans cette dernière ville par le meurtre de celui qui l'y exerçait et qui l'avait appelé à son secours, défit, en 1516, une armée de huit mille Espagnols. Son frère, Khaïr-ed-Dyn, qui lui succéda, reconnut la suzeraineté de la Porte. En 1518, Charles-Quint envoya contre lui une expédition qui échoua par suite d'une violente tempête. En 1541, il en conduisit lui-même une formidable qui eut un sort pareil. Le principal soutien de la puissance algérienne était la milice turke appelée *Odjak*. Au commencement du XVIIe siècle, elle se choisit, avec l'agrément du sultan, un chef ou *dey* qui fut souvent en conflit avec le pacha envoyé de Stamboul. En 1710, Stamboul n'envoya plus de pacha. Sous le règne de Charles IX, les pêcheurs français de corail avaient obtenu, sur les côtes de La Calle, la concession du Bastion de France pour les protéger, en retour de quoi ils payaient un tribut. Mais les pirates algériens ne savaient point respecter les traités [1]. En 1617, une flotte française leur donna la chasse. Plus tard, une expédition envoyée contre Alger fut dispersée par la tempête. En 1664, le duc de Beaufort s'empara de Djigelli qu'il évacua bientôt. Duquesne en 1683, d'Estrées en 1685, Tourville

---

[1] Une intéressante correspondance échangée entre Charles IX et l'évêque d'Alger, ambassadeur de France auprès de la Porte Ottomane, de mai à septembre 1572, nous met au courant de l'intention où le roi était alors d'annexer Alger à son royaume et d'y placer son frère le duc d'Anjou, en qualité de vice-roi. On sait assez quels événements détournèrent les derniers Valois de la pensée de ces expéditions lointaines.

en 1688, bombardèrent Alger. En 1775, une expédition espagnole échoua. Quatre ans plus tard, la même nation fit subir un nouveau bombardement à la ville d'Alger. Les États-Unis, l'Angleterre, la Hollande, essayèrent à leur tour, en 1815, de mettre un frein à la piraterie algérienne. Le bombardement fut terrible ; l'incendie dévora dans le port toute la marine des forbans. Le dey accepta les conditions qu'on lui imposa. Moins d'un an après, l'appui et les secours de toute nature qui lui vinrent de la Turkie, du Maroc et de Tunis, lui permirent de se créer une nouvelle flotte, et de menacer les navires européens comme par le passé, tout en recevant le tribut annuel que lui payaient honteusement l'Angleterre, l'Espagne, la France, la Hollande, Naples, la Suède, etc. Les deys d'Alger étendaient alors leur suprématie jusqu'aux limites actuelles de la domination française : ils étaient représentés par des beys à Tlemsen, à Constantine, à Oran [1]. »

Les griefs de la France contre l'Algérie datent de l'avènement du dey Hossein qui succéda en 1818 à Aly-Khodja. Ce fut surtout à partir de 1825 qu'ils s'accentuèrent. Au mépris du texte formel des capitulations de la France avec la Porte-Ottomane, malgré la lettre expresse des traités, on fit des perquisitions dans la maison consulaire à Bone, sous prétexte de contrebande; on accorda à des négociants anglais et indigènes des autorisations illicites de séjourner et de commercer dans cette ville et sur les côtes de la province de Constantine; on établit un droit arbitraire de dix pour cent sur les marchandises introduites pour le compte de l'agent des concessions françaises; en 1826, on captura injustement des navires étrangers, naviguant sous pavillon français, et l'on en refusa la restitution ; on confisqua des propriétés françaises à bord d'un bâtiment espagnol; on procéda sur des navires français à des visites arbitraires, et l'on y commit des déprédations; enfin, l'on méconnut la souveraineté de la France sur la portion de territoire comprise entre la Seybouse et le cap Roux et à laquelle elle avait droit depuis la seconde moitié du seizième siècle. Ce n'était pas assez : une somme considérable était réclamée d'un côté, niée de l'autre, et amena un conflit entre le gouvernement français et le dey ; il s'agissait de fournitures de grains faites à la France en 1793 par deux maisons juives d'Alger. La rupture définitive fut causée par le fameux coup de chasse-mouche que le consul de France Deval reçut de Hossein-dey le jour de Baïram au milieu de la solennité d'une visite officielle.

[1] ENCYCLOPÉDIE GÉNÉRALE, article *Algérie* par M. Eug. Gellion-Danglar.

Le caractère et la conduite du consul Deval ne paraissent point, s'il faut s'en rapporter à certains documents, avoir été exempts de reproche dans la gestion des intérêts français qu'il était appelé à représenter. Shaler, consul des États-Unis à Alger, écrivait en 1835 : « La politique suivie par la France depuis 1815, à Alger, avait un tel caractère de faiblesse, et était conduite d'une manière si scandaleuse, qu'elle ne pouvait inspirer aucun intérêt et encore moins de la confiance. » D'autre part, un officier d'état-major a raconté de la manière suivante, la scène de l'outrage d'après le récit que lui en avait fait Hossein-dey lui-même en présence de deux témoins.

« Deval, nous dit le dey, s'était bien mis dans mon esprit : il était adroit; je ne me défiais point de lui. Il était gai et me plaisait pour cela. Je crus à la sincérité de son affection pour moi. Il devint très-familier, parce que je le traitais en ami, et j'ai su depuis, par quelques-uns de mes officiers, qu'on disait généralement au sérail qu'une pareille intimité avec un homme de son espèce ne pouvait manquer d'avoir une mauvaise conclusion. Vers la fin du Ramadhan, Deval, que je commençais à aimer moins, parce qu'il me parlait souvent mal de son souverain, et que je pouvais craindre qu'il ne lui parlât aussi mal de moi, Deval vint me faire la visite officielle d'usage. Je me plaignis à lui de n'avoir pas réponse à quatre lettres écrites par moi au roi de France; il me répondit, le croiriez-vous : « Le Roi a « bien autre chose à faire que de répondre à un homme comme « toi ! » Cette réponse grossière me surprit. L'amitié ne donne pas le droit d'être impoli. J'étais un vieillard qu'on devait respecter, de plus j'étais dey ! Je fis observer à Deval qu'il s'oubliait étrangement. Il continua à me tenir des propos durs et messéants; je voulus lui imposer silence, il persista. « Sortez, malheureux! » dis-je enfin. Deval ne bougea pas; il me brava en restant, et ce fut au point que, hors de moi, je lui donnai en signe de mépris, de mon chasse-mouche au visage. Voilà l'exacte vérité. Il existe beaucoup de témoins de cette scène, qui pourraient vous dire jusqu'à quel point je fus provoqué et ce qu'il me fallut de patience pour supporter toutes les invectives de ce consul. »

Pour peu que l'on ait vécu dans les pays orientaux et qu'on les connaisse, on sera frappé du cachet de vraisemblance que porte le récit de Hossein-dey. Sans doute il n'y fait aucune allusion aux torts de son gouvernement, à la violation des traités, aux pirateries de ses barbaresques. Mais on y voit bien dans le consul Deval l'image, malheureusement encore vivante partout en Orient et spécialement en Egypte, de ces Européens à qui nul moyen ne coûte pour conquérir la fortune, qui s'insinuent dans la familiarité des pachas et des beys à force de flatterie, de bassesse et de platitude, qui se font les bouffons et les complaisants de ces mamamouchis, et, quand ils croient tout gagné, ou tout perdu, deviennent insolents et fanfarons. Il est triste de penser qu'à d'honorables et trop rares exceptions près l'Europe en général et la France en particulier soient si honteusement représentées chez des peuples dont la race est en tout inférieure à la nôtre et dont nous n'obtenons guère que le mépris, quand nous devrions forcer leur estime et leur admiration par la dignité et la rectitude irréprochable de notre conduite publique et privée.

Le dey refusa toute réparation de l'insulte qu'il avait faite au consul Deval. Celui-ci reçut de France l'ordre de quitter Alger et s'embarqua le 11 juin 1827. A peine était-il parti que le bey de Constantine envahit les concessions françaises, brûla les établissements de la nation et détruisit le fort de La Calle. Hossein déclara la guerre à la France, fit mettre aux fers le peu de Français qui étaient demeurés à Alger et confisqua toutes leurs propriétés.

Ce fut alors que le gouvernement de Charles X résolut d'établir sur tout le littoral de la Régence un blocus rigoureux, sous le commandement du contre-amiral Collet.

Pendant trois ans, nous l'avons dit, ce blocus ne produisit aucun effet. Le contre-amiral Collet et une foule de matelots succombèrent à la fatigue, au climat, à des difficultés de toute sorte; la France y perdit en outre un certain nombre de navires et plus de vingt millions. Mais en 1828, à l'ouverture de la session, Charles X, comme on l'a vu, se faisait encore illusion, et se flattait d'obtenir du dey d'Alger une satisfaction, que la conquête seule devait donner à la France.

## XXV

Rapport de pétitions à la Chambre ; l'une d'elle demande une enquête sur la violation du secret des lettres. — Quelques mots sur le *Cabinet Noir*. — Martignac déclare qu'il n'existe plus depuis le 31 janvier 1827. — Discussion d'un projet de loi sur la révision annuelle des listes électorales et du jury : Dupont (de l'Eure). — Discussion du même projet de loi à la chambre des pairs. — Vote de la loi. — Discussion et vote d'un projet de loi sur la presse. — Caractère de la lutte politique des partis sous la Restauration.

En attendant le moment d'une telle solution, le conflit algérien ne passionnait pas beaucoup l'opinion, absorbée par ce qui se passait à l'intérieur.

Dans les premiers jours de mai 1828, un rapport de pétitions, comme on en faisait ordinairement au commencement de chaque séance, souleva un débat intéressant par la nature mystérieuse du sujet et par la question de moralité publique qui s'y trouvait attachée. Il s'agissait d'une enquête demandée par le signataire d'une pétition sur les infidélités de l'administration des postes et la violation habituelle du secret des lettres. Il s'agissait, pour tout dire, de l'existence et des pratiques secrètes de ce qu'on appelait le *Cabinet Noir*.

L'Université avait conçu le projet de l'établissement d'une poste aux lettres en créant des messageries. Louis XI, en 1464, mit ce projet à exécution et, le premier, fit un règlement sur la matière. Deux cent-trente courriers faisaient le service et portaient les dépêches de la cour. Ce ne fut qu'en 1630 que la poste aux lettres commença à se charger du transport de celles des particuliers.

La violation régulière du secret des lettres date du règne de Louis XIV et du ministère de Louvois. On décachetait toutes celles que l'on soupçonnait contenir le récit de quelque imbroglio politique ou galant; on en faisait des extraits; on les recachetait, et on les envoyait enfin aux destinataires.

On lit à ce sujet dans le journal de madame du Hausset :

« Le roi (1) avait fait communiquer à M. de Choiseul le secret de la poste, c'est-à-dire l'extrait des lettres qu'on ouvrait, ce que n'avait pas eu M. d'Argenton, malgré toute sa faveur. J'ai entendu dire que M. de Choiseul en abusait, et racontait à ses amis les histoires plaisantes, les intrigues amoureuses que contenaient souvent les lettres qu'on décachetait.... L'intendant des postes apportait les extraits au roi le dimanche. On le voyait entrer et passer comme un ministre pour ce redoutable travail. Le docteur Quesnay, plusieurs fois, devant moi, s'est mis en fureur sur cet *infâme ministère*, comme il l'appelait. *Je ne dînerais pas plus volontiers*, disait-il, *avec l'intendant des postes qu'avec le bourreau.* »

La Convention Nationale supprima le Cabinet Noir.

L'Empire, comme il était naturel, le rétablit, et la Restauration le conserva. Le siége de cette abominable administration était caché dans les parties inférieures ou souterraines de l'hôtel des postes, auxquelles on arrivait par des issues secrètes. Les fonctions des employés à l'ignoble besogne étaient héréditaires. Le budget du

---

[1] Louis XV.

Cabinet noir montait à trente mille francs par mois ou trois cent soixante mille francs par an.

Interpellé à propos de la pétition que rapportait M. d'Haussez, le ministère Martignac déclara que depuis le 31 janvier 1827, le Cabinet noir n'existait plus et que le matériel en avait été enlevé nuitamment.

Il fallait que l'Empire ressuscitât dans la nuit de Décembre pour que le Cabinet noir fonctionnât de nouveau à la honte du régime qui eut besoin de le rétablir et du pays qui se résigna à subir ce régime.

Depuis le 28 avril, la Chambre avait entamé la discussion du projet de loi présenté le 25 mars précédent par Martignac sur la révision annuelle des listes électorales et du jury. Ce projet régularisait le mode d'admission sur les listes électorales et sur celles du jury, et restreignait sensiblement l'influence du pouvoir et de ses agents dans les élections. En vertu des dispositions qu'il contenait, la liste électorale devait porter l'indication du domicile de l'électeur, celle de l'arrondissement où il payait ses contributions et de la somme à laquelle elles s'élevaient. Tout citoyen inscrit sur une liste était en droit de réclamer la radiation ou l'inscription d'une tierce personne, et les secrétaires-généraux de préfectures étaient tenus d'inscrire toutes les réclamations sur un registre spécial et d'en donner un reçu. La loi nouvelle prescrivait un délai d'un mois entre la publication de l'ordonnance de convocation et l'ouverture du collége électoral, délai pendant lequel les listes devaient être rectifiées. Aucun fonctionnaire public révocable ne pouvait être porté sur la liste du département où il remplissait ses fonctions que six mois après avoir fait la déclaration qu'il y prenait son domicile politique.

En présence de ce projet de loi, marqué au coin d'un libéralisme relatif, l'opposition fut à peu près unanime pour l'adoption tempérée par de nombreux amendements dont quelques-uns furent acceptés. On vit alors la proposition du gouvernement, contrairement à tous les précédents, soutenue par la gauche et vivement combattue par la droite et l'extrême droite. La discussion dura quinze jours et fut très-animée. La Fayette et Dupont (de l'Eure) réclamèrent l'établissement d'une pénalité contre les fonctionnaires qui s'écarteraient du texte de la loi, et dans le dessein d'arrêter l'abus que faisait l'autorité administrative de la ressource des conflits.

Ces conflits pouvaient naître des réclamations élevées pour l'inscription ou la radiation des électeurs. D'après le projet, les réclamations étaient jugées en premier ressort par le conseil de préfecture, en appel par le Conseil d'Etat ou la Cour royale, selon les cas. La décision du préfet, au conseil de préfecture, fut substituée à celle de ce conseil, et la juridiction exclusive de la Cour royale adoptée définitivement.

« La loi nouvelle, dit Dupont (de l'Eure), désarmée de toute pénalité et laissant, au contraire, dans les mains de l'administration l'arme si meurtrière des conflits, donne sans doute au pays plus de garantie que les lois anciennes contre le retour des abus et des fraudes qui ont vicié la plupart de nos listes électorales, si elle est consciencieusement exécutée; mais tel eût été aussi, avec la même condition, l'effet certain des lois que l'on veut pourtant perfectionner aujourd'hui. Appliquées avec bonne foi et dans un esprit de vérité, elles n'eussent donné que de bons et honorables résultats, et cependant elles en ont presque toujours donné de tout différents. C'est parce qu'en l'absence de toute pénalité, de toute responsabilité légale et judiciaire, le dernier ministère a pu, avec impunité, les violer ouvertement ou en dénaturer l'esprit pour fausser les listes électorales, imposer ses candidats à des colléges mutilés, et s'emparer de la représentation nationale pour consommer la ruine des dernières libertés, et n'avoir bientôt plus à lui demander que le vote du milliard annuellement imposé au pays. »

La commission avait ajouté au projet primitif un article d'après lequel l'électeur était obligé de prêter serment avant de voter et de jurer qu'il remplissait toutes les conditions qui lui étaient imposées. La Chambre repoussa cette modification, consacra formellement le principe de la permanence des listes et adopta la loi à la majorité de cent cinquante-deux voix. Elle eut le même succès à la Chambre des pairs, qui, malgré les violentes attaques de Forbin des Issarts, de Castelbajac, de Kergorlay, de Frémilly, de Kergariou, la vota à la majorité de soixante-seize voix.

Le touchant accord de la gauche et du ministère dans la discussion et le vote de la loi sur les listes électorales et la satisfaction que l'opinion publique en ressentit ne furent pas de longue durée. Le 10 mars, Benjamin Constant avait déposé une proposition tendant à faire abolir la censure facultative; une immense majorité l'avait prise en considération. Mais elle dut céder le pas à un projet de loi sur la presse que les ministres apportèrent à la Chambre le 14 avril et dont les débats s'ouvrirent le 29 mai.

Au premier abord, le projet ministériel parut d'un libéralisme remarquable et fut considéré comme un progrès réel sur l'état de choses antérieur. Le 1ᵉʳ article de la loi nouvelle était, en effet, ainsi conçu :

« Tout Français majeur, jouissant des droits civils, pourra, sans autorisation préalable, publier un journal ou écrit périodique; en se conformant aux dispositions de la présente loi. »

L'article 18 abrogeait la loi du 17 mars 1822 et faisait, par là, disparaître la censure facultative et les procès de tendance.

Mais, en y regardant de plus près, on s'aperçut bientôt que ces concessions libérales n'étaient guère qu'un trompe-l'œil et un leurre. Le cautionnement était maintenu à deux cent mille francs pour les journaux quotidiens, à cent mille pour les publications hebdomadaires, à cinquante mille pour celles qui paraissaient plus d'une fois par mois. La moindre contravention était punie d'amendes énormes; une déclaration inexacte pouvait amener la confiscation du cautionnement tout entier. Les journaux littéraires étaient soumis aux mêmes conditions fiscales que les journaux politiques. Le gérant d'un journal pouvait être privé de tous ses droits et la publication suspendue pour deux mois.

Alors on vit clair dans la situation; et, tandis que la droite, fidèle à son système de réaction aveugle et de compression à outrance, dénonçait le projet de loi comme un acte révolutionnaire, la gauche en faisait ressortir la dureté et l'hypocrisie. Une majorité de dix voix seulement adopta un amendement qui abaissait le cautionnement des journaux quotidiens à cent vingt mille francs. Les publications périodiques non politiques en furent complètement exemptées. Tels furent les seuls adoucissements qu'on put obtenir au texte du projet primitif. Le 19 juin, la loi fut votée à la majorité de cent cinquante voix.

Notons, pour mémoire, une proposition du député de la droite Conny qui soumettait à une réélection tout membre de la Chambre appelé à un emploi salarié. La représentation nationale adopta cette proposition; mais les pairs furent en grande majorité pour la rejeter.

En somme, peu de jours avaient suffi pour faire évanouir les espérances qu'une certaine portion du monde politique avait pu concevoir à la chute du ministère Villèle. Les moins clairvoyants étaient maintenant convaincus que les personnes seules avaient changé, non le système. Il était facile, en effet, de constater que la Congrégation n'avait pas cessé d'être toute-puissante, que les Jésuites comptaient des admirateurs et des adhérents dans le nouveau cabinet. Feutrier, évêque de Beauvais, ministre des Affaires ecclésiastisques, n'avait-il pas pris leur défense contre Corcelles, dans les débats de la loi sur la presse et n'avait-il pas osé dire :

« On peint les Jésuites sous les couleurs les plus injustes et les plus fausses; comme individus, ils méritent l'estime publique, et je me plais à rendre hommage à leurs vertus, à leur probité et à leur désintéressement. »

Nous avons eu déjà l'occasion de dire et de montrer que l'époque de la Restauration fut une des phases les plus actives du grand duel qui se poursuit depuis si longtemps entre l'esprit moderne et celui du moyen-âge. Mais l'importance et l'intérêt de cette lutte sont plutôt dans les faits que dans les personnes, dans l'instinct des foules que dans les principes des individus. Les principes, à vrai dire, ne se montrent guère sur la scène; ils demeurent en quelque sorte dans la coulisse, et n'envoient pour les représenter devant le public que des travestissements et des sous-entendus. L'action, en somme, est, comme toujours, entre la monarchie et la République. La monarchie ne se cache pas, ne déguise pas son nom, ni même le but où elle marche à reculons; mais, de temps en temps, elle fait un pas en avant pour en faire bientôt trois en arrière; elle se replie et se ramasse, non pour se faire plus petite et moins gênante, mais pour mieux sauter un jour sur sa proie. La République, elle, ne souffle pas mot. Elle agit, sous le masque d'un personnage de paille, qu'on appelle le Libéralisme. Ceux même qui s'intitulent libéraux ne se doutent pas de la chose, et s'ils la découvraient, ils seraient bien épouvantés d'une pareille découverte. Ce qu'il y a de pire, c'est que tout le monde, en ce moment, est libéral, et qu'il est fort difficile de reconnaître les vrais libéraux d'avec les faux, ceux qui le sont plus de ceux qui le sont moins. Le monarchique Leyval l'a dit : « Le royalisme est devenu libéral, et le libéralisme est devenu monarchique. » C'est-à-dire que chacun est autre que soi-même, et qu'il n'y a plus, en apparence du moins, qu'une écœurante uniformité, une promiscuité révoltante, et par-dessus tout un inextricable conflit d'ambitions personnelles. Aussi toute cette histoire n'offrirait-elle qu'un médiocre intérêt, et le combat, malgré tout le talent des combattants, ne réussirait-il pas à passionner d'autres gens que les dilettanti de l'éloquence politique, si les hommes justes et fermes en leur propos, invariablement attachés aux principes n'avaient été consolés en apercevant sous cette brillante fantasmagorie, la marche incessante du progrès, invincible Protée qui revêt mille formes, le développement éternel de la Révolution, l'avénement chaque jour plus prochain et, à la fin, inévitable de la République.

On chemine longtemps dans une plaine basse et marécageuse; à chaque pas, le pied se colle à une boue rougeâtre et ne s'en dégage qu'avec une peine extrême. Les taches que fait cette boue sont ineffaçables. L'atmosphère est épaisse et lourde, et les rayons du soleil ne la peuvent percer. Une pluie froide, fine, pénétrante et perpétuelle glace jusqu'aux os. L'œil n'a point d'horizon, la voix n'a point d'écho, l'oreille ne perçoit aucun bruit. Les fièvres, les typhus, les pestes, la mort règnent souverainement dans ce séjour maudit. Si l'on s'élève un peu au-dessus de cette région du désespoir, on éprouve un léger soulagement, et la poitrine, moins oppressée, respire avec moins de difficulté. Le sol se raffermit sous les pas; un pâle crépuscule commence d'éclairer et de réchauffer l'air; l'éternelle pluie glacée a des intermittences qui en font espérer la fin, et cette espérance, toute trompeuse qu'elle est, entretient une illusion dont le voyageur crédule aime à se repaître. Montons plus haut. Le changement devient de plus en plus sensible, bien que des brouillards gris et denses apparaissent fréquemment à mi-côte. Mais déjà quelques rayons de soleil les combattent, parfois avec succès, et l'on aperçoit, ou l'on croit apercevoir, de loin en loin, par échappées et pour un instant, un petit coin du ciel bleu. Poursuivons l'ascension. Entendez-vous ce fracas? Voyez-vous ces gros nuages noirs qui s'entrechoquent avec un bruit terrible? Nous sommes au milieu des éclairs et des tonnerres. Le torrent qui se précipite achève de ruiner le peu qu'a épargné l'incendie allumé par l'électricité. On ne peut compter sur rien. Le froid, le chaud, le sec, l'humidité, les ténèbres, la lumière se disputent sans cesse et l'emportent tour à tour. C'est la perpétuité de la lutte et du chaos. Sortirons-nous enfin de toutes ces contrées désolées pour entrer dans une région supérieure aux orages? Nous y voilà. Comme l'air est pur, doux et fortifiant! Comme l'azur du ciel est transparent! Comme le soleil est chaud et resplendissant! A peine entend-on au-dessous, bien au-dessous de soi, la rumeur lointaine des bouleversements et des cataclysmes; à peine distingue-t-on la lueur sinistre des météores. On domine tout dans la sécurité d'une paix éternelle, d'une liberté sans limites et d'un bonheur sans mélange.

C'est ici que nous habitons et que, fermement assis sur le roc inébranlable de la justice, nous prenons en pitié les vaines et retentissantes agitations d'en bas. Les immortels principes, que tous invoquent, sont, nous le savons, absolument étrangers aux mobiles qui poussent celui-ci comme celui-là. Rechercher des jouissances toujours nouvelles, assouvir un orgueil sans bornes, rassasier des passions insatiables, tel est uniquement le but chimérique des uns et des autres.

Telle est l'image fidèle de la Restauration bourbonnienne, comme ce sera plus tard celle de la Restauration napoléonienne. L'une avait commencé par les exécutions et les proscriptions de la Terreur blanche ; l'autre commencera par les massacres et les transportations de la Terreur décembriste ; il importe peu que la première passe par le ministère Martignac pour aboutir au ministère Polignac et à la Révolution de Juillet, et que la seconde s'embourbe dans le cabinet Ollivier pour s'écrouler au milieu de la catastrophe de Sedan. Nous ne pouvons nous empêcher de sourire et de hausser les épaules quand on vient dire, en 1828 ou en 1870. « Eh bien ! vous êtes contents : une ère nouvelle s'ouvre pour la France ; le vaisseau de l'Etat entre à pleines voiles dans le vaste océan de la liberté.... » La liberté et la France n'ont rien à voir en cette affaire. La démocratie, la République, — les deux termes sont identiques, — plane au-dessus de toutes ces misères. Si elle s'en applaudit, c'est qu'elle y voit un progrès considérable dans la décomposition de ce qu'elle hait, de ce qu'elle méprise, et de ce qu'elle combat sans merci jusqu'à ce qu'il n'en reste plus un seul vestige. En dehors de ce sentiment tout particulier, de quoi pourrait-on se réjouir ? Il y aurait plutôt de quoi se défier et craindre en voyant quelques personnes bien intentionnées peut-être, mais à coup sûr, plus que naïves, se payer de la fausse monnaie de liberté que bat le despotisme, et qu'il essaie de répandre et de faire accepter. Nous n'aimons pas plus en fait de politique, les ministres libéraux, que nous n'aimons, en fait de religion, ce qu'on est convenu d'appeler les bons prêtres. Les mauvais valent bien mieux. On sait à quoi s'en tenir avec eux ; ils ne sont hypocrites qu'à la première ou à la seconde puissance. Les autres le sont à la centième ; et trompent bien plus de monde, peut-être eux-mêmes avec tous, ce qui serait, d'ailleurs, leur seule excuse. On peut en dire autant d'un ministre libéral ou prétendu tel.

Au temps des différents despotismes, les apôtres de la liberté ont vécu dans la région supérieure où leur idéal les maintenait au-dessus des intrigues ambitieuses, des compétitions personnelles, des révolutions de cabinet et d'antichambre, du chaos et du désordre, calmes, dignes, sévères, implacables, attentifs, pleins d'espoir, et prêts pour le jour de la justice. Leurs ennemis travaillaient pour eux. Que pouvaient-ils souhaiter de mieux ? Ils n'avaient qu'à savoir attendre, — et en 1828, il ne s'agissait plus que d'avoir deux ans de patience, — tout devait leur venir à point.

Que le lecteur ne se méprenne point au sens de nos paroles : nous ne cherchons nullement à diminuer l'importance et le mérite de l'œuvre accomplie par les orateurs et les hommes politiques de l'opposition libérale sous la Restauration, ni à nier le talent et le

M. de Martignac.

courage qu'ils déployèrent et qui furent considérables chez beaucoup d'entre eux. Nous ne songeons pas davantage à leur reprocher de n'avoir pas été républicains. Il y a là en même temps une question de tempérament et de caractère personnels, et une question de circonstances et de milieu. Ces hommes étaient assurément dans le vrai en luttant contre le cléricalisme et contre l'absolutisme au nom de la liberté, et l'esprit de la France moderne était avec eux. Mais ils se tenaient, pour ainsi dire, au seuil du vrai et ne comprenaient pas que la liberté est une, n'a point de degrés et ne souffre point de fractions. Peut-être, à certains égards, faut-il considérer la monarchie de la maison d'Orléans comme ayant été un amoindrissement heureux du prestige royal, une diminution de la toute-puissance cléricale, et à cause de cela, un acheminement vers la destinée logique du pays. Mais on ne peut assez déplorer, d'un autre côté, que l'opposition vigoureuse et incessante des quinze années de la Restauration, l'explosion magnifique de Juillet, le sang versé dans les Trois Journées n'aient pas fait mûrir toute la moisson de la liberté, que le grand mouvement révolutionnaire de 1830, aussitôt détourné de son cours, ait été confisqué au profit d'une dynastie nouvelle, et que des mains coupables ou maladroites se soient empressées de ramasser les débris fumants de l'édifice frappé de la foudre populaire pour en rebâtir un à peu près semblable.

Nous devions au nom des principes, au nom de la philosophie de l'histoire, au nom de l'enchaînement logique des événements, faire ces réserves et développer ces considérations générales. Nous rentrons maintenant dans la série des faits particuliers dont nous avons entrepris le récit. Le premier que nous avons à raconter justifie pleinement le caractère des réflexions qui précèdent.

## XXVI

Labbey de Pompières dépose une proposition de mise en accusation des ministres. — Discussion. — Ajournement.

Le 11 juin 1828, le député de la gauche Labbey de Pompières déposa à la Chambre une proposition de mise en accusation des membres du dernier ministère.

C'était là une de ces puérilités pompeuses que différents groupes d'opposition ont plus d'une fois renouvelées et qui ne sauraient amener aucun résultat sérieux.

L'insuffisance de l'esprit politique de notre pays lui fait considérer la lutte d'un ministère et de l'opposition comme une partie à laquelle il assiste en spectateur curieux et dont il oublie que l'enjeu est sa liberté, son honneur, sa prospérité, sa vie. Il comprend difficilement que le vaincu soit coupable et le croit par une générosité irréfléchie et mal placée, assez puni par sa seule défaite. En dehors des moments d'agitation révolutionnaire, il se passionne donc peu pour des incidents de cette nature, qui se trouvent ainsi réduits à l'état de menus faits d'une tactique parlementaire trop savante, trop compliquée et trop subtile pour le sens ignorant, simple et grossier de la foule.

La proposition de Labbey de Pompières était formulée en ces termes :

« J'accuse les anciens ministres de trahison envers le roi, qu'ils ont isolé du peuple ; je les accuse de trahison envers le peuple, qu'ils ont privé de la confiance du roi.

« Je les accuse de trahison pour avoir attenté à la constitution du pays et aux droits particuliers des citoyens.

« Je les accuse de concussion pour avoir perçu des taxes non votées et dissipé les deniers de l'Etat. »

Le 14 juin, Labbey de Pompières monta à la tribune pour développer sa proposition. Il reprocha au ministère Villèle d'avoir confié tous les emplois publics à des hommes connus par leur aversion pour la Charte et les institutions du pays; d'avoir constamment méconnu l'autorité des Chambres et de ne leur avoir presque jamais communiqué les traités conclus ou les négociations entamées avec les cabinets étrangers ; d'avoir compromis la dignité de la France dans de nombreuses occasions. C'est ainsi que des habitants de Merten et de Bibling, incorporés à la Prusse par les traités de 1815, et qui refusaient depuis lors de reconnaître la domination de ce pays, s'étant réfugiés au mois de décembre 1826, sur le territoire français, y avaient été poursuivis par des gendarmes prussiens. C'est ainsi que l'insulte faite au représentant de la France par le dey d'Alger était encore impunie et que le blocus établi sur les côtes de la Régence, inefficace et dérisoire comme réparation, coûtait au pays sept millions par an. L'orateur inscrivit encore à la charge des ministres qu'il accusait le retour des Jésuites, l'entérinement d'une bulle contraire aux libertés de l'église gallicane et aux conditions du Concordat, l'installation des Chartreux, des Trappistes et d'autres ordres religieux auxquelles des concessions préjudiciables aux intérêts de l'État avaient été faites, la répression brutale des troubles de la rue Saint-Denis, le licenciement de la garde nationale. Enfin, Labbey de Pompières se plaignit que les finances eussent été mal administrées et en dehors des règles les plus élémentaires d'ordre et de régularité; que tous les budgets eussent toujours été dépassés par des suppléments de crédits obtenus en vertu d'ordonnances, crédits dont le total s'élevait extrêmement haut ; et que ce gaspillage des deniers publics n'eût profité ni à l'industrie, ni au commerce, ni aux arts.

La discussion ouverte immédiatement donna lieu à des manœuvres et à des orages parlementaires tels qu'il s'en présente à toute époque et dont il serait oiseux et monotone de faire le récit par le menu. Nous en noterons seulement le début. La proposition ayant été appuyée et lecture ayant été faite de la formule déposée sur le bureau, Martignac demanda la parole et dit :

« Messieurs, je ne viens pas m'interposer entre l'ancienne administration et son accusateur. Mais la proposition porte que les anciens ministres ont isolé le roi du peuple, et privé le peuple de la confiance du roi. Voilà deux assertions affirmatives, deux faits indiqués comme positifs. C'est contre ces deux faits que je viens protester de toutes mes forces. Ce sont ces deux faits que je viens démentir à la face de la France et de l'Europe. Non, le roi n'est pas isolé..... »

La gauche interrompt le ministre par de violentes exclamations. Labbey de Pompières élève la voix et affirme avoir voulu dire que les ministres « avaient tenté d'isoler le roi du pays. »

« Mais ce n'est pas cela que vous avez dit ! » réclament de nombreuses voix de la droite.

« Alors, dit Martignac à Labbey de Pompières, retirez votre proposition. »

Et toute la gauche de se récrier, et Labbey de Pompières de déclarer qu'il ne la retirera pas. Le tumulte est extrême.

Martignac reprend son dithyrambe en l'honneur de la royauté au milieu des cris de la gauche.

« Non, Messieurs, dit-il, non, le roi n'est pas isolé de son peuple, ni le peuple de son roi. Non, ce divorce funeste, déplorable, entre ce qui doit être uni pour le bonheur et la gloire de la France n'a jamais été consommé ni tenté. J'en atteste les cris d'enthousiasme qui retentissent autour de la personne sacrée de Sa Majesté, j'en atteste les sentiments qui s'emparent de tous les cœurs à l'aspect de Charles X, du père du peuple. »

A ces paroles, la droite se lève et pousse des cris répétés de « Vive le roi ! » La gauche, qui ne veut pas être en reste d'enthousiasme se lève aussi, et crie plus fort « Vive le roi ! » La droite riposte ; la gauche insiste : les deux côtés de la Chambre luttent de poumons et de royalisme. Spectacle touchant ! Admirable vertu de la fiction constitutionnelle! N'avions-nous pas raison tout-à-l'heure de prendre un peu en pitié les acteurs de la comédie des quinze ans? La confusion va toujours croissant. La séance est interrompue pendant un quart d'heure; à la reprise, Labbey de Pompières formule sa proposition en ces termes, nouveaux et plus concis :

« Je demande que la Chambre accuse les membres du dernier ministère des crimes de concussion et de trahison. »

La prise en considération de la proposition ainsi modifiée est mise aux voix et adoptée à une forte majorité. Le lendemain on nomma pour l'examiner une commisson spéciale qui se composait des neuf députés Mauguin, Girod (de l'Ain), Montbel, Boudet, Dutertre, Benjamin Constant, Delalot, Lamezan, Agier. Cette commission ne put obtenir du cabinet en fonctions aucune communication de nature à l'éclairer sur la gestion du cabinet précédent. Des valets de cour ne lui témoignèrent pas moins de mauvais vouloir; et l'un d'eux, interrogé sur des circonstances relatives au licenciement de la garde nationale, eut l'impertinence de répondre « qu'il ne devait compte qu'au roi et aux princes des faits dont il avait pu se trouver témoin. »

Dans de pareilles conditions, il devenait très-difficile pour la malheureuse commission spéciale de remplir son mandat. Elle fit toutefois, en conscience, tout ce qu'elle put et, le 21 juillet, Girod (de l'Ain), nommé rapporteur, lut à la tribune de la Chambre des députés le résumé en treize paragraphes des points sur lesquels ses collègues et lui avaient été à même de se faire une opinion. Voici ces paragraphes :

« La majorité de votre commission a reconnu :

« 1° Que les religieux n'avaient pas été rappelés en secret, en France, par le dernier ministère;

« 2° Que la protection et la tolérance accordées aux Jésuites par le dernier ministère étaient contraires aux lois;

« 3° Que le rétablissement de la censure en 1824 et 1827, n'avait pas été exigé par les circonstances graves déterminées par la loi;

« 4° Qu'il n'y avait pas eu défaveur de la part du dernier ministère à l'égard des protestants;

« 5° Qu'il y avait eu des destitutions arbitraires et blâmables de la part du dernier ministère;

« 6° Qu'il y avait eu dissipation de la fortune publique, à l'occasion de la guerre d'Espagne;

« 7° Que sur la question de savoir si cette dissipation de la fortune publique était imputable au dernier ministère, et si le système politique qu'il avait suivi était contraire aux intérêts de la France, elle manquait de renseignements suffisants;

« 8° Que le conseil donné de créer 76 pairs, en 1827, était contraire aux intérêts de la couronne et du pays;

« 9° Que la conduite de l'administration relativement aux troubles des 19 et 20 novembre 1827 avait été blâmable;

« 10° Que plusieurs habitants de la Martinique avaient été détenus arbitrairement, et déportés illégalement au Sénégal;

« 11° Que l'envoi au greffe de la Cour de cassation des pièces de ceux d'entre les habitants qui s'étaient pourvus avait été illégalement retardé pendant plusieurs mois;

« 12° Que l'arrestation du colonel Caron, à Battenheim, avait été précédée, accompagnée et suivie de faits blâmables;

« 13° Qu'il y avait eu, de la part de la dernière administration, concession de certains droits et de certaines jouissances appartenant à l'Etat au profit des Chartreux de Grenoble et des Trappistes de Meilleraie, et que d'autres concessions avaient été précédemment faites aux Chartreux de Grenoble. »

En présence de ces données, la commission s'était posé les deux questions suivantes :

« 1° Proposera-t-on à la Chambre de dire qu'il y a lieu à accusation? »

Trois membres avaient répondu : « Non; »

Deux, « Non, avec réserve de blâme; »

Quatre, « Oui, avec réserve d'instruire. »

« 2° Proposera-t-on à la Chambre de dire qu'il y a lieu d'instruire? »

Quatre membres avaient répondu : « Oui; »

Un, « Oui, mais sans blâme; »

Trois, « Non; »

Un, « Non, parce que je crois que la Chambre étant plaignante ne peut pas instruire. »

Les conclusions du rapport tendaient à faire déclarer « qu'il y avait lieu à instruire sur l'accusation de trahison proposée contre les membres du dernier ministère. »

Il fut décidé, grâce à l'intervention de la gauche, que les débats sur cette question ne s'ouvriraient qu'après le vote du budget. C'était, en réalité, un ajournement indéfini. Les amis du ministère Villèle, malgré l'empressement suspect dont ils avaient fait montre, ne demandaient que cela, et ses plus terribles ennemis, dans la Chambre, n'en demandaient certainement pas plus.

## XXVII

Affaire des petits séminaires non autorisés. — Ordonnances royales du 16 juin. — Fureurs du parti clérical. — Déclaration de l'épiscopat français ; « *non possumus.* » — Intervention du sieur Lasagni. — Circulaire du pape Léon XII aux évêques de France. — Ils se soumettent aux ordonnances. — Résistance du cardinal de Clermont-Tonnerre : « *Etiam si omnes, ego non.* » — Disgrâce apparente de ce prélat. — Le parti religieux, à partir de cette époque, se fait le champion de la liberté de l'enseignement.

On a vu quelles défiances du côté des libéraux, quelles hostilités du côté des cléricaux avait soulevées la nomination de la commission chargée d'examiner la question de l'enseignement des écoles ecclésiastiques secondaires. Cette commission, qui avait mis quatre mois à s'acquitter de son mandat, rendit compte le 28 mai du résultat de ses travaux. Le rapport constatait qu'il existait en France cent vingt-six écoles ecclésiastiques secondaires, généralement appelées petits séminaires, lesquelles avaient été instituées par décrets impériaux, et confirmées par ordonnance royale le 5 octobre 1814. En dehors de ces cent vingt-six petits séminaires, il y en avait cinquante-trois autres que ni décrets ni ordonnances n'autorisaient. Ces derniers, d'après les conclusions de la commission, devaient, dans un délai déterminé, ou obtenir une ordonnance du roi, ou subir le régime de l'Université.

Enfin, les huit établissements d'Aix, de Billom, de Bordeaux, de Dôle, de Forcalquier, de Montmorillon, de Saint-Acheul et de Sainte-Anne d'Auray appartenaient aux Jésuites qui les dirigeaient sous les pseudonymes de *Pères de la Foi* ou de *Pères de la règle de Saint-Ignace*, quelques-uns sous leur véritable dénomination. Cette situation était évidemment illégale, les Jésuites étant expulsés du royaume en vertu d'ordonnances non abrogées, et elle parut telle à quatre des membres de la commission qui opinèrent, en conséquence, pour la suppression de ces établissements. Ces quatre membres étaient Lainé, Séguier, Mounier et Dupin. Mais les cinq autres firent adopter la conclusion suivante :

« La majorité, s'en référant aux déclarations faites par les évêques, estime que la direction des écoles secondaires ecclésiastiques, donnée par les archevêques de Bordeaux et d'Aix, par les évêques d'Amiens, de Vannes, de Clermont, de Saint-Claude, de Digne et de Poitiers, à des prêtres révocables à leur volonté, soumis en tout à leur autorité et juridiction spirituelle, et même à leur administration temporelle, bien que ces prêtres suivent la règle de Saint-Ignace pour leur régime intérieur, n'est pas contraire aux lois du royaume. »

Cette déclaration de la commission justifia toutes les craintes qu'avait conçues l'opposition constitutionnelle à son égard dès sa création. Il y eut dans l'opinion publique une explosion de mécontentement. Elle se fit jour à la Chambre où les deux députés Petou et Viennet s'en rendirent les interprètes en termes énergiques.

« Le système déplorable que vous avez flétri, dit le premier, n'est pas tombé avec le dernier cabinet ; rien n'est changé ; les actes du gouvernement continuent à être en opposition avec les besoins du pays. La France attendait avec anxiété l'exécution des lois contre une société qui encourage l'intolérance religieuse et trouble le royaume. La commission chargée par les ministres d'examiner la question n'a pas craint de prendre une décision funeste. Une majorité d'une seule voix prétend nous imposer une société poursuivie par les lois, cette société des Jésuites que la France repousse avec horreur, comme la cause de ses maux présents et futurs ! »

Viennet dit à son tour :

« Un bruit sinistre vient d'apprendre à la France étonnée que la majorité de cette commission a eu l'audace de prononcer la légalité des établissements des Jésuites en présence d'une Chambre comme la nôtre. Le roi, dans le discours du trône, a fait appel à notre franchise : eh bien ! il est de notre devoir de lui déclarer que les deux plus grands fléaux de son royaume sont les Jésuites et la Congrégation. »

Si Charles X eût suivi les inspirations toutes cléricales de son étroit esprit, il eût certainement adopté dans la question des huit séminaires une politique conforme aux conclusions de la majorité de la commission. Mais les ministres, qui redoutaient l'attitude de la Chambre des députés, l'obligèrent, en le menaçant d'une démission collective, à signer, le 16 juin, deux ordonnances qui, toutes bénignes qu'elles étaient, allumèrent les plus furieuses colères et provoquèrent les plus bruyantes clameurs des saintes âmes.

La première portait qu'à dater du 1er octobre suivant les établissements connus sous le nom d'écoles secondaires ecclésiastiques, dirigés par des personnes appartenant à une congrégation religieuse non autorisée, et actuellement existants à Aix, Billom, Bordeaux,

Dôle, Forcalquier, Montmorillon, Saint-Achèul et Sainte-Anne d'Auray, seraient soumis au régime de l'Université. Il y était dit encore qu'à partir de la même époque, nul ne pourrait être ou demeurer chargé, soit de la direction, soit de l'enseignement dans une des maisons d'éducation dépendant de l'Université ou dans une des écoles secondaires ecclésiastiques, s'il n'avait pas affirmé par écrit qu'il n'appartenait à aucune congrégation religieuse non légalement établie en France.

En vertu de la seconde ordonnance, le nombre des écoles secondaires ecclésiastiques devait être limité dans chaque diocèse conformément au tableau qui serait soumis, dans le délai de trois mois, à l'approbation royale, et inséré au *Bulletin des lois*. Le nombre des élèves ne pouvait excéder vingt mille. Aucun externe ne pouvait être reçu dans ces écoles. Tous les élèves reçus depuis deux ans étaient tenus, après l'âge de quatorze ans, de porter un habit ecclésiastique. Les directeurs ou supérieurs de ces écoles étaient nommés par les archevêques et évêques, et agréés par le roi. Les archevêques et évêques devaient adresser, avant le 1$^{er}$ octobre 1828, les noms des directeurs ou supérieurs déjà en exercice au ministre des affaires ecclésiastiques, à l'effet d'obtenir l'agrément royal. Il était créé dans les écoles secondaires ecclésiastiques huit mille demi-bourses de cent cinquante francs chacune.

Celles de ces écoles dans lesquelles les dispositions des deux ordonnances du 16 juin ne seraient pas exécutées devaient rentrer sous le régime de l'Université.

Les mots d'insulte, de spoliation, de confiscation, de violence, de persécution, d'hypocrisie, d'impiété, de sacrilège, d'immolation, de méchanceté, de lâcheté, furent les termes les plus doux dont s'émailla la rhétorique des feuilles religieuses dans la polémique dirigée contre les ordonnances royales. L'évêque Feutrier fut traité d'hérétique. Mais les dévôts ne se bornèrent pas à l'invective; ils se mirent en révolte ouverte. L'épiscopat refusa d'obéir aux prescriptions nouvelles par une déclaration écrite dans le pathos venimeux du style ecclésiastique et qui se terminait par ces lignes :

« Ils (les évêques) ont examiné dans le secret du sanctuaire, en présence du souverain juge, avec la prudence et la simplicité qui leur ont été recommandées par leur divin Maître, ce qu'ils devaient à César comme ce qu'ils devaient à Dieu. Leur conscience leur a répondu qu'il valait mieux obéir à Dieu qu'aux hommes, lorsque cette obéissance, qu'ils doivent premièrement à Dieu, ne saurait s'allier avec celle que les hommes leur demandent; ils ne résistent point; ils ne profèrent pas tumultueusement des paroles hardies; ils n'expriment pas d'impérieuses volontés, ils se contentent de dire avec respect, comme les apôtres : *Non possumus*, nous ne pouvons pas. »

Le mot est devenu célèbre de notre temps. Il est en conformité avec l'état réel des choses; et au *Non possumus* des chrétiens, les hommes libres ne peuvent et ne doivent opposer que le leur. Entre la liberté et tout ce qui n'est pas elle, point de mélange, point de transaction, point de conciliation. Que chaque parti reste dans la logique inflexible de sa situation : il y aura honneur et profit pour tous.

Les cléricaux ouvrirent aussitôt des souscriptions pour répandre à cent mille exemplaires la déclaration des évêques. A cet acte collectif vinrent se joindre une quantité de protestations individuelles de prélats, de grands-vicaires, d'abbés. C'était un déluge, une fureur, un déchaînement.

A la honte du gouvernement de la Restauration qui ne s'était implanté en France que grâce à l'invasion étrangère, la rébellion du clergé ne put être apaisée sans l'intervention d'une autorité étrangère. Un certain Lasagni, ancien auditeur du tribunal romain de la Rote, devenu conseiller à la Cour de cassation française, fut dépêché à Rome, intrigua auprès du cardinal secrétaire d'Etat Bernetti et réussit à obtenir du pape Léon XII l'appui qu'il était venu solliciter. Le 25 septembre, le cardinal de Latil adressa aux évêques de France une circulaire ainsi conçue :

« Monseigneur, le roi ayant daigné me faire communiquer les réponses de Rome relatives aux ordonnances du 16 juin, et m'ayant invité à vous en donner connaissance, j'ai l'honneur de vous informer que Sa Sainteté, persuadée du dévouement sans réserve des évêques de France pour Sa Majesté, ainsi que de leur amour pour la paix et pour tous les autres véritables intérêts de notre sainte religion, a fait répondre « que les évêques doivent se confier à la sagesse du « roi pour l'exécution des ordonnances, et marcher d'accord avec « le trône. »

Tout le monde obéit. Seul, le cardinal de Clermont-Tonnerre, archevêque de Toulouse, persista dans sa rébellion et écrivit au ministre Feutrier :

« Monseigneur, la devise de ma famille, qui lui a été donnée par Calixte II en 1120, est celle-ci :

« *Etiamsi omnes, ego non.*

« C'est aussi celle de ma conscience.

« J'ai l'honneur d'être, avec la respectueuse considération qui est due au ministre du roi,

« A. J., cardinal, archevêque de Toulouse. »

Clermont-Tonnerre fut officiellement disgrâcié; mais cette disgrâce, tout apparente, ne diminua en rien le crédit véritable dont il jouissait à la cour : tant se trouvait intime, étroite, la complicité de la monarchie bourbonnienne avec la Compagnie de Jésus et la Congrégation, fidèles représentants de la religion catholique, apostolique et romaine ! Cette complicité rendait le trône et l'autel inévitablement solidaires l'un de l'autre. Aussi le P. Grivel, provincial de l'ordre des Jésuites, était-il dans le vrai lorsqu'il écrivait :

« .... L'existence de notre ordre a la même solidité que l'existence des Bourbons sur le trône : s'ils s'y maintiennent, nous serons rétablis, reconnus, et nous ne cesserons d'exister en France que lorsqu'une nouvelle conspiration contre la religion viendra renverser les Bourbons. »

Il est à remarquer qu'à partir de l'établissement du régime institué par les ordonnances du 16 juin 1828, le parti religieux se fit le champion de la liberté de l'enseignement et du droit commun en ces matières, principes excellents qu'il s'était bien gardé d'invoquer tant qu'il avait joui du privilège et s'était trouvé à même de l'exploiter contre ses adversaires. Nous aussi, et de très-bonne foi, nous réclamons, nous avons toujours réclamé, avec toutes les libertés, la liberté de l'enseignement à tous les degrés, mais à condition que cette liberté profite à tout le monde, aux athées comme aux chrétiens, aux protestants comme aux musulmans, aux matérialistes comme aux spiritualistes, à condition qu'on puisse élever chaire contre chaire, école contre école. Nous ne voulons pas, cela se conçoit, de la liberté d'enseignement restreinte à l'usage de nos ennemis. Il n'y a dans cette conduite aucune inconséquence; mais on doit reconnaître le sentiment vrai du droit, de la justice et de l'équité.

## XXVIII

Emprunt de quatre-vingts millions. — Manifeste de la Porte-Ottomane. — Cent mille Russes passent le Pruth et marchent sur Stamboul, 7 mai 1828. — Protocole signé à Londres le 19 juillet suivant, en vertu duquel la France reçoit la mission de faire cesser les hostilités dans la Morée et de la faire évacuer par les troupes turko-égyptiennes. — L'expédition française arrive à Navarin le 29 août. — Vaines intrigues de l'Angleterre. — Evacuation de la Morée par les Turko-Egyptiens. — Déclaration signée à Londres par les trois puissances alliées, le 16 novembre. — Lettre de Jean Kapo d'Istria, président du gouvernement hellénique, portée au général Maison par l'amiral Miavlis.

La session de 1828 fut close le 18 août, après que le budget eut été adopté comme de coutume. Un emprunt de quatre-vingts millions, demandé aux Chambres le 14 avril, avait été voté le 21 mai par les députés, le 13 juin par les pairs. Le but de cet emprunt était de mettre sur un pied convenable les forces de terre et de mer en vue de complications possibles dans les affaires d'Orient, auxquelles la victoire de Navarin avait fait prendre une face nouvelle.

Cette victoire n'avait pas eu pour effet de décourager la Turkie. Elle restait maîtresse de tout le territoire grec, et son armée de terre, ainsi que les forces égyptiennes, demeurait intacte. Elle ne songeait nullement à céder à la médiation armée des trois puissances. De leur côté, les puissances se trouvaient liées par l'article additionnel du traité du 6 juillet 1827, en vertu duquel, si les Turks ou les Grecs refusaient d'accepter les propositions des « hautes parties contractantes, » les représentants de celles-ci étaient autorisés à discuter et à déterminer les mesures ultérieures qu'il deviendrait nécessaire de prendre.

L'Europe pouvait d'autant moins se faire illusion sur les sentiments de la Porte-Ottomane que cette dernière avait rédigé, à la date du 12 janvier 1828, un manifeste qui reçut une immense publicité, et qui est un témoignage curieux de la façon dont les Turks entendent les relations avec le reste du monde. Ce document est intéressant non-seulement au point de vue particulier de la question grecque à l'époque dont nous écrivons l'histoire; mais aussi à l'égard de cet ensemble de problèmes qu'on appelle la question d'Orient et qui s'impose d'une manière permanente aux méditations des hommes d'État. C'est à ces divers titres que nous croyons utile de le mettre sous les yeux de nos lecteurs :

« Pour peu qu'on ait d'intelligence, on sait que si tous les musulmans haïssent naturellement les infidèles, les infidèles de leur côté sont les ennemis des musulmans; que la Russie surtout porte une haine particulière à l'islamisme, et qu'elle est la principale ennemie de la sublime Porte.

« Depuis cinquante à soixante ans, jalouse de mettre à exécution ses coupables projets contre la nation musulmane et l'empire ottoman, elle a toujours profité du moindre prétexte pour déclarer la guerre. Les désordres commis par les janissaires, qui grâce à Dieu sont anéantis, favorisaient ses progrès. Elle a peu à peu envahi nos provinces; son arrogance et ses prétentions n'ont fait qu'augmenter, et elle a cru trouver un moyen facile d'exécuter son ancien plan contre la Sublime Porte, en soulevant les Grecs ses co-religionnaires. Ceux-ci, réunis au nom de la religion, se révoltèrent simultanément; ils firent aux musulmans tout le mal possible; et, de concert avec les Russes, qui, de leur côté, attaquèrent l'empire ottoman, ils conspirèrent l'extermination de tous les fidèles et la ruine de la Sublime Porte (dont Dieu nous préserve).

« Grâce à l'assistance divine et à la protection de notre saint prophète, ce perfide complot fut découvert peu de temps avant d'être mis à exécution; les mesures prises dans la capitale, sans perte de temps, arrêtèrent dès le principe les coupables projets dont l'accomplissement avait paru si facile; l'épée fit justice d'un bon nombre des rebelles de Morée, de Nègrepont, d'Acarnanie, de Missolonghi, d'Athènes et d'autres parties du continent. Les rebelles de la Morée et des îles, foyer de l'insurrection, osèrent, dès le commencement des troubles, combattre les musulmans; ils en tuèrent une quantité; ils réduisirent en esclavage les femmes et les enfants; et sous le nom de « *gouvernement de la Grèce,* » ils se portèrent à des excès inouïs.

« Depuis plusieurs années, des armées considérables de terre et de mer ont été envoyées contre eux; mais nos troupes de terre, découragées par le manque de paye, ne montrèrent pas l'ardeur nécessaire (1); notre flotte également ne put réussir, à cause de l'ancienne désorganisation de l'arsenal. L'affaire traînant ainsi en longueur, d'autres Européens que les Russes, animés par l'ambition, fournirent secrètement toutes sortes de secours aux rebelles, soit par promesse, soit de fait, et devinrent la cause particulière de la prolongation des troubles. Enfin, entraînées par les ruses et les insinuations de la

---

[1] En vérité, l'on ne vit jamais un gouvernement plus naïf, ou plus cynique.

Russie, l'Angleterre et la France s'unirent à elle, et, sous prétexte que leur commerce souffrait de la longue durée des troubles, elles firent entièrement renoncer les Grecs à leurs devoirs de rayas par toutes sortes d'artifices.

« Il fut, à différentes époques, proposé à la Sublime Porte de ne plus se mêler des affaires des Grecs, en leur donnant une forme de gouvernement indépendant; de les séparer totalement des musulmans; d'établir chez eux un chef comme en Valachie et en Moldavie, et de leur accorder leur liberté moyennant un tribut annuel. Telles furent à peu près les vaines propositions qu'on lui fit. Comme il est évident que cette prétention de liberté ne tendait à rien moins (le ciel nous en préserve) qu'à faire tomber entre les mains des infidèles tous les pays d'Europe et d'Asie où les Grecs se trouvent mêlés avec les musulmans; à mettre insensiblement les rayas à la place des ottomans, et les ottomans à la place des rayas; à convertir peut-être nos mosquées en églises, et à y faire résonner la cloche; en un mot à anéantir facilement et promptement l'islamisme; ni la raison, ni la loi, ni la politique, ni la religion ne permirent d'accepter de semblables propositions. La Sublime Porte donna maintes fois, soit par écrit, soit de vive voix, les réponses nécessaires avec toutes les formes officielles, et suivant la teneur des traités. Quoique le but des Francs ait été pressenti dès le principe, et que tout annonçât qu'en définitive le sabre seul devait répondre à leurs propositions, néanmoins, pour ne pas troubler le repos des musulmans, et d'un autre côté pour gagner le temps nécessaire aux préparatifs de guerre, la Sublime Porte s'efforça de temporiser, autant que possible, avec des réponses satisfaisantes et des conférences officielles au sujet du déshonneur et du préjudice que les propositions des trois puissances causeraient à l'empire et à la nation.

« C'est ici le cas d'observer que, quoique les demandes faites par les Russes à Ackerman, au sujet des indemnités, et surtout à l'égard des Serbes, ne fussent aucunement susceptibles d'être admises, néanmoins les circonstances étant pressantes, on y acquiesça bon gré mal gré et par nécessité, afin de saisir l'occasion de conclure un traité pour le salut de la nation musulmane. Jusqu'à présent la plupart des articles avaient obtenu leur exécution; on avait également entamé les conférences relatives aux indemnités et à la Serbie, et quoique ces deux affaires aussi ne fussent pas de nature à être réglées de bonne grâce, elles furent cependant prises en considération comme des choses d'importance.

« La Russie ne s'en tint pas encore là ; les réformes militaires adoptées par la Sublime Porte lui portèrent ombrage ; elle sentit qu'un jour cette résignation pourrait faire retomber sur elle-même le mal qu'elle avait préparé à l'islamisme. Dès lors, elle résolut de ne plus laisser de relâche aux musulmans. La Russie, l'Angleterre et la France convinrent entre elles d'établir forcément la liberté dont il a été question plus haut.

« Depuis un an, ces trois puissances ont demandé simultanément la liberté grecque, par l'entremise de leurs ambassadeurs, officiellement et ouvertement, comme une concession toute simple. La Sublime Porte n'a pu y souscrire, ni suivant la loi, ni suivant la raison, ni selon la politique, ni selon la religion. La nation musulmane en a été indignée, et il est de toute impossibilité que jamais on y consente. Le gouvernement ottoman s'efforça de les faire renoncer à leurs prétentions par toutes sortes de réponses, mais son langage ne produisit aucun effet. Fières de leurs forces, elles persistèrent opiniâtrement et rigoureusement à faire accepter leurs demandes, et finirent par envoyer des flottes dans la Méditerranée. Elles empêchèrent ouvertement les escadres ottomanes et égyptiennes, destinées à punir les rebelles d'attaquer les îles. Ces deux escadres, étant entrées dans le port de Navarin, attendaient tranquillement les ordres de la Sublime Porte, lorsque les flottes russe, anglaise et française entrèrent inopinément comme amies dans le même port, commencèrent le feu toutes trois ensemble, et tout le monde sait la catastrophe qui en est résultée pour l'escadre impériale.

« Les trois puissances ayant ainsi rompu ouvertement les traités et déclaré la guerre, la Sublime Porte avait plein droit d'user de représailles, et d'agir tout autrement en premier lieu, avec les ambassadeurs, et ensuite avec les nationaux et les bâtiments qui se trouvaient ici. Mais les ministres de ces trois cours ayant cherché à se justifier en déclarant que c'étaient les commandants de la flotte impériale, qui avaient donné lieu au combat, la Sublime Porte, eu égard aux circonstances, garda le silence, et usa de politique par un dernier effort. En même temps, elle invita les trois ambassadeurs à se désister de l'affaire grecque. Sourds à la voix de l'équité, ces infidèles ne cessèrent d'exiger que leur demande fût admise telle quelle, relativement à la liberté grecque ; on peut même dire que leurs instances devinrent encore plus pressantes. Enfin, les vues hostiles des Francs contre l'islamisme se virent à découvert. Néanmoins, dans le but de gagner du temps, au moins jusqu'à l'été, on usa de tous les ménagements possibles dans les confiances et les pourparlers qui eurent lieu il y a quelques semaines. Il fut notifié à diverses reprises aux ambassadeurs, que, dès que les Grecs demanderaient leur pardon, leurs fautes seraient entièrement oubliées; que leurs biens, leurs personnes, leurs terres deviendraient libres; qu'ils jouiraient de la plus parfaite sécurité et tranquillité ; qu'il leur serait fait grâce de la capitation et des autres tributs qu'ils doivent depuis l'insurrection ; qu'il ne serait plus question des autres impôts; qu'en outre, pour le bon plaisir des trois puissances, ils seraient exempts du tribut pendant un an; qu'en un mot tous les privilèges que comporte la qualité de rayas leur seraient accordés, mais que rien ne pourrait leur être accordé au-delà de cette limite.

« Dans le cours des conférences, la Sublime Porte pria instamment les ambassadeurs de transmettre à leurs cours ses déclarations amicales et ses explications sincères, avec promesse que l'armistice, par eux-mêmes demandé, serait observé jusqu'à la réception de la réponse. Cette invitation ne servit qu'à augmenter leur orgueil et leurs prétentions. Finalement, ils déclarèrent qu'ils ne consentiraient à rien, tant qu'on n'accorderait pas les privilèges dont il s'agissait aux Grecs habitant l'antique Grèce, c'est-à-dire la Morée, l'Attique, et les îles de l'Archipel, et ils annoncèrent qu'ils partiraient tous trois ensemble.

« Les affaires en sont venues à ce point. Si maintenant (Dieu nous en préserve), après avoir vu pareille conduite et une semblable condition, il nous fallut battre en retraite et céder à la demande en question, c'est-à-dire à celle de l'indépendance des Grecs, bientôt la contagion gagnerait tous les Grecs établis dans la Roumélie et l'Anatolie, sans possibilité d'arrêter le mal ; ils prétendraient tous à la même indépendance, renonceraient à leurs devoirs de rayas ; et parvenant, dans l'espace d'un ou deux ans, à triompher de la généreuse nation musulmane, ils finiraient un jour par nous dicter tout à coup la loi et (le ciel nous en préserve) il en résulterait évidemment la ruine de notre religion et de notre empire. Tandis que, grâce à Dieu, les nombreuses provinces d'Europe et d'Asie sont à elles seules remplies d'une immense population musulmane, le livre sacré et la loi nous permettent-ils de laisser, par crainte de la guerre, fouler aux pieds notre religion, de livrer nous-mêmes aux infidèles, de main en main, notre pays, nos femmes, nos enfants, nos biens et nos propriétés ?

« Quoique, dans le principe, le monde entier fût au pouvoir des infidèles, néanmoins, à l'apparition de la vraie religion, Dieu aidant les fidèles, les musulmans nos frères qui ont paru et disparu depuis le temps heureux de notre grand prophète jusqu'aujourd'hui n'ont jamais dans aucune guerre, par l'effet de leur sincère dévotion et de leur inébranlable courage, compté pour quelque chose le nombre des infidèles. Mais, unis de cœur pour la défense de la religion, combien de milliers de fois n'ont-ils pas passé au fil de l'épée des milliers d'infidèles ! Combien n'ont-ils pas aussi conquis d'états et de provinces le sabre à la main ? Toutes les fois que nous nous unirons comme eux, et que nous affronterons les combats pour la gloire de Dieu, le

Maréchal Maison.

Très-Haut nous éclairera de ses inspirations, et notre saint législateur nous couvrira de sa protection tutélaire, ses compagnons nous serviront de guides, et nul doute que, sous leurs auspices, nous ne remportions d'éclatantes victoires.

« Si les trois puissances, en nous voyant décidés à rejeter comme par le passé leurs vaines demandes, admettent nos réponses et nos explications, et se désistent de l'affaire grecque, rien de mieux ; si au contraire elles persistaient à vouloir faire accepter de force leur demande, lors même que (suivant la tradition, tous les infidèles ne font qu'une nation), elles se ligueraient toutes contre nous, nous nous recommanderions à Dieu, nous nous placerions sous la protection de notre saint prophète, et unis pour la défense de la religion et de l'empire, tous les *vizirs*, les *ouléma*, peut-être même tous les musulmans ne formeraient qu'un corps.

« Cette guerre n'est point, à l'instar des précédentes, une guerre politique pour des provinces ou des frontières ; le but des infidèles étant d'anéantir l'islamisme et de fouler aux pieds la nation musulmane, cette guerre doit être considérée purement comme une guerre religieuse et nationale. Que tous les fidèles, riches ou pauvres, grands ou petits, sachent que le combat est un devoir pour nous ; qu'ils se gardent donc bien de songer à une solde mensuelle ou à une paie quelconque,[1] ; loin de là, sacrifions nos biens et nos personnes, remplissons avec zèle les devoirs que nous impose l'honneur de l'islamisme, unissons nos efforts, travaillons de corps et d'âme pour le maintien de la religion jusqu'au jour du jugement. Les musulmans n'ont pas d'autre moyen d'obtenir leur salut dans ce monde et dans l'autre.

« Nous espérons que le Très-Haut daignera confondre et disperser partout les infidèles, ennemis de notre religion et de notre empire ; et qu'en tout temps, en tous lieux, en tous cas, il accordera aux fidèles la victoire et le triomphe. Notre vraie position étant ainsi connue de tous les musulmans, peut-on douter que, pour peu qu'ils aient de foi et de piété, ils ne reconnaissent leur devoir, qu'ils ne s'unissent de cœur et d'âme pour le maintien de notre religion et de notre empire, ainsi que pour leur propre salut dans ce monde et dans l'autre ; qu'au besoin ils ne s'accordent tous à exécuter avec valeur et zèle les diverses fonctions de la guerre, et à remplir exactement les devoirs que nous impose notre sainte loi ? Le secours vient de Dieu. »

On ne peut concevoir une œuvre plus outrecuidante et plus mensongère, et, par cela même, plus conforme au génie tatar, sémitisé par l'islam. On contesta d'abord l'authenticité de ce manifeste à Paris et surtout à Londres. L'*Observateur autrichien*, feuille inspirée par Metternich, déclara que cette pièce n'avait absolument rien de diplomatique. Cela est certain, et nous le croyons sans peine. Il faut y voir un document destiné à faire connaître aux agents du gouvernement ottoman les véritables sentiments de la Porte, l'ensemble

---

[1] N'est-ce pas admirable ?

de son système politique, et les motifs qui avaient dirigé toute sa conduite pendant les longues négociations ouvertes entre elle et les puissances européennes. Il faut y voir aussi un appel au fanatisme musulman, une proclamation de la guerre sainte. Encore une fois, il ne peut entrer dans l'esprit de personne que ce factum ait été écrit dans le but d'en donner communication aux ambassadeurs d'Angleterre, de France et de Russie, et il ne dut certainement pas sa publicité et le bruit qu'il fit aux amis de la Turkie.

L'entêtement du sultan Makhmoud ne permettait pas aux puissances alliées d'hésiter davantage à poursuivre par les armes l'accomplissement de l'œuvre de régénération qu'elles avaient entreprise en faveur des Grecs. La Russie, devançant toute mesure collective, adressa pour son compte particulier des réclamations pressantes à la Porte Ottomane, y fit succéder les menaces, puis une déclaration de guerre ; et, le 7 mai 1828, cent mille Russes passèrent le Pruth et marchèrent sur Stamboul. Déjà une escadre moscovite avait pris position à l'entrée des Dardanelles ; une autre, venant de Sébastopol, bloquait la sortie du Bosphore ; d'autres bâtiments croisaient devant tous les ports ottomans de la Mer Noire. Quant aux opérations militaires qu'il était reconnu indispensable d'exécuter sur le territoire hellénique, l'Angleterre et la France ne permirent pas à la Russie de s'en charger, et ce fut la France qui, du consentement et sur l'insistance formelle du plénipotentiaire russe, reçut, en vertu d'un protocole signé à Londres le 19 juillet 1828, la mission « de faire cesser les hostilités dans la Morée, et d'obtenir la complète évacuation de cette contrée par les troupes turko-égyptiennes. » Le 12 du mois suivant, 14062 hommes s'embarquèrent à Toulon où les vents contraires les retinrent jusqu'au 17. Le 29 août, l'expédition, conduite par les trois généraux de brigade Schneider, Sébastiani et Higonet, sous le commandement en chef du général Maison ayant pour chef d'état-major le général Durrieu, arriva devant Navarin. Elle y trouva des bâtiments anglais dont les officiers prétendirent s'opposer au débarquement des troupes françaises.

Voici ce qui était arrivé :

Le gouvernement anglais, redoutant comme conséquence de l'expédition de Morée une extension d'influence de la France en Orient, s'était efforcé en secret de prévenir le résultat de cette expédition. Il avait envoyé l'amiral Edward Codrington à Alexandrie avec mission de contraindre par la menace d'un blocus rigoureux de toute la côte d'Égypte Mohammed-Aly à rappeler son fils Ibrahim et toutes les troupes égyptiennes. Le pacha avait dû céder et, dès le 6 août, il avait signé avec l'amiral anglais une convention d'après laquelle le contingent égyptien devait évacuer la Morée sur des bâtiments qui seraient envoyés d'Alexandrie pour les transporter dans le plus court délai possible. Malgré tout l'empressement avec lequel les choses furent faites, cette convention ne fut signifiée au cabinet des Tuileries qu'après l'embarquement des troupes françaises. Il était trop tard. Le général Maison passa outre aux réclamations des officiers anglais et, le 29 août au soir, l'armée expéditionnaire mit pied à terre. Sa mission se bornait désormais à faire exécuter la convention anglo-égyptienne du 6 août.

Ibrahim dut s'y conformer. Avant de partir, il fit plusieurs visites au camp français où il fut reçu avec la plus grande courtoisie. Un repas lui fut offert à la suite d'une revue. Il eut, au dessert, un joli mot pour un Égyptien : « Pourquoi, demanda-t-il, la France après avoir été faire des esclaves en Espagne en 1823, est-elle venue maintenant en Grèce faire des hommes libres ? »

L'évacuation de la Morée par les troupes égyptiennes eut lieu du 9 septembre au 4 octobre. En partant, à cette dernière date, Ibrahim-pacha laissait 1200 Arabes commandés par des Turks à la garde des forteresses. Ces troupes n'étaient pas en état de résister aux Français. Pour que l'honneur fût sauf, on convint de part et d'autre que les défenseurs de la domination ottomane n'essaieraient point de recourir à la force et n'ouvriraient pas non plus les portes des villes. Les soldats français eurent toute liberté de briser les portes, d'escalader les remparts, d'envahir les places et de se faire rendre les armes sans coup férir. C'était une sorte de casuisme militaire bien en harmonie avec le génie oriental. Navarin, Modon, Koron, Patras, se laissèrent prendre ainsi. Mais la garnison du château de Morée viola les stipulations consenties et contraignit le général Schneider à ordonner le 30 octobre un bombardement qui dura quatre heures. Au bout de ce temps les Turks demandèrent à capituler. Ils durent se rendre à discrétion. Les Français avaient eu, en tout, vingt-cinq hommes tués ou blessés.

Le 16 novembre, les trois puissances alliées signèrent à Londres la déclaration suivante qui fut ensuite notifiée au Divan.

« La déclaration du 11 août dernier, qui a été remise au Reis-Effendi par l'ambassadeur des Pays-Bas au nom de la France, de la Grande-Bretagne et de la Russie, a fait connaître à la Porte le motif et le but de l'expédition de Morée. Le résultat immédiat que les trois Puissances se proposaient d'obtenir par cette expédition a été heureusement atteint ; le départ d'Ibrahim-Pacha et l'évacuation des forteresses par les troupes turques et égyptiennes ont fait cesser dans la Morée l'effusion du sang humain et rendu le calme à cette contrée. Mais l'ouvrage des Puissances serait imparfait si, par le départ de leurs troupes, les habitants de la Morée se trouvaient exposés à de nouvelles invasions ; elles doivent à leur propre dignité de les en préserver. C'est dans cette vue qu'au moment où les forces alliées se disposent à se retirer de la Morée, après y avoir accompli leur mission pacifique, les trois cours déclarent à la Sublime Porte que, jusqu'à ce qu'un arrangement définitif, fait de commun accord avec elle, ait réglé le sort des provinces que l'alliance a fait occuper militairement, elles placent la Morée et les îles des Cyclades sous leur garantie provisoire, et qu'à ce titre elles regarderaient comme une agression contre elles-mêmes l'entrée d'une force militaire quelconque dans ce pays.

« En portant cette résolution à la connaissance de la Sublime Porte, la France, la Grande-Bretagne et la Russie aiment à reconnaître l'esprit de sagesse avec lequel elle a évité de prolonger sans utilité les maux de la guerre dans la Morée. Elles espèrent que, guidée par le même esprit, elle se sentira animée du désir de mettre enfin un terme à des agressions qui, depuis huit ans, tiennent toute l'Europe dans un état d'inquiétude et d'agitation, et qu'elle s'entendra avec les trois Cours dans une négociation tout amicale et bienveillante sur le sort et la pacification définitive de la Grèce.

« Signé : ABERDEEN, POLIGNAC, LIEVEN.

En 1827, Jean Kapo d'Istria, natif de Corfou, instrument de la Russie à laquelle il devait sa fortune, avait été placé par l'influence du tsar à la tête du gouvernement provisoire de la Grèce. Au moment où le général Maison allait partir avec les troupes françaises, l'amiral Miavlis vint lui remettre de la part du président du gouvernement hellénique la lettre suivante :

Egine, 31 janvier-12 février 1839.

« Les ordres du Roi, notre auguste souverain rappellent en France les troupes qui, sous le commandement de votre seigneurie, ont entièrement délivré le Péloponnèse. Cette mémorable entreprise associe désormais votre nom à la restauration de la Grèce, qui le prononcera dans les âges les plus reculés avec l'émotion d'une profonde reconnaissance. Les intentions magnanimes des souverains alliés et les volontés de Sa Majesté Très-chrétienne ont été accomplies par l'armée d'expédition avec cet empressement et cette ardeur si naturels aux Français. Le souvenir de leurs faits d'armes précédait leurs drapeaux, et il a suffi pour déterminer à la retraite les Musulmans, qui ravageaient si cruellement la Morée. Dans la seule occasion qui se soit offerte à leur valeur, vos jeunes soldats ont rivalisé de zèle et de courage pour prouver qu'ils étaient dignes de marcher sous les ordres de chefs éprouvés dans les combats.

« Mais quels que soient leurs nobles regrets, ils ont cueilli sur le sol de la Grèce des lauriers impérissables. Trop souvent les armées signalent leur passage par la dévastation ; et, quelque brillants que soient leurs exploits, le sillon des cultivateurs vient en détruire les traces et en bannir insensiblement la mémoire. Ici, ce sont ces mêmes travaux, fruits de la paix, qui attestent la présence des troupes françaises. Le retour de la peste menaçait encore le Péloponnèse de nouvelles calamités ; il en est préservé grâce aux généreux soins de votre seigneurie et à l'infatigable sollicitude de votre armée. Chaque Grec qui peut ainsi retrouver ses foyers, élever sur leur ruine un abri à sa famille et rendre à la culture le champ de ses pères, comble de bénédictions Charles X et la France. Un tel hommage est trop au-dessus de toutes les expressions dont pourrait se servir notre reconnaissance envers l'armée et son noble chef ; c'est cependant le seul que la Grèce puisse leur offrir en ce moment. Mais si l'Eternel bénit ses travaux et ses espérances, et si des villes s'élèvent sous peu là où la misère et des ruines montrent les ravages de la barbarie, la Grèce reconnaissante et représentée par son assemblée nationale s'empressera d'élever à ses libérateurs un monument destiné à rappeler la grandeur des bienfaits dont elle a été l'objet.

« Pénétré de ces sentiments, le gouvernement Grec se fait un devoir agréable d'en offrir le témoignage bien sincère à votre seigneurie et à l'armée, par l'organe de l'amiral Miavlis, que son noble caractère et sa valeur rendent digne de remplir cette favorable mission. »

Le général Maison partit, emmenant la plus grande partie des troupes françaises. Mais, à la demande de Kapo d'Istria, un corps de quatre à cinq mille hommes réparti dans les places de Koron, de Modon et de Navarin, restait en Grèce sous le commandement du général Schneider, et devait y prolonger son séjour jusqu'à la fin de l'année.

## XXIX

Voyage de Charles X au camp de Lunéville. — Équivoque de la situation intérieure de la France. — Le roi et la cour conspirent contre le ministère. — Réorganisation du Conseil d'État. — Parti des *impatients*. — Jules de Polignac. — Son discours à la Chambre des pairs.

A l'intérieur comme à l'extérieur, tout semblait sourire à Charles X. Tandis que les Français débarquaient sur le sol hellénique, le vieux roi partit de Saint-Cloud, le 31 août, pour aller visiter le camp de Lunéville. Il était accompagné du Dauphin et de Martignac. Sur sa route il revit ce qu'il avait vu, ce qu'avaient vu ses prédécesseurs, ce que devaient voir ses successeurs : des arcs de triomphe, des jeunes filles en blanc, des fleurs, des illuminations, des feux d'artifice, des drapeaux, des fêtes de toute espèce. Il entendit les mêmes chants, les mêmes cris, les mêmes salves d'artillerie. Meaux, Epernay, Châlons, Verdun, Metz, Saverne, Strasbourg, Colmar, Mulhouse, Lunéville, Nancy, Toul, rivalisèrent d'enthousiasme. Le 19 septembre, Charles X était de retour à Saint-Cloud, fier de son succès, attendri par les acclamations de ses bien-aimés sujets, plein d'illusions sur leurs sentiments à son égard.

Comment donc expliquer une telle popularité, alors qu'était déjà si proche le terrible ouragan qui devait emporter en trois jours la monarchie des Bourbons ?

La plus grande partie de la bourgeoisie, surtout en province, avait pris au sérieux le libéralisme du cabinet Martignac; elle croyait à l'abaissement réel de la Congrégation, et avait vu avec satisfaction le ministère de l'Instruction publique passer entre [des mains laïques, les ordonnances du 16 juin amener la fermeture des établissements des Jésuites, l'armée française coopérer à la résurrection de la Grèce. Des coryphées de l'opposition eurent la naïveté ou la faiblesse de se laisser séduire. Benjamin Constant, Kœchlin, Casimir Périer se firent présenter à Charles X ; Casimir Périer accepta du roi la décoration de la Légion d'honneur. Quant aux paysans, la valeur et la signification de leurs vivats étaient toutes différentes de celles qu'on pourrait être tenté de supposer, et M. de Vaulabelle en fait parfaitement ressortir le véritable caractère lorsqu'il dit : « Dans ces sortes de visites, les acclamations des habitants de la campagne expriment des vœux, des espérances, plutôt qu'un sentiment satisfait ; et la chaleur de leur réception est un solennel appel à la bienveillance et à l'intérêt de l'homme qu'ils regardent comme l'arbitre de leur bien-être ou de leur misère, bien plus qu'un hommage à sa dignité [1]. »

Charles X de son côté se trompa sur la nature et la portée de tout cet enthousiasme et s'imagina qu'il s'adressait à sa personne sacrée et à son droit divin bien plus qu'aux réformes libérales de ses ministres. La réception chaleureuse que la duchesse de Berry rencontrait au même moment dans la Vendée où elle passait la revue des armées catholiques et royales, éléments tout prêts pour une nouvelle guerre civile, acheva d'aveugler le roi sur la situation. Le fond de cette situation était une immense équivoque. Le résultat des élections générales de 1827 avait contraint Charles X à s'entourer de ministres relativement libéraux qu'il détestait du fond du cœur ; et il épiait l'heure et l'occasion de revenir à des créatures de son goût. La cour conspirait avec lui contre le ministère en vue de faire triompher le gouvernement personnel sur les ruines de la Charte éludée ou violée. La position de Martignac n'était pas moins fausse. Il se trouvait entre le pays et la royauté comme entre l'enclume et le marteau. Il fallait qu'il fût broyé.

« Le roi s'était hâté de dire à ses nouveaux ministres : « Le système de M. de Villèle est le mien, » et la Chambre se hâta d'écrire dans son adresse que le système de M. de Villèle était déplorable. Toute l'histoire de la Restauration se trouve dans ce simple rapprochement. Comment empêcher la Chambre, qui avait la force, de vouloir l'exercer ? Et comment empêcher le chef de l'État de s'écrier, sous l'injure, comme fit Charles X, à la lecture de l'adresse : « Je ne « souffrirai pas qu'on jette ma couronne dans la boue ! » Que restait-il donc à tenter ? S'associer complétement au pouvoir électif ? M. de Martignac ne le pouvait qu'en déclarant la guerre à la royauté. Servir la royauté selon son cœur ? il ne le pouvait qu'en déclarant la guerre à la Chambre. Combiner ces deux sortes d'assujettissement, et pour gouverner, être deux fois esclave ? il l'essaya.

« Et, avant tout, il est à remarquer que les circonstances semblaient favoriser le succès de ce rôle conciliateur. A mesure qu'elle était entrée plus avant dans l'exercice du pouvoir, la bourgeoisie avait perdu de sa turbulence. Elle veillait même avec une certaine inquiétude au salut de la royauté depuis qu'elle se sentait en mesure de l'asservir... »

---

[1] *Histoire des deux Restaurations*, t. VII, page 479.

« Les circonstances étaient donc favorables à un système de conciliation entre les deux pouvoirs, si cette conciliation n'eût pas été en soi dérisoire et impossible. Aussi, interrogez l'histoire de cette époque. Pour gagner l'opinion dominante, M. de Martignac s'épuise en concessions. Il exclut du ministère, dans la personne de M. de Frayssinous, le parti congréganiste et il remplace l'évêque d'Hermopolis par l'abbé Feutrier, prêtre mondain qu'on croit libéral ; il éteint dans les élections l'influence des agents du roi ; il affranchit la presse du joug de l'autorisation royale, et substituant le monopole financier au monopole politique, il met aux mains des riches l'arme du journalisme ; il abolit la censure ; il frappe au cœur la puissance des Jésuites ; il fait passer de la royauté à la Chambre, dont il reconnaît ainsi la suprématie, le droit d'interpréter les lois... Et la bourgeoisie d'applaudir !

« Mais lorsqu'après avoir fait si large la part du pouvoir parlementaire, il veut que tout ne soit pas enlevé au pouvoir royal, les choses changent de face. Il présente aux Chambres deux projets de loi, l'un sur l'organisation communale, l'autre sur l'organisation départementale, et ces deux projets renferment son arrêt de mort. On trouve singulier que les ministres refusent de faire intervenir le principe électif dans la nomination des maires ; on soutient, contre les ministres, que la Chambre exerce une initiative souveraine, et peut, par un amendement, supprimer les conseils d'arrondissement établis par une loi. C'en est fait : les ministres ont perdu la majorité. Qui les aurait soutenus ? La Cour les enveloppait depuis longtemps de ses intrigues ; le roi, dans le secret de son cœur, avait juré leur perte, et s'était sourdement préparé à leur donner des successeurs. M. de Martignac se retire. M. de Polignac est ministre [1]. »

Cela ne se fit pas du premier coup. Le désaccord profond du cabinet et de la Cour se révéla particulièrement dans les deux ordonnances du 12 novembre 1828, dont l'une réorganisait le Conseil d'état et se bornait, en conservant des hommes tels que Delavau, Franchet-Despéray, Dudon, Fremilly, Forbin des Issarts, à leur adjoindre Agier, Villemain, Bertin de Vaux, Cambon, Alexandre de Laborde, Salvandy, libéraux apprivoisés qui se résignaient à recevoir du gouvernement quinze et vingt mille francs de traitement, et dont l'autre mettait seulement cinq préfets à la retraite et en déplaçait dix-huit ou vingt. Charles X alla jusqu'à complimenter publiquement le dé-

---

[1] Louis Blanc, *Histoire de dix ans*. Introduction, pages 125-127.

puté Montbel d'un discours qu'il avait prononcé à la Chambre en faveur du dernier ministère.

Jamais, du reste, aucune administration n'avait été plus dépourvue d'appui que celle du cabinet Martignac. Elle n'était l'expression franche et complète d'aucun parti. La gauche ne pouvait croire à la sincérité de son libéralisme, et les professions de foi les plus solennelles ne suffisaient point à la rassurer; elles l'auraient plutôt inquiétée en lui faisant supposer qu'elles étaient destinées à couvrir des intentions mauvaises. Le libéralisme du roi inspirait encore moins de confiance. Quant à la droite, elle s'épouvantait, ainsi que son rôle le comportait, de la marche révolutionnaire des conseillers de la couronne et ne laissait échapper aucune occasion de les accabler de ses reproches. L'ancien président de la Chambre Ravez était l'un des plus acharnés à cette besogne.

Tout homme dont le sens est droit et le cœur bien placé ne peut disconvenir que le régime dit constitutionnel et parlementaire ne soit une indigne comédie ou un système corrupteur de toute franchise et de toute dignité, une arène d'ambitions mesquines et grotesques, d'où sont exilés les principes, la logique et la nature. Il s'était formé dans l'opposition de gauche un groupe de députés qu'on appelait les *impatients* et qui avaient hâte de prendre la part de pouvoir qu'ils prétendaient leur être due en vertu du jeu de bascule de la machine parlementaire. Des négociations s'entamèrent dans ce sens, et, pendant quelque temps, il fut sérieusement question de donner un portefeuille à Casimir Périer, un autre à Sébastiani, la direction des postes ou celle des contributions, ou celle des domaines, à Duvergier de Hauranne et à Humblot-Conté, de nommer enfin à la pairie Laffitte, Bassano, Benjamin Delessert, Louis, Grammont, les généraux Gérard, Thiard, Grenier, Le Marrois. Il n'y avait point alors d'*irréconciliables*, et, comme on le voit, les *impatients* étaient justement tout le contraire. Il est équitable toutefois de signaler quelques membres de l'extrême gauche, Voyer-d'Argenson, Corcelles, Audry de Puyraveau, Beauséjour, le général Tarayre, à qui il répugnait de descendre à de tels compromis. Pendant qu'ils se préparaient, Charles X méditait un autre dénouement de l'intrigue dans les coulisses de la politique. Il songeait à faire entrer dans le cabinet l'ambassadeur de France à Londres, Polignac; et, la santé de La Ferronnays l'ayant obligé à prendre un congé de trois mois par suite duquel l'intérieur du ministère des Affaires étrangères avait été confié à Portalis, ce dernier reçut du roi, non sans étonnement, l'ordre d'appeler à Paris

Polignac qui était retourné à son poste peu de jours auparavant. Le bruit de ce nom éclata comme un coup de foudre dans l'atmosphère calme de l'opinion publique et y répandit l'effroi le plus naturel et la défiance la plus justifiée.

Jules de Polignac, qu'un pape avait fait prince romain, était le fils de l'amie intime de Marie-Antoinette dont les étroites relations avec cette reine avaient sans doute été calomniées. On prétendait, sans pouvoir le prouver davantage, qu'il devait le jour au penchant qu'aurait éprouvé sa mère pour le comte d'Artois. Quoi qu'il en fût, Charles X lui témoignait une affection toute paternelle à laquelle Jules répondait par un dévouement tout filial. Ce dévouement datait de sa plus tendre enfance. Le jeune Polignac avait été emmené par sa mère en émigration. Dès qu'il fut en âge, il se mit au service de la Russie. Il le quitta en 1800 pour rejoindre en Angleterre le comte d'Artois, entra dans la conspiration de Georges Cadoudal, fut condamné à deux ans de prison, tandis que son frère Armand était condamné à mort et gracié, subit une détention arbitraire de huit ans à l'expiration de sa peine, et reprit en 1814 son poste de confiance auprès du comte d'Artois. Député en 1815, puis pair de France, il était depuis 1823 ambassadeur en Angleterre.

Les antécédents de Jules de Polignac, sa dévotion exaltée, sa passion pour les Jésuites faisaient de cet homme le symbole vivant de la réaction cléricale et monarchique. Il le savait bien et il crut pouvoir donner le change à l'opinion publique en prononçant à la Chambre des pairs dans la discussion de l'Adresse, un discours étrange et curieux, dans lequel il daignait protester de son attachement à la Charte constitutionnelle et de sa foi au développement des institutions dont elle était la base.

« Quelques feuilles publiques, dit-il, auxquelles l'homme privé ne daignerait pas répondre, parce qu'elles ne peuvent l'atteindre, mais dont l'homme public doit repousser l'attaque, ont, depuis quelques jours, dirigé contre moi leurs plus violentes calomnies. Sans provocation de ma part, sans vérité, sans vraisemblance, sans un seul fait qui leur servît de motif ou même de prétexte, elles ont osé me montrer à la France entière comme nourrissant dans mon cœur un secret éloignement contre nos institutions représentatives, qui semblent avoir déjà acquis la sanction du temps et une sorte d'autorité imprescriptible, depuis que la main royale qui nous les a données repose glacée dans la tombe.

« Si les rédacteurs, quels qu'ils soient, de ces inculpations calomnieuses pouvaient pénétrer dans l'intérieur de mon domicile, ils y trouveraient la meilleure de toutes les réputations et de toutes les réponses ; ils m'y verraient entouré des fruits de mes continuelles, et, j'espère, inutiles études, ayant toutes pour objet et pour but la défense, si elle devenait nécessaire, la consolidation de nos institutions actuelles, le désir et le dessein d'en faire hériter nos enfants et d'imposer à leur bonheur la douce obligation de bénir la mémoire de leurs pères.

« En voyant ce qui m'occupe, comme il est au reste facile de savoir ce que je pense et d'entendre ce que je professe, la calomnie elle-même rougirait de m'avoir prêté des sentiments si peu conformes aux miens : ma voix, nobles pairs, les désavoue aujourd'hui ; ma vie les désavouera toujours.

« Mais, Messieurs, je ne me contenterai pas d'énoncer ici la moitié seulement de mon symbole politique. Oui, je m'honore d'être du grand nombre, du nombre immense des Français qui pensent, qui espèrent que les institutions représentatives jetteront de profondes racines dans notre patrie ; mais je suis loin de partager l'opinion de ceux qui verraient sans effroi l'excès d'un zèle coupable, dénaturer, travestir ces institutions si sages en elles-mêmes, et puiser dans l'abus qu'on en ferait tout un code de doctrines propres à exciter les passions et à lancer au loin, dans la société, des brandons de discorde.

« Je repousse aussi l'opinion de ceux qui, méconnaissant la pensée royale et paternelle de l'auguste fondateur de nos libertés, chercheraient à l'aide de ces formes du gouvernement si généreuses et si monarchiques, à affaiblir parmi nous les prérogatives de la couronne, à isoler la France nouvelle de la gloire de l'ancienne France, en faisant surgir, du sein de la même nation, deux peuples qu'ils supposeraient éternellement séparés par des souvenirs et par des regrets ; de ceux encore qui voudraient atténuer le respect dû à la religion de nos pères en la représentant, dans leur insidieux langage, comme une ennemie secrète de nos libertés, feignant de ne pas comprendre qu'on peut lui témoigner les premiers égards, lui décerner les premiers hommages, sans blesser la sécurité de toutes les consciences.

« Ce serait là, Messieurs, insulter la mémoire du fondateur de nos institutions, déchirer son ouvrage, et s'armer du bienfait pour en frapper le bienfaiteur.

« Pour moi, Messieurs, le pacte solennel sur lequel nos libertés monarchiques reposent m'apparaît comme ce signe céleste précurseur du calme et de la sérénité; j'y vois un port assuré contre de nouvelles tempêtes, une terre neutre, également inaccessible à des souvenirs qui ne seraient pas sans dangers, comme à d'inutiles regrets; j'y vois le trône entouré de puissantes garanties pour l'exercice de ses prérogatives, puisqu'au sentiment du bien public qui commande ses droits sacrés, se joint le sentiment de la reconnaissance excitée par les nouveaux bienfaits répandus sur un peuple accoutumé à lui devoir tant de bonheur et tant de gloire.

« Oui, Messieurs, nos institutions me paraissent concilier tout ce que peuvent réclamer, d'un côté la force et la dignité du trône, de l'autre, une forte indépendance nationale : c'est donc d'accord avec ma conscience et ma conviction que j'ai pris l'engagement solennel de concourir à leur maintien.

« Et de quel droit penserait-on aujourd'hui que je reculerais devant cet engagement? de quel droit me supposerait-on l'intention de sacrifier des libertés légitimement acquises? M'a-t-on jamais vu servile adorateur du pouvoir? Ma foi politique s'est-elle ébranlée à l'aspect du péril? S'il m'était permis d'interroger la conscience et la vie de mes accusateurs, ne les trouverais-je pas fléchissant le genou devant l'idole quand, plus indépendant qu'eux, je bravais dans les fers les dangers et la mort?.... »

C'était sur le conseil de Charles X que Jules de Polignac avait débité cette amplification mal écrite à la tribune de la Chambre des pairs. Les ultra-royalistes la trouvèrent trop révolutionnaire. Les libéraux n'y virent, avec raison, qu'un acte d'outrecuidance et une comédie grossière qui ne pouvait tromper personne, ni faire oublier que ce défenseur inattendu de la Charte n'avait voulu prêter en 1815 au pacte constitutionnel qu'un serment restrictif et conditionnel.

Tel était l'homme à qui le roi prétendait donner le portefeuille des Affaires étrangères. Roy et Martignac ne répugnaient pas trop à s'adjoindre ce collègue. Mais la combinaison échoua grâce à la résistance inflexible de Hyde de Neuville et des autres membres du cabinet. Une autre combinaison qui consistait à rétablir en faveur du candidat de la Cour le ministère de la maison du roi ne réussit pas davantage. Polignac travailla dès lors, avec l'assentiment et le concours secret de Charles X, à enlever à Martignac la majorité dans les Chambres pour en former une qui servirait d'appui à un cabinet dont il serait lui-même le chef.

Tandis que ces intrigues se nouaient dans l'ombre, on convenait de laisser à Portalis le portefeuille des Affaires étrangères et de confier celui de la justice à Bourdeau, député du centre gauche. Cet état de choses ne devint définitif que le 14 mai suivant.

C'était dans ces circonstances que s'était ouverte la session de 1829.

## XXX

Ouverture de la session de 1829. — Discours de roi. — Approbation presque générale. — Royer-Collard pour la seconde fois président de la Chambre des députés. — Paroles prophétiques du député Conny. — Labbey de Pompières retire sa demande de mise en accusation des ministres.

La cérémonie avait eu lieu le 27 janvier. Le discours du roi fut beaucoup plus long que d'habitude.

« .... Mes relations avec les puissances, disait Charles X, continuent à être amicales. Les assurances que je reçois de mes alliés m'offrent la garantie que, malgré les évènements qui ont ensanglanté l'Orient, la paix ne sera pas troublée dans le reste de l'Europe.

« Pour hâter la pacification de la Grèce, j'ai, d'accord avec l'Angleterre et la Russie, envoyé en Morée une division de mes troupes. A la vue de quelques milliers de Français déterminés à accomplir leur noble tâche, cette terre célèbre, trop longtemps ravagée, a été rendue à la paix et à la sécurité. Là, comme à Navarin, l'union des pavillons a attesté au monde, le respect des trois couronnes pour la foi des traités, et nos soldats se plaisent à raconter le loyal appui qu'ils ont trouvé dans la marine anglaise.

« Une déclaration formelle, notifiée à la Porte, a placé la Morée et les îles qui l'avoisinent sous la protection des trois puissances. Cet acte solennel suffira pour rendre inutile une occupation prolongée. Je continue à aider les Grecs à relever leurs ruines, et mes vaisseaux ramènent au milieu d'eux ces esclaves chrétiens à qui la pieuse générosité de la France a rendu une patrie et la liberté.

« Tant de soins n'auront pas été infructueux ; j'ai lieu de croire que la Porte, mieux éclairée, cessera de s'opposer à l'exécution du traité du 6 juillet, et l'on peut espérer que ce premier rapprochement ne sera pas perdu pour le rétablissement de la paix en Orient.

« La situation de l'Espagne m'a permis de rappeler les troupes que j'avais laissées à la disposition de Sa Majesté Catholique. Mes soldats ont revu leur patrie, après avoir reçu de toutes les populations qu'ils ont traversées des témoignages d'estime et de regret dus à leur excellente discipline.

« Des avances considérables avaient été faites au gouvernement espagnol; une convention vient d'être souscrite pour en régler le remboursement.

« L'espérance que je conserve encore d'obtenir du dey d'Alger une juste réparation a retardé les mesures que je puis être forcé de prendre pour le punir; mais je ne négligerai rien de ce qui doit mettre le commerce français à l'abri de l'insulte et de la piraterie; et d'éclatants exemples ont déjà appris aux Algériens qu'il n'est ni facile ni prudent de braver la vigilance de mes vaisseaux...

« ..... Quels que soient..... les évènements que l'avenir nous réserve, je n'oublierai jamais que la gloire de la France est un dépôt sacré, et que l'honneur d'en être le gardien est la plus belle prérogative de ma couronne. »

Ces dernières paroles excitèrent les plus vives acclamations et les applaudissements les plus chaleureux. Le roi reprit en ces termes :

« L'ordre et la paix règnent dans l'intérieur; l'industrie française, déjà si justement estimée, s'honore chaque jour par des progrès nouveaux. Quelques parties de notre agriculture et de notre commerce sont en souffrance, mais j'espère qu'il sera possible d'adoucir le mal, s'il ne m'est pas donné de le guérir.

« La longue intempérie des saisons et les retards fâcheux qu'a éprouvés la moisson des céréales ont, pendant quelques semaines, éveillé la sollicitude de mon gouvernement. De pénibles incertitudes sur l'état de nos ressources n'ont pas tardé à se dissiper devant des renseignements plus positifs. La subsistance de tous est assurée, et si le prix des grains, en augmentant l'aisance du cultivateur, accroît pour quelques moments la gêne de l'indigent, la Providence a créé la bienfaisance pour venir au secours de ceux qui souffrent.

« La presse, affranchie, jouit d'une liberté entière; si la licence, sa funeste ennemie, se montre encore à l'abri d'une loi généreuse et confiante, la raison publique, qui s'affermit et s'éclaire, fait justice de ses écarts; et la magistrature, fidèle à ses nobles traditions, connaît ses devoirs et saura toujours les remplir.

« Le besoin de placer à l'abri de toute atteinte la religion de nos pères, de maintenir dans mon royaume l'exécution des lois, et d'assurer en même temps parmi nous la perpétuité du sacerdoce, m'a déterminé, après de mûres réflexions, à prescrire des mesures dont j'ai reconnu la nécessité. Ces mesures ont été exécutées avec cette fermeté prudente qui conciliait l'obéissance due aux lois, le respect dû à la religion, et les justes égards auxquels ont droit ses ministres.

« Des communications vous seront faites sur l'état de nos finances. Vous serez satisfaits d'apprendre que les prévisions du budget des recettes pour 1828 ont été dépassées. Ce surcroît de prospérité n'a pas dû porter atteinte au système d'économie dans lequel mon gouvernement doit chercher à pénétrer chaque jour davantage, sans oublier, toutefois, que les dépenses utiles sont aussi des économies.

« De nombreux travaux occuperont la session qui s'ouvre aujourd'hui. Vous aurez à discuter un Code destiné à l'armée, et qui mérite une sérieuse attention. La loi sur la dotation de la Chambre des pairs et plusieurs autres lois dignes de votre intérêt vous seront aussi présentées.

« Un projet grave et important appellera surtout votre sollicitude. Depuis longtemps on s'accorde à reconnaître la nécessité d'une organisation municipale et départementale dont l'ensemble se trouve en harmonie avec nos institutions. Les questions les plus difficiles se rattachent à cette organisation. Elle doit assurer aux communes et aux départements une juste part de la gestion de leurs intérêts ; mais elle doit conserver aussi au pouvoir protecteur et modérateur qui appartient à la couronne la plénitude de l'action et de la force dont l'ordre public a besoin. J'ai fait préparer avec soin un projet qui vous sera présenté. J'appelle sur ce projet toutes les méditations de votre sagesse, et j'en confie la discussion à votre amour du bien public et à votre fidélité.

« Chaque jour me révèle davantage l'affection de mes peuples et me rend plus sainte l'obligation que j'ai contractée de consacrer ma vie à leur bonheur. Cette noble tâche, que vous m'aiderez à remplir, Messieurs, doit devenir de jour en jour plus facile.

« L'expérience a dissipé le prestige des théories insensées ; la France sait bien, comme vous, sur quelles bases son système repose, et ceux qui le chercheraient ailleurs que dans l'union sincère de l'autorité royale et des libertés que la charte a consacrées seraient hautement désavoués par elle. Cette union, Messieurs, vous êtes appelés à la rendre plus étroite et plus solide. Vous remplirez cette heureuse mission en sujets fidèles, en loyaux Français, et l'appui de votre roi ne manquera pas plus à vos efforts que la reconnaissance publique. »

Ce discours eut une fortune que n'avaient pas eue les précédents : il satisfit toutes les nuances de l'opposition libérale et ne mécontenta que les ultra-royalistes qui accusèrent les ministres d'avoir fait parler au roi, contre sa pensée, un langage révolutionnaire. Et cependant, c'était à la nation du Dix-Août et du Vingt-et-Un Janvier qu'un vieillard imbécile venait dire, en invoquant le droit divin, « *mes troupes, mes vaisseaux, mes sujets, mes peuples, ma couronne!* » Que de terrain avaient fait perdre à la liberté le sabre de Buonaparte et l'encensoir des Bourbons, et combien il était humiliant pour le libéralisme de 1829 d'être réduit à se contenter de si peu! Un instinct

La Bourdonnaye.

secret semblait pourtant avertir le pouvoir de ne pas se fier à ce libéralisme timide et si peu exigeant et le poussait à toujours protester contre la « *licence* » et les « *théories insensées.* » Cette prétendue licence, ces théories qualifiées d'insensées c'était la liberté vraie, nue, sans langes ni béguin, la République, l'éternelle République, latente et vivante, menace perpétuelle du droit suspendue sur le fait, jusqu'à ce que l'un et l'autre se confondissent définitivement pour le repos et la prospérité des peuples.

Royer-Collard fut pour la seconde fois élu par la Chambre et désigné par le roi pour monter au fauteuil de la présidence. Le 2 février, la commission de l'Adresse fut nommée, et le 6 le projet, rédigé par Etienne, fut lu en séance publique. C'était une simple paraphrase du discours royal et la discussion n'en présenta d'autre intérêt que la sortie violente et prophétique du député de la droite Conny :

« Vainement, s'écria-t-il, on s'efforce de croire à un calme trompeur ; pense-t-on fortifier la monarchie en flattant la Révolution, qui devient menaçante à l'instant même où elle cesse de trembler ? Un changement de dynastie, comme en Angleterre, ne serait-il pas le résultat plus ou moins éloigné qu'appellent en France les moteurs de révolution ? N'est-ce pas sous Charles I$^{er}$ que les communes usurpèrent sur le roi et sur les pairs cette autorité qui amena la révolution de 1688 ! Et les moteurs de cette révolution ne parlaient-ils pas sans cesse aussi d'une coalition de papistes, de jésuites et d'évêques ? »

On ne pouvait plus brutalement et avec un flair plus subtil accuser l'orléanisme de la plus grande partie de l'opposition libérale. Mais ces paroles ne firent pas beaucoup d'impression sur la Chambre. Toutefois la droite se retira au moment du scrutin, et l'Adresse ne fut adoptée que par 213 voix sur 221 votants.

Le 9 février, un projet de loi sur l'organisation des communes, et un autre sur l'organisation des conseils d'arrondissement et de département furent présentés à la Chambre au nom du gouvernement.

Dix jours après, Eusèbe de Salverte proposa de passer à l'examen de la demande de mise en accusation du ministère Villèle déposée le 21 juillet précédent par Labbey de Pompières. La majorité de la Chambre refusa d'entrer en délibération sur ce sujet. Labbey de Pompières déclara qu'il ne retirait pas, qu'il ajournait seulement sa motion. Mais la gauche elle-même s'étant abstenue de le suivre sur ce terrain, il se vit contraint de céder et d'annoncer le retrait de la proposition. C'était un dernier gage de conciliation et de bonne volonté que l'opposition constitutionnelle donnait au roi et au ministère.

## XXXI

Projet de loi sur l'organisation communale et départementale. — Introduction du principe électif. — Débats : Martignac, Dupin, Delaborde, Schouen, Viennet, Ravez, Benjamin Constant, Bignon, Etienne, Méchin, Sirieys, Chantelauze, La Bourdonnaye. — Coalition de la gauche et de la droite; vote hostile au ministère. — Retrait des deux projets de loi.

La question qui allait s'agiter à la tribune française dans les débats occasionnés par la présentation des deux projets de loi dont nous venons de parler était pour tous les peuples en général, et particulièrement pour la France, une question d'organisation fondamentale ou, pour mieux dire, de vie et de mort. Il s'agissait de la liberté ou de l'esclavage des communes, base indispensable de la liberté ou de l'esclavage de la nation. Quelques surprises que nous réserve l'avenir, quelques merveilles que doivent accomplir dans la suite des siècles les évolutions ascendantes de l'humanité, il n'est peut-être pas à espérer que la nécessité de tout gouvernement disparaisse jamais, et que de la liberté et du savoir de chacun résultent spontanément le bonheur de tous et l'ordre universel. Du moins, tous nos efforts doivent tendre à nous rapprocher chaque jour de cet idéal pur, à diminuer de plus en plus l'importance du gouvernement, et surtout à bien établir qu'il n'est qu'une émanation de la société, en qui réside tout vouloir et tout pouvoir; qu'il n'a aucun droit contre elle ni en dehors d'elle; qu'il rentre en elle comme il est sorti d'elle selon qu'elle le décrète; qu'enfin elle commande souverainement, et qu'il est fait pour obéir.

Cette nécessité du gouvernement ne repose, à vrai dire, que sur l'impossibilité où sont les citoyens de faire eux-mêmes toutes les affaires publiques, particulièrement dans les grandes agglomérations humaines, et il est à remarquer que les peuples les moins nombreux sont généralement les plus libres et les moins gouvernés. Ce sont aussi ceux chez qui les libertés communales sont fondées sur les plus larges et les plus solides assises. Pour arriver à la simplification progressive du gouvernement, il faut donc accroître l'autonomie administrative des communes.

Ici nous voyons de nouveau se dresser devant nous les grands fantômes de la centralisation, de la nationalité, du patriotisme, vessies gonflées qu'un coup de plume suffirait à crever. Nous avons déjà dit quels sont notre amour et notre vénération pour le patriotisme vrai et la nationalité sainte. Mais nous avons essayé de démontrer en même temps, l'histoire à la main, que la centralisation à outrance n'en est pas le corollaire obligé. Nous avons cité à ce propos la Suisse et l'Union américaine, les Provinces-Unies, l'Allemagne, le Mexique. Nous avons rappelé la fondation de la nationalité française, due aux communes, à Etienne Marcel, à Jeanne Darc, au Tiers-état de 1593, et au peuple de la Révolution. Nous avons dit et nous répétons qu'il ne peut être ici question de la centralisation établie par la Convention et le Comité de Salut-Public à une époque où la nationalité, la vie de la France étaient en péril et devaient être préservées au dehors et au-dedans par le moyen des mesures les plus énergiques. Nous avons établi enfin que c'est au décret consulaire du 28 floréal an VIII (17 mai 1800), que remonte l'institution de la centralisation définitive sous laquelle la France étouffe, et essaie encore assez maladroitement de se débattre aujourd'hui. En vertu de ce décret, auquel la Restauration n'avait rien changé, le principe électif était absolument banni de l'organisation communale et départementale; les conseillers municipaux étaient nommés par les préfets sur la présentation des maires; les maires étaient nommés également par les préfets; ceux-ci désignaient à la nomination des ministres, les conseillers d'arrondissement et du département; les préfets eux-mêmes étaient nommés par les ministres, que nommait le chef héréditaire de l'État. Tout aboutissait donc à ce chef, c'est-à-dire à la volonté, à l'arbitraire, au caprice d'un seul homme.

Tel n'était point, nous ne nous lasserons pas de le redire, l'état des choses en France, quand la Convention et le Comité de Salut-Public en adoptant pour des circonstances exceptionnelles et passagères un système exceptionnel et passager d'administration énergique, conservèrent intact le territoire de la patrie. A trois reprises au contraire, en 1814, en 1815 et en 1870, l'Empire, malgré l'exagération la plus complète et qui lui semblait toute-puissante de son régime centralisateur, amena jusqu'au cœur du pays la honte et les désastres de l'occupation étrangère.

L'expérience, trop souvent renouvelée par nos calamités, nous apprend que l'état de guerre produit généralement la concentration des pouvoirs et l'éclipse de la liberté. C'est un grand malheur. C'en est un plus grand, lorsque ce régime survit à la lutte, et d'exceptionnel tend à devenir normal. Concluons de là que l'état de guerre est surtout funeste à la liberté, et que celle-ci ne peut être assurée que par la paix, ou mieux que la paix et la liberté s'assurent mutuellement.

Pourquoi dit-on qu'il faut un gouvernement fort? Pour sauvegarder l'indépendance de la nation; pour lui donner une influence, une prépondérance qu'on qualifie de légitime; pour lui faire jouer ce qu'on appelle un grand rôle dans le monde. Mais si cette nation est assez sage pour ne chercher à exercer d'autre influence, à conquérir d'autre prépondérance que celle de l'exemple et des idées; si elle veut ne devoir la grandeur du rôle auquel elle aspire qu'aux chefs-d'œuvre qu'elle créera dans la littérature et dans les beaux-arts, aux progrès qu'elle accomplira dans la science, nul ne menacera son indépendance, et la nécessité d'un gouvernement fort commence à être moins comprise. Voilà bien des militaires, et aussi des politiques, en disponibilité. Tous les fonctionnaires ne sont guère plus que des administrateurs, des commis responsables et révocables, chargés de régler les affaires communes des citoyens.

La paix est encore rendue facile par d'autres considérations. L'amoindrissement du gouvernement, sa réduction à une expression de plus en plus simple, amène la disparition des dynasties, dont les intérêts contraires à ceux des peuples, provoquent, nous l'avons fait remarquer plus d'une fois, la plupart des luttes sanglantes qui lancent les nations les unes contre les autres et creusent entre elles de profonds abîmes de haine infranchissables pour des siècles peut-être à la réconciliation et à la fraternité.

C'est dans un de ces abîmes que la politique du second Empire vient de nous entraîner avec lui; et nous ne pouvons dissimuler que les catastrophes de ces derniers temps ne soient de nature à imposer un certain ajournement à la réalisation de nos plus doux rêves. Mais au lendemain même de ces catastrophes, notre cher pays a rebondi avec une si merveilleuse et si consolante élasticité, il se montra après comme pendant la guerre si supérieur à ses vainqueurs d'occasion en courage, en dignité, en probité, en intelligence politique de l'avenir, que de nouveau l'espérance nous luit, la confiance nous gagne, la conviction nous subjugue, et que nous voyons la République française infailliblement appelée à recueillir une abondante moisson de gloire nationale en travaillant pour sa large part au bonheur de l'humanité.

Cette gloire et ce bonheur, nous les plaçons, on l'a vu tout-à-l'heure, dans l'influence des idées, dans la splendeur des lettres, des arts et de la science. On va nous dire que l'influence des idées est en raison directe du nombre des baïonnettes. Cette abominable proposition a été énoncée naguère dans un discours impérial [1]. Certes on ne peut contester que la France n'exerçât au dix-huitième siècle la plus grande influence par ses idées, et c'est cependant l'époque où sa politique et ses armées ont essuyé le plus d'échecs. Ni Voltaire, ni Rousseau, ni les Encyclopédistes n'avaient de baïonnettes à leur disposition, et ils furent assurément de grands semeurs d'idées; tandis que toute la force brutale qui fut abandonnée aux mains de l'homme de Brumaire ne lui servit qu'à refouler les idées et à essayer, tâche insensée et vaine, de les éteindre en France et partout où il porta ses pas. On nous dira encore que les lettres, les arts et la science ont besoin pour vivre et jeter de l'éclat, d'une protection forte, que l'État ou le gouvernement peut seul la leur donner, et qu'il importe qu'il soit d'autant plus puissant pour que cette protection soit d'autant plus efficace. Ce n'est pas ici le lieu de répondre à cette objection et de considérer cette face toute spéciale de la question. Pour le moment, nous devons nous borner à parler au point de vue politique de l'organisation communale et départementale de la France dont le ministère Martignac venait, en 1829, proposer aux Chambres de modifier le système.

Au nombre des modifications formulées dans les nouveaux projets de loi, il n'y en avait qu'une seule qui fût sérieuse et fondamentale : c'était l'introduction du principe électif dans les rouages de l'administration. Malheureusement ce principe y était plutôt proclamé que réellement appliqué; il demeurait, pour ainsi dire, à l'état latent et platonique. Les détails écrasaient tout; la forme emportait le fond. Il en est ainsi de toutes les prétendues libertés octroyées par des gouvernements qui se disent ou sont forcés de se dire libéraux : ce que ces gouvernements donnent d'une main, ils le retirent de l'autre. Le vulgaire tombe dans le piège que lui tend cette hypocrisie légale, et, chaque fois que ce phénomène politique se produit, l'avènement de la franchise et de la vérité se trouve compromis pour un temps plus ou moins long.

La mesure à laquelle était restreint le principe électif dans l'organisation communale et départementale était vraiment dérisoire. Le maire, nommé par le roi ou le préfet, dressait une liste de notables qu'élisaient les conseillers municipaux parmi les citoyens réellement domiciliés dans la commune. Les plus imposés de chaque canton

---

[1] « L'influence d'une nation dépend du nombre d'hommes qu'elle peut mettre sous les armes. » (Discours d'ouverture de la session de 1867, 14 février.)

élisaient les conseillers d'arrondissement, les plus imposés de chaque arrondissement élisaient les conseillers de département.

La liste des notables dans les communes comprenait, outre les habitants les plus imposés, certains fonctionnaires, les docteurs ou licenciés de facultés, les notaires, les avoués, les officiers retraités. En dehors de cette adjonction de capacités, les électeurs municipaux ne pouvaient être plus de trente dans les communes de cinq cents habitants et au-dessous. Il s'élevait ensuite de deux par cent habitants. Pour les conseils d'arrondissement, il y avait un électeur par cent habitants, et un électeur par mille habitants pour les conseils de département.

Une ordonnance royale déterminait chaque année l'époque de la session des conseils municipaux qui ne devait pas durer plus de quinze jours. Mais dans des cas urgents, le préfet, sur la demande du maire, avait le droit de les assembler. Ils ne pouvaient être dissous que par le roi qui devait, dans le délai de quatre mois, convoquer les électeurs.

Le préfet suspendait, en attendant la décision du roi, les conseils qui s'étaient mis en correspondance les uns avec les autres, ou qui avaient publié des proclamations et des adresses aux citoyens. Les membres de ces conseils étaient privés, pour un laps de cinq à dix ans, de leurs droits d'éligibilité.

Paris, qui, sous toutes les monarchies, a été placé hors du droit commun, devait être régi par une loi spéciale. Il en était de même pour le conseil général du département de la Seine.

Tel était l'esprit des deux projets de loi présentés par Martignac. Les commissions nommées pour les examiner proposèrent de nombreux amendements que le ministre repoussa presque tous, et dont la discussion se prolongea jusqu'au 19 mars. Les débats généraux ne s'ouvrirent que le 30.

En ce qui concernait la loi municipale, la commission n'avait pu obtenir du gouvernement que le roi fût obligé à choisir les maires parmi les membres des conseils communaux. Mais elle avait substitué le mot d'*électeurs* à celui de *notables;* elle avait abaissé de vingt-cinq à vingt et un ans, l'âge légal des électeurs; dans les communes de moins de cinq cents habitants, elle avait porté de deux à trois par cent habitants le nombre des électeurs, et avait attribué les droits électoraux à tout Français payant trois cents francs de contributions directes. Elle avait étendu l'adjonction des capacités aux membres inamovibles des cours et tribunaux, aux chefs des parquets, aux juges de paix, aux juges des tribunaux de commerce, aux avocats, et en avait exclu les prêtres.

Quant à la commission chargée d'examiner la loi départementale, elle proposait de déclarer électeurs pour les conseils de département, tout Français âgé de vingt-cinq ans et payant trois cents francs de contributions directes, de faire élire ces conseils par les assemblées cantonales et de supprimer comme inutiles les conseils d'arrondissement. Le ministère ne voulait à aucun prix accepter cette suppression.

Un grand débat s'engagea d'abord sur l'ordre dans lequel les deux projets de loi seraient discutés. Le gouvernement demandait la priorité pour la loi municipale. La majorité de la Chambre, résultat d'une coalition inattendue de la droite et de la gauche, décida que la loi départementale passerait la première. La droite n'avait voulu qu'ébranler le cabinet; la gauche avait craint que la loi municipale une fois votée, le gouvernement ne retirât l'autre pour complaire aux préfets et aux conseillers généraux actuels qu'elle menaçait. L'accord fortuit des deux côtés extrêmes de la Chambre ne se poursuivit pas dans le cours de la discussion. Les membres de la droite rejetaient les deux lois d'une manière absolue, en haine du principe révolutionnaire de l'élection. Les membres de la gauche les admettaient à la condition qu'elles fussent amendées dans le sens que les commissions avaient formulé. Toutefois les choses étant ainsi, les deux lois se trouvaient condamnées d'avance. Le roi et la cour s'en réjouissaient en secret. Martignac fit dans la discussion des prodiges inutiles d'éloquence.

« J'ignore, dit-il, quel est le sort réservé au projet que nous débattons. Les dispositions principales attaquées avec violence par les deux extrémités de cette Chambre, n'ont jusqu'ici trouvé que moi pour défenseur. L'unanimité de votre commission a donné à son système une autorité que je ne puis méconnaître. Je n'essaierai pas de lui opposer l'unanimité du conseil qui le repousse : dans les temps de défiance où nous vivons, ce n'est point là une garantie qui puisse être offerte avec quelque apparence de succès.

« Toutefois, ces deux unanimités opposées ne vous avertissent-elles pas qu'il y a là quelque chose de sérieux qui mérite d'être approfondi? Des hommes de sens, des hommes de bien, délibérant sur une question simple dans des conditions diverses, et arrivant à un résultat contraire avec une égale conviction et une persévérance semblable, ont été évidemment dirigés dans cet examen par des intérêts différents.

« Votre commission a été, dès le premier pas, préoccupée d'une pensée dont elle n'a pu se dégager ; choisie par la Chambre, elle a vu avant toute chose la Chambre et ceux qui l'ont élue. Un sentiment de reconnaissance et d'estime, qui n'a rien que de naturel et d'honorable, s'est emparé d'elle ; elle a cru les droits et l'honneur des citoyens engagés dans ce débat ; elle s'est longtemps imposée l'obligation de les défendre, et tout autre intérêt s'est effacé devant celui-là.

« Une loi fondamentale ne peut être faite sous la domination de quelques prétentions, de quelques exigences du moment ; la crainte, même fondée, d'un mécontentement injuste et peu durable ne peut entrer dans ses dispositions. Il s'agit d'avenir, il s'agit d'institutions conservatrices ; il s'agit de l'application d'un principe utile dans l'usage, funeste dans l'abus ; voilà la pensée qui doit présider à cette discussion ; voilà celle qui dictera votre résolution quand il faudra prononcer sur le sort de la loi.

« Pour nous, ministres passagers d'une monarchie permanente, notre devoir est de penser à ce qui reste, et vous nous estimerez assez, je l'espère, pour croire que nous saurons le remplir. »

Martignac eut affaire à des adversaires nombreux et divers, que la gauche et la droite lui suscitèrent. Dupin, Delaborde, Schonen, Viennet, Ravez, Benjamin Constant, Bignon, Etienne, Méchin, Sirieys, Chantelauze, La Bourdonnaye, se succédèrent à la tribune et y produisirent contre le projet de loi des arguments variés et souvent inspirés par des manières de voir complétement opposées.

Le ministre les combattit tous avec un grand talent et une opiniâtreté infatigable. Au moment où le président allait mettre aux voix l'amendement de la commission, relatif à la suppression des conseils d'arrondissement, il ajouta ces paroles à tout ce qu'il avait dit :

« C'est nous qui avons proposé au roi de présenter aux Chambres ces deux projets de loi. Vous jugez bien qu'en nous déterminant à donner un pareil conseil, nous avons senti tout ce qu'il y avait de grave dans la responsabilité que nous appelions sur nous.

« Nous sommes responsables envers le roi et envers le pays de l'avenir que peut avoir pour la monarchie l'innovation que nous proposons. Nous vous devons assurer par nous-mêmes que toutes les précautions que la prudence nous a fait juger nécessaires ont été prises et que nous n'abandonnerions pas un instant le système proposé. Mais si l'on change ce système, si l'on dénature ces précautions, nous ne pouvons plus répondre de rien, nous ne pouvons plus engager notre conscience et notre responsabilité; ainsi donc nous ne pourrions jamais conseiller au roi d'adopter un projet qui serait autre que celui que nous avons présenté. »

Cette déclaration ne réussit pas à changer les résolutions hostiles, à des points de vue différents, de la gauche et de la droite. Le 7 août, l'amendement de la commission fut adopté à la suite d'une double épreuve dans laquelle la coalition entre les deux fractions opposées de la Chambre se renouvela contre le cabinet. Dès que le vote fut consommé, Martignac et Portalis se levèrent, coururent aux Tuileries, et annoncèrent au roi l'échec du gouvernement et leur intention de retirer les deux projets de loi. Charles X, qui ne demandait que cela, se montra enchanté et renvoya Martignac lire à la Chambre une ordonnance, ainsi conçue :

« Les deux projets de loi que nous avons fait présenter à la Chambre des députés, sur l'organisation communale et départementale, sont retirés. »

Les *impatients* de la gauche étaient éconduits. La droite triomphait. Le ministère Martignac n'avait plus de point d'appui. Le fruit était mûr pour que Polignac et ses hommes vinssent le cueillir.

## XXXII

Derniers jours de la session. — Règlement des comptes de 1827. — Scandales. — Discours de Benjamin Constant. — Discussion des crédits supplémentaires de 1828. — La salle à manger de Peyronnet. — Séance du 11 juillet : Lamarque. — Arrivée de Jules de Polignac à Paris. — Clôture de la session de 1829. — Isolement et faiblesse du ministère Martignac. — Destitution des ministres. — Cabinet du 8 août. — Article du *Journal des Débats*. — Constitution définitive du Cabinet. — Présidence du Conseil donnée à Polignac. — Bourmont, ministre de la guerre. — Mot cynique de Charles X. — Voyage du Dauphin à Cherbourg; la solitude se fait autour de lui. — Voyage de La Fayette dans le midi; enthousiasme extraordinaire. — Déclaration de l'association bretonne pour le refus de l'impôt. — Le *Journal du Commerce* et le *Courrier Français* sont poursuivis pour avoir publié cette déclaration. — Attitudes diverses de la magistrature. — Indépendance de la cour royale de Paris. — Démission de Châteaubriand, ambassadeur de France à Rome. — Démissions de membres du Conseil d'État nommés par Martignac. — Etienne et Arnault sont réélus à l'Académie française. — Pétitions demandant le renvoi du ministère. — Réceptions officielles du 1er janvier 1830. — Accueil étrange fait par le roi et la duchesse d'Angoulême aux magistrats. — Ils sont mieux reçus au Palais-Royal par la famille d'Orléans.

La brusque interruption des débats qui passionnaient si fort la Chambre la laissa comme au dépourvu, et il se passa quelques jours avant qu'elle reprît ses travaux. A partir de ce moment, la session se traîna péniblement jusqu'à la fin. Avant de se séparer, les députés durent régler définitivement le budget de 1827, statuer sur une demande de crédits supplémentaires pour 1828, et établir le budget de 1830.

Un article des comptes définitifs de 1827 amena une longue et vive discusion ; il était relatif aux dépenses de l'imprimerie royale, dépenses occasionnées par l'énorme quantité de pamphlets, de circulaires, de calomnies et de platitudes imprimées dont le gouvernement d'alors avait inondé le pays pour corrompre, intimider, tromper les électeurs. La parole de Benjamin Constant stigmatisa comme un fer rouge cette honteuse politique dont les administrations monarchiques subséquentes ont trouvé le moyen d'accroître encore l'ignominie.

« Il ne s'agit pas, s'écria-t-il, de la dilapidation d'une somme modique, il s'agit d'un ministre abusant de son autorité pour commander et disséminer la calomnie, la payant aux frais de l'Etat, inondant de libelles, la France qu'il avait, avec ses deux collègues, bâillonnée par la censure, sous prétexte de prévenir la licence des libelles ; violant sa propre loi de la presse, en dérobant ces œuvres criminelles au dépôt que cette loi prescrivait, en faisant disparaître les exemplaires qui devaient rester dans les mains de l'imprimeur ; violant sa loi des postes et la foi publique, en introduisant subrepticement ces diffamations sous les enveloppes des journaux ; fraudant les revenus de l'Etat, en ordonnant le transport gratuit d'un déluge d'impostures ; réunissant, en un mot, tous les genres de délits : concussion, puisqu'il y a eu détournement des deniers publics pour son propre intérêt ; trahison, puisqu'il travaillait à séparer le trône de la nation, en empêchant la nation, ce que heureusement il n'a pu faire, de se nommer des organes fidèles, qui portassent au pied de ce trône l'expression de ses douleurs, de ses espérances, et de son amour. »

A propos de la discussion des crédits supplémentaires de 1828 il se produisit un scandale que la délicatesse du temps ne put digérer et qui, plus tard, aurait passé inaperçu, alors que la conscience publique déjà souillée par la corruption du règne de Louis-Philippe fut presque submergée sous les colossales immondices du second Empire.

Il s'agissait d'une somme de cent soixante et quelques mille francs que l'ancien garde des sceaux Peyronnet avait, sans autorisation des Chambres ni ordonnance du roi, employée à l'ameublement et à la décoration de la salle à manger du ministère de la justice, et d'une tapisserie des Gobelins représentant le *jugement de Salomon* qui faisait partie de l'ancien mobilier et qui avait été mise publiquement en vente au prix de mille francs, tandis qu'elle en valait vingt-cinq mille. La commission blâmait sévèrement l'ex-ministre et concluait à ce que la dépense irrégulière qui avait été faite demeurât à la charge de celui qui l'avait ordonnée. Dupin rédigea l'amendement de la commission en ces termes : « Le ministre des finances est chargé d'exercer devant les tribunaux une action en indemnité contre l'ancien ministère. » Cette rédaction fut admise le 6 mai.

On ne parlait de tous côtés que de « la salle à manger de M. de Peyronnet. » Ce fut beaucoup de bruit pour rien. La Chambre des pairs rejeta l'amendement qu'avait adopté la Chambre des députés. Celle-ci le maintint. La loi fut de nouveau présentée au palais du Luxembourg avec la suppression de la somme en question. La lacune ne fut point comblée ; les choses en demeurèrent là, et l'opinion finit par s'occuper d'autres sujets.

Malgré ses échecs devant la Chambre des députés et grâce à la duplicité de Charles X qui ne s'était jamais montré plus affable, Martignac était persuadé que la faveur royale à laquelle il tenait par-dessus tout ne l'avait pas abandonné, et qu'une longue durée était encore réservée à son administration. Ses collègues, non moins aveuglés, ou non moins vaniteux que lui, Hyde de Neuville et Roy particulièrement, partageaient ses illusions. L'inquiétude était, d'ailleurs, générale, et, à la séance du 11 juillet, le général Lamarque s'en fit l'écho à la tribune.

« Mille bruits sinistres, dit-il, circulent dans la capitale et jettent l'alarme dans nos départements, où les agents, les instruments actifs de la dernière administration, sont encore partout debout et menaçants. Là, en présence de ceux qui opprimaient, on craint une nouvelle oppression ; là, on croit à la possibilité de ces violations de la Charte, de ces coups d'État dont nous menacent quelques ministres tombés, qui invoquent le chaos pour remonter au pouvoir. Deux cents ans se sont écoulés depuis que, de l'autre côté de la Manche, on parlait aussi de violer la grande Charte, de renvoyer les Chambres, de lever l'impôt par ordonnance. On l'essaya : vous savez quels en furent les résultats. Débris échappés à tant de naufrages, nous ne voudrons pas tenter encore une funeste expérience ; elle ne nous a que trop appris que les peuples aussi ont leurs coups d'État. »

La droite avait plus d'une fois interrompu l'orateur avec violence.

A ces dernières paroles, des voix nombreuses de ce côté de la Chambre crièrent : « A l'ordre ! à l'ordre ! » et l'accusèrent de prêcher la révolte. Lamarque reprit avec une énergie croissante :

« Je dis que les peuples aussi ont leurs coups d'État, et que, bouleversant la terre jusque dans ses entrailles, ils ne laissent sur le sol que de sanglantes ruines ! »

Ainsi la gauche, à la fin de la session, par la bouche de Lamarque, comme la droite, au commencement, par la bouche de Conny, évoquait des souvenirs et proférait des menaces que les événements ne devaient pas tarder beaucoup à réaliser.

La session de 1829 fut close le 31 juillet. Dès la veille, les journaux avaient annoncé l'arrivée de Jules de Polignac à Paris.

Le ministère Martignac, depuis que la gauche avait rompu avec lui et qu'il avait ainsi perdu la majorité dans la Chambre, ne possédait plus que l'ombre du pouvoir. La réalité en appartenait au cardinal de Latil, confesseur du roi, à Franchet-Despéray, à l'entourage intime de Charles X qui, voulant sortir de la fiction constitutionnelle, se flattait de régner et de gouverner à la fois.

Nous l'avons déjà dit, les fictions sont inconciliables avec une saine et féconde politique, et particulièrement antipathiques au génie français. Ce sont d'autant plus des fictions que jamais les prétendus principes d'une telle administration ne sont respectés et pratiqués de bonne foi par ceux qui en ont pris l'engagement. Après Charles X, entêté de son « droit divin » et revendiquant l'héritage complet d'absolutisme de ses ancêtres, n'a-t-on point vu Louis-Philippe, vrai roi constitutionnel, bon bourgeois dont le sceptre était un parapluie, se hausser à la fin jusqu'au sommet vertigineux du gouvernement personnel, mélanger l'astuce et la superbe, s'opiniâtrer, faire un dernier faux pas, et tomber de ce fauteuil auquel on avait laissé le nom de trône et qu'il avait pris trop au sérieux ? N'avons-nous pas assisté depuis à l'odieuse comédie de l'Empire libéral, constitutionnel et plébiscitaire ? Il est impossible de trouver en France une individualité quelconque dont la résignation aille jusqu'à accepter le rôle de « Porc à l'engrais. » Et, quelqu'un l'acceptât-il et le remplît-il scrupuleusement, naïvement et sans arrière-pensée, l'esprit gaulois le raillerait bien vite de sa platitude et de sa couardise, et la logique française, toujours implacable et irréconciliable, s'écrierait : Si cet homme ne fait rien, il est inutile et il doit disparaître.

Quoi ! dira-t-on, les Français se plaignent d'un homme lorsqu'il les gouverne trop ; ils se plaignent également de celui qui ne les gouverne pas assez. Ils sont décidément ingouvernables.

Eh ! vraiment oui, et c'est là leur mérite, leur génie, leur gloire.

Ingouvernables, dites-vous ? Ils n'auront donc d'autre ressource que celle de se gouverner eux-mêmes, et ne pourront s'en prendre qu'à eux de tout ce qui arrivera. N'est-ce point un axiome d'économie domestique, que l'on n'est bien servi que par soi-même ? cet axiome est pleinement applicable à la politique.

Il y avait neuf jours que Polignac était arrivé à Paris, et six jours que la session était close lorsque Charles X manda Portalis et Roy à Saint-Cloud et leur annonça la résolution qu'il avait prise de changer le ministère. Le 8 août, les anciens ministres se rendirent auprès du roi qui les accueillit assez mal, passa de l'aigreur à la colère, et finit cependant par leur dire que, bien qu'il les destituât, il leur accordait les mêmes faveurs que s'ils eussent donné leur démission. Ils reçurent donc les fiches de consolation en usage dans les cours, titres honorifiques, cordons, pensions. Seul l'évêque Feutrier n'eut rien parce qu'il avait touché à l'arche sainte, aux Jésuites !

La liste des membres du nouveau cabinet, formé le 8 août, fut revélée au public par le *Moniteur* du 9. Voici les noms qui composaient cette liste :

Jules de Polignac, aux Affaires étrangères ;
Bourmont, à la Guerre ;
De la Bourdonnaie, à l'Intérieur ;
Courvoisier, à la Justice ;
De Chabrol, aux Finances ;
De Rigny, à la Marine ;
De Montbel, aux Affaires ecclésiastiques et à l'Instruction publique, réunies de nouveau.

Le lendemain 10, l'organe des royalistes du centre droit et de l'opinion constitutionnelle la plus modérée, le *Journal des Débats*, apprécia la gravité de la situation dans l'article suivant, qui est demeuré célèbre :

« Ainsi le voilà encore une fois brisé, ce lien d'amour et de confiance qui unissait le peuple au monarque ! Voilà encore une fois la cour avec ses vieilles rancunes, l'émigration avec ses préjugés, le sacerdoce avec sa haine de la liberté, qui viennent se jeter entre la France et son roi. Ce qu'elle a conquis par quarante ans de travaux et de malheurs, on le lui ôte ; ce qu'elle repousse de toute la puissance de sa volonté, de toute l'énergie de ses vœux, on le lui impose violemment.

« Ce qui faisait surtout la gloire de ce règne, ce qui avait rallié autour du trône les cœurs de tous les Français, c'était la modération dans l'exercice du pouvoir ; la modération ! Aujourd'hui elle devient impossible. Ceux qui gouvernent maintenant voudraient être modérés, qu'ils ne le pourraient. Les haines que leurs noms éveillent dans tous les esprits sont trop profondes pour n'être pas rendues. Redoutés de la France, ils lui deviendront redoutables. Peut-être dans les premiers jours voudront-ils bégayer les mots de Charte et de liberté : leur maladresse à dire ces mots les trahira ; on n'y verra que le langage de la peur ou de l'hypocrisie.

« Que feront-ils cependant ? Iront-ils chercher un appui dans la force des baïonnettes ? Les baïonnettes aujourd'hui sont intelligentes, elles connaissent et respectent la loi. Vont-ils déchirer cette Charte qui fait la puissance du successeur de Louis XVIII ? Qu'ils y pensent bien ! la Charte a maintenant une autorité contre laquelle viendraient se briser tous les efforts du despotisme. Le peuple paie un milliard à la loi ; il ne paierait pas deux millions aux ordonnances d'un ministre. Avec les taxes illégales, naîtrait un Hampden [1] pour les briser. Hampden ! Faut-il encore que nous rappellions ce nom de trouble et de guerre ! Malheureuse France ! Malheureux roi ! »

Cet article fut poursuivi, et valut au *Journal des Débats* une condamnation à six mois de prison et cinq cents francs d'amende. La Cour royale cassa ce jugement et prononça un acquittement.

Le cabinet n'était pas constitué définitivement. Le vice-amiral de Rigny, ayant refusé le portefeuille de la Marine, fut remplacé le 23 août par d'Haussez, préfet de la Gironde. Un peu plus tard, la proposition de demander au roi le rétablissement de la présidence du conseil ayant été faite par Courvoisier et agréée par ses collègues, contrairement au vœu de La Bourdonnaie, celui-ci donna sa démission. Il fut remplacé le 18 novembre par Montbel qui céda le portefeuille de l'Instruction publique au procureur général de Lyon Guernon-Ranville. Dans les trois mois et demi qu'avait duré son

---

[1] John Hampden, né à Londres en 1594, obtint un siége à la chambre des Communes. En 1637 il donna l'exemple du refus de l'impôt, ou de la taxe de mer (*shipmoney*) arbitrairement établie par le roi Charles I$^{er}$. Il fut pour ce fait traduit en jugement et acquit par là une immense popularité. Il devint ensuite l'un des membres les plus remarquables du long Parlement. Un des premiers, il prit les armes contre le roi et périt malheureusement dès 1643 dans une escarmouche. Il était cousin d'Olivier Cromwel.

administration, La Bourdonnaie avait publié un règlement sur la boucherie, rédigé par son prédécesseur, et une circulaire où il enjoignait aux autorités de se faire rendre compte « des explications, parades, chants, dont les spectacles forains tels que marionnettes, ombres chinoises, etc., seraient accompagnés, afin d'exiger la suppression de ce qui pourrait s'y trouver de dangereux pour l'ordre, la religion, et le gouvernement du roi. » La Bourdonnaie fut récompensé de ses services par une pension de douze mille francs que sa grande fortune ne l'empêcha pas d'accepter.

La présidence du conseil fut donnée à Polignac. A la suite d'un pareil chef on ne pouvait grouper des hommes dont les noms fussent plus impopulaires, plus antipathiques aux sentiments intimes de la nation, que ceux qui composaient la nouvelle administration. L'opinion publique se sentait surtout défiée par le nom de Bourmont, personnage noté d'infamie par sa trahison du 15 juin 1815.

« Les colonnes venaient de s'ébranler, dit Charras ; elles marchaient ardentes, vers Charleroi, quand tout à coup le bruit se répandit que le général commandant la division d'avant-garde venait de déserter, passant en Belgique avec tout son état-major. L'odieuse nouvelle était vraie. Gérard, lui-même, en reçut la confirmation immédiate par une lettre que lui adressait le déserteur, le lieutenant général Bourmont.

« Ancien officier de l'armée de Condé, ancien chef de bandes royalistes dans l'Ouest, longtemps prisonnier d'Etat sous le Consulat et l'Empire, nommé colonel, en 1810, au mépris de la loi ; avancé en grade depuis par son courage et ses talents, employé activement par le gouvernement royal, Bourmont avait adhéré, dès le 13 mars, à la cause de Napoléon. Maintenant, il faisait défection. « On ne me verra « pas dans les rangs étrangers, écrivait-il à Gérard ; ils n'auront de « moi aucun renseignement capable de nuire à l'armée française..... « Mais je tâcherai d'aller défendre les proscrits français, de chasser « loin de la patrie le système des confiscations, sans perdre de vue « la conservation de l'indépendance nationale. » Triste excuse d'un acte inexcusable : d'un crime !

« Bourmont avait pour complices, son chef et son sous-chef d'état-major, le colonel Clouet, le chef d'escadron Villoutreys, ses deux aides de camp Daudigné, de Trelan, et le capitaine Sourda, autre officier attaché à son état-major. » [1]

---

[1] Charras, *Histoire de la campagne de 1815*, Waterloo, pag. 98-99. L'auteur ajoute en note : « Tous les écrits de Sainte-Hélène disent que Bourmont a

Un mot de Charles X ajoute au cynisme de la nomination de Bourmont. On parlait devant le roi du mauvais effet qu'elle produisait dans le public. « Il sera facile, répondit le prince d'un air dégagé, de détourner cet orage ; on déclarera dans les journaux ministériels, que c'est sur l'ordre du roi qu'il a passé de l'autre côté. »

Tout se faisait à l'avenant : Mangin, procureur général de Poitiers que le procès Berton avait naguère rendu tristement célèbre, devenait préfet de police ; le général Clouet, l'un des complices de la

Paul-Louis Courrier

trahison de Bourmont, était rappelé à l'activité ; un Locart, ancien préfet du Cantal qui avait été pour beaucoup dans l'arrestation du maréchal Ney, un Lourdoueix, âme damnée de l'ex-ministre Corbière, un Trouvé, successivement et avec une égale fureur, jacobin, bonapartiste et royaliste, obtenaient de nouveau des emplois. Le flot de

déserté le 14 juin. C'est une inexactitude calculée qui a été répétée par la plupart des écrivains français.

« L'état officiel des mutations de l'état-major du $4^{me}$ corps existe ; et il porte la désertion de Bourmont et de ses complices au 15 juin. Du reste, la lettre que Bourmont adressa à Gérard pour lui annoncer sa désertion est datée de Florennes (près de Philippeville), le 15 juin. »

l'impopularité, on le comprendra aisément, montait autour de cette coterie, enveloppait la famille royale, le roi, et menaçait de tout submerger. Le dauphin alla visiter les travaux du port de Cherbourg et ne trouva sur son passage, à part les réceptions officielles, que le silence et le vide. On voulut lui faire offrir un bal par la bourgeoisie de la ville et on ouvrit une liste de souscription ; mais les souscripteurs manquèrent à l'appel, et la fête ne put avoir lieu. A Paris, les discours universitaires prononcés à la distribution des prix du concours général furent accueillis avec la plus grande froideur.

Au même moment, et par un contraste qui eût dû faire reculer de terreur les plus hardis réactionnaires, le spectre de 1789 sembla sortir de son tombeau et promener sur le pays son linceul vengeur comme un drapeau. La Fayette faisait un voyage triomphal dans le Midi de la France. Certes s'il ne se fût agi que de la personnalité même de La Fayette, il ne faudrait pas attacher une très-grande importance aux manifestations dont il fut l'objet, quelque éclatantes qu'elles eussent été. Cette personnalité était, en somme, fort médiocre en soi et tirait tout son lustre des événements gigantesques au début desquels elle avait été mêlée. La Révolution qui se préparait et le triste avortement de toutes les promesses dont son sein fécond était rempli allaient mettre en lumière l'insuffisance de caractère et l'étroitesse d'esprit politique de Gilbert Motier, marquis de La Fayette. Mais pour la France de 1829, le nom de La Fayette était un symbole : il était avec raison, dans l'opinion du moment, le symbole de la légalité, de la Charte, de la résistance à l'oppression et aux coups d'Etat. Ceux-là seuls qui auraient cru voir en lui le soutien et l'espoir de la liberté entendue dans son sens vrai, large, absolu, se seraient étrangement trompés. La Fayette était né le 6 septembre 1757 à Chavagnac, près de Brioude. Il alla fêter dans son pays le soixante-douzième anniversaire de sa naissance. A Clermont, à Issoire, à Brioude, au Puy, à Vizille, à Grenoble, à Voiron, à la Tour-du-Pin, à Bourgoin, à Vienne, à Lyon, la sympathie d'abord, l'enthousiasme ensuite allèrent toujours en augmentant. C'était au Puy que les manifestations avaient commencé à prendre un caractère politique et que des toasts avaient été portés « A la Charte ! A la Chambre de députés, l'espoir de la France ! » Bientôt les illuminations, les arcs de triomphe se multiplièrent, les vivats retentirent comme pour la réception de quelque potentat. A Lyon, La Fayette entra au milieu d'une foule de cinquante à soixante mille personnes qui lui faisaient cortége. Saint-

Etienne, Tarare, Mâcon, Châlon-sur-Saône envoyèrent des députations. Au banquet qui eut lieu le 7 septembre, La Fayette parla ainsi :
« Messieurs, je suis heureux et fier que mon passage dans cette grande et patriotique cité ait été pour elle une occasion de plus de manifester sa constante haine de l'oppression, son amour de la véritable liberté, sa détermination de résister à toutes les tentatives de l'incorrigibilité contre-révolutionnaire. Plus de concessions ! ont dit récemment les journaux officiels de ce parti ; plus de concessions ! dit à son tour et à plus juste titre le peuple français, qui connaît ses droits et saura les défendre. »

La guerre était déclarée. L'opposition passa presque aussitôt des paroles aux faits. Le 12 septembre le *Journal du Commerce* et, après lui, le *Courrier Français* et toutes les feuilles indépendantes publièrent la Déclaration d'une Association qui venait de se former en Bretagne pour le refus de l'impôt. La généralisation de ce mode de résistance à l'oppression aurait à plus d'une époque évité bien des révolutions violentes et mis un terme à la lâcheté presque universelle de la servitude volontaire dont Etienne de la Boétie faisait tristement honte aux peuples du xvi° siècle. Cette Déclaration était rédigée en ces termes :

« Nous, soussignés, habitants de l'un et de l'autre sexe dans les cinq départements de l'ancienne province de Bretagne ;

« Considérant qu'une poignée de brouillons politiques menace d'essayer l'audacieux projet de renverser les bases des garanties constitutionnelles consacrées par la Charte ;

« Considérant que si la Bretagne a pu trouver dans ces garanties la compensation de celles que lui assurait son contrat d'union à la France, il est de son devoir et de son intérêt de conserver le reste de ses libertés et de ses franchises ;

« Considérant que la résistance par la force serait une affreuse extrémité ; qu'elle serait sans motif lorsque les voies restent ouvertes à la résistance légale, et que le moyen le plus certain de faire préférer le recours à l'autorité judiciaire est d'assurer aux opprimés une solidarité fraternelle ;

« Déclarons sous les liens de l'honneur et du droit :

« 1° Souscrire individuellement pour la somme de dix francs, et, subsidiairement, ceux des soussignés inscrits sur les listes électorales, pour le dixième du montant des contributions qui leur sont attribuées par les dites listes.

« 2° Cette souscription formera un fonds commun à la Bretagne, destiné à indemniser les souscripteurs des frais qui pourraient rester à leur charge, par suite du refus d'acquitter des contributions publiques illégalement imposées, soit sans le concours libre, régulier et constitutionnel du roi et des deux Chambres constituées en conformité de la Charte et des lois actuelles, soit avec le concours de Chambres formées par un système électoral qui n'aurait pas été voté dans les mêmes formes constitutionnelles.

« 3° Advenant le cas de la proposition soit d'un changement inconstitutionnel dans le système électoral, soit de l'établissement illégal de l'impôt, deux mandataires de chaque arrondissement se réuniront à Pontivy, et, dès qu'ils seront réunis au nombre de vingt, ils pourront nommer parmi les souscripteurs trois procurateurs généraux et un sous-procurateur dans chacun des cinq départements.

4° La mission des procurateurs généraux est de recueillir les souscriptions, de satisfaire aux indemnités en conformité de l'article 2, d'exercer, sur la réquisition de tout souscripteur inquiété par une contribution illégale, toutes les poursuites légales contre les exacteurs; enfin, de porter plainte civile et accusation contre les auteurs, fauteurs et complices de l'assiette et perception de l'impôt illégal.

5° Les souscripteurs nomment M... et M... mandataires de cet arrondissement, pour se réunir, en conformité de l'article 3, aux mandataires des autres arrondissements, et pour remettre la présente souscription aux procurateurs généraux qui seront nommés. »

Les journaux qui avaient publié cette Déclaration furent poursuivis. L'issue diverse des procès qui leur furent intentés accusa dans la magistrature de grandes divergences d'opinion ou une docilité de mesure variable. A Paris, le *Journal du Commerce* et le *Courrier Français* furent condamnés à un mois de prison et cinq cents francs d'amende. A Metz, l'amende ne s'éleva qu'à cent cinquante francs. Le tribunal de Rouen prononça un acquittement. En appel, une sorte de chassé-croisé se produisit : la cour royale de Metz acquitta ce que le tribunal avait condamné; celle de Rouen condamna ce que le tribunal avait acquitté. A Paris seulement, la sentence des premiers juges fut confirmée.

D'autre part, la cour royale de Paris compensa cette sévérité en cassant le jugement qui avait condamné le *Courrier Français* à trois mois de prison et six cents francs d'amende pour « outrage envers la religion et l'État et les autres cultes chrétiens légalement reconnus, » et en acquittant ce journal qui avait osé, dans un article de critique artistique, imprimer ces paroles : « L'immortel tableau de la *Cène*, la *Transfiguration* et la *Communion de Saint-Jérôme*, resteront encore des chefs-d'œuvres, même quand les croyances chrétiennes seront complétement abolies, si la durée des fragiles matières de ces œuvres pouvait atteindre jusque-là. »

Enfin, pour que les avertissements ne manquassent point au gouvernement, Châteaubriand, ambassadeur de France à Rome, donna sa démission; des membres du conseil d'État nommés par Martignac en firent autant : c'étaient Bertin de Vaux, Alexandre de Laborde, Agier, Villemain, Froidefond de Belisle, Hély d'Oissel et Salvandy. Ce dernier cependant n'accomplit cette résolution ni sans hésitation ni sans regret. Il n'était pas jusqu'à l'Académie qui ne se jetât dans l'opposition. Elle fit rentrer dans son sein par une nouvelle élection Etienne, l'auteur des *Deux gendres*, rédacteur du *Constitutionnel* et de la *Minerve*, et Arnault, l'auteur de *Marius à Minturnes*, ancien républicain devenu bonapartiste, qui avaient tous deux été violemment et illégalement chassés de leurs fauteuils d'académiciens, par ordonnance royale au commencement de la Restauration.

Malgré les poursuites dont avaient été l'objet les journaux qui avaient publié la Déclaration relative au refus de l'impôt, il se forma instantanément dans un très-grand nombre de départements des associations semblables à celle qui venait de prendre en Bretagne une si courageuse et si louable initiative. En outre, de fréquentes pétitions demandant le renvoi du ministère se couvraient de signatures.

Le roi, sa cour et ses ministres demeuraient sourds et aveugles.

Aux réceptions officielles du 1er janvier 1830, les gens que l'invasion étrangère avait rapportés sur le sol de la France et qui s'en prétendaient les maîtres absolus en vertu d'un droit surnaturel, joignirent une fois de plus l'insolence à la maladresse. Les divers acquittements prononcés récemment par la magistrature avaient causé à la cour une profonde irritation. Lorsque le premier président Séguier eut débité au roi le compliment d'usage, Charles X montrant un visage triste et sévère, répondit d'un ton sec : « Magistrats de la Cour royale, n'oubliez jamais les importants devoirs que vous avez à remplir. Prouvez, pour le bonheur véritable de mes sujets, que vous cherchez à vous rendre dignes des marques de confiance que vous avez reçues de votre roi. » La duchesse d'Angoulême poussa la grossièreté jusqu'à ses dernières limites en congédiant de l'éventail les magistrats qui la saluaient et en leur disant de sa voix rauque et masculine, que la colère rendait encore plus désagréable, ce seul mot : « Passez! »

Par un contraste facile à concevoir, la Cour royale fut mieux accueillie au Palais-Royal qu'aux Tuileries, et le duc d'Orléans ne manqua pas de faire à ces dignes magistrats l'honneur incomparable de leur présenter sa nombreuse famille.

Les éléments de la lutte prochaine se dégageaient et s'accusaient chaque jour de plus en plus, et les partis prenaient position pour la bataille. Le cabinet, malgré les bruits de crise ministérielle et les listes de nouveaux ministres qui ne cessaient de courir, se montrait plein de confiance et se croyait certain d'avoir la majorité dans la Chambre des députés dont la session allait s'ouvrir le 2 mars. Jules de Polignac, qui aurait dû méditer alors et prendre pour devise le vers de la Fontaine :

> Quittez le long espoir et les vastes pensées,

Jules de Polignac nourrissait, tant pour la politique intérieure que pour la politique extérieure, de gigantesques projets, dont l'examen doit nous arrêter un instant.

## XXXIII

*Projets de Jules de Polignac pour l'intérieur et pour l'extérieur. — Question des frontières naturelles. — Problème ethnologique. — Libre consentement des populations. — Le véritable patriotisme. — La saine émulation.*

A l'intérieur, Polignac voulait faire de notables économies sur le budget de son département; réaliser, au moyen de différents projets de loi, une sorte de décentralisation administrative; rendre possible, par un meilleur emploi des deniers publics, la construction de routes et de canaux, l'entretien des voies de communication existantes, la réparation des places fortes, l'amélioration des ports, le développement des arsenaux; pousser les esprits à la satisfaction des appétits matériels en donnant aux travaux publics un essor jusqu'alors inconnu, et détourner ainsi le pays de la préoccupation des grandes questions politiques. Il était réservé à la monarchie de Juillet de faire entrer la France dans cette triste voie, et à l'empire de Décembre de l'y engager bien plus avant, d'embourber la société dans les fanges de la corruption, et de la démoraliser au point de laisser ignorer si elle était condamnée à une décomposition complète et sans retour, ou si elle serait encore une fois sauvée par un de ces miracles de patriotisme et d'amour de la liberté et de la dignité civiques que la nation semblait avoir perdu la force et le désir d'accomplir.

A l'extérieur, comme le fit aussi plus tard le second Empire, Polignac prétendait relever le prestige des armes françaises et exploiter, au profit de l'absolutisme clérical et militaire, le chauvinisme de la population.

« Il s'agissait de rendre le Rhin à la France

« Des négociations avaient commencé à ce sujet entre le Cabinet de Saint-Pétersbourg et celui des Tuileries. Voici quelles en auraient été les bases :

« La France et la Russie contractaient une alliance étroite, spécialement dirigée contre l'Angleterre. La France reprenait les provinces rhénanes. Du Hanovre, enlevé à la Grande-Bretagne, on faisait deux parts, destinées, l'une à indemniser la Hollande, l'autre à désintéresser la Prusse, dont on aurait, en outre, arrondi le domaine par l'adjonction d'une partie de la Saxe aux provinces prussiennes de la Silésie. Le roi de Saxe aurait été dédommagé aux dépens de la Pologne. On assurait à l'Autriche la Servie, une partie non possédée par elle de la Dalmatie, et l'une des deux rives du Danube. De son côté, maîtresse de la rive opposée, la Russie dominait la mer Noire, s'installait à Constantinople, sauf à s'élancer de là sur l'Asie [1]. »

De pareils projets n'allaient à rien moins qu'à bouleverser le monde tel qu'il était établi depuis 1815. Ils soulevaient particulièrement deux grands problèmes : le principe des frontières naturelles et la question d'Orient.

Le premier fondement de tout équilibre entre les nations, c'est l'affinité de races, affinité qui se traduit par la forme physique, par la langue, par les mœurs, par les traditions. Le second consiste en des frontières naturelles ; et, quelque solide qu'il paraisse, il doit toujours être sacrifié au premier, quand, par le fait, tous deux se trouvent en opposition.

Les garanties d'un équilibre établi sur ces fondements sont, avant tout, dans le libre consentement des peuples. D'autres viendront plus tard s'y joindre, telles que la diminution progressive et enfin la disparition complète des armées permanentes.

Que le problème ethnologique doive dominer les études de la diplomatie nouvelle, et que la solution de ce problème, une fois

[1] Louis Blanc, *Histoire de Dix Ans*, t. I, p. 276-277.

trouvée, ait besoin d'être consacrée par la volonté de chaque nation librement exprimée, c'est ce que l'histoire des quatre-vingt-trois dernières années démontre victorieusement.

Elle prouve aussi, et l'avenir prouvera mieux encore, que la force brutale peut bien amener la réalisation et prolonger plus ou moins la durée de faits en contradiction avec le droit, mais qu'elle est impuissante à substituer complétement et sans retour le fait au droit, et qu'elle ne puise de légitimité et d'ascendant définitifs que dans la défense désintéressée de la justice et de la vérité.

En ce qui nous concerne, l'élargissement de nos frontières n'a jamais été notre rêve favori. Nous ne plaçons pas, nous l'avons dit plus d'une fois, notre patriotisme dans la grandeur territoriale de notre pays; notre amour de la France est plus pur et moins matériel. Quand elle aura repris, comme c'est son droit et son devoir, ses limites de Juillet 1870, nous la trouverons assez grande et lui souhaiterons de demeurer libre. Si nous n'étions pas Français, nous serions infiniment plus honoré d'être citoyen dans une petite patrie comme la Suisse, la Belgique ou la Grèce, que d'être sujet dans un vaste pays comme la Russie ou l'Allemagne. Et que valent, enfin, des conquêtes de provinces? Le premier et le second Empires n'ont-ils pas laissé la France plus petite qu'il ne l'avait prise, après que le premier l'eut portée à cent trente départements? Histoire de la grenouille qui se veut faire aussi grosse que le bœuf : le dénouement est toujours le même.

Si l'on jette les yeux sur une carte géographique, on se convainc aussitôt que, pour avoir ses frontières naturelles, la France doit s'étendre, d'un côté jusqu'aux Alpes, de l'autre jusqu'au Rhin. Mais est-il juste, est-il utile que la France ait, de ces deux côtés, ses frontières naturelles? Nous ne le pensons pas.

Les touristes, ceux qui vont passer huit jours à Bruxelles dans un des hôtels de la place Royale, qui se promènent au Parc, descendent la Montagne de la Cour et la rue de la Madeleine, traversent les galeries Saint-Hubert, et vont entendre le *Pré-aux-Clercs* ou la *Dame-Blanche* au théâtre de la Monnaie, disent : « La Belgique est française! »

Mais ces politiques d'occasion et de surface ignorent donc que les Belges sont des Kimrs et non des Galls, et qu'à l'époque du renouvellement des races, ils ont été bien plus profondément pénétrés que nous par l'élément germanique. Ils ignorent qu'il y a en Belgique, une langue germanique, parlée par près de deux millions de Belges, et que cette langue a une poésie, un théâtre, des romans, une littérature complète. Ils ignorent que si les mœurs belges doivent beaucoup à l'Angleterre et à l'Allemagne, un peu à la France, elles sont, avant tout, originales et *sui generis*. Ils ignorent enfin que les traditions de la Belgique sont toutes d'autonomie, et que ses communes étaient le foyer de la démocratie européenne au moyen âge.

Toute la nation tient trop à ses libertés communales, que le minotaure de la centralisation française dévorerait sans pitié; elle tient trop à son indépendance, à l'aide de laquelle elle marche d'un pas sûr et direct dans la glorieuse voie du progrès, pour appeler de ses vœux une absorption dans une agglomération plus nombreuse. Et, d'un autre côté, que gagnerait la France en s'annexant violemment la Belgique, si ce n'est un pays justement rebelle à toute fusion dans l'ensemble français, mécontent, impatient, une note discordante dans la magnifique harmonie de sa nationalité?

Ce que nous venons de dire pour la Belgique, nous pourrions le répéter à plus forte raison pour la Hollande et pour les provinces rhénanes. Il n'y a qu'à parcourir ces pays pour voir combien est burlesque l'idée de ceux qui les voudraient réunir à la France. Mais c'est ce que les plus sensées d'entre ces personnes-là n'ont point fait.

Il en est de même de Genève, quant à la frontière des Alpes. Genève, si elle n'est pas foncièrement suisse, n'est nullement française, malgré la langue : elle est surtout genevoise.

Non, la question qui s'agite en Europe depuis 1792, n'est pas une question matérielle de frontières naturelles : c'est une question de races et de nationalités. Et, nous le disons de nouveau, quand les deux principes se trouvent en harmonie, rien de mieux; mais, quand ils sont en lutte, le principe de l'affinité des races doit l'emporter.

Il faut absolument, et pour toujours, renoncer au système artificiel et odieux des compensations. Une pareille diplomatie était bonne pour les *savantissimi doctores* de 1648 et de 1815, dont les protocoles dignement ouverts *au nom de la très-sainte et indivisible Trinité*, outragent à chaque page, à chaque ligne, à chaque mot, la nature des hommes et des choses, le droit et le bon sens. La tâche de la diplomatie moderne, si elle était de force à l'accomplir, serait plus élevée, plus simple et plus facile : elle n'aurait qu'à écouter les vœux des peuples, à en seconder l'exécution et à les consacrer par ses actes.

Pour en revenir à l'état de la Belgique en 1830, il est possible qu'il y ait eu à cette époque dans ce pays quelques sympathies françaises qui éclatèrent en effet après la Révolution, mais qui n'auraient certainement pas pu triompher d'une manière durable, quand même la volonté des puissances n'aurait pas imposé à Louis-Philippe l'obligation de décliner l'offre de la couronne faite à son fils le duc de Nemours. Les Belges ne songeaient pas à changer de maîtres, à cesser d'être Hollandais pour devenir Français ; ils voulaient devenir leurs propres maîtres, conquérir leur indépendance, et ils ont toujours voulu depuis garder une conquête si chèrement achetée. Il n'y a que les écrivains bonapartistes et des Français infatués d'un ridicule amour-propre national qui aient prétendu que les provinces rhénanes regrettaient la domination napoléonienne.

Il pourrait sans doute se faire que la France, enfin républicaine et libre d'une manière définitive, organisée sur les bases d'une autonomie communale équitablement mesurée, attirât à elle sans efforts, sans contraintes, par le simple rayonnement de son influence pacifique et civilisatrice, les populations enclavées dans les limites de ses frontières naturelles. Cela est-il souhaitable ? Il serait trop long et hors de propos de l'examiner ici. En tout cas, les Etats-Unis d'Europe ne pouvant se constituer que par la fédération de groupes démocratiques et par la suppression de toutes les monarchies, la volonté seule des peuples décidera dans ce renouvellement de l'Europe si la Belgique doit rester indépendante ou être absorbée par la France, si les provinces rhénanes doivent se rattacher au groupe français ou au groupe germanique. La possibilité de la guerre, si elle ne disparaît pas tout-à-fait, se trouve bien restreinte par une semblable constitution des choses.

Il est certain que, si Polignac avait eu le temps d'entreprendre l'exécution de ses projets belliqueux, il eût flatté la fibre soldatesque de la France, forcé l'adhésion et presque l'enthousiasme de l'opposition, et conquis, pour un certain temps du moins, les sympathies de la majorité de la nation à la Restauration qu'il eût lavée ainsi aux yeux du vulgaire de la souillure de son origine. Si en 1870 après plus d'un demi-siècle, des chauvins endurcis se mettaient de temps en temps à hurler leur cri de guerre et à pousser leurs vociférations pour la revanche de Waterloo, combien plus vivement et avec combien plus de raison la fureur de cette revanche aurait passionné, au bout de quinze années seulement, non pas quelques individus attardés, mais la masse du peuple! De nos jours, avant le coup de tête de l'homme de Sedan qui est devenu un coup de foudre pour la France, le philosophe et le commerçant, l'homme d'affaires et le politique, le paysan et l'ouvrier, tout le monde, sauf les rares dilettanti de l'art militaire, était d'accord pour repousser la guerre, pour la flétrir, pour la maudire, pour la trouver à la fois odieuse, funeste, et ridicule comme le duel, mais dans des proportions énormes. Cette horreur du sang versé, des champs dévastés, des villes ruinées, de tous les maux dont l'ensemble constitue la vaine et coûteuse gloire des armes, était surtout hautement manifestée par le grand parti démocratique, et, chose étrange ! beaucoup de gens s'en étonnaient. Si l'on n'est point de mauvaise foi, il suffit de réfléchir un instant pour reconnaître que la paix est l'essence même et la condition d'une vraie démocratie, et que le militarisme et la guerre n'ont jamais enfanté que le despotisme.

Sans doute l'opposition démocratique, ou simplement libérale, lorsqu'elle s'est trouvée en face du gouvernement clérical de la Restauration ou du système de paix à tout prix de Louis-Philippe qui compromettait l'honneur et la dignité de la France, a pu, a dû faire appel au patriotisme, émouvoir et surexciter la fibre nationale. Mais elle n'a jamais affiché ni éprouvé l'amour de la guerre pour la guerre, et si une coalition fatale et une étrange confusion, auxquelles nous avons fait plusieurs fois allusion, ont tellement mêlé le libéralisme et le bonapartisme que, pendant quelques années, on eût pu croire à la chimère de leur identité ou de leur alliance, on s'est détrompé de cette erreur funeste et l'expérience du second Empire n'était pas même nécessaire pour en revenir.

Nous avons parlé de patriotisme. Il faut s'entendre de ce mot.

Il n'a pas été donné à toutes les races, à toutes les époques d'avoir la notion de patrie, ni de la posséder à un égal degré. Là où elle s'est manifestée, elle est apparue d'abord vaguement et dans une sorte de clair-obscur, puis s'est dessinée plus précisément, a grandi, s'est affermie sur des bases profondes et solides, enfin a pris rang parmi les droits de la nature et de l'humanité.

Mais si la notion de patrie est indestructible, si le patriotisme est immortel, il n'en faut pas conclure que cette idée et ce sentiment ont atteint ou peuvent atteindre un certain point de perfection, auquel ils doivent immuablement s'arrêter. Le mouvement est la loi de toutes choses, et l'amour de la patrie n'y échappe pas plus que le reste.

S'il suit jusqu'à l'extrême logique les déductions de sa doctrine, le chrétien n'a point de patrie. « La Jérusalem céleste, » le sein du « Père qui est dans les cieux », voilà l'idéal auquel il aspire, le seul but digne de ses efforts, le seul prix qui vaille le martyre. Saintement détaché des choses de la terre, il souhaite passer le moins d'instants possible dans l'hôtellerie du monde, et, tant qu'il y séjourne, ne donne à tout qu'une attention distraite, n'accorde à chaque objet qu'une curiosité dédaigneuse.

L'idée de patrie est antique ; c'est un noble produit du sang arian, dont les civilisations grecque et romaine ont, à certaines époques, présenté à l'admiration des hommes d'éclatants modèles, et que les peuples sémitiques, tout pleins d'instincts nomades et mercantiles, fabricateurs de religions, apôtres de mysticisme, ont toujours ignoré.

Les agglomérations chrétiennes du moyen âge ne le connurent que fort tard, quand le génie de la race réagit enfin avec force et succès contre les doctrines religieuses que d'étranges et puissantes circonstances lui avaient imposées.

La théocratie catholique périt, le christianisme déclina, l'aube de la liberté se leva, les peuples commencèrent à devenir des nations. Ce fut l'ère des temps modernes.

La nationalité française naquit de la lutte séculaire avec les Anglais et fut constituée par l'expulsion de ces étrangers. L'indépendance des Provinces-Unies, que consacra le traité de Westphalie, ne fut pas une œuvre moins glorieuse. Le grand mouvement de 1792 en France, celui de 1813 en Allemagne furent des élans sublimes de patriotisme.

Mais ce sentiment, si généreux en lui-même, se dénature et devient criminel en s'exagérant. Le patriotisme, pour être légitime et fécond, doit s'incliner devant le droit et la justice. La défensive est la seule attitude qui soit digne de lui. S'il est exclusif, s'il prend l'offensive, s'il déborde comme un torrent furieux, il outrage la raison, il viole le droit, il encourt la malédiction des justes.

L'Allemagne est une patrie pour les Allemands, l'Italie une patrie pour les Italiens, la Grèce une patrie pour les Grecs, l'Angleterre une patrie pour les Anglais, comme la France est une patrie pour les Français. Pourquoi faut-il que de part et d'autre on l'oublie si souvent ? Pourquoi faut-il que le patriotisme soit dégénéré au point de mériter la flétrissure et le ridicule qu'on lui inflige avec le nom de chauvinisme ?

Qu'on ne s'y trompe point : le patriotisme est et doit être en raison directe de la liberté d'une nation. Le despotisme tue le patriotisme ou n'en laisse subsister qu'un faux-semblant. Avec le despotisme, un homme qui n'est qu'un individu, se substitue à la patrie qui est tout le monde, à la patrie qui est synonyme de liberté. Cet homme qui écrase le citoyen, et qui traîne le soldat sur les champs de bataille, triomphe ici, succombe là ; cet autre pousse des armées au loin, envoi des sbires à un tyran et fait mitrailler des patriotes au-delà des monts : qu'y a-t-il de commun entre eux et nous? La patrie ?

Est-ce que l'omnipotence d'un seul et la servitude de tous, le silence du forum, les entraves de la presse sont la patrie pour nous? Parce qu'un homme qui a reçu de ses ancêtres ou qui a pris le drapeau d'une nation va, sous son abri, ravager le monde, il faudra que nous suivions ce drapeau, que nous fassions des vœux pour sa victoire, que nous nous inclinions pour le saluer à son retour? Non, non, le droit et la justice, encore une fois, sont au-dessus du patriotisme. Le patriotisme n'est pas l'égoïsme national. La patrie de l'un ne doit pas opprimer la patrie de l'autre. Une nation, si elle ne veut se suicider, ne saurait se rendre solidaire du gouvernement d'un despote. Si la lumière du vrai et du bien s'est pour un temps obscurcie en elle, tout membre de la patrie commune qui est demeuré avec un œil sain et un jugement droit, a le devoir de se séparer hautement des corrompus et des pervers. A partir de l'époque où nous vivons, l'amour de la patrie doit de plus en plus s'élargir et se modifier. Comme les mondes qui roulent dans l'espace, les patriotismes des diverses nations doivent s'harmoniser par une loi de gravitation universelle. Il faut enfin que le patriotisme de la paix succède au patriotisme de la guerre, le patriotisme de la liberté au chauvinisme de la tyrannie.

L'émulation est, en elle-même, une excellente chose pour les nations comme pour les individus. Tout dépend de la manière dont elle s'exerce et du but qu'elle poursuit. Il arrive malheureusement que les peuples libres eux-mêmes sont atteints, dans des proportions diverses, de l'émulation contagieuse du chauvinisme et se trouvent mis par la menaçante folie de quelques-uns de leurs voisins dans la nécessité de la partager. Nous assistons en Europe depuis bien des années au triste spectacle d'une émulation de cette nature. Les efforts de la politique, les recherches de la science, les ressources de l'industrie, tout est dirigé vers un but : s'assurer les moyens de tuer le plus d'ennemis que l'on pourra. Voilà ce que l'on considère comme le plus haut point de gloire, le plus beau titre au respect, le plus solide fondement de la suprématie!

On a fait pour les pays d'Europe et les départements de France des cartes où des couleurs et des teintes plus ou moins foncées figurent le degré d'instruction des différentes contrées, des différentes circonscriptions. Il serait facile, en appliquant ce système à autre chose, de tracer une carte où le graduation des teintes indiquerait le plus ou le moins de liberté que possède chaque nation, d'exciter par ce tableau d'un intérêt éminent l'amour-propre de tous les pays, et de porter leur émulation sur le terrain de la véritable grandeur et de la gloire féconde. Dans une pareille carte, hélas! que serait-il advenu de la France du second Empire, et de quelle teinte noire aurait-il fallu la couvrir dans la mappemonde graduée de la liberté? Est-ce que la rougeur, Chauvin, ne te montait pas au front, quand tu te voyais ainsi derrière tous les autres, toi qui avais toujours eu la prétention d'être le premier? Tu aurais bien voulu leur donner un croc-en-jambe et arriver triomphalement à la tête de la compagnie au milieu d'un nuage de poudre dont l'âcre odeur t'enivre, parmi les aboiements du canon dont le bruit t'affole. Mon ami, ces réjouissances-là durent peu, et le sang des batailles ne fait point pousser la liberté. Tu avances d'un pas pour reculer de trois, et tu perds en un moment le fruit de bien des années. A côté de toi, les autres, moins fougueux, moins brillants, mais plus solides, marchent à pas comptés, et ne reculent point d'une semelle. Suis, sans l'abandonner, le chemin du progrès qu'ils suivent. Tu les rattraperas sans peine, et ils ne te dépasseront plus. C'est sur cette route que tu dois ambitionner d'être toujours en avant. Laisse-là ton grand sabre qui embarrasse ta marche et te fait trébucher, desserre ton ceinturon et ta tunique qui t'étouffent, jette ton lourd shako et ton haut panache qui pèsent sur ton cerveau.... Ah! tu respires maintenant, et l'air vif des hauteurs n'est plus trop fort pour ta poitrine élargie. Tu montes, tu montes toujours. Les plantes vénéneuses des bois ténébreux, les herbes pâles des marécages disparaissent; tu cueilles sur les sommets de la liberté les végétaux aromatiques et fortifiants. A toi le prix de la course. Est-ce que cette gloire-là ne vaut pas l'autre?

Ces idées, que les révolutions de 1830 et de 1848 et la presse démocratique répandirent partout et firent accepter par une portion considérable de l'opinion publique, étaient, il y a quarante-deux ans, le patrimoine de peu de gens; et le petit nombre de ceux qui pouvaient les posséder n'avait garde d'en faire l'objet d'une prédication condamnée alors à une complète stérilité.

La direction nouvelle que Polignac prétendait imprimer à la politique du gouvernement de la Restauration mettait, nous l'avons dit, à l'ordre du jour le redoutable problème de la question d'Orient. A cette époque, le nœud de la question était en Grèce, comme il y est aujourd'hui, et, pas plus alors que maintenant, on n'en voulait convenir.

## XXXIV

La question d'Orient. — État actuel et avenir de la Grèce. — Protocole du 3 février 1830. — Les troupes Françaises quittent la Grèce.

Dans le cours de nos études et la série de nos voyages nous avons eu bien souvent l'occasion de constater la rareté et l'inexactitude des informations qui parviennent en France sur les pays étrangers en général, et sur l'Orient en particulier. Un séjour de trois ans en Egypte nous a mis à même d'avoir la preuve spéciale de ce regrettable état de choses, en ce qui concerne cette contrée. La Grèce, plus rapprochée par la distance de son territoire, par le sang et par la langue de ses habitants, ne nous est pas plus connue, ou même nous l'est beaucoup moins. Il y a longtemps que les derniers échos de l'explosion de philhellénisme qui retentit jadis dans notre Occident se sont évanouis. La diplomatie de 1830 a mis au monde un avorton qui ne peut ni vivre ni mourir, et l'indifférence la plus profonde, la moins justifiée, la plus aveugle, a succédé à cet effort incomplet et stérile. Le silence n'a été troublé que par l'apparition d'un livre de fantaisie partiale, pamphlet étincelant de verve et d'esprit d'un vaudevilliste politique, et depuis lors, tous les bons bourgeois du monde ont, cet évangile en main et les pieds sur leurs chenets, jugé souverainement et condamné la Grèce.

L'Orient renferme des richesses inconnues et, pour ainsi dire, vierges, des sources d'exploitation qu'on ignore, qu'on méprise ou dont on se défie à tort, selon nous. Cette défiance, à laquelle il serait facile de remédier, s'explique toutefois. Si, jusqu'à présent, les capitaux de l'Occident ont refusé de s'aventurer en Orient, c'est qu'ils étaient peu rassurés par l'exemple de maints faiseurs qui réalisaient dans telles et telles Échelles du Levant des bénéfices de cinquante pour cent du jour au lendemain, et qui entassaient alternativement et indifféremment millions sur millions et faillites sur faillites. L'ouverture du canal maritime de l'Isthme de Suez, en multipliant les rapports de l'Occident avec l'Orient, en sollicitant de plus en plus les regards de l'Europe à se porter vers le bassin de la Méditerranée et au-delà, en faisant rayonner la lumière sur les opérations ténébreuses des tripotiers cosmopolites qui infestent la plupart des pays orientaux, écume, et lie de toutes les nations dont le hideux aspect donne aux indigènes une si triste et si fausse opinion de notre état social, l'ouverture du canal de Suez, disons-nous, contribuera puissamment, en temps pacifique et normal, à créer et à développer un mouvement sérieux d'affaires dans le sens de la spéculation honnête et d'un gain légitime et avouable. Le percement d'un canal maritime à travers l'isthme de Corinthe, dont il est fortement question depuis quelque temps [1], sans avoir, à beaucoup près, une importance semblable, donnerait relativement des résultats analogues assez considérables pour le commerce de la Méditerranée et de la mer Noire et pour les intérêts de la Grèce.

On se plaint généralement de ce que la Grèce manque dans son intérieur de voies de communication. On ne réfléchit pas que la difficulté n'est point de construire des routes, mais de couvrir les frais de création et d'entretien de ces routes par les produits de l'exploitation et du mouvement industriel et commercial qui doit les parcourir. Il n'y a pas bien longtemps qu'une voie de communication, fort courte, a été ouverte entre l'Attique et la Béotie, c'est-à-dire, entre une contrée stérile et très-peuplée et une contrée fertile et beaucoup moins peuplée, par conséquent dans les meilleures conditions pour multiplier les transports de la partie qui produit le plus et qui consomme le moins dans la partie qui produit le moins et qui consomme le plus. Eh bien! les frais de construction de la route n'ont pas été couverts. Pourquoi? parce que la Grèce est trop petite, parce que la plus grande et la plus opulente portion de la Grèce est hors d'elle-même, parce que la nation hellénique n'existe véritablement pas, n'étant pas constituée selon les nécessités naturelles de la race, de la langue, des frontières, des traditions historiques et des aspirations populaires.

L'Exposition universelle de 1867 a montré que l'espoir de voir un jour la Grèce reprendre une partie du lustre dont elle a jadis brillé dans la famille des peuples européens est loin d'être une chimère. Si le travail manque dans ce pays, la matière du travail y est abondante : il ne faut que des bras et des capitaux pour l'exploiter et la faire valoir. Il y aurait un aveuglement inexplicable et impardonnable à lui refuser les uns et les autres. Les entrailles du sol sont

---

[1] Les journaux ont annoncé dans les derniers jours de 1869 que la chambre des députés d'Athènes venait de voter un projet de loi relatif aux études à faire pour le percement d'un canal maritime à travers l'Isthme de Corinthe. Lire dans le *Moniteur des intérêts matériels* de Bruxelles, n° du 1er janvier 1870, un travail sur cette question publié par M. Eug. Gellion-Danglar.

riches des marbres les plus variés et les plus précieux et renferment des trésors de minéralogie. On y trouve en grandes quantités le micachiste, la limonite, la serpentine, la stilpnosidérite, l'émeri, la magnésite dont cinquante à soixante mille quintaux sont exportés chaque année en Angleterre, le manganèse, le soufre, le gypse, la pierre lithographique.

Le charbon de terre s'étend sous le sol à Oro, à Koumi, à Olympie. La fabrication des briques est considérable. La culture des céréales,

M. Portalis.

blé, seigle, orge et maïs, celle des pois, des haricots, des fèves, du tabac, du coton, donnent des résultats remarquables, spécialement dans la province de Nauplie où la ferme-modèle de Tirynthe a imprimé au travail agricole un mouvement et une intensité autrefois inconnus. Le produit des céréales, qui s'élève actuellement (1870) à vingt-cinq ou trente millions par année, pourrait monter à plus de cent cinquante millions, si ce mouvement et cette intensité s'étendaient à toutes les parties du sol hellénique et prenaient un développement proportionné au point de départ. La culture la plus importante est celle de l'olivier. Il y avait en Grèce 2,300,000 plants d'olivier en 1834 : on en comptait 7,500,000 en 1860. Le vignoble couvrait 2,500 hectares en 1850, et 49,250 dix ans après. La fabrication des vins, qui laisse à désirer, est toutefois en progrès. En 1860, la production du raisin de Corinthe s'est élevée à 175 millions de livres vénitiennes. La pomme de terre a été acclimatée dans la province de Lacédémone.

La population agricole de la Grèce forme 51 0/0 de la population du royaume. Le dessèchement du lac Kopaïs, dont la superficie est de vingt-cinq mille hectares, augmenterait de beaucoup les ressources agricoles du pays et serait l'origine de produits fructueux pour la spéculation honnête et intelligente. Il est en projet. Quant aux forêts, elles couvrent 541,966 hectares de terrain. La pêche des éponges donne lieu à une grande concurrence. Les mûriers abondent dans le pays, et la soie qu'on y fabrique est d'excellente qualité. Le drap, la toile, les tissus de coton sont recommandables au point de vue de la matière première comme à celui de la mise en œuvre. On fait à Sainte-Maure et à Milo des dentelles fort recherchées. La Grèce est fière de ses fabriques d'armes ; l'ébénisterie fleurit à Athènes ; il y a dans cette ville, ainsi qu'à Syra et à Corfou, des orfèvres de talent. Athènes, Syra, l'Eubée, Patras, les îles Ioniennes, le Péloponnèse ont des journaux en grande quantité. Les professions libérales sont exercées par 18 pour cent de la population du pays.

Nous avons emprunté les détails qui précèdent aux comptes-rendus de l'Exposition universelle de 1867 publiés par M. Léon Michel dans le *Moniteur*, à la date des 26 octobre, 14 décembre 1867, 16 janvier 1868. Nous devons citer textuellement le passage suivant qui démontre, preuves en mains, que la Grèce n'est point retombée, comme on le prétend vulgairement, à l'état sauvage, qu'elle ne s'est pas rendue indigne de l'appui que les puissances européennes, jadis mieux inspirées qu'aujourd'hui, ont prêté à sa résurrection, qu'elle a marché depuis quarante ans, et qu'elle marche encore et ne demande qu'à marcher toujours dans la glorieuse et féconde voie du progrès et de la civilisation :

« M. Manitaki, directeur des travaux publics au ministère de l'intérieur à Athènes, expose dans son *Aperçu sur les progrès matériels de la Grèce* les résultats des efforts tentés par le gouvernement pour relever la Grèce de ses ruines.

« 23 villes détruites pendant la guerre sont construites à neuf sur des plans d'alignement ;

« 10 villes nouvelles fondées sur des emplacements nouvellement choisis;

« 5,000 navires marchands arborant le pavillon d'azur croisé de blanc du royaume hellénique;

« 380 kilomètres de routes nationales ouvertes à la circulation;

« 14 ports en réparation ou en construction;

« Le mouvement général du commerce qui était en 1858 de 44,201,511 drachmes pour l'importation et 28,865,185 pour l'exportation, en tout 73,066,696, s'est élevé en 1864 à 61,899,765 pour l'importation, et 31,388,640 pour l'exportation, en tout 93,288,405 drachmes. »

Le temps ne peut que donner des résultats de plus en plus satisfaisants, et l'accomplissement de projets tels que le dessèchement du lac Kopaïs et le percement de l'Isthme de Corinthe est de nature à accélérer et à développer encore un mouvement si propice à la grandeur et au bien-être de la nation hellénique.

Il est consolant de penser qu'après la guerre inexpiable de 1870, si les peuples ont encore entre eux des rivalités et des luttes, ce ne sera plus que sur le terrain pacifique de la littérature, des beaux-arts, de la science, du commerce, de l'industrie, et qu'après avoir tant travaillé pour la mort, l'humanité travaillera enfin pour la vie. La Grèce, cette France de l'Orient, l'avant-garde des peuples libres de ce côté du monde, ne peut manquer de prendre sa part de ce sublime tournoi, de donner une note brillante et suave à la fois dans l'harmonie de ce concert universel.

Si les quelques âmes clairvoyantes et généreuses qui, dès 1821, avaient rêvé cette résurrection et cet avenir pour l'antique patrie d'Aristote et de Phidias persistaient encore en 1829 dans leurs idées, l'enthousiasme de la foule pour la cause de l'indépendance hellénique s'était presque entièrement affaissé sur lui-même comme un ballon crevé qui se dégonfle. Cet enthousiasme avait été en grande partie, il faut bien le dire, une affaire d'opposition; et, dès que l'on avait vu le gouvernement prendre en main la défense de la Grèce, on avait changé de tactique et le malheureux instinct d'exclusivisme national dont nous sommes affligés avait repris le dessus. Les Grecs, qu'on avait proclamés des héros, n'étaient plus que des brigands, et l'aréopage des salons et des cafés les déclara indignes de la liberté que les puissances les avaient aidés à reconquérir. Le jour même où l'on apprit à Paris la victoire de Navarin, quelqu'un s'écria dans une maison où se trouvait le comte André de Lucy : « Ne parlez pas de ces Grecs; ce ne sont que de lâches esclaves, des pirates ou des voleurs de grands chemins, et toutes les souscriptions dont on nous importune en leur faveur... » — « Vous jugez mal une nation infortunée, interrompt André de Lucy ; je suis Grec, et je vous le prouverais si je n'avais horreur de verser le sang d'un Français le jour même où j'apprends ce que la France a fait pour nous à Navarin. » — « Eh bien ! si vous êtes Grec, pourquoi êtes-vous ici quand on égorge vos frères dans la Morée? Le sang vous fait-il peur? » A ces mots, André de Lucy saisit sa canne, en tire une épée et la plonge dans sa cuisse à plusieurs reprises, en disant : « J'ai peur du sang? Voyez ! » Là-dessus il bande lui-même sa plaie et sort sans avoir proféré une plainte.

Combien de fois, dans des temps plus récents, avons-nous entendu reprocher à l'Italie le sang français versé pour elle à Magenta et à Solferino ! Ignorait-on que le gouvernement de Bonaparte n'avait suivi en cela que son propre intérêt, et avait fait payer à l'Italie cette guerre, entreprise « *pour une idée*, » de la cession de deux provinces et d'une somme de soixante millions? Le peuple français est de tous les peuples celui qui connaît et qui comprend le moins les peuples étrangers. Il se fait même une sotte gloire de cette ignorance. Tout ce qui est étranger lui semble ridicule, indigne d'attention, et s'il imite quelque chose, cette imitation se porte par une singulière contradiction sur ce qu'il a trouvé de plus ridicule chez les autres. Quant aux choses sérieuses, il les dédaigne ou n'a pas même soupçon de leur existence. La France, enfant gâté de l'univers, croit que toutes les nations doivent parler sa langue, et n'apprend pas les langues étrangères. Elle juge tout au point de vue français, et ne semble pas se douter qu'il puisse y avoir un point de vue italien, ou grec, ou espagnol, ou chinois, ou japonais, ou même allemand. Ç'a été là pour elle à plusieurs époques la source de grands et funestes mécomptes. Puissent ces mécomptes lui servir enfin de leçons et la soustraire dans l'avenir aux épreuves terribles que le passé lui a fait subir et que le présent ne lui épargne pas!

Nous avons dit qu'à la sollicitation de Kapo d'Istrias le gouvernement français avait décidé qu'un corps de troupes de quatre à cinq mille hommes, commandé par le général Schneider, resterait jusqu'à la fin de 1829 à Koron, à Modon et à Navarin. L'occupation de ces points par nos soldats laissa aux Grecs une certaine liberté d'action et leur permit de reprendre Vonitza, les défilés de Makrinoros, Lépante, Missolonghi et Anatoliko. Ces succès firent peur à la diplomatie européenne, et la vieille dame, croyant l'équilibre du monde perdu, se hâta de décider qu'il serait proposé à la Porte de fixer la délimitation continentale d'après une ligne tirée de l'entrée du golfe de Volo aux montagnes d'Othrys, en suivant la chaîne jusqu'à la pointe occidentale d'Agrapha, point de jonction de ces montagnes avec la chaîne de Pinde. La ligne projetée descendait ensuite dans la vallée de l'Aspropotamos en passant au sud de Leontitos qui restait à la Turkie; puis elle se prolongeait jusqu'au golfe d'Ambracie en traversant la chaîne de Makrinoros, et laissait à la Grèce le ravin de ce nom qui touche à la plaine d'Arta. Tout le territoire situé au sud de cette ligne devait faire partie de l'Etat grec, avec les îles voisines de la Morée, l'Eubée ou Nègrepont, et les Cyclades. Ce plan ridicule, spécialement appuyé par le résident britannique, portait de plus que l'Etat grec paierait à la Porte Ottomane un tribut annuel de 1,400,000 piastres turkes, tribut réduit au tiers pour la première année et successivement accru de manière à atteindre la totalité de la somme dans la quatrième année; que les sujets turks forcés de quitter le territoire grec seraient indemnisés par la vente de leurs propriétés; que la Grèce demeurerait sous la suzeraineté de la Porte avec un gouvernement qui lui assurerait la liberté de religion et de commerce; que ce gouvernement serait monarchique et héréditaire dans la famille d'un prince chrétien choisi par les trois puissances, de concert avec la Porte Ottomane, hors des familles régnantes dans les Etats contractants au traité du 6 juillet 1827.

Des propositions aussi dérisoires, une situation si humble et si précaire ne pouvaient être acceptées par la Grèce nouvelle et militante. La lutte continua. Les victoires des Grecs se multiplièrent. Makhmoud accéda au traité du 6 juillet 1827. D'un autre côté, le ministère Polignac manifestait l'intention de retirer les troupes françaises et le subside annuel d'un million que la France fournissait. Les cabinets de Londres, de Paris et de Saint-Pétersbourg s'occupaient surtout de chercher un roi pour la Grèce. Le protocole du 3 février 1830 constitua définitivement, aux yeux de la diplomatie du moins, le nouvel Etat qui fut déclaré indépendant, dont les limites occidentales furent tracées de l'embouchure de l'Aspropotamos à celle du Sperkhios, et dont le gouvernement dut être une monarchie héréditaire.

Le despotisme de Kapo d'Istrias fondé sur l'appui de la Russie était devenu odieux à tous les partis. Une révolte furieuse éclata. A Kalamata, les troupes françaises intervinrent pour arrêter l'effusion du sang. Elles ne tardèrent pas à quitter la Grèce. Kapo d'Istrias venait d'être poignardé par Georges et Constantin Mavromikhalis.

Léopold de Saxe-Cobourg refusa la couronne de Grèce. Ce ne fut que le 7 mai 1832 qu'on put enfin mettre la main sur le candidat si longtemps cherché et que le jeune Otton-Frédéric-Louis, deuxième fils de Louis de Bavière, fut proclamé roi de Grèce. Les Œdipes de la diplomatie européenne ne doutèrent pas, dans l'éternelle infatuation où ils sont d'eux-mêmes et de leur solennelle routine, qu'ils n'eussent deviné l'énigme du Sphinx. En attendant qu'ils en trouvassent le mot, un tout autre problème allait s'offrir à la sagacité du monde politique.

## XXXV

Ouverture de la session de 1830. — Discours du roi. — Adresse de la Chambre des pairs. — Royer-Collard, président de la Chambre des députés. — Séance du 9 mars. — Adresse de la Chambre des députés.

On a vu quels projets Polignac méditait de réaliser tant pour l'intérieur que pour l'extérieur. Ce ministre, dont la fureur réactionnaire est demeurée proverbiale, vit tous ses plans étouffés avant de naître par la folie plus grande et l'aveuglement plus épais encore de son vieux maître. Le discours insensé que Charles X prononça à l'ouverture de la session de 1830 et qui fut le dernier de ce prince éclata comme une déclaration de guerre à outrance du despotisme à la liberté, du passé au présent et à l'avenir, de l'obscurantisme clérical à la lumière démocratique.

La cérémonie de l'ouverture de la session eut lieu le 2 mars à une heure, avec un appareil plus imposant que de coutume. Les députés assistaient en grand nombre à la séance ; la foule des spectateurs était énorme ; pas une place n'était restée inoccupée. Les nuances de l'étiquette royale les plus blessantes pour la chambre élective furent scrupuleusement observées ; lorsque le roi fut arrivé à son trône, il *dit lui-même*, debout et couvert : « Messieurs les Pairs, asseyez-vous. » Puis *il fit dire* par son chancelier : « Messieurs les députés, le roi vous PERMET de vous asseoir. » Ensuite Charles X se découvrit, salua, se recouvrit, s'assit sur le trône et lut le discours que voici :

« Messieurs,

« C'est toujours avec confiance que je réunis autour de mon trône les pairs du royaume et les députés des départements.

« Depuis votre dernière session, d'importants événements ont consolidé la paix de l'Europe, l'accord établi entre mes alliés et moi pour le bonheur des peuples.

« La guerre est éteinte en Orient ; la modération du vainqueur et l'intervention amicale des puissances, en préservant l'empire ottoman des malheurs qui le menaçaient, ont maintenu l'équilibre et affermi les anciennes relations des États.

« Sous la protection des puissances signataires du traité du 6 juillet, la Grèce indépendante renaîtra de ses ruines ; le choix du prince appelé à régner sur elle fait assez connaître les vues désintéressées et pacifiques des souverains.

« Je poursuis en ce moment, de concert avec nos alliés, les négociations dont le but est d'amener entre les princes de la maison de Bragance une reconciliation nécessaire au repos de la Péninsule.

« Au milieu des graves événements dont l'Europe était occupée, j'ai dû suspendre l'effet de mon juste ressentiment contre une puissance barbaresque ; mais je ne puis laisser plus longtemps impunie l'insulte faite à mon pavillon : la réparation éclatante que je veux obtenir, en satisfaisant à l'honneur de la France, tournera, avec l'aide du Tout-Puissant, au profit de la chrétienté.

« Les comptes des recettes et des dépenses seront mis sous vos yeux en même temps que l'état des besoins et des ressources pour l'exercice 1831. J'ai la satisfaction de voir que, malgré la diminution qu'ont éprouvée les revenus de 1829, comparativement à ceux de l'exercice précédent, ils ont surpassé les évaluations du budget.

« Une opération récente a suffisamment indiqué l'intérêt auquel des emprunts sont devenus négociables ; elle a démontré la possibilité d'alléger les charges de l'État. Une loi relative à l'amortissement vous sera présentée ; elle se liera à un plan de remboursement ou d'échange qui, nous l'espérons, conciliera ce que les contribuables attendent de notre sollicitude, avec la justice et la bienveillance dues à ceux de nos sujets qui ont placé leurs capitaux dans les fonds publics ; les mesures sur lesquelles vous aurez à délibérer ont pour but de satisfaire à tous ces intérêts ; elles pourront donner les moyens de subvenir, sans de nouveaux sacrifices et en peu d'années, aux dépenses qu'exigent impérieusement, pour la défense du royaume, pour la prospérité de l'agriculture et du commerce, les travaux des places fortes, les ouvrages à terminer dans les ports, les réparations des routes et l'achèvement des canaux.

« Vous aurez aussi à vous occuper de plusieurs lois relatives à l'ordre judiciaire, de divers projets d'administration publique et de quelques mesures destinées à améliorer le sort des militaires en retraite.

« J'ai gémi des souffrances qu'un hiver long et rigoureux a fait peser sur mon peuple ; mais la bienfaisance a multiplié les secours, et c'est avec une vive satisfaction que j'ai vu les soins généreux prodigués à l'indigence sur tous les points de mon royaume, et particulièrement dans ma bonne ville de Paris.

« Messieurs, le premier besoin de mon cœur est de voir la France heureuse et respectée, développer toutes les richesses de son sol et de son industrie, et jouir en paix des institutions dont j'ai la ferme volonté de consolider le bienfait. La charte a placé les liberté publiques sous la sauvegarde des droits de ma couronne : ces droits sont sacrés ; mon devoir envers mon peuple est de les transmettre intacts. à mes successeurs.

« Pairs de France, députés des départements, je ne doute pas de votre concours pour opérer le bien que je veux faire ; vous repousserez les perfides insinuations que la malveillance cherche à propager. Si de coupables manœuvres suscitaient à mon gouvernement des obstacles que je ne veux pas prévoir, je trouverais la force de les surmonter dans ma résolution de maintenir la paix publique, dans la juste confiance des Français et l'amour qu'ils ont montré pour leurs rois. »

*In cauda venenum.* Les deux derniers paragraphes de la harangue royale, que Charles X avait fait ajouter par Courvoisier au discours préparé par les ministres, frappèrent tout l'auditoire de stupéfaction. A peine, à l'extrême droite, entendit-on s'élever quelques cris de « Vive le roi ! » Le reste garda un silence morne. Le vieil émigré de Coblenz tremblait de colère. Il voulut soulever son chapeau, sans doute pour rafraîchir son front brûlant ; mais sa main mal assurée laissa échapper l'objet emplumé, que le duc d'Orléans s'empressa de ramasser et de lui rendre avec les marques du plus profond respect.

Le discours du trône n'avait pas besoin de commentaires. Toutefois un journal ministériel se hâta de préciser avec la dernière rigueur ce qui pouvait être demeuré de vague dans les paroles de Charles X en faisant la déclaration suivante : « Qui dit roi, dit maître. Nous rappellerons que Georges III remercia publiquement les soldats qui avaient fait feu sur la populace accourue pour délivrer de sa prison Wilkes, ce membre factieux de la Chambre des communes. »

La situation était extrêmement tendue. Un des symptômes les plus graves qui s'en dégagèrent fut l'acte de courage de la Chambre des pairs qui, en répondant aux menaces du roi dans l'adresse qu'elle lui présenta le 9 mars, osa proclamer que les droits de la couronne étaient inséparables des libertés nationales.

« Le premier besoin du cœur de Votre Majesté, était-il dit dans cette pièce, est de voir la France jouir en paix de ses institutions. Elle en jouira, sire. Que pourraient, en effet, des insinuations malveillantes contre la déclaration si expresse de votre volonté de maintenir et de consolider ces institutions? La monarchie en est le fondement; les droits de votre couronne ne sont pas moins chers à votre peuple que ses libertés. Placées sous votre sauvegarde, celles-ci fortifient les liens qui attachent les Français à votre trône et à votre dynastie et les leur rend nécessaires. La France ne veut pas plus de l'anarchie que le roi ne veut du despotisme. »

Aucun des ministres, qui tous assistaient à la séance de la Chambre des pairs, n'avait pris part à la discussion de cette adresse. Chateaubriand déposa dans l'urne un billet blanc après avoir, dans l'enchaînement d'un remarquable discours, prononcé ces paroles prophétiques : « Toute révolution venant d'en bas est aujourd'hui impossible; mais cette révolution peut venir d'en haut, elle peut sortir d'une administration égarée dans ses systèmes, ignorante de son pays et de son siècle. »

Il semblait que le dernier cabinet de la Restauration cherchât à faire montre de cette ignorance et de son mépris pour l'opinion publique jusque dans les plus petites choses. C'est ainsi qu'il avait nommé directeur des arts et des lettres un Syriès de Mayrinhac dès longtemps et en tous lieux tympanisé pour l'insuffisance de son savoir et de son orthographe. C'est ainsi qu'il avait arraché *per fas* et surtout *per nefas* au collège électoral de Nantes, la nomination du député Dudon et qu'il avait rayé des cadres de la garde royale le colonel Donatien de Sesmaisons, pair de France, coupable d'avoir refusé son vote au même Dudon. Ces cyniques maladresses étaient bien de nature à faire déborder le vase déjà plein de la colère nationale. Les triomphes répétés de l'opposition à la Chambre des députés furent autant d'avertissements que ni le vieux monarque, ni son gouvernemeut ne surent ou ne voulurent comprendre.

Le premier de ces triomphes avait été, le 3 mars, la nomination des présidents et secrétaires des neuf bureaux de la Chambre. Le lendemain 4, Royer-Collard obtint deux cent vingt-cinq voix pour la présidence de la Chambre; Casimir Périer cent quatre-vingt-dix ; Delalot, cent quatre-vingt-huit; Sébastien, cent quatre-vingt-quatre, Agier, cent soixante-quinze. Chantelauze et Lascours, candidats ministériels, ne purent obtenir que cent seize voix. L'élection des vices-présidents et des secrétaires se fit dans les mêmes proportions. Le 8, Royer-Collard est, pour la troisième fois, nommé par le roi président de la Chambre. Le 9, en installant le nouvel élu, Labbey de Pompières, président d'âge, exprime sa satisfaction « de voir monter au fauteuil présidentiel le citoyen... »

A ce mot mal sonnant pour des oreilles royalistes, des rires et des exclamations bruyantes éclatent à la droite de l'assemblée : « Le citoyen! Ah! le citoyen! Dites tout de suite le grand citoyen! »

Labbey de Pompières n'en continue pas moins sa phrase après cette interruption prolongée : «.... dont la science profonde et surtout l'attachement à la Charte constitutionnelle ont motivé le choix de mes collègues et mérité la confiance du monarque. » Si Royer-Collard, La Fayette, Dupont (de l'Eure) et Benjamin Constant ne s'y fussent pas opposés de toutes leurs forces, Labbey de Pompières eût, dans son discours, averti la royauté que la Chambre des députés saurait elle aussi, « transmettre ses droits intacts à ses successeurs » et au besoin, « renouveler le serment du Jeu de Paume. » Le même jour, tandis que Charles X recevait la réponse de la Chambre des pairs à son discours d'ouverture, la Chambre des députés nommait la commission chargée de rédiger le projet d'adresse au roi. Cette commission se composait de quatre membres de la réunion Agier, de Preissac, Gauthier (de la Gironde), de Sade et Le Pelletier d'Aulnay, et de cinq membres de la gauche, Dupont (de l'Eure), Etienne, Sébastiani, de Kératry et Dupin. Etienne fut désigné comme rapporteur. Le projet fut lu en séance publique le 15 mars par le président Royer-Collard.

Après s'être prononcé contre don Miguel et avoir demandé plus de netteté dans les communications du gouvernement relatives à la question d'Alger, l'Adresse s'exprimait en ces termes :

« Accourus à votre voix de tous les points de votre royaume, nous vous apportons de toutes parts, Sire, l'hommage d'un peuple fidèle, encore ému de vous avoir vu le plus bienfaisant de tous au milieu de la bienfaisance universelle, et qui révère en vous le modèle accompli des plus touchantes vertus. Sire, ce peuple chérit et respecte votre autorité ; quinze ans de paix et de liberté qu'il doit à votre auguste père et à vous ont profondément enraciné dans son cœur la reconnaissance qui l'attache à votre royale famille ; sa raison, mûrie par l'expérience et par la liberté des discussions, lui dit que c'est surtout en matière d'autorité que l'antiquité de la possession est le plus saint de tous les titres, et que c'est pour son bonheur, autant que pour votre gloire, que les siècles ont placé votre trône dans une région inaccessible aux orages. Sa conviction s'accorde donc avec son devoir pour lui présenter les droits sacrés de votre couronne comme la plus sûre garantie de ses libertés, et l'intégrité de vos prérogatives comme nécessaire à la conservation de ces droits.

« Cependant, Sire, au milieu des sentiments unanimes de respect et d'affection dont votre peuple vous entoure, il se manifeste dans les esprits une vive inquiétude qui trouble la sécurité dont la France avait commencé à jouir, altère les sources de sa prospérité et pourrait, si elle se prolongeait, devenir funeste à son repos. Votre conscience, votre honneur, la fidélité que nous vous avons jurée et que nous vous garderons toujours, nous imposent le devoir de vous en dévoiler la cause.

« Sire, la charte que nous devons à la sagesse de votre auguste prédécesseur, et dont Votre Majesté a la ferme volonté de consolider le bienfait, consacre comme un droit l'intervention du pays dans la délibération des intérêts publics. Cette intervention devait être, elle est, en effet, indirecte, sagement mesurée, circonscrite dans des limites exactement tracées et que nous ne souffrirons jamais que l'on ose tenter de franchir ; mais elle est positive dans son résultat, car elle fait du concours permanent des vues politiques de votre gouvernement avec les vœux de votre peuple, la condition indispensable de la marche régulière des affaires publiques. Sire, notre loyauté, notre dévouement, nous condamnent à vous dire que ce concours n'existe pas.

« Une défiance injuste des sentiments et de la raison de la France est aujourd'hui la pensée fondamentale de l'administration : votre peuple s'en afflige, parce qu'elle est injurieuse pour lui ; il s'en inquiète, parce qu'elle est menaçante pour ses libertés.

« Cette défiance ne saurait approcher de votre noble cœur. Non, Sire, la France ne veut pas plus de l'anarchie que vous ne voulez du despotisme ; elle est digne que vous ayez foi dans sa loyauté, comme elle a foi dans vos promesses.

« Entre ceux qui méconnaissent une nation si calme, si fidèle, et nous qui, avec une conviction profonde, venons déposer dans votre sein les douleurs de tout un peuple jaloux de l'estime et de la confiance de son Roi, que la haute sagesse de Votre Majesté prononce. Ses royales prérogatives ont placé dans ses mains les moyens d'assurer entre les pouvoirs de l'Etat cette harmonie constitutionnelle, première et nécessaire condition de la force du trône et de la grandeur de la France. »

## XXXVI

Discussion de projet d'adresse : de l'Épine, Agier, de Conny, Félix Faure, de Montbel.

On est frappé de stupeur en songeant qu'un pareil langage, si humble devant la majesté royale, parut en 1830 ultra-révolutionnaire, et l'était en effet en présence des arrogantes et insoutenables prétentions de l'absolutisme de droit divin restauré depuis quinze ans.

Une grande agitation suivit la lecture du projet d'Adresse. Le président dut en faire une seconde lecture.

La discussion avait lieu en comité secret. Un député du Nord, de l'Epine, parla le premier et s'éleva contre le projet. Tout en protestant de son attachement aux principes consacrés dans la Charte, il ne pensait pas que ni les actes du ministère, ni les paroles du roi dans son discours du 2 mars fussent de nature à autoriser le langage hostile qu'on voulait faire parler à la Chambre.

« Loin de nous sentir emportés par l'esprit rétrograde, dit-il, nous sommes aussi fiers qu'aucun de nos adversaires de ce que le trône nous a jugés dignes de participer à sa puissance législative. Ces libertés, dont on nous dit les ennemis, nous sont d'autant plus chères que nous savons les envisager sous le point de vue qui les rend honorables et glorieuses : nous y voyons une de ces hautes marques d'estime qui ne s'accordent qu'aux nations éclairées, sur la sagesse et le bon esprit desquelles les souverains peuvent se reposer ; aussi ne craignons-nous rien tant que de les voir compromises par l'abus qu'en ferait une odieuse ingratitude. Nous sentons que plus la royauté nous a jugés favorablement, plus notre honneur est engagé à ce qu'elle n'ait point à se repentir de s'être trop pressée de nous estimer. Nous croyons comprendre parfaitement que le moyen d'obtenir davantage n'est pas d'agir, de manière à prouver qu'on méritait moins. »

On voit que la protestation en faveur des libertés publiques par laquelle de l'Epine avait cru devoir débuter n'était guère qu'une vaine précaution oratoire. Il alla plus loin encore : il ne craignit pas de condamner hautement le principe de la souveraineté du peuple et de proclamer le droit divin de la puissance paternelle et du pouvoir royal qu'il confondait dans une absurde assimilation. Il ne pouvait se figurer, disait-il, une autorité paternelle constituée par les enfants et tirant son origine de leur consentement, de leurs suffrages ou de leur permission. Et il s'écriait : « Non, ce n'est pas ainsi que le droit de régir les familles et les nations a pu se former; il descend de plus haut. »

Agier vint soutenir le projet d'Adresse. Il termina son discours en citant un Mémoire récemment adressé au Conseil du roi et dans lequel on proposait de changer les formes du gouvernement dans le sens de l'absolutisme, et de modifier la Charte elle-même.

« Eh quoi! ajouta-t-il, les excès du pouvoir absolu nous ont rendu la légitimité, et ce serait par les mêmes excès qu'on nous la ravirait encore! Qu'on juge donc quels sont ses vrais amis, ou de ceux qui veulent le maintien du régime légal, ou de ceux qui appellent le régime des ordonnances! »

De Conny, fougueux apologiste de Polignac, prit la parole après Agier et fut remplacé par Félix Faure, orateur de l'opposition.

Le nouveau ministre de l'intérieur, de Montbel, plaça le débat sur son véritable terrain.

« Si l'on jugeait, dit-il, de l'état de la France par les tableaux désastreux qu'on se plaît à tracer chaque jour, ne penserait-on pas que le peuple gémit sur un dur esclavage, que ses droits sont méconnus, qu'il est sacrifié aux caprices de l'arbitraire, que la plus insigne injustice dicte tous les actes du pouvoir, que les sources de la prospérité publique tarissent devant les excès du despotisme! Je le demande, qu'y a-t-il d'exact dans de semblables déclamations? La paix publique n'est troublée que par les cris de la licence, qui, chaque jour, proclame l'anéantissement de la liberté. Il y a plus de vérité qu'on ne pense dans ces étranges clameurs. Quand la voix de la licence se fait entendre, la liberté est menacée. Que devient en effet la liberté de l'homme de bien qu'opprime la calomnie, de l'administrateur dont on incrimine les intentions les plus pures, dont on s'attache à paralyser l'action, dont on s'étudie à anéantir l'influence ?...

« ... Sous les formes d'un langage respectueux, il est vrai, on exige du roi la révocation de ses ministres, dont on accuse la pensée. Mais a-t-on réfléchi aux résultats nécessaires d'une semblable exigence ? Ne voit-on pas combien on menace ainsi les institutions elles-mêmes dans leurs dispositions les plus essentielles ? Que deviendraient, en effet, les articles 13 et 14 de la Charte ? Où serait l'indépendance du pouvoir exécutif ? Que resterait-il de l'autorité royale ? Le roi, renonçant à sa liberté dans le choix de ses agents, recevrait désormais les ministres que lui imposerait la majorité des Chambres. En cas de discorde entre elles, à laquelle des deux devrait-il obéir ? Ainsi une seule Chambre absorberait les deux autres pouvoirs législatifs; ainsi, par ses ministres, elle s'emparerait de la puissance exécutive, de l'initiative des lois, de l'armée... Est-ce là l'esprit de nos institutions ?

« C'est le sentiment profond de cette vérité qui faisait dire avec tant de raison à celui de nos collègues que vos récents suffrages ont signalé à la nomination du roi : « Le jour où le gouvernement n'existera que par la majorité de la Chambre; le jour où il sera établi en fait que la Chambre peut repousser les ministres du roi et lui en imposer d'autres, qui seront ses propres ministres, et non les ministres du roi, ce jour-là c'en est fait, non-seulement de la Charte, mais de cette royauté indépendante qui a protégé nos pères, et de laquelle seule la France a reçu tout ce qu'elle a jamais eu de liberté et de bonheur; ce jour-là nous sommes en république. »

« L'auteur de la Charte a dit en l'octroyant : Quand la violence arrache des concessions à la faiblesse du gouvernement, la liberté publique n'est pas moins en péril que le trône même. » La concession aujourd'hui demandée, le roi ne veut pas, le roi ne peut pas vouloir l'accorder, parce que ses droits sont sacrés, parce qu'il veut les transmettre intacts à ses successeurs, parce qu'il a juré de maintenir les institutions et qu'il n'a jamais manqué à sa parole. »

On ne pouvait avec plus de logique battre en brèche la frêle citadelle de la monarchie constitutionnelle. Cette espèce de gouvernement n'est pas un milieu, impossible à trouver, entre l'absolutisme et la liberté, entre la monarchie et la république : ce n'est qu'un voile menteur et transparent, dissimulant mal tantôt l'autocratie un despote cacochyme et d'une dynastie morte-née qu'on voit vers l'occident, s'abîmer dans la nuit du tombeau, tantôt la démocratie qui monte jeune, fière et vigoureuse à l'orient lumineux.

Trois fois en soixante dix-huit ans la République a surgi, disparu pour reparaître, et le temps de ses deux éclipses a été jusqu'à présent, plus long que celui de son rayonnement. Mais visible ou latente, l'idée n'a cessé, ne cesse encore de grandir, de progresser, de s'imposer avec une nécessité de plus en plus impérieuse ; elle touche au moment où elle sera inévitable à l'Europe entière, qui se réfugiera en elle comme dans un fort à l'abri de toutes les tempêtes. Depuis plus de quatre-vingts ans, les diverses expériences monarchiques n'ont servi qu'à démontrer par l'absurde l'excellence de la République.

Il faut bien que les rois et les empereurs en prennent leur parti : du faîte des grands premiers rôles que la simplicité des peuples leur avait laissés pendant tant de siècles, ils sont tombés à l'emploi infime des utilités ; et celui-là même ne leur demeurera pas longtemps puisque les têtes les plus dures à pénétrer par l'évidence en viennent enfin à reconnaître que le commandement d'un seul, quand, par hasard, il n'est pas l'obstacle le plus funeste au bonheur des nations, ne saurait y contribuer en quoi que ce soit.

« Comme il n'est pas difficile de s'apercevoir par la masse des lumières répandu dans l'univers que les gouvernements héréditaires tirent vers leur fin, et que les révolutions, fondées sur les grandes bases de la souveraineté des nations et des gouvernement par représentation, s'avancent à grands pas dans l'Europe, ce serait un grand acte de sagesse d'anticiper sur leur approche et de produire des révolutions par le moyen de la raison et des arrangements plutôt que de les exposer à l'issue des convulsions... Nous sommes dans un siècle de révolutions, dans lequel on doit s'attendre à tout. L'intrigue des cours, qui nourrit le système de la guerre, peut exciter les nations à former une confédération générale pour l'anéantir ; et l'établissement d'un congrès européen, pour protéger les progrès des gouvernements libres et propager la civilisation et les liaisons des nations, est un événement plus probable que ne l'étaient autrefois les révolutions et l'alliance de la France et de l'Amérique. »

Ces paroles sont-elles écrites d'hier ? Non : elles datent de 1791 et sont de l'Anglais Thomas Paine, qui, peu après, fut député par le Pas-de-Calais à la Convention nationale de France. Dans l'ouvrage d'où elles sont tirées, les *Droits de l'homme*, l'auteur dit encore :

« Qu'est-ce qu'un gouvernement, sinon l'administration des affaires d'une nation ? Il n'est et ne saurait être la propriété d'aucun homme ni d'aucune famille, mais de toute la communauté, aux dépens de laquelle il est soutenu ; et, quoique par force ou par ruse, on l'ait fait passer pour un héritage, l'usurpation ne saurait changer la nature des choses. La souveraineté, de droit, appartient à la nation seule et non à aucun individu ; une nation a dans tous les temps un droit inhérent et inaliénable d'abolir toute forme de gouvernement qu'elle ne trouve pas convenable, et d'en établir une qui convienne à ses intérêts, à son goût et à son bonheur. La distinction romanesque et barbare des hommes en rois et en sujets, quoiqu'elle puisse convenir à la condition du courtisan, n'est point propre à celle du citoyen, et est abolie par les principes sur lesquels les gouvernements sont aujourd'hui fondés. Chaque citoyen est une portion de la souveraineté, et, comme tel, ne peut connaître aucune sujétion personnelle, et ne doit obéir qu'aux lois. »

Ailleurs, distinguant les bases sur lesquelles reposent les différentes formes de gouvernement, Thomas Paine s'exprime ainsi :

« Comme donc chacune de ces formes agit sur une base différente, l'une se mouvant librement par l'aide de la raison (*la République*), l'autre par celle de l'ignorance (*la monarchie et l'aristocratie*), nous avons encore à examiner ce qui donne un mouvement à cette espèce de gouvernement mixte, ou, comme on l'appelle quelquefois en plaisantant, un gouvernement *de ceci, de cela et d'autre chose*. Le grand ressort qui fait mouvoir cette espèce de gouvernement est nécessairement la corruption. »

L'auteur, développant cette thèse, devine toute l'histoire de la monarchie de Juillet et explique à l'avance les vices radicaux et les raisons du mauvais succès de cette expérience de royauté constitutionnelle. Enfin, il se propose nettement pour la République.

« Dans une République bien constituée, dit-il, le gouvernement n'exige d'autre croyance de l'homme que celle que la raison peut donner. Il voit le *raisonnable* de tout le système, son origine et sa manière d'opter : et comme il est d'autant mieux soutenu qu'il est mieux entendu, les facultés humaines agissent avec hardiesse et acquièrent sous cette forme de gouvernement une virilité gigantesque. »

Ce qui était vrai dès 1791 a continué de l'être et a reçu des événements subséquents une série de preuves de plus en plus concluantes. A l'heure où Thomas Paine écrivait, la monarchie absolue venait de s'écrouler avec la Bastille ; l'essai de monarchie constitutionnelle tenté avec Louis XVI était sur le point d'échouer. Depuis, la France a vu tomber la tyrannie militaire du Consulat et de l'Empire, la première Restauration, l'Empire constitutionnel des Cent-Jours, la seconde Restauration, la monarchie de Juillet, l'Empire de Décembre : cela fait, en quatre-vingt-un ans, huit chutes de ce que

Le duc d'Angoulême.

l'euphémisme naguère à la mode appelait « le gouvernement personnel, » de ce que nous avons toujours appelé franchement, nous, le despotisme.

Il y a quelque chose de plus, et cette conclusion rigoureuse ressort inévitablement des paroles de Royer-Collard citées par le ministre de Montbel : depuis que le principe électif a été introduit dans l'économie de la constitution française, à plus forte raison, depuis que nous avons le suffrage universel, nous avons la République, et tant que le suffrage, restreint et universel, est la base de l'État, la République existe véritablement. République et suffrage sont solidaires, et, au fond, inséparables. Il est impossible d'asseoir pour une longue durée une monarchie sur le suffrage quel qu'il soit, l'élection employée à la plus petite dose possible répugnant à l'hérédité. Il était donc inévitable, en instituant le suffrage universel, d'instituer la République ; ou plutôt, proclamer l'un, c'était proclamer implicitement l'autre, et la destruction de la République par le suffrage universel n'a pu être qu'un *suicide*, une *fiction*, ou un *non-sens*. Le *suicide* n'a pas eu lieu, puisque le suffrage universel a persisté et persiste à vivre ; la *fiction* a été imposée par la violence et n'a pu avoir que la durée fort limitée des choses violentes ; le *non-sens* ne se réalise point, car la nature ne souffre point l'absurde ; dès lors l'identité des deux termes, suffrage et République, reparaît triomphante. Chaque fois que l'on a accolé l'élection et l'hérédité, la République et la monarchie, il est arrivé ce qui arrive quand deux étoffes de nature contraire servent de doublure l'une à l'autre : celle-ci use celle-là par le continuel frottement ; la laine *mange* la soie ; l'élection mange l'hérédité.

## XXXVII

Suite de la discussion du projet d'adresse : Benjamin Constant, Guernon-Ranville, Dupin, Chantelauze, le Pelletier d'Aulnay. — Séance du 16 mars. — Comité secret. — Amendement Lorgeril. — Discours de Guizot. — Discours de Berryer. — Rejet de l'amendement. — Les deux-cent-vingt-et-un. — La *Quotidienne* considère leur vote comme une sanction donnée au « *premier manifeste de la Révolution de* 1830. » — Présentation de l'adresse au roi. — Réponse sévère de Charles X. — Séance du 19 mars ; lecture d'une proclamation royale qui proroge la session au 1er septembre suivant.

Dans son discours, de Montbel avait fait allusion à l'association pour le refus de l'impôt. En lui répliquant, Benjamin Constant ne manqua pas de relever le gant. Ces associations qu'on a qualifiées de coupables, dit-il, « sont la déclaration que, dans toutes les circonstances, nous n'obéirons qu'à la Charte ; elles sont tout aussi innocentes, tout aussi motivées que les déclarations de ceux qui disent que, dans toutes les circonstances, ils défendent la monarchie. Oui, Messieurs, nous, et tous les citoyens qui prendront conseil de nous, nous ne paierons aucun impôt qui n'aura pas été voté conformément à la Charte ; et, par là, nous rendrons service à la liberté et à la dynastie ; à la dynastie, que ne cessent de compromettre ses prétendus amis. »

Sans se laisser intimider par cette menace faite au nom de l'opposition parlementaire et extra-parlementaire, le ministre de l'instruction publique, de Guernon-Ranville, leva bien haut le drapeau de l'absolutisme et du bon plaisir.

« Les ministres sont les hommes du roi, dit-il ; ils sont dépositaires de la pensée du gouvernement, c'est à ceux qu'est confié le mandat de développer cette pensée ; à eux aussi est remise sous leur responsabilité personnelle, toute l'action du pouvoir exécutif, dont le roi seul est la source. Or, comment concevoir, d'une part, que la volonté du roi puisse recevoir la moindre atteinte dans l'indépendance du choix de mandataires aussi intimes ? Comment admettre cet étrange renversement d'idées dont le résultat serait de contraindre, dans le chef suprême de l'État, ce qu'il y a de plus libre au monde, la confiance ? Prescrire au roi de retirer sa confiance aux hommes qu'il en a jugés dignes, serait aussi odieux que de le forcer à recevoir des mandataires qui ne possèderaient pas cette confiance. Le contraindre à renvoyer ses ministres actuels, c'est usurper le même droit à l'égard de ceux qui les remplaceraient, c'est forcer le pouvoir royal d'accepter pour ministres les hommes qu'une majorité systématique organisée lui désignera comme seuls dignes de la confiance de la chambre. »

Après avoir essayé la justification du ministère dont il faisait partie, Guernon-Ranville s'écria :

« Loin de nous l'odieuse imputation que nous fait le projet d'Adresse ; vous repousserez une imputation dénuée de preuves et démentie par nos actes. Après nous avoir absous d'une accusation évidemment injuste, vous déciderez, dans votre impartiale sagesse, s'il vous convient de déclarer à la face de la France que vous voulez en son nom refuser votre confiance à des hommes auxquels l'opposition la plus violente ne peut reprocher que d'avoir obtenu la confiance du monarque.

« Quelle que soit votre délibération, nous vous devons une franche et loyale déclaration de nos intentions. Appelés au timon des affaires par la volonté du roi, nous ne l'abandonnerons que par les ordres du roi. Nous nous présentons au milieu de vous la Charte à la main ; fidèles aux loyales inspirations du père de la patrie, nous marcherons invariablement dans les voies constitutionnelles ; ni les outrages ni les menaces ne nous feront dévier de cette ligne que nous tracent l'honneur et le devoir. Si, par faiblesse ou par erreur, nous étions assez malheureux pour conseiller des mesures de nature à compromettre l'indépendance de la couronne ou les franchises nationales, la réprobation de nos concitoyens, la sévérité des Chambres feraient promptement justice de ces coupables écarts : nous acceptons sans réserve toute cette responsabilité... »

Dupin succéda à Guernon-Ranville. Il combattit vivement l'objection qu'on faisait à l'opposition de gêner la prérogative royale en demandant ou le renvoi des ministres, ou la dissolution de la Chambre. « On est même venu prétendre, ajouta-t-il, que c'était une *sommation* au roi. »

« Je réponds que tels n'ont été ni l'intention ni le langage de l'Adresse : on ne porte pas atteinte à la liberté du roi ; on déclare le fait, et l'on s'en remet à sa haute sagesse du soin de remédier au mal. Mais lorsque dans le discours de la couronne, les ministres, en parlant des obstacles qu'on voudrait leur susciter, n'ont annoncé, pour les surmonter, que l'emploi de la *force*, nous avons pensé qu'il nous était permis de parler de la loi.

« Nous avons indiqué le remède au mal présent, non dans les coups d'État qu'on a pu d'abord appréhender, non dans l'emploi de cette force brutale et matérielle que rien ne provoque et qui ne saurait à qui s'attaquer. Mais nous avons indiqué comme seuls praticables les moyens légaux, les moyens constitutionnels. Là est la prérogative royale que rien ne peut gêner ni altérer. Car le roi est absolu dans sa prérogative, en ce sens que, lorsqu'elle est exercée dans les limites tracées par la loi, nul ne peut y apporter retard ni refus. »

« Je ne puis donc trop le répéter, afin de prendre mes sûretés avec la calomnie qui voudra s'efforcer d'accréditer le contraire au dehors : non, nous ne demandons point au roi le renvoi des ministres ; ces ministres peuvent retourner contre nous l'exercice de la prérogative. Ils n'ont qu'à conseiller de nous dissoudre. Un mot, et nous nous séparons ; un mot, et, sujets toujours fidèles, nous retournons dans nos foyers, reportant l'honneur que nous avons apporté dans cette enceinte, et nous rendant ce témoignage que nous avons fait pendant deux sessions tout le bien qu'il nous a été possible d'opérer. En effet, nous avons doté le pays de deux lois qu'il fraudra violer avant de pouvoir essayer de l'asservir, la loi qui flétrit les fraudes et la loi qui les éclaire du flambeau de la publicité. »

Après que la tribune eut été successivement occupée par Chantelauze, et par Le Pelletier d'Aulnay, la clôture de la discussion générale fut prononcée. Hyde de Neuville parla sur la question portugaise ; le président du conseil lui répondit ; puis, on vota divers paragraphes de l'Adresse, et la suite de la délibération fut renvoyée au lendemain 16 mars.

La séance publique de ce jour s'ouvrit par la lecture du rapport sur la validation des pouvoirs du député Dudon, nommé par le collége électoral du département de la Loire-Inférieure ; le débat qui suivit à propos de la destitution du colonel de Sesmaisons fut l'occasion d'un mécompte oratoire de Polignac dont la maladresse, les hésitations et les réticences excitèrent à bon droit l'hilarité de la gauche et le mécontentement de la droite. Il arrive toujours un moment où les agents d'un mauvais gouvernement qui penche vers sa ruine sont ou paraissent être, en tout ce qu'ils disent comme en tout ce qu'ils font, odieux ou ridicules, et souvent l'un et l'autre à la fois.

L'élection fut validée. A deux heures et demie, la chambre se forma en comité secret pour reprendre la discussion de l'Adresse.

Delaborde, le ministre de la marine, Demarçay, de Sainte-Marie, de Cordoue, de la Boulaye, Dupin aîné, prirent successivement la parole. A ce moment, on arriva au paragraphe où se trouvait la fameuse phrase : « Sire, notre loyauté, notre dévouement, nous condamnent à vous dire que ce concours n'existe pas. » Il s'agissait, on se le rappelle, du « concours permanent » des vues politiques du gouvernement royal avec les vœux du peuple, concours présenté comme la « condition indispensable » de la marche régulière des affaires publiques.

Un membre du centre droit, de Lorgeril, simple prête-nom de Martignac, présenta alors un amendement dont cet ancien ministre était le véritable auteur et qui était ainsi conçu :

« Cependant notre honneur, notre conscience, la fidélité que nous vous avons jurée et que nous vous garderons toujours, nous imposent le devoir de faire connaître à Votre Majesté qu'au milieu des sentiments unanimes de respect et d'affection dont votre peuple vous entoure, de vives inquiétudes se sont manifestées à la suite de changements survenus depuis la dernière session. C'est à la haute sagesse de Votre Majesté qu'il appartient de les apprécier et d'y apporter le remède qu'elle croira convenable. Les prérogatives de la couronne placent dans ses mains augustes les moyens d'assurer cette harmonie constitutionnelle, aussi nécessaire à la force du trône qu'au bonheur de la France. »

Le député Guizot, affilié à la société *Aide-toi, le ciel t'aidera*, et qui avait été envoyé à la Chambre le 24 janvier 1829 par le collége électoral de Lisieux, grâce à des lettres de recommandation qu'avaient écrites pour lui La Fayette, Dupont de l'Eure, Sébastiani, de Broglie et Marchais, Guizot, *qui depuis.... mais alors!* combattit le premier l'amendement Lorgeril.

« Une seule force peut-être, dit-il, une seule puissance se sent aujourd'hui à l'aise en France et se déploie avec la confiance qu'elle est dans sa voie propre et naturelle; c'est la presse. Jamais, à mon avis, son action ne nous fut plus nécessaire et plus salutaire, c'est elle qui, depuis sept mois, a déjoué tous les desseins, tous les essais, tous les efforts; mais cette prépondérance presque exclusive de la presse est redoutable, et atteste toujours un fâcheux état du gouvernement et de la société.

« Cette perturbation générale des pouvoirs publics, cette altération de leur état naturel, de leurs habitudes régulières, c'est là le mal qu'il faut aller chercher au-delà de l'agitation des esprits, et auquel il est urgent de porter remède. On vous a dit que la France était tranquille, que l'ordre n'était nullement troublé. Il est vrai, l'ordre matériel n'est pas troublé : tous circulent librement, paisiblement; aucun bruit ne dérange les affaires. Le mal que je viens de signaler en existe-t-il moins? En est-il moins grave? Ne frappe-t-il pas, n'agite-t-il pas la pensée de tous les hommes sensés et clairvoyants? Il est plus grave que bien des émeutes, plus grave que les désordres, les tumultes matériels qui ont, il n'y a pas longtemps, agité l'Angleterre. »

Cet état de choses que le nouveau député décrivait si bien, il devait être donné au chef du cabinet du 29 octobre de le ramener en France dix-huit ans plus tard avec les mêmes conséquences fatales pour la monarchie qu'il croyait servir et qu'il perdait. Nous l'avons vu se reproduire encore, dans des proportions bien plus intenses et plus accusées, aux derniers jours de l'Empire de Décembre.

« De tels désordres, ajouta l'orateur, sont, d'ailleurs, un avertissement que le pouvoir ne saurait ignorer; il faut bien, à leur explosion, qu'il s'aperçoive du mal et se décide au remède. Pour nous, Messieurs, aucun avertissement de ce genre; la surface de la société est tranquille, si tranquille, que le gouvernement peut fort bien être tenté d'en croire le fond parfaitement assuré, et lui-même à l'abri de tout péril. La franchise de nos paroles, voilà le seul avertissement que le pouvoir ait à recevoir parmi nous, la seule voix qui se puisse élever jusqu'à lui, dissiper ses illusions. Gardons-nous d'en atténuer la force; gardons-nous d'énerver nos expressions; qu'elles soient respectueuses, qu'elles soient tendres; c'est notre devoir, et personne n'accuse votre commission d'y avoir manqué; mais qu'elles ne soient point timides et douteuses! La vérité a déjà assez de peine à pénétrer jusqu'au cabinet des rois; ne l'y envoyons point faible et pâle; qu'il ne soit pas plus possible de la méconnaître que de se méprendre sur la loyauté de nos sentiments. »

Une tendresse dictée par le devoir, c'est tout ce que peut accorder à la royauté l'habile et déjà austère Guizot. Toute la sécheresse du doctrinaire se révèle dans cette étrange association de mots et d'idées qui se combattent. La royauté pour lui n'est pas une foi : elle n'est plus qu'un système. Tout ce que l'avenir montre de raide, de glacial, de factice et d'infécond dans la politique du personnage s'explique par là et eût pu être prévu dès lors.

Après Guizot, un orateur d'une bien autre puissance et d'un tempérament tout opposé, Berryer, débuta à son tour à la tribune. Quand l'amendement Lorgeril eut été appuyé par de Berbis, combattu avec toutes sortes de ménagement par Sébastiani, soutenu de nouveau par Pas de Beaulieu, Berryer vint l'attaquer vigoureusement à un tout autre point de vue que celui de ses prédécesseurs et repousser en même temps le texte du projet d'Adresse :

« Envoyez-donc, s'écria-t-il, envoyez au roi votre grande députation pour lui dire : « Sire, l'usage que vous avez fait de vos prérogatives trouble notre sécurité, altère notre prospérité et peut devenir funeste à votre repos! »

Et, comme aux applaudissements de la droite se mêlaient les interruptions violentes de la gauche :

« Vos interruptions, reprit-il, ne me troublent pas, elles me satisfont!... L'horreur que la Chambre exprime contre les conséquences nécessaires de la rédaction proposée, donne l'assurance que ce projet va être rejeté. S'il y a irrévérence dans la rédaction, il y a aussi inconstitutionnalité dans l'alternative où l'on veut placer le roi. La Chambre n'a pas le droit de demander sa propre dissolution! Il y a quelque chose d'effrayant et qui contriste le cœur dans cette résolution d'une assemblée qui demande sa propre ruine; qui, trahissant la confiance des électeurs, veut se soustraire aux devoirs qu'elle a à remplir envers le roi, envers le pays, envers elle-même. Et c'est au moment où ces devoirs sont les plus impérieux que, par une étrange inconséquence, elle voudrait délaisser le poste qui lui est confié! Si les ministres inspirent de la défiance, si les députés sont éclairés sur leurs intentions secrètes, qu'ils restent pour surveiller leurs actes et pour déjouer leurs projets!... »

« ..... Lorsque l'ordonnance du 8 août a paru, la sécurité du pays était-elle complète? M. de Martignac ne disait-il pas : « Nous marchons à l'anarchie. » Les circulaires de M. Bourdeau pour arrêter ou punir la licence de la presse ne prouvent-elles pas que le ministère actuel a pris le pouvoir tel que ses prédécesseurs l'avaient fait, ou du moins tel qu'ils le lui ont légué? Qu'importe maintenant, quand les droits du roi sont blessés, quand la couronne est outragée, que votre Adresse soit remplie de protestations de dévouement, de respect et d'amour? Qu'importe que vous disiez : « Les prérogatives du roi sont sacrées, » si en même temps vous prétendez le contraire dans l'usage qu'il doit en faire? Ce triste contraste n'a d'autre effet que de reporter la pensée vers des temps de funeste mémoire. Il rappelle par quel chemin un roi malheureux fut conduit, au milieu des serments d'obéissance et des protestations d'amour, à changer contre la palme du martyre le sceptre qu'il laissa choir de ses mains. »

Après cette brillante improvisation, le président met aux voix l'amendement Lorgeril. Une trentaine de membres du centre droit y donnent leur approbation ; tout le reste de l'assemblée se lève en masse pour le rejeter. Bourdeau prononce un discours dans lequel il s'attache à répondre aux attaques dirigées contre le précédent ministère. Entre temps, Sosthène de La Rochefoucault avait présenté un amendement, plus pâle encore que celui de Lorgeril, et qui n'avait pas même été appuyé. Enfin on procède au scrutin sur l'ensemble du projet. Il était six heures et demie du soir, et les quelques lampes qui se trouvaient disséminées dans la salle des séances ne servaient guère qu'à en rendre l'obscurité visible. Le député Puymaurin, profitant de cette circonstance pour faire un jeu de mots d'assez mauvais goût, s'écria : « On n'y voit pas! Votre Adresse est une œuvre de ténèbres! » L'appel nominal et le dépouillement du scrutin absorbèrent près d'une heure. Sur 402 votants, 221 se prononcèrent pour l'adoption. La majorité en faveur de l'Adresse était de 40 voix. En joignant à ce nombre les 30 voix du centre droit qui avaient voté pour l'amendement Lorgeril, on ne trouvait plus que 150 voix disposées à soutenir le ministère Polignac.

Le lendemain on lut dans la *Quotidienne*, journal royaliste :

« 221 hommes, ayant prêté le serment de fidélité au roi, ont sanctionné le *premier manifeste de la Révolution* de 1830. Une coterie, composée des vieux débris de nos assemblées populaires, des tristes restes des janissaires de Bonaparte, a voulu nous donner le spectacle d'une atteinte portée à la royauté par la souveraineté du peuple. Mais les meneurs de ce parti n'ont à leur disposition que la boule qu'ils ont laissé tomber hier dans l'urne; ils auront à répondre à un roi qu'on n'a pas encore dépouillé de son autorité, et qui, entouré d'une armée dévouée, appuyé sur une pairie fidèle, défendu par l'amour de tout son peuple, demandera compte, avec un front sévère, de sa volonté méconnue, de sa prérogative attaquée, de la Charte violée. »

Le jeudi 18 mars, à onze heures et demie, après la messe, le roi reçut dans la salle du trône la grande députation de la Chambre chargée de lui présenter l'Adresse. Après la lecture faite par le président Royer-Collard, Charles X, prenant le « front sévère » dont avait parlé la *Quotidienne*, répondit :

« Monsieur, j'ai entendu l'Adresse que vous me présentez au nom de la Chambre des députés.

« J'avais droit de compter sur le concours des deux chambres pour accomplir tout le bien que je méditais; mon cœur s'afflige de voir les députés des départements déclarer que, de leur part, ce concours n'existe pas.

« Messieurs, j'ai annoncé mes résolutions dans mon discours d'ouverture de la session. Ces résolutions sont immuables; l'intérêt de mon peuple me défend de m'en écarter.

« Mes ministres vous feront connaître mes intentions. »

On voit que Charles, falsifiant pour les besoins de la cause le sens de l'Adresse qu'on venait de lui lire, accusait à son tour, et à tort, les députés de ce même refus de concours qu'ils reprochaient à son gouvernement.

La mise en scène de la petite cérémonie et le ton bref dont le vieux prince avait prononcé sa réplique firent impression sur le tempérament monarchique de Royer-Collard qui sortit ébloui, troublé, en disant : « Je ne savais pas tout ce qu'il y a de force et de prestige dans les paroles d'un roi. »

Le lendemain 19 la séance de la Chambre des députés s'ouvrait à une heure au milieu d'une grande agitation. On attendait une communication du gouvernement. Les tribunes, dont l'entrée avait été forcée par la foule, étaient remplies. Bientôt, le ministre de l'Intérieur ayant remis un papier au président, celui-ci fit au milieu d'un profond silence la communication royale.

« Proclamation du roi.

« CHARLES, par la grace de Dieu, Roi de France et de Navarre,

« A tous ceux qui ces présentes verront, salut.

« La session de 1830, de la Chambre des pairs et de la Chambre des députés des départements, est prorogée au premier septembre prochain.

« La présente proclamation sera portée à la chambre des députés par notre ministre secrétaire-d'état au département de l'intérieur et notre ministre de la marine.

« Donné à Paris, au château des Tuileries, le 19ᵉ jour du mois de mars de l'an de grâce 1830, et de notre règne le sixième.

CHARLES. »

Par le Roi :<br>
*Le ministre secrétaire d'État au département de l'Intérieur,*<br>
» Montbel.

Pour ampliation :<br>
*Le conseiller d'État secrétaire-général du ministère de l'Intérieur,*<br>
» Baron de Balzac. »

« Aux termes de la loi, ajoute le président, la chambre prorogée par le roi se sépare à l'instant même. La séance est levée. »

La droite pousse des cris violents de « Vive le roi! » La gauche riposte en criant : « Vive la Charte! » D'une des tribunes part cette exclamation inattendue : « Vive la Constitution! » Le tumulte est au comble. Le député de Lépine interpelle avec force le public; son collègue de Ganat somme le président de sévir. Mais Royer-Collard avait déjà quitté le fauteuil; la séance était levée; et son autorité ne pouvait plus s'exercer. Les tribunes sont évacuées lentement. Les députés se séparent en proie à la plus vive agitation.

## XXXVIII

Merveilleuse organisation de l'Opposition. — Banquets. — Odilon-Barrot aux *Vendanges de Bourgogne*. — Remarquables *considérants* d'un arrêt de la cour royale de Paris.

Malgré l'avis des ministres Chabrol, Courvoisier et Guernon-Ranville, la dissolution de la Chambre avait été arrêtée en principe dans le conseil royal. La prorogation n'était donc qu'une demi-mesure destinée à donner aux agents de l'administration le temps de travailler la matière électorale en vue des élections futures. Personne ne pouvait s'y méprendre, et, de son côté, l'opposition agit en conséquence.

Depuis 1827, grâce à la fondation de la société *Aide-toi le ciel t'aidera*, elle était merveilleusement organisée pour faire échec au pouvoir. Composée d'abord d'hommes plus ennemis de la Congrégation que de la dynastie des Bourbons, la Société n'avait pas tardé à voir affluer dans son sein des membres plus jeunes, plus énergiques, dont les idées étaient plus nettes et qui ne craignaient pas de s'avancer d'un pas ferme dans la voie étroite et rigoureuse de la logique. Beaucoup d'entre eux étaient d'anciens *Carbonari*. Le premier comité dirigeant fut formé de Guizot, Damiron, Desclozeaux, Desloges, Dubois (de la Loire-Inférieure), T. Duchâtel, Duvergier de Hauranne, Joubert, Lerminier, Marchais, Ch. Paravey, Ch. de Rémusat, Ch. Renouard, Sautelet et Vitet. Trois ans plus tard, le comité dirigeant, presque entièrement modifié, ne conservait plus de ses anciens membres que Guizot et Marchais, et présentait les noms de J. Bastide, Odilon Barrot, J. Bernard, Derville, Boinvilliers, Cadet-Gassicourt, Godefroi Cavaignac, Chevallon, de Corcelles fils, de Crusy, Lamy, Lanjuinais, E. de Salverte, J. Taschereau et Ch. Thomas. Les commissions consultatives se chargèrent de vérifier les listes électorales, d'éclairer l'opinion, de la guider, d'inspirer la presse, d'influer de toute façon sur le pays légal et extra-légal dans chaque arrondissement et jusque dans le plus petit village. Il fut décidé que dans chaque département où les membres de la majorité libérale voudraient se mettre en rapport avec les électeurs, des fêtes et des banquets leur seraient offerts.

Les Deux-Cent-Vingt-et-Un, nombre désormais historique et qui devenait comme le nom propre de l'opposition, se répandirent donc par toute la France et furent acclamés dans leurs départements. Paris donna le signal de ce mouvement dès le 1er avril. Un banquet eut lieu au restaurant des *Vendanges de Bourgogne* et réunit sous la présidence de Rousseau, ancien maire, et la vice-présidence d'Odilon Barrot, les députés de la Seine, ceux de leurs collègues qui n'avaient pas quitté la capitale, et sept cent cinquante électeurs ou notables. Un seul toast fut porté par le président de la réunion : « Au concours des trois pouvoirs : le roi constitutionnel, la Chambre des pairs, la Chambre des députés ! » Odilon Barrot prit ensuite la parole :

« Vous avez flétri justement, dit-il, une administration déplorable, sous laquelle la France a gémi pendant sept ans ; et, lorsqu'est venu ce ministère qui blesse, outrage tous nos sentiments d'honneur et de nationalité, et qui s'en fait gloire ; ce ministère dont la religion politique est que nous ne vivons, ne respirons, ne jouissons de la liberté que par concession, et dont le premier cri a été « plus de concessions ! » vous avez tous répondu au cri d'alarme que la France a poussé, vous avez refusé un concours qui eût été une complicité. Messieurs, le moment solennel approche où le corps électoral va sans doute être appelé à prononcer, non entre des personnes, mais entre des systèmes que la nature des choses avait, avant nous, proclamés incompatibles. Dans cette lutte entre une civilisation progressive et une civilisation rétrograde, entre l'égalité et le privilége, entre le règne des lois et celui du bon plaisir ou de la force aveugle, la victoire ne peut être incertaine ; la tribune et la presse ont fait leur devoir : nous ferons le nôtre. »

— « Nous le jurons ! Nous le jurons ! » s'écrient toutes les voix ; et les derniers mots de l'orateur sont accueillis par un tonnerre d'applaudissements.

Le député de la Seine, le général Mathieu Dumas, prit à son tour la parole et termina son discours en disant :

« La France, Messieurs, compte sur votre courage ; et nous, à notre tour, confondus dans vos rangs, nous saurons, en imitant votre exemple, rivaliser de zèle et de persévérance pour le salut de notre belle patrie. Que Dieu protége la liberté de la France ! »

A cette fête assistait sans doute invisible et muet le fantôme de la monarchie de Juillet, tout près de prendre corps et de paraître sur la scène du monde. Qui eût dit alors que son existence serait fatalement circonscrite entre deux séries de manifestations pareilles, entre les banquets de 1830 et les banquets de 1848 ?

La presse ministérielle n'eut, comme de raison, que du dédain pour ce qu'elle appela des « orgies de cabarets », des discours de « conspirateurs avinés. » Elle se moqua agréablement de la médaille que les électeurs firent frapper en l'honneur des Deux-Cent-Vingt-et-Un.

Le jour même où avait lieu le banquet des *Vendanges de Bourgogne*, la Cour royale de Paris déboutait de l'opposition formée à un arrêt par défaut les gérants du *Courrier Français* et du *Journal du Commerce* poursuivis pour la publication du programme de l'Association bretonne. Les considérants lus en audience extraordinaire par le président Séguier étaient une arme à deux tranchants qui frappaient bien plus le ministère dont ils voulaient prendre la défense que les accusés dont la condamnation était confirmée. Ils étaient ainsi conçus :

« Considérant que la plus *odieuse imputation* (1) que l'on puisse faire à des ministres, et celle qui peut le plus exciter contre eux à la haine et au mépris, c'est de les présenter comme ayant *l'audacieux projet* de renverser les bases des garanties constitutionnelles consacrées par la Charte, et de leur supposer l'intention d'imposer des contributions publiques, soit sans le concours libre, régulier et constitutionnel du roi et des deux chambres, soit avec le concours de chambres formées par un système électoral qui n'aurait pas été établi dans les formes ;

« Considérant que Bert, gérant du *Journal du Commerce*, et Delapelouze, gérant du journal le *Courrier Français*, en publiant dans leurs numéros des 11 et 12 septembre dernier, l'article intitulé : *Association bretonne*, qui ne repose que sur une semblable supposition, et en accompagnant cette publication de réflexions conçues dans des termes approbatifs, offensants pour le Gouvernement du Roi, ont, hors le cas de discussion et de censure des actes des ministres, imputé au Gouvernement du Roi, *l'intention criminelle* soit d'établir et de percevoir des impôts qui n'auraient pas été consentis par les deux chambres, soit de changer illégalement le mode d'élection, soit même de révoquer la Charte constitutionnelle qui a été *octroyée et concédée à toujours*, et qui règle les droits et les devoirs de tous les pouvoirs publics ;

« Que par cette publication ils se sont rendus coupables du délit prévu et puni par l'art. 4 de la loi du 25 mars 1822 ;

« Déboute Bert et Delapelouze des oppositions par eux formées à l'arrêt par défaut du 11 mars 1830, et les condamne aux frais. »

---

[1] Les mots soulignés ici le sont également dans le texte de l'arrêt publié par le *Moniteur Universel* du samedi 3 avril 1830.

De tels considérants n'étaient ils pas la condamnation anticipée et préventive des fameuses ordonnances que le dernier roi de France et de Navarre allait signer quelques mois plus tard et que lui et ses complices méditaient déjà?

En attendant, le gouvernement de la Restauration augmentait de jour en jour son impopularité par un remaniement du personnel des préfets et des sous-préfets opéré dans le sens de la plus aveugle résistance aux vœux de l'opinion publique, par la révocation de fonctionnaires dont le seul crime était d'avoir été nommés sous le ministère Martignac, par la destitution de Calmon, directeur général de l'enregistrement.

Mais le foyer le plus ardent et le plus actif de la contre-révolution n'avait pas cessé de se trouver dans le sein de la Congrégation. On en vit alors une preuve palpable dans le cynique défi qu'elle jeta une fois de plus en plein Paris à la civilisation et à la raison du dix-neuvième siècle.

## XXXIX

Translation du cadavre de Vincent de Paul. — Mandement de l'archevêque de Paris. — Procès et condamnation de la *Gazette des cultes*. — Cérémonie du 25 avril. — Le roi et les princesses vont faire leurs dévotions à la chapelle de la rue de Sèvres ; discours de l'archevêque de Paris.

Lorsqu'en 1729 on avait ouvert le cercueil de Vincent de Paul, l'archevêque de Paris Vintimille avait déclaré que le corps du bienheureux avait eu le sort des autres cadavres et qu'il était retombé en poussière. En 1830, on prétendit que les restes de ce pieux personnage avaient été soustraits aux profanations par un lazariste, qu'ils avaient été déposés pendant la Terreur chez le notaire de l'Ordre, puis chez les Sœurs de la Charité, rue du Vieux-Colombier. Le *Moniteur universel* du 20 avril reproduisit un article du journal l'*Universel* où il était rendu compte de la séance du mardi 13, dans laquelle l'archevêque Hyacinthe de Quélen avait constaté en son palais archiépiscopal l'authenticité des reliques en question.

« ..... M. l'archevêque avait convoqué les membres de son chapitre, le supérieur général et quelques membres de la congrégation de Saint-Lazare, et plusieurs Sœurs de la charité. MM. les préfets de la Seine et de police, plusieurs pairs et magistrats, des médecins et chirurgiens et d'autres fidèles avaient été invités à cette réunion, et s'y sont rendus avec empressement,

« .... On a procédé à l'ouverture de la caisse, dont les sceaux ont été rompus par M. l'archevêque, en présence de l'assemblée. On a trouvé d'abord beaucoup de linges qui, à ce qu'il paraît, avaient servi au saint dans sa dernière maladie. Le corps était renfermé dans d'autres linges, et posé sur un coussin.... Le corps n'est plus entier aujourd'hui ; plusieurs parties en ont été distraites successivement pour être données à des églises ou à des prélats. On en a envoyé à Rome, et en 1817, on en a donné un os à M. Dubourg, alors évêque de la Louisiane, et aujourd'hui de Montauban. Ce qui reste se compose de la tête, de l'épine du dos, des os principaux des bras et des jambes. La tête a absolument la forme que nous voyons dans les portraits du saint. Avec la relique, on a trouvé un acte en parchemin, dressé sous M. de Vintimille, archevêque de Paris, lors de l'ouverture qu'on fit alors du tombeau ; cet acte, qui indique l'état où était alors le corps, est une nouvelle preuve à joindre à celles qui constatent l'authenticité de la relique....

« M. l'archevêque a terminé la séance, en ordonnant qu'il fût dressé procès-verbal de tout ce qui s'était passé, et en chargeant les médecins et chirurgiens de constater l'état de corps, et de le disposer pour le placer dans la châsse destinée à le recevoir. »

Cette châsse était en argent massif, pesait deux cent cinquante kilogrammes, et coûtait plus de cent mille francs. Elle devait être payée par les souscriptions des fidèles. Mais l'emprunt fait à la piété publique fut loin d'être couvert, et l'archevêque de Paris eut à soutenir un procès contre l'orfèvre qui exigeait le complément de la somme.

Dans un long et lourd mandement où le pathos clérical était émaillé de citations empruntées à l'Ecclésiaste, au livre d'Esther et au dernier discours du Roi, l'archevêque Hyacinthe de Quélen annonça que le 25 avril les reliques de saint Vincent de Paul seraient transférées en grande pompe de l'église métropolitaine à la chapelle de MM. les Lazaristes, rue de Sèvres.

C'était le moment où l'expédition d'Alger se préparait et où la flotte française allait mettre à la voile. Le prélat ne dédaigna pas de chatouiller le chauvinisme national, de s'adresser au culte des intérêts matériels, et d'associer ces sentiments divers à la cérémonie religieuse dont il publiait le programme. Il terminait son mandement par les paroles suivantes :

« Et dans quel temps, N. T. C. F., vous appelons-nous autour de ces vénérables reliques? Dans un moment où le pavillon du fils de saint Louis, flottant sur la Méditerranée, doit porter aux rivages de l'Afrique, avec la gloire du nom Français, les adoucissements et les consolations que la religion, aussi bien que l'humanité, réclament depuis longtemps en faveur du nom chrétien. Quels motifs de plus pour réveiller notre foi, notre piété et notre dévotion envers le saint prêtre, qui, captif lui-même sur ces plages barbares, voulut, après sa délivrance, envoyer les premiers missionnaires de sa congrégation sur les lieux où il avait subi les rigueurs de l'esclavage, et où il avait laissé de nombreux compagnons! Par l'intercession de Vincent de Paul nos armes seront victorieuses, les intentions magnanimes et paternelles de notre monarque seront bénies, les malheurs de nos frères seront allégés; la mer, infestée par les pirates, sera plus libre et plus tranquille, le commerce maritime deviendra plus sûr et plus prospère; *une réparation éclatante, en satisfaisant l'honneur de la France, tournera, avec l'aide du Tout-Puissant, au profit de la chrétienté (Discours du Roi);* et toutes ces grâces seront comme autant de rayons glorieux dont il plaira au Roi des Rois d'embellir l'auréole de son humble et fidèle serviteur : *Sic honorabitur quemcumque voluerit rex honorare* (Esther, VI, 9). »

Ce mandement fut placardé dans Paris à tous les coins de rue à côté des affiches de l'Académie royale de musique qui annonçaient le *comte Ory*, et *Mars et Vénus*, de celles du Vaudeville où l'on donnait *M. Botte*, de celles des Variétés où l'on jouait *l'Ours et le Pacha* et de Bobino qui représentait le *Poisson d'Avril*. Un journal, la *Gazette des cultes*, en fit la remarque : « N'est-il pas étrange, dit-il, de voir figurer les détails d'une cérémonie catholique à côté des évolutions de Franconi, et les merveilles opérées ou à opérer par les reliques de saint Vincent de Paul en contact avec les prodiges des chiens savants?» A la requête d'Hyacinthe de Quélen, la *Gazette des cultes* fut poursuivie. On l'accusa d'outrages envers M. l'archevêque de Paris, de trouble porté à la paix publique, d'excitation à la haine et au mépris du clergé, et une condamnation à six mois de prison et 1,000 francs d'amende fut prononcée.

Le *Moniteur universel* rendit compte en ces termes de la cérémonie du 25 avril :

« La cérémonie de la translation des reliques de saint Vincent de Paul à la maison des RR. PP. Lazaristes, a eu lieu aujourd'hui avec la plus grande solennité.

« Hier, les reliques du saint avaient été transférées de la chapelle de l'archevêché dans le chœur de l'église de Notre-Dame; aujour-

## FIN DE LA RESTAURATION

d'hui à trois heures; la procession formée pour les accompagner, au lieu de leur dernière destination, est partie de l'église métropolitaine en prenant le pont Saint-Michel, les quais, la rue des Saints-Pères; puis les rues de Grenelle, du Bac et de Sèvres. La procession marchait dans l'ordre suivant :

« Un détachement de gendarmerie à cheval, les tambours et musique du 15ᵉ régiment; la première bannière des communes de la banlieue, celle de Clichy, de nombreuses confréries d'hommes des

Hussein-Dey.

paroisses de Paris faisant entendre des cantiques français, et précédées de leur bannière, les Frères de la doctrine chrétienne conduisant leurs élèves; les religieux Lazaristes, les divers séminaires, les Sœurs de Saint-Vincent, les Sœurs de la Charité, MM. les curés de Paris et leur clergé, le chapitre de l'église métropolitaine, le chapitre royal de Saint-Denis, et Mgr l'archevêque de Paris.

« Immédiatement après Mgr l'archevêque venait M. le préfet de police, M. le secrétaire-général, et un nombreux concours de fonctionnaires publics et de fidèles.

« La magnifique châsse d'argent qui renfermait les restes précieux de Saint-Vincent de Paul, était portée en avant de Mgr l'archevêque, par les forts de la Halle de Paris dont la corporation est placée sous le patronage de ce saint, et qui avaient sollicité et obtenu l'honneur de la porter.

« L'image du saint, revêtue d'habits sacerdotaux, était offerte aux regards des fidèles.

« De nombreux détachements de troupes de ligne formaient le cordon et escortaient la procession, qui s'est arrêtée à trois stations : l'une devant le palais de l'Institut, l'une rue des Saints-Pères, et la troisième à l'hospice des Ménages.

« Un grand nombre d'habitants avaient revêtu de tapisseries ou de draperies le devant de leurs maisons. Un immense concours s'était porté sur le passage de la procession, qui marchait entre deux haies de spectateurs très-pressés, dans une attitude de respect et de recueillement commandés par l'objet de la cérémonie : partout l'ordre le plus parfait a régné. »

On comprend bien que l'empressement des habitants à orner leurs maisons de draperies et de tapisseries n'avait rien eu de spontané, sauf de rares exceptions, et que la pression de la police était en cette occasion comme dans beaucoup d'autres semblables ou analogues pour une grande part dans l'enthousiasme de la population. *Compelle intrare* est la devise chrétienne que tous les gouvernements cléricodmonarchiques ont toujours mise en pratique.

Cette mascarade catholique, apostolique et romaine avait défilé sept heures durant dans les rues et les places publiques de Paris, de cette capitale du pays de Rabelais, de Molière et de Voltaire. Quelques jours après, Charles X, accompagné de la duchesse d'Angoulême et de la duchesse de Berry, alla faire ses dévotions devant la châsse de Vincent, à la chapelle de la rue de Sèvres que, pour cette occasion, l'on avait « tendue de draperies cramoisies semées de fleurs de lys d'or, alternées avec des couronnes royales et le monogramme de S. M. » (*Moniteur universel* du 2 mai 1830.) Hyacinthe de Quélen reçut le roi à l'entrée de la chapelle, et lui tint ce langage :

« Sire,

« Les hommages solennels rendus à saint Vincent de Paul, au sein de la capitale, sont bien capables de réjouir V. M. ; les fidèles et nombreux habitants de la bonne ville de Paris se sont montrés encore, dans cette circonstance, dignes d'obéir au Roi Très-Chrétien. Venant elle-même se joindre à son peuple pour vénérer les précieux restes d'un humble prêtre qui fut l'honneur du sacerdoce et l'ami des pauvres, V. M. nous révèle les hautes pensées de sa foi, et les secrets touchants de son cœur. Sans doute, Sire, votre religion et votre charité n'avaient pas besoin de ce nouveau témoignage, les œuvres de la piété royale et de sa munificence éclatent de toutes parts ; mais votre présence au milieu des modestes enfants de Vincent de Paul met le comble à leur bonheur, comme elle est la juste récompense de leur dévouement, de leur respect et de leur amour. »

On ne pouvait mieux étaler ce raffinement de platitude orgueilleuse qui est le propre de toute cléricature.

Tels étaient les passe-temps de la monarchie bourbonnienne moins de trois mois avant sa chute.

## XL

Fête donnée au Palais-Royal par le duc d'Orléans. — Incendies dans l'Ouest de la France. — Étranges et mystérieuses circonstances.

Elle en avait toutefois de plus mondains. Ce fut alors, le 31 mai, qu'eut lieu au Palais-Royal une fête dont le souvenir est demeuré célèbre et qui fut donnée par le duc d'Orléans à l'occasion de la présence à Paris du roi et de la reine de Naples. Charles et sa cour y assistèrent et s'y coudoyèrent avec toutes les illustrations du parti libéral qui allaient dans quelques semaines devenir les piliers du trône de Louis-Philippe. Là pour la première fois, croyons-nous, fut prononcé ce mot dont on a tant abusé depuis : « Nous dansons sur un volcan. » Il ne pouvait être mieux en situation qu'à ce moment. Quant à la population parisienne, elle ne se préoccupa guère du roi François I$^{er}$ que pour l'appeler assez plaisamment « le gros de Naples. »

L'opinion publique était, à juste titre, bien plus profondément émue par les incendies mystérieux qui se multipliaient dans les départements de l'Ouest et principalement dans la Normandie. En 1829, on en avait compté dans cette région cent quatre-vingt-huit. Cela ne fit que s'accroître en 1830. Les partis se renvoyaient mutuellement l'accusation odieuse d'être les instigateurs de ces crimes. Des femmes, des jeunes filles, d'une audace, d'un sang-froid incroyables, et qui gardaient cette attitude étrange en présence des juges et jusque devant la mort, étaient les agents, qu'on serait tenté de croire insensés et inconscients, de ces épouvantables forfaits.

On lit dans les journaux du Calvados de cette époque que l'une de ces jeunes filles, âgée de dix-neuf ans, dont les mœurs étaient irréprochables, avait d'abord avoué son crime, en ajoutant qu'elle avait été excitée à le commettre par des individus qui lui avaient donné de l'argent et l'avaient menacée de la mort. On prétendait qu'elle avait été empêchée de désigner ceux qui l'avaient fait agir, par un sentiment religieux et une promesse jurée solennellement. L'accusée était plongée dans l'abattement le plus profond. A la première audience, elle s'évanouit. On la transporte dans une pièce voisine ; son avocat l'y accompagne ; le président se joint à lui pour qu'elle rompe le silence ; tout est inutile. A la reprise de l'audience, elle pleure amèrement et continue à se taire. Un de ses oncles, maire d'une commune voisine, lui adresse une lettre où il la conjure, au nom de la religion, au nom de l'honneur de sa famille, de faire connaître ceux qui l'ont poussée au crime ; rien ne peut vaincre son obstination. Un autre de ses oncles, vieillard justement honoré de l'estime publique, se jette à ses pieds, lui donne à entendre qu'elle aura sa grâce si elle veut faire des révélations, invoque le nom de son vieux père que le désespoir tuera, ceux de ses frères et de ses sœurs, au nombre de neuf, et dont l'existence sera flétrie, empoisonnée à jamais, si elle persiste à vouloir mourir sur l'échafaud. Elle ne répond que par des sanglots. Son avocat tente un dernier effort ; tout l'auditoire est attendri ; des larmes coulent de tous les yeux. La jeune fille, saisie tout à coup d'un mouvement nerveux, porte la main sur l'épaule de son défenseur, et annonce qu'elle veut lui parler. Il se penche vers elle. Elle hésite, elle pâlit, et s'écrie : « Ah ! Monsieur, laissez-moi condamner ! »

La condamnation est prononcée ; la sentence est mise à exécution, sans que la résolution de la coupable soit ébranlée ni se démente. Sept autres jeunes filles furent également traduites devant les tribunaux et refusèrent aussi de donner les éclaircissements qui auraient conduit la justice à découvrir la source du mal.

La révolution de Juillet mit fin à cette fièvre incendiaire et arrêta cette lugubre traînée de feu qui semblait devoir s'étendre partout.

Pendant que l'Ouest de la France était en proie aux flammes sinistres des incendies, le Midi resplendissait des illuminations ordonnées

FIN DE LA RESTAURATION 341

par les autorités administratives pour célébrer la présence du Dauphin qui parcourait le pays et, comme ses devanciers et ses successeurs, se faisait illusion de la façon la plus complète sur la valeur et le coût de cet enthousiasme officiel. Avant de revenir à Paris, le duc d'Angoulême passa en revue à Marseille et à Toulon les troupes et la flotte qui allaient être dirigées sur l'Afrique.

## XLI

Affaires d'Alger. — Insulte faite à *la Provence*. — Préparatifs de l'expédition française. — Note de l'Angleterre. — Manifeste de Jules de Polignac.

Le temps et les événements avaient démontré l'insuffisance des moyens employés par le gouvernement de la Restauration pour obtenir du dey d'Alger la satisfaction qu'il devait à la France. Avant toutefois d'en venir aux dernières extrémités, le ministère Martignac voulut encore une fois tenter la voie des négociations. Au mois de juillet 1829, le capitaine de vaisseau de La Bretonnière alla sur *la Provence* porter à Hussein des propositions d'accommodement honorables pour les deux parties. Le dey poussa l'insolence jusqu'à prétendre que c'était lui, et non point la France, qui avait droit à une réparation. L'envoyé français n'avait plus qu'à se retirer, et c'est ce qu'il fit. Mais la *foi sémitique* du prince barbaresque se déploya avec tout le cynisme de la race à laquelle il appartenait. A peine *la Provence*, sur laquelle flottait le drapeau parlementaire et qui portait la personne sacrée d'un ambassadeur, eut-elle levé l'ancre, que la Kasbah donna un signal et qu'à ce signal toutes les batteries du port d'Alger firent feu sur le vaisseau, tuèrent quelques hommes et poursuivirent le bâtiment de leurs boulets jusqu'à ce qu'il fût hors de portée. Cette odieuse violation du droit des gens s'était accomplie le 3 août, à une heure après midi.

La nouvelle en arriva en France peu de jours après l'avénement du ministère Polignac. L'indignation fut au comble, et elle ne connut plus de bornes quand on vit le nouveau cabinet demeurer silencieux et immobile après un pareil outrage fait au pays. Cependant, Jules de Polignac n'était pas demeuré indifférent à la question algérienne. Mais il y méditait une singulière solution. Il prétendait faire de cet incident une phase nouvelle de la question d'Orient, y intéresser Mohammed-Aly et les projets d'indépendance que caressait le pacha d'Egypte, et le charger, en fin de compte, sous le titre étrangement appliqué de *lieutenant du roi de France*, d'infliger au dey d'Alger avec des troupes égyptiennes la punition qu'il méritait. Le fond de cette idée était de contre-balancer en Afrique et en Asie l'influence anglaise. Mais cette influence fut plus forte que cette bizarre tentative et fit échouer les négociations secrètement ouvertes à Alexandrie entre le consul général de France Drovetti et le marquis de Livron, général au service de Mohammed-Aly. La Sublime Porte, avertie par l'Angleterre, enjoignit à son vassal de cesser toute espèce de préparatifs ; Mohammed-Aly ne se crut pas encore assez fort pour désobéir. Le plan de Polignac se trouva nécessairement abandonné.

Après bien des hésitations, l'envoi d'une expédition française à Alger fut résolu dans un conseil des ministres présidé par le roi le 7 février 1830. Charles X n'était pas disposé à prendre un tel parti ; on triompha de sa résistance en lui faisant envisager que les intérêts de la religion étaient en jeu et qu'il n'y avait pas d'œuvre plus glorieuse pour le roi très-chrétien, fils aîné de l'Eglise, que de châtier des infidèles et de renouveler en plein dix-neuvième siècle les merveilles des croisades. On peut trouver encore une autre raison à l'enthousiasme que plusieurs des ministres témoignaient pour l'expédition projetée. « Peut-être le gouvernement de l'époque, tout en songeant à la dignité et aux intérêts du pays qu'il administrait, espérait-il créer dans l'opinion publique une diversion heureuse pour lui au coup d'État qu'il méditait contre les lois et contre la liberté (1). » Quoi qu'il en fût, les préparatifs se firent sur une très-vaste échelle et avec la plus grande célérité. La flotte fut portée à cent trois bâtiments de guerre, 377 bâtiments de transport, environ 225 bateaux ou radeaux; les troupes de débarquement au nombre de 37,877 hommes. La plus grande difficulté fut de trouver des chefs à l'expédition. La plupart des officiers généraux niaient la possibilité du débarquement sur la côte d'Afrique. Seuls, deux capitaines de vaisseau, Gay de Taradel et Dupetit-Thouars, le déclarèrent praticable. Le vice-amiral Duperré, ancien matelot de la République, reçut malgré lui le commandement de la flotte. Le ministre de la guerre Bourmont, laissant l'*intérim* de son ministère à Polignac, prit le commandement de l'armée de terre et emporta une ordonnance qu'il tint secrète et qui lui donnait, au besoin, tout

---

[1] ENCYCLOPÉDIE GÉNÉRALE, article *Algérie*, par M. Eug. Gellion-Danglar.

pouvoir sur la flotte comme sur les troupes de débarquement. La flotte était divisée en escadre de bataille, escadre de débarquement, escadre de réserve.

On pense bien que le choix de Bourmont pour commandant en chef de l'expédition ne la rendit point populaire dans le pays qui, en somme, après l'explosion d'indignation qu'avait amené l'attaque odieuse de *la Provence*, demeura assez indifférent à cette affaire et aux suites qu'elle pouvait avoir.

La crainte de ces suites n'était pas sans agiter les puissances étrangères. Le Piémont et l'Espagne, qui convoitaient des établissements sur la côte africaine, demandèrent vainement à prendre part à la guerre. L'Angleterre, moins facile à évincer, voulut avoir des explications. Celles que donna Polignac furent évasives et remplies de vagues protestations. Le ministre de la marine, d'Haussez, fut brutal. « Si vous désirez une réponse diplomatique, dit-il à l'ambassadeur du gouvernement britannique, lord Stuart de Rothsay, M. le Président du conseil vous la fera. Pour moi, je vous dirai, sauf le langage officiel, que nous nous f...... de vous. » L'Angleterre ne pouvait se contenter de cela. Lord Stuart de Rothsay communiqua au ministre des affaires étrangères de France une note qui lui était adressée par lord Aberden, et qui était ainsi conçue :

« Mylord, le retard mis par le gouvernement français à donner sur ses intentions ultérieures relativement à Alger des explications plus précises et plus officielles, a causé une grande surprise. Les promesses de M. de Polignac à cet égard ont été si fréquentes et si positives, que le gouvernement de Sa Majesté ne peut comprendre encore les motifs d'un pareil délai. Il faut le dire, cette affaire commence à prendre une tournure fâcheuse, et à éveiller des soupçons qui d'abord étaient bien éloignés de notre pensée.

« M. de Polignac nous a fait dire qu'il espérait que nos prétentions ne seraient pas assez déraisonnables pour le forcer à prendre des engagements qui pourraient avoir de fâcheuses conséquences pour le gouvernement de Sa Majesté très-chrétienne. Je n'ai pas besoin de charger Votre Excellence d'assurer le prince que nous sommes loin de désirer une pareille chose ; mais notre devoir nous a tracé une ligne de conduite dont il nous est impossible de nous départir, et ce devoir nous commande évidemment de demander une explication officielle des projets du Gouvernement français en préparant une expédition militaire aussi considérable, et telle, qu'elle est faite pour éveiller les soupçons et les craintes dans tout le midi de l'Europe.

« Votre Excellence n'ignore pas sans doute que le langage de certains personnages influents en France, et liés au Gouvernement, est loin d'être d'accord avec les assurances verbales que vous avez reçues ; c'est un motif de plus pour insister sur une explication officielle. Si les projets du Gouvernement français sont aussi purs que le prétend M. de Polignac, rien ne s'oppose, ce nous semble, à ce qu'il nous donne sur ce point une satisfaction complète. Il suffirait, pour cela, d'une déclaration courte et précise ; ce moyen me semblerait plus convenable, et surtout plus franc que le long et solennel manifeste que le prince de Polignac vous a déclaré être dans l'intention de publier d'après le désir de Sa Majesté très-chrétienne.

« Dans le cas où les explications premières n'auraient pas encore été envoyées à l'ambassadeur français à Londres, Votre Excellence devra tâcher de voir sans délai M. de Polignac pour lui représenter les dangers d'un silence plus prolongé. Après tout ce qui s'est passé, le ministre français ne doit pas être surpris que nous nous laissions aller aux soupçons, et il doit craindre d'assumer la responsabilité de toutes les conséquences désastreuses qui pourraient résulter de la prolongation d'un pareil état de choses. »

Cette note était énergique, pressante, et ménageait à peine les termes. Polignac, secrètement appuyé par la Russie, répondit bravement « que, dans une entreprise accomplie par le pays, le Gouvernement français ne prendrait conseil que de l'honneur et de l'intérêt du pays. » Il n'en publia pas moins dans le *Moniteur universel* du 20 avril le manifeste « long et solennel » auquel la note anglaise avait fait allusion avec si peu de ménagement. Voici ce document :

« Plusieurs des publications où l'on traite des causes de la guerre qui existe entre la France et Alger, donnent à cet égard des détails très-inexacts. Nous croyons utiles de rappeler à nos lecteurs les principales circonstances qui ont forcé le Gouvernement du Roi de rompre avec la Régence, et qui ont déterminé l'envoi d'une expédition sur les côtes d'Afrique.

« La France a recouvré, en 1817, les établissements qu'elle possédait depuis quatre siècles sur la côte d'Afrique (1). La situation avanta-

---

1 « L'établissement des Français sur la côte d'Afrique remonte à l'année 1450 ; ils acquirent des Arabes, à cette époque, moyennant certaines redevances, une étendue de côtes que l'on désigne encore aujourd'hui sous le nom de *Concessions d'Afrique*. Nos droits de propriété ont été formellement reconnus par plusieurs sultans, et nommément par Sélim I$^{er}$ en 1518, et par Achmet en 1692 ; le dey qui régnait à Alger en 1694, la reconnut cette même année par un traité qui a été renouvelé en 1801 et en 1817. » (Note du *Moniteur Universel*, 20 avril 1830.)

geuse de ces possessions, leur richesse en grains, bestiaux, laines, cire, miel, etc., les facilités qu'elles offrent pour répandre nos marchandises dans l'intérieur de l'Afrique, et l'abondance des produits de la pêche du corail sur cette côte, avaient procuré de grands avantages aux Compagnies qui les exploitaient avant la révolution. Mais, depuis 1817, l'instabilité de nos relations avec la régence d'Alger, leur caractère mal assuré et précaire ; enfin, le dessein hautement avoué par le dey de nous dépouiller de nos domaines sur le sol de l'Afrique, ont empêché nos négociants d'y retourner, et d'y former des établissements considérables qui ne peuvent subsister sans être soutenus par la confiance. Cet état de choses doit être considéré comme un de nos premiers griefs contre Alger puisque les mauvaises dispositions du dey ont contribué d'une manière directe à empêcher une ancienne possession française de reprendre la valeur qu'elle avait eue si longtemps pour nous.

« Dans l'audience où le dey insulta notre consul, il lui déclara publiquement : « Qu'il ne voulait plus permettre qu'il y eût un seul « canon français sur le territoire d'Alger, et qu'il ne nous y recon- « naissait plus que les droits généraux dont jouissaient les autres né- « gociants européens qui viennent y trafiquer. » Ce sont les propres expressions qu'il employa, et l'on verra tout à l'heure qu'il fit aussitôt après raser les forts appartenant à la France et détruire les établissements de commerce fondés sous leur protection.

« A la possession d'un territoire assez considérable se joignait pour nous, sur la côte d'Afrique, le droit exclusif de la pêche du corail sur une étendue d'environ soixante lieues de côtes, droit également reconnu par nos traités avec la Porte et avec la régence d'Alger. Ces traités stipulaient que nous paierions pour ce privilége une redevance annuelle qui, fixée originairement à 17,000 fr., avait été portée à 60,000 fr., lorsque ce privilége nous avait été rendu en 1817. Mais deux ans étaient à peine écoulés, que le dey nous déclara inopinément que nous avions à choisir, entre, renoncer à notre privilége, ou lui payer annuellement 200,000 fr. L'intérêt de notre commerce fit consentir le gouvernement à cette augmentation de charges ; et, cependant, malgré l'exactitude avec laquelle nous acquittâmes ce droit, le dey fit publier, en 1826, un manifeste qui permettait à toutes les nations, la pêche du corail sur les côtes de la régence d'Alger, mesure qui nous privait d'un privilége dont le dey voulait cependant continuer à recevoir le prix.

« A ces griefs généraux se joignent une foule d'offenses particulières; nous ne parlerons ici que des principales et de celles qui sont postérieures à la Restauration.

« En 1814, le dey intima au consul général, M. Dubois-Thainville, l'ordre d'arrêter définitivement les comptes de plusieurs sujets algériens, créanciers de la France; et comme le consul représentait qu'il ne pouvait le faire sans y être autorisé par son gouvernement, le dey le renvoya immédiatement d'Alger. Les évènements des Cent-Jours nous forcèrent à dissimuler cet outrage, et un nouveau consul fut envoyé en 1816; mais le dey ne consentit à l'admettre que moyennant le paiement préalable d'une somme de 100,000 fr. à titre de présent gratuit.

« En 1818, le brick français *le Fortuné* fut attaqué et pillé par les habitants du territoire de Bone, sans que l'on pût obtenir du dey aucune réparation.

« En 1819, le dey répondit à la sommation collective de l'amiral français Jurien et de l'amiral anglais Freemantle, qui venaient, par suite des résolutions arrêtées au congrès d'Aix-la-Chapelle, l'inviter à renoncer à la piraterie : qu'il prétendait se réserver le droit de mettre en esclavage les sujets de toutes les puissances qui n'auraient pas de traités avec lui, et qui n'entretiendraient pas dans ses États de consuls par les mains de qui des redevances ou tributs lui seraient payés.

« En 1825, malgré la teneur expresse des traités et sous prétexte de contrebande, le dey fit forcer et visiter la maison de l'agent consulaire français à Bone. Le résultat de cette visite prouva la fausseté de l'accusation, et cependant le dey ne nous donna aucune satisfaction de cette offense.

« Les droits qui doivent être perçus pour nos marchandises dans les ports de la Régence, sont déterminés par des traités; en 1825, le dey exigea arbitrairement de nos négociants à Bone des droits beaucoup au-dessus de ce tarif.

« A l'exemple de ce que d'autres grandes puissances avaient fait pour plusieurs États, la France accorda, en 1825, sa protection au pavillon romain. Les deys d'Alger et de Tripoli, et le bey de Tunis, reconnurent successivement que cette mesure était justifiée par les rapports qui nous unissent au chef de notre religion, et ils s'engagèrent solennellement à respecter, à l'égal du nôtre, le pavillon romain. Mais, dix-huit mois après avoir souscrit à cet engagement, le dey d'Alger fit arrêter et confisquer deux bâtiments romains. Le prix de ces navires et de leur chargement fut partagé entre le dey et les corsaires capteurs, et nos réclamations ne purent obtenir que la mise en liberté des équipages.

« Les violations de nos traités devinrent de plus en plus fréquentes dans les années 1826 et 1827, l'audace du dey s'accroissant par l'impunité, on le vit alors refuser positivement de reconnaître nos capitulations avec la Porte. Ce fut aussi à cette époque que les Algériens commencèrent à exiger des capitaines de nos navires marchands qu'ils rencontraient en mer, de venir sur leur bord pour la vérification de leurs expéditions, ce qui était directement contraire au traité de 1719 : il arriva que tandis que le capitaine du bâtiment français *la Conception* faisait ainsi vérifier ses papiers à bord d'un armement algérien, son propre navire reçut la visite d'hommes détachés par le corsaire, qui enlevèrent des caisses, de l'argent, et les autres objets qu'ils trouvèrent à leur convenance.

« Mais, indépendamment de ces griefs multipliés, l'insolence et la mauvaise foi du dey, dans l'affaire des juifs algériens Bacri et Busnach, ne laissèrent bientôt plus à S. M. d'autre parti à prendre que celui auquel elle s'est déterminée, en déclarant la guerre à cette régence. Des fournitures faites sous le consulat et l'empire avaient constitué les sieurs Bacri et Busnach créanciers sur le trésor d'une somme qui n'était point liquidée à l'époque de la Restauration. Une transaction passée entre les commissaires du roi et le fondé de pouvoir des intéressés, le 28 octobre 1819, et approuvée par le roi et par le dey d'Alger, régla définitivement cette créance à 7 millions, qui durent être payés par douzièmes à compter du 1$^{er}$ mars 1820. Mais il fut expressément stipulé (art. 4) que les sujets français qui auraient eux-mêmes des réclamations à faire valoir contre les sieurs Bacri et Busnach pourraient mettre opposition au paiement, et qu'une somme égale au montant de leurs réclamations serait tenue en réserve, jusqu'à ce que les tribunaux français eussent prononcé sur le mérite de leurs titres de créance.

« Conformément à cette disposition, les sujets français furent invités à produire leurs réclamations, et la somme s'en étant élevée à environ 2,500,000 fr., le trésor royal paya aux sieurs Bacri et Busnach 4,500,000 fr. qui restèrent sur le total du montant reconnu de la dette, et il versa l'autre partie à la caisse des dépôts et consignations.

« Cette mesure n'était que l'exécution littérale de la convention du 28 octobre. Mais le dey ne tarda pas à prétendre que les tribunaux français ne jugeaient pas assez vite, qu'il fallait que le Gouvernement français intervînt pour hâter leur action, et enfin que le trésor royal devait lui remettre à lui-même la somme contestée, ajoutant que les sujets français viendraient ensuite à Alger pour faire valoir devant lui leurs réclamations.

« De telles prétentions étaient contraires à la convention du 28 octobre : elles l'étaient aussi à la dignité du Gouvernement français, qui n'aurait pu même y consentir sans dépasser ses pouvoirs, puisqu'il n'était pas maître d'intervenir dans des débats judiciaires, et de transférer à d'autres l'examen de causes dont les tribunaux étaient seuls désormais appelés à connaître. Ces explications furent données à diverses reprises au chef de la régence qui n'en tint aucun compte, et qui persista à demander, comme condition du maintien de ses relations avec la France, le paiement immédiat de la somme de 7 millions. Dans une lettre qu'il adressa lui-même au ministre des affaires étrangères, cette alternative était énoncée d'une manière si hautaine que M. le baron de Damas ne crut pas devoir y répondre directement, et qu'il se borna à transmettre un nouvel exposé de l'affaire au consul général du Roi à Alger, en lui prescrivant de s'en expliquer verbalement avec le dey. M. Deval n'avait pas encore reçu cette lettre quand il se présenta, suivant l'usage, au palais du dey, la veille des fêtes musulmanes. Ce prince ayant demandé au consul général s'il n'était pas chargé de lui remettre une réponse à sa lettre, et celui-ci ayant répondu négativement, il porta subitement à M. Deval plusieurs coups d'un chasse-mouche qu'il tenait à la main, en lui ordonnant de sortir de sa présence.

« Après un tel excès, commis publiquement sur le représentant de la France, le Gouvernement du Roi ne pouvait plus prendre conseil que de sa dignité offensée. Cet outrage comblait la mesure des procédés injurieux de la Régence. Tout rapport était désormais devenu impossible entre la France et elle, avant qu'une réparation éclatante n'eût vengé l'honneur national. M. le baron de Damas prescrivit au consul général de la demander, ou d'abandonner immédiatement Alger. Cette réparation fut refusée, et M. Deval avait à peine quitté la ville, que le dey envoya l'ordre au gouverneur de Constantine de détruire par le fer et le feu les établissements français en Afrique ; cet ordre fut promptement exécuté, et le fort de La Calle fut ruiné de fond en comble.

« Le Roi envoya devant Alger une division de ses vaisseaux, avec ordre de maintenir un blocus rigoureux. Les résultats de cette mesure, prolongée pendant trois ans, n'ont pas répondu, malgré le zèle et le courage de nos marins, aux espérances qu'elle avait fait concevoir : le blocus a coûté à la France près de 20 millions sans avoir causé à l'ennemi un dommage assez réel, pour le déterminer à nous donner les satisfactions convenables et à nous demander la paix.

« Il importait à la dignité de la France, et aux intérêts des sujets du Roi engagés dans des transactions commerciales avec le nord de l'Afrique, et dont les bâtiments étaient sans cesse menacés par les corsaires de la régence d'Alger, que l'on adoptât un système nouveau, plus énergique et plus décisif ; néanmoins le Gouvernement du Roi, voulant ne porter la guerre sur le territoire algérien que lorsqu'elle serait reconnue évidemment nécessaire, se détermina à faire encore une tentative auprès du dey. Dans le courant de juillet 1829, M. le capitaire de vaisseau de la Bretonnière fut envoyé à Alger, avec ordre d'entamer une négociation, si la Régence paraissait disposée à faire droit à nos justes griefs. Cette tentative, qui faisait si noblement ressortir la modération de la France, échoua contre l'opiniâtreté du dey, et un dernier outrage à notre pavillon, une dernière violation des droits les plus sacrés chez tous les peuples, vint mettre le comble aux attentats de la régence, et rendre désormais toute conciliation incompatible avec l'honneur national. Au moment où M. de la Bretonnière sortait du port, une décharge générale de toutes les batteries voisines fut faite sur le bâtiment parlementaire, qui fut atteint par 80 boulets. Le feu ne cessa que lorsque le vaisseau se trouva entièrement hors de portée.

« Tel est l'exposé succinct des griefs dont le roi se dispose à tirer vengeance : violation des principes du droit des gens ; infraction aux traités et aux conventions ; exactions arbitraires ; prétentions insolentes opposées aux lois du royaume et préjudiciables aux droits des sujets français ; pillage de nos bâtiments ; violation du domicile de nos agents diplomatiques ; insulte publique faite à notre consul ; attaque dirigée contre le pavillon parlementaire, le dey semble avoir tout épuisé pour rendre une guerre inévitable et pour animer le courage de nos soldats auxquels est réservée la noble mission de venger la dignité de la couronne, et de délivrer la France et l'Europe du triple fléau que les puissances chrétiennes ont enduré trop longtemps : l'esclavage de leurs sujets, les tributs que le dey exige d'elles, et la piraterie qui ôte toute sécurité aux côtes de la Méditerranée, et qui menace sans cesse les bâtiments qui naviguent sur cette mer. »

Cette espèce de manifestation ne disait rien des intentions ultérieures du gouvernement français sur l'Algérie. En proie à une vive inquiétude, le cabinet britannique eut recours à l'intervention mélodramatique de la Sublime Porte. Taher-Pacha fut envoyé de Stamboul avec ordre de se saisir de Hussein-dey, de le faire étrangler et d'offrir toutes satisfactions à la France, dont l'expédition serait ainsi destituée de tout prétexte. Mais la croisière française barra le chemin au vaisseau qui portait Taher-Pacha. Ce vaisseau même fut capturé et amené à Toulon où il fut retenu jusqu'au succès de l'expédition. L'Angleterre se résigna à laisser les faits s'accomplir.

## XLII

Ordre du jour de Bourmont, commandant en chef de l'expédition. — Départ de de la flotte, le 24 mai. — Débarquement le 14 juin. — Attaque. — Capitulation. — La nouvelle de la prise d'Alger arrive à Paris le 9 juillet 1830.

L'expédition emportait trois mois de vivres pour les hommes, du fourrage pour cinq mille chevaux, cinq millions de cartouches, cent vingt bouches à feu de tout calibre approvisionnées à mille coups chacune, plus de quatre cents voitures et caissons, quatre cent mille sacs à terre pour le génie, trente mille outils de pionniers, cinq mille palissades, cent vingt mille piquets, dix mille fagots pour gabions, six blockhaus à deux étages, des lances pour chevaux de frise, des hangars pour hôpitaux, cinq cents lits en fer, le linge et les médicaments, douze cents bœufs, une imprimerie, des télégraphes de jour et de nuit, des aérostats.

Le 11 mai, l'embarquement du matériel était achevé, et celui des troupes commencé. Il fut terminé le 16. Dès le 10, l'ordre du jour suivant leur avait été distribué :

« Toulon, le 10 mai.

« Soldats !

« L'insulte faite au pavillon français vous appelle au-delà des mers ; c'est pour le venger, qu'au signal donné du haut du trône vous avez tous brûlé de courir aux armes, et que beaucoup d'entre vous ont quitté avec ardeur le foyer paternel.

« A plusieurs époques, les étendards français ont flotté sur la plage africaine. La chaleur du climat, la fatigue des marches, les privations du désert, rien n'a pu ébranler ceux qui vous y ont devancés. Leur courage tranquille a suffi pour repousser les attaques tumultueuses d'une cavalerie brave, mais indisciplinée; vous suivrez leurs glorieux exemples.

« Les nations civilisées des deux mondes ont les yeux fixés sur vous; leurs vœux vous accompagnent. La cause de la France est celle de l'humanité; montrez-vous dignes de votre noble mission. Qu'aucun excès ne ternisse l'excès de vos exploits; terribles dans le combat, soyez justes et humains après la victoire; votre intérêt le commande autant que le devoir.

« Trop longtemps opprimé par une milice avide et cruelle, l'Arabe verra en nous des libérateurs. Il implorera notre alliance; rassuré par votre bonne foi, il apportera dans nos camps les produits de son sol. C'est ainsi que, rendant la guerre moins longue et moins sanglante, vous remplirez les vœux d'un souverain aussi avare du sang de ses sujets que jaloux de l'honneur de la France.

« Soldats, un prince auguste vient de parcourir vos rangs; il a voulu se convaincre lui-même que rien n'avait été négligé pour assurer vos succès et pourvoir à vos besoins. Sa constante sollicitude vous suivra dans les contrées inhospitalières où vous allez combattre. Vous vous en rendrez dignes, en observant cette discipline sévère qui valut à l'armée qu'il conduisit à la victoire, l'estime de l'Espagne et celle de l'Europe entière.

« *Le lieutenant-général, pair de France, commandant en chef l'armée d'expédition d'Afrique,*

« Comte DE BOURMONT. »

La flotte sortit du port de Toulon le 25 mai. Après divers incidents maritimes, elle se trouva le 10 juin en vue d'Alger et se dirigea vers la presqu'île de Sidi-Ferruch située à cinq lieues à l'ouest de la ville. A la vue des bâtiments français, le derviche qui gardait la mosquée et le tombeau de Sidi-Ferruch s'enfuit, et nos soldats aperçurent les burnous de quelques cavaliers qui galopaient au loin. Le 14 juin, le débarquement fut opéré sans aucune difficulté. L'ennemi se montra à peine dans les journées du lendemain et du surlendemain. Il se massa sur le plateau de Staouély, au nombre de quarante-cinq à cinquante mille hommes. Le 18 au soir les troupes françaises se mirent en mouvement pour aller offrir la bataille aux Arabes. Ils étaient commandés par Ibrahim, aga des janissaires et gendre du dey d'Alger. Le 19, dès la pointe du jour, le combat commença.

L'ennemi, malgré sa bravoure incontestable, fut culbuté, et le soir, les Français campaient sous les tentes abandonnées par l'armée d'Ibrahim, qui n'avait pu emporter ni ses munitions, ni ses approvisionnements, ni ses trésors. Soit dans la lutte, soit dans la fuite, l'ennemi avait perdu environ cinq mille hommes. L'expédition française n'avait à regretter, dans cette première affaire, qu'une soixantaine de morts et environ quatre cents blessés.

Pendant les quatre jours qui suivirent, les tirailleurs algériens firent beaucoup de mal à nos soldats. Mais, le 24, vingt mille Arabes, étant venus attaquer les avant-postes du camp de Staouély, furent complètement battus et poursuivis jusqu'à une distance de deux lieues. Du 25 au 28, nous perdîmes assez de monde par suite de brusques attaques et de surprises.

Après la malheureuse expédition de Charles-Quint contre Alger, en 1541, les Algériens avaient construit, à la place même où la tente de ce prince avait été dressée, un château fort qu'ils avaient appelé *Sultanyeh-kalassi* (château de l'Empereur). Le 4 juillet 1830, après cinq heures de bombardement, cette citadelle tomba au pouvoir des Français. A deux heures de l'après-midi, Hussein-dey se décidait à envoyer un parlementaire au général en chef de l'expédition. Cet officier était chargé d'offrir à la France toutes les satisfactions si longtemps refusées. Mais la France ne pouvait plus se contenter de si peu. Le consul général d'Angleterre offrit sa médiation; cette offre fut naturellement déclinée, et le général en chef français imposa au dey la capitulation suivante :

« Le fort de la Kasbah, tous les autres forts qui dépendent d'Alger et le port de cette ville, seront remis aux troupes françaises demain matin à dix heures.

« Le général en chef de l'armée française s'engage envers S. A. le dey d'Alger à lui laisser la liberté et la possession de ce qui lui appartient personnellement.

« Le dey sera libre de se retirer, avec sa famille et ce qui lui appartient, dans le lieu qu'il fixera, et tant qu'il restera à Alger, il y sera, lui et toute sa famille, sous la protection du général en chef de l'armée française. Une garde garantira la sûreté de sa personne et celle de sa famille.

« Le général en chef assure à tous les soldats de la milice les mêmes avantages et la même protection.

« L'exercice de la religion mahométane restera libre. La liberté des habitants de toutes classes, leur religion, leurs propriétés, leur commerce et leur industrie ne recevront aucune atteinte; leurs femmes seront respectées. Le général en chef en prend l'engagement sur l'honneur.

« L'échange de cette convention sera fait demain avant dix heures du matin, et les troupes françaises entreront aussitôt après dans la Kasbah, et successivement dans tous les autres forts de la ville et de la marine. »

M. de Talleyrand.

Hussein demanda vainement un sursis de vingt-quatre heures : la capitulation fut exécutée à l'heure dite.

Le vieux dey, à l'instigation de l'Angleterre, voulait se retirer à Malte; on ne le lui permit pas, et il choisit Naples pour sa résidence. Il s'embarqua à Alger le 10 juillet sur la frégate *la Jeanne-Darc* et arriva à destination le 3 août, après avoir fait quarantaine à Mahon.

Les dépenses de l'expédition jusqu'au moment de la capitulation d'Alger, s'élevaient à la somme de 48,500,000 francs. On trouva dans le trésor du dey des richesses équivalant à la somme de

48,684,527 fr. 94 cent.; dans les magasins de la régence, des denrées de toute espèce représentant une somme d'environ 11 millions de francs, et 1542 bouches à feu, dont 677 en bronze.

Oran et Bone ne tardèrent pas à ouvrir leurs portes. L'Algérie était française.

La nouvelle de la prise d'Alger arriva à Paris le 9 juillet 1830. Le ministre de la marine, d'Haussez, la porta au roi; il s'inclinait pour baiser la main de Charles X, quand celui-ci s'écria : « Non, non, aujourd'hui, tout le monde s'embrasse! »

Vingt jours après, Charles X prenait, comme Hussein-dey, le chemin de l'exil.

## XLIII

Mandement de l'archevêque de Paris à l'occasion de la prise d'Alger. — *Te Deum* — Discours de l'archevêque au roi.

On lit dans le *Moniteur universel* du 10 juillet 1830 :

« Aujourd'hui (1), vers deux heures, la nouvelle de la reddition d'Alger s'est répandue dans la capitale; elle a passé à l'instant de bouche en bouche; on ne voyait dans les lieux publics et dans les rues que des personnes s'empressant de se la communiquer avec les démonstrations de la joie la plus vive et un élan d'enthousiasme tout français. Bientôt on apprit que la première dépêche télégraphique avait été affichée à la Bourse, par ordre de M. le ministre des finances, et l'authenticité de la nouvelle accrut encore, en la confirmant, les premiers mouvements de l'allégresse publique. A quatre heures, le canon des Invalides s'est fait entendre, de nombreuses salves d'artillerie ont proclamé l'heureuse nouvelle.

« Le soir, les dépêches télégraphiques ont été lues dans les divers théâtres, et elles ont été suivies partout d'un mouvement d'enthousiasme général et des cris réitérés de *Vive le Roi!* Des couplets ont été chantés et accueillis avec le sentiment qui les avait inspirés.

« A la nuit, les édifices publics et un grand nombre de maisons particulières ont été illuminés. »

Cet enthousiasme, dont le *Moniteur* faisait le récit en style aussi peu correct que banal et officiel n'existait qu'à la surface et ne péné-

[1] Le 9.

trait pas profondément dans les couches de la population. L'opinion publique s'était depuis longtemps désintéressée de l'affaire d'Alger pour ne songer qu'aux préparatifs du coup d'Etat qu'elle soupçonnait et dont elle s'alarmait avec tant de raison. Des circonstances étrangères, au moins en apparence, à ces intrigues ténébreuses de l'absolutisme aux abois vinrent encore confirmer ou accroître ces alarmes. L'archevêque de Paris publia, pour ordonner la célébration d'un *Te Deum* d'actions de grâces à propos des succès des armes françaises, un mandement où se trouvaient ces paroles trop significatives :

« Le ciel a entendu nos prières, le Seigneur a exaucé nos vœux, Dieu a béni nos armes; ALGER est pris!!! Le pavillon du Roi flotte sur ses remparts; l'insolent pirate courbe maintenant la tête sous l'épée victorieuse de la France, et se rend à discrétion. Trois semaines ont suffi pour humilier et réduire à la faiblesse d'un enfant ce musulman naguère si superbe : ainsi soient traités partout et toujours les ennemis de notre Seigneur et Roi; ainsi soient confondus tous ceux qui osent se soulever contre lui! *Fiant sicut puer inimici Domini mei Regis, et universi qui consurgunt adversus eum in malum* (1). »

Le dimanche 11 juillet, le *Te Deum* annoncé fut chanté, le roi et toute la cour y assistèrent. Hyacinthe de Quélen vint recevoir Charles X à la porte de l'église métropolitaine et le complimenta en ces termes :

« SIRE,

« Que de grâces en une seule! Quel sujet plus digne de notre reconnaissance, aussi bien que de notre admiration, que celui qui amène aujourd'hui Votre Majesté dans le temple de Dieu et au pied des autels de Marie!

« La France vengée apprenant encore une fois qu'elle peut se reposer sur vous du soin de sa gloire comme de son bonheur; l'Europe affranchie d'un odieux tribut, bénissant votre sagesse et votre puissance; la mer, purgée de pirates abaissant sous vos voiles ses flots paisibles (2); le commerce, tranquille, saluant avec amour votre pavillon partout respecté; l'humanité triomphant de la barbarie; la croix victorieuse du Croissant, les déserts de l'Afrique retentissant

---

[1] II Reg., xviii, 32.

[2] Le pompeux orateur oubliait que les 32 bâtiments de la troisième division de l'expédition dispersés par une bourrasque le 1er juin s'étaient ralliés à Palma et avaient dû y demeurer dix jours.

des hymnes de la foi, la religion longtemps captive sur une terre désolée, vous proclamant son libérateur!!! Fils de saint Louis, quel motif plus légitime de consolation et de joie pour votre cœur noble et généreux; et pour nous, vos sujets fidèles, quelle juste cause d'allégresse et de transports!

« Ainsi le Tout-Puissant aide au Roi Très-Chrétien qui réclame son assurance. Sa main est avec vous, Sire : que votre grande âme s'affermisse de plus en plus; votre confiance dans le divin secours et dans la protection de Marie, mère de Dieu, ne sera pas vaine. Puisse Votre Majesté en recevoir bientôt encore une nouvelle récompense! Puisse-t-elle bientôt venir encore remercier le Seigneur d'autres merveilles non moins douces et non moins éclatantes! »

Charles X et ses complices n'avaient pas besoin de pareilles excitations : dès longtemps leur parti était pris, et l'exécution des mesures violentes qu'ils avaient arrêtées dans leur esprit n'était plus qu'une question de jour et d'heure.

## XLIV

Dissolution de la Chambre des députés. — Discussion de Courvoisier et de Chabrol. — Chantelauze, garde des sceaux ; Montbel, ministre des finances; Peyronnet, ministre de l'intérieur ; Capelle, ministre des travaux publics.— Lettre de Chantelauze à son frère. — Banquet d'Angers. — Brutalités de la force armée. — Mort du député Guilhem. — Proclamation du roi au sujet des élections, — Ces élections donnent à l'opposition 270 voix, au ministère, une minorité de 145 membres seulement.

Lorsque, le 19 mars, une ordonnance royale avait prorogé la session des deux Chambres au 1er septembre suivant, ce n'avait été dans la pensée de Charles et dans celle de ses ministres qu'une mesure tra nsitoire pour arriver à une dissolution.

Cette dissolution fut prononcée par une ordonnance en date du 16 mai, qui parut dans le *Moniteur universel* du 17, et où le luxe des citations d'articles de la Charte, d'articles de lois et d'ordonnances était poussé jusqu'à l'abus. Cette hypocrisie de légalité renforcée semblait un défi impudent jeté à l'opinion publique dont on se préparait à braver les vœux les plus clairs et les plus impérieux.

Les colléges d'arrondissement et ceux des départements qui n'avaient qu'un collége étaient convoqués pour le 23 juin, les colléges départementaux pour le 3 juillet, celui du département de la Corse, pour le 20 du même mois. La nouvelle Chambre devait se réunir le 3 août, à Paris, comme de coutume. Jules de Polignac aurait voulu que la session se tînt à Orléans. Paris a toujours été l'épouvantail des promoteurs et des auteurs de coup d'État.

A ce moment, Courvoisier et Chabrol, qui répugnaient à tremper dans les violences qu'on préparait, allèrent porter au roi leur démission. Charles X l'accepta avec empressement et dit à Chabrol en étendant la main dans la direction de la place où s'était dressé le 21 janvier 1793 l'échafaud de Louis XVI : « Il en pourra cuire aux électeurs si leurs choix sont mauvais ; car je suis bien décidé, s'ils font de la sédition, à ne pas monter là comme mon frère. » C'est ainsi que le dernier roi de France et de Navarre comprenait la liberté électorale et la pratique de la Charte constitutionnelle.

Le 19 mai il rendit l'ordonnance suivante qui modifiait le cabinet dans le sens, non pas seulement de la résistance à outrance aux aspirations du pays, mais dans celui d'une provocation audacieuse et d'une menace formelle adressée à tous les citoyens qui avaient à cœur la conservation des principes immortels de la Révolution :

« CHARLES, etc.

. . . . . . . . . . . . . . . . . . . . . . . . . . .

« Nous avons ordonné et ordonnons ce qui suit :

« Art. 1er. Le sieur Chantelauze, premier président de notre cour royale de Grenoble, est nommé garde des sceaux, ministre secrétaire d'État au département de la justice.

« 2º Le sieur baron de Montbel, ministre secrétaire d'État au département de l'intérieur, est nommé ministre secrétaire d'État au département des finances.

« 3º Notre très-cher amé et féal comte de Peyronnet, pair de France, est nommé ministre secrétaire d'État au département de l'intérieur.

« 4º Le sieur baron Capelle, conseiller d'État, préfet de Seine-et-Oise, est nommé ministre secrétaire d'État au département des travaux publics (1)....

---

[1] Par une ordonnance royale en date du même jour, le ministère des Travaux publics venait d'être créé de diverses branches de services distraites du département de l'Intérieur. Quant au « sieur baron Capelle, » titulaire du nouveau portefeuille, il avait commencé par être acteur au temps de la République, avait joué la comédie sur le théâtre de Genève, était devenu, grâce à la princesse Elisa, préfet du Léman, et de cette même ville de Genève, et sous la Restauration, avait été fait secrétaire général du ministère de l'Intérieur, puis préfet de Versailles.

« . . . . . . . . . . . . . . . »

La veille du jour où il fut nommé, Chantelauze écrivait à son frère : « Nous avons l'un envers l'autre gardé un long silence, je viens le rompre le premier, car je ne veux pas que tu apprennes par le *Moniteur*, et avec le public, l'évènement le plus important, et, je crois, le plus malheureux de ma vie : c'est ma nomination comme garde des sceaux. Voilà deux mois que j'oppose une résistance soutenue à mon entrée au conseil. On ne me laisse plus même aujourd'hui mon libre arbitre, et les ordres qui me sont donnés ne me permettent plus que l'obéissance. Je me résigne à ce rôle de victime. Veille sur les élections, car y échouer serait maintenant pour moi une chose honteuse. »

De pareils sentiments et une si complète abdication de soi-même peuvent paraître chevaleresques au point de vue du royalisme : ils sont, devant le bon sens et la droite raison, indignes d'un homme et d'un citoyen.

La Congrégation se réjouissait : elle ne pouvait trouver de plus dociles instruments de règne que les nouveaux ministres, particulièrement le sieur « baron Capelle » et, le plus impopulaire des hommes, Peyronnet.

Les élections étaient imminentes : c'était un duel à mort entre le pays et le gouvernement. De part et d'autre on se préparait à la lutte avec une fiévreuse activité. A Angers, les députés Guilhem et d'Audigné ayant été reçus aux acclamations de la population qui se pressait en foule sur leur passage et leur offrait un banquet, la force armée intervint, dispersa les rassemblements les plus inoffensifs, insulta et maltraita les deux députés. Ils portèrent plainte ; une ordonnance royale leur refusa l'autorisation de poursuivre aucun des fonctionnaires qu'ils avaient désignés dans leur plainte. L'un d'eux mourut bientôt des blessures qu'il avait reçues dans cette brutale répression de délits imaginaires

On comptait à la cour sur les nouvelles d'Algérie pour stimuler le zèle monarchique des électeurs. Comme ces nouvelles n'arrivaient pas (elles ne vinrent, on l'a vu, que le 9 juillet), une ordonnance royale du 18 juin prorogea les élections qui devaient avoir lieu le 23 juin et le 3 juillet au 12 et au 19 juillet, dans les départements de l'Ardèche, des Ardennes, de l'Aube, de l'Eure, d'Eure-et-Loir, du Gard, d'Indre-et-Loire, de Loir-et-Cher, du Loiret, de Maine-et-Loire, de la Marne, de la Mayenne, des Basses-Pyrénées, de la Sarthe, de la Seine, de la Seine-Inférieure, de Seine-et-Marne, de

Seine-et-Oise, de Vaucluse et de l'Yonne. Ces vingt départements étaient précisément au nombre de ceux où le triomphe des candidats de l'opposition était certain.

Ces candidats étaient, en première ligne, les 221 votants de l'Adresse. Leur réélection était le mot d'ordre de l'opposition. Celle-ci, dans sa naïveté ou son aveuglement, ne songeait nullement à la possibilité d'une révolution prochaine, et, trois jours avant la publication des Ordonnances, le 22 juillet, Odilon Barrot, aussi peu clairvoyant en 1830 qu'il le fut en 1848, disait à deux membres de la société *Aide-toi, le ciel t'aidera* : « Vous avez foi dans une insurrection de place publique ? Eh, mon Dieu ! si un coup d'État venait à éclater, vaincus, vous seriez traînés à l'échafaud, et le peuple vous regarderait passer. » Mais les événements allaient donner un démenti aux calculs étroits et bornés des acteurs de la comédie de quinze ans, et, comme il arrive toujours, le dénouement sanglant de cette comédie devait être précipité par les fautes de ceux qui se flattaient de posséder, à l'exclusion de tous autres, le droit, la sagesse et la perpétuité. C'est ainsi que, se croyant fort de ce prétendu droit, Charles X avait cru faire un chef-d'œuvre de haute politique en adressant à la nation française, au mépris de toutes les formes de la fiction constitutionnelle, la proclamation qu'on va lire :

« Français !

« La dernière Chambre des députés a méconnu mes intentions. J'avais droit de compter sur son concours pour faire le bien que je méditais ; elle me l'a refusé ! Comme père de mon peuple, mon cœur s'en est affligé ; comme roi, j'en ai été offensé : J'ai prononcé la dissolution de cette Chambre.

« Français ! votre prospérité fait ma gloire ; votre bonheur est le mien. Au moment où les colléges électoraux vont s'ouvrir sur tous les points de mon royaume, vous écouterez la voix de votre Roi.

« Maintenir la Charte constitutionnelle et les institutions qu'elle a fondées, a été et sera toujours le but de mes efforts.

« Mais pour atteindre ce but, je dois exercer librement et faire respecter les droits sacrés qui sont l'apanage de ma Couronne.

« C'est en eux qu'est la garantie du repos public et de vos libertés. La nature du Gouvernement serait altérée, si de coupables atteintes affaiblissaient mes prérogatives ; et je trahirais mes serments, si je le souffrais.

« A l'abri de ce Gouvernement, la France est devenue florissante et libre. Elle lui doit ses franchises, son crédit et son industrie. La France n'a rien à envier aux autres États, et ne peut aspirer qu'à la conservation des avantages dont elle jouit.

« Rassurez-vous donc sur vos droits. Je les confonds avec les miens, et les protégerai avec une égale sollicitude.

« Ne vous laissez pas égarer par le langage insidieux des ennemis de votre repos. Repoussez d'indignes soupçons et de fausses craintes, qui ébranleraient la confiance publique et pourraient exciter de graves désordres. Les desseins de ceux qui propagent ces craintes échoueront, quels qu'ils soient, devant mon immuable résolution. Votre sécurité, vos intérêts ne seront pas plus compromis que vos libertés : Je veille sur les uns comme sur les autres.

« Electeurs, hâtez-vous de vous rendre dans vos colléges. Qu'une négligence répréhensible ne les prive pas de votre présence ! Qu'un même sentiment vous anime, qu'un même drapeau vous rallie !

« C'est votre Roi qui vous le demande ; c'est un père qui vous appelle.

« Remplissez vos devoirs ; je saurai remplir les miens.

« Donné en notre château des Tuileries, le treizième jour du mois de juin de l'an de grâce mil huit cent trente, et de notre règne le sixième.

« CHARLES.

« Par le Roi :
« *Le président du conseil des ministres,*

« P<sup>ce</sup> DE POLIGNAC. »

Tel fut le testament de la monarchie du droit divin en France. Six semaines plus tard, la nation française répondit à cet appel paternel et royal en se déclarant majeure et hors de tutelle.

Elle commença par renvoyer à la Chambre des députés 270 membres de l'opposition, parmi lesquels 202 qui avaient voté l'Adresse de la précédente session, et 13 membres qui avaient voté l'amendement Lorgeril. La minorité, de 145 membres, appartenait au ministère.

## XLV

Préparatifs du coup d'État. — Mauvaises dispositions des cabinets européens à l'égard de la politique violente de Polignac. — Conseil des ministres à Saint-Cloud, le dimanche 25 juillet. — Lecture du rapport de Chantelauze et des Ordonnances. — Fête au château de Saint-Cloud chez le prince de Condé. — *Moniteur universel* du 26 juillet 1830.

Le sort en était jeté. La royauté bourbonnienne n'avait plus qu'à franchir le Rubicon. La résolution en était prise depuis plus de deux mois dans les conseils ministériels. La conscience du pieux Charles, dixième du nom, se sentait rassurée en s'appuyant sur le fameux article 14 de la Charte constitutionnelle, article qui disait : « Le roi est le chef suprême de l'État…, il fait les règlements nécessaires pour l'exécution des lois et la sûreté de l'État. » Le vieux prince dans sa logique toute primitive et vraiment royale, ne doutait point que de pareils termes ne consacrassent son droit immuable et imprescriptible d'agir selon son bon plaisir et de décider, au besoin, par ordonnance contre-signée de tous les membres de son cabinet, que deux et deux font cinq, ou trois. Il était donc tranquille sur la moralité de sa conduite et n'éprouvait que l'agitation en quelque sorte toute physique dont il était bien difficile qu'un homme de son âge et de son tempérament fût exempt à l'approche d'une lutte sérieuse.

Les ministres, moins naïfs, plus intelligents que le roi, étaient moins tranquilles que lui. Mais leur profond sentiment de dévotion monarchique, ou le complet aplatissement de leur dignité d'hommes, faisait qu'ils s'abandonnaient avec une certaine grâce noble comme des victimes destinées au sacrifice. Ils en étaient venus même à ne pas s'inquiéter outre mesure des moyens pratiques dont ils pourraient disposer pour l'exécution ou pour la défense du plan convenu. Il semblait que dans leur pensée, Dieu, le roi des rois, dût pourvoir à tout. En somme, pour appuyer les ordonnances qui allaient être publiées, le ministère n'avait dans l'étendue de la première division militaire que 19,000 hommes, tant de cavalerie que d'infanterie, et 48 canons. La garnison de Paris ne s'élevait qu'à 11 ou 12,000 hommes. La grande préoccupation des conspirateurs était de garder le secret sur le coup qu'ils méditaient et c'est surtout pour y obéir qu'ils avaient négligé tout préparatif militaire apparent qui eût pu les trahir. On voit que le comte d'Artois, depuis le jour où il avait donné le signal de l'émigration jusqu'à celui où il allait se condamner par ses propres fautes à un dernier et définitif exil, n'avait fait que vieillir dans une longue enfance.

Au dernier moment, les avertissements ne manquèrent pas au ministère. Nous ne parlons pas de la presse, dont le rôle est toujours, comme celui de l'infortuné Cassandre, d'être punie des malheurs qu'elle n'a eu que le tort de prévoir. Ce rôle ingrat et touchant était alors principalement rempli par le *National*, de création toute récente, et ses rédacteurs les plus remarquables étaient Thiers, Carrel et Mignet. Le *National* de 1830 n'était pas républicain : il désirait voir appliquer à la France malade le remède anodin d'une révolution simplement dynastique comme celle de 1688 en Angleterre. Mais les cours absolutistes de l'Europe, averties du coup d'État qui était sur le point d'éclatter, ne dissimulaient pas leurs inquiétudes. Assurément, elles ne condamnaient pas la mesure en elle-même et l'eussent trouvée excellente si elles eussent été certaines qu'elle réussît; elles n'en redoutaient que l'insuccès, comme l'étincelle qui mettrait partout le feu aux poudres révolutionnaires. Ce feu couvait de tous côtés sous la cendre dans la Péninsule italique. La Pologne, la Hongrie, la Bohême étaient frémissantes. Les tendances séparatistes de la Belgique à l'égard de la Hollande s'accentuaient à un tel point que l'entrée de 30,000 Prussiens appelés par le roi Guillaume pour contenir ses sujets du midi était imminente dans les Pays-Bas, et aurait eu lieu si le cabinet français n'avait menacé d'y faire pénétrer en même temps les troupes réunies aux camps de Saint-Omer et de Lunéville. Mortemart, ambassadeur de France en Prusse, écrivit à Polignac : « L'opinion de l'empereur est que, si l'on sort de la Charte, on s'expose à une catastrophe. » A Vienne, Metternich dit au ministre français Rayneval : « Vos deux grandes plaies sont la loi électorale et la liberté de la presse; mais je n'en conclus pas qu'il faille les attaquer avec brutalité. Vous ne pouvez arriver que par les Chambres ; l'Europe ne peut prêter la main à autre chose : un coup d'État perdrait la dynastie. » Et le vieux diplomate autrichien ajoutait : « Je serais beaucoup moins inquiet, si le prince de Polignac l'était davantage. »

Rien ne fit. Dans la séance du conseil qui eut lieu le 24 juillet, on convint que les lettres de service du maréchal Marmont, duc de Raguse, chargé de commander les troupes dont on disposait, seraient signées par le roi en même temps que les Ordonnances. Le lendemain dimanche 25, le conseil se réunit à Saint-Cloud devant Charles X. Un peu auparavant le préfet de police Mangin, interrogé par quelques-uns des ministres, sans être mis au courant de ce qui se préparait, avait déclaré « que, quoi qu'on fît, Paris ne bougerait pas, et qu'il en répondait sur sa tête. » La séance s'ouvrit. On lut le rapport de Chantelauze, explicatif des Ordonnances. On lut les Ordonnances. Nul ne dit mot. Le roi et tous les ministres signèrent. Le soir, à Paris, Chantelauze et Montbel remirent à Sauvo, rédacteur en chef du *Moniteur universel*, la copie du rapport et des Ordonnances qui devaient paraître dans le numéro du lendemain matin 26.

« Messieurs, leur dit Sauvo, j'ai cinquante-sept ans, j'ai vu toutes les *journées* de la Révolution, et je me retire avec une profonde terreur. »

Pendant cette même soirée, le vieux duc de Bourbon, prince de Condé, recevait au château de Saint-Leu, le duc d'Orléans. On joua la comédie. Une Anglaise, Sophie Dawes, fameuse sous le nom de baronne de Feuchères, était au nombre des comédiens. Le duc d'Orléans, soupçonnant l'explosion prochaine de quelque chose de formidable et d'inconnu, était fort agité.

Le lundi 26 juillet 1830, le *Moniteur universel* parut un peu plus tard que de coutume, et voici ce qu'on y lut :

## XLVI

### « RAPPORT AU ROI.

« Sire,

« Vos ministre seraient peu dignes de la confiance dont Votre Majesté les honore, s'ils tardaient plus longtemps à placer sous vos yeux un aperçu de notre situation intérieure, et à signaler à votre haute sagesse les dangers de la presse périodique.

« A aucune époque, depuis quinze années cette situation ne s'était présentée sous un aspect plus grave et plus affligeant. Malgré une prospérité matérielle dont nos annales n'avaient jamais offert d'exemple, des signes de désorganisation et des symptômes d'anarchie se manifestent sur presque tous les points du royaume.

« Les causes successives qui ont concouru à affaiblir les ressorts du gouvernement monarchique, tendent aujourd'hui à en altérer et à en changer la nature : déchue de sa force morale, l'autorité, soit dans la capitale, soit dans les provinces, ne lutte plus qu'avec désavantage contre les factions ; des doctrines pernicieuses et subversives, hautement professées, se répandent et se propagent dans toutes les classes de la population ; des inquiétudes trop généralement accréditées, agitent les esprits et tourmentent la société. De toutes parts on demande au présent des gages de sécurité pour l'avenir.

« Une malveillance active, ardente, infatigable travaille à ruiner tous les fondements de l'ordre et à ravir à la France le bonheur dont elle jouit sous le sceptre de ses Rois. Habile à exploiter tous les mécontentements et à soulever toutes les haines elles forment parmi les peuples un esprit de défiance et d'hostilité envers le pouvoir, et cherche à semer partout des germes de troubles et de guerre civile.

« Et déjà, Sire, des événements récents ont prouvé que les passions politiques, contenues jusqu'ici dans les sommités de la société, commencent à en pénétrer les profondeurs et à émouvoir les masses populaires. Il ont prouvé aussi que ces masses ne s'ébranleraient pas toujours sans danger pour ceux-là mêmes qui s'efforcent de les arracher au repos.

« Une multitude de faits, recueillis dans le cours des opérations électorales, confirment ces données, et nous offriraient le présage trop certain de nouvelles commotions, s'il n'était au pouvoir de Votre Majesté d'en détourner le malheur.

« Partout aussi, si on observe avec attention, existe un besoin d'ordre, de force et de permanence, et les agitations qui y semblent le plus contraires n'en sont en réalité que l'expression et le témoignage.

« Il faut bien le reconnaître : ces agitations qui ne peuvent s'accroître sans de grands périls, sont presque exclusivement produites et excitées par la liberté de la presse. Une loi sur les élections, non moins féconde en désordres, a sans doute concouru à les entretenir ; mais ce serait nier l'évidence que de ne pas voir dans les journaux le principal foyer d'une corruption dont les progrès sont chaque jour plus sensibles, et la première source des calamités qui menacent le royaume.

« L'expérience, Sire, parle plus hautement que la théorie. Des hommes éclairés sans doute, et dont la bonne foi n'est pas suspecte, entraînés par l'exemple mal compris d'un peuple voisin, ont pu croire que les avantages de la presse périodique en balanceraient les inconvénients, et que ses excès se neutraliseraient par des excès contraires. Il n'en a pas été ainsi, l'épreuve est décisive, et la question est maintenant jugée dans la conscience publique.

« A toutes les époques, en effet, la presse périodique n'a été, et il est dans sa nature de n'être qu'un instrument de désordre et de sédition.

« Que de preuves nombreuses et irrécusables à apporter à l'appui de cette vérité! C'est par l'action violente et non interrompue de la presse que s'expliquent les variations trop subites, trop fréquentes de notre politique intérieure. Elle n'a pas permis qu'il s'établît en France un système régulier et stable de gouvernement, ni qu'on s'occupât avec quelque suite d'introduire dans toutes les branches de l'administration publique les améliorations dont elles sont susceptibles. Tous les ministères depuis 1814, quoique formés sous des influences diverses et soumis à des directions opposées, ont été en butte aux mêmes traits, aux mêmes attaques et au même déchaînement de passions. Les sacrifices de tout genre, les concessions du pouvoir, les alliances de parti, rien n'a pu les soustraire à cette commune destinée.

« Ce rapprochement seul, si fertile en réflexions, peut assigner à la presse, son véritable, son invariable caractère. Elle s'applique, par des efforts soutenus, persévérants, répétés chaque jour, à relâcher tous les liens d'obéissance et de subordination, à user les ressorts de l'autorité publique, à la rabaisser, à l'avilir dans l'opinion des peuples et à lui créer partout des embarras et des résistances.

« Son art consiste, non pas à substituer à une trop facile soumission d'esprit une sage liberté d'examen, mais à réduire en problème les vérités les plus positives; non pas à provoquer sur les questions politiques une controverse franche et utile, mais à les présenter sous un faux jour et à les résoudre par des sophismes.

« La presse a jeté ainsi le désordre dans les intelligences les plus droites, ébranlé les convictions les plus fermes, et produit, au milieu de la société, une confusion de principes qui se prête aux tentatives les plus funestes. C'est par l'anarchie dans les doctrines qu'elle prélude à l'anarchie dans l'Etat.

« Il est digne de remarque, Sire, que la presse périodique n'a pas même rempli sa plus essentielle condition, celle de la publicité. Ce qui est étrange, mais ce qui est vrai à dire, c'est qu'il n'y a pas de publicité en France, en prenant ce mot dans sa juste et rigoureuse acception. Dans l'état des choses, les faits, quand ils ne sont pas entièrement supposés, ne parviennent à la connaissance de plusieurs millions de lecteurs que tronqués, défigurés, mutilés de la manière la plus odieuse. Un épais nuage, élevé par les journaux, dérobe la vérité et intercepte en quelque sorte la lumière entre le gouvernement et les peuples. Les Rois vos prédécesseurs, Sire, ont toujours aimé à se communiquer à leurs sujets : c'est une satisfaction dont la presse n'a pas voulu que Votre Majesté pût jouir.

« Une licence qui a franchi toutes les bornes n'a respecté, en effet, même dans les occasions les plus solennelles, ni les volontés expresses du Roi, ni les paroles descendues du haut du trône. Les unes ont été méconnues et dénaturées ; les autres ont été l'objet de perfides commentaires ou d'amères dérisions. C'est ainsi que le dernier acte de la puissance royale, la proclamation, a été discrédité dans le public, avant même d'être connu des électeurs.

« Ce n'est pas tout. La presse ne tend pas moins qu'à subjuguer la souveraineté et à envahir les pouvoirs de l'Etat. Organe prétendu de l'opinion publique, elle aspire à diriger les débats des deux Chambres, et il est incontestable qu'elle y apporte le poids d'une influence non moins fâcheuse que décisive. Cette domination a pris surtout depuis deux ou trois ans dans la chambre des députés un caractère manifeste d'oppression et de tyrannie. On a vu, dans cet intervalle de temps, les journaux poursuivre de leurs insultes et de leurs outrages les membres dont le vote leur paraissait incertain ou suspect. Trop souvent, Sire, la liberté des délibérations dans cette chambre a succombé sous les coups redoublés de la presse.

« On ne peut qualifier en termes moins sévères la conduite des journaux de l'opposition dans les circonstances plus récentes. Après avoir eux-mêmes provoqué une adresse attentatoire aux prérogatives du trône, ils n'ont pas craint d'ériger en principe la réélection des 221 députés dont elle est l'ouvrage. Et cependant Votre Majesté avait repoussé cette adresse comme offensante ; elle avait porté un blâme public sur le refus de concours qui y était exprimé ; elle avait annoncé sa résolution immuable de défendre les droits de sa couronne si ouvertement compromis. Les feuilles périodiques n'en ont tenu compte ; elles ont pris, au contraire, à tâche de renouveler, de perpétuer et d'aggraver l'offense. Votre Majesté décidera si cette attaque téméraire doit rester plus longtemps impunie.

« Mais de tous les excès de la presse, le plus grave peut-être nous reste à signaler. Dès les premiers temps de cette expédition dont la gloire jette un éclat si pur et si durable sur la noble couronne de France, la presse en a critiqué avec une violence inouïe les causes, les moyens, les préparatifs, les chances de succès. Insensible à l'honneur national, il n'a pas dépendu d'elle que notre pavillon ne restât flétri des insultes d'un barbare. Indifférente aux grands intérêts de l'humanité, il n'a pas dépendu d'elle que l'Europe ne restât asservie à un esclavage cruel et à des tributs honteux.

« Ce n'était point assez : par une trahison que nos lois auraient pu atteindre, la presse s'est attachée à publier tous les secrets de l'armement, à porter à la connaissance de l'étranger l'état de nos forces, le dénombrement de nos troupes, celui de nos vaisseaux, l'indication des points de station, les moyens à employer pour dompter l'inconstance des vents, et pour aborder la côte. Tout, jusqu'au lieu de débarquement, a été divulgué comme pour ménager à l'ennemi une défense plus assurée. Et, chose sans exemple chez un peuple civilisé, la presse, par de fausses alarmes sur les périls à courir, n'a pas craint de jeter le découragement dans l'armée, et signalant à sa haine le chef même de l'entreprise, elle a pour ainsi dire excité les soldats à lever l'étendard de la révolte ou à déserter leurs drapeaux ! Voilà ce qu'ont osé faire les organes d'un parti qui se prétend national !

« Ce qu'il ose faire chaque jour, dans l'intérieur du royaume, ne va pas moins qu'à disperser les éléments de la paix publique, à dissoudre les liens de la société, et qu'on ne s'y méprenne point, à faire trembler le sol sous nos pas. Ne craignons pas de révéler ici toute l'étendue de nos maux pour pouvoir mieux apprécier toute l'étendue de nos ressources. Une diffamation systématique, organisée en grand, et dirigée avec une persistance sans égale, va atteindre, ou de près ou de loin, jusqu'au plus humble des agents du pouvoir. Nul de vos sujets, Sire, n'est à l'abri d'un outrage, s'il reçoit de son souverain la moindre marque de confiance ou de satisfaction. Un vaste réseau, étendu sur la France, enveloppe tous les fonctionnaires publics ; constitués en état permanent de prévention, ils semblent en quelque sorte retranchés de la société civile; on n'épargne que ceux dont la fidélité chancelle ; on ne loue que ceux dont la fidélité succombe ; les autres sont notés par la faction pour être plus tard sans doute immolés aux vengeances populaires.

« La presse périodique n'a pas mis moins d'ardeur à poursuivre de ses traits envenimés la religion et le prêtre. Elle veut, elle voudra toujours déraciner, dans le cœur des peuples, jusqu'au dernier germe des sentiments religieux. Sire, ne doutez pas qu'elle n'y parvienne, en attaquant les fondements de la foi, en altérant les sources de la morale publique, et en prodiguant à pleines mains la dérision et le mépris aux ministres des autels.

« Nulle force, il faut l'avouer, n'est capable de résister à un dissolvant aussi énergique que la presse. A toutes les époques où elle s'est dégagée de ses entraves, elle a fait irruption, invasion dans l'État. On ne peut qu'être singulièrement frappé de la similitude de ses effets depuis quinze ans malgré la diversité des circonstances et malgré le changement des hommes qui ont occupé la scène politique. Sa destinée est, en un mot, de recommencer la Révolution, dont elle proclame hautement les principes. Placée et replacée à plusieurs intervalles sous le joug de la censure, elle n'a autant de fois ressaisi la liberté que pour reprendre son ouvrage interrompu. Afin de le continuer avec plus de succès, elle a trouvé un actif auxiliaire dans la presse départementale qui, mettant aux prises les jalousies et les haines locales, semant l'effroi dans l'âme des hommes timides, harcelant l'autorité par d'interminables tracasseries, a exercé une influence presque décisive sur les élections.

« Ces derniers effets, Sire, sont passagers ; mais des effets plus durables se font remarquer dans les mœurs et dans le caractère de la nation. Une polémique ardente, mensongère et passionnée, école de scandale et de licence, y produit des changements graves et des altérations profondes ; elle donne une fausse direction aux esprits, les remplit de préventions et de préjugés, les détourne des études sérieuses, nuit ainsi au progrès des arts et des sciences, excite parmi nous une fermentation toujours croissante, entretient, jusque dans le sein des familles, de funestes dissensions et pourrait par degrés nous ramener à la barbarie.

« Contre tant de maux enfantés par la presse périodique, la loi et la justice sont également réduites à confesser leur impuissance.

« Il serait superflu de rechercher les causes qui ont atténué la répression et en ont fait insensiblement une arme inutile dans la main du pouvoir. Il nous suffit d'interroger l'expérience et de constater l'état présent des choses.

« Les mœurs judiciaires se prêtent difficilement à une répression efficace. Cette vérité d'observation avait depuis longtemps frappé de bons esprits ; elle a acquis nouvellement un caractère plus marqué d'évidence. Pour satisfaire aux besoins qui l'ont fait instituer, la répression aurait dû être prompte et forte : elle est restée lente, faible et à peu près nulle. Lorsqu'elle intervient, le dommage est commis ; loin de le réparer, la punition y ajoute le scandale du débat.

« La poursuite juridique se lasse, la presse séditieuse ne se lasse jamais. L'une s'arrête parce qu'il y a trop à sévir, l'autre multiplie ses forces en multipliant ses délits.

« Dans des circonstances diverses, la poursuite a eu ses périodes d'activité ou de relâchement. Mais zèle ou tiédeur de la part du ministère public, qu'importe à la presse? Elle cherche dans le redoublement de ses excès la garantie de leur impunité.

« L'insuffisance ou plutôt l'inutilité des précautions établies dans

Chantelauze.

les lois en vigueur, est démontrée par les faits. Ce qui est également démontré par les faits, c'est que la sûreté publique est compromise par la licence de la presse. Il est temps, il est plus que temps d'en arrêter les ravages.

« Entendez, Sire, ce cri prolongé d'indignation et d'effroi qui part de tous les points de votre royaume. Les hommes paisibles, les gens de bien, les amis de l'ordre élèvent vers Votre Majesté des mains suppliantes. Tous lui demandent de les préserver du retour des calamités dont leurs pères ou eux-mêmes eurent tant à gémir. Ces alarmes sont trop réelles pour n'être pas écoutées, ces vœux sont trop légitimes, pour n'être pas accueillis.

« Il n'est qu'un seul moyen d'y satisfaire, c'est de rentrer dans la Charte. Si les termes de l'article 8 sont ambigus, son esprit est manifeste. Il est certain que la Charte n'a pas concédé la liberté des journaux et des écrits périodiques. Le droit de publier ses opinions personnelles, n'implique sûrement pas le droit de publier, par voie d'entreprise, les opinions d'autrui. L'un est l'usage d'une faculté que la loi a pu laisser libre ou soumettre à des restrictions, l'autre est une spéculation d'industrie qui, comme les autres et plus que les autres, suppose la surveillance de l'autorité publique.

« Les intentions de la Charte, à ce sujet, sont exactement expliquées dans la loi du 21 octobre 1814 qui en est en quelque sorte l'appendice, on peut d'autant moins en douter que cette loi fut présentée aux Chambres le 5 juillet, c'est-à-dire un mois après la promulgation de la Charte. En 1819, à l'époque même où un système contraire prévalut dans les Chambres, il y fut hautement proclamé que la presse périodique n'était point régie par la disposition de l'article 8. Cette vérité est d'ailleurs attestée par les lois mêmes qui ont imposé aux journaux la condition d'un cautionnement.

« Maintenant, Sire, il ne reste plus qu'à se demander comment doit s'opérer ce retour à la Charte et à la loi du 21 octobre 1814. La gravité des conjonctures présentes a résolu cette question.

« Il ne faut pas s'abuser. Nous ne sommes plus dans les conditions ordinaires du gouvernement représentatif. Les principes sur lesquels il a été établi, n'ont pu demeurer intacts, au milieu des vicissitudes politiques. Une démocratie turbulente, qui a pénétré jusque dans nos lois, tend à se substituer au pouvoir légitime. Elle dispose de la majorité des élections par le moyen de ces journaux et le concours d'affiliations nombreuses. Elle a paralysé, autant qu'il dépendait d'elle, l'exercice régulier de la plus essentielle prérogative de la couronne, celle de dissoudre la chambre élective. Par cela même, la constitution de l'État est ébranlée : Votre Majesté seule conserve la force de la rasseoir et de la raffermir sur ses bases.

« Le droit, comme le devoir, d'en assurer le maintien, est l'attribut inséparable de la souveraineté. Nul gouvernement sur la terre ne resterait debout, s'il n'avait le droit de pourvoir à sa sûreté. Ce pouvoir est préexistant aux lois, parce qu'il est dans la nature des choses. Ce sont là, Sire, des maximes qui ont pour elles et la sanction du temps et l'aveu de tous les publicistes de l'Europe.

« Mais ces maximes ont une autre sanction plus positive encore, celle de la Charte elle-même. L'article 14 a investi Votre Majesté d'un pouvoir suffisant, non sans doute pour changer nos institutions, mais pour les consolider et les rendre plus immuables.

« D'impérieuses nécessités ne permettent plus de différer l'exercice de ce pouvoir suprême. Le moment est venu de recourir à des mesures qui rentrent dans l'esprit de la Charte, mais qui sont en dehors de l'ordre légal, dont toutes les ressources ont été inutilement épuisées.

« Ces mesures, Sire, vos ministres, qui doivent en assurer le succès, n'hésitent pas à vous les proposer, convaincus qu'ils sont que force restera à la justice.

« Nous sommes avec le plus profond respect,

« Sire,

« De votre Majesté,

« Les très-humbles et très-fidèles sujets :

« *Le président du conseil des ministres,*
       « Prince de Polignac;

« *Le garde des sceaux de France, ministre de la justice,*
       « Chantelauze;

« *Le ministre secrétaire d'État de la marine et des colonies,*
       « Baron d'Haussez;

« *Le ministre secrétaire d'État de l'intérieur,*
       « Comte de Peyronnet;

« *Le ministre secrétaire d'État des finances,*
       « Montbel;

« *Le ministre secrétaire d'État des affaires ecclésiastiques et de l'instruction publique,*
       « Comte de Guernon-Ranville;

« *Le ministre secrétaire d'État des travaux publics,*
       « Baron Capelle. »

Si nous avons cru devoir mettre dans son entier sous les yeux de nos lecteurs le rapport de Chantelauze, ce n'est pas seulement parce qu'il a acquis, avec les fameuses Ordonnances qu'il précède et explique, une sorte de célébrité légendaire, c'est encore parce que, d'une part, on ne le trouve, dans les meilleures histoires de la Révolution de 1830, que très-imparfaitement analysé, et que, d'autre part, il peut être considéré à la fois comme le *Compendium* qui résume et la source où ont été dès lors puisés, par toutes les générations réactionnaires qui se sont succédé, tous les lieux communs, tous les arguments plus ou moins spécieux, tous les sophismes plus ou moins déguisés dont ces générations aveugles et perfides ont abusé contre la liberté et le progrès. Ce Rapport est comme l'*editio princeps* de toutes les solennelles billevesées débitées en 1835 à propos des lois de Septembre, imprimées en 1848 dans les petits livres de la rue de Poitiers, ressassées par les Mérovingiens de l'Assemblée Nationale en 1871. Cette persistance des Sisyphes de la contre-Révolution à rouler le rocher qui leur retombe tous les quinze ou vingt ans sur la tête en menaçant de les écraser et de les précipiter dans l'abîme, instruira-t-elle enfin les peuples à les abandonner à leur impuissance et à asseoir enfin sans eux, malgré eux s'il le faut, l'édifice définitif de l'avenir sur le terrain fécond de la Liberté et de la République? Nous appelons de tous nos vœux ce dénouement du grand drame de 1789, et nous ne doutons pas qu'il ne soit conforme à nos espérances.

Voici maintenant la traduction en articles que Charles X et ses ministres avaient faite des étranges et monstrueux principes si pompeusement étalés dans le Rapport et dont le laborieux et fragile échafaudage n'aurait pas tenu devant les plus simples déductions de la logique et du sens commun.

## XLVII

### ORDONNANCES DU ROI

« CHARLES, PAR LA GRACE DE DIEU, ROI DE FRANCE ET DE NAVARRE,
« A tous ceux qui ces présentes verront, salut.

« Sur le rapport de notre conseil des ministres,
« Nous avons ordonné et ordonnons ce qui suit :

« Art. 1$^{er}$. La liberté de la presse périodique est suspendue.

« 2. Les dispositions des art. 1$^{er}$, 2 et 9 du titre 1$^{er}$ de la loi du 21 octobre 1814 sont remises en vigueur.

« En conséquence, nul journal et écrit périodique ou semi-périodique, établi et à établir, sans distinction des matières qui y seront traitées, ne pourra paraître, soit à Paris, soit dans les départements, qu'en vertu de l'autorisation qu'en auront obtenue de nous séparément les auteurs et l'imprimeur.

« Cette autorisation devra être renouvelée tous les trois mois.

« Elle pourra être révoquée.

« 3. L'autorisation pourra être provisoirement accordée et provisoirement retirée par les préfets aux journaux et ouvrages périodiques publiés ou à publier dans les départements.

« 4. Les journaux et écrits, publiés en contravention à l'art. 2, seront immédiatement saisis.

« Les presses et caractères qui auront servi à leur impression seront placés dans un dépôt public et sous scellés, ou mis hors de service.

« 5. Nul écrit au-dessous de vingt feuilles d'impression ne pourra paraître qu'avec l'autorisation de notre ministre le secrétaire d'État de l'intérieur, à Paris, et des préfets dans les départements.

« Tout écrit de plus de vingt feuilles d'impression qui ne constituera pas un même corps d'ouvrage sera également soumis à la nécessité de l'autorisation.

« Les écrits publiés sans autorisation seront immédiatement saisis.

« Les presses et caractères qui auront servi à leur impression seront placés dans un dépôt public et sous scellés ou mis hors de service.

« 6. Les Mémoires sur procès et les Mémoires des sociétés savantes ou littéraires sont soumis à l'autorisation préalable, s'ils traitent en tout ou en partie de matières politiques, cas auquel les mesures prescrites par l'art. 5 leur seront applicables.

« 7. Toute disposition contraire aux présentes restera sans effet.

« 8. L'exécution de la présente ordonnance aura lieu en conformité de l'art. 4 de l'ordonnance du 27 novembre 1816 et de ce qui est prescrit par celle du 18 janvier 1817.

« 9. Nos ministres secrétaires d'Etat sont chargés de l'exécution des présentes.

« Donné en notre château de Saint-Cloud, le 25 de juillet de l'an de grâce 1830, et de notre règne le sixième.

« CHARLES.

Par le Roi :

« . . . . . . . . . . . . . . . . . . . . . . . . . . . . . . . . . . . . . »

(*Suivent les signatures de tous les ministres.*)

« CHARLES..... etc.

« Vu l'art. 50 de la Charte constitutionnelle,

« Etant informé des manœuvres qui ont été pratiquées sur plusieurs points de notre royaume, pour tromper et égarer les électeurs pendant les dernières opérations des colléges électoraux,

« Notre conseil entendu,

« Nous avons ordonné et ordonnons :

« Art. 1er. La Chambre des députés des départements est dissoute.

« 2. Notre ministre secrétaire d'État de l'intérieur est chargé de l'exécution de la présente ordonnance.

« Donné à Saint-Cloud, le 25e jour du mois de juillet de l'an de grâce 1830, et de notre règne le sixième.

« CHARLES.

« Par le Roi :

« *Le ministre secrétaire d'État de l'intérieur,*

« Comte DE PEYRONNET. »

---

« CHARLES, etc.

« ............................................................ »

« Ayant résolu de prévenir le retour des manœuvres qui ont exercé une influence pernicieuse sur les dernières opérations des colléges électoraux ;

« Voulant en conséquence réformer, selon les principes de la Charte constitutionnelle, les règles d'élection dont l'expérience a fait sentir les inconvénients,

« Nous avons reconnu la nécessité d'user du droit qui nous appartient, de pourvoir, par des actes émanés de nous, à la sûreté de l'Etat et à la répression de toute entreprise attentative (*sic*) à la dignité de notre couronne.

« A ces causes,

« Notre conseil entendu,

« Nous avons ordonné et ordonnons :

« Art. 1er. Conformément aux articles 15, 36 et 30 de la Charte constitutionnelle, la Chambre des députés ne se composera que de députés de département.

« 2. Le cens électoral et le cens d'éligibilité se composeront exclusivement des sommes pour lesquelles l'électeur et l'éligible seront inscrits personnellement, en qualité de propriétaires ou d'usufruitiers, au rôle de l'imposition foncière et de l'imposition personnelle et mobilière.

« 3. Chaque département aura le nombre de députés qui lui est attribué par l'art. 36 de la Charte constitutionnelle.

« 4. Les députés seront élus et la Chambre sera renouvelée dans la forme et pour le temps fixés par l'art. 37 de la Charte constitutionnelle.

« 5. Les collèges électoraux se diviseront en collèges d'arrondissement et collèges de département.

« Sont toutefois exceptés les collèges électoraux des départements auxquels il n'est attribué qu'un seul député.

« 6. Les collèges électoraux d'arrondissement se composeront de tous les électeurs dont le domicile politique sera établi dans l'arrondissement.

« Les collèges électoraux de département se composeront du quart le plus imposé des électeurs du département.

« 7. La circonscription actuelle des collèges électoraux d'arrondissement est maintenue.

« 8. Chaque collège électoral d'arrondissement élira un nombre de candidats égal au nombre des députés de département.

« 9. Le collège d'arrondissement se divisera en autant de sections qu'il devra nommer de candidats.

« Cette division s'opèrera proportionnellement au nombre des sections et au nombre total des électeurs du collège, en ayant égard, autant qu'il sera possible, aux convenances des localités et du voisinage.

« 10. Les sections du collège électoral d'arrondissement pourront être assemblées dans des lieux différents.

« 11. Chaque section du collège électoral d'arrondissement élira un candidat et procèdera séparément.

« 12. Les présidents des sections du collège électoral d'arrondissement seront nommés par les préfets, parmi les électeurs de l'arrondissement.

« 13. Le collège de département élira les députés.

« La moitié des députés du département devra être choisie dans la liste générale des candidats proposés par les collèges d'arrondissement.

« Néanmoins si le nombre des députés du département est impair, le partage se fera sans réduction du droit réservé au collége du département.

« 14. Dans le cas où par l'effet d'omissions, de nominations nulles ou de doubles nominations, la liste de candidats proposés par les colléges d'arrondissement serait incomplète ; si cette liste est réduite au-dessous de la moitié du nombre exigé, le collége de département pourra élire un député de plus hors de la liste ; si la liste est réduite au-dessous du quart, le collége de département pourra élire hors de la liste la totalité des députés du département.

« 15. Les préfets, sous-préfets et les officiers généraux commandant les divisions militaires et les départements ne pourront être élus dans les départements où ils exercent leurs fonctions.

« 16. La liste des électeurs sera arrêtée par le préfet au conseil de préfecture. Elle sera affichée cinq jours avant la réunion des colléges.

« 17. Les réclamations sur la faculté de voter auxquelles il n'aura pas été fait droit par les préfets seront jugées par la Chambre des députés en même temps qu'elle statuera sur la validité des opérations des colléges.

« 18. Dans les colléges électoraux de département les deux électeurs les plus âgés et les deux électeurs les plus imposés rempliront les fonctions de scrutateurs.

« La même disposition sera observée dans les sections de collége d'arrondissement composées de plus de cinquante électeurs.

« Dans les autres sections de collége, les fonctions de scrutateur seront remplies par le plus âgé et par le plus imposé des électeurs.

« Le secrétaire sera nommé dans le collége, les sections de colléges par le président et les scrutateurs.

« 19. Nul ne sera admis dans le collége ou section de collége s'il n'est inscrit sur la liste des électeurs qui en doivent faire partie. Cette liste sera remise au président, et restera affichée dans le lieu des séances du collége pendant la durée de ses opérations.

« 20. Toute discussion et toute délibération quelconques seront interdites dans le sein des colléges électoraux.

« 21. La police du collége appartient au président. Aucune force armée ne pourra, sans sa demande, être placée auprès du lieu des séances. Les commandants militaires seront tenus d'obtempérer à ses réquisitions.

« 22. Les nominations seront faites dans les colléges et sections de collége, à la majorité absolue des votes exprimés.

« Néanmoins, si les nominations ne sont pas terminées après deux tours de scrutin, le bureau arrêtera la liste des personnes qui auront obtenu le plus de suffrages au deuxième tour. Elle contiendra un nombre de noms double de celui des nominations qui resteront à faire. Au troisième tour, les suffrages ne pourront être donnés qu'aux personnes inscrites sur cette liste, et la nomination sera faite à la majorité relative.

« 23. Les électeurs voteront par bulletins de liste. Chaque bulletin contiendra autant de noms qu'il y aura de nominations à faire.

« 24. Les électeurs écriront leur vote sur le bureau, où l'y feront écrire par l'un des scrutateurs.

« 25. Le nom, la qualification et le domicile de chaque électeur qui déposera son bulletin, seront inscrits par le secrétaire sur une liste destinée à constater le nombre des votants.

« 26. Chaque scrutin restera ouvert pendant six heures et sera dépouillé séance tenante.

« 27. Il sera dressé un procès-verbal pour chaque séance. Ce procès-verbal sera signé par tous les membres du bureau.

« 28. Conformément à l'art. 46 de la Charte constitutionnelle, aucun amendement ne pourra être fait à une loi, dans la Chambre, s'il n'a été proposé ou consenti par nous, et s'il n'a été renvoyé et discuté dans les bureaux.

« 29. Toutes dispositions contraires à la présente ordonnance resteront sans effet.

« 30. Nos ministres secrétaires d'État sont chargés de l'exécution de la présente ordonnance.

« Donné à Saint-Cloud, le 25e jour du mois de juillet de l'an de grâce mil huit cent trente, et de notre règne le sixième.

« CHARLES.

« Par le Roi :

« .................................................................... »

(*Suivent les signatures de tous les ministres.*)

---

« CHARLES, etc.

« .................................................................... »

« Vu l'ordonnance royale en date de ce jour, relative à l'organisation des colléges électoraux ;

« Sur le rapport de notre ministre secrétaire d'État au département de l'Intérieur,

« Nous avons ordonné et ordonnons ce qui suit :

« Art. 1er. Les colléges électoraux se réuniront, savoir, les colléges électoraux d'arrondissement, le 6 septembre prochain, et les colléges électoraux de département, le 13 du même mois.

« 2. La chambre des pairs et la chambre des députés des départements sont convoquées pour le 28 du mois de septembre prochain.

« 3. Notre ministre secrétaire d'État de l'intérieur est chargé de l'exécution de la présente ordonnance.

« Donné au château de Saint-Cloud, le 25e jour du mois de juillet de l'an de grâce 1830, et de notre règne le sixième.

« CHARLES.

« Par le Roi :

« *Le ministre secrétaire d'État de l'intérieur,*

« Comte DE PEYRONNET. »

Tels étaient les projectiles incendiaires que la main débile et coupable de Charles X lança du château de Saint-Cloud sur la France et sur l'Europe le vingt-cinquième jour du mois de juillet de l'an de grâce mil huit cent trente. L'incendie ne se fit pas attendre.

# LIVRE II

## LES JOURNÉES DE JUILLET ET D'AOUT 1830

### XLVIII

Ce que nous pensons des révolutions. — Notre horreur pour la violence. — Caractères auxquels on reconnaît qu'une révolution est légitime ou ne l'est pas. — Légitimité des révolutions françaises d'août 1792, de juillet 1830, de février 1848, et de septembre 1870.

Au moment d'aborder le récit des journées de la Révolution de 1830, dans les temps encore si agités au milieu desquels nous vivons, nous croyons indispensable de déclarer de la manière la plus nette et la plus explicite ce que nous pensons des révolutions.

En principe, tout ce qui est violent, guerres étrangères, guerres civiles, coups d'Etat, insurrections à main armée, tout cela nous est en horreur. Mais l'imperfection de notre état politique est encore si grand que l'espoir d'en voir la violence à jamais bannie serait certainement une trop forte, en même temps qu'une bien généreuse illusion. Nous verrons donc plus d'une fois encore sans doute les peuples, poussés par les despotes, se ruer les uns sur les autres et s'entredéchirer; et tels ont été les événements que nous venons de traverser que nous en sommes réduits, tristes et impuissants amis de l'humanité. que nous sommes, à espérer, à hâter de tous nos efforts le jour d'une revanche rendue inévitable par la rage, l'âpreté et l'insolence tudesques. Quant aux révolutions, le critérium nécessaire pour les absoudre ou pour les condamner en toute sûreté de conscience et de logique, est extrêmement facile à établir. Toute tentative violente est coupable quand il existe des moyens pacifiques susceptibles de conduire au but qu'on se propose. Elle est légitime, dès que ces moyens n'existent plus. Il résulte de là que contre toute espèce de monarchie héréditaire instituée à perpétuité de mâle en mâle au profit d'une famille, contre toute constitution politique qui se déclare immuable et n'admet pas de perfectionnement légal, l'insurrection est de droit et de devoir national et humain. Il résulte également de là que, contre la République et le suffrage universel, gouvernement de tous par tous, contre une Constitution sans cesse et indéfiniment perfectible par voie législative, contre des mandataires révocables et renouvelables à des époques déterminées par les institutions, l'insurrection est le plus grand des crimes qui se puissent commettre, quelle que soit la bannière sous laquelle se rangent les insurgés.

Nous considérons donc comme légitimes et glorieuses toutes les révolutions qui ont mis fin à des usurpations monarchiques, et, à ce titre, les révolutions françaises d'août 1792, de juillet 1830, de février 1848 et de septembre 1870, ont droit à toutes nos sympathies, à toute notre reconnaissance.

## XLIX

#### JOURNÉE DU LUNDI 26 JUILLET

Premières heures de la révolution de 1830. — Rassemblements au Palais-Royal. — Stupeur de la bourgeoisie. — Réunions tumultueuses des députés et de journalistes. — Protestation de ces derniers ; quarante-quatre signatures. — Préféré ; le président Debelleyme. — La bourse. — Aveuglement des ministres et du roi. — L'agitation s'accroît. — Cris de sédition. — Attroupements. — Charges de cavalerie. — On brise les réverbères. — Discours de François Arago à l'Institut.

Le secret est assurément une des principales conditions de succès pour les conspirations. Il ne faut pas cependant en abuser au point de laisser en dehors du mouvement ceux qui, par la nécessité de leur position, en doivent être fatalement les premiers soutiens. C'est ce qui arriva aux conspirateurs du 25 juillet 1830. Nous avons vu que le préfet de police Mangin n'avait que vaguement entendu parler du complot royal dans les antichambres du palais de Saint-Cloud. Le préfet de la Seine, le colonel de la gendarmerie de Paris, Marmont lui-même, chargé du commandement des troupes [1], ne furent instruits que par le *Moniteur universel*. Encore fut-il distribué assez tard dans la matinée du 26. La population de la capitale ne connut guère la nouvelle que dans l'après-midi. M. Louis Blanc a fort bien caractérisé ce moment crépusculaire de la Révolution de 1830 :

---

[1] Il ne reçut ses lettres de service que le 27 à midi.

« A Paris, dit-il, la journée du 26 fut très-calme. Au Palais-Royal, cependant, on vit quelques jeunes gens monter sur des chaises, comme autrefois Camille Desmoulins. Ils lisaient le *Moniteur* à voix haute, en appelaient au peuple de la violation de la Charte, et par des gestes ardents, des discours enflammés cherchaient à exciter dans les autres et dans eux-mêmes un vague besoin d'agitation. Mais on dansait aux environs de la capitale. Le peuple était à ses travaux ou à ses plaisirs. Seule, la bourgeoisie se montrait consternée. Les Ordonnances venaient de l'atteindre doublement : dans sa puissance politique en frappant ses législateurs, et dans sa puissance morale, en frappant ses écrivains.

« Ce ne fut d'abord, dans toute la partie bourgeoise de la population, qu'une stupeur morne. Banquiers, commerçants, manufacturiers, imprimeurs, hommes de robe, journalistes, s'abordaient avec étonnement. Dans cette soudaine interdiction de la liberté d'écrire, dans cette altération profonde et hardie du régime électif, dans ce renversement de toutes les lois en vertu d'un article obscur, il y avait une sorte de provocation hautaine dont on fut généralement étourdi. Tant d'audace supposait la force [1]. »

Des réunions tumultueuses de députés, de journalistes, de personnages divers de l'opposition chez Dupin aîné, chez Casimir Périer, n'aboutirent à rien. Dupin aîné acceptait la légalité des Ordonnances en criant qu'il n'était plus député : il avait peur. Casimir Périer n'était pas moins effrayé de toute démarche qui eût pu l'exposer à l'accusation d'avoir provoqué des actes violents ou d'y avoir participé.

La réunion des journalistes dans les bureaux du *National*, à l'angle de la place des Italiens, produisit la protestation célèbre, rédigée par Thiers, protestation qui fut le signal de l'insurrection et qui était conçue en ces termes :

« On a souvent annoncé, depuis six mois, que les lois seraient violées, qu'un coup d'État serait frappé ; le bon sens public se refusait à le croire. Le ministère repoussait cette supposition comme une calomnie. Cependant le *Moniteur* a publié enfin ces mémorables Ordonnances, qui sont la plus éclatante violation des lois. Le régime légal est donc interrompu ; celui de la force est commencé.

« Dans la situation où nous sommes placés, l'obéissance cesse d'être un devoir. Les citoyens appelés les premiers à obéir sont les

---

[1] *Histoire de Dix Ans*, t. I, pages 177, 178.

écrivains des journaux ; ils doivent donner les premiers l'exemple de la résistance à l'autorité qui s'est dépouillée du caractère de la loi. Les raisons sur lesquelles ils s'appuient sont telles qu'il suffit de les énoncer.

« Les matières que règlent les ordonnances publiées aujourd'hui sont de celles sur lesquelles l'autorité royale ne peut, d'après la Charte, prononcer toute seule. La Charte, article 8, dit que les Français, en matière de presse, sont tenus de se conformer *aux lois ;* elle ne dit pas aux Ordonnances. La Charte, article 35, dit que l'organisation des colléges électoraux sera réglée *par les lois ;* elle ne dit pas par les Ordonnances.

« La couronne avait elle-même jusqu'ici reconnu ces articles; elle n'avait point songé à s'armer contre eux, soit d'un prétendu pouvoir constituant, soit du pouvoir faussement attribué à l'article 14.

« Toutes les fois, en effet, que des circonstances, prétendues graves, lui ont paru exiger une modification soit au régime de la presse, soit au régime électoral, elle a eu recours aux deux Chambres. Lorsqu'il a fallu modifier la Charte pour établir la septennalité et le renouvellement intégral, elle a eu recours non à elle-même, comme auteur de cette Charte, mais aux Chambres. La royauté a donc reconnu, pratiqué elle-même ces articles 8 et 35, et ne s'est arrogé à leur égard, ni une autorité constituante, ni une autorité dictatoriale qui n'existent nulle part.

« Les tribunaux qui ont droit d'interprétation, ont solennellement reconnu ces mêmes principes. La cour royale de Paris et plusieurs autres ont condamné les publicateurs de *l'Association Bretonne,* comme auteurs d'outrages envers le gouvernement. Elle a considéré comme un outrage la supposition que le gouvernement pût employer l'autorité des Ordonnances, là où l'autorité de la loi peut seule être admise. Ainsi le texte formel de la Charte, la pratique suivie jusqu'ici par la couronne, les décisions des tribunaux, établissent qu'en matière de presse et d'organisation électorale, les lois, c'est-à-dire le roi et les Chambres, peuvent seules statuer.

« Aujourd'hui donc, le gouvernement a violé la légalité. Nous sommes dispensés d'obéir ; nous essaierons de publier nos feuilles sans demander l'autorisation qui nous est imposée ; nous ferons nos efforts pour qu'aujourd'hui, au moins, elles puissent arriver à toute la France.

« Voilà ce que notre devoir de citoyen nous impose, et nous le remplissons.

« Nous n'avons pas à tracer ses devoirs à la Chambre illégalement dissoute ; mais nous pouvons la supplier au nom de la France, de s'appuyer sur son droit évident et de résister autant qu'il sera en elle à la violation des lois. Ce droit est aussi certain que celui sur lequel nous nous appuyons. La Charte dit, article 50, que le roi peut dissoudre la Chambre des députés ; mais il faut pour cela qu'elle ait été réunie, constituée en Chambre ; qu'elle ait soutenu enfin un système capable de provoquer sa dissolution. Mais, avant la réunion, la constitution de la Chambre, il n'y a que des élections faites. Or, nulle part la Charte ne dit que le Roi peut casser les élections. Les Ordonnances publiées aujourd'hui ne font que casser des élections, elles sont donc illégales, car elles font une chose que la Charte n'autorise pas. Ces députés élus, convoqués pour le 3 août, sont donc bien et dûment élus et convoqués. Leur droit est le même aujourd'hui qu'hier. La France les supplie de ne pas l'oublier. Tout ce qu'ils pourront pour faire prévaloir ce droit, ils le doivent.

« Le gouvernement a perdu aujourd'hui le caractère de légalité qui commande l'obéissance. Nous lui résistons pour ce qui nous concerne ; c'est à la France à juger jusqu'où doit s'étendre sa propre résistance.

« Ont signé les gérants et rédacteurs de journaux actuellement présents à Paris :

« Gauja, gérant du *National*.

« Thiers, Mignet, Carrel, Chambolle, Peysse, Albert Stapfer, Dubochet, Rolle, rédacteurs du *National*.

« Leroux, gérant du *Globe*.

« De Guizard, rédacteur du *Globe*.

« Sarrans jeune, gérant du *Courrier des Electeurs*.

« B. Dejean, rédacteur du *Globe*.

« Guyet, Moussette, rédacteurs du *Courrier*.

« Auguste Fabre, rédacteur en chef de la *Tribune des départements*.

« Année, rédacteur du *Constitutionnel*.

« Cauchois-Lemaire, rédacteur du *Constitutionnel*.

« Senty, rédacteur du *Temps*.

« Haussmann, rédacteur du *Temps*.

« Avenel, rédacteur du *Courrier Français*.

« Dussard, rédacteur du *Temps*.

« Levasseur, rédacteur de la *Révolution*.

« Evariste Dumoulin.

« Alexis de Jussieu, rédacteur du *Courrier Français*.

« Châtelain, gérant du *Courrier Français*.

« Plagnol, rédacteur en chef de la *Révolution*.

« Fazy, rédacteur de la *Révolution*.

« Busoni, Barbaroux, rédacteurs du *Temps*.

« Charlas, rédacteur du *Temps*.

« A. Billard, rédacteur du *Temps*.

« Ader, rédacteur de la *Tribune des départements*.

« F. Larregny, rédacteur du *Journal du Commerce*.

« J.-F. Dupont, avocat, rédacteur du *Courrier Français*.

« Ch. de Rémusat, rédacteur du *Globe*.

« V. de Lapelouze, l'un des gérants du *Courrier Français*.

« Bohain, Roqueplan, rédacteurs du *Figaro*.

« Coste, gérant du *Temps*.

« J.-J. Baude, rédacteur du *Temps*.

« Bert, gérant du *Journal du Commerce*.

« Léon Pillet, gérant du *Journal de Paris*.

« Vaillant, gérant du *Sylphe*. »

Les principes si nettement et si clairement émis dans cette protestation étaient en conformité parfaite avec la logique artificielle de la Charte et de la fiction constitutionnelle. Mais ils devaient fondre comme de la neige au soleil devant la logique de la nature et de la pratique des choses, qui rejetait la royauté dans le pouvoir absolu, sans contrôle et sans partage, tandis qu'elle poussait incessamment la nation, consciente ou inconsciente, vers la République démocratique. Tout le triomphe des hommes qui prenaient alors la légalité de la Charte pour drapeau se réduisit à retarder de dix-huit ans et demi l'avénement des institutions républicaines.

Quoi qu'il en soit, les quarante-quatre publicistes dont on vient de lire les noms faisaient, au 26 juillet 1830, un véritable acte de courage en signant la protestation rédigée par Thiers. Ils ne pouvaient douter, en effet, que la défaite de l'insurrection dont ils sonnaient le tocsin ne dût leur coûter la perte de la vie, ou, tout au moins, de la liberté. La plupart des personnages de l'opposition constitutionnelle qui allaient être appelés à profiter d'une révolution qu'ils redoutaient et dont ils faisaient tout, dès le début, pour entraver la marche, furent loin de montrer le même héroïsme.

Il s'agissait de faire paraître les journaux sans autorisation et malgré les Ordonnances. Les signataires de la protestation obtinrent un premier succès auprès du président Debelleyme, auprès de qui ils étaient allés en référé et qui sur-le-champ statua ainsi :

« Attendu que l'ordonnance du roi du 25 juillet relative à la presse périodique n'a pas été promulguée selon les formalités prescrites par l'article 4 de l'ordonnance du 27 novembre 1826, et par l'article 1er de l'ordonnance du 18 janvier 1817 ;

« Que d'ailleurs il est juste d'accorder aux journaux existants les délais nécessaires pour user du bénéfice de l'article 2 de ladite ordonnance, et qu'une interruption dans la publication porterait préjudice ;

« Ordonnons que le sieur........ procèdera à la composition et à l'impression du *Journal*........., qui doit paraître demain, et qui sera exécuté par provision, comme ordonnance de référé sur minute, et avant l'enregistrement et dépôt au greffe.

« DEBELLEYME. »

Bien que le Palais-Royal fût le centre d'une grande agitation, une foule plus considérable encore se pressait à la Bourse et aux environs. Le samedi 24 juillet, le cinq pour cent avait fermé à 105 fr. 50 c., le trois pour cent à 79 fr. 10 c. Ils tombèrent le 26 l'un à 101 fr. 50 c., l'autre à 75 fr. 15 c... Le monde des affaires, peu suspect d'enthousiasme politique, accueillait par une baisse de 4 francs la publication des Ordonnances. Quand le commissaire de police de la Bourse en porta la nouvelle à Polignac : « Ce n'est rien, répondit le ministre ; la rente remontera ; et, si j'avais des capitaux disponibles, je n'hésiterais pas à en acheter. » Le roi qui était allé courre le cerf à Rambouillet et qui n'avait pu l'atteindre, rentra à Saint-Cloud à onze heures du soir et fit à Marmont, qui lui annonçait aussi la triste situation des fonds publics, une réponse analogue. Spectacle étrange que celui d'un coup d'État fait par une troupe d'aveugles !

Après la clôture des opérations de la Bourse, le gros de la multitude reflua sur le Palais-Royal. Déjà la gendarmerie avait refoulé les attroupements dans le jardin ; elle les en délogea aussi, et ils se dispersèrent en criant : *Vive la Charte ! A bas Polignac !* et en se dirigeant vers la place Vendôme et le ministère des Affaires étrangères. A ce moment Jules de Polignac rentrait. Des pierres furent lancées sur sa voiture et sur les fenêtres de ses bureaux. Une charge exécutée par les gendarmes du poste dissipa les émeutiers, et la sévérité du ministre ne s'émut pas de cet incident. Les lettres et les visites de félicitations affluèrent chez lui toute la journée. Le soir, les salons du ministère de l'Instruction publique regorgeaient de courtisans et de solliciteurs.

Cependant l'agitation croissait d'heure en heure et le mécontentement, la colère se généralisaient. Les patrons parlaient de fermer leurs ateliers ; les ouvriers abandonnaient le travail ; les compositeurs et imprimeurs des journaux se répandaient dans les rues et invitaient leurs camarades des autres corps d'état à les suivre.

A la nuit, la ville commença de prendre un aspect sinistre et menaçant. Le peuple revenait des diverses barrières et de la fête de La Villette. Les cris répétés de : « *A bas Polignac* » remplissaient les rues des faubourgs Saint-Denis et Saint-Martin. Là où la cavalerie se portait pour rétablir la circulation, elle rencontrait des bandes de gamins sans armes qui saisissaient la bride des chevaux, les frappaient aux jarrets et les faisaient ruer et se cabrer, puis se dispersaient sous les coups de plat de sabres, lançaient des pierres en fuyant, et se reformaient bientôt après sur un autre point en groupes hostiles pour recommencer leurs mêmes manœuvres.

On brisait partout les réverbères. Les ténèbres enveloppaient la grande ville ; et la houle populaire mugissait dans l'ombre comme une mer orageuse sous un ciel sans étoiles.

Il n'était pas jusqu'à l'Institut qui, dans la journée, n'eût eu aussi sa manifestation. François Arago devait y prononcer l'éloge de Fresnel, et un grand concours de monde s'était porté au palais Mazarin pour l'entendre.

Arago introduisit dans son discours de vives et fortes allusions aux événements du jour, et il fut applaudi avec un frénétique enthousiasme.

## L

### JOURNÉE DU MARDI 27 JUILLET

Apparition des journaux le *Globe*, le *National* et le *Temps*. — L'imprimeur du *Courrier Français* ayant refusé de laisser sortir cette feuille de ses presses est appelé devant le tribunal de commerce. — Déclaration du président Ganneron. — Le *Temps* et son rédacteur J.-J. Baude. — Molle attitude des députés de l'opposition. — Étrange conduite de Casimir Périer. — Dispositions hostiles de l'opinion publique à l'égard du maréchal Marmont, duc de Raguse. — Insuffisance des troupes ; manque de vivres. — Premier sang versé. — Premières barricades. — La maison du *grand balcon*, rue Traversière-Saint-Honoré ( rue de la Fontaine-Molière). — L'*Hôtel-Royal*, rues Saint-Honoré et des Pyramides. — Cadavres sur la place des Victoires, sur la place de la Bourse. — L'École polytechnique. — Charras. — Réunion chez Cadet-Gassicourt. — Comités de résistance. — Le drapeau tricolore reparaît. — La fausse tranquillité qui s'établit le soir dans Paris maintient et accroît l'assurance et l'insolence du gouvernement royal.

En vertu de l'ordonnance rendue par le président Debelleyme le *Globe*, le *National* et le *Temps* parurent le mardi matin, 27.

Les deux derniers avaient seuls inséré la protestation des journalistes, et les exemplaires furent répandus à profusion. Quant à la *Gazette de France*, à la *Quotidienne* et à l'*Universel*, l'esprit de parti les avait fait se soumettre aux Ordonnances. Le *Journal des Débats* et le *Constitutionnel* agirent de même, par peur et par intérêt. Les mêmes motifs avaient poussé l'imprimeur du *Courrier Français* à refuser de laisser sortir cette feuille de ses presses. Appelé devant le Tribunal de Commerce, il entendit le président Ganneron déclarer d'une voix forte et bien accentuée que l'acte par lequel le gouvernement avait publié les Ordonnances « était contraire à la Charte et aux lois fondamentales de l'Etat, ne saurait être obligatoire ni pour la personne sacrée et inviolable du Roi ni pour les droits des citoyens auxquels il portait atteinte, » et fut condamné à reprendre l'impression du *Courrier Français* dans les vingt-quatre heures, sous peine d'être rendu passible de dommages et d'intérêts envers qui de droit. On comprend l'immense sensation que ce jugement produisit dans Paris. Ce qui se passa au journal le *Temps* en fit une bien plus profonde encore et doit demeurer comme un exemple malheureusement trop rare dans notre pays de courage civil et de résistance légale.

« Les Ordonnances étaient dirigées en grande partie contre la presse, les journalistes avaient déclaré qu'ils ne s'y soumettraient pas ; le préfet de police, dans les premières heures de cette journée, avait donc donné à plusieurs commissaires de police l'ordre de saisir ceux des journaux qui venaient de paraître sans autorisation, et, aux termes des Ordonnances, « d'en mettre les presses et les caractères hors de service. »... La résistance du *Temps* offrit un caractère particulier.

« La presse de ce journal, ainsi que ses bureaux, était établie rue de Richelieu, au fond d'une cour dont la porte restait toujours ouverte. Le commissaire de police et ses agents peuvent donc pénétrer sans obstacle dans la cour, et arriver devant les ateliers de travail, qu'ils trouvent fermés. M. Baude, l'un des rédacteurs, se tient à l'entrée de cette partie des bâtiments et déclare qu'on ne les ouvrira pas. Le commissaire ceint son écharpe, donne lecture, à haute voix, de la nouvelle ordonnance sur la presse ainsi que de l'ordre de saisir dont il est porteur, et requiert de nouveau l'ouverture des ateliers de l'imprimerie.

« A votre écharpe, répond M. Baude, je vous prenais pour un commissaire de police, et je vous ai écouté jusqu'au bout parce que j'ignorais ce que vous veniez faire. Maintenant que je le sais, je ne vois plus en vous un commissaire, mais un voleur par effraction, et je vous déclare que si vous commettez ce crime, je vous ferai traduire en cour d'assises. Nos presses sont sous la protection de la loi ; au nom de la loi je vous défends d'y toucher. — Prenez garde, réplique le commissaire : agir comme vous le faites, c'est vous mettre en rébellion contre l'autorité. — La loi est supérieure à l'autorité, et c'est vous qui vous mettez en rébellion contre la loi. Ignorez-vous donc qu'elle punit des travaux forcés le voleur par effraction ? — Laissez-moi exécuter mes ordres ; vous protesterez ensuite ; j'insérerai dans mon procès-verbal toutes vos réclamations. — On ne laisse pas verbaliser les voleurs ; on ne proteste pas contre les voleurs ; on les repousse par la force, et on les traduit devant la cour d'assises. »

« Pendant ce colloque, un grand nombre de passants, qui, en apercevant de la rue cette scène étrange, étaient entrés dans la cour, entouraient les interlocuteurs. Cette foule approuvait, encourageait la résistance de M. Baude.

Le commissaire, embarrassé, poussé à bout, dit tout à coup au rédacteur du *Temps* : « Savez-vous que je pourrais vous faire arrêter ? — J'en serais bien aise, répond ce dernier ; il ne manquerait plus que cela ! Le Code pénal punit des travaux forcés l'arrestation arbitraire. » Et, ouvrant un Code, il lit à voix lente et haute les articles 341 et 384, qui punissent, en effet, des travaux forcés l'arrestation arbitraire et le vol par effraction. Quand cette lecture, faite au milieu du plus profond silence, est achevée, la plupart des assistants se découvrent en disant : *Respect à la loi.* Le commissaire envoie chercher un serrurier ; cet homme arrive ; M. Baude, toujours placé en travers de la porte, l'interpelle à son tour ; aux premiers mots, le commissaire veut l'empêcher de continuer.

« Je n'ai pas d'ordres à recevoir de vous ! » lui dit le journaliste, qui, se tournant vers le serrurier, ajoute : « Vous ne savez pas ce qu'on veut vous faire faire ; vous croyez que cet homme en écharpe est un commissaire ; eh bien, pas du tout : c'est un voleur par effraction, et, en faisant ce qu'il demande, vous deviendrez son complice ; vous seriez puni comme lui des travaux forcés. Voici les articles du Code pénal. » Et il relit les articles 341 et 384.

« Allez-vous-en ! allez-vous-en ! » crie-t-on de toutes parts au serrurier, qui, intimidé, interdit, se retire au bruit des applaudissements et des bravos de la foule. Le commissaire requiert plusieurs autres ouvriers qui refusent de venir. Enfin, au bout de quelques heures, le serrurier employé au ferrement des forçats, requis à son tour, se présente, et, plus hardi que ses devanciers, enfonce la porte et met la presse hors d'état de fonctionner[1]. »

Ajoutons que le courage est contagieux et que Baude, après avoir lu pour la seconde fois les articles du Code, ayant tiré de sa poche un portefeuille pour y dresser la liste des témoins, chacun des assistants se passa le portefeuille de main en main et y inscrivit son nom sans hésiter. Ne dirait-on pas une de ces scènes à effet de quelqu'un des grands drames que l'école romantique inaugurait depuis peu d'années sur le théâtre français, à l'imitation des colossales compositions de Shakspeare ou de Schiller ?

L'attitude de la plupart des députés et des hauts personnages de l'opposition constitutionnelle faisait, avec les actes virils dont on vient de lire le récit, un bien triste et bien désolant contraste.

Un certain nombre d'entre eux étaient rassemblés chez Casimir Périer. Ils perdaient le temps en discours superflus et ne cherchaient que les moyens d'arrêter la marche de l'insurrection et surtout de ne pas compromettre leurs précieuses personnes. «Je ne m'attendais pas,

---

[1] *Chronique de juillet 1830,* par L. Rozet. — *Histoire des Deux Restaurations,* par Ach. de Vaulabelle, t. VIII, pages 206-208.

dit Villemain à Bérard, à trouver autant de poltrons réunis. » Le plus poltron de tous était Casimir Périer, dont l'énergie si admirée à la tribune, n'était qu'une vaine parade. A l'issue de la séance, Bérard lui ayant dit à voix basse : « Si vous n'aviez pas repoussé hier ma proposition de protestation, nous n'aurions pas eu aujourd'hui une réunion aussi insignifiante. » — « Messieurs! s'écria aussitôt Casimir Périer d'une voix tonnante, entendez-vous me rendre responsable des évènements terribles qui semblent se préparer? Cela serait épouvantable! Je ne peux pas le supporter ! » On dut s'interposer entre les deux interlocuteurs.

Les hommes politiques, ou prétendus tels, qui s'étaient rencontrés dans le salon de Casimir Périer n'avaient, en effet, rien décidé, sinon qu'ils se réuniraient de nouveau le lendemain chez Audry de Puyraveau. « Ce fut vainement que l'assemblée des électeurs leur envoya MM. Mérilhou et Boulay (de la Meurthe) pour échauffer leur zèle. Ce fut vainement que MM. Audry de Puyraveau, Mauguin, Labbey de Pompières, les adjurèrent de protester à l'exemple des journalistes, contre un coup d'Etat qui les désarmait. M. Sébastiani ne parlait que d'une lettre au roi; M. Dupin soutenait, comme la veille, qu'il n'y avait plus de députés; et, comme la veille, M. Casimir Périer conseillait à ses collègues de s'endormir dans leur défaite et d'ajourner le courage. Tout s'était agité pourtant depuis la veille autour de ces législateurs immobiles. Et ils purent s'en convaincre ; car, de leur cénacle, ils entendirent le pas des chevaux retentir sur le pavé; et des jeunes gens qui venaient encourager Casimir Périer, l'applaudir, furent chargés par des gendarmes sous ses fenêtres, et vinrent tomber sanglants contre les portes fermées de son hôtel [1]. »

La lutte matérielle avait commencé dans les rues, et l'on comptait déjà des blessés et des morts. Ce qui avait achevé d'exaspérer le peuple, c'avait été la nouvelle bientôt répandue que Marmont, duc de Raguse, était nommé commandant en chef des troupes chargées de la répression. Marmont qui, à la cour, passait presque pour un libéral et était, en effet, lié avec quelques-unes des sommités du libéralisme, portait dans l'opinion publique le poids de la trahison dont les proclamations impériales de 1815 l'avaient accusé. L'homme du dix-huit Brumaire qui revenait de l'île d'Elbe, s'écriait : « Soldats! nous n'avons pas été vaincus! Deux hommes sortis de nos rangs ont trahi leurs lauriers, leur prince, leur bienfaiteur. La défection du duc de

---

[1] Louis Blanc, *Histoire de Dix Ans*, t. I, p. 192.

Castiglione livra Lyon. L'élite de l'armée ennemie était perdue sans ressources ; elle eût trouvé son tombeau dans les contrées qu'elle venait de saccager, lorsque la trahison du duc de Raguse livra la capitale et désorganisa l'armée. » Marmont était donc aux yeux de la foule, qui ne raisonne ni ne discute, surtout dans de pareils moments, l'emblème et la personnification vivante de la trahison, de l'invasion, du deuil de la patrie. Son nom même était passé à l'état de verbe et de proverbe : on disait : « Tu me raguses ! » pour dire : « Tu me trahis ! »

On a vu que les lettres de service de Marmont ne lui furent remises par Polignac que le 27 à midi. Le maréchal s'installa à une heure à l'état-major de la garde, place du Carrousel. Rien n'était ni prévu, ni préparé. Les soldats s'étaient dispersés par la ville. Il fallut attendre l'appel de quatre heures pour les réunir et leur faire prendre les armes. Ce ne fut guère qu'à six heures du soir que les troupes de ligne purent agir et venir renforcer la résistance de la gendarmerie et des postes disséminés dans Paris.

Marmont partagea les troupes dont il pouvait disposer en deux grandes divisions dont l'une devait gagner, en marchant le long des quais, la place de Grève et l'Hôtel-de-ville, et dont l'autre avait pour mission de parcourir les boulevards depuis la Madeleine jusqu'à la Bastille et tout le faubourg Saint-Antoine. De plus, deux bataillons de la garde étaient chargés d'occuper le marché des Innocents pour rayonner dans la rue Saint-Denis, l'une vers les boulevards, l'autre vers le fleuve, et entretenir ainsi la liberté des communications.

Ces troupes étaient trop peu nombreuses pour exécuter avec précision un pareil plan ; de plus, elles manquaient de vivres.

La foule croissait à chaque instant dans les rues. On criait : « Vive la Charte ! vive la liberté ! A bas Polignac ! A bas les ministres ! Vive la Ligne ! » La gendarmerie et la garde royale étaient redoutées et haïes.

A une heure, des gendarmes à cheval débouchèrent au galop de la place du Palais-Royal dans la rue de Valois, et se mirent à sabrer dans la cour des Fontaines les citoyens qui s'y étaient réfugiés. Un homme tomba, la tête à demi fendue par un violent coup de sabre. La vue de ce premier sang versé poussa la colère des assistants à son paroxysme. Un fiacre fut renversé devant l'issue de la cour des Fontaines, qui conduit à la rue Montesquieu. C'était là le prélude des barricades. Néanmoins les gendarmes franchirent cette issue et regagnèrent la place du Palais-Royal par la rue des Bons-Enfants. Mais ce ne fut pas sans essuyer une grêle de pierres, de bûches, de pots de fleurs, de meubles même qu'on leur jetait des fenêtres des maisons. Au coin de la rue des Bons-Enfants et de la rue Saint-Honoré, un ouvrier fut frappé mortellement d'une balle. C'était la garde royale qui avait tiré.

Plusieurs barricades furent faites par la foule et enlevées par les soldats sans qu'ils eussent besoin de se servir de leurs armes. La bataille n'était pas encore sérieusement engagée : on se tâtait pour ainsi dire, de part et d'autre. Il semblait que ce ne fût qu'un jeu ; jeu, hélas ! déjà sanglant. Au grand balcon du premier étage d'une maison située rue Traversière-Saint-Honoré (aujourd'hui, rue de la Fontaine-Molière), plusieurs personnes regardaient curieusement ce qui se passait, tantôt dans la rue Saint-Honoré, tantôt dans la rue de Richelieu. Tout à coup un cavalier s'avance jusqu'à la moitié de la rue, examinant les maisons de côté et d'autre. A ce même moment un morceau de papier blanc tomba d'une fenêtre. L'homme prit-il cela pour un signal, ou pour une menace? On ne sait. Toujours est-il qu'il retourna sur ses pas bride abattue, et que peu d'instants après un peloton de garde royale déboucha dans la rue Traversière. Il n'y eut aucune sommation; la rue, d'ailleurs, était absolument vide. Le premier rang des soldats mit un genou en terre. Personne de ceux qui étaient au balcon dont nous avons parlé ne songea à se retirer. On disait : « Ils tirent à poudre; c'est pour effrayer le monde. » Cependant une jeune mère, qui tenait son enfant sur les bras, celui-là même qui écrit aujourd'hui ces lignes et dont le père se battait pendant ce temps-là pour la liberté, eut le pressentiment d'un malheur et courut remettre l'enfant dans son berceau. A peine avait-elle repris sa place sur le balcon, qu'une violente décharge se fit entendre, et qu'elle se sentit entraînée dans la chute d'un corps sur le carreau de l'appartement. Tout le monde s'était rejeté en arrière. Un des spectateurs avait été tué sur le coup. Nul ne le connaissait. C'était un malheureux qu'une personne de la famille avait vu, quelques instants auparavant, courir éperdu devant une charge de cavalerie et qu'elle avait recueilli dans la maison pour le sauver de la mort ! On dut garder le cadavre pendant les trois jours que dura la lutte armée.

Un fait analogue se produisit à l'Hôtel-Royal, à l'angle de la rue des Pyramides et de la rue Saint-Honoré. Un jeune étudiant anglais, nommé Folks, pour échapper à une bagarre, avait demandé asile au maître de l'hôtel dont il était personnellement connu. Il monta et fut assez imprudent pour se mettre à une fenêtre. Une des premières décharges de la garde royale l'atteignit, le tua, et blessa deux domestiques de la maison qui se trouvaient à côté de lui.

Une femme tomba morte sur la place des Victoires. Le cadavre de l'infortunée est relevé par un homme aux bras nus, aux formes athlétiques, à l'œil étincelant. « Là, dit un témoin oculaire, après l'avoir étendue sur le pavé devant lui et au pied de la statue de Louis XIV, cet homme, éperdu, harangue la foule qui l'entoure, et d'un accent qui fait vibrer toutes les âmes, il prononce l'anathème contre les assassins de cette mère de famille. Ramassant de nouveau ce corps inanimé, il s'avance vers le poste de la banque, et à peine arrivé devant les soldats rassemblés sur la porte, il leur lance à la tête ce cadavre tout sanglant et leur dit : « Tenez, voilà comme vos camarades arrangent nos femmes; en ferez-vous autant? »

Un autre cadavre, frappé d'une balle à la tête, est traîné sur la place de la Bourse. Les soldats du poste voisin sont en partie massacrés par la foule qui met le feu au corps-de-garde.

Jusqu'alors, l'insurrection n'avait eu pour direction que l'instinct, l'inspiration populaires. Un élève de l'Ecole polytechnique, qui en avait été expulsé pour avoir, cinq mois auparavant, chanté la *Marseillaise* dans un banquet, le jeune Charras, dont nous eûmes l'honneur, plus de trente ans après, de serrer la main en Hollande, alors que ce républicain honnête et illustre entre les plus honnêtes et les plus illustres était proscrit par l'Empire et approchait de l'heure prématurée qui le ravit à la République et à la patrie, Charras écrivit à un de ses anciens camarades pour l'engager à faire entrer l'Ecole dans le mouvement. L'agitation extérieure pénétra rapidement dans la maison. Les études furent bientôt interrompues, et, en dépit des remontrances et des menaces des supérieurs, une députation de quatre élèves sortit pour se rendre chez Laffitte, Casimir Périer et La Fayette. Quand elle se présenta le soir chez le premier des trois, on lui répondit qu'il était couché. La Fayette, le lendemain, leur conseilla de rester tranquilles. En même temps une réunion avait lieu chez le pharmacien Cadet-Gassicourt, rue Saint-Honoré : Thiers, Cauchois-Lemaire, Chevalier, Bastide, Charles Teste, Aufous, Dupont, Maurice Duval, y assistaient. On y organisa un comité de résistance pour chaque arrondissement. La plupart des membres de ces comités étaient d'anciens *carbonari*. Deux de ces comités seulement eurent le temps de fonctionner. Des émissaires sortirent de Paris pour soulever la banlieue.

L'émeute, qui aspirait à devenir révolution, manquait d'armes.

Elle n'avait pas seulement un drapeau. « Aux dernières lueurs du jour, un homme parut sur le quai de l'Ecole tenant à la main ce drapeau tricolore qu'on n'avait pas vu pendant quinze ans. Aucun cri ne fut poussé, aucun mouvement ne se fit dans la foule rangée le long des parapets du fleuve. Etonnée, silencieuse, et comme recueillie dans ses souvenirs, elle regarda passer en le suivant longtemps des yeux, cet étendard, évocation inattendue de glorieux fantômes ! Quelques vieillards se découvrirent, d'autres versaient des pleurs : tout visage avait pâli ! [1] »

La résurrection du drapeau tricolore, c'était la revanche de la patrie contre l'invasion, de la Révolution contre la Restauration; c'était la tradition de 1789 et de 1792 renouée et rattachant l'avenir à un passé sublime et encore brûlant dans tous les cœurs et dans toutes les mémoires.

Le gouvernement cependant ne perdait rien de son assurance, ni même de son insolence. Comme les ministres Polignac et Montbel regagnaient vers le soir l'hôtel du ministère des Affaires étrangères où les attendait le conseil, sur leur passage des clameurs furieuses, des cris de : « Vive la Charte ! A bas les ministres ! » s'élevèrent de tous côtés. Des pierres lancées avec violence vinrent briser les carreaux de leur voiture, et Jules de Polignac, souriant dédaigneusement, dit à son collègue : « Ce n'est pas une insulte, ce n'est pas une déclaration de guerre, c'est un acte de folie qui sera bientôt réprimé. » Sur un rapport de police assez alarmant, on adopta au conseil à dix heures du soir la résolution de mettre Paris en état de siége. Mais, comme les ministres allaient se séparer, une dépêche de Marmont leur annonça que les rassemblements étaient dissipés, la tranquillité rétablie, et que les troupes n'étant plus inquiétées sur aucun point, rentraient en ce moment dans leurs casernes. Là-dessus, on suspendit la mesure relative à l'état de siége.

Certaines apparences étaient peut-être, en effet, de nature à faire illusion à l'autorité. Après plusieurs charges meurtrières, le quartier du Palais-Royal, le boulevard des Italiens et le boulevard Poissonnière étaient évacués. Une fausse tranquillité régnait partout dans Paris. La garde royale, les Suisses, la gendarmerie, et les lanciers avaient tué ou blessé beaucoup de monde ; on ne leur avait tué personne, et la victoire semblait, en ce moment, appartenir aux auteurs des Ordonnances. Mais dans l'ombre épaisse qu'avaient faite par-

---

[1] Louis Blanc, *Histoire de Dix Ans*, t. I, p. 194.

tout le bris et l'extinction des réverbères, des travailleurs silencieux élevaient un formidable réseau de barricades, tandis que d'autres préparaient des armes et fabriquaient des cartouches. La véritable bataille allait commencer le lendemain.

## LI

### JOURNÉE DU MERCREDI 28 JUILLET

La population prend l'offensive. — Gardes nationaux en uniforme. — Le drapeau tricolore flotte, voilé d'un crêpe de deuil, sur l'Hôtel-de-Ville et sur Notre-Dame. — On brise partout les armes royales. — On crie : « A bas les Bourbons ! » — Billet de Marmont au roi. — Paris en état de siége. — Inutile stratégie de Marmont. — Progrès de l'insurrection. — Réunion de députés chez Audry de Puyraveau. — Protestation rédigée par Guizot ; soixante-deux signatures. — Députation envoyée à Marmont. — Visite de François Arago chez Marmont. — Réponse odieuse et insensée de Polignac à l'officier Delarue. — Conduite loyale de Marmont à l'égard des députés qui l'étaient venus trouver. — Dépêche au roi. — Réponse de celui-ci. — Aspect de Paris insurgé. — La légende du pont d'Arcole. — Toute la ville, jusqu'aux Tuileries, est au pouvoir du peuple. — Réunion de députés chez Bérard. — Charles X fait son whist à Saint-Cloud avec le premier gentilhomme de service.

Dès le point du jour, les rassemblements se formèrent de tous côtés et la population parisienne se montra disposée à prendre l'offensive. Tandis que des ouvriers de toutes les professions marchaient en colonnes serrées portant des bâtons, des piques, des broches, des faux, des haches, des coutelas, des marteaux, des massues garnies de clous, quelques-uns seulement, des armes à feu, tandis que les femmes et les enfants montaient aux étages les plus élevés des maisons des pierres, des pavés, des projectiles de toute espèce, des habitants de chaque rue encourageaient les combattants et les travailleurs, et désignaient à ceux-ci les endroits convenables pour élever des barricades. Bientôt on vit les gardes nationaux, licenciés depuis trois ans, reparaître en uniforme, et prendre part au mouvement avec les élèves de l'École polytechnique dont une ordonnance royale avait prescrit le matin la fermeture, et avec les étudiants des diverses facultés. Le drapeau tricolore qui était apparu la veille dans le vague et le mystère du crépuscule fut vu tout à coup flottant sur l'Hôtel-de-Ville et sur Notre-Dame : un large crêpe le voile en signe de deuil. A cet aspect, tous les cœurs sont enflammés, électrisés. Les enseignes aux armes royales sont insultées, brisées, détruites ; les marchands se hâtent de les faire partout disparaître et effacent partout le mot « royal ». Aux cris de : « Vive la Charte! A bas les ministres ! » on joint celui de : « A bas les Bourbons ! » Le bourdon de la cathédrale est mis en branle et appelle tous les citoyens au combat pour la conquête de la liberté. A neuf heures du matin, Marmont, dont les yeux sont enfin dessillés, écrit au roi le billet suivant :

« Mercredi, 9 heures du matin.

« J'ai déjà eu l'honneur de rendre compte hier à Votre Majesté de la dispersion des groupes qui ont troublé la tranquillité de Paris. Ce matin ils se reforment plus nombreux et plus menaçants. Ce n'est plus une émeute, c'est une révolution. Il est urgent que Votre Majesté prenne des mesures de pacification. L'honneur de la couronne peut encore être sauvé ; demain peut-être il ne serait plus temps. Je prends pour la journée d'aujourd'hui les mêmes mesures que celles d'hier ; les troupes seront prêtes à midi ; mais j'attends avec impatience les ordres de Votre Majesté. »

Dans l'attente d'une réponse à cette communication, le maréchal concentra la plus grande partie de ses troupes au Louvre, aux Tuileries et aux Champs-Elysées, tandis qu'il occupait avec le reste le Palais-Royal, le Palais-de-Justice, le Panthéon, l'Ecole militaire. Mais tandis que Marmont écrivait à Charles X, Jules de Polignac était allé à Saint-Cloud ; il en rapporta l'ordre de réprimer la révolte par la force des armes et une ordonnance royale qui, « considérant qu'une sédition intérieure » avait troublé, « dans la journée du 27, la tranquillité de Paris, » mettait « cette ville en état de siége. »

Le duc de Raguse prit ses dispositions pour obéir. A midi, quatre colonnes se dirigèrent, la première vers l'Hôtel-de-Ville, la seconde vers le marché des Innocents par la rue Saint-Honoré, avec ordre de se tenir en communication avec les boulevards par la rue Saint-Denis et avec les quais par la place du Châtelet, la troisième vers la Bastille par la rue de Richelieu et les boulevards, pour observer le faubourg Saint-Antoine et se tenir en communication avec l'Hôtel-de-Ville, la quatrième vers la Madeleine et les boulevards jusqu'à la rue de Richelieu. Le Palais-Royal et la place Vendôme demeurèrent occupés. Ces troupes de réserve étaient massées aux Champs-Élysées.

Pendant ce temps, et depuis le matin, les insurgés attaquaient les patrouilles, enlevaient les corps-de-garde isolés, se faisaient re-

FIN DE LA RESTAURATION 397

mettre les armes. Le peuple était déjà maître de l'Arsenal, de la poudrière des Deux-Moulins, du dépôt d'armes de la place Saint-Thomas-d'Aquin, de la prison militaire de l'Abbaye. La troisième colonne de troupes envoyée par Marmont contre l'Hôtel-de-Ville dut employer le canon et la mitraille pour en déloger les citoyens, et ce ne fut pas pour longtemps.

A ce même moment, vingt-huit ou trente députés se réunissaient chez Audry de Puyraveau, comme ils en étaient convenus la veille. Plusieurs d'entre eux apportèrent à ce nouveau conciliabule les mêmes hésitations, les mêmes terreurs, la même lâcheté qu'ils avaient montrées chez Casimir Périer. Ce dernier, qui était présent à cette séance, proposa l'envoi d'une députation au duc de Raguse. La Fayette appuya la proposition, et Laffitte désigna pour remplir cette mission délicate, Casimir Périer lui-même, les généraux Gérard et Lobau, et Mauguin. Il fut décidé que les délégués viendraient à quatre heures chez Bérard rendre compte du succès de leur démarche. On allait se séparer, quand Guizot commença la lecture d'un projet de protestation qu'il avait préparé. A côté de la protestation nette et vigoureuse des journalistes, rien ne pouvait paraître plus pâle, plus mol et plus plat que cette pièce dont voici le texte :

« Les soussignés, régulièrement élus à la députation par les collèges d'arrondissement et de département ci-dessous nommés, en vertu de l'ordonnance royale des.... et conformément à la Charte constitutionnelle et aux lois sur les élections des...., et se trouvant actuellement à Paris ;

« Se regardant comme absolument obligés par leur devoir envers le roi et la France de protester contre les mesures que les conseillers de la couronne, trompant les intentions du monarque, ont fait naguère prévaloir pour le renversement du système légal des élections et la ruine de la liberté de la presse;

« Lesdites mesures, contenues dans les Ordonnances des 25 et 26 juillet, sont, aux yeux des soussignés, directement contraires à la Charte constitutionnelle, aux droits constitutionnels de la Chambre des députés, aux droits publics des Français, aux attributions et aux arrêts des tribunaux, et propres à jeter l'Etat dans une confusion qui compromet également la paix du présent et la sécurité de l'avenir.

« En conséquence, les soussignés, inviolablement fidèles à leur serment au roi et à la Charte constitutionnelle, protestent d'un commun accord, non-seulement contre lesdites mesures, mais contre tous les actes qui pourraient en être la conséquence.

« Et attendu, d'une part, que la Chambre des députés n'ayant pas été constituée, n'a pu être légitimement dissoute; d'autre part, que la tentative de former une autre Chambre des députés d'après un mode nouveau et arbitraire est en contradiction formelle avec la Charte constitutionnelle et les droits acquis des électeurs, les soussignés déclarent qu'ils se considèrent comme légalement élus à la députation par les collèges d'arrondissement et de département dont ils ont obtenu les suffrages, et comme ne pouvant être remplacés qu'en vertu d'élections faites selon les principes et les formes voulus par les lois.

« Et si les soussignés n'exercent pas effectivement les droits et ne s'acquittent pas de tous les devoirs qu'ils tiennent de l'élection légale, c'est qu'ils en sont empêchés par une violence matérielle contre laquelle ils ne cesseront de protester. »

Le croira-t-on ? il y eut des députés qui trouvèrent ce langage trop hardi. Le projet fut toutefois adopté. Mais c'était à qui refuserait de mettre sa signature au bas. Quelqu'un dit qu'il suffisait de mettre : « Suivent les signatures. » Bérard insiste sans pouvoir rien obtenir de la couardise de ses collègues.

Le texte de la protestation avait été porté au *Temps* pour y être imprimé. Le gérant de ce journal en apporta une épreuve chez Bérard, où les députés s'étaient de nouveau rassemblés à quatre heures. Il avait fait disparaître toutes les expressions malencontreuses de fidélité au roi et de respect pour le serment prêté à un prince parjure. Le second paragraphe commençait ainsi :

« Se regardant comme absolument obligés *par leur devoir et leur honneur....* »

Le quatrième était modifié comme il suit :

« En conséquence, les soussignés, inviolablement fidèles *à leur serment*, protestent..... »

Mais cela même ne pouvait suffire ; un document anonyme eût été méprisé justement par le public, et il ne convenait point à la dignité d'un journal sérieux de l'insérer. La question des signatures se posa donc de nouveau d'une manière impérieuse.

L'arrogante poltronnerie de Casimir Périer se débattait avec une vivacité extraordinaire sous l'étreinte de la nécessité.

— « Quels moyens de succès, quel espoir de vaincre avez-vous à votre disposition ? s'écriait-il. Renverse-t-on une monarchie avec des bouteilles cassées et des cailloux, avec ses gants et son chapeau ? »

— « On la renverse avec des bras nus, des mains armées de pavés et des cris de liberté, » répondit Bérard en lui présentant la plume pour signer.

Casimir Périer recula de trois pas.

— « Vous voulez donc faire tomber ma tête, Monsieur ? »

— « Non, Monsieur, mais j'expose la mienne avec la vôtre. C'est ce que nous devons tous deux au pays. »

Le grotesque allait *crescendo* :

— « Faites ce qui vous conviendra, dit Sébastiani en gagnant la porte ; pour moi, je ne reconnais à personne le droit de m'imposer son exemple et de se mêler de ma conduite. »

Le général Gérard le suivit ; Bertin de Vaux était déjà sorti.

Guizot les rappela et proposa de signer pour le compte de tous ceux dont les opinions libérales étaient connues et qui étaient en ce moment à Paris.

— « Je me range à cet avis, dit Laffitte en souriant ironiquement ; signons pour nos collègues. Si nous sommes vaincus, ils nous désavoueront ; si nous sommes vainqueurs, c'est à qui d'entre eux voudra avoir signé. »

On inscrivit donc au bas de la protestation ces soixante-deux noms, que l'issue de l'événement y a laissés figurer :

Labbey de Pompières ; Sébastiani ; Méchin ; Casimir Périer ; Guizot ; Audry de Puyraveau ; André Gollot ; Gaëtan de La Rochefoucauld ; Mauguin ; Bernard ; Voisin de Gartempe : Froidefond de Bellisle ; Villemain ; Firmin Didot ; Daunou ; Persil ; Villemot ; de La Riboisière ; comte de Bondy ; Paris-Dufresne ; Girod (de l'Ain) ; Laisné de Villevêque ; Benjamin Delessert ; Marchal ; Nau de Champloui ; comte de Lobau ; baron Louis ; Millaux ; comte d'Estourmel ; comte de Montguyon ; Levaillant ; Tronchon ; général Gérard ; Jacques Laffitte ; Garcias ; Dugas-Montbel ; Camille Périer ; Vassal ; Alexandre de Laborde ; Jacques Lefebvre ; Mathieu Dumas ; Eusèbe Salverte ; de Poulmer ; Hernoux ; Chardel ; Bavoux ; Charles Dupin ; Hély d'Hoyssel ; Eugène d'Harcourt ; Baillot ; général La Fayette ;

Georges La Fayette ; Jouvencel ; Bertin de Vaux ; comte de Lameth ; Bérard ; Duchaffaut ; Auguste de Saint-Aignan ; Kératry ; Ternaux ; Jacques Odier ; Benjamin Constant ; etc., etc., etc.

Bérard, dans ses *Souvenirs historiques*, a caractérisé en connaissance de cause la valeur morale et politique des hommes qui composaient cette réunion.

« C'est là, dit-il, qu'on put surtout apprécier les opinions des députés qui eurent le plus d'influence dans la Révolution de juillet. Les hommes les plus prononcés, ceux dont l'opinion ne s'est jamais démentie, étaient Audry de Puyraveau, Bavoux, Bérard, Bernard (de Rennes), Chardel, Daunou, Duchaffault, Gallot, Labbey de Pompières, La Fayette, Laffitte, Marchal, Mauguin. Ces membres avaient fait le sacrifice de leur vie, et ils étaient prêts à tout tenter pour sauver le pays. Laborde et de Schonen montraient une ardeur au moins égale ; mais ils ne doivent pas être placés sur la même ligne parce qu'ils n'y ont pas longtemps persévéré. Bertin de Vaux, Gérard, Guizot, Louis, Méchin, Persil, Auguste Saint-Aignan, Villemain, ne paraissaient guère moins animés ; mais quelques jours s'étaient à peine écoulés, que presque tout leur patriotisme était pour ainsi dire évaporé. Les autres députés présents à nos réunions se divisaient encore en deux catégories : dans la première se placent les timides, les insignifiants, ceux qui, effrayés de tout ce qui se passait, n'avaient ni le courage de s'y associer franchement ni l'audace de s'y opposer ; que les mesures vigoureuses épouvantaient, qui cherchaient à s'y soustraire, sans oser pourtant se séparer de nous. Je ne comprendrai dans la seconde catégorie que deux députés, parce que seuls ils ont hautement exprimé leur opinion : ce sont Casimir Périer et Sébastiani. J'ignore quel était le fond de leur pensée ; mais ce que je sais bien, c'est que tous leurs efforts ont été employés à entraver le mouvement révolutionnaire, et qu'ils l'eurent tout-à-fait arrêté si cela avait été en leur pouvoir. »

Bérard dit encore à propos de la même réunion :

« Au moment où Sébastiani, Gérard et Lobau se retiraient, ils furent traités durement par des jeunes gens qui se trouvaient dans ma cour, et qui leur reprochaient de manquer à la fois de courage et de patriotisme. Il faut avouer qu'en effet l'heure du dévouement n'avait pas encore sonné pour un grand nombre de nos collègues, et que, pour quelques-uns, cette heure a été bien tardive. Il y avait surtout dans la conduite de Périer des mystères que le temps seul pourra dévoiler, et que le défaut de courage n'explique pas même suffisamment.

Entre la séance que les députés avaient tenue le matin chez Audry de Puyraveau et celle pour laquelle ils s'étaient réunis dans la maison de Bérard, les commissaires désignés par Laffitte s'étaient rendus à l'état-major des Tuileries et avaient été reçus par le duc de Raguse. Ils y avaient été précédés par François Arago qui, accompagné de son fils, était venu, en son nom et au nom d'une amie commune, M<sup>me</sup> de Boignes, pour tâcher de faire comprendre à Marmont le seul parti dont il pouvait encore user : déposer son commandement entre les mains du roi, si Charles X ne retirait ses Ordonnances et ne renvoyait son ministère. La vue du savant républicain produisit une certaine émotion parmi les officiers d'antichambre qui occupaient les abords du cabinet de Marmont. Le colonel Komierowski, aide-de-camp du maréchal, ayant entendu plusieurs de ces individus proférer d'étranges menaces, dit à François Arago : « Monsieur, si quelqu'un porte la main sur vous, je lui fais tomber le poignet d'un coup de sabre. »

Arago trouva Marmont en proie à la plus vive agitation. Il le pressa avec les plus vives instances ; il commençait à l'ébranler ; il allait triompher peut-être de ses hésitations quand l'aide-de-camp du général Quinsonnas, déguisé, méconnaissable, vêtu d'une veste et coiffé d'une casquette en peau de loutre, se précipite dans l'appartement et vient demander du renfort pour son général qui ne peut plus tenir au marché des Innocents.

— « Eh ! s'écrie Marmont, n'avez-vous pas du canon ?

— « Du canon, Monsieur le maréchal ! réplique le messager ; mais on ne dresse pas les canons en l'air ! Et que peuvent les canons contre les pavés, les meubles qui, de chaque fenêtre, tombent sur la tête des soldats ?

— « Du renfort ! reprit le duc de Raguse ; je n'ai pas de renfort à envoyer à votre général. Qu'il se tire de là comme il pourra ! »

L'aide-de-camp étant sorti, Arago allait insister de nouveau sur l'objet de sa visite à Marmont, lorsqu'on introduisit la commission des cinq députés. Arago se retira et s'arrêta dans un salon voisin à causer avec un des aides-de-camp du maréchal, appelé Delarue. Comme il lui apprenait qu'il avait vu sur différents points les troupes fraterniser avec le peuple, Delarue crut de son devoir d'aller avertir Polignac de cette circonstance considérable. Il ne tarda pas à revenir auprès d'Arago, et lui dit : « Nous sommes perdus ! notre premier ministre n'entend pas même le français. Lorsque je lui ai dit que la troupe fraternisait avec le peuple, il m'a répondu : « Eh bien ! il faut tirer aussi sur la troupe ! »

Les ministres, réunis aux Tuileries, avaient décidé la formation d'un conseil de guerre destiné à siéger dans le palais même et à juger au fur et à mesure les insurgés pris les armes à la main. De plus, Polignac avait remis à Raguse la liste des noms de ceux qu'il devait faire arrêter immédiatement comme chefs de la révolte. C'étaient Laffitte, le général Gérard, Mauguin, le général La Fayette, Audry de Puyraveau, Eusèbe de Salverte et Marchais. Marmont venait d'expédier les ordres d'arrestation, quand on lui annonça les cinq députés, parmi lesquels il y en avait trois qui se trouvaient sous le coup de ces ordres. Aussitôt, mu par un louable sentiment de loyauté, il fit courir après le colonel de gendarmerie qui en était porteur et il déchira le papier dès qu'il lui eut été remis.

L'entrevue des députés et du maréchal n'aboutit à rien. Marmont promit d'écrire de nouveau à Charles X, tout en déclarant qu'il n'attendait rien de cette nouvelle démarche ; à quoi Laffitte répondi que, s'il en était ainsi, il était décidé de se jeter corps et biens dans le mouvement. Au dernier moment, le duc de Raguse proposa aux députés de voir le prince de Polignac. Les députés y consentaient ; mais le ministre refusa de les recevoir. Ils se retirèrent, et Marmont expédia au roi la dépêche suivante :

« J'ai mis en mouvement mes différentes colonnes à l'heure indiquée. Le général Talon est à la place de Grève. J'ai une communication assurée avec lui par un bataillon qui occupe le débouché du Pont-Neuf. Le général Saint-Chamans marche par les boulevards pour s'établir place de la Bastille. Le général de Wall, parti de la place Vendôme, occupe avec ses troupes la place des Victoires. Malgré tout cela, tout l'espace entre lui et moi est rempli de groupes insurgés, et nous ne pouvons communiquer que par la place Vendôme.

« Le général Quinsonnas est arrivé au marché des Innocents ; mais, après avoir tourné et détruit plusieurs barricades, et refoulé dans la rue Saint-Denis tout ce qui s'opposait à sa marche, de nouveaux groupes se sont reformés derrière lui, et je ne puis avoir de ses nouvelles que par des officiers déguisés.

« Dans la marche des troupes, partout les groupes se sont dispersés à leur approche ; mais, dans presque toutes les rues, des coups de fusil sont partis des fenêtres de toutes les maisons; les troupes assaillies ont riposté et leur marche partout n'a été qu'un combat.

« Les troupes ne sauraient courir le risque d'être forcées dans leurs positions; mais je ne dois pas vous cacher que la situation devient de plus en plus grave.

« A l'instant où j'allais fermer ma lettre, se sont présentés chez moi MM. Casimir Périer, Laffitte, Mauguin, le général Gérard et le général Lobau. Ils m'ont dit qu'ils venaient me demander de faire cesser le feu. Je leur ai répondu que je leur faisais la même prière; mais ils mettent pour condition à leur coopération la promesse du rapport des Ordonnances. Je leur ai répondu que, n'ayant aucun pouvoir politique, je ne pouvais prendre aucun engagement à cet égard. Après une assez longue conversation, ils se sont bornés à me demander de rendre compte de leur démarche à Votre Majesté. Je pense qu'il est urgent que Votre Majesté profite sans retard des ouvertures qui lui sont faites. »

Le tableau que traçait Marmont au roi de la situation était fort adouci, et lui-même ne connaissait pas la vérité dans toute son étendue. Mais il agissait assurément dans le sens des intérêts bien entendus de la dynastie en conseillant à Charles X de capituler avec l'insurrection avant qu'elle fût en état de lui imposer des conditions plus dures. Polignac fut moins bien avisé en faisant devancer le courrier de Marmont par un courrier à lui, chargé aussi de remettre au roi une lettre qui devait à l'avance détruire dans l'esprit de ce vieillard inintelligent et obstiné l'effet qu'eût pu y produire le langage du maréchal.

L'entêtement royal, aidé de l'aveuglement ministériel, triompha également d'une autre tentative de rapprochement essayée sous les auspices du général Gérard avec l'approbation et le concours de Casimir Périer [1] et d'Alexandre de Girardin par le docteur Thibaut et le baron de Vitrolles. Quant au message envoyé à Saint-Cloud par le duc de Raguse, Charles X répondit au porteur qu'il le chargeait de dire au maréchal « de tenir bien, de réunir ses forces au Carrousel et à la place Louis XV, et d'agir avec des masses. »

Ce fut alors seulement que sur la demande de Marmont, Polignac

---

[1] Dans la matinée du 28, Casimir Périer disait à Alexandre de Girardin : « Ce qui convient le mieux à la France, ce sont les *ultra*. »
Fidèle à son caractère de frayeurs et d'hésitations perpétuelles, il disait à Laffitte en se rendant avec lui chez Raguse : « Je crains bien que nous n'allions nous jeter dans la gueule du loup. » Il n'était pas, on l'a vu, sur la liste que d'ailleurs Marmont déchira, et il ne courait aucun danger personnel.

se décida à faire expédier l'ordre à toutes les compagnies de gardes du corps de se tenir prêtes à se réunir, à Saint-Cloud, aux élèves de Saint-Cyr, de s'y rendre avec leurs quatre canons, aux régiments de la garde en garnison à Beauvais, à Orléans, à Rouen, à Caen, et aux troupes formant les deux camps de Lunéville et de Saint-Omer, de se diriger sur Paris à marches forcées.

Quoi qu'on fît, il n'était plus possible d'arrêter les progrès du mouvement ni d'empêcher son triomphe définitif.

« Dès le milieu de la journée, dit un historien de la Restauration, l'insurrection ne s'avançait plus par pelotons épars, par bandes isolées; elle marchait par masses; elle opposait quelquefois les bataillons aux bataillons. De tous côtés les renforts lui arrivaient; chacun lui apportait son intrépidité, son expérience des armes ou l'adresse avec laquelle il savait y suppléer. Les ouvriers surtout habitués à manier le fer étaient la terreur des cavaliers et des fantassins : ils frappaient avec leurs pics et leurs haches comme les manants de Senlis frappaient avec leurs massues à la bataille de Bouvines. Mais les pics, les faulx et les haches n'étaient déjà plus les seules ressources auxquelles ils fussent réduits ; leurs conquêtes avaient doublé leurs forces et changé subitement leur manière de batailler. Ils ne se risquaient plus seulement avec les grossiers outils de leurs ateliers, avec les sabres pacifiques des théâtres du mélodrame et du cirque de Franconi; le fer et l'acier pris d'assaut dans les dépôts du Gouvernement leur servaient pour combattre le Gouvernement.

« C'était quelque chose de bizarre et de confus, quelque chose de grotesque et de terrible, que l'aspect de ces mille batailles et que la vue de tels combattants. Au feu régulier des pelotons de la garde, aux baïonnettes croisées et serrées, aux canons de campagne jetant les biscaïens et la mitraille avec précision, ils opposaient la témérité, la diversité, le désordre de leurs attaques tour à tour partielles ou générales, mais toujours imprévues, toujours soutenues, et ne cessant ici que pour recommencer plus loin. Le soleil de juillet dardait sur leurs têtes ses rayons brûlants : la plupart avaient jeté leurs vestes ou leurs habits pour avoir des allures plus libres et comme pour être égaux devant l'ennemi ; ils montraient des poitrines nues, des visages en feu, des figures noircies et où ruisselaient la sueur et le sang. Les fusils de l'Arsenal, ceux des corps-de-garde, les pistolets, les riches poignards, les damas tranchants livrés par les armuriers parisiens, les instruments enlevés aux chantiers des faubourgs, les massues de fer ou de bois, se trouvaient pêle-mêle en leurs mains avec les armes antiques surprises au Musée d'artillerie quand ils en avaient brisé les portes le matin. Les uns, le casque au front, le bouclier au bras et la lance au poing, poursuivaient les grenadiers de la garde comme s'ils eussent couru sus aux Sarrazins ; les autres portaient des hallebardes, des pertuisanes, ou frappaient avec la crosse de ces longs fusils à mèche que redoutait Bayard et qui sont encore en usage dans les montagnes de l'Albanie. Celui-ci traînait la lourde épée d'un Franc ; celui-là s'était couvert d'une armure exhumée d'un tombeau romain ; aux uns vous voyiez la dague des tournois ou l'épée des mousquetaires gardiens des hôtes de Versailles et de Trianon, tandis que d'autres brandissaient les piques de 93, déjà teintes de sang dans des insurrections populaires ou des luttes pour la liberté. »

Nous n'avons pas le projet de reproduire dans tout leur détail le récit des épisodes si variés et si nombreux des trois *Glorieuses*, comme on a appelé les journées de 1830. Ce récit se trouve partout ; et d'ailleurs, — la chose est triste à dire, mais n'en est pas moins vraie, — les hommes de notre temps sont en quelque sorte blasés sur le sujet des révolutions et des journées. L'histoire, sans se répéter, surtout dans l'enchaînement des faits et dans leurs conséquences va toujours se développant, et souvent se ressemble dans les manifestations extérieures de ce développement. C'est ainsi que les tableaux qui avaient déjà passé sous les yeux de nos pères se sont présentés et représentés aux nôtres sous des aspects nouveaux, avec des modifications diverses, mais en conservant à peu près le même fond et la plupart des incidents.

Quelques-uns des épisodes de la Révolution de Juillet sont passés à l'état de légendes. Tel est l'acte de dévouement auquel donna lieu une des tentatives nombreuses faites pour chasser de la place de Grève les troupes du général Talon qui l'occupaient. « Ce fut sur ce même champ de bataille, dit l'auteur de l'*Histoire de Dix Ans*, que fut poussé par un jeune homme qui portait un drapeau tricolore ce cri héroïque : « Mes amis, si je meurs, souvenez-vous que je me « nomme d'Arcole. » Il tomba mort, en effet ; mais le pont qui reçut son cadavre a, du moins, gardé son nom. »

On lit dans un autre historien : « Là périt Darcole, enfant qui, renouvelant l'un des plus beaux faits d'armes de la République, alla planter le drapeau national au milieu du pont suspendu de la Grève et tomba mort en l'embrassant. On a donné son nom à ce pont, témoin d'un dévouement dont le souvenir ne doit pas s'effacer. » Et en note : « On n'a pu trouver aucune trace de cet enfant et personne qui portât son nom. Son dévouement sur ce pont qui s'appela trois jours pont *Darcole* et qu'on nomma depuis pont d'*Arcole*, est peut-être une scène imaginée pendant la bataille pour exalter le courage des combattants. » Moins sceptique, l'écrivain de l'*Histoire des deux Restaurations* a, croyons-nous, donné la véritable explication du fait [1] : « Ce fut, dit-il, dans une tentative faite sur ce passage découvert, exposé de toutes parts aux balles, que tomba un jeune homme tenant un drapeau à la main, et qui s'élança en prononçant le mot d'*Arcole*, comme une invocation à l'acte héroïque qu'il entendait renouveler. »

On ne saurait nier, toutefois, que la fiction ne se mêlât parfois à la réalité dans ces moments de fièvre et d'ébullition. Ainsi dès le matin du mercredi, des partisans de l'insurrection répandirent le bruit de la fuite de Charles X et de la formation d'un gouvernement provisoire dont faisaient partie le général de La Fayette, le général Gérard et le duc de Choiseul. Des affiches portant ces noms furent placardées vers midi sur les murs. En même temps il circulait de tous côtés de petits imprimés où on lisait : « La patrie tient un bâton de maréchal à la disposition du premier colonel qui fera cause commune avec le peuple. »

Quand le dernier roi de France ordonnait naïvement au maréchal Marmont, duc de Raguse, de réunir ses forces au Carrousel et à la place Louis XV, la nécessité ne lui laissait, en effet, plus d'autre parti à prendre. Vers six heures du soir, des quatre colonnes qui étaient sorties à midi des Tuileries, une seule, celle qui occupait la place de Grève, n'avait pas encore été obligée de se replier. A son tour, elle évacua cette position à minuit, et rentra aux Tuileries avec une partie de ses blessés. Le peuple reprit immédiatement possession de l'Hôtel-de-Ville.

A dix heures du soir, une dizaine de députés s'étaient encore réunis chez Bérard. Ils ne conclurent à rien et se donnèrent rendez-vous pour le lendemain, à six heures du matin, chez Laffitte.

A Saint-Cloud, Charles X était allé se coucher tranquillement

---

[1] Le pont d'Arcole, la rue du 29 Juillet, la rue Jeannisson, la rue Vanneau, la colonne de Juillet, sont autant de souvenirs de la Révolution de 1830, que le gouvernement qui était issu du résultat de ce grand mouvement eut le bon goût, il faut lui rendre cette justice, de conserver et d'entretenir. Il est fâcheux que les haines aveugles et ridicules de la réaction, mal déguisées sous une fausse pruderie philanthropique et une honteuse hypocrisie de conciliation, n'aient pas laissé subsister le nom de la rue du 24 Février après 1848.

après avoir fait, selon la coutume et l'étiquette, son whist avec le premier gentilhomme de service.

## LII

#### JOURNÉE DU JEUDI 29 JUILLET

Marmont se tient sur la défensive. — Il adresse une proclamation aux Parisiens. — Elle ne parvient pas à son adresse. — Projets et tentatives de conciliation ; Sémonville et d'Argout. — Attaque du Louvre. — Deux régiments de ligne font cause commune avec la révolution. — Le peuple aux Tuileries. — Les troupes battent en retraite à travers les Champs-Élysées. — Dépêche du dauphin à Marmont. — La retraite des troupes est inquiétée. — La caserne de la rue de Babylone. — Caractères d'humanité et de générosité qui signalent la révolution de juillet. — Sac de l'archevêché. — Le peuple fusille les voleurs. — Sémonville et d'Argout à Saint-Cloud. — Entêtement de Charles X. — Vitrolles propose un changement de ministère. — Arrivée de Marmont et de son état-major à Saint-Cloud. — Stupide et atroce réponse du dauphin à un colonel d'infanterie. — Cabinet Mortemart. — Vitrolles, Sémonville et d'Argout rentrent à Paris. — Ils y trouvent établi un gouvernement provisoire. — La Fayette, commandant de la garde nationale. — Réunion chez Laffitte. — Alerte. — *Moniteur universel* du jeudi 29 et du vendredi 30 juillet 1830. — « Le général » Dubourg. — Baude à l'Hôtel-de-Ville. — Solliciteurs : Alexandre de Laborde ; Montalivet, etc. — Proclamation de la Fayette. — Sémonville, d'Argout et Vitrolles à l'Hôtel-de-Ville. — Ils n'obtiennent rien. — Chez Laffitte, où se rend d'Argout, Thiers, Mignet et Béranger s'opposent à tout arrangement. — Mortemart arrive trop tard.

Marmont, défenseur malgré lui des Ordonnances, était réduit lui-même, dès le troisième jour de la lutte, à se tenir sur la défensive. La garde royale, dans le mouvement général de retraite où elle était entraînée, faisait encore assez bonne contenance. Mais les troupes de ligne succombaient à la faim, à la fatigue, à la chaleur, au découragement. En dehors du quadrilatère allongé qui s'étendait entre le Louvre, la Seine, le bois de Boulogne, le faubourg et la rue Saint-Honoré, et dans lequel était enfermée, sauf du côté de Saint-Cloud, l'armée du duc de Raguse, l'insurrection était maîtresse de tout Paris. Il ne lui restait plus qu'à s'emparer du Louvre et des Tuileries pour rendre son triomphe définitif. Dès sept heures du matin, le jeudi 29, elle se préparait à l'attaque de ces deux palais, tandis que, d'autre part, elle gagnait les quartiers situés sur la rive gauche de la Seine et qui jusqu'alors étaient demeurés paisibles.

Un ordre des ministres avait convoqué la Cour royale aux Tuileries. L'avocat général de Bayeux arrive vers huit heures du matin.

— « Ce n'est donc pas une simple émeute ? lui demande Peyronnet.

— « C'est une véritable révolution qui ne vous laisse aucune ressource, car je ne vous vois aucun appui.

— « Ah ! vous avez bien raison, monsieur l'avocat général, dit alors le ministre de la marine ; car vous voyez là (il montrait la garde sur la place du Carrousel) nos seuls défenseurs ; et voilà vingt-quatre heures qu'ils n'ont rien mangé, et que leurs chevaux n'ont pas eu de fourrage ! »

Répondant à différentes questions, l'avocat général assura aux ministres que, hors ce qui les environnait, tout était calme et dans l'ordre le plus admirable ; que les propriétés étaient respectées, que tout soldat fait prisonnier était traité comme un ami, et que l'on n'avait pas même pillé leurs hôtels. Et il ajouta : « C'est la population tout entière qui se soulève ; les femmes montent des pavés dans leurs chambres pour les jeter sur la tête des soldats, pendant que leurs maris se font tuer dans les rues. Les habitants des campagnes accourent armés de fourches et de faux ; le soulèvement est universel, et toute tentative pour le comprimer complètement inutile. »

Marmont en était convaincu de son côté ; et, sans même prendre l'avis des ministres, il rédigea et s'efforça de faire répandre la proclamation suivante :

« Parisiens !

« La journée d'hier a fait répandre bien des larmes ; il n'y a eu que trop de sang versé. Par humanité, je consens à suspendre les hostilités dans l'espérance que les bons citoyens se retireront chez eux et reprendront leurs affaires ; je les en conjure avec instance.

« Au quartier-général de Paris, le 29 juillet 1830.

« *Le maréchal duc de Raguse.* »

En même temps, Marmont convoquait aux Tuileries les maires des douze arrondissements.

Le maire du douzième arrondissement, celui du dixième et son adjoint, et l'adjoint du onzième se présentèrent seuls avec quelques commissaires de police. Quant à la proclamation, elle ne put ni être imprimée, ni être copiée à un nombre suffisant d'exemplaires pour être connue ; et l'eût-elle été, qu'elle venait trop tard pour produire un résultat quelconque. La lutte continua donc et s'étendit, comme nous l'avons déjà mentionné, sur la rive gauche de la Seine.

Il y avait cependant encore des gens qui croyaient à la possibilité d'un arrangement, d'un rapprochement entre la nation et le roi. De ce nombre étaient le grand-référendaire de la Chambre des pairs, de Sémonville, et d'Argout, autre pair de France. Il s'agissait surtout pour eux de sauver la pairie. Ils se présentèrent d'abord au quartier-général, virent Marmont, eurent un colloque violent avec Polignac et ses collègues, et finirent par proposer au maréchal d'arrêter les ministres. Raguse, qui trahissait tous les partis pour n'en savoir prendre aucun avec résolution et d'une manière complète, fut sur le point de se rendre aux instances des deux pairs, puis se ravisa et n'écrivit point l'ordre d'arrestation. Alors, de Sémonville et d'Argout courent à Saint-Cloud, où les ministres, qui partent en même temps qu'eux, s'efforcent de les devancer.

Tandis que des groupes nombreux d'insurgés guidés et animés par Jules Bastide, C. Thomas, Godefroy Cavaignac, Guinard, Quinette, Boinvilliers, Joubert, attaquent le Louvre du côté de la Colonnade et les Tuileries du côté du pont Royal, le 53e et le 5e régiments de ligne, postés à la place Vendôme, font cause commune avec la Révolution, se rendent à l'hôtel Laffitte, et laissent la droite de Marmont découverte. Celui-ci, qui redoute une pareille défection de la part du 15e léger et du 50e de ligne, ordonne à ces deux régiments de quitter les Tuileries et de se replier dans les Champs-Élysées. En même temps et aussi par l'ordre du maréchal, un des deux bataillons suisses qui défendent le Louvre se porte rue de Rivoli et barre la rue de Castiglione. L'autre bataillon, sur une communication verbale mal comprise, ou mal exécutée, se concentre dans la cour. Aussitôt, les insurgés qui ont vu les fenêtres du palais se dégarnir de défenseurs, se précipitent ; un enfant gravit la pente d'un tuyau de décharge, pénètre dans les appartements et se présente aux soldats qui fuient épouvantés en criant que le peuple est dans le Louvre. La panique gagne le bataillon, et les officiers avec leurs hommes courent en désordre dans la direction des Tuileries. La foule envahit alors le palais et tire des fenêtres sur la rue du Musée, la place du Carrousel et la cour des Tuileries. Marmont accourt, rallie une soixantaine de soldats qui tirent quelques coups de fusil pour protéger la retraite. Là est tué le jeune Farcy, de l'École normale, dont nous avons vu longtemps une inscription, placée contre l'hôtel de Nantes, rappeler la mort glorieuse à tous les passants jusqu'au moment où la place du Carrousel fut achevée par la disparition tardive de cette unique maison. Le sauve-qui-peut se poursuit à travers le palais et le jardin des Tuileries. Les insurgés placés à l'entrée du Pont-Royal ont vu les soldats sauter des fenêtres du rez-de-chaussée dans le jardin. Sans perdre un moment, ils s'élancent vers un guichet ouvert près du pavillon de Flore, entrent dans les appartements, montent à la salle des Maréchaux et vont dresser le drapeau tricolore sur le dôme du pavillon de l'Horloge. Pendant ce temps, la foule inondait tous les appartements du vaste palais, et le maréchal Marmont, duc de Raguse, avec toutes ses forces, se repliait à travers les Champs-Elysées.

« Au moment où les troupes parcouraient ainsi la ligne qui s'étend du Louvre à l'Arc-de-l'Etoile, une fenêtre s'ouvrait lentement à l'angle de la rue de Rivoli et de la rue Saint-Florentin. « Oh! mon Dieu! que faites-vous, monsieur Keiser, s'écrie, du bout d'un appartement somptueux, une voix frêle et sénile? Vous allez faire piller l'hôtel! — Ne craignez rien, répondit M. Keiser, les troupes battent en retraite, mais le peuple ne songe qu'à les poursuivre. — Vraiment! reprit M. de Talleyrand; et, faisant quelques pas vers la pendule : « Mettez en note, ajoutait-il d'un ton solennel, que le 27 juillet 1830, à midi cinq minutes, la branche aînée des Bourbons a cessé de régner sur la France » [1].

En arrivant à la barrière de l'Etoile, Marmont reçut du Dauphin une dépêche conçue en ces termes :

« Mon cousin, le roi m'ayant donné le commandement en chef de ses troupes, je vous donne l'ordre de vous retirer avec toutes les troupes sur Saint-Cloud. Vous y servirez sous mes ordres. Je vous charge en même temps de prendre les mesures nécessaire pour faire transporter à Saint-Cloud toutes les valeurs du trésor royal, suivant l'arrêté que vient de prendre le ministre des finances. Vous voudrez bien prévenir immédiatement les troupes qu'elles ont passé sous mon commandement.

« De mon quartier-général de Saint-Cloud, le 29 juillet 1830.

« LOUIS-ANTOINE.

« Pour le Dauphin :

« *Le major général* baron GRESSOT. »

Les troupes françaises durent se trouver extraordinairement flattées d'être placées par Sa Majesté le Roi sous le commandement

---

[1] Louis Blanc, *Histoire de Dix Ans*, t. I, p. 260-261.

de Son Altesse Royale le Dauphin de France. Tout le temps qu'avait duré la lutte et que le sang avait coulé, elles n'avaient point ouï parler de ces gens-là qui se tenaient royalement et prudemment tranquilles à Saint-Cloud tandis que d'autres se battaient pour la défense de leur cause. Les augustes personnages reparaissaient dès que le danger disparaissait.

Les troupes furent assez vivement inquiétées dans leur retraite, particulièrement lorsqu'elles arrivèrent dans le haut du faubourg du Roule, à Chaillot et à Passy. D'un autre côté, dans le faubourg Saint-Germain, l'attaque de la caserne des Suisses, située rue de Babylone, donna lieu à un combat meurtrier. Les insurgés, conduits par Charras, Vanneau, Lacroix et d'Ouvrier, rencontrèrent une résistance désespérée dont l'incendie put seul amener la fin. Beaucoup de Suisses furent tués. Ceux qui furent faits prisonniers durent la vie à la clémence du peuple dont toute la conduite donna à cette admirable Révolution un caractère nouveau, étrange et sublime de générosité et d'abnégation.

« Trente-huit ans auparavant, au 10 août, tout passant signalé comme un Suisse déguisé était voué à une mort certaine. Grâce au progrès de l'éducation générale et à l'adoucissement des mœurs, ces scènes, en 1830, ne se reproduisirent pas. Loin de là : on ne se bornait pas à respecter le soldat qui se rendait ; on le relevait, même en plein combat, s'il était tombé : on lui donnait à manger, s'il avait faim ; on lui facilitait les moyens de rejoindre son corps ou de rentrer dans sa famille. Il n'y avait pas de prisonnier dans le sens ordinaire du mot : un assez grand nombre de Suisses et de gendarmes, demeurés oubliés ou cachés au Palais-Royal, soit dans certaines parties des Tuileries et du ministère des Affaires étrangères, recouvrèrent leur liberté, dès que les combattants auxquels ils avaien rendu les armes furent parvenus à leur procurer des coiffures et des vêtements qui, en leur permettant de se confondre dans la foule, les mettaient à l'abri de toute insulte. Jamais peuple, dans une révolution, ne montra plus de courage, de dévouement et de modération dans le combat, plus de générosité dans la victoire. Pendant deux jours, on put voir nombre de pauvres gens presque sans habits, ruisselants de sueur, noirs de poudre, haletants de soif, épuisés par la faim, refuser l'argent qu'on leur offrait, n'accepter que du vin trempé d'eau et du pain, et, après un court repos, ne demander d'autre récompense de leurs fatigues que des munitions et des armes pour retourner à la bataille. Loin de tirer vanité de périls qu'ils bravaient, ils respectaient la neutralité des curieux, les avertissaient du danger, et n'hésitaient pas, au milieu du feu le plus vif, de se charger seuls du soin de secourir les blessés mêmes de leurs adversaires. Pures dans leur cause, héroïques dans leurs faits, ces *journées*, dont la population parisienne a pu se montrer fière à bon droit, et que, à juste titre, elle a nommées *glorieuses*, offrirent un rare spectacle de vertu politique et de moralité. Ce n'étaient pas des passions brutales, des appétits bas et cupides, qui venaient de mettre les armes aux mains de la classe laborieuse ; cette classe, maîtresse de la ville, entrée de vive force dans une foule d'établissements et de dépôts publics où se trouvaient de grandes richesses, ne se borna pas à les respecter, elle les protégea [1]. »

Toutefois, une rumeur fausse et ridicule qui accusait l'archevêque, ses chanoines et plusieurs Jésuites d'avoir tiré sur le peuple des fenêtres du palais archiépiscopal, attira sur ce point la vengeance aveugle de la multitude qui mit la demeure du prélat à sac, mais ne déroba rien et jeta dans la Seine, les meubles, les livres, les ornements sacerdotaux, en un mot, tout ce qu'elle trouva de précieux. D'autre part, des détenus évadés de la Conciergerie pénétrèrent dans le château des Tuileries et y commirent quelques vols. Dès que les insurgés s'en aperçurent, ils firent bonne garde, et fusillèrent les voleurs pris en flagrant délit.

Pendant que le peuple, reprenant possession de sa souveraineté, occupait en maître le palais de la royauté fugitive ; pendant que chacun, pour sa part de souveraineté, s'asseyait un instant sur le velours du trône jusqu'à ce que des mains inconnues y plaçassent un cadavre comme le véritable symbole de la monarchie détruite, Charles X, à Saint-Cloud, dans l'infatuation du droit divin, prenait encore son pouvoir en sérieux et disputait des concessions illusoires quand la réalité brutale ne lui laissait plus rien à concéder. La visite des deux pairs de France, d'Argout et de Sémonville, n'aboutit d'abord qu'à faire substituer le commandement du Dauphin à celui de Marmont et à ordonner l'évacuation de Paris. Sémonville eut beau se jeter, se traîner aux pieds du roi, il ne put lui faire comprendre toute la gravité de la situation ; il eut beau lui dire : « Demain à midi, il n'y aura plus ni roi, ni dauphin, ni duc de Bordeaux ! » Le roi lui repartit aigrement : « Vous nous accorderez bien jusqu'à une heure ! » Et le dauphin, et les ministres étaient d'accord avec lui pour ne vouloir pas entendre parler de la révocation des Ordonnances et d'un

---

[1] *Histoire des Deux Restaurations*, par Ach. de Vaulabelle, t. VIII, p. 293-294.

changement de cabinet que Sémonville réclamait avec les plus vives instances. Vitrolles arriva, avec la proposition de faire du duc de Mortemart le chef d'un nouveau ministère et de confier au général Gérard le portefeuille de la guerre. On se décida à délibérer là-dessus. Les heures succédaient aux heures, et la délibération n'avançait pas, ne produisait aucun résultat. Quelqu'un vint annoncer la prise du Louvre et des Tuileries par le peuple. La présence de Marmont ne tarda pas à confirmer cette terrible nouvelle. Charles X accueillit le maréchal avec calme, avec bonté même. « Marmont était arrivé accompagné d'aides-de-camp, d'officiers d'ordonnance, et de lanciers d'escorte dont les visages pâlis par la fatigue et ruisselants de sueur, les cheveux et la barbe incultes, les vêtements couverts de poussière contrastaient avec la tenue de cour des personnes de service. Ces officiers et ces soldats n'avaient vécu, depuis la veille au matin, comme le maréchal lui-même, que de pain trempé dans du vin ; ils n'en restèrent pas moins dans une sorte d'isolement qui se prolongea jusqu'au moment où l'on connut la réception amicale faite par le roi au duc de Raguse. Des rafraîchissements leur furent alors envoyés par le premier maître d'hôtel ; à la vue des carafes d'orangeade, d'orgeat et des sucreries qui leur étaient offertes, quelques officiers ne purent retenir leur mécontentement. « Croyez-vous donc que nous revenons du bal ! » s'écria le colonel de Komierowski. « Donnez-nous plutôt un morceau de viande et un verre de vin [1]. »

Ainsi, jusque dans les plus petites choses, il ne se faisait rien que de malencontreux autour de la monarchie bourbonnienne à ses derniers moments.

Cependant le roi ne voulait se résoudre à rien sans l'avis du dauphin ; le dauphin ne voulait pas se prononcer avant d'avoir constaté l'état et les dispositions des troupes. Il monte à cheval, passe froid et muet devant les détachements rassemblés à Boulogne, ne répond rien au maire et aux adjoints d'Auteuil, qui réclament la révocation des Ordonnances, et demande au colonel du 6ᵉ régiment d'infanterie de la garde combien il a perdu d'hommes.

— « Beaucoup, Monseigneur ! » répond le colonel avec des larmes dans la voix.

Et l'Altesse royale lui fait cette réplique, non moins sotte que princièrement féroce :

— « Il vous en reste encore pas mal ; vous en avez encore bien assez. »

[1] *Histoire des Deux Restaurations*, par Ach. de Vaulabelle, t. VIII, p. 313-314.

De retour à Saint-Cloud, Louis-Antoine de France daigna consentir à la formation d'un cabinet Mortemart-Gérard.

Le duc de Mortemart, dont la personne répugnait si fort au roi et au dauphin qui le considéraient comme entaché de libéralisme pour avoir reçu dans son salon quelques pairs plus ou moins hostiles au ministère Villèle et favorables au ministère Martignac, le duc de Mortemart appelé auprès de Charles X ne céda qu'aux instances de ce prince et n'accepta la mission qui lui était offerte de si mauvaise grâce qu'après une longue résistance et sans se dissimuler les dangers ou l'inutilité du rôle qu'on lui imposait. A cinq heures du soir seulement, Vitrolles, Sémonville et d'Argout quittèrent Saint-Cloud, sans aucune pièce écrite, sans aucun document authentique et officiel, avec les instructions simplement verbales du roi pour aller annoncer aux Parisiens la chute du ministère Polignac. En arrivant aux Champs-Élysées, ils apprirent avec stupéfaction qu'un gouvernement provisoire siégeait à l'Hôtel-de-Ville. Ils s'y rendirent.

Voici ce qui était arrivé :

Les députés qui, le 28 au soir, s'étaient donné rendez-vous pour le lendemain matin à six heures chez Laffitte, n'étaient encore, vers neuf heures, que huit ou dix dans le salon de leur collègue. Leur nombre avait à peu près doublé deux heures plus tard. Ils étaient trente à midi, et ouvrirent alors une sorte de séance sous la présidence du maître de la maison. Denis Lagarde, secrétaire rédacteur titulaire de la Chambre des députés, fut chargé de dresser le procès-verbal dont il n'est pas hors de propos d'extraire quelques passages.

Laffitte prit d'abord la parole en ces termes :

« Il est indispensable que nous prenions la direction des affaires, non sous le titre de gouvernement provisoire, mais avec notre caractère de députés. Si nous ne donnions pas une direction régulière au mouvement de la population, il serait possible que le découragement s'emparât des esprits, que le désordre surgît de toutes parts, que des incendies même vinssent à éclater dans la ville. Il faut, d'ailleurs, que les régiments disposés à venir à nous sachent à qui s'adresser. En un mot, une direction est appelée par tout le monde et commandée impérieusement par les circonstances. J'appelle sur ce point toute votre attention. »

La Fayette est introduit et s'exprime ainsi :

« La volonté d'un grand nombre de citoyens est que j'accepte, non comme député, mais comme individu, le commandement de la garde nationale. Un vieux nom de 89 peut être de quelque utilité dans les graves circonstances où nous sommes. Attaqués de toutes parts, nous devons nous défendre... »

On annonce la prise du Louvre par le peuple. Après cette interruption, le général reprend son discours :

« On m'invite à me charger d'organiser la défense. Il serait étrange et même inconvenant que ceux qui ont donné de vieux gages de dévouement à la cause nationale refusassent de répondre à l'appel qui leur est adressé. Des instructions, des ordres me sont demandés de tous les côtés. On attend mes réponses. Croyez-vous qu'en présence des dangers qui nous menacent l'immobilité convienne à ma vie passée et à ma vie présente ? Non, ma conduite sera, à soixante-treize ans, ce qu'elle a été à trente-deux. Il importe, je le sens, que la Chambre se réserve en qualité de Chambre ; mais le devoir me prescrit, à moi, citoyen, de répondre à la confiance publique, et de me dévouer à la défense commune. »

Guizot, Mauguin, Bertin de Vaux prennent successivement la parole. Sans s'arrêter aux idées exprimées par Guizot et Bertin de Vaux, Laffitte presse la conclusion de la délibération :

« Je crois, dit-il, apercevoir dans toutes les opinions émises le vœu unanime de voir former une commission municipale parisienne qui veillera à la défense, à l'approvisionnement et à la sécurité de la capitale. Je vais mettre cette proposition aux voix. »

La proposition est adoptée à l'unanimité. La Fayette accepte définitivement le commandement de la garde nationale. Le général Gérard est nommé commandant des troupes et déclare qu'il est « heureux de se voir appelé à servir sous les ordres de son vénérable collègue. » On allait procéder au scrutin pour la nomination des cinq membres appelés à former la commission municipale quand un tumulte effroyable et le bruit tout proche de feux de peloton jettent la panique dans la grave assemblée des législateurs. « Nous sommes trahis ! crie l'un d'eux ; on vient nous arrêter. »

Aussitôt, députés de courir et de s'échapper, pâles et hors d'haleine, par les portes, par les fenêtres, de se réfugier dans les écuries, dans les endroits les plus secrets de la maison. On eût dit la mise en action de la jolie fable de La Fontaine :

. . . . . . . . . . . . . .
. . . . . . . . . . . . . .
Mais quelqu'un troubla la fête
Pendant qu'ils étaient en train.

> A la porte de la salle
> Ils entendirent du bruit ;
> Le rat de ville détale ;
> Son camarade le suit.

On lit à ce sujet dans le procès-verbal de la réunion :

« ....... la séance est interrompue quelque temps par des coups de fusils tirés au dehors et par toutes les apparences extérieures d'une alerte. Au milieu du désordre que cause cette méprise, le président reste immobile et calme sur le fauteuil où l'enchaînent de vives souffrances. »

Cette phrase veut-elle dire que, si Laffitte ne se fût récemment foulé le pied, il eût mis à profit, comme ses camarades, la recommandation de la Satire Ménippée :

> Il n'est que de bien courir.

On serait tenté de le croire ; car il dit à un de ses neveux qui était demeuré seul près de lui : « Quand on se mêle de politique en temps de révolution, il faudrait au moins avoir la liberté de ses jambes. »

Cette aventure grotesque pouvait se résumer dans ces mots qui servent de titre à une comédie de Shakspeare : *Much ado about nothing*, beaucoup de bruit pour rien. Les soldats du 5$^{me}$ de ligne, en arrivant à l'hôtel Laffitte, avaient déchargé leurs armes en l'air pour donner à la foule la preuve de leurs intentions pacifiques. De là l'épouvante.

Lestes à s'esquiver, les députés furent moins prompts à se remettre d'une alarme si chaude et à rentrer en séance. Ils y revinrent cependant et apprirent alors l'évacuation de Paris par l'armée de Charles X. Cela leur rendit quelque peu de courage, et ils élirent les cinq commissaires. C'étaient Laffitte, Casimir Périer, le général Gérard, le général Lobau et A. Odier.

Gérard refusa d'accepter ce mandat qu'il trouvait incompatible avec celui de commandant des troupes ; A. Odier s'excusa modestement. Tous deux furent remplacés par de Schonen et Audry de Puyraveau qui venaient immédiatement après sur la liste des votes. La commission s'adjoignit un sixième membre, qui fut Mauguin, et le nouveau gouvernement s'achemina vers l'Hôtel-de-Ville.

Le *Moniteur universel* ne parut point le 29. Le 30, une feuille simple contenant seulement les noms des membres du gouvernement provisoire, fut imprimée et distribuée. Voici la disposition de ce numéro :

# FIN DE LA RESTAURATION

## LE MONITEUR UNIVERSEL

Nos 210 et 211. — Jeudi 29 et Vendredi 30 *juillet* 1830.

### GOUVERNEMENT PROVISOIRE

Les Députés présents à Paris ont dû se réunir pour remédier aux graves dangers qui menaçaient la sûreté des personnes et des propriétés.

Une commission a été nommée pour veiller aux intérêts de tous dans l'absence de toute organisation régulière.

Messieurs,

AUDRY de PUYRAVEAU,
Comte GÉRARD,
Jacques LAFFITTE,
Comte de LOBAU,
MAUGUIN,
ODIER,
Casimir PÉRIER,
De SCHONEN,

composent cette commission.

Le général La Fayette est commandant en chef de la Garde Nationale.

La Garde Nationale est maîtresse de Paris sur tous les points.

---

On voit que les noms de Gérard et d'Odier figurent dans ce numéro du *Moniteur universel* et que la commission municipale y est intitulée *Gouvernement provisoire*. Le lendemain 31, à la suite d'une proclamation de la « Commission municipale » sortant de « l'*Imprimerie du Gouvernement* » et signée seulement de Laffitte, Casimir Périer, Lobau, de Schonen, Audry de Puyraveau et Mauguin, on lut dans l'organe officiel ce petit entrefilet : « La note que l'on a publiée hier sous le nom de Moniteur ne venait point de la commission. » Il est à remarquer pourtant que le numéro du 31 juillet porte le chiffre 212, tenant compte ainsi du numéro précédent qu'il désavoue et qui porte les chiffres 210 et 211. C'étaient là, en somme, de bien petites contradictions : il eût été heureux pour la Révolution de 1830 qu'elle n'en commît pas de plus grandes.

Un pouvoir militaire et un pouvoir civil révolutionnaires avaient précédé à l'Hôtel-de-Ville la venue du général La Fayette et celle de la commission municipale. « Aucune autorité ne s'y était installée dans les premiers moments de la matinée. Ce fut seulement vers les onze heures qu'un groupe assez considérable d'individus partis de la place de la Bourse s'y présenta, escortant un officier revêtu d'un habit de général loué chez un fripier, et d'épaulettes empruntées au costumier du théâtre de l'Opéra-Comique, et autour duquel retentissaient les cris de : *Vive le général Dubourg!* Tour à tour employé dans la marine et dans l'armée de terre, ce général improvisé avait eu la carrière la plus aventureuse. Laissé par l'Empire dans les rangs inférieurs de l'armée, il s'était aussitôt donné aux Bourbons, avait accompagné Louis XVIII à Gand, et, au retour, s'était signalé en faisant arborer le drapeau blanc à de petites villes sans défense ou à des bourgades ouvertes. Ce zèle lui valut dans les nouvelles troupes royales, un grade d'officier supérieur, qu'il ne put garder. Rencontré, vers les dix heures du matin, sur la place de la Bourse, par M. Evariste Dumoulin, rédacteur du *Constitutionnel*, qui s'irritait de ne voir aucun général de l'ancienne armée se mettre à la tête du peuple, il avait accepté de cet écrivain le rôle d'officier général, et venait s'établir à l'Hôtel-de-Ville. On n'est chef militaire qu'à la condition de donner des ordres. M. Dubourg ordonna de descendre le drapeau tricolore arboré sur la façade de l'Hôtel-de-Ville et d'y substituer un drapeau noir. Cet acte fut le fait le plus saillant de son commandement, qui, au bout d'une heure ou deux, trouva son terme dans l'arrivée du général de La Fayette[1]. »

Le « général » Dubourg vint lui-même de la meilleure grâce du monde recevoir le général de La Fayette sur les marches du perron de l'Hôtel-de-Ville en lui disant : « A tout seigneur, tout honneur ! » D'un autre côté, Baude, l'énergique rédacteur du *Temps*, s'était, dans la matinée du 29, installé à l'Hôtel-de-Ville en se nommant lui-même délégué du gouvernement provisoire à venir et en se donnant pour tel à cette foule qu'on accuse d'être ingouvernable et qui n'a peur de rien tant que de n'être pas gouvernée. Aussitôt les quémandeurs de places affluèrent autour de Baude comme ils avaient afflué autour de Dubourg. « Dans la salle Saint-Jean, on se partageait à l'amiable l'administration de la France. Des solliciteurs y venaient à tout instant s'incliner devant l'omnipotence des dominateurs du lieu. Là,

---

[1] *Histoire des Deux Restaurations*, par Ach. de Vaulabelle, t. VIII, p. 304-305.

M. Dumoulin exerçait l'empire de son chapeau à plumes et de son brillant uniforme. Il s'était promu au grade de commandant de l'Hôtel-de-Ville, et il en remplit jusqu'à un certain point les fonctions. M. Alexandre de Laborde s'était présenté, cherchant une place dans la victoire; le commandant de l'Hôtel-de-Ville le nomma préfet de la Seine, au roulement du tambour et avec un admirable sang-froid. M. de Montalivet, qui était absent de Paris pendant la lutte, vint à son tour à l'Hôtel-de-Ville faire connaître ses espérances. Mais ce fut à M. Baude qu'il s'adressa. Il réclama la direction des Ponts-et-Chaussées, déclarant toutefois que, si M. Baude se l'était réservée, il la lui abandonnerait volontiers. M. Baude répondit en homme qui ne se croit ni le droit de donner ni celui de prendre. Ainsi cette étrange révolution était venue montrer, dans l'espace de quelques jours, les divers aspects des choses humaines : héroïsme et petitesse, passions mâles et vanités d'enfants, grandeur et misère, c'est-à-dire tout l'homme [1]. »

La commission municipale, en arrivant à l'Hôtel-de-Ville, choisit pour son secrétaire Baude, qui accepta. Par les ordres de La Fayette, le drapeau tricolore fut de nouveau arboré sur le palais, et le général adressa à la population cette courte et simple proclamation :

« Mes chers concitoyens et braves camarades,

« La confiance du peuple de Paris m'appelle encore une fois au commandement de sa force publique. J'ai accepté avec dévouement et avec joie les devoirs qui me sont confiés, et, de même qu'en 1789, je me sens fort de l'approbation de mes honorables collègues aujourd'hui réunis à Paris. Je ne ferai point de profession de foi : mes sentiments sont connus. La conduite de la population parisienne, dans ces derniers jours d'épreuve, me rend plus que jamais fier d'être à sa tête. La liberté triomphera ou nous périrons ensemble.

« Vive la liberté ! vive la patrie !

« La Fayette. »

Les entremetteurs d'une chimérique conciliation entre le peuple et la branche aînée des Bourbons, Sémonville, d'Argout et Vitrolles, arrivèrent à huit heures du soir à l'Hôtel-de-Ville. Depuis la rue de Chaillot jusque-là, le vieux Sémonville, avec toute l'insolence d'un gentilhomme populacier, avait annoncé à la foule la chute du mi-

nistère Polignac avec force jurements et grossières plaisanteries.
« Dans le trajet, dit Louis Blanc [1], il était arrivé à M. de Vitrolles de sentir ses mains pressées avec effusion par des hommes qui, sachant son nom, l'auraient laissé mort sur la place. L'Hôtel-de-Ville présentait alors le double aspect d'un club et d'un camp. Là se coudoyaient tous les audacieux ; là bivouaquait l'insurrection. A la vue de ces mâles figures, de ces corps robustes sous des habits en lambeaux, de ces fusils, de ces épées, de ces taches de sang, les trois gentilshommes tressaillirent. Quel langage tenir dans ce palais de l'égalité? Ne faudrait-il pas se servir de ce mot *citoyen*, que 93 avait écrit dans son formidable vocabulaire? Ayant rencontré sur les marches de l'hôtel M. Armand Marrast qu'il ne connaissait point, M. de Sémonville lui dit avec hésitation : « Peut-on parler à M. de La Fayette....*jeune homme?* » Il couvrait ainsi sous la dignité de son grand âge l'orgueil opiniâtre de son rang. »

Les commissaires accueillirent les négociateurs avec bienveillance et froideur. A la fin pourtant, Schonen s'emporta. Mauguin le calma. Casimir Périer demanda si ces messieurs avaient des pouvoirs écrits. Sémonville parut déconcerté. Vitrolles se hâta de répondre qu'ils ignoraient, en quittant Saint-Cloud, l'existence d'un gouvernement provisoire. Audry de Puyraveau, perdant patience, s'écria : « Ne parlez plus d'arrangements, ou je fais monter ici le peuple. » La commission renvoya les trois ambassadeurs de Charles X devant la réunion des députés. Casimir Périer leur signa des laissez-passer. D'Argout seul se présenta à l'hôtel Laffitte. Il y fit connaître les propositions dont il était porteur. La plupart des députés, Sébastiani en tête, auraient voulu qu'on s'empressât de les accepter. Thiers et Mignet, qui étaient partis la veille pour la campagne et qui venaient de rentrer à Paris depuis une heure à peine, soutinrent Laffitte dans le refus de tout espèce d'accommodement. Béranger se joignit à eux. Ils parlèrent même de la nécessité de faire arriver au trône une dynastie nouvelle et libérale. Enfin l'on convint d'attendre jusqu'à minuit la venue de Mortemart, le chef du nouveau cabinet, nommé par Charles X. Mais Mortemart, retenu à Saint-Cloud par les sempiternelles hésitations du roi, ne put prendre la route de Paris qu'au point du jour. On avait enfin arraché à Charles X la signature de nouvelles Ordonnances révoquant celles du 25, rétablissant la garde nationale dont le commandement était donné au

---

[1] *Histoire de Dix Ans*, t. I. p. 288.

maréchal Maison, confiant à Casimir Périer le portefeuille des
finances, à Gérard celui de la guerre. Il était « trop tard. » Ce mot,
qui ne fut dit par personne avec la solennité dont on s'est plu à
l'entourer, était dans la pensée de tout le monde et dans les entrailles
mêmes de la situation.

« Si M. de Mortemart était venu en personne à l'Hôtel-de-Ville, au
lieu d'y être représenté par des négociateurs sans caractère officiel,
il n'aurait pu sauver la couronne de Charles X, sans doute ; aucune
force, aucune puissance, nous le croyons, ne pouvait, le jeudi soir,
enlever à la révolution victorieuse dans Paris le bénéfice de la
chute de ce prince et du système qui se personnifiait en lui. Mais,
à ce moment, où aucun nom n'était encore publiquement prononcé
ni aucun engagement pris, où la royauté paraissait encore maîtresse
de troupes nombreuses et fidèles, les membres de la commission
municipale auraient probablement accepté le maintien de la dynastie
dans la personne du duc de Bordeaux. « Charles X disposait de forces
« encore considérables, a dit un des membres de cette commission,
« M. Mauguin ; aux troupes qui l'entouraient allaient se joindre qua-
« rante pièces d'artillerie sorties de Vincennes, un régiment suisse
« qui arrivait d'Orléans, et le camp de Saint-Omer, qui était
« appelé. Nous craignions une attaque. On se trompe, et l'on juge
« d'après les évènements quand on croit que Charles X était à bout
« de ressources le 29 juillet ; la faiblesse de son caractère et l'inca-
« pacité de ses conseillers ont été pour beaucoup dans le change-
« ment de sa fortune. » Les députés réunis chez M. Laffitte se seraient montrés encore plus faciles [1]. »

L'auteur de l'*Histoire des deux Restaurations* et le témoignage de
Manguin, qu'il cite, font peut-être la part trop belle à la royauté des
Bourbons aînés après la journée du 29 juillet. Du moins il est permis de penser que, si les députés avaient pris sur eux de se rendre
complices d'un replâtrage dynastique au profit du petit duc de Bordeaux, le peuple qui demeurait en armes et qui était encore plein de
l'ardeur de sa victoire, eût cassé par un jugement violent, définitif
et sans appel, cet arrêt contraire à sa souveraineté comme à la logique des événements. Louis Blanc caractérise fort bien la situation
respective des partis lorsqu'il dit : « La journée du 29 avait été doublement remarquable. Le peuple y rendit le trône vacant. La bourgeoisie prit ses mesures pour en disposer. D'un côté le labeur, de

---

[1] *Histoire des deux Restaurations*, par Ach. de Vaulabelle, t. VIII, p. 323-324.

l'autre la récompense. Alors comme toujours, des victimes sans noms servant de piédestal à des ambitieux sans cœur [1]. »

*Sic vos non vobis*, telle est la devise désolante qui de tout temps a résumé l'histoire des révolutions. Cela ne fait que rendre plus grand le mérite de ceux qui s'y dévouent sans espoir ni recherche d'aucune récompense et qui disent en plantant l'arbre de la liberté et en l'arrosant de leur sang :

> Nos arrière-neveux nous devront cet ombrage.

## LIII

### JOURNÉE DU VENDREDI 30 JUILLET

L'idée républicaine en 1830. — Proclamation orléaniste affichée sur tous les murs de Paris et répandue à profusion. — Le duc de Chartres sauvé par Etienne Arago. — Terreurs du duc d'Orléans. — Proclamation de la commission municipale. — Réunion des députés au palais Bourbon. — Mortemart à Paris. — La possibilité de la république épouvante les Orléanistes. — Le bruit de la candidature au trône de Philippe d'Orleans exaspère la population parisienne. — Colin de Sussy colporte sans succès au palais Bourbon et à l'Hôtel-de-Ville les nouvelles ordonnances de Charles X révoquant celles du 25. — Mortemart à la Chambre des pairs. — Le duc d'Orléans est invité à se rendre à Paris pour y exercer les fonctions de lieutenant-général du royaume. — Réunion Lointier. — Adresse des républicains à La Fayette. — Nullité politique de ce dernier et d'Odilon Barrot. — Lettre ridicule de La Fayette à Mortemart. — Programme des républicains. — La révolution acclamée par toute la France. — Désordre et confusion à Saint-Cloud. — Désertions dans l'armée royale. — Scène violente entre Marmont et le dauphin. — Nouvelle alerte à l'hôtel Laffitte. — Continuation des terreurs et des hésitations du duc d'Orléans. — Il se décide à pénétrer dans Paris. — Arrivé à son domicile du Palais-Royal, il fait appeler Mortemart. — Son entrevue et sa conversation avec celui-ci. — Étrange billet que le duc d'Orléans écrit à Charles X. — La famille royale quitte Saint-Cloud fait et halte à Trianon. — Le duc d'Orléans fait retirer son billet des mains de Mortemart. — Escobar, Tartuffe, Robert-Macaire, Joseph Prudhomme.

Le rôle du peuple était fini : celui des intrigants commençait; l'heure de la génération spontanée des grandes choses était passée : celle des petites habiletés et de la politique niaise et pédante était venue.

La plupart des historiens, les plus considérables même, ont estimé qu'au mois de juillet 1830 il n'y avait point, au service de l'idée républicaine, ce que l'on peut appeler un parti. Il semble ressortir de cette opinion que l'établissement de la République n'était alors ni

---

[1] *Histoire de Dix Ans*, t. I, p. 292.

possible ni souhaitable. Tel n'est pas notre avis. Il est bien évident que tous ceux ou presque tous ceux qui s'étaient battus, qui avaient payé de leur personne, qui avaient versé leur sang, ne l'avaient pas fait pour fonder autre chose que la République, soit qu'ils agissent instinctivement, soit qu'ils obéissent aux impulsions de la réflexion et du raisonnement. A moins d'être dépourvu de toute espèce de sens commun, ou d'être l'agent salarié des intérêts d'un homme ou d'une famille, on ne risque point sa vie pour substituer un roi à un autre. L'espoir seul de donner à son pays la liberté par la République peut enfanter de pareils héroïsmes. En 1830, il y avait, de l'aveu de tout le monde, une chose qui était devenue tout-à-fait impossible, c'était le maintien de la dynastie des Bourbons à la tête de la nation. Si le duc d'Orléans ne s'était pas trouvé là, s'il ne s'était pas rencontré des hommes assez impudents pour mentir au peuple et lui persuader qu'un d'Orléans n'est pas un Bourbon, quel autre établissement était possible que celui de la République? On la proscrivit dès lors au nom de l'épouvante qu'elle ne pouvait manquer, disait-on, de produire en Europe et des attaques qu'elle susciterait certainement à la France de la part des souverains étrangers. L'évènement a prouvé en 1848 et en 1870 que des craintes de cette nature étaient absolument gratuites. On la proscrivit aussi en invoquant le souvenir des déchirements passés dont on redoutait le renouvellement. Rien ne prouve que 1793 et 1794 se fussent répétés en 1830, comme on en a vu la ridicule et sanglante parodie en 1871. Il y a plus, et nous appelons l'attention du lecteur sur ce point : ce n'est qu'au lendemain de l'intronisation de Louis-Philippe et comme en réponse à la réaction qui suivit l'action révolutionnaire des trois journées, que les questions sociales commencèrent à se poser publiquement, que les écoles et les sectes socialistes apparurent au grand jour et se hasardèrent à sortir du domaine de la théorie pour mettre le pied dans celui des faits. De là des violences, des insurrections terribles, des répressions plus terribles encore, qui n'eurent pas eu lieu sans doute si les questions en litige se fussent posées dans le calme et la liberté d'une République fondée sur les larges bases du droit commun et de la justice. L'antagonisme des classes pauvres et des classes riches, celui de l'élément civil et de l'élément militaire n'existaient pas alors ou du moins étaient bien loin d'avoir acquis l'intensité à laquelle ils parvinrent sous les règnes funestes d'un d'Orléans et d'un Bonaparte. Il y avait encore, en 1830, temps pour la patience et place pour l'étude sereine. On peut regretter qu'il ne se soit présenté à cette époque aucun homme capable de faire ce que Thiers était trop jeune et trop peu connu pour entreprendre, alors, quand même il l'eût conçu, et voulu, ce qu'il eut le malheur de combattre en 1848, ce qu'il a la gloire de tenter aujourd'hui. Ce grand et noble rôle pouvait être joué il y a quarante et un ans par La Fayette, par Laffitte, par Casimir Périer : aucun d'eux n'en eut ni la volonté ni le génie. Une lourde responsabilité pèse sur leur mémoire.

Tandis que le *National* disait hypocritement : « C'est le peuple qui a tout fait depuis trois jours, c'est pour lui que devront être tous les résultats de la lutte, » plusieurs de ses rédacteurs composaient avec une habileté très-étudiée et assez perfide la proclamation suivante qui fut affichée et répandue avec la plus grande activité :

« Charles X ne peut plus rentrer dans Paris : il a fait couler le sang du peuple.

« La République nous exposerait à d'affreuses divisions ; elle nous brouillerait avec l'Europe.

« Le duc d'Orléans est un prince dévoué à la cause de la Révolution.

« Le duc d'Orléans ne s'est jamais battu contre nous.

« Le duc d'Orléans était à Jemmapes.

« Le duc d'Orléans a porté au feu les couleurs tricolores, le duc d'Orléans peut seul les porter encore ; nous n'en voulons pas d'autres.

« Le duc d'Orléans s'est prononcé ; il accepte la Charte comme nous l'avons toujours voulue et entendue.

« C'est du peuple français qu'il tiendra sa couronne. »

Les auteurs de la proclamation répétaient à satiété le nom de leur duc d'Orléans pour le faire connnaître au peuple qui ignorait presque cette personnalité princière et surtout ne se souciait d'elle en aucune façon. Ils eussent pu ajouter que ce duc d'Orléans, d'abord duc de Chartres, avait songé dès 1792 à mettre la main sur la couronne de France, que la trahison de Dumouriez n'avait pas d'autre but, et que le 4 avril 1793 il avait accepté avec le général rebelle à la République la honteuse hospitalité de Cobourg.

La proclamation disait que le duc d'Orléans s'était prononcé : en réalité, il n'en était rien. On ne tarda pas à modifier ainsi l'avant-dernier paragraphe :

« Le duc d'Orléans ne se prononce pas ; il attend notre vœu ; proclamons ce vœu, et il acceptera la Charte, comme nous l'avons toujours entendue et voulue. »

D'autres placards, plus ou moins mensongers, furent également affichés sur les murs par les orléanistes ; sur l'un on lisait :

« Charles X vient de mettre le duc d'Orléans hors la loi pour avoir pris le parti du peuple. »

Sur l'autre :

« Le duc de Chartres marche au secours de Paris avec son régiment. »

Sur un troisième :

« Dans ce moment, les députés et les pairs se rassemblent dans leurs chambres respectives, pour proclamer le duc d'Orléans et lui imposer une charte au nom du peuple. »

La vérité était que les pairs ne songeaient à rien, que les députés continuaient à être fort perplexes ; que le jeune duc de Chartres, fils aîné du duc d'Orléans, avait abandonné son régiment à Joigny et avait été arrêté par le maire de Montrouge, que des groupes d'insurgés parlaient de le fusiller en qualité de prince, et qu'il avait dû la vie à l'humanité, à la présence d'esprit du républicain Etienne Arago, la liberté à la pression exercée par Odilon Barrot sur l'esprit hésitant de La Fayette, malgré les efforts de Pierre Leroux en sens contraire ; que le duc d'Orléans, enfin, plus effrayé que charmé de tout ce qui se passait, ne prenait aucun parti, pas même le sien propre, et que ses plus dévoués amis ne savaient où le trouver pour lui mettre dans la main la bride légèrement revernie qu'ils allaient repasser au cou du peuple français.

Edouard de Rigny, Thiers et Scheffer coururent à Neuilly pour s'informer du duc d'Orléans, du lieu de sa retraite et de ses intentions. Laffitte avait donné à Thiers une lettre d'introduction ; Sébastiani, sa signature. Le duc d'Orléans n'était pas à Neuilly, mais au Raincy, où il s'était réfugié pour échapper à ce qu'il redoutait de la cour comme à ce qu'il appréhendait de la Révolution. La duchesse d'Orléans reçut assez mal les envoyés de Paris et se scandalisa qu'on osât offrir à son mari la couronne de leur vieux parent. Adélaïde d'Orléans, sœur de Louis-Philippe, fut plus accommodante et fit preuve dès lors, comme depuis, d'un esprit plus pratique : « Qu'on fasse, dit-elle, de mon frère, un président, un garde national, tout ce qu'on voudra, pourvu qu'on n'en fasse pas un proscrit. Et elle offrit de se rendre au milieu des Parisiens, ses compatriotes. Aussitôt, quelqu'un fut dépêché à cheval pour aller quérir le duc d'Orléans. Le messager arrive au Raincy. Le duc monte en voiture. On part. A peine avait-on fait quelques pas, que la voiture rebrousse chemin et regagne le

Raincy, N'est-ce pas le cas d'appliquer à cette Galathée politique, déjà vieille pour tant de coquetterie, le vers si connu :

> Et fugit ad salices et se cupit ante videri.

« Ne pas courir aux distributions de vaine popularité, mais les attirer à soi peu à peu, éviter toute démarche d'éclat en faisant croire néanmoins qu'on s'engage, ne rien refuser, avoir l'air de promettre beaucoup, ménager dans les agitations influentes les futurs conservateurs d'un régime nouveau, se faire porter par le mouvement des partis sans se laisser entraîner par eux, tel avait été durant la Restauration, le rôle qu'à la cour on prêtait à Philippe, duc d'Orléans. Doué de ce genre de courage qui, pris au dépourvu, tient tête à la circonstance, mais non de celui qui envisage sans trouble les lointains périls, il avait passé de longues années à prévoir une catastrophe et à la redouter. Ne voulant à aucun prix être enveloppé dans quelque grand naufrage et n'étant pas de ces fortes âmes à qui l'infortune est bonne pourvu qu'elle soit illustre, il donna d'abord à la Cour des conseils intéressés, mais sincères. Repoussé, il ne songea plus qu'à se créer dans la famille royale une existence à part. Il temporisait avec son destin. S'emparer des dépouilles des siens, en jouant sa tête dans la partie, était un attentat trop au-dessus de son cœur. Il voulait se préserver de leur chute : voilà tout. Il n'aurait jamais sacrifié à l'imprévu, et n'était capable d'aucune de ces témérités héroïques dont se compose le rôle des ambitieux. Au premier bruit de la révolution qu'il avait prévue, on dut chercher à lui prouver que, pour rester propriétaire, le plus sûr était de devenir roi. Car, en prenant la couronne, il conservait ses domaines [1]. »

Pendant que l'on parlait tant du duc d'Orléans dont le nom et la personne semblaient, pour les combattants des trois jours, sortir d'une boîte à surprise, la fameuse commission municipale de l'Hôtel-de-Ville faisait, en discrète personne, fort peu parler d'elle. Le vendredi 30, elle publia une proclamation assez ferme qui était ainsi conçue :

« Paris, le 30 juillet.

« La cause de la liberté a triomphé pour jamais ; les citoyens de Paris l'ont reconquise par leur courage, comme leurs pères l'avaient fondée il y a quarante-un ans. Le détail des belles actions qui ont

---

[1] Louis Blanc, *Histoire de Dix Ans*, t. I, p. 312-313.

signalé la journée d'hier est en ce moment impossible ; aujourd'hui, on ne peut citer que quelques résultats.

« Après une attaque fort chaude les Tuileries sont tombées au pouvoir des citoyens, elles n'ont point été pillées : le Louvre, les mairies, les casernes, la ville entière sont occupés par la garde nationale. L'étendard tricolore flotte sur tous les édifices.

« Une commission municipale, chargée de veiller à tout ce qui concerne les intérêts de la capitale, siége à l'Hôtel-de-Ville.

« Les députés se sont réunis plusieurs fois, aujourd'hui même ils siégent à la salle ordinaire de leurs séances.

« M. le baron Louis est nommé commissaire provisoire au ministère des finances.

« M. le comte Alexandre de Laborde est préfet provisoire de la Seine.

« M. Bavoux est préfet provisoire de police.

« M. Chardel est directeur général provisoire des postes.

« Demain la capitale sera organisée.

« La commission municipale est composée de

« MM. Jacques Laffitte
 « Casimir Périer
 « Comte de Lobau
 « De Schonen
 « Audry de Puyraveau
 « Mauguin. »

Dans une réunion qui s'était tenue le matin à l'hôtel Laffitte sous la présidence de Bérard, il avait été décidé que, le local du palais Bourbon étant libre, les députés s'y rassembleraient à midi. C'est ce qui eut lieu, comme l'annonçait la proclamation de la commission municipale. Sur ces entrefaites, Mortemart, le ministre *in extremis* de la branche aînée des Bourbons, était arrivé de Saint-Cloud. Bérard le rencontre, en compagnie de son beau-père de Janson et de d'Argout, comme tous les trois se rendaient à l'hôtel Laffitte. « Je leur dis, écrit Bérard dans ses *Souvenirs historiques*, que la réunion venait de se séparer et s'était ajournée à midi à la Chambre, et que, par conséquent, ils ne trouveraient personne chez Laffitte ; je les invitai à se reposer chez moi, ce qu'ils acceptèrent, et je m'empressai de leur faire connaître le véritable état des choses.

« — Hier, leur dis-je, j'étais d'avis que l'on gardât Charles X pour éviter les dangers qu'entraîne toujours un changement ; déjà la chose était difficile ; aujourd'hui elle est impossible. Charles X a cessé de régner. Aucune puissance humaine ne peut faire rentrer ni lui ni personne de sa branche dans Paris.

« — Mais je viens avec de complètes satisfactions pour le peuple, me dit M. de Mortemart en me montrant différentes ordonnances et en ajoutant qu'il avait un blanc-seing du roi, destiné à inscrire les conditions qu'on voudrait lui imposer et qu'il déclarait accepter d'avance.

« — Il est trop tard, lui dis-je ; le moment où un traité était possible est passé. D'Argout, prenant la parole, insista sur les droits de Charles X, et menaça de nouveau des étrangers. Je ne pris pas la peine de lui répondre. M. de Mortemart était confondu. Il ne comprenait pas qu'avec des concessions aussi étendues que celles dont il était porteur il n'y eût pas moyen de s'entendre. Je lui expliquai alors qu'il ne s'agissait plus, ainsi qu'il semblait le croire, de savoir qui serait roi, de Charles X ou du duc d'Orléans, mais bien de savoir qui aurait l'assentiment du peuple, de ce dernier ou de la République. Je lui montrai celle-ci grandissant d'heure en heure et prête à nous envahir, et le seul moyen d'y échapper, lui dis-je, est d'adopter le duc d'Orléans pour roi. Encore est-il à craindre, ajoutai-je en terminant, que, pour lui de même que pour Charles X, il ne soit déjà bien tard. En me séparant de M. de Mortemart, je l'engageai à accomplir sa mission auprès de la réunion des députés, et à se rendre, à cet effet, à la Chambre entre midi et une heure, ce qu'il me promit de faire. »

On voit que la peur de la République talonnait les orléanistes. Odilon Barrot en jugeait comme Bérard. « Les Ordonnances, dit-il, sont rapportées vingt-quatre heures trop tard ; le ministère est changé vingt-quatre heures trop tard ; et si le duc d'Orléans n'est pas proclamé aujourd'hui lieutenant général du royaume, demain ce sera vingt-quatre heures trop tard. »

En effet, au premier bruit semé de la candidature de Philippe d'Orléans, les républicains étaient entrés dans une juste fureur. « S'il en est ainsi, disaient-ils partout, la bataille est à recommencer, et nous allons refondre des balles. » Mais la fureur n'est pas de la politique, et l'expérience, le coup d'œil, la raison, manquaient généralement aux républicains, chez qui la fougue et le sentiment, l'instinct, l'inspiration l'emportaient à peu près exclusivement. On fait avec cela des choses sublimes, mais non des choses durables.

## FIN DE LA RESTAURATION

Fondée sur la science et la sagesse, la République est immortelle.

En juillet 1830, un peu d'énergie, un peu d'audace, joint à quelque peu de flair et de perspicacité, eût suffi pour déconcerter les intrigues orléanistes et l'ambition cauteleuse et poltronne du duc d'Orléans, comme pour faire justice des honteuses et grotesques oscillations des députés. Mais les hommes d'élite qui s'étaient battus pour la République étaient trop jeunes et trop obscurs pour en devenir les fondateurs ; et La Fayette, qui eût pu tout oser, n'eut la foi ni la virilité de rien.

Réunis au palais Bourbon, les « honorables » attendaient Mortemart, annoncé par Bérard. Viendrait-il ? Ne viendrait-il pas ? Et l'on discutait sérieusement la possibilité d'une entente avec Charles X ou avec Henri V! Le député J. Lefevbre qui, le matin, à l'hôtel Laffitte, demandait à grands cris qu'on mît aux voix la déchéance de Charles X, l'après-midi, à la Chambre, disait, en attendant le duc de Mortemart, qu'il fallait « être fou pour songer au duc d'Orléans! » Mais la destinée de Mortemart était de se faire toujours attendre partout et de ne jamais venir où il était attendu. Il s'était rendu au Luxembourg, où quelques pairs étaient rassemblés et là il perdit un temps que l'hésitation et la couardise des députés rendaient encore précieux pour la cause de son maître. Ni l'imprimeur du *Moniteur universel* ni d'autres n'avaient voulu imprimer les nouvelles ordonnances apportées par Mortemart. Il se résigna, dans l'impossibilité où il était de les publier, à les faire porter par un pair nommé Colin de Sussy au palais Bourbon et à l'Hôtel-de-Ville. Colin de Sussy se croisa en route avec cinq commissaires envoyés au Luxembourg par les députés pour se concerter avec les pairs sur la nomination du duc d'Orléans en qualité de lieutenant-général du royaume. Que s'était-il donc passé? Le voici :

Les nouvelles de Neuilly étaient arrivées à la Chambre et elles avaient relevé subitement les affaires de l'orléanisme qui commençaient à être en fort piteux état. Aussitôt Sébastiani, Laffitte et Benjamin Constant avaient agité une dernière fois le spectre de la République et c'était alors qu'on avait décidé d'envoyer à la Chambre des pairs la commission que Colin de Sussy avait rencontrée.

L'envoyé du duc de Mortemart ne put décider Laffitte, qui présidait la réunion des députés, à recevoir le dépôt des ordonnances du 30 juillet, révoquant celles du 25, nommant trois ministres et convoquant les Chambres pour le 3 août. Les cinq commissaires furent aussitôt rappelés du Luxembourg, et Sébastiani, l'un d'eux, rendit compte en ces termes du résultat de leur ambassade :

« Nous avons rencontré chez Messieurs les pairs une grande affinité d'opinions et de sentiments. M. de Mortemart était présent ; il s'est fait remarquer par la noblesse et la pureté de ses intentions ; il est impossible de mieux se dépouiller de sa situation personnelle pour entrer dans l'examen des moyens propres à assurer la liberté et la paix. Nous avons fait sentir que, de toutes les mesures, la plus indispensable, la plus urgente, était la réunion des Chambres, mais qu'elle ne pouvait s'opérer avec le chef que les derniers évènements ont placé dans une situation si fâcheuse. Nous avons cherché une solution; la réunion des pairs l'a trouvée, comme nous, dans une invitation au duc d'Orléans de se rendre à Paris pour y exercer les fonctions de lieutenant-général du royaume. »

« Aux voix ! Aux voix ! » fut le cri de tous les assistants; et à l'unanimité, moins les trois députés Villemain, Lepelletier d'Aulnay et Hély d'Oissel, la réunion déclara qu'elle ne reconnaissait « d'autre moyen de rétablir l'ordre et la paix que d'appeler M. le duc d'Orléans aux fonctions de lieutenant-général du royaume. » Benjamin Constant rédigea ainsi le message qu'une députation de douze membres fut chargée d'aller porter au Palais-Royal, résidence du duc d'Orléans dans la capitale :

« La réunion des députés actuellement à Paris a pensé qu'il était urgent de prier S. A. R. Monseigneur le duc d'Orléans de se rendre dans la capitale pour exercer les fonctions de lieutenant-général du royaume, et de lui exprimer le vœu de conserver les couleurs nationales. Elle a, de plus, senti la nécessité de s'occuper sans relâche d'assurer à la France, dans la prochaine session des Chambres, toutes les garanties indispensables pour la pleine et entière exécution de la Charte [1]. »

Il était six heures du soir quand la séance fut levée, la députation des douze prit ses dispositions pour se rendre aussitôt au Palais-Royal.

---

[1] « Tels étaient, dit un historien, les termes de cette adresse, qui allait chercher le duc d'Orléans et lui portait une couronne au fond de ses jardins. Telle était la déclaration avec laquelle on croyait allécher un roi et endormir un peuple. L'Hôtel-de-Ville s'émut à la lecture de cette pièce qui semblait remettre en question le drapeau de 89. La commission municipale défendit de l'insérer au *Moniteur*. Par pudeur ou prudence, chacun s'entendit pour en effacer les traces. Elle a disparu des archives mêmes du prince, auquel on l'avait fait immédiatement parvenir. »

Les orléanistes avaient tout intérêt à se hâter s'ils ne voulaient pas être emportés dans un tourbillon pareil à celui qni venait de renverser le trône de la branche aînée des Bourbons. Quand vers trois heures après midi, dans la journée du vendredi 30 juillet, on avait appris que la Chambre des députés délibérait pour savoir si elle s'entendrait avec l'ancien roi ou si elle en ferait un nouveau, la colère de la foule n'avait plus connu de bornes. Des groupes nombreux et menaçants se portèrent au Palais-Bourbon dans l'intention de se faire admettre dans l'enceinte des séances et de peser sur la délibération. C'était bien de la naïveté. Laffitte répondit aux délégués de ces groupes, sans avoir l'air d'attacher la moindre importance à la chose, qu'il n'y avait point de séance, mais simplement une réunion de députés. Qui pourrait dire ce qui fût arrivé si les citoyens, comme au 24 février 1848 et au 4 septembre 1870, eussent pénétré de vive force dans le sein de l'assemblée et eussent dispersé cette représentation artificielle et mensongère de la nation, non moins illégale et nulle au point de vue de la souveraineté du peuple qu'à celui des Ordonnances mêmes du roi Charles X ? Peut-être quarante années de monarchie et deux révolutions eussent-elles été évitées.

D'un autre côté la réunion Lointier, composée en majeure partie de républicains et ainsi appelée parce qu'elle se rassemblait chez le restaurateur de ce nom, s'était décidée après une discussion fort vive à envoyer à l'Hôtel-de-Ville quelques-uns de ses membres porter l'adresse suivante au général La Fayette et à la commission municipale :

« Le peuple, hier, a reconquis ses droits sacrés au prix de son sang. Le plus précieux de ces droits est de choisir librement son gouvernement. La reconnaissance due aux braves citoyens qui ont repoussé des soldats égarés par des ordres sacriléges impose le devoir de les soustraire eux-mêmes à toute influence qui pourrait égarer leur opinion et refroidir demain leur zèle pour la véritable cause, la liberté. Il faut donc empêcher qu'aucune proclamation ne soit faite qui, déjà, désigne un chef lorsque la forme même du gouvernement ne peut être déterminée.

« Il existe une représentatiou *provisoire* de la nation. Qu'elle reste en permanence jusqu'à ce que le vœu de la majorité des Français ait pu être connu.

« Dans toutes les circonstances, ce vœu a pu être consulté. Ne faisons point aujourd'hui un pas rétrograde dans la carrière que quarante ans de sacrifices et de gloire nous ont ouverte, et que les immortelles journées des 27, 28 et 29 juillet ont immensément agrandie. Que la représentation *provisoire* s'occupe de suite des moyens de consulter ces vœux ; toute autre mesure serait intempestive et coupable.

« Le 5 juillet 1815, la Chambre des représentants, sous le feu des étrangers, en présence des baïonnettes ennemies, a proclamé des principes conservateurs des droits des citoyens, et a protesté contre tout acte qui imposerait à la France un gouvernement et des institutions qui ne sympathiseraient pas avec ses vœux et ses intérêts.

« Ce sont ces principes qu'il faut adopter aujourd'hui. Qu'ils nous servent de ralliement. La Chambre de 1815 les a légués à un avenir qui nous appartient. Recueillons cet héritage, et sachons le faire tourner au profit de la liberté. »

Cette pièce supposait dans ceux à qui elle s'adressait une honnêteté et une rectitude d'esprit qu'ils ne possédaient pas ; et dès lors la partie n'étant pas égale entre eux et les républicains qui l'avaient rédigée, ces derniers jouaient un rôle de dupes. Après avoir lu ce qui précède à La Fayette, on lui proposa de prendre la dictature. M. le marquis de La Fayette dictateur de la République française ! Il y avait réellement quelque chose de bouffon dans cette idée, et nul n'en pouvait ressentir plus d'étonnement et plus d'effroi que lui-même [1]. Il détourna la conversation, qui bientôt fut interrompue par l'arrivée de Colin de Sussy. Le malencontreux messager, portant toujours les ordonnances nouvelles, venait voir s'il aurait plus de bonheur à l'Hôtel-de-Ville qu'au palais Bourbon et s'il pourrait les faire accepter. On s'imagine aisément le tumulte qu'excita le simple énoncé d'une telle prétention parmi tous ceux qui en ce moment entouraient et assiégeaient, pour ainsi dire, La Fayette. Celui-ci renvoya Colin de Sussy à la commission municipale. La délégation républicaine s'y rendit avec lui. Audry de Puyraveau, après avoir lu les ordonnances, répondit à Colin de Sussy qu'elles arrivaient trois jours trop tard. Sussy insista. Il ne voulait pas les reprendre, tant il était

[1] Ce fut à ce moment que La Fayette écrivit une lettre à la Chambre et la fit porter par Odilon Barrot. Le général protestait dans cette lettre « contre la précipitation » qu'on paraissait vouloir mettre à disposer de la couronne en faveur du duc d'Orléans ; il demandait qu'on stipulât auparavant « des garanties pour la nation » et que la couronne ne fût décernée au prince que « sous la condition expresse de respecter et de défendre ces garanties. » Odilon Barrot développa à la tribune les idées émises dans la lettre de La Fayette en disant que si la Charte de 1814 avait été une concession de la couronne, en 1830 c'était la couronne qui devait être, au contraire, une concession de la souveraineté nationale. Il n'y avait là qu'une antithèse creuse et pitoyable. Et c'étaient de tels enfantillages que les directeurs de la Révolution prenaient pour de la politique.

heureux de s'en être déchargé. Mais Audry de Puyraveau lui signifia qu'il ne sortirait pas sans emporter ses « papiers », et Lobau lui fit comprendre que La Fayette seul pouvait lui en donner un reçu. Colin de Sussy retourna auprès du commandant en chef de la garde nationale à qui cette fois il put parler en tête à tête, et il obtint du marquis la lettre suivante adressée au duc de Mortemart :

« Monsieur le duc,

« J'ai reçu la lettre que vous m'avez fait l'honneur de m'écrire avec les sentiments que votre caractère personnel m'inspire depuis longtemps. M. le comte de Sussy vous rendra compte de la visite qu'il a bien voulu me faire. J'ai rempli vos intentions en lisant ce que vous m'adressiez à beaucoup de personnes qui m'entouraient. J'ai engagé M. de Sussy à passer à la commission alors peu nombreuse qui se trouvait à l'Hôtel-de-Ville. Je remettrai au général Gérard, aussitôt que je le verrai, les papiers dont il m'a chargé. Mais les devoirs qui me tiennent ici rendent impossible pour moi d'aller vous chercher ; si vous veniez à l'Hôtel-de-Ville, j'aurais l'honneur de vous y recevoir, mais sans utilité pour l'objet de cette conversation, puisque vos communications ont été faites à mes collègues.

« Agréez l'assurance de ma haute considération,

« LA FAYETTE.

« Hôtel-de-Ville, 30 juillet 1830. »

Tels étaient les passe-temps et le style de l'un des chefs les plus influents de la Révolution, de celui à qui l'on avait pensé pour en faire un dictateur.

Pendant que le vieux La Fayette écrivait ces fadaises, Odilon Barrot, de retour de la Chambre, répondait à la délégation républicaine au nom de la commission municipale dont il était devenu secrétaire : « Le duc d'Orléans est la meilleure des Républiques. »

Ce n'était pas, alors plus qu'aujourd'hui, l'avis des hommes intelligents en même temps qu'honnêtes dont les opinions avaient été résumées avec netteté et clarté pour le programme que nous allons transcrire et dont deux révolutions successives n'ont pas encore réalisé tous les termes :

« La France est libre.

« Elle veut une constitution.

« Elle n'accorde au Gouvernement provisoire que le droit de la consulter.

« En attendant qu'elle ait exprimé sa volonté par de nouvelles élections, respect aux principes suivants :

« Plus de royauté.

« Le Gouvernement exercé par les seuls mandataires élus de la nation.

« Le pouvoir exécutif confié à un président temporaire.

« Le concours médiat ou immédiat de tous les citoyens à l'élection des députés.

« La liberté des cultes : plus de culte de l'État.

« Les emplois de l'armée de terre et de l'armée de mer garantis contre toute destitution arbitraire.

« Etablissement des gardes nationales sur tous les points de la France. La garde de la constitution leur est confiée.

« Les principes pour lesquels nous venons d'exposer notre vie, nous les soutiendrons au besoin par l'insurrection légale. »

Ils eussent été soutenus par la France entière si les orléanistes n'eussent, en présence du mouvement qui s'accentuait de plus en plus, accéléré l'accomplissement de leur escamotage.

La nouvelle des Ordonnances du 25 avait excité l'étonnement, la stupeur, l'indignation dans le pays tout entier. Lyon, Nantes, Lille, Rouen, Metz, Nancy, s'étaient spontanément soulevées; Bordeaux avait chassé le préfet de Charles X à coups de pierres. La duchesse d'Angoulême était obligée de se sauver de Dijon aux cris de : « A bas les ministres! A bas les Ordonnances! » A Tonnerre, elle dut abandonner ses voitures et fuir sous les vêtements d'une femme de sa suite. Les départements les plus voisins de Paris s'insurgeaient et, voyant le drapeau tricolore suspendu aux diligences qui passaient, l'arboraient de même sur tous leurs édifices publics. Dès le 29, Versailles, le Versailles de Louis XIV, avait pris le parti de la Révolution. Les paysans armés barrèrent le passage au général Vincent qui s'était vanté de faire rentrer la ville dans le devoir avec deux compagnies des gardes du corps et d'autres détachements de cavalerie, et qui dut rebrousser chemin. De Saint-Cloud, on tiraillait sur les troupes campées aux environs. Saint-Germain fermait ses portes au 4$^{me}$ régiment de la garde. Le maire de Rouen avait annoncé que des bataillons de volontaires patriotes se formaient spontanément dans toute la Normandie et le général Gérard apprit bientôt à la Chambre que quinze cents Rouennais, qui s'étaient mis en marche pour Paris, venaient d'y arriver avec plusieurs pièces de canon qu'ils avaient placées sur les buttes Montmartre. Dans la soirée du 30, des jeunes gens de l'Hôtel-de-Ville, d'intrépides combattants des trois *Glorieuses,* des membres de la Société des AMIS DE LA VÉRITÉ, loge maçonnique qui avait conservé les pures et énergiques traditions de la Charbonnerie, furent sur le point de proclamer la République. Quatre d'entre eux avaient juré de tuer La Fayette, qu'ils accusaient de faiblesse et de trahison. Enfin Béranger, qui s'était rendu au sein de la réunion Lointier pour y plaider la cause du duc d'Orléans, y fut assez mal accueilli; surtout par les jeunes gens. Il était triste de voir Béranger suivre cette voie bâtarde et s'engager à la suite des sots et des maquignons politiques dans une nouvelle impasse monarchique. Mais ce n'est pas le seul reproche que la postérité ait à adresser à la mémoire du « poète national. »

Pendant ce temps, le cadavre de la royauté de droit divin présentait tous les signes d'une décomposition rapide. Il a été longtemps, il est encore de mode de s'apitoyer sur les infortunes princières. A notre sens, ces infortunes, à quelque degré de profondeur qu'elles descendent, sont toujours ou tellement méritées, ou tellement compensées de mille manières, que nous regardons comme un devoir strict de justice et de moralité de réserver notre pitié et nos larmes pour des malheurs moins éclatants et plus dignes de nous attendrir. Nous passerons donc assez rapidement et sans le moindre étalage d'une sensibilité hors de propos sur les incidents qui marquèrent les derniers moments du séjour de Charles X et de sa famille en France.

Le désordre, la confusion étaient extrêmes dans Saint-Cloud. Les soldats n'avaient rien à manger, et les habitants ne voulaient rien fournir à aucun prix. Un conflit sanglant fut sur le point d'éclater entre les gardes du corps et des troupes de ligne. Marmont et Champagny conseillèrent à la cour de s'éloigner de Paris et d'aller se retrancher derrière la Loire. Charles, sans se prononcer, répondit qu'il fallait attendre le retour de Mortemart, ou du moins quelques nouvelles du résultat de sa mission.

Le découragement, les désertions augmentaient dans l'armée royale. Pour essayer d'y mettre un terme, le duc de Raguse adresse aux troupes un ordre du jour où il dit que « les Ordonnances, cause de la lutte entre l'armée et la population parisienne, sont retirées; » que « des négociations confiées au duc de Mortemart, nommé premier ministre, sont ouvertes depuis le matin; » qu'il ne s'agit plus dès lors, pour les troupes, « de combattre, mais de défendre la personne du roi et des membres de sa famille » et qu'il ne doute pas qu'elles seront « fidèles à ce devoir. » En même temps, Champagny rédige au nom du Dauphin une proclamation écrite dans un sens tout contraire et qui se termine par cette excitation à poursuivre la guerre civile : « Continuez donc à soutenir avec la constance et la vigueur qui conviennent au soldat français la lutte que vous avez commencée. La France l'attend de vous ; l'Europe tout entière a les yeux sur vous! » On vient apprendre au Dauphin l'existence de l'ordre du jour signé par le duc de Raguse. Furieux, le prince court à la recherche du maréchal, le rencontre dans la salle de billard, le fait entrer dans un salon dont il referme la porte, se jette sur lui, lui arrache son épée à la lame de laquelle il s'ensanglante les doigts, et pousse le cri traditionnel des tragédies classiques : « A moi, gardes! » Cette scène odieuse et ridicule est suivie des excuses et presque des caresses que le vieux roi prodigue à Marmont. Ainsi le palais de Saint-Cloud offrait à la fois l'image de la cour du roi Pétaud et celle du camp d'Agramant.

Il n'y avait pas moins d'incertitude et de désarroi dans le camp orléaniste. On a vu qu'à l'issue de la séance du Palais-Bourbon, les douze délégués s'étaient dirigés vers le Palais-Royal pour y présenter au duc d'Orléans l'adresse des députés. « Nous remarquions assez singulièrement en arrivant au palais du duc d'Orléans, dit Bérard, que nous avions bien plus l'air de gens qui venaient solliciter sa commisération que d'hommes qui lui apportaient une couronne dans leur poche. Notre costume un peu négligé, en raison des circonstances, ne ressemblait guère, en effet, à celui d'ambassadeurs qui vont faire un roi. Le prince n'était pas au Palais-Royal. Nous demandâmes à l'aller trouver à Neuilly. On nous répondit mystérieusement qu'il était possible qu'il n'y fût pas, et que nous risquerions, en y allant, d'être enlevés par les troupes de Saint-Cloud, qui poussaient des reconnaissances fort au-delà du pont. Sébastiani écrivit alors au prince une lettre en notre nom, que nous signâmes tous, et dans laquelle il renferma notre message. Un jeune homme de la maison s'offrit à la porter et à nous rendre réponse au bout de deux heures chez M. Laffitte, qui était toujours notre président, et chez lequel on était convenu de se réunir le soir. Le messager revint. Le duc d'Orléans nous faisait dire qu'il viendrait le lendemain, dans la matinée. « Ce n'est pas demain, répondit sur-le-champ Laf-
« fitte, c'est à l'instant même qu'il faut venir. Il n'y a pas un instant
« à perdre. » Le messager repartit.

Les grenouilles parlementaires dont les coassements désespérés mendiaient un roi depuis deux jours furent prises d'une folle terreur à la pensée que ce roi finirait par leur manquer peut-être. Il ne se pressait guère en vérité et ne montrait pas beaucoup d'ardeur à recevoir ce qu'on en témoignait tant à lui jeter à la tête. Etait-ce calcul? Etait-ce prudence? L'un et l'autre. Quant à nos faiseurs de rois, ils voyaient avec épouvante se dresser, d'un côté, le spectre de la royauté expirante dont ils redoutaient un retour offensif, de l'autre, la figure gigantesque et menaçante de la République; et ce soir-là, dans l'attente de quelque catastrophe inouïe, comme la veille au bruit de la fusillade, l'hôtel Laffitte se vida par une sorte d'enchantement; au point que le maître de la maison se voyant seul avec Benjamin Constant, lui demanda ce qu'ils deviendraient tous les deux le lendemain, et que celui-ci lui répondit : « Demain, nous serons pendus! »

Qu'on s'en afflige ou qu'on s'en réjouisse, les choses n'en étaient point là. Nous avons laissé le duc d'Orléans faussant compagnie à l'envoyé qui l'était venu chercher jusqu'au Raincy. Peu après cependant, il s'était ravisé, avait repris le chemin de Neuilly, et, de retour dans ce domaine, était allé se cacher dans un des pavillons les plus reculés du parc. Assiégé là par le message des députés, pris d'assaut par la dernière injonction de Laffitte, il se décide enfin à entrer de sa personne dans l'aventure au bout de laquelle il peut, il veut, il doit trouver le trône de France. Il y entre bourgeoisement, sournoisement, traîtreusement; *sicut fur accedit*. Le 30 juillet 1830, à onze heures du soir, trois hommes vêtus comme de simples habitants du Marais ou de la rue Saint-Denis cheminent tranquillement à pied sur la route qui mène de Neuilly à Paris et passent sans encombre la barrière de l'Etoile et les Champs-Elysés. Mais dès qu'ils s'engagent dans le cœur de la ville, ils trouvent la chaussée dépavée, se heurtent dans l'obscurité aux barricades qu'ils n'ont la permission d'enjamber qu'après avoir répondu au «Qui vive?» des sentinelles populaires. Ils parviennent ainsi au Palais-Royal où ils pénètrent. Ces trois hommes étaient Louis-Philippe d'Orléans, son aide de camp, de Berthois, et le colonel Heymès. Tandis que ce dernier allait prévenir Laffitte, un autre avertir La Fayette, le duc d'Orléans envoyait au Luxembourg chercher qui? Mortemart. Ce croque-mort de la royauté légitime, croyant sa besogne faite, fut d'abord si étonné qu'il ne voulut pas se déranger. Mais on insista, et il se rendit au Palais-Royal. Il y trouva, dans un cabinet, sous les combles, étendu sur un matelas par terre, en chemise et le corps à demi-voilé sous une couverture insuffisante, l'aspirant monarque ayant l'air fatigué, mais néanmoins fort surexcité et parlant avec une extrême volubilité. On eût dit de ces gens devant qui on se plaint du vol d'un couvert d'argent ou d'un mouchoir brodé et qui se dépêchent de se récrier : « Ce n'est pas moi, Monsieur ! » En effet le duc d'Orléans se mit à débiter à peu près en ces termes au duc de Mortemart le petit roman qu'il avait composé en venant pédestrement de Neuilly à Paris : « Duc de Mortemart, si vous voyez le roi avant moi, dites-lui qu'ils m'ont amené de force à Paris, mais que je me ferai mettre en pièces plutôt que de me laisser placer la couronne sur la tête. Le roi m'accuse sans doute de ne pas être allé à Saint-Cloud. J'en suis fâché. Mais, averti que, dès mardi soir, on l'excitait à me faire arrêter, je vous avouerai que je n'ai pas voulu aller me jeter dans un guêpier. D'un autre côté, je redoutais que les Parisiens ne vinssent me chercher; je me suis donc renfermé dans une retraite connue seulement de ma famille. Mais, hier soir, une foule d'hommes ont envahi Neuilly en me demandant au nom de la réunion des députés. Sur la réponse que j'étais absent, ces hommes ont déclaré à la duchesse qu'elle allait être conduite à Paris avec tous ses enfants, et qu'elle y resterait prisonnière jusqu'à ce que j'eusse reparu. La duchesse, effrayée, m'a pressé de revenir; je n'ai plus balancé, et je suis arrivé pour délivrer ma famille; ils m'ont amené ici fort avant dans la soirée. » A cette espèce de boniment, le duc d'Orléans ajouta d'un ton plus calme après avoir repris haleine pendant un instant : « Les députés m'ont nommé lieutenant général du royaume pour enlever à Monsieur de La Fayette le moyen de proclamer la République. Vos pouvoirs s'étendent-ils jusqu'à la faculté de me reconnaître ce titre ? » Mortemart ayant répondu négativement, le duc d'Orléans se mit à écrire pour le roi l'étrange billet que voici :

« M. de Mortemart dira à Votre Majesté comment l'on m'a amené ici par force; j'ignore jusqu'à quel point ces gens-là pourront user de violence à mon égard; mais si, dans cet affreux désordre, il arrivait qu'on m'imposât un titre auquel je n'ai jamais aspiré, que Votre Majesté soit bien persuadée que je ne recevrai toute espèce de pouvoir que temporairement et dans le seul intérêt de votre maison : j'en prends ici l'engagement formel envers Votre Majesté.

« Ma famille partage mes sentiments à cet égard.

« Votre fidèle sujet,

« Louis-Philippe d'Orléans.

« Palais-Royal, juillet 31, 1830. »

Mortemart se chargea de remettre ce mot à Charles X et le cacha avec le plus grand soin dans les plis de sa cravate. De retour au Luxembourg, il dit à plusieurs personnes qui lui demandaient le résultat de son entrevue avec le prince : « Le duc d'Orléans s'est montré parfait ; ses sentiments ont été ceux d'un véritable Bourbon. » Qu'était donc devenu l'*esprit des Mortemart* pour que l'un d'eux pût être dupe d'une si grossière machination ?

Cette nuit-là même, à la nouvelle que quinze à dix-huit cents insurgés en armes avaient été vus entre Auteuil et Boulogne et menaçaient Saint-Cloud, la duchesse de Berry épouvantée courut supplier le dauphin de décider le roi à partir. On réveilla Charles X qui comprit enfin qu'il fallait « aller porter un peu plus loin la monarchie [1]. » Le départ s'effectua avant le jour au milieu de la plus grande confusion. La cour arriva à trois heures du matin à Trianon. Ainsi finissait à Saint-Cloud dans la nuit du 30 au 31 juillet 1830 la dynastie des Bourbons comme y avait fini deux cent quarante-et-un an auparavant, le 1er août 1589, d'une façon plus tragique, la dynastie des Valois.

Le duc d'Orléans fut bientôt informé de la fuite du roi et de la famille royale. Aussitôt il dépêche un messager fidèle au duc de Mortemart et lui fait redemander le billet qu'il lui avait confié pour Charles X. Mortemart en est quitte pour dénouer sa cravate et restituer la lettre à l'envoyé de Louis-Philippe d'Orléans.

Ce mélange d'ignobles rouéries et de démarches cyniques auquel la foule des ignorants et le petit nombre des gens sans scrupules prostituent le grand nom de politique fait hésiter la pensée entre le souvenir d'Escobar, celui de Tartuffe, et quelques analogues. Mais elle se trouve bientôt ramenée vers le type fameux dont, peu d'années après, un illustre comédien appliqua la brûlante allusion au roi Louis-Philippe. Robert-Macaire symbolise le beau temps, l'époque héroïque du règne de Louis-Philippe. Le type décline naturellement vers la fin et s'avachit en Joseph Prudhomme.

[1] Louis Blanc, *Histoire de Dix Ans*, t. I, p. 336.

## LIV

### JOURNÉE DU SAMEDI 31 JUILLET

Le duc d'Orléans reçoit la députation qui lui offre la couronne. — Paroles de Bérard. — Proclamation du duc d'Orléans rédigée avec lui par Sébastiani et Dupin aîné. — Proclamation de la commission municipale. — La candidature du duc d'Orléans obtient peu de succès dans la population. — Placards divers. — Capets, Valois, Bourbons. « La Charte » et « Une Charte ». — Proclamation des députés des départements au peuple français; quatre-vingt-quinze signatures. — Le duc d'Orléans à l'Hôtel-de-Ville. — Dangers qu'il court. — Dispositions de la foule. — Dubourg. — Le « programme de l'Hôtel-de-Ville. » — Conversation de La Fayette et du duc d'Orléans. — Nomination d'un ministère. — Charles X et sa famille reprennent la fuite et s'arrêtent à Rambouillet, où la dauphine les rejoint déguisée.

Le samedi 31, à huit heures du matin, la députation des douze fut introduite auprès du duc d'Orléans. Il renouvela et fit durer autant qu'il put ses petites minauderies en présence de la couronne qu'on lui offrait. Charles X n'avait pas encore fui assez loin pour donner au prétendant assurance complète. Rien ne fut négligé pour l'entraîner. Bérard prit plusieurs fois la parole et lui peignit avec une assez rude naïveté la situation telle qu'elle était, condamnant ainsi, sans s'en apercevoir, les manœuvres de ses complices et les siennes propres pour substituer l'érection d'une royauté nouvelle à la fondation de la République réclamée par le vœu national : « *C'est tromper le prince*, s'écria-t-il, *que de lui dire qu'il lui suffira de se présenter pour rallier tous les suffrages : la partie la plus nombreuse et la moins éclairée de la population le repousse comme Bourbon; cette jeunesse pleine d'ardeur, d'instruction et de courage qui a le plus contribué aux évènements qui viennent de s'accomplir, le repousse parce qu'elle veut la République;* il n'a pour lui que les hommes sages, modérés, dont la voix peut bien dominer à la longue, mais n'est pas assez forte pour se faire entendre au milieu de l'effervescence révolutionnaire. Nous sommes dans un moment d'incertitude où une prompte décision peut nous sauver, et le prince avec nous; dans une heure il ne serait peut-être plus temps. » Enfin Sébastiani, Dupin aîné et le duc d'Orléans s'étant retirés dans une pièce voisine en sortirent au bout de quelque temps avec une proclamation à laquelle on fit un petit nombre de modifications. Elle était ainsi conçue :

« Habitants de Paris,

« Les députés de la France, en ce moment réunis à Paris, m'ont exprimé le désir que je me rendisse dans cette capitale pour y exercer les fonctions de lieutenant-général du royaume.

« Je n'ai pas balancé à venir partager vos dangers, à me placer au milieu de votre héroïque population, et à faire tous mes efforts pour vous préserver des calamités de la guerre civile et de l'anarchie.

« En rentrant dans la ville de Paris, je portais avec orgueil les couleurs glorieuses que vous avez reprises, et que j'avais moi-même longtemps portées.

« Les Chambres vont se réunir, et aviseront aux moyens d'assurer le règne des lois et le maintien des droits de la nation.

« La Charte sera désormais une vérité.

« Louis-Philippe d'Orléans. »

Pendant que cette proclamation, accueillie avec enthousiasme au Palais-Bourbon et tirée à dix mille exemplaires, était affichée sur tous les murs, la commission municipale, pour contre-balancer les effets que produisait dans la population l'attitude équivoque des députés, publiait de son côté une proclamation où la déchéance de Charles X était prononcée :

« Habitants de Paris,

« Charles X a cessé de régner sur la France ! Ne pouvant oublier l'origine de son autorité, il s'est toujours considéré comme l'ennemi de notre patrie et de ses libertés, qu'il ne pouvait comprendre. Après avoir sourdement attaqué nos institutions par tout ce que l'hypocrisie et la fraude lui prêtaient de moyens, lorsqu'il s'est cru assez fort pour les détruire ouvertement, il avait résolu de les noyer dans le sang des Français : grâce à votre héroïsme, les crimes de son pouvoir sont finis.

« Quelques instants ont suffi pour anéantir ce gouvernement corrompu, qui n'avait été qu'une conspiration permanente contre la liberté et la prospérité de la France. La nation seule est debout, parée de ces couleurs nationales qu'elle a conquises au prix de son sang ; elle veut un gouvernement et des lois dignes d'elle.

« Quel peuple au monde mérita mieux la liberté ! Dans le combat vous avez été des héros; la victoire a fait connaître en vous ces sentiments de modération et d'humanité qui attestent à un si haut degré les progrès de notre civilisation; vainqueurs et livrés à vous-mêmes, sans police et sans magistrats, vos vertus ont tenu lieu de toute organisation; jamais les droits de chacun n'ont été plus religieusement respectés.

« Habitants de Paris, nous sommes fiers d'être vos frères : en acceptant des circonstances un mandat grave et difficile, votre commission municipale a voulu s'associer à votre dévouement et à vos efforts; ses membres éprouvent le besoin de vous exprimer l'admiration et la reconnaissance de la patrie.

« Leurs sentiments, leurs principes sont les vôtres : au lieu d'un pouvoir imposé par les armes étrangères, vous aurez un gouvernement qui vous devra son origine : les vertus sont dans toutes les classes; toutes les classes ont les mêmes droits; ces droits sont assurés.

« *Vive la France! vive le peuple de Paris! vive la liberté!*

« LOBAU, AUDRY DE PUYRAVEAU, MAUGUIN, DE SCHONEN.

« Pour ampliation :

« *Le secrétaire de la Commission municipale :*

« ODILON BARROT. »

Cette proclamation vague, boursoufflée, mal écrite, dont le dernier paragraphe promettait le suffrage universel, qu'il fallut une nouvelle révolution pour conquérir dix-huit ans plus tard, cette proclamation, malgré tous ses défauts, eût produit un assez bon effet et apporté une légère dose de calme parmi tous les éléments de trouble qui abondaient sur la place publique, si la proclamation précédente, celle de Louis-Philippe d'Orléans, n'était venue détruire ce peu de bien et redonner de la force à l'esprit révolutionnaire dont la masse instinctivement, et l'élite avec une conviction raisonnée et justifiée, se trouvaient animées dans ces journées mémorables. Il n'y avait pas un honnête homme et un homme de sens qui ne s'indignât de voir un prince, qui s'était caché pendant la lutte, apparaître tout-à-coup et dire effrontément qu'il accourait partager des dangers dont il ne subsistait plus de traces devant la victoire populaire; nul ne pouvait supporter la pensée qu'une bataille sanglante de trois jours dût aboutir tout simplement à un changement de Bourbons; et l'on recommençait à crier : « Plus de Bourbons! à bas les Bourbons! »

La candidature du duc d'Orléans était en grand péril. Tous les moyens parurent bons pour la soutenir et la faire triompher. On ne craignit point de falsifier l'histoire et d'afficher d'énormes placards où s'étalait un mensonge plus énorme encore. On y lisait :

« Citoyens !

« Louis-Philippe d'*Orléans*, proclamé par la nation lieutenant général du royaume, n'appartient pas, comme le roi parjure, à la famille des *Capets*, mais bien à celle des Valois, qui a régné longtemps sur la France. Il est Valois.

« Philippe d'Orléans a combattu à Jemmapes sous la bannière tricolore qu'il s'empresse d'accepter aujourd'hui. Confiant en la dignité du peuple français, il est resté dans son sein ; son administration intérieure, son caractère et ses antécédents, l'appellent à gouverner constitutionnellement notre belle patrie. Lui seul peut prévenir la guerre civile ; lui seul donnera les garanties nécessaires au commerce et au monde entier.

« Plus de Capets ! *Vive Louis-Philippe* d'Orléans ! »

La réponse ne se fit pas attendre, et, à côté de ces affiches ridicules, on put bientôt en lire d'autres conformes à la vérité et au bon sens, dont le texte était celui-ci :

« Au peuple !

« Louis-Philippe d'Orléans, nommé lieutenant général, est un Bourbon !
« Il est de la branche cadette ;
« Il est fils de Louis-Philippe-Joseph (dit *Égalité*), mort en 1793;
« Lequel était fils de Louis-Philippe, mort en 1785 ;
« Lequel était fils de Louis, mort en 1752 ;
« Lequel était fils de Philippe II (Régent), mort en 1723 ;
« Lequel était fils de Philippe Iᵉʳ, mort en 1701 ;
« Lequel était frère cadet de Louis XIV ;
« Et l'on ose dire qu'il est un Valois !
« Il est Capet et Bourbon ! »

Ce démenti net et irréfutable donné à l'assertion fausse et maladroite qui dénaturait une généalogie historique dans un intérêt de parti obtenait partout un plein succès. L'opposition à l'orléanisme grandissait de minute en minute et le mécontentement croissait à chaque instant. Une réflexion suggérée par la dernière phrase de la proclamation du duc d'Orléans s'augmentait encore. On y lisait : « La Charte sera désormais une vérité. » Quoi ! s'était-on battu pour conserver la Charte octroyée par Louis XVIII, sous le canon des puissances alliées contre la France ?

Pour combattre cette objection, on eut l'idée de substituer aux mots : « La Charte » ceux-ci : « Une Charte », qui n'impliquaient pas le maintien de l'acte de 1814. Ce n'était qu'un tour de passe-passe, une argutie politico-grammaticale, digne de faire pendant à la virgule et au pâté du *Mariage du Figaro*. La proclamation publiée dans le *Moniteur universel* du 2 août portait : « Une Charte. » Mais, dès le lendemain, on lisait ceci à la fin de la partie officielle du même journal :

« *Erratum.* — C'est par erreur que la dernière phrase de la proclamation de S. A. R. Monseigneur le Lieutenant-Général du royaume a été imprimée en ces mots :

« *Une* Charte sera désormais une vérité. » Cette phrase est ainsi conçue :

« La Charte sera désormais une vérité. »

« Et c'est ainsi qu'elle se trouve dans la première édition publiée et affichée sur tous les murs de Paris. »

*Une Charte*, c'était une révolution politique ; *la Charte*, ce n'était plus qu'une révolution de famille. On voit que la nuance était importante.

Néanmoins, les députés comprenaient bien que la Charte de Louis XVIII et de Charles X devait être modifiée, et ils résolurent de rédiger une sorte de manifeste à la nation, dans lequel ils poseraient les bases de ces modifications indispensables et des garanties exigibles du pouvoir nouveau qui allait sortir de leurs mains pour s'imposer au pays. Une commission fut nommée aussitôt dans le but d'accomplir ce travail et, dès qu'il fut achevé, Guizot en lut à l'Assemblée le résultat :

## PROCLAMATION

*Adressée au Peuple français par les députés de départements réunis à Paris.*

« Français,

« La France est libre. Le pouvoir absolu levait son drapeau ; l'héroïque population de Paris l'a abattu. Paris attaqué a fait triompher, par les armes, la cause sacrée qui venait de triompher en vain dans les élections. Un pouvoir usurpateur de nos droits, perturbateur de notre repos, menaçait à la fois la liberté et l'ordre ; nous rentrons en possession de l'ordre et de la liberté. Plus de crainte pour les droits acquis ; plus de barrière entre nous et les droits qui nous manquent encore.

« Un gouvernement qui, sans délai, nous garantisse ces biens, est aujourd'hui le premier besoin de la patrie. Français, ceux de vos députés qui se trouvent déjà à Paris se sont réunis, et en attendant l'intervention régulière des Chambres, ils ont invité un Français, qui n'a jamais combattu que pour la France, M. le duc d'Orléans, à exercer les fonctions de lieutenant-général du royaume. C'est à leurs yeux le plus sûr moyen d'accomplir promptement par la paix le succès de la plus légitime défense.

« Le duc d'Orléans est dévoué à la cause nationale et constitutionnelle ; il en a toujours défendu les intérêts et professé les principes. Il respectera nos droits, car il tiendra de nous les siens. Nous, nous assurerons par des lois toutes les garanties nécessaires pour rendre la liberté forte et durable :

« Le rétablissement de la garde nationale avec l'intervention des gardes nationaux dans le choix des officiers ;

« L'intervention des citoyens dans la formation des administrations départementales et municipales ;

« Le jury pour les délits de la presse ;

« La responsabilité légalement organisée des ministres et des agents secondaires de l'administration ;

« L'état des militaires légalement assuré ;

« La réélection des députés promus à des fonctions publiques ;

« Nous donnerons enfin à nos institutions, de concert avec le chef de l'Etat, les développements dont elles ont besoin.

« Français, le duc d'Orléans lui-même a déjà parlé et son langage est celui qui convient à un pays libre : « Les Chambres vont se réunir, vous dit-il : elles aviseront aux moyens d'assurer le règne des lois et le maintien des droits de la nation.

« La Charte sera désormais une vérité. »

« Etaient présents, Messieurs :

« Milleret, *Moselle ;* Laisné de Villevêque, *Loiret ;* Delaborde, *Seine ;* Ternaux, *Vienne ;* Beraud, *Allier ;* Bernard, *Ille-et-Vilaine ;* Tribert, *Deux-Sèvres ;* Baillot, *Seine-et-Marne ;* Benjamin-Constant,

*Bas-Rhin;* Lévêque de Pouilly, *Aisne;* Benjamin-Delessert, *Maine-et-Loire;* Agier, *Deux-Sèvres;* Firmin Didot, *Eure-et-Loire;* Gaëtan de La Rochefoucauld-Liancourt, *Cher;* Hennessy, *Charente;* Alexandre de La Rochefoucauld, *Oise;* Le général Tillet, *Marne;* Lepelletier d'Aulnay, *Nièvre;* Augustin Périer, *Isère;* Hély d'Oissel, *Seine-Inférieure;* D'Estourmel, *Nord;* De Montguyon, *Oise;* Dugas-Montbel, *Rhône;* Auguste Saint-Aignan, *Vendée;* Kératry, *Vendée;* Du Chaffault, *Vendée;* Hartmann, *Haut-Rhin;* Eugène d'Harcourt, *Seine-et-Marne;* Odier, *Seine;* Viennet, *Hérault;* Sébastiani, *Aisne;* Lucas Jobert, *Marne;* Girod de l'Ain, *Indre-et-Loire;* Vatimesnil, *Nord;* Jars, *Rhône;* Cormenin, *Loiret;* Paixhans, *Moselle;* J. Lefebvre, *Seine;* Duvergier de Hauranne, *Seine-Inférieure;* Lecarlier, *Aisne;* Camille Perrier, *Sarthe;* De Bondy, *Indre;* Méchin, *Aisne;* Louis Bazile, *Côte-d'Or;* Nau de Champlouis, *Vosges;* Agier-Bouchotte, *Moselle;* La Pommeraie, *Calvados;* Mathieu Dumas, *Seine;* Dumeylet, *Eure;* César Bacot, *Indre-et-Loire;* De Drée, *Saône-et-Loire;* Salverte, *Seine;* Cunin-Gridaine, *Ardennes;* Jacquinot, *Vosges;* Vassal, *Seine;* Dupont de l'Eure, *Eure;* Corcelles, *Seine;* Jacques Laffitte, *Basses-Pyrénées;* Tronchon, *Oise;* Daunou, *Finistère;* Martin Laffitte, *Seine-Inférieure;* André Gallot, *Charente;* Audry de Puyraveau, *Charente;* Bignon, *Eure;* Duris-Dufresne, *Indre;* Charles Lameth, *Seine-et-Oise;* Kœchlin, *Haut-Rhin;* le général Clausel, *Ardennes;* Labbey de Pompières, *Aisne;* Alexandre Perrier, *Loiret;* Gattier, *Eure;* Martin, *Seine-Inférieure;* Legendre, *Eure;* Prévot Leygonie, *Dordogne;* Louis Blaise, *Ille-et-Vilaine;* Périn, *Dordogne;* Berard, *Seine-et-Oise;* Jouvencel, *Seine-et-Oise;* Villemain, *Eure;* Dupin aîné, *Nièvre;* le baron Dupin, *Seine;* Caumartin, *Somme;* Persil, *Gers;* Morin, *Drôme;* Etienne, *Meuse;* Garcias, *Pyrénées-Orientales;* Bessière, *Dordogne;* Demimuy-Moreau, *Meuse.* »

On trouve dans le *Moniteur universel* du 2 août la note suivante :
« La liste de MM. les députés signataires de la proclamation du 31 juillet, a présenté quelques omissions. Il faut ajouter sur cette liste les noms de MM. :

« Bertin de Vaux, *Seine-et-Oise;* le général Minot, *Seine-et-Oise;* Lepelletier d'Aulnay, *Seine-et-Oise;* Marchal, *Meurthe;* le général Baillot, *Manche;* Béraud, *Charente-Inférieure.* »

Cette note portait à quatre-vingt-quinze le nombre des députés qui prenaient devant le pays et devant la postérité la responsabilité de l'acte contre-révolutionnaire du 31 juillet 1830.

Mais rien n'était fait, tant qu'on n'avait pas endormi pour le museler le monstre qui grondait sur la place de Grève, et qui menaçait de dévorer ses impuissants gardiens. Le fils de Philippe-Égalité dut se résoudre à monter à cheval et à se rendre à l'Hôtel-de-Ville. C'était la basilique populaire où le roi-citoyen était obligé d'aller se faire sacrer, sous peine de [perdre l'occasion de régner, et peut-être davantage.

Pendant que Guizot lisait à la Chambre la proclamation qu'il avait rédigée et que nous venons de reproduire, le duc d'Orléans s'habillait pour aller à l'Hôtel-de-Ville. Bérard vint le prier d'attendre que ses collègues se joignissent à lui pour l'accompagner dans ce voyage. Le duc et le député se mirent à causer. Le premier, tout en se faisant aider par le second dans les détails de sa toilette, ne manqua pas de comparer la Révolution française de 1830 à la Révolution anglaise de 1688. « Charles X, dit-il, a de nombreux points de ressemblance avec le malheureux Stuart, et moi, je crains bien d'être promptement appelé à jouer le rôle de Guillaume... Si je parviens au trône, et je ne peux pas me dissimuler que j'en suis menacé, vous ne sauriez croire, monsieur Bérard, à quels regrets je serai condamné. Ma vie de famille est si douce, mes goûts si simples, qu'en conscience je dois croire que ma famille et moi nous ne sommes pas faits pour la royauté. Je l'accepterai comme un devoir, et non comme un plaisir. Et puis, faut-il vous l'avouer? j'ai toujours conservé dans le fond de mon cœur un vieux sentiment républicain dont je sens que je ne me séparerai jamais. » Et comme Bérard lui parlait de garanties que la nation exigerait de lui : « Ah! s'écria-t-il, on ne m'en demandera jamais autant que je suis disposé à en accorder et même à en offrir. » Il fallait que le prince fût bien sûr de ses dupes ou de ses complices pour se moquer d'eux avec aussi peu de précaution.

Les députés arrivèrent. A leur tête marchait Laffitte, à qui, le matin, le duc d'Orléans avait jugé à propos, on ne sait pourquoi, de dire : « Que j'eusse vécu heureux sous la République, simple bourgeois de la rue Saint-Honoré! moins de pouvoir, moins de responsabilité. »

Laffitte se ressentait encore de sa foulure et ne pouvait se chausser. Il se penchait en souriant à l'oreille de son protégé et lui dit plaisamment : « Deux pantoufles, un seul bas! Dieu! si la *Quotidienne* nous voyait! elle dirait que nous faisons un roi sans culottes! » Le temps était singulièrement choisi pour faire des calembours. Mais était-il possible aux augures de la monarchie nouvelle de se regarder sans rire? Laffitte, reprenant son sérieux, donna lecture officielle de la proclamation adressée par les députés aux Français. Le duc d'Orléans répondit :

« Les principes que vous proclamez ont toujours été les miens. Je travaillerai au bonheur de la France par vous et avec vous, comme un bon père de famille. Toutefois, les députés de la nation me comprennent aisément lorsque je leur déclare que je gémis profondément sur les déplorables circonstances qui me forcent à accepter la haute mission qu'ils me confient, et dont j'espère me rendre digne. » Pour péroraison à ce petit discours, le duc se jette dans les bras du banquier, l'embrasse avec effusion, et l'entraîne à une fenêtre d'où ils s'offrent tous les deux aux acclamations d'une tourbe imbécile ou stipendiée, placée dans la cour du Palais-Royal. On part, et plus on s'éloigne de la demeure du duc, plus les acclamations vont en décroissant. L'auteur de l'*Histoire de Dix Ans* a peint de main de maître le tableau dramatique de cette journée. « A mesure qu'on longeait les quais, dit-il, l'attitude de la population devenait plus grave. Au Pont-Neuf, les cris cessèrent tout-à-fait. Lorsque le cortége arriva sur la place de Grève, elle présentait un aspect effrayant. Une grande foule la remplissait, et c'étaient partout des visages sinistres. On assurait que dans les rues obscures qui débouchent sur la place de Grève, des hommes étaient apostés pour tuer le duc d'Orléans au passage. Dans l'intérieur de l'Hôtel-de-Ville, l'indignation était au comble, et quelques personnages importants la partageaient. Le docteur Delaberge étant venu annoncer qu'à quelques pas de là, des jeunes gens paraissaient disposer à tout braver, et que la crainte d'égarer leurs coups sur Benjamin Constant, Laffitte et quelques autres citoyens aimés, était à peine capable de les retenir : « Pour moi, « s'écria le général Lobau, avec un emportement soldatesque, je ne « veux pas plus de celui-ci que des autres. C'est un Bourbon. » Il est certain que l'invitation adressée la veille au duc d'Orléans par les députés avait excité même parmi les membres de la commission municipale un mécontentement si vif, que M. Odilon Barrot venait d'être chargé d'aller au-devant du prince pour l'arrêter. Et telle était la fatigue de tous dans ces dévorantes journées, que, pendant qu'on lui amenait un cheval, il s'était endormi sur une borne. On le réveilla et il partit. Que serait-il advenu de cette mission, si elle eût été remplie? mais le duc d'Orléans déjà était en marche, et tout allait dépendre de la réception qui lui serait faite. Quelques-uns la lui préparaient terrible. Un jeune homme avait juré de l'immoler au moment où il mettrait le pied dans la grande salle. Vain projet! quand il prit le pistolet destiné à ce dessein, il ne put s'en servir : une main invisible l'avait déchargé.

« Ainsi semblaient s'annoncer des événements redoutables. Le duc d'Orléans s'avança lentement à travers les barricades, sans regarder ni à droite ni à gauche, et tout plein d'une émotion contenue. A son apparition sur la place, le tambour avait battu aux champs dans l'intérieur de l'Hôtel-de-Ville. A peine le prince eut-il gagné le milieu de la place, que le bruit s'éteignit subitement. Il continua pourtant sa marche; mais on remarqua, lorsqu'il montait les degrés de l'Hôtel-de-Ville, que son visage était très-pâle. M. de La Fayette parut sur le palier du grand escalier, et reçut son royal visiteur avec la politesse d'un gentilhomme charmé de faire à un prince les honneurs d'une souveraineté toute populaire. Ils entrèrent l'un et l'autre dans la grande salle, où se trouvait rassemblé l'état-major. Quelques élèves de l'Ecole polytechnique attendaient, la tête haute et l'épée nue. Une douleur morne se peignait sur la figure des combattants de la veille, dont quelques-uns versaient des pleurs. M. Laffitte, comme président, devait lire la déclaration de la Chambre; mais un des députés qui l'accompagnaient s'avança et lui prit le papier des mains, pour en donner lecture. Au moment où le député prononçait ces mots : « Le jury pour les délits de presse, » le duc d'Orléans se pencha vers M. de La Fayette, et lui dit avec bonhomie : « Il n'y aura plus de délit de presse. » La harangue achevée, il répondit, en mettant la main sur son cœur, ces paroles ambiguës, et singulières pour la circonstance : « Comme Français, je déplore le mal fait au pays et le sang « qui a été versé; comme prince, je suis heureux de contribuer au « bonheur de la nation. » Les députés applaudirent. Les maîtres de l'Hôtel-de-Ville frémissaient de colère. Alors le général Dubourg s'avança, et, la main étendue vers la place remplie d'hommes armés, il dit : « Vous connaissez nos droits ; si vous les oubliez, nous vous « les rappellerons. » Enhardi par la bienveillance de La Fayette, le duc d'Orléans répondit avec une habile fermeté, et comme un homme indigné de voir suspecter son patriotisme [1]. Toutefois, en sortant

---

[1] Nous avons donné plus haut sur le général Dubourg l'appréciation de l'auteur de l'*Histoire des Deux Restaurations*. Il est juste d'y opposer celle de l'auteur de l'*Histoire de Dix Ans*, qui est toute contraire :

« L'Hôtel-de-Ville, dit ce dernier à la page 415 du tome I$^{er}$, appartenait définitivement aux Orléanistes. Le succès avait enflé leur audace, et leur violence, depuis le 31, ne connaissait plus de bornes. Tous ceux qui avaient élevé la voix contre le duc d'Orléans, étaient dénoncés comme ennemis du bien public. Le

de l'Hôtel-de-Ville, le prince n'était pas entièrement rassuré. S'étant trouvé pendant quelques instants séparé de sa suite, et ne voyant auprès de lui qu'un jeune homme à cheval, M. Laperche, lequel ne paraissait pas inconnu aux combattants, il lui fit signe d'approcher et de marcher à ses côtés. Que pouvait-il craindre ? c'en était fait : la révolution venait de trouver son dénouement. Un drapeau tricolore avait été apporté ; le duc d'Orléans et M. de La Fayette avaient paru tous les deux aux fenêtres de l'Hôtel-de-Ville avec ce drapeau magique. On ne criait encore que : Vive La Fayette ! Quand il eut embrassé le duc, on cria aussi : Vive le duc d'Orléans ! Le rôle du peuple était fini : le règne de la bourgeoisie commençait.

« Ce jour-là même, et non loin de l'Hôtel-de-Ville, un bateau placé au bas de la Morgue, et surmonté d'un pavillon noir, recevait des cadavres qu'on descendait sur des civières. On rangeait ces cadavres par pille en les couvrant de paille ; et, rassemblée le long des parapets de la Seine, la foule regardait en silence [1]. »

Oui, c'en était fait. Le rideau venait de tomber sur un des tableaux de cette « ample comédie à cent actes divers » qu'on appelle la Révolution française. Une tête nouvelle repoussait à l'hydre de la monarchie. Mais qu'était-ce que cette monarchie qui avait dû venir chercher humblement son *exsequatur* à la chancellerie populaire de la place de Grève ? Ce que le peuple armé était censé faire ou laissait faire ce jour-là, ne pouvait-il pas le défaire de la même manière le lendemain, la semaine suivante ou dans dix-huit ans ? Et Dubourg, le général d'occasion, ne l'avait-il pas fort bien dit à celui qui allait quelques jours plus tard s'appeler présomptueusement Louis-Philippe I$^{er}$ ? On traitait en 1830, comme à d'autres époques, les républicains de fous et d'utopistes. Les partisans de la royauté n'étaient-ils pas plutôt ces fous et ces utopistes ? Nous l'avons dit et nous le répétons : la monarchie a été bien véritablement décapitée en France le 21 janvier 1793, et les têtes de bois, de cire ou de carton qu'on a depuis, à plusieurs reprises, plus ou moins grossièrement collées sur le cadavre n'ont fait illusion qu'aux myopes et sont tombées toutes

---

général Dubourg, surtout, était accusé avec une véhémence calculée. Le colonel Rumigny, aide-de-camp du lieutenant-général, faisait passer M. Dubourg pour un ancien émigré, un agent de Charles X, un traître.

« Après la scène du 31 à l'Hôtel-de-Ville, le général Dnbourg avait compris que sa place n'était plus là : il s'était retiré. Il voulut reparaître deux jours après ; des mesures étaient prises pour le repousser. A peine eut-il atteint la première marche du second escalier, qu'il se vit assailli par des furieux, et courut risque d'être assassiné. »

[1] Louis Blanc, *Histoire de Dix Ans*, t. I, p. 349-352.

après peu de temps. Aujourd'hui, sur les ruines de huit monarchies de toute provenance et de tout calibre la République est debout, doublement triomphante et à jamais fondée par la vertu de son droit naturel et par l'évidente, palpable et irrévocable impuissance de vivre de tous ses contraires. De quel côté, encore une fois, étaient l'utopie et la folie ?

A l'astuce, qui faisait le fond de son caractère, le duc d'Orléans avait pris sur lui de joindre un peu d'audace, et cette audace lui avait pleinement réussi. Toutefois, quand le premier moment de la stupeur qui avait frappé les gens de l'Hôtel-de-Ville fut passé et qu'ils commencèrent à revenir à eux-mêmes, ils se regardèrent les uns et les autres, et finirent par entourer La Fayette et se plaindre à lui de ce qu'il n'eût pas exigé du prétendant d'autres garanties que celles dont la brève et insuffisante nomenclature se trouvait énoncée dans la proclamation des députés. On signala au général en chef des gardes nationales entre autres points à modifier dans la Charte l'abolition de l'hérédité de la pairie, le renouvellement de la magistrature et l'élection des juges de paix. Un petit travail écrit, d'après ces bases, fut remis à La Fayette qui aussitôt l'alla présenter au lieutenant-général. C'était là tout ce qui constituait ce qu'on a pompeusement appelé le « programme de l'Hôtel-de-Ville. » La conversation suivante, que La Fayette a racontée dans une lettre aux électeurs de Meaux, en date du 13 juin 1831, s'engagea entre lui et le prince :

« — Vous savez, lui dis-je, que je suis républicain, et que je regarde la constitution des États-Unis comme la plus parfaite qui ait existé.

« — Je pense comme vous, répondit le duc d'Orléans; il est impossible d'avoir passé deux ans en Amérique et de n'être pas de cet avis. Mais croyez-vous que, dans la situation de la France et d'après l'opinion générale, il nous convienne de l'adopter ?

« — Non, lui dis-je ; ce qu'il faut aujourd'hui au peuple français, c'est un trône populaire entouré d'institutions républicaines.

« — C'est bien ainsi que je l'entends, répondit le prince. »

Cette expression : « Un trône entouré d'institutions républicaines, » est devenue fameuse. Nous en voyons le digne pendant aujourd'hui dans celle-ci : « La République sans républicains, » qui équivaut à une république entourée d'institutions monarchiques. C'est donner à une souris une armée de chats pour gardes-du-corps. La formule de 1871 a cependant sur celle de 1830 cet énorme et incontestable avantage que les entraves monarchiques dont la République est enveloppée peuvent et doivent rapidement disparaître par le seul jeu du vote et sans secousse violente, tandis qu'il a fallu l'ouragan de Février pour balayer le trône de Juillet.

La Fayette remit à Philippe d'Orléans le papier qu'il avait apporté. Après y avoir jeté les yeux, le duc répondit :

« Je n'ai personnellement aucune objection à faire contre les modifications proposées. Toutes me semblent justes, raisonnables. Mais vous sentez, mon cher général, que je suis malheureusement condamné à ne pouvoir rien proposer ; je ne prendrai pas la couronne ; je la recevrai de la Chambre des députés aux conditions qu'il lui conviendra de m'imposer. Des modifications à la Charte, quelles qu'elles soient, ne peuvent donc être faites que par elle seule. »

Et ce fut ainsi que le prétendant se débarrassa des importunités de la Révolution.

Dans la même journée, la Commission municipale, bien qu'elle pensât déjà à se dissoudre, crut devoir nommer des commissaires provisoires aux divers départements et désigner ainsi au choix du lieutenant-général des candidats qu'il nomma en effet ministres dès le lendemain par des ordonnances insérées au *Moniteur universel*. Ces commissaires étaient : Dupont de l'Eure, à la justice ; Louis, aux finances ; le général Gérard, à la guerre ; de Rigny, à la marine ; Bignon, aux affaires étrangères ; Guizot, à l'instruction publique ; de Broglie, à l'intérieur et aux travaux publics. Casimir Périer avait refusé ce dernier portefeuille. Dupont de l'Eure fit les plus grandes difficultés pour accepter celui de la justice des mains du duc d'Orléans. Guizot passa le 1er août à l'Intérieur.

Charles X, à Trianon, était loin de se douter du point où en étaient les choses. Les anciens ministres l'entouraient encore ; et, bien qu'il commençât à douter du succès des négociations ouvertes avec l'insurrection, il discutait avec eux des plans de résistance, il croyait encore que ces négociations n'étaient point terminées. La défection des Suisses et de l'artillerie du pont de Sèvres, les dispositions hostiles de tous les villages environnants, la vue du drapeau tricolore partout arboré, hâtèrent la résolution de fuir vers Rambouillet. Il avait été question, encore une fois, de se concentrer à Blois ou à Tours, d'y convoquer les Chambres, et d'y appeler le corps diplomatique, et les ministres avaient même rédigé des ordonnances dans ce sens. Tout cela fut abandonné. Le roi fit dire aux ministres qu'ils pouvaient se séparer et songer à leur propre sûreté.

Les projets d'ordonnances furent déchirés, et les morceaux en furent jetés dans les bassins du jardin. L'inquiétude croissait à chaque instant dans l'esprit du roi et dans celui des siens. La duchesse de Berry s'était habillée en homme. Charles X ne pouvait se résoudre à quitter Trianon où il était hanté par tous les souvenirs de sa jeunesse et de la vie de Marie-Antoinette d'Autriche. Il se décida pourtant, et arriva au château de Rambouillet à dix heures du soir. Le lendemain matin il y fut rejoint par la dauphine qui arrivait de Vichy dans une voiture publique, sous un costume de paysanne qu'elle avait pris avant d'entrer à Versailles.

## LV

### DU DIMANCHE 1ᵉʳ AU LUNDI 9 AOUT

Débandade des troupes royales. — Ordre du jour du dauphin. — Ordonnance de Charles X qui nomme son cousin le duc d'Orléans lieutenant-général du royaume. — Politique tortueuse du duc d'Orléans. — Sa réponse à Charles X. — Abdication du roi et du dauphin. — Démission de la Commission municipale. — Châteaubriand au Palais-Royal. — Rôle joué par la femme de Louis-Philippe. — Expédition de Rambouillet. — Lettre des trois commissaires au lieutenant-général. — Retour de l'expédition. — Ouverture de la session ; séance du 3 août. — Discours du lieutenant-général. — Ordonnances qui nomment le duc de Chartres et le duc de Nemours grand'croix de la Légion-d'Honneur. — Casimir Périer, président de la Chambre des députés. — Groupes et cris hostiles autour du Palais-Bourbon. — Inqualifiable faiblesse de La Fayette. — Rapport de Dupin sur la proposition Bérard. — Observation de Mauguin. — Les députés se ruent vers la servitude. — Noble protestation de Hyde de Neuville à la tribune dans la séance du 7 août. — Fleury, député de l'Orne, insinue que la nation devrait être consultée. — Grossière interruption de Casimir Périer. — Deux cent dix-neuf députés font la monarchie de Juillet. — La Chambre des députés se rend en corps au Palais-Royal. — Discussion à la Chambre des pairs. — Magnifique discours de Châteaubriand. — DECLARATION de la Chambre des députés. — DECLARATION de la Chambre des pairs. — Séance du 9 août. — Discours de Louis-Philippe.

Les troupes royales, démoralisées, fatiguées, affamées, continuaient à déserter et à semer leurs armes sur les routes. Des centaines, des milliers de soldats se débandaient à la fois. Le colonel du 15ᵉ léger vint, avec les treize hommes auxquels se trouvait réduit l'effectif de son régiment, remettre son drapeau au roi. On manquait de tout. Charles X, pour dîner, vendit son argenterie. Les officiers des gardes-du-corps tuèrent des faisans dans le parc pour suppléer à leurs rations insuffisantes. Le roi, au milieu de tant d'amertumes, trouva le moyen de ressentir une amère douleur de ces attentats au gibier de sa maison.

On n'avait toujours pas de nouvelles de Mortemart ; mais on en avait d'autres, et on commençait à ne plus attendre les siennes. On savait que les députés avaient donné au duc d'Orléans la lieutenance-générale du royaume, qu'il avait nommé des ministres, que les Chambres étaient convoquées pour le 3 août, et que la cocarde tricolore était officiellement et par ordonnance du lieutenant-général substituée à la cocarde blanche [1] ; en voyant la Révolution s'étendre et s'universaliser dans le pays, il fallait de toute nécessité prendre un parti. Le dauphin, pour essayer d'arrêter le flot des désertions, publia l'ordre du jour suivant :

« Le Roi fait connaître aux troupes de toutes armes qu'il est entré en arrangement avec le gouvernement établi à Paris, et tout porte à croire que cet arrangement est sur le point d'être conclu.

« Sa Majesté fait connaître ces circonstances à son armée, afin de calmer les inquiétudes et l'agitation que quelques régiments ont témoignées.

« Les troupes sentiront qu'elles doivent rester calmes et réunies, afin de veiller à la sûreté de la personne du roi, jusqu'à ce que l'arrangement soit effectivement publié.

Rambouillet, le 1er août 1830. »

« LOUIS-ANTOINE. »

Pour donner quelque apparence de vérité et de bonne foi à cet

---

(1)  ORDONNANCES

LIEUTENANCE GÉNÉRALE DU ROYAUME

Art. 1. La nation française reprend ses couleurs. Il ne sera plus porté d'autre cocarde que la cocarde tricolore. . . . . . .

Paris, le 1er août 1830.

LOUIS-PHILIPPE D'ORLÉANS.

Et plus bas :

Le commissaire chargé provisoirement du ministère de la guerre,

Comte GÉRARD.

---

La chambre des pairs et la chambre des députés se réuniront le 3 août prochain dans le local accoutumé.

Paris, le 1er août 1830.

LOUIS-PHILIPPE D'ORLÉANS.

Le commissaire chargé provisoirement du ministère de l'intérieur,

GUIZOT.

ordre du jour mensonger et puéril, pour avoir l'air de vouloir ce qu'il ne pouvait empêcher, et dans l'étrange pensée qu'il sauvegardait sa dignité en légalisant de son propre seing la signature de la Révolution, Charles X dicta à Capelle et à Montbel, les seuls de ses anciens ministres qui fussent démeurés auprès de lui, la déclaration que voici :

« Le Roi, voulant mettre fin aux troubles qui existent dans la capitale et dans une partie de la France, comptant, d'ailleurs, sur le sincère attachement de son cousin le duc d'Orléans, le nomme lieutenant-général du royaume.

« Le Roi, ayant jugé convenable de retirer ses Ordonnances du 25 juillet, approuve que les Chambres se réunissent le 2 août, et il veut espérer qu'elles rétabliront la tranquillité en France.

« Le Roi attendra ici le retour de la personne chargée de porter à Paris cette déclaration.

« Si l'on cherchait à attenter à la vie du Roi et de sa famille, ou à leur liberté, il se défendra jusqu'à la mort.

« CHARLES.

« Fait à Rambouillet, le 1er août 1830. »

Les adorateurs du soleil qui allait se lever, parmi lesquels figuraient déjà un très-grand nombre de ceux qui la veille ou le matin même adoraient encore l'astre déclinant, se pressaient et bourdonnaient dans les salons du Palais-Royal quand la pièce que nous venons de reproduire fut remise au lieutenant-général. Celui-ci aussitôt de se récrier et de dire que le roi son cousin a voulu le compromettre et le rendre suspect à la Révolution. Il réduit Laffitte à prendre la défense de Charles X. Dupin rédige une lettre d'un style rude et inculte comme sa personne danubienne pour servir de réponse au message apporté de Rambouillet. Le duc d'Orléans, après avoir consulté ou feint de consulter sa femme, envoie au roi une réponse telle que Charles fut touché des termes affectueux dont elle était remplie et ne douta pas de la loyauté de son excellent parent. La confiance que cette lettre lui inspirait, l'abandon de trois régiments de grosse cavalerie et du 2e régiment de grenadiers à cheval de la garde, l'isolement de plus en plus effrayant où il se trouvait, l'impuissance, la fausseté de sa position, le conduisirent à prendre la résolution d'abdiquer et de faire abdiquer son fils en faveur du duc de Bordeaux. Marmont, qu'il consulta, le poussa vivement à réaliser ce projet. L'acte collectif d'abdication fut adressé sous forme de lettre au duc d'Orléans. Il était en ces termes :

« Rambouillet, ce 2 août 1830.

« Mon cousin,

« Je suis trop profondément peiné des maux qui affligent ou qui pourraient menacer mes peuples, pour n'avoir pas cherché un moyen de les prévenir. J'ai donc pris la résolution d'abdiquer la couronne en faveur de mon petit-fils le duc de Bordeaux.

« Le Dauphin, qui partage mes sentiments, renonce aussi à ses droits en faveur de son neveu.

« Vous aurez donc, par votre qualité de lieutenant-général du royaume, à faire proclamer l'avénement de Henri V à la couronne. Vous prendrez, d'ailleurs, toutes les mesures qui vous concernent pour régler les formes de gouvernement pendant la minorité du nouveau roi. Ici, je me borne à vous faire connaître ces dispositions ; c'est un moyen d'éviter encore bien des maux.

« Vous communiquerez mes intentions au corps diplomatique, et vous me ferez connaître le plus tôt possible la proclamation par laquelle mon petit-fils sera reconnu roi sous le nom de Henri V.

« Je charge le lieutenant-général vicomte Foissac-Latour de vous remettre cette lettre. Il a l'ordre de s'entendre avec vous pour les arrangements à prendre en faveur des personnes qui m'ont accompagné, ainsi que pour les arrangements convenables pour ce qui me concerne et le reste de ma famille.

« Nous réglerons ensuite les autres mesures qui seront la conséquence du changement de règne.

« Je vous renouvelle, mon cousin, l'assurance des sentiments avec lesquels je suis votre affectionné cousin.

« Charles ;

« Louis-Antoine. »

Averti secrètement de la venue de Foissac-Latour au Palais-Royal et de la nature des instructions dont ce messager était porteur, le lieutenant-général avait donné la consigne la plus sévère pour qu'il ne pût être admis en sa présence. La consigne fut observée avec la dernière rigueur et Foissac-Latour ne put obtenir l'audience du duc d'Orléans. Désespéré, il alla trouver Mortemart qui se chargea de remettre l'acte d'abdication et d'amener l'entrevue sollicitée. Louis-Philippe d'Orléans prit la lettre et refusa nettement de recevoir l'envoyé de Charles X. Déjà il avait entre les mains la démission de la commission municipale [1]. Il demeurait donc seul en possession du pouvoir et dominait dès lors la situation. Toutefois il ne s'avançait que pas à pas et avec les plus grandes précautions sur ce chemin miné de périls de toute espèce. Il prenait l'avis de chacun, non que le sien ne fût bien arrêté dans son esprit, mais pour compromettre tout le monde autour de lui, ou pour démontrer aux scrupuleux la nécessité où il était d'agir comme il le fit. Il avait répondu à Sémonville qui lui conseillait de se borner à être régent de France pendant la minorité du roi Henri V : « La moindre indisposition de cet enfant verrait renouveler contre moi les calomnies dirigées contre le régent mon aïeul : à la moindre douleur d'entrailles, on m'accuserait de l'avoir empoisonné. » Dans la soirée du 2 août, il fit appeler Châteaubriand pour sonder sa pensée, et pour tâcher de le gagner à son parti. Nous laisserons le grand écrivain raconter lui-même le curieux entretien qu'il eut d'abord avec la femme et la sœur du duc, puis avec le duc lui-même :

« — Ah! monsieur de Châteaubriand, s'écria la duchesse en me faisant asseoir auprès d'elle, nous sommes bien malheureux ! Si tous les partis voulaient se réunir, peut-être pourrait-on encore se sauver. Que pensez-vous de cela?

« — Charles X et M. le Dauphin ont abdiqué, répondis-je : Henri V est maintenant le roi; monseigneur le duc d'Orléans est lieutenant-général du royaume; qu'il soit régent pendant la minorité de Henri V, et tout est fini.

« — Mais, monsieur de Châteaubriand, le peuple est très-agité, nous tomberons dans l'anarchie.

« — Madame, oserais-je vous demander quelle est l'intention du duc d'Orléans? Acceptera-t-il la couronne si on la lui offre?

« Les deux princesses hésitèrent à répondre. La duchesse d'Orléans repartit après un moment de silence : — Songez aux malheurs qui peuvent arriver. Il faut que tous les honnêtes gens s'entendent pour nous sauver de la République. A Rome, monsieur de Château-

---

[1] En acceptant cette démission, le lieutenant-général avait remercié la Commission de son patriotisme et l'avait priée de demeurer en permanence, jusqu'à ce qu'elle reçût de nouveaux « ordres. » Mauguin fut blessé de cette expression brutale; et Guizot, qui rédigeait la lettre du lieutenant-général, y substitua celle « d'instructions. » Les dernières pièces officielles signées par les membres de la Commission municipale sont datées du 8 août.

briand, vous pourriez rendre de si grands services, ou même ici, si vous ne vouliez plus quitter la France !

« — Madame n'ignore pas mon dévouement au jeune roi et à sa mère.

« — Monsieur de Châteaubiand, vous ne connaissez pas ma nièce : Elle est si légère !... Pauvre Caroline !... Je vais envoyer chercher M. le duc d'Orléans, il vous persuadera mieux que moi.

« La princesse donna des ordres, et Louis-Philippe parut au bout d'un demi-quart d'heure. Il était mal vêtu et avait l'air extrêmement fatigué. Je me levai, et lui, en m'abordant :

« — Madame la duchesse d'Orléans a dû vous dire combien nous sommes malheureux !

« Et sur-le-champ, il fit une idylle sur le bonheur dont il jouissait à la campagne, sur la vie tranquille et selon ses goûts qu'il passait au milieu de ses enfants. Je saisis le moment d'une pose entre deux strophes pour prendre à mon tour la parole et pour répéter à peu près ce que j'avais dit aux princesses.

« — Ah ! s'écria-t-il, c'est là mon désir ! combien je serais satisfait d'être le tuteur et le soutien de cet enfant ! Je pense comme vous : prendre le duc de Bordeaux serait certainement ce qu'il y aurait de mieux à faire. Je crains seulement que les événements ne soient plus forts que nous.

« — Plus forts que nous ! N'êtes-vous pas investi de tous les pouvoirs ? Allons rejoindre Henri V ; appelez auprès de vous, hors de Paris, les Chambres et l'armée ; sur le bruit de votre départ, toute cette effervescence tombera, et l'on cherchera un abri sous votre pouvoir éclairé et protecteur.

« Pendant que je parlais, j'observais Philippe. Mon conseil le mettait mal à l'aise ; je lus écrit sur son front le désir d'être roi. — La chose est plus difficile que vous ne le pensez, me dit-il sans me regarder, cela ne va pas comme cela. Vous ne savez pas dans quel péril nous sommes. Une bande furieuse peut se porter contre les Chambres aux derniers excès, et nous n'avons rien pour nous défendre...

« . . . . . — Vous pouvez régner quinze ans sous le nom de votre pupille ; dans quinze ans l'âge du repos sera arrivé pour nous tous ; vous aurez eu la gloire unique dans l'histoire d'avoir pu monter au trône et de l'avoir laissé à l'héritier légitime ; en même temps, vous aurez élevé cet enfant dans les lumières du siècle, et vous l'aurez rendu capable de régner sur la France : une de vos filles pourrait un jour porter le sceptre avec lui.

« Philippe promenait ses regards vaguement au-dessus de sa tête : — Pardon, me dit-il, j'ai quitté pour m'entretenir avec vous une députation auprès de laquelle il faut que je retourne. Madame la duchesse d'Orléans vous aura dit combien je serais heureux de faire ce que vous pourriez désirer ; mais, croyez-le bien, c'est moi qui retiens seul une foule menaçante. Si le parti royaliste n'est pas massacré, il ne doit la vie qu'à mes efforts.

« Son Altesse Royale se retira, et j'allai retrouver mes amis. — Eh bien ? s'écrièrent-ils. — Eh bien, il veut être roi. — Et la duchesse d'Orléans ? — Elle veut être reine. — Ils vous l'ont dit ? — L'un m'a parlé de bergeries, l'autre des périls qui menacent la France et de la légèreté de la *pauvre Caroline* [1]. » Foissac-Latour, outre le message du roi pour le duc d'Orléans, était chargé de remettre à la duchesse une lettre de la duchesse de Gontaut et une autre de « Mademoiselle, » sœur du duc de Bordeaux. La tante de Caroline ne fut pas inabordable comme son mari; elle reçut l'ambassadeur de la cour de Rambouillet, pleura d'attendrissement en lisant l'épître enfantine et assura à Foissac-Latour, comme s'il eût pu en douter, que la famille royale pouvait compter sur le duc d'Orléans et qu'il était un honnête homme.

L'honnête homme n'avait plus qu'une pensée : obliger dans le plus bref délai possible le roi, son petit-fils et tous les siens à quitter le sol français. Il n'était plus gêné dans l'accomplissement de ses projets que par la présence de celui qui avait été Charles X, et de celui dont on voulait faire Henri V. Cet obstacle devait disparaître à tout prix. Il s'arrêta au parti de désigner des commissaires qui, chargés en apparence de protéger le roi déchu et sa famille contre l'explosion possible de la colère nationale, le seraient en réalité de hâter leur départ et de ne les quitter qu'au port d'embarquement pour l'exil. Le maréchal Maison, Jacqueminot, de Schonen et Odilon Barrot acceptèrent cette mission. On leur adjoignit le duc de Coigny, beau-frère de Sébastiani, pour leur servir d'introducteur près de Charles X. Comme le lieutenant-général leur donnait ses instructions et leur recommandait d'avoir tous les égards dus à la majesté du titre, de l'âge et du malheur pour son cousin qui, prétendait-il, avait lui-même sollicité une sauvegarde, Schonen demanda ce que les commissaires auraient à faire dans le cas où le duc de Bordeaux leur serait remis. « Le duc de Bordeaux ! s'écria Louis-Philippe d'Or-

---

[1] Châteaubriand, *Mémoires d'Outre-Tombe*, t. IX.

léans, mais c'est votre roi ! » Et là-dessus, la duchesse se jeta au cou de son mari en lui disant, selon la formule : « Ah ! vous êtes le plus honnête homme du royaume ! » Si elle était sincère le 2 août, quelle opinion dut-elle avoir du « plus honnête homme du royaume » le lundi suivant 9 du même mois? Pauvre Marie-Amélie ! Elle dut bien se mortifier sans doute pour vivre royalement avec Louis-Philippe Ier jusqu'au 24 février 1848, et cette date lui parut assurément celle d'une délivrance trop longtemps attendue et la fin d'une épreuve infiniment trop prolongée par l'inflexibilité de la divine Providence.

Le lieutenant-général n'oubliait rien. En même temps qu'il dépêchait des commissaires à Rambouillet, il donnait au général Hulot le commandement des quatre départements situés entre Paris et la mer dans la direction de l'Angleterre, et lui assignait Cherbourg pour résidence ; de son côté le capitaine Dumont d'Urville recevait l'ordre de partir pour le Hâvre et d'y fréter deux bâtiments de transport. Pour couronner l'œuvre, un journal orléaniste, le *Courrier français* insérait un article où l'on cherchait à établir l'illégitimité du duc de Bordeaux.

Les commissaires, portant la cocarde tricolore, le duc de Coigny, portant la cocarde blanche, arrivèrent à Rambouillet dans la nuit du 2 au 3, peu d'heures après que le duc de Bordeaux eût été proclamé roi sous le nom de Henri V en présence du peu de troupes qui étaient restées fidèles à la vieille royauté. Le duc de Coigny fut seul admis auprès de Charles X qui, bien naturellement, refusa la prétendue sauvegarde dont il n'avait nul besoin et qu'il n'avait point demandée. Il ne voulut pas entendre parler de recevoir les commissaires et ceux-ci se hâtèrent de retourner au Palais-Royal où ils arrivèrent le mardi 3, vers cinq heures et demie du matin.

Le duc d'Orléans était encore couché et sauta de son lit pour leur ouvrir sans songer à modifier l'appareil trop simple de son vêtement nocturne. Sur le rapport des commissaires, il ne fut plus maître de lui ; et, en proie à une grande surexcitation, il s'écria avec violence : « Qu'il parte ! Il faut absolument qu'il parte ! » Alors on imagina une chose odieuse et grotesque. Des agents furent lâchés dans Paris, qui semèrent partout le bruit mensonger que Charles X menaçait la capitale et dirent qu'il fallait marcher sur Rambouillet. « A Rambouillet ! A Rambouillet ! » On n'entendit bientôt plus que ce cri. On fit battre le rappel dans toute la ville, et on distribua des armes dans la cour même du Palais-Royal. Toute la partie ardente et moutonnière de la population donna dans le piége qui n'était pas moins dirigé contre elle que contre Charles X. Le pouvoir nouveau, en effet, avait tout intérêt à se servir d'un pareil dérivatif et à user l'effervescence populaire en l'employant loin de Paris et en l'empêchant ainsi de fournir des éléments à une nouvelle insurrection. Le général Pajol, dont on se défiait au Palais-Royal, fut mis à la tête de l'expédition, et, pour ne négliger aucune précaution, on chargea le colonel Jacqueminot de l'accompagner et de le surveiller. La Fayette avait dû, sur l'ordre du lieutenant-général, prendre des mesures pour que six mille hommes se joignissent à cette cohue bigarrée dont le rendez-vous était aux Champs-Élysées. Cette étrange armée était forte, au départ, d'environ dix à quinze mille hommes. Toutes les voitures publiques et particulières furent mises en réquisition pour la transporter. Le mélange et la confusion de ces véhicules, de ces costumes, de ces armes de toute forme, de toute couleur, de toute provenance présentaient un spectacle analogue à celui d'un carnaval bizarre et inaccoutumé. Il n'y avait ni vivres, ni argent, ni direction sérieuse. « A l'avant-garde marchaient le colonel Jacqueminot, George La Fayette, et le général en chef qui, n'ayant pu avoir son équipement que pièce à pièce, avait dû, pour le compléter, emprunter au banquier Rothschild ses épaulettes de consul d'Autriche. Jamais expédition ne fut plus précipitée, plus irréfléchie. A la barrière des Bons-Hommes, le général ayant demandé une carte du pays, il se trouva que personne n'avait songé à se munir de cet indispensable élément de toute opération de guerre. Un aide de camp du général Pajol fut envoyé en avant pour se procurer cette carte, qu'il obtint à la manufacture de Sèvres, de M. Dumas, membre de l'Institut, sur un *bon* portant la toute-puissante qualification d'élève de l'École polytechnique [1]. » La colonne se grossissait de tous les volontaires qu'elle rencontrait sur sa route. Les débris de deux régiments qu'on trouva à Versailles offrirent leurs armes à trois délégués qui venaient les leur demander. En passant à Saint-Cyr on avait pris les pièces de canon de l'École. Deux mille Rouennais qui marchaient au secours de Paris avaient rejoint à Trappes les derrières de l'expédition. Sur le chemin, on pilla quelques maisons et quelques fermes pour se procurer de la nourriture. C'était surtout le pain qui manquait.

Tandis que l'armée parisienne, surprise par la nuit, campait à trois quarts de lieue de Rambouillet, les commissaires qui l'avaient

---

[1] Louis Blanc, *Histoire de Dix Ans*, t. I, p. 393-394.

devancée se présentaient de nouveau au Palais. Ils furent introduits par Marmont auprès du roi. Charles X était indécis. Déjà il avait envoyé dire au général Vincent de ne pas attaquer les Parisiens. Ce fut par suite d'un malentendu que le colonel Poque fut blessé. Le roi lui en fit exprimer ses regrets. Il reçut les commissaires fort brusquement. Ébranlé toutefois par leurs instances, il prit à part le maréchal Maison et lui demanda s'il était vrai, sur son honneur militaire, que le nombre des insurgés s'élevait à soixante mille hommes comme on venait de le dire, et si tout ce monde était réellement décidé à attaquer le château avant le jour. Le maréchal crut pouvoir affirmer à Charles X que ce nombre n'était pas exagéré. Marmont, qui ne comptait nullement sur les troupes qui restaient au roi, acheva de le décider à quitter Rambouillet. Charles X et sa famille partirent en effet à onze heures du soir pour aller coucher à Maintenon.

Une heure avant, les commissaires avaient expédié au duc d'Orléans, qui attendait des nouvelles avec une fiévreuse impatience, la dépêche que voici :

« Rambouillet, le 3 août 1830, à dix heures du soir.

« Monseigneur,

« C'est avec bonheur que nous vous annonçons le succès de notre mission. Le roi se détermine à partir avec toute sa famille. Nous vous apporterons avec la plus grande exactitude tous les détails et tous les incidents de ce voyage. Puisse-t-il se terminer heureusement! Nous suivrons la route de Cherbourg; nous partons dans une demi-heure ; toutes les troupes sont dirigées sur Epernon, et, demain matin, on déterminera quelles seront celles qui suivront définitivement le roi.

« De Schonen, maréchal Maison, Odilon Barrot. »

Les commissaires faisaient dire en même temps au général Pajol qu'il n'avait plus qu'à faire rebrousser chemin à toute sa troupe et à la ramener à Paris. Un certain nombre d'hommes, sans tenir compte des ordres de retraite qui avaient été donnés, persistèrent à se porter jusqu'au château d'où ils ramenèrent les voitures de la cour et un fourgon surmonté d'un petit drapeau tricolore avec cette inscription en lettres noires : « *Diamants de la couronne.* »

« C'était, dit Louis Blanc, un épisode tout nouveau dans la vieille histoire des fragiles grandeurs de ce monde, que le spectacle de cette multitude bruyante et débraillée s'entassant à plaisir dans les magnifiques voitures du sacre attelées de huit chevaux, et se faisant reconduire avec des guides de soie par les cochers de la cour. Ces heureux ouvriers, que la misère attendait au sein de leur famille, firent dans Paris une pompeuse et triomphale entrée, suivis de tout le service des écuries du château. Cortége héroïque et grotesque, bien propre à faire réfléchir le philosophe, mais que la foule insouciante saluait au passage par des éclats de rire, des refrains joyeux et des bravos !

« Le peuple se rendit donc en équipage dans la cour du Palais-Royal. Ce fut là qu'on mit pied à terre, et tous criaient, sous les fenêtres du prince : « Tenez ! voilà vos voitures ! » Des sentinelles veillaient à chaque porte du palais, ouvriers au visage noirci, aux bras nus. Les uns avaient des fusils, les autres des piques. La duchesse d'Orléans était fort effrayée de ce spectacle qui rappelait les scènes de la première Révolution. Mais le duc s'était armé de courage, et le sourire ne cessa d'animer ses lèvres [1]. »

On était au 4 août. La veille, avait eu lieu l'ouverture de la session des Chambres.

La décoration de la salle des séances du Palais-Bourbon ne présentait d'autre modification que l'addition d'un drapeau tricolore placé au-dessus du dais de velours cramoisi où l'on revoyait les mêmes fleurs de lis d'or et les mêmes panaches blancs. Vingt députés à peine du côté droit de la Chambre assistaient à la cérémonie. Peu de pairs étaient venus. Nous laisserons parler le *Moniteur universel* :

« Aujourd'hui, 3 août 1830, la Chambre des pairs et la Chambre des députés des départements se sont réunies dans la salle de la Chambre des députés.

« A une heure moins un quart, le canon des Invalides a annoncé l'arrivée de S. A. R. Monseigneur le duc d'Orléans, exerçant les fonctions de lieutenant-général du royaume.

« Les grandes députations de la Chambre des pairs et des députés s'étant rendues à la rencontre de S. A. R., le lieutenant-général du royaume est entré dans la salle, accompagné de la députation de S. A. R. Monseigneur le duc de Nemours et de plusieurs aides de camp qui sont restés au bas de l'estrade. S. A. R. le lieutenant géné-

---

[1] *Histoire de Dix Ans*, t. I, p. 496-497.

ral du royaume a pris place sur un tabouret disposé à la droite du trône, et M. le duc de Nemours sur un tabouret à la gauche.

« S. A. R. a dit :

« Messieurs, asseyez-vous. »

« MM. les pairs de France et les députés s'étant assis, S. A. R. a prononcé le discours suivant, qui a été interrompu par de fréquentes acclamations.

« Messieurs les pairs et Messieurs les députés,

« Paris troublé dans son repos par une déplorable violation de la
« Charte et des lois, les défendait avec un courage héroïque.

« Au milieu de cette lutte sanglante aucune des garanties de l'ordre
« social ne subsistait plus : les personnes, les propriétés, les droits,
« tout ce qui est précieux et cher à des hommes et à des citoyens,
« couraient les plus grands dangers.

« Dans cette absence de tout pouvoir public, le vœu de mes conci-
« toyens s'est tourné vers moi ; ils m'ont jugé digne de concourir
« avec eux au salut de la patrie ; ils m'ont invité à exercer les fonc-
« tions de lieutenant-général du royaume.

« Leur cause m'a paru juste, le péril immense, la nécessité impé-
« rieuse, mon devoir sacré. Je suis accouru au milieu de ce vaillant
« peuple, suivi de ma famille, et portant ces couleurs qui, pour la
« seconde fois, ont marqué parmi nous le triomphe de la liberté.

« Je suis accouru, fermement résolu à me dévouer à tout ce que
« les circonstances exigeraient de moi, dans la situation où elles
« m'ont placé, pour rétablir l'empire des lois, sauver la liberté me-
« nacée, et rendre impossible le retour de si grands maux, en
« assurant à jamais le pouvoir de cette Charte dont le nom invoqué
« pendant le combat, l'était encore après la victoire.

« Dans l'accomplissement de cette noble tâche, c'est aux Chambres
« qu'il appartient de me guider.

« Tous les droits doivent être solidement garantis; toutes les insti-
« tutions nécessaires à leur plein et libre exercice doivent recevoir
« les développements dont elles ont besoin.

« Attaché de cœur et de conviction aux principes d'un gouverne-
« ment libre, j'ai accepté d'avance toutes les conséquences. Je crois
« devoir appeler dès aujourd'hui votre attention sur l'organisation
« des gardes nationales, l'application du jury aux délits de la presse,
« la formation des administrations départementales et municipales,

« et, avant tout, sur cet article 14 de la Charte, qu'on a si odieuse-
« ment interprété.

« C'est dans ces sentiments, Messieurs, que je viens ouvrir cette
« session.

« Le passé m'est douloureux, je déplore des infortunes que j'aurais
« voulu prévenir; mais au milieu de ce magnanime élan de la capi-
« tale et de toutes les cités françaises, à l'aspect de l'ordre renaissant
« avec une merveilleuse promptitude, après une résistance pure
« de tout excès, un juste orgueil national émeut mon cœur, et j'en-
« trevois avec confiance l'avenir de la patrie.

« Oui, Messieurs, elle sera heureuse et libre, cette France qui
« m'est si chère; elle montrera à l'Europe, qu'uniquement occupée de
« sa prospérité intérieure, elle chérit la paix aussi bien que les li-
« bertés, et ne veut que le bonheur et le repos de ses voisins.

« Le respect de tous les droits, le soin de tous les intérêts, la
« bonne foi dans le Gouvernement, sont les meilleurs moyens de dé-
« sarmer les partis et de ramener dans les esprits cette confiance
« dans les institutions, cette stabilité, seuls gages assurés du bonheur
« des peuples et de la force des Etats.

« MM. les pairs et MM. les députés, aussitôt que les Chambres se-
« ront constituées, je ferai porter à leur connaissance l'acte d'abdi-
« cation de S. M. le roi Charles X; par ce même acte, S. A. R. Louis-
« Antoine de France, Dauphin, renonce également à ses droits; cet
« acte a été remis entre mes mains hier, 2 août, à onze heures du
« soir. J'en ordonne ce matin le dépôt dans les archives de la Chambre
« des pairs, et je le fais insérer dans la partie officielle du Moni-
« TEUR. »

« S. A. R. le lieutenant-général du royaume s'est retiré avec
M. le duc de Nemours et ses aides-de-camp, au milieu des acclamations des membres des deux Chambres et du public des tribunes [1]. »

On remarquera que dans ce long discours, le lieutenant-général se
bornait à constater l'existence de l'acte d'abdication du roi et du
dauphin et le dépôt qu'il en avait ordonné dans les archives de la
Chambre des pairs. Quant à la question de succession au trône et aux
droits du petit-fils de Charles X il n'en disait pas un mot. En revanche il posait hardiment sa candidature à la couronne en disant :

---

[1] *Le Moniteur universel*, supplément extraordinaire au n° du 3 août 1830.

« Je suis accouru, *fermement résolu à me dévouer à* TOUT ce que les circonstances exigeraient de moi, dans la situation où elles m'ont placé pour *établir l'empire des lois, sauver la liberté menacée,* et rendre impossible le retour de si grands maux, *en assurant à jamais* le pouvoir de cette Charte dont le nom invoqué pendant le combat, l'était encore après la victoire. »

Nous avons malheureusement appris par plus d'une expérience à ne plus nous étonner de l'inintelligence de ceux qui prennent ou de la fourberie de ceux qui feignent de prendre un pareil langage pour de l'argent comptant. Il est peut-être permis d'espérer maintenant que la France a vu assez et trop de « sauveurs » surgir du limon déposé par ses révolutions successives pour se laisser encore duper ou violenter par ces funestes produits d'une génération plus ou moins spontanée. La Fayette, à qui Armand Carrel reprochait après les événements sa faiblesse et sa condescendance pour le prétendant, répondit : « Que voulez-vous, mon ami ? A cette époque-là, je le croyais bon et bête. » Le duc d'Orléans n'était assurément ni l'un ni l'autre. Il était impossible qu'il se fît illusion sur la valeur et la stabilité d'une royauté qu'il avait dû venir mendier dans le palais même de Sa Majesté le Peuple et qu'il ne se dît pas qu'une tempête pourrait emporter ce qu'une tempête avait apporté. Mais non : l'infatuation des hommes, et particulièrement des princes, est telle qu'ils comptent toujours être plus fins, plus habiles, plus heureux que le voisin, et qu'ils donnent tous tête baissée dans le précipice où la même destinée pousse et entasse les uns sur les autres ces moutons de Panurge.

Un autre point ne doit pas échapper à l'observation. Le lieutenant-général avait dit : la France « montrera à l'Europe qu'uniquement occupée de sa prospérité intérieure, elle chérit *la paix* aussi bien que les libertés, et ne veut que le bonheur et le repos de ses voisins. » Toute la pensée du règne de l'homme au parapluie est là : c'est le système de la paix à tout prix aboutissant à l'entente cordiale et à l'indemnité Pritchard.

Quelques personnes furent peut-être étonnées en lisant le *Moniteur universel* du 4 août, d'y trouver une ordonnance du lieutenant-général, qui, vu les articles 30 et 31 de la Charte constitutionnelle, autorisait les ducs de Chartres et de Nemours à prendre à la Chambre des pairs le rang et la place qui leur appartenaient. Leur étonnement redoubla sans doute le surlendemain en trouvant au *Moniteur* ce qui suit :

« Nous, Louis-Philippe d'ORLÉANS, duc d'Orléans, lieutenant-général du royaume,

« Avons nommé et nommons notre bien-aimé fils le duc de Chartres grand-croix de la Légion d'Honneur.

« Paris, le 3 août 1830.

« Louis-Philippe d'ORLÉANS.

« *Le commissaire provisoire au département de la guerre,*

« C<sup>te</sup> Gérard. »

Et pareille ordonnance en faveur de « notre bien-aimé fils le duc de Nemours. »

Si ces âmes candides, en présence de ces énormités, avaient poussé la naïveté jusqu'à demander : « Pourquoi ? » il n'y aurait certainement pas eu d'autre réponse à leur faire que celle des femmes, des enfants et des despotes : « Parce que ! »

La toute-puissance du « parce que » monarchique ne tarda pas à éclater d'une manière propre à frapper tous les yeux.

La Chambre des députés s'était constituée et avait, conformément à la loi en vigueur sous le dernier règne, désigné au choix du chef de l'Etat les candidats à la présidence. Le lieutenant-général choisit Casimir Périer, qui avait obtenu le plus de voix, en déclarant qu'il espérait bien que dorénavant la Chambre nommerait elle-même son président. Le prétendant au trône faisait montre de libéralisme envers la Chambre ; la Chambre se ruait avec emportement vers la servitude. En allant ainsi au-devant l'un de l'autre il était impossible qu'on ne se rencontrât pas bientôt. A la séance du 6 août, Bérard déposa et lut une proposition qui constatait la vacance du trône, et appelait à la remplir le duc d'Orléans, à la condition d'apporter à la Charte de 1814 les modifications indiquées dans cette même proposition. Laffitte remplaçait au fauteuil de la présidence Casimir Périer qui s'était excusé. Une commission fut nommée pour examiner le projet. « Tout-à-coup on annonce que des groupes menaçants encombrent les avenues du Palais-Bourbon. M. Kératry demande une séance de nuit, à cause de la gravité des circonstances. Et, en effet, on entendait les cris tumultueux du dehors : « A bas l'hérédité ! la Chambre nous trahit ! » Les députés sont en proie à une vive anxiété, ils sortent, ils rentrent tour à tour, profondément émus : la plupart entourent La Fayette, Benjamin Constant, Labbey de Pompières, en appelant à leur popularité, dont ils implorent à mains jointes la protection. M. Girod (de l'Ain) sort, et rencontrant sur les marches du péristyle M. Lhéritier (de l'Ain) : « Vous connaissez Montebello, lui « dit-il ? — Oui. C'était un brave. — Eh bien, *sa fille est mon gen-* « *dre.* » Car tel était le trouble de tous ces législateurs! Ils promettent que le peuple sera consulté. On fait circuler dans les tribunes une protestation contre ce qu'on appelle des fauteurs de désordre, et on obtient contre les républicains qui s'agitent au dehors la signature de quelques jeunes gens abusés. Benjamin Constant, Labbey de Pompières, se présentent successivement sous le péristyle du palais. La Fayette paraît à son tour. A sa vue le tumulte s'apaise, mais les plus ardents continuaient à crier : « A bas l'hérédité! » Et M. de La Fayette de dire d'une voix suppliante : « Mes amis, mes bons « amis, nous veillons sur vos intérêts. Nous reconnaissons que nous « sommes ici sans mandat. Mais, retirez-vous, je vous en conjure. » C'était la seconde fois que M. de La Fayette livrait la révolution à la royauté [1]. »

Dupin déposa son rapport sur la proposition Bérard à neuf heures et demie du soir. Benjamin Constant et Eusèbe Salverte eurent quelque peine à obtenir que la discussion fût remise au lendemain. Mauguin vint à leur secours. « C'est, dit-il, lorsque vous aurez délibéré avec maturité que les peuples obéiront avec empressement ; si votre délibération est trop rapide, peut-être aussi chercheront-ils si leur obéissance ne doit pas être calculée. » A ces mots de violentes rumeurs éclatent dans l'assemblée et une voix d'esclave a l'impudeur de crier : « C'est de l'insurrection ! » A dix heures et demie, le président lève la séance. Il était décidé que l'impression et la distribution du rapport auraient lieu dans le courant de la nuit et que le lendemain la Chambre se réunirait à dix heures du matin.

L'orléanisme avait tellement hâte de consommer son escamotage à l'abri de la publicité, que, par un subterfuge digne des princes et de ceux qui ne rougissent pas de les servir, la séance fut ouverte dès huit heures. Les défenseurs ne manquèrent pas à la cause de la légitimité. Hyde de Neuville, entre autres, parla avec une grande noblesse et une grande modération.

« J'ai peu de paroles à adresser à la Chambre, dit-il, mais je suis trop profondément ému pour ne pas solliciter de vous, Messieurs, un moment d'attention et de silence.

« Je commence par déclarer que je n'entends juger personne ; je

---

[1] Louis Blanc, *Histoire de Dix Ans*, t. I$^{er}$, p. 428-429.

sais qu'en politique comme en religion, les consciences ne sont pas toutes soumises aux mêmes influences, aux mêmes impressions, et qu'ainsi des hommes voulant, cherchant également le bien, peuvent, sans faillir (au moins devant Dieu), suivre des directions opposées.

« Que chacun de nous consulte sa conscience. — La mienne seule est mon guide ; si donc, Messieurs, vous ne partagez pas tous mes sentiments, aucun de vous, j'aime à le croire, ne me refusera son estime.

« J'ai fait tout ce qu'un homme de cœur et d'honneur, tout ce qu'un bon Français pouvait faire pour éviter à sa patrie d'épouvantables calamités.

« J'ai été fidèle à mes serments comme à mes affections, et certes, je n'ai jamais trompé cette royale famille que de faux amis, des insensés, des êtres bien perfides, bien coupables, viennent de précipiter dans l'abîme.

« Messieurs, je n'ai point trahi la fortune de ceux que j'ai servis depuis mon enfance avec un zèle que rien n'a pu décourager, je ne trahirai point leur malheur, ce serait trahir ma vie et me déshonorer à mes propres yeux; c'est vous dire, Messieurs, que lors même que je pourrais croire que j'ai mission de briser un trône et de faire un Roi, je laisserais à d'autres le soin de fixer, par d'aussi grands changements, les nouvelles destinées de la France. — Mais, Messieurs, je ne me reconnais pas un tel droit, je ne puis donc que repousser la souveraineté dangereuse que votre commission m'appelle à exercer.

« Je crois en outre, Messieurs, que la mesure que vous allez prendre est bien grande, qu'elle aurait dû dans l'intérêt même de ces libertés nationales que je chéris et dont je fus toujours le défenseur, être soumise à un examen plus long, plus approfondi du patriotisme et de la raison. Je crois qu'il peut y avoir péril à vouloir fonder l'avenir, tout l'avenir d'un peuple et surtout d'un grand peuple sur les impressions et les préventions du moment. Mais enfin, je n'ai pas reçu du ciel le pouvoir d'arrêter la foudre, je ne puis rien contre un torrent qui déborde, je n'opposerai donc à ces actes que je ne puis seconder, approuver, que mon silence et ma douleur.

« Je ne finirai point, Messieurs, sans adresser au ciel des vœux ardents pour le repos, le bonheur et les libertés de ma patrie. Dieu sait si ces vœux sont sincères. »

On ne pouvait, en termes plus dignes, protester contre l'usurpation en vertu du principe de la légitimité ; tant la défaite et le malheur ennoblissent les plus mauvaises causes ! Et, en réalité, dès le moment que la question ne se posait pas entre la République et la monarchie, que les droits, seuls naturels et seuls imprescriptibles, de la première étaient écartés, la logique relative, en ce qui concerne la seconde, était du côté de la légitimité, et toute autre candidature que celle de l'héritier direct devait être considérée comme une usurpation dans l'usurpation.

A la fin de la discussion, Fleury, député de l'Orne, essaya d'amener ses collègues à reconnaître qu'ils n'avaient point qualité pour faire un roi et que le peuple devait, en quelque sorte, être appelé à élire une Assemblée constituante. Il ne prononça pas le mot, mais il fit entendre la chose. Il termina par ces paroles.

« Je crois, Messieurs, qu'en consultant ainsi vos commettants, vous aurez satisfait à un devoir rigoureux, et par là, en conservant votre estime à vous-mêmes, vous vous serez assuré à toujours celle de la France et de l'Europe entière. »

Là-dessus, Casimir Périer cria : « Allons donc ! » Il y eut quelques rumeurs à gauche comme pour appuyer la motion de Fleury, et tout fut dit.

La Chambre rejeta une proposition de Labbey de Pompières, appuyé par Bérard, et en vertu de laquelle chaque membre aurait voté en écrivant son nom sur son registre. La France fut livrée à un homme et à sa famille par un scrutin secret auquel prirent part deux cent cinquante-deux individualités. Deux cent dix-neuf votèrent pour l'adoption de la proposition Bérard modifiée par la commission dont Dupin avait été le rapporteur. Trente-trois votèrent contre. La séance fut renvoyée au surlendemain lundi, 9 août, à midi.

Aussitôt la Chambre se rendit en corps au Palais-Royal pour porter au duc la bonne nouvelle. Le « plus honnête homme du royaume » était entouré de sa famille. Laffitte lut la déclaration, Louis-Philippe d'Orléans répondit :

« Je reçois avec une profonde émotion la déclaration que vous me présentez. Je la regarde comme l'expression de la volonté nationale et elle me paraît conforme aux principes politiques que j'ai professés toute ma vie.

« Rempli de souvenirs qui m'ont toujours fait désirer de n'être jamais appelé au trône, exempt d'ambition et habitué à la vie paisible que je menais dans ma famille, je ne puis vous cacher tous les sentiments qui agitent mon cœur dans cette grande conjoncture;

mais il en est un qui les domine tous, c'est l'amour de mon pays. Je sens ce qu'il me prescrit et je le ferai. »

Ayant ainsi parlé, il se jeta encore une fois dans les bras de Laffitte et parut avec lui et La Fayette au balcon de son palais.

Dès que la Chambre des députés eut adopté sous la forme d'une « Déclaration » la proposition Bérard, elle en envoya communication officielle à la Chambre des pairs qui entama à son tour la discussion sur le même sujet. Pasquier, dont la monarchie de Juillet devait faire un duc, occupait le fauteuil de la présidence. Sur cent quatorze votants, on compta quatre-vingt-neuf suffrages pour l'adoption de la déclaration, dix contre, quatorze billets blancs et un bulletin nul. Châteaubriand avait voté contre, et expliqua son vote dans un magnifique discours. Républicain par raison, monarchiste de sentiment, philosophe, poëte et prophète, Chateaubriand prononça, qu'il se l'avouât ou non, la véritable oraison funèbre de la monarchie. Son discours vaut la peine que nous en transcrivions la plus grande partie pour la mettre sous les yeux de nos lecteurs.

« ......... Une question préalable, dit-il, doit être traitée : si le trône est vacant, nous sommes libres de choisir la forme de notre Gouvernement.

« Avant d'offrir la couronne à un individu quelconque, il est bon de savoir dans quelle espèce d'ordre politique nous constituerons l'ordre social. Etablirons-nous une République ou une monarchie nouvelle ?

« Une République ou une monarchie nouvelle offre-t-elle à la France des garanties suffisantes de durée, de force et de repos ? »

L'orateur se prononce contre la République, mais non d'une manière absolue. A ses yeux, ce n'est qu'une question de temps et d'opportunité.

« La République représentative, dit-il, est peut-être l'Etat futur du monde, mais son temps n'est pas arrivé.

« Je passe à la monarchie.

« Un roi nommé par les Chambres ou élu par le peuple sera toujours, quoi qu'on fasse, une nouveauté. Or, je suppose qu'on veut la liberté, surtout la liberté de la presse par laquelle et pour laquelle le peuple vient de remporter une étonnante victoire. Eh bien, toute monarchie nouvelle sera forcée, ou plus tôt ou plus tard, de bâillonner cette liberté. Napoléon lui-même [1] a-t-il pu l'admettre? Fille de

---

[1] Napoléon moins que tout autre.

nos malheurs et esclave de notre gloire, la liberté de la presse ne vit en sûreté qu'avec un gouvernement dont les racines sont déjà profondes[1].

« Une monarchie, bâtarde d'une nuit sanglante, n'aurait-elle rien à redouter de l'indépendance des opinions ? Si ceux-ci peuvent prêcher la République, ceux-là un autre système, ne craignez-vous pas d'être bientôt obligés de recourir à des lois d'exception, malgré l'anathème contre la censure ajoutée à l'article 8 de la Charte ?

« Alors, amis de la liberté réglée, qu'aurez-vous gagné au changement qu'on vous propose ? Vous tomberez de force dans la République ou dans la servitude légale. La monarchie sera débordée et emportée par le torrent des lois démocratiques ou le monarque par le mouvement des factions. . . . . .

« Je ne vous présente, Messieurs, que quelques-uns des inconvénients attachés à la formation d'une République ou d'une monarchie nouvelle. Si l'une et l'autre ont des périls, il restait un troisième parti, et ce parti valait bien la peine qu'on en eût dit quelques mots.

« D'affreux ministres ont souillé la Couronne, et ils ont soutenu la violation de la loi par le meurtre ; ils se sont joués des serments faits au ciel, des lois jurées à la terre. . . . . .

« Jamais défense ne fut plus légitime et plus héroïque que celle du peuple de Paris. Il ne s'est point soulevé contre la loi, mais pour la loi ; tant qu'on a respecté le pacte social, le peuple est demeuré paisible ; il a supporté, sans se plaindre, les insultes, les provocations, les menaces : il devait son argent et son sang en échange de la Charte ; il a prodigué l'un et l'autre.

« Mais lorsqu'après avoir menti jusqu'à la dernière heure, on a tout-à-coup sonné la servitude ; quand la conspiration de la bêtise et de l'hypocrisie a soudainement éclaté ; quand une terreur de château organisée par des eunuques, a cru pouvoir remplacer la terreur de la république et le joug de fer de l'empire, alors ce peuple s'est armé de son intelligence et de son courage ; il s'est trouvé que ces *boutiquiers* respiraient assez facilement l'odeur de la poudre, et qu'il fallait plus de *quatre soldats et un caporal* pour les réduire. Un siècle n'aurait pas autant mûri les destinées d'un peuple que les trois derniers soleils qui viennent de briller sur la France. Un grand crime a eu lieu ; il a produit l'énergique explosion d'un principe : devait-on,

---

[1] Le seul Gouvernement qui puisse avoir des racines vraiment profondes est le Gouvernement républicain.

à cause de ce crime et du triomphe moral et politique qui en a été la suite, renverser l'ordre de choses établi? Examinons.

« Charles X et son fils sont déchus ou ont abdiqué, comme il vous plaira de l'entendre, mais le trône n'est pas vacant; après eux venait un enfant; devait-on condamner son innocence?...

« Ce n'est ni par un dévouement sentimental, ni par un attendrissement de nourrice transmis de maillot en maillot depuis le berceau de saint Louis jusqu'à celui du jeune Henri, que je plaide une cause où tout se tournerait de nouveau contre moi, si elle triomphait. Je ne vise ni au roman, ni à la chevalerie, ni au martyre. Je ne crois pas au droit divin de la royauté, et je crois à la puissance des révolutions et des faits. Je n'invoque pas même la Charte; je prends mes idées plus haut; je les tire de la sphère philosophique de l'époque où ma vie expire : je propose le duc de Bordeaux tout simplement comme une nécessité d'un meilleur aloi que celle dont on argumente......

« J'ai transporté le combat sur le terrain de mes adversaires; je ne suis point allé bivouaquer dans le passé sous le vieux drapeau des morts, drapeau qui n'est pas sans gloire, mais qui pend le long de la hampe qui le porte, parce qu'aucun souffle de vie ne le soulève. Quand je remuerais la poussière des trente-cinq Capets, je n'en tirerais pas un argument qu'on voulût seulement écouter. L'idolâtrie d'un nom est abolie; la monarchie n'est plus une religion, c'est une forme politique préférable dans ce moment à toute autre, parce qu'elle fait mieux entrer l'ordre dans la liberté.

« Inutile Cassandre, j'ai assez fatigué le trône et la patrie de mes avertissements dédaignés; il ne me reste qu'à m'asseoir sur les débris d'un naufrage que j'ai tant de fois prédit. Je reconnais au malheur toutes les sortes de puissance, excepté celle de me délier de mes serments de fidélité. Je dois aussi rendre ma vie uniforme : après tout ce que j'ai fait, dit et écrit pour les Bourbons, je serais le dernier des misérables si je les reniais au moment où, pour la troisième et dernière fois, ils s'acheminent vers l'exil.

« Je laisse la peur à ces généreux royalistes qui n'ont jamais sacrifié une obole ou une place à leur loyauté, à ces champions de l'autel et du trône, qui naguères me traitaient de renégat, d'apostat et de révolutionnaire. Pieux libellistes, le renégat vous appelle! Venez donc balbutier un mot, un seul mot avec lui pour l'infortuné maître qui vous combla de ses dons et que vous avez perdu. Provocateurs de coups d'État, prédicateurs du pouvoir constituant, où êtes-vous?

Vous vous cachez dans la boue du fond de laquelle vous leviez vaillamment la tête pour calomnier les vrais serviteurs du Roi : votre silence d'aujourd'hui est digne de votre langage d'hier. Que tous ces preux, dont les exploits projetés ont fait chasser les descendants d'Henri IV à coups de fourches, tremblent maintenant accroupis sous la cocarde tricolore : c'est tout naturel. Les nobles couleurs dont ils se parent protégeront leur personne et ne couvriront pas leur lâcheté.

« Au surplus, en m'exprimant avec franchise à cette tribune, je ne crois pas du tout faire un acte d'héroïsme : nous ne sommes plus dans ces temps où une opinion coûtait la vie; y fussions-nous, je parlerais cent fois plus haut. Le meilleur bouclier est une poitrine qui ne craint pas de se montrer découverte à l'ennemi. Non, Messieurs, nous n'avons à craindre ni un peuple dont la raison égale le courage, ni cette généreuse jeunesse que j'admire, avec laquelle je sympathise de toutes les facultés de mon âme, à laquelle je souhaite comme à mon pays, honneur, gloire et liberté.

« Loin de moi surtout la pensée de jeter des semences de division dans la France, et c'est pourquoi j'ai refusé à mon discours l'accent des passions. Si j'avais la conviction intime qu'un enfant doit être laissé dans les rangs obscurs et heureux de la vie, pour assurer le repos de trente-trois millions d'hommes, j'aurais regardé comme un crime toute parole en contradiction avec le besoin des temps : je n'ai pas cette conviction. Si j'avais le droit de disposer d'une couronne, je la mettrais volontiers aux pieds de M$^{gr}$ le duc d'Orléans. Mais je ne vois de vacant qu'un tombeau à Saint-Denis, et non pas un trône.

« Quelles que soient les destinées qui attendent M. le Lieutenant-Général du Royaume, je ne serai jamais son ennemi, s'il fait le bonheur de ma patrie. Je ne demande à conserver que la liberté de ma conscience, et le droit d'aller mourir partout où je trouverai indépendance et repos.

« Je vote contre le projet de déclaration. »

La Chambre des pairs vota l'impression du discours de Châteaubriand, et n'en vota pas moins, comme on l'a vu, l'adoption de la Déclaration.

Les termes de cet acte avaient été arrêtés comme il suit par la Chambre des députés.

« La Chambre des députés, prenant en considération l'impérieuse nécessité qui résulte des événements des 26, 27, 28, 29 juillet dernier et jours suivants, et de la situation générale où la France s'est trouvée placée à la suite de la violation de la Charte constitutionnelle;

« Considérant en outre que par suite de cette violation et de la résistance héroïque des citoyens de Paris, S. M. Charles X, S. A. R. Louis-Antoine, Dauphin, et tous les membres de la branche aînée de la maison royale, sortent en ce moment du territoire français ;

« Déclare que le trône est vacant en fait et en droit, et qu'il est indispensable d'y pourvoir.

« La Chambre des députés déclare secondement que, selon le vœu et dans l'intérêt du peuple français, le préambule de la Charte constitutionnelle est supprimé comme blessant la dignité nationale, en paraissant octroyer aux Français des droits qui leur appartiennent essentiellement, et que les articles suivants de la même Charte doivent être supprimés ou modifiés de la manière qui va être indiquée.

« Art. 6. *Supprimé* [1].

« Art. 7. Les ministres de la religion catholique, apostolique et romaine, professée par la majorité des Français, et ceux des autres cultes chrétiens reçoivent des traitements du Trésor public.

« Art. 8. Les Français ont le droit de publier et de faire imprimer leurs opinions, en se conformant aux lois.

« La censure ne pourra jamais être rétablie.

« Art. 14. Le Roi est le chef suprême de l'Etat, il commande les forces de terre et de mer, déclare la guerre, fait des traités de paix, d'alliance et de commerce, nomme à tous les emplois d'administration publique et fait les règlements et ordonnances nécessaires pour l'exécution des lois, sans pouvoir jamais ni suspendre les lois elles-mêmes ni dispenser de leur exécution.

« Toutefois aucune troupe étrangère ne pourra être admise au service de l'Etat qu'en vertu d'une loi.

« Art. 15. Suppression des mots : *Des départements* [2].

« Art. 16 et 17. La proposition des lois appartient au Roi, à la Chambre des pairs et à la Chambre des députés.

« Néanmoins toute loi d'impôt doit être votée par la Chambre des députés.

« Art. 19, 20 et 21. Supprimés [3], remplacés par la disposition suivante :

---

[1] L'article 6 était ainsi conçu : « Cependant la religion catholique, apostolique et romaine est la religion de l'Etat. »
[2] Ancien article 15 : « La puissance législative s'exerce collectivement par le Roi, la Chambre des pairs, et la Chambre des députés des départements. »
[3] Texte de la Charte de 1814 : « Article 19. Les chambres ont la faculté de

« Si une proposition de loi a été rejetée par l'un des trois pouvoirs, elle ne pourra être représentée dans la même session.

« Art. 26. Toute assemblée de la Chambre des pairs qui serait tenue hors du temps de la session de la Chambre des députés est illicite et de plein droit, sauf le seul cas où elle est réunie comme cour de justice, et alors elle ne peut exercer que des fonctions judiciaires.

« Art. 30. Les princes du sang sont pairs par droit de naissance; ils siégent immédiatement après le président.

« Art. 31. *Supprimé* [1].

« Art. 32. Les séances de la Chambre des pairs sont publiques comme celles de la Chambre des députés.

« Art. 36. *Supprimé* [2].

« Art. 37. Les députés sont élus pour cinq ans.

« Art. 38. Aucun député ne peut être admis dans la Chambre s'il n'est âgé de trente ans et s'il ne réunit les autres conditions déterminées par la loi.

« Art. 39. Si, néanmoins, il ne se trouvait pas dans le département cinquante personnes de l'âge indiqué, payant le cens d'éligibilité déterminé par la loi, leur nombre sera complété par les plus imposés au dessous du taux de ce cens, et ceux-ci pourront être élus concurremment avec les premiers.

« Art. 40. Nul n'est électeur s'il a moins de vingt-cinq ans, et s'il ne réunit les autres conditions déterminées par la loi.

« Art. 41. Les présidents des collèges électoraux sont nommés par les électeurs.

« Art. 43. Le président de la Chambre des députés est élu par elle à l'ouverture de chaque session.

« Art. 46. et 47. *Supprimés* [3] (en conséquence de l'initiative).

supplier le Roi de proposer une loi sur quelque objet que ce soit, et d'indiquer ce qu'il leur paraît convenable que la loi contienne. — Art. 20. Cette demande pourra être faite par chacune des deux chambres, mais après avoir été discutée en comité secret. Elle ne sera envoyée à l'autre chambre par celle qui l'aura proposée qu'après un délai de dix jours. — Art. 21. Si la proposition est adoptée par l'autre chambre, elle sera mise sous les yeux du Roi : si elle est rejetée, elle ne pourra être représentée dans la même session. »

[1] Cet article était ainsi conçu : « Les princes ne peuvent prendre séance à la chambre que de l'ordre du Roi, exprimé, pour chaque session, par un message, à peine du nullité de tout ce qui aura été fait en leur présence. »

[2] L'art. 36 était celui-ci : « Chaque département aura le même nombre de députés qu'il a eu jusqu'à présent. »

[3] En voici le texte : « Art. 46. Aucun amendement ne peut être fait pour une loi s'il n'a été proposé ou consenti par le Roi, et s'il n'a été renvoyé et discuté dans les bureaux. — Art. 47. La chambre des députés reçoit toutes les propositions d'impôt; ce n'est qu'après que ces propositions ont été admises, qu'elles peuvent être portées à la chambre des pairs. »

« Art. 56. *Supprimé* [1].

« Art. 63. Il ne pourra en conséquence être créé de commissions et de tribunaux extraordinaires, à quelque titre et sous quelque dénomination que ce puisse être.

« Art. 73. Les colonies sont régies par des lois particulières.

« Art. 74. Le Roi et ses successeurs jureront, à leur avénement, en présence des Chambres réunies, d'observer fidèlement la Charte constitutionnelle.

« Art. 75. La présente Charte et tous les droits qu'elle consacre demeurent confiés au patriotisme et au courage des gardes nationales et de tous les citoyens français.

« Art. 76. La France reprend ses couleurs. A l'avenir, il ne sera plus porté d'autre cocarde que la cocarde tricolore.

« Art. 75 et 76. *Supprimés.*

*Dispositions particulières.*

« Toutes les nominations et créations nouvelles de pairs, faites sous le règne du roi Charles X, sont déclarées nulles et non avenues.

« L'art. 27 de la Charte sera soumis à un nouvel examen dans la session de 1831.

« La Chambre des députés déclare troisièmement qu'il est nécessaire de pourvoir successivement, par des lois séparées et dans le plus court délai possible, aux objets qui suivent :

« 1° L'application du jury aux délits de la presse et aux délits politiques;

« 2° La responsabilité des ministres et des autres agents du pouvoir;

« 3° La réélection des députés promus à des fonctions publiques salariées;

« 4° Le vote annuel du contingent de l'armée;

« 5° L'organisation de la garde nationale avec intervention des gardes nationaux dans le choix de leurs officiers;

« 6° Des dispositions qui assurent d'une manière légale l'état des officiers de tous grades de terre et de mer;

« 7° Des institutions départementales et municipales fondées sur un système électif;

« 8° L'instruction publique et la liberté de l'enseignement;

---

[1] Cet article concernait les ministres et disait : « Ils ne peuvent êtres accusés que pour fait de trahison ou de concussion. Des lois particulières spécifieront cette nature de délits et en détermineront la poursuite. »

« 9° L'abolition du double vote et la fixation des conditions électorales et d'éligibilité ;

« 10° Déclarer que toutes les lois et ordonnances en ce qu'elles ont de contraire aux dispositions adoptées pour la réforme de la Charte, sont dès à présent et demeurent annulées et abrogées.

« Moyennant l'acceptation de ces dispositions et propositions, la Chambre des députés déclare enfin que l'intérêt universel et pressant du peuple français appelle au trône S. A. R. Louis-Philippe d'Orléans, duc d'Orléans, Lieutenant-général du Royaume, et ses descendants à perpétuité de mâle en mâle, par ordre de primogéniture, et à l'exclusion perpétuelle des femmes et de leur descendance.

« En conséquence, S. A. R. Louis-Philippe d'Orléans, duc d'Orléans, Lieutenant-général du royaume, sera invité à accepter et à jurer les clauses et engagements ci-dessus énoncés, l'observation de la Charte constitutionnelle et des modifications indiquées, et, après l'avoir fait devant les Chambres assemblées, à prendre le titre de : Roi des Français.

« Délibéré au palais de la Chambre des députés, le 7 août mil huit cent trente.

« *Les président et secrétaires,*

« Laffitte, *vice-président ;*

« Jacqueminot, Pavée de Vandeuvre, Cunin-Gridaine, Jars.

« Collationné à l'original par nous, président et secrétaires,

« Laffitte,

« Jars,

« Jacqueminot,

« Pavée de Vandeuvre, député de l'Aube,

« Cunin-Gridaine, député des Ardennes. »

La Déclaration adoptée par la Chambre des pairs était conçue en termes identiques, avec cette restriction toutefois :

« La Chambre des pairs déclare qu'elle ne peut délibérer sur la disposition de la déclaration de la Chambre des députés conçue en ces termes :

« Toutes les nominations et créations nouvelles de pairs faites sous le règne du roi Charles X, sont déclarées nulles et non avenues. »

« Elle déclare s'en rapporter entièrement sur ce sujet à la haute prudence du Prince Lieutenant-Général. »

Toutes choses étant ainsi convenues et disposées, il n'y avait plus

qu'à inaugurer par une cérémonie bourgeoise l'intronisation du
« roi-citoyen. » On fit peu de changements à la décoration de la
salle des séances du Palais-Bourbon qui demeura telle qu'on l'avait
vue le 3 août, sauf la disparition des fleurs de lys et la présence d'un
plus grand nombre de drapeaux tricolores. En avant du trône on
avait placé trois pliants pour le prince et ses deux fils, et une table
« avec tout ce qu'il faut pour écrire. » Le banal canon des Invalides
annonça l'arrivée du duc d'Orléans qui fit son entrée aux sons de la
*Marseillaise*. Pensa-t-il alors à son père qui avait eu, trente-sept ans
plus tôt, la tête coupée, en place publique au bruit de la même musique ? Il s'assit sur le pliant du milieu et se couvrit. Derrière lui,
quatre maréchaux de France, les ducs de Trévise, de Reggio, de Tarente, et le comte Molitor, qui tous avaient assisté au sacre de Charles X en 1825, tenaient les accessoires obligés de la représentation, à
savoir le sceptre, la couronne, l'épée et la main de justice, tirés pour
cette étrange occasion du garde-meuble monarchique. Les pairs et
les députés étaient debout et découverts. Le prince dit lui-même aux
uns et aux autres : « Messieurs, asseyez-vous. » Auparavant, le roi de
France et de Navarre ne daignait s'adresser qu'aux pairs et faisait
dire aux députés par le chancelier : « Messieurs, le roi vous perme
de vous asseoir. » Grave nuance ! Conquête précieuse, qui valait
bien assurément tout le sang qui avait été versé dans les « trois glorieuses » ! Quand, sur l'invitation du lieutenant-général, le président Casimir Périer et le président Pasquier eurent lu la déclaration telle qu'elle avait été adoptée par chacune des deux Chambres,
Louis-Philippe d'Orléans, toujours assis et couvert, lut son acceptation :

« Messieurs les pairs, Messieurs les députés,

« J'ai lu avec une grande attention la déclaration de la Chambre
des députés, et l'acte d'adhésion de la Chambre des pairs, j'en ai pesé
et médité toutes les expressions.

« J'accepte sans restriction ni réserve les clauses et engagements
que renferme cette déclaration et le titre de Roi des Français qu'elle
me confère, et je suis prêt à en jurer l'observation. »

Alors le prince se lève, se découvre, ôte son gant ; toute l'assistance
est debout, et Louis-Philippe d'Orléans, duc d'Orléans, Lieutenant-
général du royaume, prononce la formule du serment que lui présente Dupont (de l'Eure), commissaire provisoire au département de
la justice :

« En présence de Dieu, je jure d'observer fidèlement la Charte constitutionnelle avec les modifications exprimées dans la déclaration; de ne gouverner que par les lois et selon les lois; de faire rendre bonne et exacte justice à chacun selon son droit, et d'agir en toutes choses dans la seule vue de l'intérêt, du bonheur et de la gloire du peuple français. »

« M. le commissaire provisoire au département de la justice a ensuite présenté la plume à S. A. R. qui a signé le présent en trois originaux, pour rester déposés aux archives royales, et dans celles de la Chambre des pairs et de la Chambre des députés.

« Sa Majesté LOUIS-PHILIPPE I$^{er}$, Roi des Français, s'est alors placée sur le trône où elle a été saluée par les cris mille fois répétés de *Vive le roi!* [1] »

En ce moment on enlève le pliant sur lequel s'était assis le lieutenant-général du royaume, les quatre maréchaux agitent et présentent au roi les insignes de la royauté. Les cris recommencent. Quand le silence est rétabli, Louis-Philippe prononce le discours suivant:

« Messieurs les pairs et Messieurs les députés,

« Je viens de consommer un grand acte, je sens profondément toute l'étendue des devoirs qu'il m'impose, j'ai la conscience que je les remplirai. C'est avec pleine conviction que j'ai accepté le pacte d'alliance qui m'était proposé.

« J'aurais vivement désiré ne jamais occuper le trône auquel le vœu national vient de m'appeler, mais la France attaquée dans ses libertés voyait l'ordre public en péril; la violation de la Charte avait tout ébranlé; il fallait rétablir l'action des lois, et c'était aux Chambres qu'il appartenait d'y pourvoir. Vous l'avez fait, Messieurs; les sages modifications que nous venons de faire à la Charte garantissent la sécurité de l'avenir, et la France, je l'espère, sera heureuse au dedans, respectée au dehors, et la paix de l'Europe de plus en plus affermie. »

Louis-Philippe sort au milieu d'acclamations retentissantes; les pairs et les députés se retirent dans leurs chambres respectives. La foule s'écoule. Tout bruit s'éteint. Tirons le rideau : la farce orléaniste est jouée.

[1] Procès-verbal de la séance du 9 août, *Moniteur universel* du 10 août 1830.

# FIN DE LA RESTAURATION

## LVI

Charles X et sa famille quittent Rambouillet et arrivent à Maintenon. — Ordre du jour de Marmont. — Les fugitifs couchent à Dreux. — Entêtement de Charles X pour l'étiquette. — Continuation du voyage. — Un quatrième commissaire est envoyé par Louis-Philippe pour hâter la fuite de Charles et des siens. — Nouvelles mesures d'intimidation. — Charles X écrit au roi d'Angleterre. — Embarquement des exilés sur le *Great-Britain*. — Certificat de bonne conduite délivré par Charles X aux quatre commissaires. — Fin de la monarchie de droit divin.

Hâtons-nous maintenant de conduire Charles X et sa famille jusqu'aux frontières de leur exil éternel. Le cortége funèbre de la royauté de droit divin était parti le 3 août à onze heures du soir de Rambouillet pour se rendre à Maintenon où il arriva le mercredi 4 août à une heure du matin. Les restes de l'armée royale le rejoignirent trois heures plus tard. Arrivé là, le vieux Charles voit l'impossibilité d'aller plus loin, et se résigne à son sort. Il fait appeler Marmont et lui déclare qu'il a résolu de quitter la France et de s'embarquer à Cherbourg. Aussitôt, le maréchal adresse à l'armée l'ordre du jour suivant :

« Maintenon, le 4 août 1830.

« Aussitôt après le départ du roi, tous les régiments d'infanterie de la garde et la gendarmerie se mettront en marche sur Chartres, où ils recevront tous les vivres qui leur seront nécessaires. Messieurs les chefs de corps, après avoir rassemblé leurs régiments, leur déclareront que Sa Majesté se voit, avec la plus vive douleur, obligée de se séparer d'eux ; qu'elle les charge de leur témoigner sa satisfaction, et qu'elle conservera toujours le souvenir de leur belle conduite, de leur dévouement à supporter les fatigues et les privations dont ils ont été accablés dans ces circonstances malheureuses.

« Le roi transmet, pour la dernière fois, ses ordres aux braves troupes de la garde qui l'ont accompagné : c'est de se rendre à Paris où elles feront leur soumission au lieutenant général du royaume qui a pris toutes les mesures pour leur sûreté et leur bien-être à l'avenir.

« *Le maréchal* Duc de Raguse. »

Après avoir donné sa main à baiser aux officiers des différents corps, Charles X quitte Maintenon à dix heures du matin. Il se dirige vers Dreux. La ville refuse de le recevoir. Odilon Barrot fléchit la municipalité qui accorde aux fugitifs l'hospitalité d'une nuit. On avait prévenu le roi qu'il verrait flotter là le drapeau tricolore ; il répondit que cela lui était indifférent ; mais le surlendemain, à Laigle, où il coucha après avoir couché le 5 à Vermeuil, il se montra intraitable sur la question de la forme de sa table à manger. L'étiquette la prescrivait carrée ; il n'y en avait à sa disposition que des rondes : il fallut en fabriquer une carrée séance tenante. Voilà ce qui s'appelle tenir sa dignité ! Le 7, à Merlerault, la « pauvre Caroline » reprend les habits de son sexe. Le 8, on couche à Argentan, et l'on y passe la journée du 9. Le 12 on couche à Saint-Lô. Le voyage se faisait lentement. « L'honnête homme » — qui du Palais-Royal venait d'emménager aux Tuileries de par la volonté de deux cent dix-neuf députés et de quatre-vingt neuf pairs — trouvait le temps long. Il envoya un commissaire, La Pommeraie, se joindre aux trois premiers et leur donner l'ordre de faire en sorte que Charles X pressât le pas. Il s'y refusa. L'expédient qui avait si bien réussi à Rambouillet fut alors de nouveau employé. Le général Hubert, qui, on se le rappelle, avait été envoyé d'avance à Cherbourg, ameuta les gardes nationales de Cherbourg, de Bayeux, de Valognes, et vint avec cette multitude menaçante se poster à Carentan. Le 13 août, le convoi royal traversa cette foule irritée et alla passer la nuit à Valognes. Charles X écrivit de là au roi d'Angleterre. Le 14 et le 15 furent employés aux préparatifs de l'embarquement. Quand le 16 le roi et les siens traversèrent Cherbourg, ce fut au milieu des cris les plus hostiles de la population. Les exilés montèrent sur le *Great-Britain* qui les attendait. Charles X avait pleuré en recevant les étendards des gardes du corps. Avant de quitter les commissaires, il leur délivra un certificat de bonne conduite conçu en ces termes :

« Je me plais à rendre à messieurs les commissaires la justice qui leur est due, ainsi qu'ils m'en ont témoigné le désir. Je n'ai eu qu'à me louer de leurs attentions et de leurs respects pour ma personne et pour ma famille.

« Charles.

« *A MM. le maréchal Maison, de Schonen, Odilon Barrot, et de la Pommeraie.* »

« Quand tout fut près pour le départ, le cri du commandement se fit entendre. C'était vers l'Angleterre que les Bourbons allaient voguer, en repassant peut-être par le sillon qu'avait jadis creusé dans l'Océan le navire des Stuarts vaincus. Le ciel n'annonçait pas la tempête : le vent souffla dans les voiles, et le vaisseau disparut sur la mer[1]. »

En 1858, nous visitions le château magnifique, délabré et vide, dont le petit-fils de Charles X porte le nom. Invité à écrire sur un registre une pensée qui résumât notre impression, nous écrivîmes cette phrase :

« Sur chacune des pierres de ce château on lit, écrit en caractères ineffaçables, le mot *Jamais !*

Ce que nous avons vu depuis, ce que nous voyons en ce moment même, tout nous confirme dans le jugement que nous portions naguère à Chambord : le droit divin et la monarchie sont morts en France, et ne ressusciteront point.

## LVII

État du parti bonapartiste en 1830. — Le général Gourgaud. — Conciliabule. — Ridicule manifestation du capitaine Dumoulin.

Ferons-nous l'honneur à ce parti dont le sort est d'osciller sans cesse de la bouffonnerie à la scélératesse, de l'infamie à la platitude, dont les proscriptions, les massacres, et les hécatombes humaines des champs de bataille sont les seuls titres incontestables de renommée, qui n'a jamais su trouver d'autres moyens de domination que la corruption et l'abrutissement unis à la violence, ferons-nous l'honneur à ce parti de nous arrêter quelques instants à raconter la toute petite figure qu'il fit dans les événements de Juillet 1830! Pour l'exactitude de l'histoire, il le faut bien. Quelques lignes suffiront à cette besogne. Heureusement pour la France d'alors, le bonapartisme était dans une de ses phases grotesques.

Seul dans le salon de Laffitte, le 29 juillet, le général Gourgaud avait protesté au nom du fils de Napoléon Bonaparte contre la candidature au trône du duc d'Orléans. Dans la nuit du 29 au 30, il avait réuni quelques débris de l'Empire pour se concerter avec eux. Rien

---

[1] Louis Blanc, *Histoire de Dix Ans*, t. I, p. 464.

ne sortit de ce conciliabule. Une manifestation napoléonienne eut lieu toutefois : elle était composée d'*un* homme, le capitaine Dumoulin, qui se montra le 31 à l'Hôtel-de-Ville revêtu d'un uniforme oublié qu'on prit dans la foule pour celui des gardes du corps et qui lui attira des huées et des horions. Il était chargé de plusieurs milliers d'exemplaires d'une proclamation impérialiste. Il se mit à les distribuer. Cela ne fit qu'aggraver sa situation, et, pour échapper à de plus mauvais traitements, il se réfugia dans la salle occupée par La Fayette. Là, on eut pitié de lui. On le cacha, on lui procura des habits décents, et il put s'esquiver par une porte de derrière. Telle fut l'épopée bonapartiste en Juillet 1830.

Pendant ce temps, à la cour de Vienne le jeune Austro-Corse, qui était Napoléon II comme le duc de Bordeaux devenait Henri V, *in partibus*, languissait et se mourait.

## LVIII

L'idée républicaine : 1830, 1848, 1870. — Erreur du parti républicain. — La fondation définitive de la République en France ferme l'ère des révolutions violentes.

Il faut avoir assisté, comme nous, à l'égorgement de la République par un parjure, à l'écroulement de toutes les espérances qu'on peut fonder sur un rêve longtemps caressé, et qui, après s'être tout à coup réalisé, est presque aussitôt anéanti ; il faut avoir ressenti l'immense et profonde douleur, l'amer désenchantement que cause une pareille catastrophe, pour comprendre toute l'étendue de ce que durent éprouver le 9 août les âmes d'élite dont la République était l'idéal chéri dès 1830. La triste expérience que nous devons au 2 décembre nous a fait peut-être nous abandonner avec trop d'emportement dans le cours de ce récit à l'indignation rétrospective qu'a excitée en nous le détournement frauduleux de la Révolution de Juillet au profit d'un homme et d'une famille. Nous avouons ne point appartenir à l'école pâle et molle de ces raconteurs qui prennent pour devise : *scribitur ad narrandum*. Cette devise est celle des bonnes femmes pour les veillées d'hiver. Elle ne saurait être la nôtre. Si les événements ne signifient rien, s'il n'y a pas de conséquences à en tirer, si la connaissance du passé ne doit point servir de leçon pour le présent et pour l'avenir, à quoi sert d'en conserver le souvenir et d'en faire le récit à la postérité ? Il vaut bien mieux dans ce cas se borner à exposer avec impartialité l'histoire de Barbe-Bleue et celle du Petit-Poucet. Mais que dirons-nous ? Là même l'impartialité est une chimère et il n'est pas une âme honnête qui puisse se résoudre à exercer cette froide et sèche vertu pour rendre à l'Ogre la justice qu'il peut mériter. Nous sommes et nous serons toujours partiaux pour le bien contre le mal, pour la liberté contre le despotisme, pour les opprimés contre les oppresseurs, pour la vérité contre le mensonge, pour la République contre la monarchie. C'est en nous une foi, une passion, la raison et le but de notre existence comme homme et comme citoyen.

Cette passion néanmoins, si vive qu'elle soit, comme elle est toute de réflexion et non point de sentiment, ne nous aveugle pas sur la réalité pratique des faits, sur l'influence inévitable des milieux, sur la nécessité des transitions, sur le compte sérieux qu'il faut tenir, malgré qu'on en ait, du temps et de l'espace. Nous avons même eu l'occasion de dire à cet égard, et nous répétons volontiers que peut-être, entre le guet-à-pens violent de Brumaire et celui de Décembre, l'escamotage adroit de Juillet, s'il est aussi coupable, a été moins funeste parce qu'en consommant sans retour la ruine du droit divin, il a été un acheminement et en quelque sorte obligé, susceptible de n'être pas trop regretté, vers la République.

Le grand malheur de la République, jusque dans les dernières convulsions dont la patrie française a donné à ceux qui la chérissent le lamentable spectacle, est venu de la grande erreur des républicains qui se sont toujours imaginé qu'une révolution dans la vie d'un peuple devait être comme un changement à vue dans un ballet de l'Opéra et que sous une société monarchique qui s'effondrait devait surgir en un clin d'œil, construite de toutes pièces et prête à fonctionner, une société républicaine. Comment ! s'écriaient nos amis avec une indignation convaincue en 1848 et en 1870, nous sommes en République, et telle institution, tel abus, telle trace de la monarchie subsiste encore !... Insensés ! A la France, malade, épuisée, agonisante de tant de siècles de despotisme, clérical, féodal, royal, sans parler du despotisme occasionnel du sabre impérial, vous prétendez administrer le remède d'une énergie non moins redoutable que souveraine de la République, et vous voulez le lui faire avaler, non pas à petites doses prudemment graduées, mais d'une gorgée et sans préparation ? Vous ne voyez donc pas que vous risquez de tuer celle que vous avez à cœur de sauver ? Aujourd'hui grâce à tant et de si coûteux essais, la France habituée enfin au mot et à l'idée de République, comprend que le salut du présent et le bonheur de l'avenir sont uniquement là ; et de leur côté, les républicains vrais, conséquents avec leurs principes, libres-penseurs, patriotes, radicaux, reconnaissent que leur radicalisme doit être successif et suivre le progrès de la convalescence du pays; qu'il faut proportionner la force de la nourriture à celle de l'organe appelé à la digérer, et que la première doit croître sans cesse et parallèlement avec la seconde en vue d'une assimilation facile, régulière, et profitable au corps social.

Il y a donc lieu d'espérer, et cet espoir en nous atteint la force d'une conviction, que la République est définitivement fondée en France ; qu'ainsi l'ère des révolutions sanglantes est fermée, puisque le vote universel permet de changer légalement et pacifiquement les choses et les hommes par le jeu régulier des institutions politiques ; et que la stabilité réelle, et non plus son fantôme monarchique, a fait enfin son entrée dans l'histoire moderne de notre chère France.

## LIX

État général de la société pendant la période de la Restauration. — Renaissance littéraire, artistique, scientifique. — De l'intervention de l'État en matière de littérature, d'art et de science. — Périclès. — Auguste. — François I*er*. — Louis XIV. — Toute-puissance de la liberté. — Lamartine ; Victor Hugo ; Béranger. — Népomucène Lemercier; Alexandre Soumet; Ancelot; Arnault ; Casimir Delavigne. — Manuel ; de Serre; Foy ; Martignac; Royer-Collard ; Benjamin-Constant; Camille Jordan. — Marchangy ; Bellart ; Dupin ; Odilon Barrot ; Berryer. — Châteaubriand ; Augustin Thierry; Guizot; Mignet ; Thiers ; Michelet ; Quinet ; Louis Blanc. — Paul-Louis Courrier. — Maine de Biran ; Jouffroi; Cousin. — Ingres ; Delaroche; Delacroix. — Boïeldieu ; Hérold ; Auber. — Premiers ponts en fil de fer. — Procédé pour graver sur porcelaine. — Découverte du moiré métallique. — Marmites autoclaves. — Application de la vapeur aux presses d'imprimerie et aux voitures. — Découverte des propriétés désinfectantes des chlorures. — Entreprise de plusieurs canaux navigables. — Tunnel sous la Tamise. — Importance et accroissement incessant du mouvement industriel. — Route à ornières de fer entre Dijon et Saint-Étienne. — Construction des premiers bateaux à vapeur en France. — Application de la vapeur à l'artillerie. — Invention de la chaudière tubulaire. — Phares lenticulaires. — L'horloger Abraham Bréguet. — Joseph Niepce, inventeur de la photographie.

La marche des événements que nous avons fidèlement rapportés et l'enchaînement des conséquences que nous nous sommes efforcé de déduire exactement dans le cours de ce volume donnent, croyons-nous, une explication plus que suffisante des causes qui ont amené la chute du gouvernement de la Restauration. Nous ne pensons pas avoir à y revenir. Mais avant de clore cette dernière partie de notre œuvre, il ne nous semble pas inutile de jeter un coup d'œil rapide sur l'état général de la société pendant la période historique dont la séance royale du 9 août 1830 marque la fin.

L'époque de la Restauration, si l'on veut bien ne pas entendre par là le replâtrage monarchique et clérical dont la honte et le fardeau furent imposés pour quinze ans au pays, si l'on veut s'élever assez haut pour jouir d'une atmosphère plus sereine et embrasser un plus vaste horizon d'observation, l'époque de la Restauration est bien digne de son nom. Après la compression violente exercée sur la France par le système impérial et le débordement de ce despotisme effréné sur l'Europe, l'évanouissement subit de ce funèbre cauchemar, de quelques fracas qu'il fût accompagné et au prix de quelques ruines qu'il fût acheté, soulagea toutes les poitrines, et, au dehors comme au dedans de la France, on recommença de respirer. Le développement de l'intelligence arrêté ou contraint de demeurer latent par les désastres de la guerre européenne, par les fureurs de la tyrannie napoléonienne, reprit son essor, et le monde assista à une véritable restauration de l'esprit humain qui se dressa menaçante, et bientôt victorieuse contre celle de la royauté des Bourbons et de la domination des Jésuites.

Le chef de la maison de Corse avait cru que son pouvoir s'étendait jusqu'à susciter des génies dans l'art et dans la littérature et à faire éclore des chefs-d'œuvre par ordre.

Nous retrouvons ici l'opinion commune qui proclame la nécessité d'un pouvoir fort pour protéger les lettres, les sciences et les arts.

Nous nions absolument cette nécessité, et nous affirmons que, soit dans l'antiquité, soit dans les temps modernes, l'éclat de la littérature et des beaux-arts n'a jamais été dû à la force des pouvoirs politiques.

Pour l'antiquité, on a coutume de nous jeter à la tête deux noms : Périclès et Auguste. On dit : le siècle de Périclès et le siècle d'Auguste.

Voyons.

Périclès sans aucun titre officiel, mais néanmoins tout-puissant, a gouverné Athènes de l'an 444 à l'an 429 avant l'ère vulgaire : Homère, Hésiode, Pindare, Hérodote, Eschyle, ne l'ont pas attendu ; Thucydide, Xénophon, Aristophanes, Démosthènes, Eschines, ont paru après lui ; Sophocles avait remporté sa première victoire au théâtre en 468, Euripide ne fut couronné pour la première fois qu'en 406.

Dans les derniers siècles de la République romaine, bien avant le principat d'Auguste, on vit briller Livius Andronicus, Nævius, Ennius, Plaute, Térence, Fabius Pictor, Caton l'Ancien, puis Hortensius. Cicéron, Varron, Salluste, César, Lucrèce, Catulle, Tite-Live, Cornélius Nepos, Horace et Virgile avaient atteint l'âge d'homme et acquis déjà une certaine renommée avant le *siècle d'Auguste*, qui devait profiter de toute leur gloire [1].

En France, nous avons François Ier et Louis XIV.

Par lettres patentes en date du 13 janvier 1535, celui qu'on a appelé le « Père des lettres » défend d'abord *toute impression de livres dans le royaume, sous peine de la hart*, et ne révoque cette défense que pour instituer une censure préventive de *vingt-quatre personnes bien qualifiées et cautionnées*, désignées par le Parlement et sur lesquelles le roi en choisira douze. Un tribunal d'inquisition et une *chambre ardente* sont établis. Alors plus d'un penseur, plus d'un poète, la tête et le cœur de la France, durent s'exiler pour échapper aux flammes du bûcher. Les uns, comme Claude des Fosses, Jacques Cannaye, Jacques Amyot, ne quittèrent que Paris ; d'autres, comme Jean Calvin, Pierre Robert Olivetan, Clément Marot, se réfugièrent en Suisse ou en Italie. En 1546, l'imprimeur Estienne Dolet fut brûlé vif à Paris.

En regard de ces faits, il faut placer, pour être juste, l'invitation adressée à quelques savants étrangers de venir à Paris ; l'augmentation du nombre des livres et des manuscrits qui formaient la bibliothèque *particulière* du roi à Fontainebleau ; enfin, la fondation du Collége de France, en 1527, due à l'influence de Guillaume Budée.

Cela suffit-il pour mériter à François Ier le titre pompeux de Père des lettres ? Nous ne le croyons pas. Et quand il en serait digne en effet, quand il aurait marché dans cette voie plus loin qu'il ne l'a fait en réalité, pourquoi lui en saurait-on gré ? Pense-t-on que lui et ses pareils, en se faisant dans des mesures diverses les protecteurs des lettres, aient cherché à protéger autre chose qu'eux-mêmes, et qu'ils aient poursuivi d'autre but que celui de passer en contrebande à la postérité sous le couvert du poète ou de l'historien qui leur donnait ses flatteries en échange des libertés dont il était l'objet ? Ne voit-on pas dès lors que de tels protecteurs ont des caresses qui donnent la mort, et qu'ils étouffent ceux qu'ils embrassent ?

Ou la protection est vaine pour les lettres, ou elle leur est funeste. Euripide alla mourir auprès du roi Archelaos, qui l'avait élevé aux

---

[1] Voir l'*Histoire d'Italie* de Giuseppe Ricciardi.

plus hautes dignités, sans que pour cela la Macédoine devînt le foyer d'une brillante littérature. L'appui accordé aux lettres par les Ptolémées n'a produit que des auteurs de second et de troisième ordre, trop dépourvus de génie pour se faire pardonner par la postérité les basses adulations prodiguées à des princes couverts de crimes. Du moins, Auguste et Louis XIV ont été plus heureux : ils ont eu affaire à de véritables grands hommes. Mais leur protection, au lieu de développer ces génies, ne les a-t-elle pas amoindris? Ils ont coupé les ailes à ces aigles pour qu'ils ne pussent les déployer librement dans l'espace ; ils ont enlacé les pieds de ces lions dans des filets d'or pour qu'ils demeurassent soumis auprès d'eux; et les aigles captifs, au lieu de planer superbes dans les cieux, et les lions enchaînés, au lieu de bondir au désert ou dans les forêts, sont devenus privés et domestiques; et les aigles ont ombragé de leurs ailes la tête de leurs maîtres, et les lions ont léché les pieds et les mains de leurs maîtres. N'est-il pas profondément triste de voir Virgile remercier le petit-neveu de César d'avoir dédaigné de lui voler le champ de ses pères, et célébrer le « dieu » qui fait de si doux loisirs? N'a-t-on point mal au cœur de voir Horace se mettre aux gages d'Auguste et de Mécène, et avilir son génie par l'incessante apothéose de celui qui avait ravi aux citoyens romains leur liberté, leurs biens, leur vie, et qui ne s'était élevé que par le pillage, les proscriptions et les guerres civiles? Ovide n'a-t-il pas fatigué Auguste et Tibère eux-mêmes à force de bassesse et de servilité?

Quant à notre Louis XIV, il a aussi ses poètes, — ils sont bien à lui, car il les paie, couchés à plat ventre devant lui : Boileau, Racine, Corneille, Molière lui-même, hélas! Mais ils ne sont pas en bonne compagnie de servitude : le maître, profondément ignorant et capricieux, pensionne les mauvais écrivains comme les bons, mieux que les bons ; et, dans son écrin de flatteurs, le strass et le chrysocale font nombre comme le diamant et l'or : c'est Chapelain, c'est Cassaigne, c'est Cotin et tant d'autres. Ce n'est pas tout : la faveur de Jupiter est changeante, et les mortels qu'il a le plus comblés de ses grâces sont tout à coup en butte à ses dédains ou à ses colères. Ainsi, ce protecteur des lettres oublia Molière mort, dont les restes n'obtinrent que par prière une sépulture clandestine. Sa dureté mit le trop sensible Racine au tombeau ; il méconnut La Fontaine et disgracia Fénelon.

On se demande, en présence des œuvres admirables et immortelles que nous ont laissées Corneille, Racine, Molière, malgré les entraves d'une écrasante protection, à quelle sublime hauteur ils ne se seraient pas élevés s'ils eussent respiré l'air pur de la liberté. Alors le xvıı⁰ siècle eût été véritablement « le grand siècle; » il n'eût partagé ce titre avec aucun autre et eût été autre chose qu'une splendide halte entre deux marches glorieuses : le xvı⁰ et le xvııı⁰ siècles.

Si nous sortons un moment de l'antiquité et de la France de François I⁰ʳ et de Louis XIV, voudra-t-on nous apprendre s'il y a de plus grands noms que ceux de Dante Alighieri, de Torquato Tasso, de Camoëns, de Cervantes, de Milton, et qui a protégé ces génies, non moins infortunés qu'illustres? Et, pour ne dire qu'un mot de la science, quelle est celle de toutes les admirables découvertes des temps modernes qui est due à la protection d'un prince ou d'un État? La vie des plus célèbres inventeurs n'est-elle pas, au contraire, un véritable martyrologe?

Les beaux-arts, et surtout les arts plastiques, échappent peut-être plus difficilement à la protection que les lettres et les sciences. Au poète, à l'historien, au philosophe, une plume suffit; et, s'il n'a pas de quoi acheter de l'huile pour ses veilles, il prie, comme Torquato Tasso, la chatte du voisin de lui prêter la lumière de ses yeux. Le côté matériel de l'art est ce qui rend les artistes moins libres. Ils ont à supporter des frais dont peu de particuliers peuvent les indemniser. Ils ont donc presque forcément recours à l'Etat, au Gouvernement; et nous remarquons ici, en passant, que les artistes en général, et sauf d'honorables et brillantes exceptions, sont bien plus portés que les écrivains à subir un gouvernement monarchique, ou même despotique et absolu. Les princes, en effet, ont des palais à faire construire et décorer, des églises à faire élever pour en doter le clergé. Si la littérature ne doit rien ou presque rien à Périclès, Phidias, Ictinos, Callicrates, Alcamènes, Muésiclès, Scopas, Métagènes, Xénoclès lui doivent beaucoup. L'époque des Médicis fut surtout fertile en artistes.

S'ensuit-il qu'il faille désespérer de l'art dans les sociétés libres, ou souhaiter la perpétuité du despotisme pour sauver l'art de la décadence et de l'anéantissement? Ni l'une ni l'autre de ces tristes alternatives n'est à redouter. Quand l'État et le Gouvernement d'une nation sont ce qu'ils doivent être, l'association simple et vraie des citoyens, il n'y a, d'abord, aucun inconvénient pour l'art à être protégé par eux. Puis les peuples affranchis ont aussi leurs palais, leurs forums, leurs agoras, leurs portiques; la science, l'art, l'industrie ont leurs temples, et dans les nouveaux besoins d'une société nouvelle, l'architecture, la sculpture, la peinture, la musique même, trouvent des manifestations neuves, inattendues, hardies, spontanées, qui les élèvent bien plus haut que les protections les plus fortes et les bienveillances les plus augustes. Là est l'avenir, là est la dignité de l'art comme de la science et de la littérature. C'est du génie de l'homme, laissé à son libre développement qu'on peut dire sans crainte d'être jamais démenti par la nature et le progrès : « *Farà da se.* »

Le génie littéraire de la France, rendu à lui-même dans une certaine mesure et reprenant la jouissance d'une liberté relative après la chute de l'Empire, donna aussitôt les preuves les plus éclatantes de ce que nous avançons. C'est alors qu'on vit éclore dans la poésie les œuvres grandes et sublimes de Lamartine et de Victor Hugo; que Béranger se montra, dans un genre différent, le La Fontaine du $xix^e$ siècle ; que Népomucène Lemercier, Alexandre Soumet, Ancelot, Arnault, et, le dernier venu, Casimir Delavigne, brillèrent dans un rang honorable. Ce fut alors que la tribune servit d'arène à des lutteurs de la parole tels que Manuel, de Serre, Foy, Martignac, Royer-Collard, Benjamin-Constant, Camille Jordan; que Marchangy, Bellart, Dupin, Odilon Barrot, Berryer, s'illustrèrent dans l'éloloquence judiciaire ; que l'histoire fut renouvelée, il faudrait peut-être dire créée par Châteaubriand, Augustin Thierry, Guizot, Mignet, en attendant Thiers, Michelet, Quinet et Louis Blanc; que le véritable journalisme fut fondé; que Paul-Louis Courrier s'immortalisa par ses pamphlets ; que Maine de Biran, Jouffroi, Cousin, s'adonnèrent à la philosophie.

Les beaux-arts ne restaient pas en arrière de ce grand mouvement. Ingres, Delaroche, Delacroix, résumaient et personnifiaient les aspirations si diverses du grand art de la peinture. En musique, Auber donnait la *Muette de Portici ;* Boïeldieu avait donné la *Dame Blanche* et n'eût pu être mis au second rang que par Hérold, si la mort n'avait brutalement, et bien avant le temps, interrompu ce beau génie dans la course rapide qu'il fournit avec tant d'éclat et dont chaque pas fut un chef-d'œuvre.

L'époque de la Restauration est aussi celle, nous avons déjà eu l'occasion de le dire, de l'épanouissement de la grande industrie et des grandes découvertes modernes. Dès 1814, on établissait des ponts en fil de fer ; en 1817, un procédé était trouvé en France pour orner de gravures des pièces de porcelaine, de poterie, etc. ; en 1818, un Français découvrait le moiré métallique ; les marmites autoclaves datent de 1820, l'application de la vapeur aux presses d'imprimerie et aux voitures, de 1822. La même année Labarraque découvre les propriétés désinfectantes des chlorures. L'année 1824 est signalée par l'entreprise de plusieurs canaux navigables dans le nord de la France ; le plan d'un tunnel sous la Tamise est présenté par l'architecte français Brunel et adopté par une compagnie qui fit aussitôt commencer les travaux.

En 1825, le produit de la fonte du fer en France fut de 192,000,000 de kilogrammes, dont 5,000,000 à l'aide du coke ou charbon de terre épuré. Environ cent mille ouvriers étaient employés dans les différentes usines. Cette même année encore l'entreprise d'une route à ornières de fer entre Dijon et Saint-Etienne fut adjugée. C'était la première communication de ce genre établie en France. Il y avait seulement cinq ans que l'on construisait des bateaux à vapeur dans notre pays.

Au mois de juillet 1828, le gouvernement français fit faire à Vincennes l'essai du procédé de la vapeur appliquée au service de l'artillerie.

En 1829, Marc Séguin, neveu de Montgolfier, appliqua au chemin de fer de Lyon à Saint-Etienne la chaudière tubulaire qu'il avait inventée et dont l'immense avantage est d'augmenter la surface de chauffe sans rien changer au volume du récipient, par le moyen de tubes qui le traversent dans toute sa longueur et dans lesquels passe la flamme du foyer.

La construction des phares lenticulaires dont la lumière équivaut à celle de trois à quatre mille lampes réunies est due à Fresnel qui en établit le premier modèle en 1823 sur la tour de Cordouan, à l'embouchure de la Gironde: « Il eut la gloire, dit François Arago, d'une de ces applications heureuses auxquelles toutes les nations sont appelées à prendre une part égale et dont l'humanité n'aura jamais à gémir. »

L'habile horloger Abraham Bréguet est mort en 1828.

C'est en 1826 que Joseph Niepce, le véritable inventeur de la photographie, fut mis en rapport avec Daguerre. Niepce mourut en 1833, et Dagurre ne fit que perfectionner sa découverte.

## LX

*Perpétuité du mouvement qui emporte le monde moral comme le monde physique. — Ne désespérons jamais de la patrie ni de la liberté.*

Nous n'avions pas l'intention, on le comprend bien, de présenter un tableau complet de l'état des lettres, des sciences et des arts, pendant la durée du gouvernement de la Restauration. Nous avons voulu seulement, dans les quelques lignes qui précèdent, indiquer, rappeler à nos lecteurs l'espèce de renaissance intellectuelle dont la France a été le théâtre après la disparition de l'Empire et qui a été pour elle la préparation à cette grande et belle explosion d'œuvres magnifiques dans toutes les formes du beau qu'on a appelé le mouvement littéraire et artistique de 1830.

Pas plus que dans le monde physique, rien ne s'arrête dans le monde moral ; et, quelles que soient les phases, visibles ou latentes, par lesquelles passe le progrès, il est incessant dans l'univers et dans l'humanité. Lors donc que, par nos études, nos recherches, notre expérience, nous avons le bonheur de nous être mis en possession de principes fondés sur la réalité des choses, sur la nature et sur la justice, nous pouvons, nous devons ne pas perdre courage, supporter toutes les épreuves nationales ou personnelles que la suite du temps et l'enchaînement des faits nous imposent, et ne jamais désespérer de la patrie ni de la liberté.

FIN

# TABLE DES MATIÈRES

## LIVRE I

### RÈGNE DE CHARLES X

I. Mort de Louis XVIII. — Entrée solennelle de Charles X dans Paris. — Obsèques du feu roi à Saint-Denis. — Ordonnance royale qui abolit la censure. — Pension retirée au mathématicien Legendre. — Troubles à l'occasion de l'enterrement de l'acteur Philippe. — Mise à la retraite de diverses catégories d'officiers de la République et de l'Empire. — Le Dauphin est associé au pouvoir. — Session de 1824. — Discours du roi. . . . . . . . . . . . . . . . . . . . . . . . 5

II. Charles X adhère personnellement à la Sainte-Alliance. — Origine de ce que l'on appelle l'*Equilibre européen*. — La « République chrétienne » de Henri IV, la Sainte-Alliance et les Etats-Unis d'Europe. — Véritable caractère et véritable but de la Sainte-Alliance. . 11

III. Règlement de la liste civile. — Discussion relative à l'apanage de la famille d'Orléans : Bazire, de Berthier. . . . . . . . . . . . 18

IV. Ce que c'est que l'Orléanisme. — Dumouriez et le duc de Chartres en 1793. . . . . . . . . . . . . . . . . . . . . . . . . 20

V. Projet de loi portant création en faveur des émigrés de trente millions de rentes à trois pour cent : Martignac, Labbez de Pompières, Méchin, le général Foy, La Bourdonnaye, Duplessis de Grenedan. — Un article de la *Gazette ecclésiastique de la Haute-Garonne*. — Vote de la loi par les deux Chambres. — L'émigration n'est pas satisfaite. . 26

VI. Présentation d'une loi sur le sacrilège. — Discussion de la Chambre des pairs : Peyronnet, Molé, Châteaubriand, Bonald, Pasquier. — Vote de la loi. — Discussion de la Chambre des députés : Royer-Collard. — Vote de la loi. — Lutte de l'ancien régime contre le nouveau. — Origine et développement de ce qu'on appelle *l'esprit moderne*. — Vote d'une loi rétablissant les communautés religieuses de femmes. . . . . . . . . . . . . . . . . . . . . . . . . 32

VII. Question des noirs et de l'esclavage. — Origine de la République d'Haïti. — Son indépendance est reconnue par une ordonnance royale du 17 avril 1825, sous l'obligation d'acquitter une somme de 150 millions destinés à être répartie entre ceux des anciens colons qui réclameraient une indemnité. — Difficultés subséquentes. — Règlement définitif de l'affaire en 1838. . . . . . . . . . . . . 42

VIII. Conversion des rentes. — Origine de la rente 5 0/0. — Origine de la rente 3 0/0. — Loi du 1ᵉʳ mai 1825. — Discussion du budget de 1826. — Clôture de la session le 13 juin. . . . . . . . . . . 46

IX. Naissance et développement du dogme du droit divin et de la légitimité. — Influence du christianisme. — Rôle de l'Eglise. — L'hérédité précède l'élection dans le système de la monarchie française. — Institution du sacre. — Elle remplace l'élection. — Cérémonie du sacre de Charles X à Reims. — Discours du cardinal de Latil. — Le maire de Reims, Ruinard. — Histoire de la Sainte-Ampoule.

— Les trois serments. — Les sept onctions. — Les deux couronnes. — Festin du sacre. — Chapitre tenu par le roi pour la réception des chevaliers du Saint-Esprit et de Saint-Michel. — Nobles et roturiers. — Le roi reçoit l'ordre de la Jarretière. — Il touche les écrouelles. — Mauvais présages. — Accidents à Paris. — Fournée de pairs. — Amnistie avec des exceptions. — Cantates, etc. . . . . . . . 53

X. Caractère théocratique et clérical de la réaction sous Charles X. — Les Jésuites. — Leur histoire en raccourci. — Les *Pères de la Foi*. — Discours du ministre des affaires ecclésiastiques à la Chambre des députés le 29 mai 1826. — Arrêt de la Cour royale. — La Congrégation. — Les *députés Liautard*. — Établissements de Montrouge, de Saint-Acheul, de Montmorillon, d'Auray, de Forcalquier. — Les missions. — Troubles à Brest, à Lyon, à Rouen, à Bordeaux, à Angoulême, à Avignon, dans le département de la Meurthe. — Les représentations de *Tartuffe*. — Mandement de l'archevêque de Rouen. — Une femme brûlée comme sorcière. — Auto-da-fé à Valence (Espagne), en juillet 1826. — L'abbé Guyon. — Prédications nocturnes dans les cimetières. — Mise en scène fantastique. — Plantation d'une croix de mission à Besançon . . . . . . . . . . 70

XI. Situation de la presse. — Poursuites contre le *Constitutionnel* et le *Courrier français*. — Le procureur-général Bellart. — Arrêts de la Cour. — Réponses du président Séguier au ministre Peyronnet. — Popularité éphémère de la magistrature. — Mort et funérailles du général Foy. — Souscription nationale. — Jugement de Timon sur le général Foy. . . . . . . . . . . . . . . . . . . . . 82

XII. Affaires de Russie. — Mort d'Alexandre Ier. — Les métamorphoses de la tyrannie. — Nicolas et Constantin. — Conspiration militaire. — Essence constitutrice de la nationalité russe. — Avenir de la Russie. — La race slave . . . . . . . . . . . . . . . . . . . 86

XIII. Session de 1826. — Elections complémentaires. — Le général Sébastiani est élu à Vervins. — Discours du roi. — Projet de loi rétablissant le droit d'aînesse. — Une lettre du ministre Villèle en 1824. — Emotion de la France. — Pétitionnement. — Discussion du projet à la Chambre des pairs. — Molé, Pasquier, Montalembert, Peyronnet. — Rejet de l'article 1er. — Paris illuminé. — Discussion de l'article 3 à la Chambre des députés. — Violent discours de Sébastiani. — Division et décomposition du parti royaliste. . . . . 98

XIV. Le *Journal du Commerce* cité à la barre de la Chambre des députés. — Discours de Royer-Collard. — Plaidoirie de Barthe. — Condamnation au minimum de la peine. — La Cour des pairs rend un arrêt dans l'affaire des marchés Ouvrard. — Acquittement des généraux Guilleminot et Bordesoulle. — La chambre des pairs adopte un amendement de Châteaubriand en faveur de la nationalité hellénique. — Protocole de Saint-Pétersbourg, 4 avril 1826. . . . . . . . . 106

XV. La Grèce depuis la conquête romaine. — Les invasions gothiques, ostro-gothiques, vandales, bulgares, slaves. — L'empire grec. — Les Normands. — Les Croisades. — L'empire français (latin) de Constantinople. — Démembrement de la Grèce. — Restauration de l'empire grec. — Prise de Constantinople par les Turks Ottomans. — La Grèce entre les Turks et les Vénitiens. — Traité de Passarowitz. — Peste de 1756. — Rôle de la Russie. — Ses projets sur Constantinople et sur la Grèce. — Alexis Orloff. — Les Grecs lâchement abandonnés par la Russie. — Rhigas. — Création d'écoles nationales en Grèce. — Société des *Philomousi*. — Jean Kapo d'Istria. — Hétairie. — Expédition d'Alexandros Ypsilantis. — Nouvelle trahison de la Russie. — Proclamation de l'indépendance hellénique à Épidaure le 1er janvier 1822. — Guerre de l'indépendance. — Honteuse politique de l'Autriche. — Enthousiasme de la France pour la cause des

# TABLE DES MATIÈRES 497

Grecs. — Eynard à Genève. — Souscriptions. — Volontaires Français et Anglais. — Texte du Protocole de Saint-Pétersbourg. — Ultimatum de Nicolas I$^{er}$ à la Turkie. — Conférences d'Ackermann. — Traité du 7 octobre 1826. — Note de l'Autriche, 12 mars 1827. — Réponse du Divan à l'Europe. — Traité de Londres, 6 juillet 1827 ; triple alliance ; article secret. . . . . . . . . . . . . . . . 109

XVI. Dix-neuvième Jubilé général à Rome. — Le pape Léon XII. — Les sociétés secrètes en Italie. — La *jeune Italie* et Giuseppe Mazzini. — Ouverture du jubilé français le 15 février 1826. — Processions dans Paris. — Pose de la première pierre d'un monument à la mémoire de Louis XVI sur la place de la Révolution. — Chapelle « expiatoire » de la rue d'Anjou-Saint-Honoré. — Le *Mémoire à consulter* de Montlosier. — Immense retentissement de cette publication. — Mandement de l'archevêque de Besançon. — Organisation de l'*Association pour la propagation de la foi*. — Mandements des évêques de Moulins, d'Évreux, de Nancy, de l'archevêque de Toulouse ; attaques à la magistrature. — Séance du 15 mai 1826 à la Chambre des députés ; discours d'Agier. — La Compagnie de Jésus lève le masque. — Discussion à la Chambre des pairs : Lainé, Frayssinous, Pasquier. — Discussions à la Chambre des députés : Sébastiani. — Pratiques religieuses imposées à l'armée. — Clôture de la session de 1826. — *Dénonciation*, de Montlosier. — La cour se déclare incompétente. — Condamnation de l'abbé de Lamennais à trente francs d'amende. — Procès intenté à l'*Étoile* par les héritiers de la Chalotais . . . 132

XVII. La situation devient menaçante pour le clergé. — Utilité et à-propos de l'humilité chrétienne. — Profession de foi rédigée en commun et adressée au roi par les cardinaux et les évêques de France. — La *Société des bonnes études*. — Réunions dans la crypte du Panthéon. — Paroles sacrées sur des airs profanes. — Publications catholiques. — Vœux des conseils généraux nommés par le roi. — Choix du gouverneur et du précepteur du duc de Bordeaux : le duc de Rivière et Tharin, évêque de Strasbourg. — Troubles à Brest, à l'occasion de missionnaires . . . . . . . . . . . . . . . . . . . . . . 449

XVIII. Affaires de Portugal. — Second ministère de Georges Canning en Angleterre, 1822-1827. — Indépendance du Brésil. — Don Miguel. — Voyage de Canning à Paris, 1826. — Invasion du Portugal par les émigrés portugais et des régiments à la solde de l'Espagne. — Le Portugal réclame l'intervention anglaise. — Message royal au parlement anglais. — Discours de G. Canning. — Paroles de Robert Wilson. — Réplique de G. Canning. — Honteuse et coupable politique du Gouvernement de la Restauration . . . . . . . . . . . . . . . 157

XIX. Ouverture de la session de 1827. — Discours du roi. — La *loi de justice et d'amour*. — Mot de Casimir Périer. — Émotion profonde dans le pays. — Protestations nombreuses. — Pétition des imprimeurs et des libraires. — Supplique de l'Académie française. — La députation qui l'apporte au roi n'est pas reçue par lui. — Destitutions de Lacretelle, de Villemain et de Michaud, signataires de la supplique. — Discussion de la loi à la chambre des députés : Benjamin Constant, Salaberry, Saint-Chamans. — Vote de la loi. — Mort de La Rochefoucauld-Liancourt. — Ses funérailles ; odieuse intervention de la police. — Charles X et la garde nationale. — Revue des troupes au Champ-de-Mars. — Accueil glacial de la population. — Retrait de la *loi d'amour*. — Joie universelle ; illuminations à Paris, à Lyon, dans toutes les grandes villes. . . . . . . . . . . . . . . 171

XX. Vote par la chambre des députés d'une loi sur l'organisation du jury. — Adjonction des *capacités*. — Opinion de Pasquier, en 1827, sur ce sujet. — Question des *incompatibilités* posée, non résolue. — Vote du budget de 1828. — Grande revue de la garde nationale au Champ-de-

Mars, le 27 avril. — Ordre du jour d'Oudinot. — Cris multipliés de
« Vive la Charte ! A bas les ministres ! » — Récits des journaux officieux. — Incidents. — Le directeur général de la police, Franchet-
Despérey. — Conseils des ministres. — On y agite la question d'une
dissolution générale ou partielle de la garde nationale. — Ordonnance royale du 29 avril 1827, qui licencie la garde nationale de
Paris. — Démission de La Rochefoucault-Doudeauville, ministre de
la maison du roi. — Il n'est pas remplacé. — Stupeur et indignation de Paris et de toute la France. — Conséquences de la dissolution de la garde nationale pour le gouvernement de la Restauration.
— Transformations successives de l'idée monarchique dans l'opinion des peuples. — Incarnation *utilitaire* de la monarchie. — Cette
dernière phase du despotisme, là où elle subsiste encore, touche à
sa fin. . . . . . . . . . . . . . . . . . . . . . . . . . . . . . 186

XXI. Clôture de la session de 1827. — Rétablissement de la censure. —
Crimes et procès de l'abbé Contrafatto. — Mort de Manuel. — Ses
obsèques. — Voyage de Charles X à Saint-Omer. — Ordonnances
du 5 novembre 1827. — Dissolution de la Chambre des députés. —
Abolition de la censure. — Création de soixante-seize pairs. — Un
préfet à *poigne*. — Lutte électorale vigoureusement et victorieusement soutenue par la presse. — Bérenger. — Triomphe de tous les
candidats de l'opposition à Paris. — Illuminations. — Émeutes. —
Rapprochement entre la nature des troubles de novembre 1827 et celle
des troubles de juin 1869 et de mai 1870. — Les hommes en blouses.
— Attitude étrange de la police. — Un capitaine et un chef de bataillon refusent de tirer sur le peuple sans armes. — Le colonel de
Fitz-James commande le feu. — Nombreuses victimes parmi les curieux et les passants. — Plaintes portées contre le préfet et le directeur général de la police. — Ordonnance de non-lieu rendue par
la cour royale. — Elections des collèges de département. — La
Seine élit quatre députés de l'opposition ; la province envoie des
ministériels. — Majorité de soixante voix dans la Chambre contre
le ministère. — Projet de fortifier Paris. — Rapport du ministre de
la guerre Clermont-Tonnerre à ce sujet. — Idée de la « décapitalisation » de Paris. — *Lettre à Monsieur le duc d'Orléans* par Cauchois-
Lemaire. — Profonde sensation de surprise dans le pays. — Chute
du ministère Villèle. . . . . . . . . . . . . . . . . . . . . . . 196

XXII. Affaires de Grèce. — Politique du pacha d'Égypte Mohammed-Aly. —
La flotte égyptienne, commandée par Ibrahim-pacha, fils de Mohammed-Aly, entre au port de Navarin. — Pourparlers entre Ibrahim-pacha et les amiraux des escadres combinées. — Mauvaise foi
d'Ibrahim-pacha. — Lettre qui lui est adressée par les trois amiraux. — Bataille de Navarin. — Anéantissement de la flotte turko-
égyptienne. — Attitude cynique du gouvernement anglais. . 212

XXIII. Ministère Martignac. — L'opinion publique, plus satisfaite de la disparition de l'ancienne administration que de l'élévation de la nouvelle. — Composition de la nouvelle chambre. — Difficulté d'y former une majorité. — Intrigues du parti clérical. — Ouverture de la
session de 1828. — Discours du roi. — Vérification des pouvoirs. —
Débats orageux. — Tentatives illusoires pour grouper une sorte de
tiers-parti à la fois monarchique et libéral. — Discours du député
Augustin de Leyval. — Déclaration solennelle de neutralité en matière électorale faite par Martignac à la tribune de la Chambre des
députés. — Démission des ministres Chabrol et Frayssinous. — Royer-
Collard, président de la Chambre. — Hyde de Neuville, ministre de
la marine ; l'évêque Feutrier, ministre des Affaires ecclésiastiques.
— Discussion et vote de l'Adresse. — Le système du ministère Villèle y est déclaré *déplorable*. — Réponse irritée et orgueilleuse du
roi aux députés qui lui ont donné lecture de l'Adresse. — Vacance

TABLE DES MATIÈRES 499

de quarante-cinq siéges à la Chambre des députés. — L'abbé de Pradt. — Réélections. — Réunions électorales publiques à Paris. — Elles sont interdites, et l'on ne tolère que les réunions privées. — Damas nommé gouverneur du duc de Bordeaux en remplacement du duc de Rivière, décédé. . . . . . . . . . . . . . . . 221

XXIV. Question d'Alger. — Coup d'œil rapide sur l'histoire de l'Algérie. — Origines du conflit entre la France et le dey. — Le consul Deval. — Coup de chasse-mouche. — Départ du consul de France. — Blocus de la Régence sous le commandement du contre-amiral Collet. 229

XXV. Rapport de pétitions à la Chambre; l'une d'elles demande une enquête sur la violation du secret des lettres. — Quelques mots sur le *Cabinet Noir*. — Martignac déclare qu'il n'existe plus depuis le 31 janvier 1827. — Discussion d'un projet de loi sur la révision annuelle des listes électorales et du jury : Dupont (de l'Eure). — Discussion du même projet de loi à la Chambre des pairs. — Vote de la loi. — Discussion et vote d'un projet de loi sur la presse. — Caractère de la lutte politique des partis sous la Restauration. . . . . . . 233

XXVI. Labbey de Pompières dépose une proposition de mise en accusation des ministres. — Discussion. — Ajournement. . . . . . . . 242

XXVII. Affaire des petits séminaires non autorisés. — Ordonnances royales du 16 juin. — Fureurs du parti clérical. — Déclaration de l'épiscopat français; « *non possumus.* » — Intervention du sieur Lasagni. — Circulaire du pape Léon XII aux évêques de France. — Ils se soumettent aux ordonnances. — Résistance du cardinal de Clermont-Tonnerre : « *Etiam si omnes, ego non.* » — Disgrâce apparente de ce prélat. — Le parti religieux, à partir de cette époque, se fait le champion de la liberté de l'enseignement. . . . . . . . . . 247

XXVIII. Emprunt de quatre-vingts millions. — Manifeste de la Porte-Ottomane. — Cent mille Russes passent le Pruth et marchent sur Stamboul, 7 mai 1828. — Protocole signé à Londres le 19 juillet suivant, en vertu duquel la France reçoit la mission de faire cesser les hostilités dans la Morée et de la faire évacuer par les troupes turko-égyptiennes. — L'expédition française arrive à Navarin le 29 août. — Vaines intrigues de l'Angleterre. — Evacuation de la Morée par les Turko-Egyptiens. — Déclaration signée à Londres par les trois puissances alliées, le 16 novembre. — Lettre de Jean Kapo d'Istria, président du gouvernement hellénique, portée au général Maison par l'amiral Miavlis. . . . . . . . . . . . . . . . . . . . . . . . . . . 252

XXIX. Voyage de Charles X au camp de Lunéville. — Équivoque de la situation intérieure de la France. — Le roi et la cour conspirent contre le ministère. — Réorganisation du Conseil d'État. — Parti des *impatients.* — Jules de Polignac. — Son discours à la Chambre des pairs. . . . . . . . . . . . . . . . . . . . . . . . . . 263

XXX. Ouverture de la session de 1829. — Discours du roi. — Approbation presque générale. — Royer-Collard pour la seconde fois président de la Chambre des députés. — Paroles prophétiques du député Conny. — Labbey de Pompières retire sa demande de mise en accusation des ministres. . . . . . . . . . . . . . . . . . 270

XXXI. Projet de loi sur l'organisation communale et départementale. — Introduction du principe électif. — Débats : Martignac, Dupin, Delaborde, Schouen, Viennet, Ravez, Benjamin Constant, Bignon, Etienne, Méchin, Sirieys, Chantelauze, La Bourdonnaye. — Coalition de la gauche et de la droite ; vote hostile au ministère. — Retrait des deux projets de loi. . . . . . . . . . . . . . . . . . . 275

XXXII. Derniers jours de la session. — Règlement des comptes de 1827. — Scandales. — Discours de Benjamin Constant. — Discussion des crédits supplémentaires de 1828. — La salle à manger de Peyronnet. —

Séance du 11 juillet : Lamarque. — Arrivée de Jules de Polignac à Paris. — Clôture de la session de 1829. — Isolement et faiblesse du ministère Martignac. — Destitution des ministres. — Cabinet du 8 août. — Article du *Journal des Débats*. — Constitution définitive du Cabinet. — Présidence du Conseil donnée à Polignac. — Bourmont, ministre de la guerre. — Mot cynique de Charles X. — Voyage du Dauphin à Cherbourg ; la solitude se fait autour de lui. — Voyage de La Fayette dans le Midi ; enthousiasme extraordinaire. — Déclaration de l'association bretonne pour le refus de l'impôt. — Le *Journal du Commerce* et le *Courrier Français* sont poursuivis pour avoir publié cette déclaration. — Attitudes diverses de la magistrature. — Indépendance de la cour royale de Paris. — Démission de Châteaubriand, ambassadeur de France à Rome. — Démissions de membres du Conseil d'État nommés par Martignac. — Étienne et Arnault sont réélus à l'Académie française. — Pétitions demandant le renvoi du ministère. — Réceptions officielles du 1er janvier 1830. — Accueil étrange fait par le roi et la duchesse d'Angoulême aux magistrats. — Ils sont mieux reçus au Palais-Royal par la famille d'Orléans.  282

XXXIII. Projets de Jules de Polignac pour l'intérieur et pour l'extérieur. — Question des frontières naturelles. — Problème ethnologique. — Libre consentement des populations. — Le véritable patriotisme. — La saine émulation. . . . . . . . . . . . . . . . . . . . . . . . . 294

XXXIV. La question d'Orient. — État actuel et avenir de la Grèce. — Protocole du 3 février 1830. — Les troupes françaises quittent la Grèce.  303

XXXV. Ouverture de la session de 1830. — Discours du roi. — Adresse de la Chambre des pairs. — Royer-Collard, président de la Chambre des députés. — Séance du 9 mars. — Adresse de la Chambre des députés. . . . . . . . . . . . . . . . . . . . . . . . . . . . . . 310

XXXVI. Discussion de projet d'adresse : de l'Epine, Agier, de Conny, Félix Faure, de Montbel. . . . . . . . . . . . . . . . . . . . . . 316

XXXVII. Suite de la discussion du projet d'adresse : Benjamin Constant, Guernon-Ranville, Dupin, Chantelauze, le Pelletier d'Aulnay. — Séance du 16 mars. — Comité secret. — Amendement Lorgeril. — Discours de Guizot. — Discours de Berryer. — Rejet de l'amendement. — Les deux-cent-vingt-et-un. — La *Quotidienne* considère leur vote comme une sanction donnée au « *premier manifeste de la Révolution de 1830.* » — Présentation de l'adresse au roi. — Réponse sévère de Charles X. — Séance du 19 mars ; lecture d'une proclamation royale qui proroge la session au 1er septembre suivant. . . . . . . . . . 322

XXXVIII. Merveilleuse organisation de l'Opposition. — Banquets. — Odilon-Barrot aux *Vendanges de Bourgogne*. — Remarquables *considérants* d'un arrêt de la cour royale de Paris. . . . . . . . . . . . . . . 331

XXXIX. Translation du cadavre de Vincent de Paul. — Mandement de l'archevêque de Paris. — Procès et condamnation de la *Gazette des cultes*. — Cérémonie du 25 avril. — Le roi et les princesses vont faire leurs dévotions à la chapelle de la rue de Sèvres ; discours de l'archevêque de Paris. . . . . . . . . . . . . . . . . . . . . . . . . . 334

XL. Fête donnée au Palais-Royal par le duc d'Orléans. — Incendies dans l'Ouest de la France. — Étranges et mystérieuses circonstances.  339

XLI. Affaires d'Alger. — Insulte faite à *la Provence*. — Préparatifs de l'expédition française. — Note de l'Angleterre. — Manifeste de Jules de Polignac. . . . . . . . . . . . . . . . . . . . . . . . . . 341

XLII. Ordre du jour de Bourmont, commandant en chef de l'expédition. — Départ de la flotte, le 24 mai. — Débarquement le 14 juin. — Attaque. — Capitulation. — La nouvelle de la prise d'Alger arrive à Paris le 9 juillet 1830. . . . . . . . . . . . . . . . . . . . . . . . 350

XLIII. Mandement de l'archevêque de Paris à l'occasion de la prise d'Alger. — *Te Deum*. — Discours de l'archevêque au roi. . . . . . . . 354

## TABLE DES MATIÈRES

XLIV. Dissolution de la Chambre des députés. — Discussion de Courvoisier et de Chabrol. — Chantelauze, garde des sceaux ; Montbel, ministre des finances ; Peyronnet, ministre de l'intérieur; Capelle, ministre des travaux publics. — Lettre de Chantelauze à son frère. — Banquet d'Angers. — Brutalités de la force armée. — Mort du député Guilhem. — Proclamation du roi au sujet des élections. — Ces élections donnent à l'opposition 270 voix, au ministère, une minorité de 145 membres seulement. . . . . . . . . . . . . . . . . . . . 356

XLV. Préparatifs du coup d'État. — Mauvaises dispositions des cabinets européens à l'égard de la politique violente de Polignac. — Conseil des ministres à Saint-Cloud, le dimanche 25 juillet. — Lecture du rapport de Chantelauze et des Ordonnances. — Fête au château de Saint-Cloud chez le prince de Condé. — *Moniteur universel* du 26 juillet 1830. . . . . . . . . . . . . . . . . . . . . . . . . . . . . 361

XLVI. Rapport au roi. . . . . . . . . . . . . . . . . . . . . . . . 363

XLVII. Ordonnances du roi. . . . . . . . . . . . . . . . . . . . . 372

# LIVRE II

### LES JOURNÉES DE JUILLET ET D'AOUT 1830

XLVIII. Ce que nous pensons des révolutions. — Notre horreur pour la violence. — Caractères auxquels on reconnaît qu'une révolution est légitime ou ne l'est pas. — Légitimité des révolutions françaises d'août 1792, de juillet 1830, de février 1848, et de septembre 1870. . . . . 379

XLIX. Journée du lundi 26 juillet. — Premières heures de la révolution de 1830. — Rassemblements au Palais-Royal. — Stupeur de la bourgeoisie. — Réunions tumultueuses des députés et de journalistes. — Protestation de ces derniers ; quarante-quatre signatures. — Référé ; le président Debelleyme. — La Bourse. — Aveuglement des ministres et du roi. — L'agitation s'accroît. — Cris de sédition. — Attroupements. — Charges de cavalerie. — On brise les réverbères. — Discours de François Arago à l'Institut. . . . . . . . . . . . 380

L. Journée du mardi 27 juillet. — Apparition des journaux le *Globe*, le *National* et le *Temps*. — L'imprimeur du *Courrier Français* ayant refusé de laisser sortir cette feuille de ses presses est appelé devant le tribunal de commerce. — Déclaration du président Ganneron. — Le *Temps* et son rédacteur J.-J. Baude. — Molle attitude des députés de l'opposition. — Étrange conduite de Casimir Périer. — Dispositions hostiles de l'opinion publique à l'égard du maréchal Marmont, duc de Raguse. — Insuffisance des troupes; manque de vivres. — Premier sang versé. — Premières barricades. — La maison du *grand balcon*, rue Traversière-Saint-Honoré (rue de la Fontaine-Molière). — L'*Hôtel-Royal*, rues Saint-Honoré et des Pyramides. — Cadavres sur la place des Victoires, sur la place de la Bourse. — L'École polytechnique. — Charras. — Réunion chez Cadet-Gassicourt. — Comités de résistance. — Le drapeau tricolore reparaît. — La fausse tranquillité qui s'établit le soir dans Paris maintient et accroît l'assurance et l'insolence du gouvernement royal. . . 387

LI. Journée du mercredi 28 juillet. — La population prend l'offensive. — Gardes nationaux en uniforme. — Le drapeau tricolore flotte, voilé d'un crêpe de deuil, sur l'Hôtel-de-Ville et sur Notre-Dame. — On brise partout les armes royales. — On crie : « A bas les Bourbons ! » — Billet de Marmont au roi. — Paris en état de siége. — Inutile stratégie de Marmont. — Progrès de l'insurrection. — Réunion de députés chez Audry de Puyraveau. — Protestation rédigée par Guizot; soixante-deux signatures. — Députation envoyée à Marmont. —

Visite de François Arago chez Marmont. — Réponse odieuse et insensée de Polignac à l'officier Delarue. — Conduite loyale de Marmont à l'égard des députés qui l'étaient venus trouver. — Dépêche au roi. — Réponse de celui-ci. — Aspect de Paris insurgé. — La légende du pont d'Arcole. — Toute la ville, jusqu'aux Tuileries, est au pouvoir du peuple. — Réunion de députés chez Bérard. — Charles X fait son whist à Saint-Cloud avec le premier gentilhomme de service. . . . . . . . . . . . . . . . . . . . . . . . . . . . . . . . 395

LII. JOURNÉE DU JEUDI 29 JUILLET. — Marmont se tient sur la défensive. — Il adresse une proclamation aux Parisiens. — Elle ne parvient pas à son adresse. — Projets et tentatives de conciliation; Sémonville et d'Argout. — Attaque du Louvre. — Deux régiments de ligne font cause commune avec la révolution. — Le peuple aux Tuileries. — Les troupes battent en retraite à travers les Champs-Élysées. — Dépêche du dauphin à Marmont. — La retraite des troupes est inquiétée. — La caserne de la rue de Babylone. — Caractères d'humanité et de générosité qui signalent la révolution de juillet. — Sac de l'archevêché. — Le peuple fusille les voleurs. — Sémonville et d'Argout à Saint-Cloud. — Entêtement de Charles X. — Vitrolles propose un changement de ministère. — Arrivée de Marmont et de son état-major à Saint-Cloud. — Stupide et atroce réponse du dauphin à un colonel d'infanterie. — Cabinet Mortemart. — Vitrolles, Sémonville et d'Argout rentrent à Paris. — Ils y trouvent établi un gouvernement provisoire. — La Fayette commandant de la garde nationale. — Réunion chez Laffitte. — Alerte. — *Moniteur universel* du jeudi 29 et du vendredi 30 juillet 1830. — « Le général » Dubourg. — Baude à l'Hôtel-de-Ville. — Solliciteurs: Alexandre de Laborde; Montalivet, etc. — Proclamation de La Fayette. — Sémonville, d'Argout et Vitrolles à l'Hôtel-de-Ville. — Ils n'obtiennent rien. — Chez Laffitte, où se rend d'Argout, Thiers, Mignet et Béranger s'opposent à tout arrangement. — Mortemart arrive trop tard. . . . . . . . . 407

LIII. JOURNÉE DU VENDREDI 30 JUILLET. — L'idée républicaine en 1830. — Proclamation orléaniste affichée sur tous les murs de Paris et répandue à profusion. — Le duc de Chartres sauvé par Etienne Arago. — Terreurs du duc d'Orléans. — Proclamation de la commission municipale. — Réunion des députés au palais Bourbon. — Mortemart à Paris. — La possibilité de la république épouvante les Orléanistes. — Le bruit de la candidature au trône de Philippe d'Orléans exaspère la population parisienne. — Colin de Sussy colporte sans succès au palais Bourbon et à l'Hôtel-de-Ville les nouvelles ordonnances de Charles X révoquant celles du 25. — Mortemart à la Chambre des pairs. — Le duc d'Orléans est invité à se rendre à Paris pour y exercer les fonctions de lieutenant-général du royaume. — Réunion Lointier. — Adresse des républicains à La Fayette. — Nullité politique de ce dernier et d'Odilon Barrot. — Lettre ridicule de La Fayette à Mortemart. — Programme des républicains. — La révolution acclamée par toute la France. — Désordre et confusion à Saint-Cloud. — Désertions dans l'armée royale. — Scène violente entre Marmont et le dauphin. — Nouvelle alerte à l'hôtel Laffitte. — Continuation des terreurs et des hésitations du duc d'Orléans. — Il se décide à pénétrer dans Paris. — Arrivé à son domicile du Palais-Royal, il fait appeler Mortemart. — Son entrevue et sa conversation avec celui-ci. — Étrange billet que le duc d'Orléans écrit à Charles X. — La famille royale quitte Saint-Cloud et fait halte à Trianon. — Le duc d'Orléans fait retirer son billet des mains de Mortemart. — Escobar, Tartuffe, Robert-Macaire, Joseph Prudhomme. . . . . . . . 422

LIV. JOURNÉE DU SAMEDI 31 JUILLET. — Le duc d'Orléans reçoit la députation qui lui offre la couronne. — Paroles de Bérard. — Proclamation du duc d'Orléans rédigée avec lui par Sébastiani et Dupin aîné.

## TABLE DES MATIÈRES

— Proclamation de la commission municipale. — La candidature du duc d'Orléans obtient peu de succès dans la population. — Placards divers. — CAPETS, VALOIS, BOURBONS. « La Charte » et « Une Charte. » —. Proclamation des députés des départements au peuple français ; quatre-vingt-quinze signatures. — Le duc d'Orléans à l'Hôtel-de-Ville. — Dangers qu'il court. — Dispositions de la foule. — Dubourg. — Le « programme de l'Hôtel-de-Ville. » — Conversation de La Fayette et du duc d'Orléans. — Nomination d'un ministère. — Charles X et sa famille reprennent la fuite et s'arrêtent à Rambouillet, où la dauphine les rejoint déguisée. .......... 440

LV. Débandade des troupes royales. — Ordre du jour du dauphin. — Ordonnance de Charles X qui nomme son cousin le duc d'Orléans lieutenant-général du royaume. — Politique tortueuse du duc d'Orléans. — Sa réponse à Charles X. — Abdication du roi et du dauphin. — Démission de la Commission municipale. — Châteaubriand au Palais-Royal. — Rôle joué par la femme de Louis-Philippe. — Expédition de Rambouillet. — Lettre des trois commissaires au lieutenant-général. — Retour de l'expédition. — Ouverture de la session ; séance du 3 août. — Discours du lieutenant-général. — Ordonnances qui nomment le duc de Chartres et le duc de Nemours grand'croix de la Légion-d'Honneur. — Casimir Périer, président de la Chambre des députés. — Groupes et cris hostiles autour du Palais-Bourbon. — Inqualifiable faiblesse de La Fayette. — Rapport de Dupin sur la proposition Bérard. — Observation de Mauguin. — Les députés se ruent vers la servitude. — Noble protestation de Hyde de Neuville à la tribune dans la séance du 7 août. — Fleury, député de l'Orne, insinue que la nation devrait être consultée. — Grossière interruption de Casimir Périer. — Deux cent dix-neuf députés font la monarchie de Juillet. — La Chambre des députés se rend en corps au Palais-Royal. — Discussion à la Chambre des pairs. — Magnifique discours de Châteaubriand. — DÉCLARATION de la Chambre des députés. — DÉCLARATION de la Chambre des pairs. — Séance du 9 août. — Discours de Louis-Philippe. ................ 453

LVI. Charles X et sa famille quittent Rambouillet et arrivent à Maintenon. — Ordre du jour de Marmont. — Les fugitifs couchent à Dreux. — Entêtement de Charles X pour l'étiquette. — Continuation du voyage. — Un quatrième commissaire est envoyé par Louis-Philippe pour hâter la fuite de Charles et des siens. — Nouvelles mesures d'intimidation. — Charles X écrit au roi d'Angleterre. — Embarquement des exilés sur le *Great-Britain*. — Certificat de bonne conduite délivré par Charles X aux quatre commissaires. — Fin de la monarchie de droit divin .................. 481

LVII. État du parti bonapartiste en 1830. — Le général Gourgaud. — Conciliabule. — Ridicule manifestation du capitaine Dumoulin. . . 483

LVIII. L'idée républicaine : 1830, 1848, 1870. — Erreur du parti républicain. — La fondation définitive de la République en France ferme l'ère des révolutions violentes. ................, 484

LIX. État général de la société pendant la période de la Restauration. — Renaissance littéraire, artistique, scientifique. — De l'intervention de l'État en matière de littérature, d'art et de science. — Périclès. — Auguste. — François I$^{er}$. — Louis XIV. — Toute-puissance de la liberté. — Lamartine ; Victor Hugo ; Béranger. — Népomucène Lemercier ; Alexandre Soumet ; Ancelot ; Arnault ; Casimir Delavigne. — Manuel ; de Serre ; Foy ; Martignac ; Royer-Collard ; Benjamin-Constant ; Camille Jordan. — Marchangy ; Bellart ; Dupin ; Odilon Barrot ; Berryer. — Châteaubriand ; Augustin Thierry ; Guizot ; Mignet ; Thiers ; Michelet ; Quinet ; Louis Blanc. — Paul-Louis Courrier. — Maine de Biran ; Jouffroi ; Cousin. — Ingres ; Delaroche ;

Delacroix. — Boïeldieu ; Hérold ; Auber. — Premiers ponts en fil de fer. — Procédé pour graver sur porcelaine. — Découverte du moiré métallique. — Marmites autoclaves. — Application de la vapeur aux presses d'imprimerie et aux voitures. — Découverte des propriétés désinfectantes des chlorures. — Entreprise de plusieurs canaux navigables. — Tunnel sous la Tamise. — Importance et accroissement incessant du mouvement industriel. — Route à ornières de fer entre Dijon et Saint-Étienne. — Construction des premiers bateaux à vapeur en France. — Application de la vapeur à l'artillerie. — Invention de la chaudière tubulaire. — Phares lenticulaires. — L'horloger Abraham Bréguet. — Joseph Niepce, inventeur de la photographie. . . . . . . . . . . . . . . . . . . . . . . . . . . 486

LX. Perpétuité du mouvement qui emporte le monde moral comme le monde physique. — Ne désespérons jamais de la patrie ni de la liberté . . . . . . . . . . . . . . . . . . . . . . . . . . 493

FIN DE LA TABLE DES MATIÈRES.

Coulommiers. — Typ. A. Moussin.

www.ingramcontent.com/pod-product-compliance
Lightning Source LLC
Chambersburg PA
CBHW050555230426
43670CB00009B/1140